Die Gründung der Europäischen Aktiengesellschaft (SE)

Schriftenreihe zum deutschen und europäischen Gesellschafts- und Wirtschaftsrecht

Herausgegeben von Günter Christian Schwarz

Band 1

PETER LANG
Frankfurt am Main · Berlin · Bern · Bruxelles · New York · Oxford · Wien

Matthias Scheifele

Die Gründung der Europäischen Aktiengesellschaft (SE)

PETER LANG
Europäischer Verlag der Wissenschaften

Bibliografische Information Der Deutschen Bibliothek
Die Deutsche Bibliothek verzeichnet diese Publikation in der Deutschen Nationalbibliografie; detaillierte bibliografische Daten sind im Internet über <http://dnb.ddb.de> abrufbar.

Zugl.: Würzburg, Univ., Diss., 2004

D 20
ISSN 1614-239X
ISBN 3-631-53105-2

www.peterlang.de

Meinen Eltern

Vorwort

Die Arbeit hat der Juristischen Fakultät der Bayerischen Julius-Maximilians-Universität Würzburg im Sommersemester 2004 als Dissertation vorgelegen.

Mein besonderer Dank gilt Herrn Prof. Dr. Günter Christian Schwarz, der die Arbeit betreute und ihr Thema anregte. Er gewährte mir als wissenschaftlicher Mitarbeiter an seinem Lehrstuhl nicht nur den zum Gelingen der Schrift erforderlichen Freiraum, sondern trieb ihre Entwicklung durch wertvolle Gedankenanstöße immer wieder an. An die über zweijährige Zeit an seinem Lehrstuhl denke ich gerne zurück. Prof. Dr. Schwarz gab mir außerdem die Gelegenheit, die von ihm neu herausgegebene Reihe „Schriften zum deutschen und europäischen Gesellschafts- und Wirtschaftsrecht" mit meiner Arbeit als erstem Band zu eröffnen. Für diese besondere Ehre gebührt ihm weiterer Dank.
Mein Dank gilt auch Herrn Prof. Dr. Christoph Weber für die zügige Erstellung des Zweitgutachtens sowie seine gewinnbringenden Hinweise insbesondere zu den arbeitsrechtlichen Fragestellungen der SE-Gründung.
Die Arbeit wurde mit dem Förderpreis des Arbeitskreises der Würzburger Universitätskorporationen 2004 ausgezeichnet. Dafür möchte ich mich bei den Verantwortlichen des Arbeitskreises ausdrücklich bedanken.
Meinem ehemaligen Kollegen am Lehrstuhl, Herrn Dr. Ulrich Brandt, möchte ich für zahlreiche wissenschaftliche Gespräche zur SE danken. Er ist mir in der gemeinsamen Zeit des Promovierens ein echter Freund geworden.
Maßgeblich zum Gelingen der Arbeit trug auch meine Schwester, Frau Heike Filser, M.A., bei. Sie übernahm die Mühe des Korrekturlesens, wofür ich ihr meinen herzlichen Dank ausspreche. Mein Dank gebührt auch Frau Karin Schmiedel, die mir immer wieder bei der Formatierung der Arbeit behilflich war.
Ganz besonderen Dank schulde ich meinen Eltern. Ohne ihre umfassende Unterstützung während des Studiums und im Promotionsverfahren hätte die vorliegende Dissertation nicht entstehen können. Ihnen ist die vorliegende Arbeit daher gewidmet.

Das Manuskript wurde im Juli 2004 abgeschlossen. Literatur konnte bis Juni 2004 berücksichtigt werden.

Würzburg, im Juli 2004 — Matthias Scheifele

Inhaltsverzeichnis

Abkürzungsverzeichnis

a.A.	andere Ansicht
a.a.O.	am angegebenen Ort
abl.	ablehnend
Abl.EG	Amtsblatt der Europäischen Gemeinschaften
a.E.	am Ende
a.F.	alte Fassung
AG	Aktiengesellschaft oder Die Aktiengesellschaft (Zeitschrift)
Alt.	Alternative
Art.	Artikel
Abs.	Absatz
Aufl.	Auflage
AWD	Außenwirtschaftsdienst (Zeitschrift; seit 1975: RIW)
BB	Betriebsberater (Zeitschrift)
BDI	Bundesverband der Deutschen Industrie
BetrVG	Betriebsverfassungsgesetz
BGB	Bürgerliches Gesetzbuch
BR-Drs.	Bundesratsdrucksache
BT-Drs.	Bundestagsdrucksache
Buchst.	Buchstabe
bzw.	beziehungsweise
C.c.	Codice civile (italienisches Aktiengesetz)
C.Com	Code de Commerce (französisches Handelsgesetzbuch einschl. Aktienrecht)
C.S.C.	Código das Sociedades Comerciais („Gesetz über Handelsgesellschaften“, portugiesisches Aktiengesetz)
CA 1985	Companies Act 1985 (Aktiengesetz für England, Schottland und Wales)
CMLR	Common Market Law Report (Zeitschrift)
Code des Soc. (= LCS)	Code des Sociétés vom 07.05.1999 (vormals Lois Coordonnées sur les sociétés commerciales) (belgisches Gesellschaftsrecht mit den aktienrechtlichen Bestimmungen)
DAV	Deutscher Anwaltsverein
DB	Der Betrieb (Zeitschrift)
ders.	derselbe
d.h.	das heißt

dies.	dieselbe
DIHT	Deutscher Industrie- und Handelstag
Diss.	Dissertation
DNotZ	Deutsche Notar-Zeitschrift
DStR	Deutsches Steuerrecht (Zeitschrift)
EG	Europäische Gemeinschaft(en) oder Vetrag über die Europäischen Gemeinschaften
Einl.	Einleitung
ELR	European Law Review
EP	Europäisches Parlament
EPG	Europäische Privatgesellschaft
EU	Europäische Union
EuR	Europarecht (Zeitschrift)
EUGGES	Europäische Gegenseitigkeitsgesellschaft
EUGGES-VOV	Verordnungsvorschlag über das Statut der Europäische Gegenseitigkeitsgesellschaft
EuGH	Gerichtshof der Europäischen Gemeinschaft
EuGVÜ	Brüsseler EWG-Übereinkommen über die gerichtliche Zuständigkeit und die Anerkennung und Vollstreckung gerichtlicher Entscheidungen in Zivil- und Handelssachen
EUREDIA	European Banking and Financial Law Journal (Zeitschrift)
EUV	Europäischer Verein
EUV-VOV	Verordnungsvorschlag über das Statut der Europäischer Verein
EuZW	Europäische Zeitschrift für Wirtschaftsrecht
EWIV	Europäische wirtschaftliche Interessenvereinigung
EWIV-VO	Verordnung über das Statut der Europäischen wirtschaftlichen Interessenvereinigung
EWS	Europäisches Wirtschafts- & Steuerrecht (Zeitschrift)
f.	folgende
ff.	fortfolgende
FS	Festschrift
GLJ	German Law Journal (Internetzeitschrift) (http://www.germanlawjournal.com)
GmbHG	Gesetz betreffend die Gesellschaft mit beschränkter Haftung
Hdb.	Handbuch

HGB	Handelsgesetzbuch
h.M.	herrschende Meinung
Hrsg.	Herausgeber
HS	Halbsatz
i.Erg.	im Ergebnis
Int.VerschmelzÜE	Entwurf eines Übereinkommens über die Internationale Verschmelzung
IPR	Internationales Privatrecht
i.S.	im Sinne
i.V.m.	in Verbindung mit
JR	Juristische Rundschau (Zeitschrift)
JZ	Juristenzeitung
krit.	kritisch
LCS	Lois Coordonnées sur les sociétés commerciales) (belgisches Gesellschaftsrecht mit den aktienrechtlichen Bestimmungen)
LSA	Ley de Sociedades Anónimas (spanisches Aktiengesetz)
m.w.N.	mit weiteren Nachweisen
NJW	Neue Juristische Wochenschrift (Zeitschrift)
NZA	Neue Zeitschrift für Arbeits- und Sozialrecht
NZG	Neue Zeitschrift für Gesellschaftsrecht
NV	Naamloze Vennootschap (niederländische Aktiengesellschaft)
NWB	Neue Wirtschaftsbriefe (Zeitschrift)
plc	public limited company (englische bzw. irische Aktiengesellschaft)
Rev. des Soc.	Revue des Sociétés (Zeitschrift)
RiL	Richtlinie
RiL-E	Richtlinienentwurf
RiL-V	Richtlinienvorschlag
RIW	Recht der internationalen Wirtschaft (Zeitschrift; bis 1975: AWD))
Rn.	Randnummer
Rs.	Rechtssache
S.	Seite

SA	société anonyme bzw. sociedade anónima bzw. sociedad anónima (französische bzw. portugiesische bzw. spanische Aktiengesellschaft)
SCE	Europäische Genossenschaft
SCE-RatsE	Ratsentwurf über das Statut der Europäischen Genossenschaft
SCE-VO	Verordnung über das Statut der Europäischen Genossenschaft
SCE-VOV	Verordnungsvorschlag über das Statut der Europäische Genossenschaft
SE	Societas Europaea – Europäische Aktiengesellschaft
SEAG	Deutsches Ausführungsgesetz zur SE-VO
SEAG-DiskE	Diskussionsentwurf für ein deutsches Ausführungsgesetz zur SE
SEAG-RegE	Regierungsentwurf für ein deutsches Ausführungsgesetz zur SE
Sec.	Section
SE-ErgRiL	Richtlinie vom 8. Oktober 2001 zur Ergänzung des Statuts der Europäischen Gesellschaft hinsichtlich der Beteiligung der Arbeitnehmer
SE-RatsE	Ratsentwurf über das Statut für Europäische Aktiengesellschaften
SE-VO	Verordnung über die Europäische Aktiengesellschaft
SE-VOV	Verordnungsvorschlag über die Europäische Aktiengesellschaft
Slg.	Amtliche Sammlung der Entscheidungen des EuGH
s.p.a.	Società per azioni (italienische Aktiengesellschaft)
Spiegelstr.	Spiegelstrich
str.	strittig
SZW	Schweizerische Zeitschrift für Wirtschaftsrecht (= RSDA Revue suisse de droit des affaires, vormals bis 1989 Schweizerische Aktiengesellschaft SAG)
UmwG	Umwandlungsgesetz
UmwStG	Umwandlungssteuergesetz
Unterabs.	Unterabsatz
u.U.	unter Umständen
v.	von
vgl.	vergleiche

wbl	wirtschaftsrechtliche blätter / Zeitschrift für österreichisches und europäisches Wirtschaftsrecht
WM	Zeitschrift für Wirtschafts- und Bankrecht, Wertpapiermitteilungen
WpHG	Wertpapierhandelsgesetz
WpÜG	Wertpapierübernahmegesetz
WSA	Wirtschafts- und Sozialausschuss der Europäischen Gemeinschaft
z.B.	zum Beispiel
ZfRV	Zeitschrift für Rechtsvergleichung, internationales Privatrecht und Europarecht
ZGR	Zeitschrift für Unternehmens- und Gesellschaftsrecht
ZHR	Zeitschrift für das gesamte Handelsrecht und Wirtschaftsrecht
ZIP	Zeitschrift für Wirtschaftsrecht
zit.	zitiert
zust.	zustimmend
zutr.	zutreffend

Einleitung

A. Einführung

„Heureka! Es ist soweit, wahrlich: Es ist gelungen!“

So beginnt *Marcus Lutter* einen Beitrag zur Europäischen Aktiengesellschaft und lässt damit erahnen, welch langwierigen und beschwerlichen Weg eines der ambitioniertesten Rechtssetzungsvorhaben der Europäischen Union bis zu seiner Verabschiedung zurücklegen musste.[1] Fürwahr: Als im Dezember 2000 in Nizza nach jahrzehntelangen Bemühungen endlich der politische Durchbruch zur Schaffung der Europäischen Aktiengesellschaft (Societas Europaea = SE) gelang, kam dies für die meisten Beobachter mehr als überraschend.[2] Eine Einigung war zuvor immer wieder an der strittigen Frage der Arbeitnehmermitbestimmung gescheitert. Erst in Nizza verständigte sich der Europäische Rat auf einen Kompromiss.[3] Damit war der Weg frei für die Verabschiedung der Verordnung über das Statut der Europäischen Aktiengesellschaft (nachfolgend „SE-VO“)[4] und der Richtlinie zur Ergänzung des Statuts der Europäischen Gesellschaft hinsichtlich der Beteiligung der Arbeitnehmer (nachfolgend „SE-ErgRiL“)[5]. Grundlage der SE ist also eine gemeinschaftsrechtliche Verordnung, die in allen Mitgliedstaaten allgemein, verbindlich und unmittelbar gilt (Art. 249 Abs. 2 EG) und eine Richtlinie, die der Umsetzung in nationales Recht bedarf (Art. 249 Abs. 3 EG). Während die Verordnung das Gesellschaftsrecht der SE regelt, widmet sich die Richtlinie der Arbeitnehmermitbestimmung in der SE. Die SE-VO und die SE-ErgRiL sind untrennbar miteinander verbunden (Erwägungsgrund 19).

Die Verordnung nennt in Art. 1 Abs. 1 bis Abs. 3 fünf Begriffsmerkmale, aus denen folgende Legaldefinition der Rechtsform SE gebildet werden kann: Die SE ist (Handels-)gesellschaft mit Rechtspersönlichkeit, für deren Verbindlich-

---

1 *Lutter*, BB 2002, 1.

2 *Hirte*, NZG 2002, 1 f. („Wunder von Nizza“).

3 Die über 40jährige Entstehungsgeschichte der SE-VO soll hier nicht noch einmal nachgezeichnet werden. Ausführliche Darstellungen finden sich z.B. bei *Blanquet*, ZGR 2002, 20, 21 ff., *Lutter*, BB 2002, 1 ff., *Pluskat*, EuZW 2001, 524 ff. und *Schwarz*, Rn. 1087 ff.

4 Verordnung (EG) Nr. 2157/2001 des Rates vom 8.10.2001, ABl. L 294 v. 10.11.2001, S. 1 ff. In der amtlichen Überschrift zur Verordnung wird von der „Europäischen Gesellschaft“ gesprochen, während in den Verordnungsvorschlägen der Kommission immer von der „Europäischen Aktiengesellschaft“ die Rede war. Der Grund für diese unterschiedliche Terminologie liegt darin, dass schon in der Überschrift die Abkürzung „SE“ verwendet wird, die für den lateinischen Begriff „Societas Europaea“ steht. Daher musste die Übersetzung „Europäische Gesellschaft“ lauten (dazu *Neye*, ZGR 2002, 377 Fn. 2). In dieser Arbeit soll aber weiter der gewohnte Begriff „Europäische Aktiengesellschaft“ gebraucht werden (siehe auch Erwägungsgrund 8).

5 Richtlinie 2001/86/EG des Rates vom 8.10.2001, ABl. L 294 v. 10.11.2001, S. 22 ff.

keiten allein das Gesellschaftsvermögen haftet und die über ein in Aktien zerlegtes Grundkapital verfügt.[6] Aus der Eigenschaft als Handelsgesellschaft folgt, dass die SE Kaufmann kraft Rechtsform ist. Sie ist Gesellschaft mit korporativem Charakter. Da die SE Rechtspersönlichkeit besitzt, ist sie juristische Person. Für Verbindlichkeiten der SE haftet nur das Gesellschaftsvermögen, nicht jedoch die Aktionäre. Diese trifft nur die Einlageverpflichtung.[7] Die SE ist eine Kapitalgesellschaft, die über ein in der Satzung beziffertes Grundkapital verfügt, das mindestens 120.000 Euro beträgt (Art. 4 Abs. 2). Das Grundkapital ist in Aktien zerlegt, also wertpapierrechtlich verbrieft und damit dem Kapitalmarkt zugänglich.

Die SE ist nach der Europäischen Wirtschaftlichen Interessenvereinigung (EWIV)[8] die zweite gemeinschaftsrechtliche Gesellschaftsform.[9] Die beiden Gesellschaftsformen verfolgen entgegengesetzte Zwecke. Die EWIV soll keine eigene unternehmerische Aktivität entfalten, sondern nur die wirtschaftliche Tätigkeit ihrer Mitglieder unterstützen. Sie darf weder die Leitungs- oder Kontrollmacht über ihre Mitglieder oder andere Unternehmen ausüben noch darf sie Anteile an ihren Mitgliedsunternehmen halten. Ihr ist es außerdem untersagt, sich öffentlich an den Kapitalmarkt zu wenden.[10] Ganz anders die SE: Sie stellt ein Instrument dar, um das Wirtschaftspotenzial bestehender Unternehmen zu bündeln (Erwägungsgrund 2). Die SE ist deshalb für eine eigenständige wirtschaftliche Tätigkeit geschaffen. Sie ermöglicht bzw. erleichtert grenzüberschreitende Unternehmenskonzentrationen und -kooperationen, die bisher auf rechtliche, steuerliche und psychologische Hindernisse gestoßen sind (Erwägungsgrund 3). Damit ist sie regelmäßig Teil eines Unternehmensverbands und kann in diesem Kontroll-, Leitungs- und Holdingfunktionen übernehmen. Die SE hat überdies freien Zugang zu den Kapitalmärkten.[11]

Indes muss die Frage erlaubt sein, ob überhaupt Bedarf für eine Rechtsform wie die SE besteht. Im Schrifttum wird dies mitunter bezweifelt. Schließlich habe die europäische Industrie auch bislang ihre internationalen Aktivitäten entfalten können, ohne auf die SE angewiesen zu sein.[12] Der Aufbau eines europäischen Netzes von Produktions- und Vertriebsgesellschaften von einer nationalen Kon-

---

6 *Thoma/Leuering*, NJW 2002, 1449, 1450.

7 Die Formulierung des Art. 1 Abs. 2 S. 2, nach der jeder Aktionär bis zur Höhe des von ihm gezeichneten Kapitals haftet, ist missglückt, da eine persönliche Haftung der Aktionäre gegenüber den Gläubigern nicht besteht; zu Recht *Schwarz*, Rn. 1092 Fn. 375.

8 ABl. L 199 v. 31.7.1985, S. 1 ff.

9 Ab 2006 wird es die Europäische Genossenschaft (SCE) als dritte europäische Gesellschaftsform geben; vgl. Verordnung (EG) Nr. 1435/2003 des Rates über das Statut der Europäischen Genossenschaft (SEC), ABl. L 207 v. 18.8.2003, S. 1 ff.

10 Zur Zwecksetzung der EWIV vgl. *Schwarz*, Rn. 983 ff.

11 *Hommelhoff*, AG 1990, 422, 431 f.

12 *Kolvenbach*, in: FS für Heinsius, 1991, S. 379, 381 ff.; *Rasner*, ZGR 1992, 314, 316.

zernspitze aus kann zugegebenermaßen mühelos mit den zur Verfügung stehenden nationalen Instrumenten bewältigt werden. Die Vorteile der Rechtsform SE liegen jedoch auf der Hand.[13] Der Unternehmens- und Wirtschaftspraxis wird eine binnenmarktadäquate Rechtsform zur Verfügung gestellt, deren Struktur und Funktionsweise durch eine in allen Mitgliedstaaten unmittelbar geltende gemeinschaftsrechtliche Verordnung geregelt wird (Erwägungsgrund 6). Hierdurch wird die Gründung und Leitung von Unternehmen europäischen Zuschnitts ermöglicht, ohne dass die bestehenden Unterschiede der nationalen Rechtsordnungen dafür ein Hindernis darstellen könnten (Erwägungsgrund 7). Die Verordnung schließt damit zu den Realitäten einer international und global ausgerichteten Unternehmenslandschaft auf, mit deren Fortschritt die Rechtsentwicklung in der EU nicht Schritt gehalten hat.[14] Überdies führt die Verordnung zu einer wesentlichen Vereinfachung internationaler Unternehmensumstrukturierungen. Erstmals werden europaweit rechtliche Grundlagen für grenzüberschreitende Verschmelzungen, Holdinggründungen und Sitzverlegungen geschaffen. Zu den Vorzügen der SE zählt auch, dass sie eine flexible Binnenorganisation der Gesellschaft ermöglicht. Die SE-VO räumt den Gesellschaften Wahlfreiheit zwischen dualistischer und monistischer Unternehmensführung ein, was einen – verglichen mit vielen nationalen Rechtsordnungen – erheblichen Zugewinn an Gestaltungsfreiheit bedeutet.[15] Schließlich eröffnet die SE-ErgRiL – jedenfalls theoretisch – die Möglichkeit, eine maßgeschneiderte, dem Unternehmen angepasste Mitbestimmungsregelung einzuführen, die nicht zwingend an die Beschränkungen des nationalen Rechts gebunden ist.[16] Die organbezogene Mitbestimmung bleibt nicht mehr vorgegebener Teil der Unternehmensverfassung, sondern wird verhandelbar.[17] Möglich ist sogar die Entstehung einer gänzlich mitbestimmungsfreien SE.[18] Zu diesen Vorteilen rechtlicher Art treten weitere Vorzüge hinzu. Hier sind zunächst psychologische Aspekte zu nennen. Der Rechtsformzusatz SE, der in der Firma zu führen ist (Art. 11) wird imageprägend sein.[19] Er signalisiert Internationalität und Größe und verleiht damit Prestige.[20] Das „Standing" als europäisches Unternehmen führt möglicherweise

---

13 Siehe schon *Vasseur*, ZHR (127) 1965, 177 ff.

14 *Schwarz*, ZIP 2001, 1847, 1859; *Stengel*, in: Semler/Volhard, Hdb. Unternehmensübernahmen, § 17 Rn. 389.

15 Siehe aber *Götz*, ZIP 2003, 1067, der wegen des sich dann stärker auswirkenden Einflusses der Arbeitnehmermitbestimmung bezweifelt, dass das monistische System in Deutschland praktische Bedeutung erlangt.

16 *Kallmeyer*, DB 2003, Gastkommentar (Heft 5).

17 *Wiesner*, ZIP 2001, 397.

18 *Pluskat*, DStR 2001, 1483, 1488. Vgl. die Überlegungen bei *Kallmeyer*, AG 2003, 197, 201.

19 *Kallmeyer*, DB 2003, Gastkommentar (Heft 5); *Wenz*, AG 2003, 185, 188 spricht von der Herausbildung einer „Europäischen Corporate Identity und Culture".

20 *Raiser*, in: FS für Semler, 1993, S. 277, 279 und 296.

zu einer positiveren Wahrnehmung bei Kunden und öffentlichen Stellen.[21] Außerdem vermag der Status als Gesellschaft europäischen Rechts die nationalen Befindlichkeiten bei grenzüberschreitenden Kooperationen zu besänftigen.[22] Die Gründung einer SE erscheint als Zusammenschluss unter Gleichen und nicht als Übernahme des einen Unternehmens durch das andere.[23] Bei großen und geschichtsträchtigen Unternehmen spielt die Frage, in welchem Mitgliedstaat das künftige zusammengeschlossene Unternehmen seinen Sitz hat, eine erhebliche Rolle. Die Wahl der Rechtsform SE kann die nationale Bindung, die durch den Sitz in einem bestimmten Mitgliedstaat besteht, vergessen lassen. Hierdurch wird es dem Fusionspartner erleichtert, einer Sitzwahl in einem anderen Mitgliedstaat zuzustimmen.[24] Schließlich spricht für die SE, dass durch sie Konzernstrukturen, wie sie bei grenzüberschreitenden Unternehmenskonzentrationen an der Tagesordnung sind, überflüssig werden. An die Stelle von ausländischen Tochtergesellschaften und Holdinggesellschaften tritt eine einzelne SE mit unselbständigen Niederlassungen in den anderen Mitgliedstaaten. Dadurch werden zwischengeschaltete Managementebenen überflüssig. Die Folge ist eine effizientere und kostengünstigere Verwaltung des Gesamtunternehmens.[25] Der Rat für Wettbewerbsfähigkeit schätzt die dadurch möglichen Kosteneinsparungen auf bis zu 30 Mrd. US-Dollar.[26] In der SE steckt also durchaus Synergiepotenzial.

Diesen Vorzügen der Rechtsform SE stehen jedoch auch einige – zum Teil gewichtige – Nachteile gegenüber. Das Regelungskonzept der Verordnung, das auf die Ergänzung durch nationales Recht angelegt ist,[27] ist in seiner Anwendung kompliziert und daher beratungsintensiv. Die Verhandlungen über die Arbeitnehmerbeteiligung können gerade bei Verschmelzungsgründungen bis zu einem Jahr dauern. Dies ist für Unternehmen, die der ad hoc-Mitteilungspflicht unterliegen,[28] gewiss keine verlockende Perspektive, müssten sie doch eine Fusion öffentlich ankündigen, ohne überhaupt Einigung über die künftige Corporate Governance erzielt zu haben.[29] Ebenfalls negativ wirkt sich aus, dass die Verordnung dem Satzungsgeber enge Fesseln anlegt. Die Gestaltungsfreiheit wird durch die gemeinschaftsrechtliche Satzungsstrenge nach Art. 9 Abs. 1 Buchst. b erheblich eingeschränkt.[30] Die SE dürfte daher – entgegen den Intentionen des

---

21 *Kallmeyer*, AG 2003, 197, 200.

22 *Ch. Teichmann*, ZGR 2002, 383, 389.

23 *Kallmeyer*, AG 2003, 197, 200.

24 *Thoma/Leuering*, NJW 2002, 1449, 1454; *Kallmeyer*, in: v. Rosen, Studien des Deutschen Aktieninstituts, Heft 21, 2003, S. 20.

25 *Hopt*, ZIP 1998, 96, 100; *Bungert/Beier*, EWS 2002, 1, 9; *Wenz*, AG 2003, 185, 187.

26 *Monti*, WM 1997, 607.

27 Dazu unten Teil 2, S. 18 ff.

28 Zur Anwendbarkeit des § 15 Abs. 6 WpHG auf SE-Gründungen *Kalss*, ZGR 2003, 593, 637.

29 *Götz*, ZIP 2003, 1067.

30 Krit. dazu *Hommelhoff*, AG 2001, 279, 287; *ders.*, in: FS für Ulmer, 2003, S. 267, 272 ff;

europäischen Gesetzgebers[31] – nur geringe Anziehungskraft auf kleine und mittlere Unternehmen ausüben.[32] Es kann nicht bestritten werden, dass die SE nach ihrer Konzeption und Grundstruktur auf international tätige Großunternehmen zugeschnitten ist.[33]

Das „Flaggschiff des europäischen Gesellschaftsrechts", wie die SE genannt wird,[34] kann am 8. Oktober 2004 zum ersten Mal in See stechen. An diesem Tag tritt die Verordnung in Kraft (Art. 70). Man darf bereits jetzt gespannt sein, wie die SE von der Unternehmenspraxis angenommen wird. Eine gewisse Skepsis ist nicht zu überhören.[35] Man zweifelt an der Praxistauglichkeit der SE. Die Spitzenverbände der deutschen Wirtschaft bezeichneten schon den Verordnungsvorschlag von 1989 wegen seiner zahlreichen Verweisungen in das nationale Recht als für die Praxis „kaum noch brauchbar".[36] Dieses Urteil ist jedoch ungerechtfertigt. Man darf nicht außer Acht lassen, dass die Gründung einer SE keine gewöhnliche Gesellschaftsgründung darstellt, wie man sie aus den nationalen Rechtsordnungen kennt. Es handelt sich um eine grenzüberschreitende Strukturmaßnahme, an der in der Regel mehrere Unternehmen aus verschiedenen Mitgliedstaaten teilnehmen. Die Komplexität des SE-Rechts entspricht damit nur der Komplexität des Sachverhalts, den es regeln soll. Der Maßstab, an dem das SE-Recht zu messen ist, kann daher nicht die gewöhnliche Gründung einer AG nationalen Rechts sein, sondern internationale Unternehmenszusammenführungen von der Größenordnung *Daimler/Chrysler* oder *Hoechst/Rhône-Poulenc*. Nimmt man die aufwändigen rechtlichen Konstruktionen, die diesen Vorgängen zugrunde liegen, zum Vergleich, schneidet die SE nicht schlecht ab.[37]

Dennoch werden die nationalen Gesetzgeber, die Praxis und die Rechtswissenschaft noch erhebliche Vorarbeiten leisten müssen, damit die SE nicht bereits

---

Kallmeyer, in: v. Rosen, Studien des Deutschen Aktieninstituts, Heft 21, 2003, S. 17.

31 Erwägungsgrund 13.

32 *Hommelhoff*, AG 1990, 422, 433 f.; *ders.*, in: Müller-Graff, Gemeinsames Privatrecht in der Europäischen Gemeinschaft, S. 361, 372 f.; *Merkt*, in: Jahrbuch Junger Zivilrechtswissenschaftler 1991, S. 169, 174 f.; *ders.*, BB 1992, 652, 655; *Ch. Teichmann*, ZGR 2002, 383, 388 f.

33 *Hommelhoff*, AG 2001, 279, 287.

34 *Hopt*, ZIP 1998, 96, 99.

35 Vgl. *Kallmeyer*, DB 2003, Gastkommentar (Heft 5), der sogar vom „schlechten Ruf" der SE spricht. Siehe auch *Schlüter*, EuZW 2002, 589, 591, der nur eine „gering ausgeprägte Akzeptanz" der SE erwartet, oder *Götz*, ZIP 2003, 1067.

36 Zit. nach *Hauschka*, EuZW 1990, 182 (Fn. 16).

37 So zu Recht *Ch. Teichmann*, ZGR 2002, 383, 384 f. Siehe auch die betriebswirtschaftlichen Untersuchungen von *Buchheim*, Europäische Aktiengesellschaft und grenzüberschreitende Konzernverschmelzung, Der aktuelle Entwurf der Rechtsform aus betriebswirtschaftlicher Sicht, 2001 und *Wenz*, in: Theisen/Wenz, S. 555 ff. sowie *ders.*, AG 2003, 185 ff., die ein durchaus positives Fazit ziehen.

auf ihrer Jungfernfahrt Schiffbruch erleidet. In den Mittelpunkt der Betrachtung wird dabei zwangsläufig die Gründung der SE rücken, die nicht ohne Grund den Regelungsschwerpunkt der SE-VO bildet. Die vorliegende Arbeit setzt sich zum Ziel, das Recht der Gründung der SE darzustellen und zu erläutern. Hierdurch soll ein Beitrag zur wissenschaftlichen Durchdringung des SE-Rechts geleistet werden. Nur durch die rechtzeitige und intensive wissenschaftliche Befassung kann es gelingen, dass die SE von der Praxis als taugliches Modell der Unternehmenszusammenführung und –organisation akzeptiert wird.[38] Diese Arbeit soll einen Teil dazu beitragen und der Praxis und der Rechtsprechung Hilfestellung im Umgang mit dieser völlig neuen Rechtsform bieten.

B. Gang der Untersuchung

Die Untersuchung nimmt folgenden Verlauf:

Im ersten Teil werden die allgemeinen Grundlagen der SE-Gründung vorgestellt. Der zweite Teil widmet sich der Bestimmung des auf die Gründung einer SE anwendbaren Rechts. Im Mittelpunkt der Untersuchung stehen dabei die Verweisungsvorschriften der SE-VO, die das Bindeglied zwischen gemeinschaftsrechtlicher und nationaler Rechtsebene darstellen. Teil 3 der Arbeit beschäftigt sich mit der Frage, wer zur Gründung einer SE berechtigt ist. Hier werden die in Art. 2 enthaltenen Zugangsvoraussetzungen untersucht. In den Teilen 4 bis 7 werden die primären Gründungsformen Verschmelzung (Teil 4), Holding-SE (Teil 5), gemeinsame Tochter-SE (Teil 6) und Umwandlung (Teil 7) behandelt. Im Mittelpunkt stehen hier die Art. 15 bis 37, die das Verfahren der SE-Gründung regeln. Die Untersuchung folgt dabei für jede Gründungsform einem grundsätzlich einheitlichen Schema. Zunächst werden die allgemeinen Grundlagen der jeweiligen Gründungsform dargestellt. Sodann werden die Voraussetzungen der Gründungsberechtigung kurz zusammengefasst. Daran schließt sich eine Untersuchung des Gründungsverfahrens und der Rechtsfolgen der jeweiligen Gründungsform an. Der achte Teil der Arbeit beschäftigt sich schließlich mit der in Art. 3 geregelten Gründung unter Beteiligung einer SE als Gründer.

Die vorliegende Arbeit stellt das Recht der Gründung der SE aus der Perspektive des deutschen Rechts dar. Soweit auf die SE-Gründung nationales Recht Anwendung findet, wird auf deutsches Recht abgestellt. Das gilt auch im Hinblick auf das nationale Ausführungsgesetz, das die verschiedenen Regelungsaufträge und –verpflichtungen der Verordnung umsetzt. Grundlage der Untersuchung ist insoweit der Regierungsentwurf vom 26. Mai 2004 für ein Gesetz zur Ausführung der Verordnung (EG) Nr. 2157/2001 des Rates vom 8. Oktober 2001 über das Statut der Europäischen Gesellschaft (SE) (SE-Ausführungsgesetz – SEAG)

---

38 Zu Recht *Kallmeyer*, in: v. Rosen, Studien des Deutschen Aktieninstituts, Heft 21, 2003, S. 15.

(nachfolgend „SEAG-RegE").[39] Ein Ausblick auf andere nationale Rechte wird nur dort vorgenommen, wo dies zum besseren Verständnis beiträgt.

Nicht Gegenstand dieser Arbeit ist die Festlegung der Arbeitnehmermitbestimmung in der SE, die Fragen zur Vorgesellschaft (vgl. Art. 16 Abs. 2) sowie die Rückumwandlung einer SE in eine nationale Gesellschaftsform[40].

---

39 BR-Drs. 438/04 v. 28.5.2004. Siehe auch den Diskussionsentwurf (nachfolgend „SEAG-DiskE"; abgedruckt in AG 2003, 204 ff.).

40 Dazu *Oplustil/Schneider*, NZG 2002, 13 ff.

Teil 1: Grundlagen der SE-Gründung

A. Gesetzesaufbau

Die Verordnung regelt die Gründung der SE in den Art. 2 und 3 sowie in den Art. 15 bis 37. Die Art. 2 und 3 zählen die zulässigen Gründungsformen auf und bestimmen, wer zur Gründung einer SE berechtigt ist. Das Verfahren der Gründung ist im Titel II der SE-VO (Art. 15 bis 37) geregelt. Der Titel ist in fünf Abschnitte untergliedert. Der Abschnitt 1 enthält allgemeine Regelungen, die für alle Gründungsformen gelten (Art. 15 und 16). In Abschnitt 2 ist das Verfahren der Gründung einer SE durch Verschmelzung geregelt (Art. 17 bis 31). Abschnitt 3 bestimmt das Verfahren für die Gründung einer Holding-SE (Art. 32 bis 34). Abschnitt 4 enthält Regelungen zur Gründung einer gemeinsamen Tochter-SE (Art. 35 und 36). Abschnitt 5 legt das Verfahren der Gründung einer SE durch Umwandlung fest (Art. 37).

B. Rechtsnatur und Wesen der SE-Gründung

Die Gründung einer SE ist der Sache nach ein Fall der Umstrukturierung bestehender Unternehmen. Eine SE kann nicht „aus dem Nichts heraus auf der grünen Wiese" gegründet werden.[1] Für originäre Gesellschaftsgründungen („Urgesellschaft") steht die SE nicht zur Verfügung.[2] Die SE ist als Vehikel für „Umstrukturierungs- und Kooperationsmaßnahmen"[3] europäischer Unternehmen konzipiert. Durch Gründungsvorgänge nach der SE-VO werden grenzüberschreitende Restrukturierungen bestehender Unternehmensorganisationen ermöglicht. Dies schließt nicht aus, dass eine SE durch direkte Zeichnung des Gesellschaftskapitals gegründet wird.[4] Die Berechtigung zur Gründung einer SE ist allerdings bereits bestehenden Gesellschaftsformen vorbehalten.[5] Die SE-VO hat also nicht den Existenz- und Unternehmensgründer im Blick, der sich für eine Gesellschaftsform entscheiden muss.

Das Besondere an der Gründung einer SE als Restrukturierungsmaßnahme ist, dass die mitgliedstaatliche Rechtsebene verlassen wird. Es handelt sich um einen Fall der mitgliedstaatlich-gemeinschaftsrechtlichen Statut-Mobilität, bei dem ein mitgliedstaatlicher Unternehmensträger sein Mitgliedstaats-Statut auf-

---

1 *Kallmeyer*, in: v. Rosen, Studien des Deutschen Aktieninstituts, Heft 21, 2003, S. 19.

2 *Schnyder*, in: FS für Druey, 2002, S. 569, 575; *Schulz/Geismar*, DStR 2001, 1078, 1081.

3 Erwägungsgrund 3

4 Vgl. die Gründungsformen gemeinsame Tochter-SE (Art. 2 Abs. 3) und Ausgründung einer Tochter-SE (Art. 3 Abs. 2). Missverständlich insofern *Blanquet*, ZGR 2002, 20, 44.

5 Zur Gründerfähigkeit siehe unten Teil 3 C, S. 75 ff.

gibt, um sich dem Gemeinschaftsrecht zu unterstellen. Die SE-Gründung stellt daher eine vertikal aufsteigende Restrukturierung dar.[6]

C. System der Normativbestimmungen

Die SE besitzt Rechtspersönlichkeit (Art. 1 Abs. 3), ist also juristische Person. Die SE-VO macht den Erwerb der Rechtspersönlichkeit nicht von einem staatlichen Verleihungsakt (Konzession), sondern von einem System der Normativbestimmungen abhängig.[7] Eine SE kann demnach frei gebildet werden, wenn die Gründer die von der Verordnung normierten Voraussetzungen erfüllen. Bevor die SE durch Eintragung Rechtspersönlichkeit erwirbt (Art. 16 Abs. 1) findet eine Rechtmäßigkeitskontrolle statt, in der die Erfüllung dieser Voraussetzungen geprüft wird.[8] Zweckmäßigkeitserwägungen dürfen der Eintragung einer SE nicht entgegengehalten werden.[9]

Eine Ausnahme vom System der Normativbestimmungen findet sich in Art. 19. Die Vorschrift ermächtigt die Mitgliedstaaten dazu, ihren Behörden die Möglichkeit zum Einspruch gegen eine Verschmelzungsgründung einzuräumen. Die Vorschrift hat allerdings Ausnahmecharakter. Von einer Umsetzung in deutsches Recht sollte abgesehen werden.[10]

D. Einheits- oder Stufengründung

Die Unterscheidung von Einheits- und Stufengründung[11] hat bei der SE-Gründung keine eigenständige Bedeutung. Sofern bei der SE-Gründung ein neuer Rechtsträger entsteht, findet der Aktienerwerb entweder kraft Gesetzes statt (Verschmelzung gemäß Art. 29 Abs. 1 Buchst. b und Abs. 2 Buchst. b) oder hängt gemäß Art. 15 Abs. 1 vom Sitzstaatrecht der SE ab (gemeinsame Tochter-SE, Ausgründung einer Tochter-SE). Sofern eine Tochter-SE mit Sitz in Deutschland errichtet werden soll, kommt nur eine Einheitsgründung in Betracht. Daher müssen die Gründer selbst alle Aktien zeichnen und dürfen diese nicht sogleich dem Publikum anbieten (§§ 2, 23 Abs. 2 Nr. 2, 29 AktG).[12]

---

6 *Kreuzer*, EuZW 1994, 73 f.

7 SE-VOV 1970, Begründung zu Titel II, S. 9. Die Einführung eines Konzessionssystems wurde zu Recht als nicht praktikabel erachtet (*Sanders*, Vorentwurf, S. 27; *v. Caemmerer*, in: FS für Kronstein, 1967, S. 171, 196; *ders.*, in: Europäische Handelsgesellschaft und Angleichung des nationalen Gesellschaftsrechts, 1968, S. 54, 58) und wäre außerdem in Widerspruch zu den rechtlichen und wirtschaftspolitischen Auffassungen in den Mitgliedstaaten gestanden (*von der Groeben*, AG 1967, 95, 98).

8 Vgl. Art. 25 ff. oder Art. 33 Abs. 5.

9 *Barz/Lutter*, in: Lutter, Europäische Aktiengesellschaft, S. 28.

10 Siehe unten Teil 4 B.IV, S. 139.

11 Dazu *Karsten Schmidt*, GesR, § 27 II 1, S. 785.

12 Die Konzeption der Einheitsgründung lag auch dem Sanders-Vorentwurf zugrunde. Dort heißt es in den Erläuterungen unter der Überschrift „Simultangründung“ (Sanders, Vor-

Eine Sonderrolle nimmt die Holding-SE ein, bei der Satzungsfeststellung und Aktienübernahme auseinanderfallen, weil Gründer und Erstaktionäre personenverschieden sind. Insofern weist die Gründung der Holding-SE Züge der Stufengründung auf.[13]

E. Numerus clausus der Gründungsformen

Eine SE wird unter den Voraussetzungen und in der Weise gegründet, die in der Verordnung vorgesehen sind (Art. 1 Abs. 1). Daraus folgt, dass die in Art. 2 und 3 enthaltene Aufzählung zulässiger Gründungsformen abschließend ist. Weitere Gründungsformen sind von der Verordnung nicht vorgesehen und können auch nicht aus mitgliedstaatlichem Recht abgeleitet werden. Es besteht ein numerus clausus der Gründungsformen.[14] Die zulässigen Gründungsformen können auch nicht miteinander kombiniert werden (Typenzwang). Für eine SE-Gründung stehen demnach fünf Varianten zur Verfügung:

- Verschmelzung (Art. 2 Abs. 1);[15]
- Holding-SE (Art. 2 Abs. 2);
- gemeinsame Tochter-SE (Art. 2 Abs. 3);
- Umwandlung (Art. 2 Abs. 4);
- Ausgründung einer Tochter-SE aus einer SE (Art. 3 Abs. 2).

I. Nicht zulässige Gründungsformen

Keine zulässige Gründungsform stellt die Spaltung dar. Folgende Gründungsvarianten stehen daher nicht zur Verfügung:[16]

- Aufspaltung einer mitgliedstaatlichen Gesellschaft in zwei SE oder eine SE und eine mitgliedstaatliche Gesellschaft;[17]
- Abspaltung von einer mitgliedstaatlichen Gesellschaft auf eine SE;[18]
- Ausgliederung eines Unternehmensteils einer mitgliedstaatlichen Gesellschaft auf eine SE.

---

entwurf, S. 27): „Die Vorschriften über die Europäische Aktiengesellschaft sollen so einfach wie möglich gestaltet werden. Schon aus diesem Grunde empfiehlt es sich, nur die Einheitsgründung vorzusehen. Bei einer solchen werden alle Aktien von den Personen übernommen, die zugleich auch die Satzung festlegen. Alle Erstaktionäre sind 'insider'. Auf die Schutzbestimmungen für die 'outsider', die die Regelung der Sukzessivgründung komplizieren, kann bei der Simultangründung verzichtet werden."

13 Siehe unten Teil 5 C.III.3.a)cc)(1)(a), S. 316.

14 *Würdinger*, DB 1975, 1301; *Hommelhoff*, AG 2001, 279, 280; *Schwarz*, ZIP 2001, 1847, 1850; *Neun*, in Theisen/Wenz, S. 62; *Waclawik*, DB 2004, 1191, 1192.

15 Entweder als Verschmelzung durch Aufnahme (Art. 17 Abs. 2 Unterabs. 1 Buchst. a) oder als Verschmelzung durch Neugründung (Art. 17 Abs. 2 Unterabs. 1 Buchst. b),

16 *Kreuzer*, EuZW 1994, 73, 75 Fn. 25.

17 Vgl. Art. 21 Sechste RiL.

18 Vgl. Art. 25 Sechste RiL.

Die Nichtaufnahme der Spaltung ist rechtspolitisch zu bedauern.[19] Der europäische Gesetzgeber hätte die Spaltung als eigenständige Gründungsform wegen der durch die Sechste RiL erzielten Rechtsangleichung ohne großen Aufwand regeln können. Ein praktisches Bedürfnis für diese Gründungsvariante wäre jedenfalls gegeben. Nationale Gesellschaften, die beispielsweise ihren europaweiten Vertrieb ausgliedern und rechtlich verselbständigen wollen, könnten dann den entsprechenden Teil ihres Betriebs auf eine Tochter-SE im Wege der partiellen Gesamtrechtsnachfolge ausgliedern. Umständliche und kostspielige Hilfskonstruktionen würden dadurch entbehrlich.[20]

Es ist indessen nicht ausgeschlossen, dass die Spaltung im Rahmen der bestehenden Gründungsformen eine Rolle spielt. So ist zu prüfen, ob eine gemeinsame Tochter-SE (Art. 2 Abs. 3 i.V.m. Art. 35 f.) durch Spaltung gegründet werden kann.[21] Dieselbe Frage stellt sich für die Ausgründung einer Tochter-SE aus einer SE (Art. 3 Abs. 2).[22]

Eine SE kann außerdem nicht durch bloßen Anteilserwerb an einer ausländischen Gesellschaft gegründet werden.[23] Der Abschluss bloßer Unternehmensverträge über die Grenze hinweg stellt ebenfalls keinen Gründungstatbestand dar (z.B. Beherrschungs- oder Gewinnabführungsverträge).[24]

II. Gesellschaftsrechtliche Gestaltungsfreiheit und Umgehungsschutz

Der numerus clausus der Gründungsformen schränkt die gesellschaftsrechtliche Gestaltungsfreiheit erheblich ein.[25] Weitere Einschränkungen ergeben sich aus den strengen Anforderungen an die Gründungsberechtigung, die der Art. 2 aufstellt.[26] In der Rechtspraxis wird man sich daher – wie bei jedem Rechtszwang – auf Ausweichlösungen und Umgehungsgestaltungen gefasst machen müssen.[27]

> *Beispiel*: Die für eine Umwandlung nach Art. 2 Abs. 4 erforderliche Zweijahresfrist könnte dadurch umgangen werden, dass eine ausländische Tochtergesellschaft gegründet wird, die

---

[19] Ebenso *Kreuzer*, EuZW 1994, 73, 77; *Schulz/Geismar*, DStR 2001, 1078, 1081.

[20] Beispiel nach *Hommelhoff*, AG 1990, 422, 424: Eine deutsche GmbH gründet in Deutschland und in Luxemburg je eine Tochteraktiengesellschaft nationalen Rechts und verschmelzt die beiden Töchter anschließend nach Art. 2 Abs. 1 zur Tochter-SE mit Sitz in Luxemburg oder Deutschland.

[21] Dazu unten Teil 6 C.II.1, S. 391.

[22] Dazu unten Teil 8 C.II.2.b), S. 442.

[23] Davon zu trennen ist die Frage, ob die Beteiligung an einer ausländischen Gesellschaft Voraussetzung der Gründungsberechtigung ist; siehe dazu unten Teil 2 E.II.3.b), S. 121.

[24] *Hirte*, NZG 2002, 1, 4. Entsprechende Überlegungen finden sich bei *Ficker*, NJW 1970, 1569, 1572 ff.

[25] *Hommelhoff*, AG 2001, 279, 280 f.

[26] Zur Gründungsberechtigung siehe unten Teil 3, S. 67 ff.

[27] Vgl. *Wiedemann*, in: Lutter/Wiedemann (Hrsg.), Gestaltungsfreiheit im Gesellschaftsrecht, S. 5, 14.

> sogleich auf die Muttergesellschaft verschmolzen wird (Art. 2 Abs. 1).
>
> *Beispiel*: Zwei Gründungsgesellschaften könnten das wirtschaftliche Ergebnis einer Verschmelzung dadurch erreichen, dass sie ihr Gesellschaftsvermögen im Wege der Einzelrechtsnachfolge auf die gemeinsame Tochter-SE übertragen. Somit ließe sich möglicherweise das strenge Gründungsverfahren der Verschmelzung nach Art. 17 ff. vermeiden.

Dies führt zu der Frage, ob die mögliche Umgehung der Gründungsvoraussetzungen der einen Gründungsform ein Zugangshindernis zu einer anderen Gründungsform begründen kann. Oder umgekehrt: Besteht ein Umgehungsschutz dergestalt, dass zwingende Schutzvorschriften der einen Gründungsform im Wege der Analogie auf eine andere Gründungsform Anwendung finden?[28]

Beides ist abzulehnen. Der Verordnungsgeber hat trotz immenser Vorlaufzeit im Gesetzgebungsverfahren darauf verzichtet, an alle Gründungsformen einheitliche Anforderungen zu stellen. Dies gilt für die Frage der Gründungsberechtigung (vgl. Art. 2 Abs. 1 bis Abs. 4) ebenso wie für das Verfahren[29]. Die Systematik der Verordnung lässt erkennen, dass die Unterschiede der jeweiligen Gründungsformen grundsätzlich gewollt sind. Es wird daher in der Regel an der für eine Analogiebildung erforderlichen planwidrigen Regelungslücke fehlen.[30] Beispielhaft ist die Gründungsform gemeinsame Tochter-SE (Art. 2 Abs. 3) zu nennen. Auf ein den anderen Gründungsformen vergleichbares Gründungsverfahren wurde hier ausdrücklich verzichtet, weil ein solches „verglichen mit der heutigen Praxis in den Mitgliedstaaten als zu schwerfällig empfunden wurde".[31] Eine analoge Anwendung der Art. 17 ff. kommt daher nicht in Betracht.[32] Man wird deshalb jede Gründungsform grundsätzlich als in sich abgeschlossenen Regelungskomplex zu begreifen haben. Dies schließt die analoge Anwendung einzelner Regelungen der einen Gründungsform auf die andere Gründungsform nicht aus. Die analoge Anwendung kann allerdings nicht mit Hinweis auf die mögliche Umgehung einer strengeren Gründungsform begründet werden.

Der Umgehungsverdacht begründet auch kein Zugangshindernis zu bestimmten Gründungsformen. Zum einen sind die Grenzen zwischen unzulässiger Umgehung und berechtigter Inanspruchnahme der gesetzlichen Wahlmöglichkeiten kaum eindeutig zu bestimmen.[33] Zum anderen ist die gesellschaftsrechtliche Gestaltungsfreiheit im Falle der SE-Gründung ohnehin bereits so stark einge-

---

[28] Grundlegend *Hommelhoff/Ch. Teichmann*, SZW 2002, 1, 9; *Ch. Teichmann*, ZGR 2002, 383, 412.

[29] Siehe den Allgemeinen Teil des Gründungverfahrens, der gerade aus zwei Artikeln (Art. 15, 16) besteht.

[30] Zur Analogiebildung in der SE-VO siehe unten Teil 2 C, S. 55.

[31] SE-VOV 1991, Begründung zu Art. 35 bis 37, S. 6.

[32] A.A. *Casper*, in: FS für Ulmer, 2003, S. 51, 63.

[33] So zu Recht *Neun*, in: Theisen/Wenz, S. 63 f.

schränkt, dass man nicht noch weitere „ungeschriebene" Zugangshindernisse konstruieren sollte. Man sollte die im Angebot verschiedener Gründungsformen zum Ausdruck kommende Wahlfreiheit vielmehr hinnehmen und der Versuchung einer systematischen Angleichung der Gründungsvoraussetzungen im Zweifelsfalle widerstehen.

F. Einteilung der Gründungsformen

I. Primäre und sekundäre Gründungsformen

Geläufig ist die Einteilung in primäre und sekundäre Gründungsformen.[34] Als primäre Gründungsformen werden die in Art. 2 Abs. 1 bis 4 geregelten Gründungstatbestände bezeichnet (Verschmelzung, Holding-SE, gemeinsame Tochter-SE, Umwandlung). Daneben tritt die Ausgründung einer Tochter-SE aus einer bestehenden SE gemäß Art. 3 Abs. 2. Hierbei handelt es sich um eine sekundäre Gründungsform, weil sie die vorangehende Gründung einer SE voraussetzt.[35] Zugleich ist dies der einzige Fall, in dem die SE-VO eine Einmann-Gründung zulässt.[36]

II. Bi- oder multilaterale und unilaterale Gründungsformen

Weiterhin kann unterschieden werden zwischen Gründungsformen, welche die Beteiligung von mindestens zwei Gründungsrechtsträgern voraussetzen (bi- oder multilaterale G.), und solchen, bei denen nur ein Gründungsrechtsträger vorliegt (unilaterale G.). Bi- oder multilaterale Gründungsformen sind die Verschmelzung, die Holding-SE und die gemeinsame Tochter-SE. Ein einzelner Gründungsrechtsträger kann eine SE nur im Wege der Umwandlung und – sofern es sich bei ihm selbst um eine SE handelt – im Wege der Ausgründung einer Tochter-SE aus einer bestehenden SE gründen (Art. 3 Abs. 2).

Bei den multilateralen Gründungsformen scheidet zwangsläufig die Möglichkeit einer Einpersonengründung aus. Die nachträgliche Vereinigung aller Aktien in einer Hand oder das Absinken der Zahl der Gesellschafter unter die bei der Gründung vorausgesetzte Mindestmarke haben indes weder bei der Holding-SE noch bei der gemeinsamen Tochter-SE Auswirkungen auf deren Bestand (vgl. Art. 5 Zweite RiL).

---

34 So zunächst *Hommelhoff*, AG 2001, 279, 280. Anzutreffen sind auch die Begriffe „originäre" und „derivative" Gründungsformen; *Pluskat*, EuZW 2001, 525, 527 Fn. 31. Vgl. auch *Lutter*, BB 2002, 1, 4; *Hirte*, NZG 2002, 1, 4; *Ch. Teichmann*, ZGR 2002, 383, 409.

35 *Kallmeyer*, AG 2003, 197, 199. *Göke*, S. 104 spricht im Hinblick auf die Gründungsmöglichkeit des Art. 3 Abs. 2 anschaulich von der Gründung einer „2. SE-Generation".

36 Die Umwandlung (Art. 2 Abs. 4 i.V.m. Art. 37) verläuft identitätswahrend, ohne dass ein neuer Rechtsträger entsteht.

III. Konzernbildende Gründungsformen

Die SE ist ein „genuiner Konzernbaustein“[37]. Dies hängt mit den Rechtsfolgen aber auch mit den Voraussetzungen der Gründung einer SE zusammen.[38] Einige Gründungsformen führen zwangsläufig zum Entstehen von Gruppenstrukturen. Mitunter ist die Gruppeneinbindung der Gründungsgesellschaft sogar bereits Voraussetzung für den Zugang zur Rechtsform SE.[39] So begründen die Gründungsformen Holding-SE (Art. 2 Abs. 2) und gemeinsame Tochter-SE (Art. 2 Abs. 3) zwingend Unternehmensverflechtungen. Dasselbe trifft auf die Gründung einer Tochter-SE durch eine bestehende SE (Art. 3 Abs. 2) zu. Diese Gründungsformen schaffen automatisch Mutter-Tochter-Beziehungen.

Keine spezifisch konzernbildenden Maßnahmen stellen dagegen die Verschmelzung (Art. 2 Abs. 1) und die Umwandlung (Art. 2 Abs. 4) dar. Die Umwandlung setzt infolge der an sie gestellten Mehrstaatlichkeitsanforderungen (Auslandstochter) jedoch das Vorhandensein einer Konzernstruktur voraus. Somit ist auch die Umwandlungs-SE von vornherein auf Gruppeneinbindung angelegt.[40] Nur die Verschmelzung hat weder ihren Voraussetzungen noch ihren Rechtsfolgen zufolge zwingenden Bezug zu konzernrechtlichen Strukturen. Es ist allerdings davon auszugehen, dass auch die Verschmelzungs-SE in der Praxis regelmäßig Teil eines Unternehmensverbunds sein wird, sei es etwa als Konzernspitze oder als Zwischenholding.[41] Diese Erwartung hängt vor allem damit zusammen, dass die Rechtsform SE infolge der eingeschränkten Zugangsmöglichkeiten[42] weniger für kleine oder mittlere Unternehmen als für große (Konzern-)Unternehmungen interessant sein dürfte.[43] Der Verschmelzung könnte insbesondere im Rahmen eines bestehenden Konzerns Bedeutung als Umstrukturierungsmöglichkeit zukommen. So kann die Verschmelzung, da sie nicht Gründungsgesellschaften mit unterschiedlichem Gesellschafterkreis vorbehalten ist, als konzerninterne Umstrukturierungsmöglichkeit genutzt werden (z.B. zwischen Holdinggesellschaft und Tochtergesellschaft).[44]

Trotz der vorhandenen Relevanz enthält die SE-VO kein eigenständiges Konzernrecht. Ein solches war infolge der gegensätzlichen Rechtsvorstellungen in

---

[37] So *Hommelhoff*, AG 2003, 179. Siehe auch *Habersack*, ZGR 2003, 724 ff.; *ders.*, EuGesR, Rn. 418; *ders.*, in: Emmerich/Sonnenschein/Habersack, Konzernrecht, § 1 VII 2, S. 27 f.; *Hommelhoff*, AG 2001, 279, 282; *Hirte*, NZG 2002, 1, 10.

[38] Vgl. den in Art. 2 auf bestehende Gesellschaftsformen beschränkten Zugang zur Rechtsform SE.

[39] Vgl. die Art. 2 Abs. 2 Buchst. b., Abs. 3 Buchst. b und Abs. 4, die das Vorhandensein einer Tochtergesellschaft voraussetzen.

[40] *Hommelhoff*, AG 2001, 279, 281.

[41] *Hommelhoff*, AG 2001, 279, 281 f.

[42] Siehe unten Teil 3, S. 67 ff.

[43] So auch *Lutter*, AG 1990, 413, 418 f.

[44] *Sanna*, ELR 2002, 2, 7.

den Mitgliedstaaten politisch nicht durchsetzbar. Statt dessen richten sich die Rechte und Pflichten hinsichtlich des Schutzes von Minderheitsaktionären und Dritten „gemäß den Vorschriften und allgemeinen Grundsätzen des internationalen Privatrechts nach dem für das kontrollierte Unternehmen geltenden Recht".[45] Das Konzernrecht der SE ist nicht Gegenstand dieser Arbeit und kann hier auch nicht vertieft werden.[46] Es wird jedoch der Frage nachzugehen sein, ob und in welchem Umfang der Gedanke eines Konzernpräventivschutzes die Mitwirkung der Gesellschafter der Gründungsrechtsträger am Gründungsprozess erforderlich macht.[47] Im Übrigen bleibt zu erwähnen, dass die SE-VO einige wenige Sonderregelungen enthält, die sich mit Gruppenstrukturen beschäftigen. Für das Gründungsrecht von Interesse ist Art. 31. Dieser privilegiert die Verschmelzung einer Mutter- mit einer Tochtergesellschaft, indem er einige Verfahrensschritte für entbehrlich erklärt.[48]

IV. Einteilung nach der Auswirkung auf den Fortbestand der Gründungsrechtsträger

Der Zugang zur Rechtsform SE ist bestehenden Gesellschaften vorbehalten.[49] Für diese stellt sich die Frage, welche Auswirkungen die SE-Gründung auf ihre eigene rechtliche Existenz hat. Dabei ist zwischen den einzelnen Gründungsformen zu differenzieren. Während die Verschmelzung zum Erlöschen der übertragenden Gründungsgesellschaften führt (Art. 29 Abs. 1 Buchst. c und Abs. 2 Buchst. c), bleibt bei der Verschmelzung durch Aufnahme die aufnehmende Gründungsgesellschaft bestehen, wechselt aber die Rechtsform (Art. 17 Abs. 2 Unterabs. 2 S. 1 i.V.m. Art. 29 Abs. 1 Buchst. d). Auch bei der Umwandlung nimmt die Gründungsgesellschaft nur eine neue Rechtsform an, ohne ihre rechtliche Identität zu verlieren (Art. 37 Abs. 2). Keine Auswirkungen auf den Bestand der Gründungsgesellschaften haben schließlich die Errichtung einer Holding-SE oder einer gemeinsamen Tochter-SE.

V. Neugründungen und Gründungen im Wege einer Strukturmaßnahme

Im Schrifttum ist die Unterscheidung zwischen Neugründungen und Gründungen im Wege einer Strukturmaßnahme anzutreffen.[50] Als Neugründungen werden demnach die Gründung einer gemeinsamen Tochter-SE (Art. 2 Abs. 3) und

---

[45] Erwägungsgrund 15.

[46] Siehe dazu die eingehenden Darstellungen von *Ebert*, BB 2003, 1854 ff.; *Habersack*, ZGR 2003, 724 ff.; *Hommelhoff*, AG 2003, 179 ff.; *Maul*, Die faktisch abhängige SE (Societas Europaea) im Schnittpunkt zwischen deutschem und europäischem Recht, 1998; *dies.*, in: Theisen/Wenz, S. 399 ff.; *dies.*, ZGR 2003, 743 ff.; *Veil*, WM 2003, 2169 ff.

[47] Siehe dazu Teil 5 C.VI.1.a), S. 335, Teil 6 C.III.1.b), S. 392.

[48] Siehe dazu unten Teil 4 D, S. 280 ff.

[49] Dazu unten Teil 3 C, S. 75 ff.

[50] *Thoma/Leuering*, NJW 2002, 1449, 1451 ff.

die Ausgründung einer Tochter-SE aus einer SE (Art. 3 Abs. 2) verstanden. Gründungen durch Strukturmaßnahmen sind dagegen die Verschmelzung (Art. 2 Abs. 1), die Holding-SE (Art. 2 Abs. 2) und die Umwandlung (Art. 2 Abs. 4). Unterscheidungskriterium ist dabei die Zuständigkeit der Hauptversammlung, der jeweiligen Transaktion zuzustimmen.[51] Eine entsprechende Hauptversammlungskompetenz ist bei der Verschmelzung (Art. 23), der Holding-SE (Art. 32 Abs. 6) und der Umwandlung (Art. 37 Abs. 7) gegeben.

VI. SE-Gründungen mit und ohne Entstehung eines neuen Rechtsträgers

Ferner lässt sich abgrenzen zwischen Gründungsformen, bei denen ein neuer Rechtsträger entsteht, und solchen, bei denen dies nicht der Fall ist. Die Verschmelzung durch Neugründung, die Holding-SE, die gemeinsame Tochter-SE und die Ausgründung einer Tochter-SE sind mit der Entstehung einer neuen juristischen Person verbunden. Kein neuer Rechtsträger entsteht dagegen bei den Gründungsformen Verschmelzung durch Aufnahme und Umwandlung. Die aufnehmende bzw. formwechselnde Gründungsgesellschaft nimmt vielmehr unter Wahrung ihrer rechtlichen und wirtschaftlichen Identität die Rechtsform SE an (Art. 17 Abs. 2 Unterabs. 2 S. 1 i.V.m. Art. 29 Abs. 1 Buchst. d bzw. Art. 37 Abs. 2).

VII. Gründungsformen mit Vorbild in den nationalen Gesellschaftsrechten und europarechtliche Gründungsformen

Man kann auch danach differenzieren, ob für die jeweilige Gründungsform ein Pendant in den nationalen Gesellschaftsrechten existiert. Gründungsformen mit Vorbild in den nationalen Gesellschaftsrechten sind die Verschmelzung und die Umwandlung. Als europarechtliche Gründungsformen werden demgegenüber die Gründungsvarianten verstanden, für die es in dieser Form keine Spezialvorschriften in den nationalen Gesellschaftsrechten gibt. Gemeint sind die Holding-SE, die gemeinsame Tochter-SE sowie die Ausgründung einer Tochter-SE aus einer SE.[52]

VIII. Gründungsformen mit und ohne Vermögensübertragung

Die Gründungsformen wirken sich unterschiedlich auf das Gesellschaftsvermögen der Gründungsgesellschaften aus. Zu einer Gesamtrechtsnachfolge kommt es bei der Verschmelzung (Art. 29 Abs. 1 Buchst. a und Abs. 2 Buchst. a). Bei der Holding-SE kommt es zu keiner Übertragung von Gesellschaftsvermögen. Bei der gemeinsamen Tochter-SE müssen die Gründungsgesellschaften zur Erbringung des Grundkapitals Bar- oder Sachwerte übertragen. Gleiches gilt für

---

[51] *Lutter/Leinekugel*, ZIP 1998, 225, 230.

[52] *Kallmeyer*, AG 1990, 527, 529; *ders.*, in: v. Rosen, Studien des Deutschen Aktieninstituts, Heft 21, 2003, S. 19.

die Ausgründung einer Tochter-SE aus einer SE. Ohne Vermögensübertragung geht die Umwandlung vonstatten. Der bestehende Rechtsträger erhält lediglich eine andere Rechtsform, ohne dass sich etwas an der vermögensrechtlichen Zuordnung ändert.

G. Gründung und Arbeitnehmermitbestimmung

Das Gründungsverfahren nach der SE-VO und die Festlegung der Arbeitnehmermitbestimmung nach der SE-ErgRiL beeinflussen sich wechselseitig. Das Verhandlungsverfahren über die Arbeitnehmermitbestimmung ist nach der Offenlegung des Gründungsplans in die Wege zu leiten (Art. 3 Abs. 1 SE-ErgRiL). Die SE-ErgRiL enthält für die einzelnen Gründungsformen Sonderregelungen zum Verhandlungsverfahren. So ist beispielsweise ausgeschlossen, dass es bei einer Umwandlung zu einer Senkung des Mitbestimmungsstandards kommt (Art. 4 Abs. 4 SE-ErgRiL). Die SE kann erst eingetragen werden, wenn das Mitbestimmungsverfahren zum Abschluss gebracht worden ist (Art. 12 Abs. 2). Schließlich kann sich die Hauptversammlung einer Gründungsgesellschaft bei der Verschmelzung und der Holding-SE das Recht vorbehalten, dem Mitbestimmungsmodell in der SE zuzustimmen (Art. 23 Abs. 2 und Art. 32 Abs. 6 Unterabs. 2).

Die Gründung der SE und die Festlegung des Mitbestimmungsregimes verlaufen daher zwangsläufig parallel und miteinander verzahnt.[53] Das Verfahren zur Festlegung der Arbeitnehmermitbestimmung ist aber nicht Gegenstand dieser Arbeit.[54] Die damit zusammenhängenden Rechtsfragen sollen hier nur am Rande gestreift werden, soweit dies für das Verständnis der eigentlichen Gründungsvorschriften erforderlich ist.

---

[53] *Ch. Teichmann*, ZGR 2002, 383, 393.

[54] Vgl. die folgende Auswahl an Literatur zur SE-ErgRiL: *Heinze*, ZGR 2002, 67 ff.; *Henssler*, in: FS für Ulmer, 2003, S. 193 ff.; *Herfs-Röttgen*, NZA 2001, 424 ff.; *Köstler*, in: Theisen/Wenz, S. 301 ff.; *ders.*, ZGR 2003, 800 ff.; *Pluskat*, DStR 2001, 1483 ff.; *Reichert/Brandes*, ZGR 2003, 767 ff.

Teil 2: Anwendbares Recht

Bevor man sich den eigentlichen materiellen Rechtsfragen der SE-Gründung zuwendet, muss zunächst geklärt werden, aus welchen Quellen sich das Gründungsrecht der SE überhaupt schöpft.[1]

A. Regelungskonzeption der Verordnung

I. Vom Kodifikations- zum Verweisungskonzept

Die ersten Vorschläge für eine SE-VO (SE-VOV 1970 und 1975) enthielten ein vollständiges Gesetzbuch der Europäischen Aktiengesellschaft. Das Gesellschaftsrecht der SE sollte auf dieser Grundlage umfassend durch europäisches Recht und damit unabhängig von nationalem Recht geregelt werden.

Von diesem Konzept eines Vollstatuts ist der Gemeinschaftsgesetzgeber abgewichen. Ein umfassendes Gesellschaftsrecht der SE auf gemeinschaftsrechtlicher Ebene war politisch nicht durchsetzbar und wurde wegen der fortgeschrittenen Harmonisierung der mitgliedstaatlichen Rechte auch nicht mehr für erforderlich gehalten.[2] Die SE-VO ist das Resultat eines rechtspolitischen Kompromisses zwischen den Mitgliedstaaten, bei dem das Ausmaß der Vereinheitlichung in erster Linie von der Konsensfähigkeit und nicht vom Bedarf an Integration bestimmt worden ist. Die Verordnung arbeitet mit zahlreichen Verweisungsvorschriften, die ergänzend nationales Recht zur Anwendung berufen.[3] Es gibt also nicht die Europäische Aktiengesellschaft, sondern so viele unterschiedliche SE wie es unterschiedliche Aktienrechte in Europa gibt.[4] Der heutige Verordnungstext kommt deshalb mit 70 Artikeln aus im Vergleich zu dem 400 Artikel starken Verordnungsvorschlag von 1975.[5]

II. SE-Gründung und Verweisungskonzept

Primäre Rechtsquelle der SE-Gründung ist die Verordnung, wie Art. 1 Abs. 1 ausdrücklich klarstellt. Die Gründung der SE ist in der Verordnung verhältnismäßig ausführlich geregelt, was sich schon darin zeigt, dass sich von den 70 Artikeln der SE-VO 25 mit der Entstehung der SE beschäftigen.[6] *Hirte* hat dies zur

---

1 Die in Art. 9 Abs. 1 verankerte Normenhierarchie hat für die Gründung der SE keine Bedeutung, weil die Vorschrift nur auf die entstandene SE Anwendung findet („Die SE unterliegt ...").

2 Erwägungsgrund 9.

3 Allgemein zum Regelungskonzept bei europäischen Gesellschaftsformen *Schwarz*, Rn. 953 f. Krit. zur Verweisungskonzeption bei der SE-VO *Lutter*, AG 1990, 413, 420 f.

4 *Ulmer*, FAZ v. 21.3.2001, Nr. 68, S. 30; *Hirte*, NZG 2002, 1, 2; *Thoma/Leuering*, NJW 2002, 1449, 1450.

5 Vgl. *Lutter*, in: ders.: Europäische Aktiengesellschaft, S. VI.

6 Art. 2 und 3 und Art. 15 bis 37.

Feststellung veranlasst, die SE-VO gleiche äußerlich eher dem Umwandlungsgesetz als dem Aktiengesetz.[7] Dies darf jedoch nicht darüber hinwegtäuschen, dass die Verordnung auch im Bereich der SE-Gründung keine erschöpfende und in sich geschlossene Kodifikation anbietet. Die Sachnormen der Verordnung bleiben auf viele Rechtsfragen, welche die Gründung der SE betreffen, eine Antwort schuldig. Statt dessen ordnen zahlreiche Verweisungsnormen (z.B. Art. 15 Abs. 1, Art. 18, Art. 24 Abs. 1, Art. 36, Art. 37 Abs. 7 S. 2) die Anwendung nationalen Rechts an, sofern eine Rechtsfrage nicht gemeinschaftseinheitlich durch Sachnormen der Verordnung geregelt wird.[8]

Entsprechend dem Umfang ihres Anwendungsbereichs lassen sich die Verweisungsnormen in Spezialverweisungen und (partielle) Generalverweisungen unterteilen.[9] Spezialverweisungen verweisen nur für konkrete Rechtsfragen auf mitgliedstaatliches Recht, z.B. Art. 24 Abs. 1 für den Gläubigerschutz oder Art. 37 Abs. 7 S. 2 für die Beschlussfassung. Partielle Generalverweisungen bestimmen für einen bestimmten Regelungskomplex das anwendbare Recht, z.B. Art. 15 Abs. 1 für die Gründung der SE oder Art. 18 für die Gründungsgesellschaften bei der Verschmelzung. Generalverweisungen erklären pauschal für die gesamte Rechtsform mitgliedstaatliches Recht für anwendbar (Art. 9 Abs. 1 Buchst. c). Der Begriff Verweisung umfasst allerdings nicht nur einfache Verweisungen, sondern auch Verpflichtungen und Ermächtigungen der nationalen Gesetzgeber (z.B. Art. 19, Art. 24 Abs. 2, Art. 31 Abs. 2 Unterabs. 2, Art. 34, Art. 37 Abs. 8). Diese Verpflichtungen und Ermächtigungen stellen ihrer Funktion nach nichts anderes als Verweisungen dar, weil sie sich als einfache Verweisung in mitgliedstaatliches Recht fortsetzen, sobald der nationale Gesetzgeber der Rechtssetzungsverpflichtung oder -ermächtigung entsprochen hat.[10]

Das Gründungsrecht der SE beruht daher auf zwei Säulen: den Sachnormen der SE-VO und den Verweisungsnormen der SE-VO i.V.m. nationalem Recht. Daraus ergibt sich eine Gemengelage aus Gemeinschaftsrecht und mitgliedstaatlichem Recht („mixtum compositum“[11]), welche die Auffindung des anwendbaren Rechts erheblich erschwert.[12] Das Gründungsrecht wartet in dieser Hinsicht mit

---

7 *Hirte*, NZG 2002, 1, 3.

8 In der Terminologie der Gesetzgebungstechnik stellt die Verweisung den Oberbegriff dar für die verschiedenen Formen der gegenseitigen Bezugnahme von Normen. Dabei ist zwischen der Verweisungsnorm als der Vorschrift, die die Verweisung ausspricht, und dem Verweisungsobjekt als der Vorschrift, auf die verwiesen wird, zu unterscheiden; vgl. *Karpen*, Die Verweisung als Mittel der Gesetzgebungstechnik, S. 19.

9 Vgl. *Schwarz*, Rn. 957.

10 *Wagner*, S. 50; *Schwarz*, Rn. 958 und 1112.

11 So *Abmeier*, NJW 1986, 2987, 2991 im Hinblick auf das Verhältnis der EWIV zu nationalem Recht.

12 Siehe *Brandt/Scheifele*, DStR 2002, 547 ff.; *Ch. Teichmann*, ZGR 2002, 383, 394 ff.; *Wagner*, NZG 2002, 985 ff.; *Casper*, in: FS für Ulmer, 2003, S. 51 ff.

zusätzlichen Sonderproblemen auf, die im Schrifttum bislang nur vereinzelt gewürdigt worden sind.[13] Besonders der Umgang mit den Verweisungsnormen verursacht nach wie vor Probleme. Dieser Teil der Arbeit widmet sich daher zunächst der Rolle der Verweisungsnormen bei der Auffindung des anwendbaren Rechts (dazu B).

Nicht alle Rechtsfragen, die von den Sachnormen der Verordnung offen gelassen werden, können durch Rückgriff auf nationales Recht beantwortet werden. Dies kann damit zusammenhängen, dass die Verweisungsnormen der SE-VO den konkreten Sachverhalt überhaupt nicht erfassen. Darüber hinaus ist denkbar, dass es sich um spezifisch mit der supranationalen Rechtsform SE zusammenhängende Rechtsfragen handelt, bei denen ein Rückgriff auf nationales Recht der Natur der Sache nach ausgeschlossen ist. In beiden Fällen wird man sich der Frage zuwenden müssen, ob eine Regelungslücke in der Verordnung gegeben ist, die durch richterliche Rechtsfortbildung geschlossen werden kann (dazu C).

Schließlich soll – weil auch dies im weiteren Sinne zur Bestimmung des anwendbaren Rechts zu zählen ist – ein kurzer Blick auf die Besonderheiten der Auslegung der SE-VO geworfen werden (dazu D).

B. Rechtsergänzung durch nationales Recht

Die Verweisungsvorschriften der SE-VO sehen als Rechtsfolge die Anwendung nationalen Rechts vor. Sie bilden damit die Schnittstelle zwischen gemeinschaftsrechtlicher und nationaler Rechtsebene. Die Rechtsnatur und Funktion der Verweisungsvorschriften ist damit jedoch noch nicht eindeutig bestimmt. Hier herrscht nach wie vor Unklarheit, sodass dieser Frage im Folgenden nachgegangen wird (dazu I). Außerdem wird erörtert, wann und unter welchen Voraussetzungen die Verweisungsnormen überhaupt zur Anwendung gelangen (dazu II). Des Weiteren ist die Tragweite der Verweisungsnormen auf der Rechtsfolgenseite zu bestimmen (dazu III). Schließlich werden die wichtigsten Verweisungsnormen des SE-Gründungsrechts und ihr Verhältnis zueinander untersucht (dazu IV).

I. Rechtsnatur und Funktion der Verweisungsvorschriften

Die Untersuchung der Rechtsnatur und Funktion der Verweisungsvorschriften konzentriert sich im Wesentlichen auf drei Fragestellungen: Dienen die Verweisungsvorschriften der Lückenschließung oder der Rechtsergänzung (dazu 1)? Haben die Verweisungsvorschriften rangrechtliche Bedeutung (dazu 2)? Stellen sie Kollisionsnormen des IPR dar (dazu 3)?

---

[13] *Ch. Teichmann*, ZGR 2002, 383, 414 ff.; *Wagner*, NZG 2002, 985, 990; *Neun*, in: Theisen/Wenz, S. 66 ff.

1. Gemeinschaftssachrechtsergänzende Verweisung

a) Abgrenzung zur Lückenschließung

Im Schrifttum ist immer wieder zu lesen, dass die Verweisungsvorschriften der SE-VO der Schließung von Lücken dienen.[14] Dies mag auf die früheren Verordnungsvorschläge bis zum SE-VOV 1989 zugetroffen haben.[15] Heute – auf Grundlage der SE-VO – ist die Verwendung der Begriffe „Lücke“ und „Lückenschließung“ im Zusammenhang mit den Verweisungsvorschriften dagegen verfehlt. Hierfür gibt es folgende Gründe.

Trotz des Verzichts auf eine umfassende Kodifikation des SE-Gesellschaftsrechts, strebt die Verordnung eine vollständige Normierung ihrer Materie an. Eine Verordnung, durch die eine supranationale Gesellschaftsform geschaffen wird, kann schon aus kompetenzrechtlichen Gründen nicht von vornherein Rechtsfragen offen lassen wollen.[16] Die Schaffung einer supranationalen Gesellschaftsform fällt in die ausschließliche Zuständigkeit des Gemeinschaftsgesetzgebers.[17] Der Verordnungsgeber konnte sich deshalb nicht – wie bei einer konkurrierenden Zuständigkeit – damit begnügen, Rahmenregelungen für das SE-Gesellschaftsrecht aufzustellen, im Übrigen aber der Erwartung anhängen, dass auf die nicht geregelten Bereiche nationales Gesellschaftsrecht aus sich selbst heraus Anwendung findet. Er musste wenigstens klären, welches Recht auf die von ihm bewusst offen gelassenen Rechtsfragen Anwendung findet. Die Vollständigkeit des SE-Statuts soll daher durch ein System von Verwei-

---

14 *Casper*, in: FS für Ulmer, 2003, S. 51, 65; *Hommelhoff/Ch. Teichmann*, SZW 2002, 1, 4; *Ch. Teichmann*, ZGR 2002, 383 395 f. Siehe auch *Grote*, S. 71; *Jäger*, S. 23 f.; *Kreuzer/Wagner*, in: Dauses: Hdb. EU-Wirtschaftsrecht, Abschnitt R Rn. 35 („Schließung der Lücken im Gemeinschaftsprivatrecht“); *Leupold*, S. 19 f. („Instrumente der Lückenschließung“); *Maul*, S. 13; *Völter*, S. 81.

15 Art. 7 Abs. 1 SE-VOV 1970 und 1975 enthielten – anders als Art. 9 Abs. 1 – konkrete Vorgaben für die „richterliche“ Rechtsfortbildung (vgl. SE-VOV 1970, Begründung zu Art. 7, S. 8: „Die Lückenschließung ist dem Richter anvertraut.“; dazu *Thamm*, S. 43 ff.). Die Rechtsfindung praeter legem musste sich danach an den allgemeinen Grundsätzen, auf denen dieses Statut beruht, oder subsidiär an den gemeinsamen allgemeinen Grundsätze der Rechte der Mitgliedstaaten orientieren (= prinzipiengeleitete Analogiebildung). Siehe auch noch Art. 7 Abs. 1 Buchst. a SE-VOV 1989 (vgl. SE-VOV 1989, Begründung zu Art. 7, S. 5: „Falls sich eine Rechtsfrage auf eine dem Statut unterliegende Angelegenheit bezieht, ohne dass ausdrücklich im Statut geregelt ist, obliegt es dem Richter, diese Lücke dadurch zu schließen, dass er zunächst auf die allgemeinen Grundsätze Bezug nimmt, die dem Statut zugrunde liegen.“).

16 Vgl. *Ch. Teichmann*, ZGR 2002, 383, 408: „Eine Verordnung, die eine supranationale Rechtsform ins Leben ruft, muss dafür sorgen, dass diese Rechtsform lebensfähig ist. Sie kann von ihrer Idee her keine punktuelle Regelung sein, sondern muss auf Vollständigkeit aller für eine funktionsfähige Rechtsform nötigen Regeln bedacht sein.“

17 *Behrens*, in: FS für Mestmäcker, 1996, S. 831, 837; *ders.*, in: Dauses, Hdb. EU-Wirtschaftsrecht, Abschnitt E III Rn. 6a; *Schwarz*, Rn. 23.

sungsvorschriften hergestellt werden, welche die hilfsweise Geltung nationalen Rechts anordnen. Die SE-VO zielt insofern durchaus auf die umfassende Regelung des SE-Gesellschaftsrechts ab.

Die Verweisungsvorschriften dienen damit der Rechtsergänzung oder Rechtsvervollständigung. Sie dienen dagegen nicht der Lückenfüllung, wie sie dem hergebrachten Verständnis der juristischen Methodenlehre entspricht. Es ist schon begrifflich ausgeschlossen, die in der deutschen Methodenlehre gebräuchliche Definition der Lücke als „planwidrige Unvollständigkeit des positiven Rechts“[18] auf sämtliche Unvollständigkeiten im Verordnungstext anzuwenden. Unplanmäßigkeit ist nach diesem Verständnis nur dann gegeben, wenn der Gesetzgeber eine Unvollständigkeit nicht erkannt hat, die er bei Erkennen geschlossen hätte.[19] Bei der SE-VO stellen die bewussten und planmäßigen Unvollständigkeiten dagegen den Regelfall dar.[20] Die Unvollständigkeit der SE-VO innerhalb ihres Regelungsbereichs ist also nicht die Folge eines gesetzgeberischen Versehens, sondern war von vornherein einkalkuliert.

Soweit die Verweisungsvorschriften als Lückenschließungsnorm, Instrument der Lückenschließung o.ä. bezeichnet werden,[21] ist dies auch im eigentlichen Sinne verfehlt. Die Verordnung ist hinsichtlich der von den Verweisungsvorschriften erfassten Rechtsfragen eben nicht lückenhaft.[22] Sie entzieht sich lediglich einer eigenständigen Sachregelung und beruft statt dessen ergänzend nationales Recht zur Anwendung. Geregelt ist die Rechtsfrage dennoch.

Die Verwendung der Begriffe Lücke oder Lückenschließung findet auch keine Stütze im Wortlaut. In der Verordnung taucht der Ausdruck „Lücke“ an keiner Stelle auf. Statt dessen spricht die Verordnung beispielsweise von den „nicht durch diese Verordnung geregelten Bereiche(n)“ (Art. 9 Abs. 1 Buchst. c) oder den „von diesem Abschnitt nicht erfassten Bereiche(n)“ (Art. 18).

Vom Gebrauch der Begriffe Lücke und Lückenschließung in Bezug auf die Verweisungsvorschriften der SE-VO ist aber insbesondere deshalb abzuraten, weil damit beim Rechtsanwender falsche Assoziationen geweckt werden und eine nicht vorhandene Nähe zum Begriff der Lücke im Sinne der Voraussetzung und Grenze der richterlichen Rechtsfortbildung suggeriert wird. Nach den Grundsätzen der juristischen Methodenlehre bedarf die Befugnis zur richterlichen Rechtsfortbildung vor dem Hintergrund des Gewaltenteilungsprinzips eng

---

18 *Canaris*, Die Feststellung von Lücken im Gesetz, S. 30.

19 *Dänzer-Vanotti*, in: FS für Everling, 1995, S. 205, 219.

20 Der Verordnungsgeber hat im Laufe des Gesetzgebungsverfahren auf viele sachrechtliche Regelungen verzichtet und ursprünglich vorgesehene Regelungen gestrichen. Soweit der Verordnungsgeber diese Unvollständigkeiten durch einen Rückgriff auf nationales Recht schließen wollte, bediente er sich entsprechender Verweisungsvorschriften (z.B. Art. 9 Abs. 1 Buchst. c, Art. 15 Abs. 1, Art. 18, Art. 36).

21 Z.B. *Leupold*, S. 19 f., 21; *Völter*, S. 81.

22 So auch *Leupold*, S. 24.

abgesteckter Grenzen.[23] Die Verweisungsnormen der Verordnung dienen nicht der Lückenfüllung im herkömmlichen Sinne. Im Gegensatz zur richterlichen Rechtsfortbildung handelt es sich bei ihnen gewissermaßen um einen Fall der „gesetzgeberischen Lückenfüllung“. Die Anwendung der Verweisungsnormen der SE-VO hängt daher nicht vom Vorliegen einer planwidrigen Regelungslücke ab. Zwischen der hier beschriebenen Unvollständigkeit der SE-VO als Anwendungsvoraussetzung der Verweisungsvorschriften und der Lücke im eigentlichen Sinne besteht nicht nur ein funktionaler, sondern in der Folge auch ein inhaltlicher Unterschied.[24] Eine synonyme Verwendung der Begriffe kommt daher nicht in Betracht.

Art. 9 Abs. 1 macht zudem – anders als die Vorgängervorschriften[25] – keine Vorgaben hinsichtlich der Methoden, an denen sich eine richterliche Rechtsfortbildung zu orientieren hat. Nach Art. 7 Abs. 1 Buchst. a SE-VOV 1989 mussten die nicht geregelten Fragen nach den „allgemeinen Grundsätzen, auf denen diese Vorschrift beruht“, entschieden werden. Erst nachrangig sollte das Sitzstaatrecht zur Anwendung kommen (Art. 7 Abs. 1 Buchst. b SE-VOV 1989).[26] Art. 9 Abs. 1 trifft demgegenüber keine Aussage zur Lückenfüllung mehr. Nach alledem können die Verweisungsvorschriften der SE-VO nicht in Zusammenhang mit der Lücke als Voraussetzung der Rechtsfindung praeter legem gebracht werden. Ihr Zweck liegt vielmehr darin, das von den Sachnormen der Verordnung bereitgestellte Regelungsgerüst durch die Anordnung der hilfsweisen Geltung nationalen Rechts zu ergänzen und zu vervollständigen. Man sollte daher von gemeinschafts(sach)rechtsergänzenden Verweisungsnormen, nicht aber von Lückenschließungsnormen sprechen.[27]

---

[23] *Larenz*, Methodenlehre, S. 369.

[24] Grundsätzlich zur Problematik der Lücke im EG-Recht und der Lückenfüllung durch nationales Recht *Bieber*, Zur Rolle der Mitgliedstaaten bei der Ausfüllung von Lücken im EG-Recht, S. 283 ff., der im Übrigen zu Recht darauf hinweist, dass Konzepte, die zur Lückenschließung innerhalb ein und desselben Normsetzungssystems entwickelt werden, nicht auf Fragestellungen anzuwenden sind, die das Verhältnis verschiedener Normsetzungssysteme betreffen (a.a.O., S. 288 ff.). Da die Verweisungsnormen zumeist auf mitgliedstaatliches Recht verweisen, behandeln sie vielmehr das Verhältnis von staatlicher Normsetzung und gemeinschaftsrechtlicher Rechtsetzung und kommen damit einer Zuständigkeitsregelung nahe.

[25] Vgl. Art. 7 Abs. 1 SE-VOV 1970 und 1975 sowie Art. 7 Abs. 1 Buchst. a SE-VOV 1989.

[26] Dazu *Grote*, S. 172: „Die Fortentwicklung lückenhaften Rechts ist nach Ziffer a) [= Art. 7 Abs. 1 Buchst. a SE-VOV 1989] dem Richter anvertraut. Dieser entwickelt die auf den Sachverhalt anzuwendenden Regeln kraft eigener Kompetenz, da ihm die Fortentwicklung lückenhaften Rechts durch den Verordnungsgeber ausdrücklich zugewiesen ist. Im Gegensatz dazu findet nach Ziffer b) [= Art. 7 Abs. 1 Buchst. b SE-VOV 1989] ′schöpferische Rechtsfortbildung′ im eigentlichen Sinne nicht statt. Steht in Ziffer a) noch die Rechtsfindung im Vordergrund, so geht es in Ziffer b) primär um Rechtsauffindung.“

[27] Nach *Kreuzer*, in: Müller-Graff, Gemeinsames Privatrecht in der Europäischen Gemeinschaft, S. 457, 47; *Kreuzer/Wagner*, in: Dauses, Hdb. EU-Wirtschaftsrecht, Abschnitt R

b) Keine unmittelbare Anwendbarkeit des nationalen Aktienrechts auf die SE

Fraglich ist, ob man den Verweisungsvorschriften der Verordnung eine allgemeine Grundaussage entnehmen darf, nach der auf Rechtsfragen, die von der Verordnung nicht geregelt werden, stets nationales Recht Anwendung findet. Das nationale Recht wäre dann automatisch als die im Verhältnis zur SE-VO subsidiäre Rechtsquelle anzusehen.[28]

Ausgangspunkt der Überlegungen muss die Verordnung selbst sein. Die SE-VO ist als gemeinschaftsrechtlicher Rechtsakt Teil einer eigenständigen Rechtsordnung, die Anwendungsvorrang vor jeglichem mitgliedstaatlichen Recht beansprucht.[29] Stellt sich heraus, dass die SE-VO eine Rechtsfrage nicht erfasst, kann es nur dann unmittelbar zur Anwendung nationalen Rechts kommen, wenn es sich dabei um eine im Verhältnis zur Verordnung subsidiär heranzuziehende Rechtsquelle handelt. Dies wäre der Fall, wenn das nationale Recht von vornherein einen Anwendungsanspruch bezogen auf die SE erhebt, der nur unter dem Vorbehalt der Bestimmungen der Verordnung steht (Sperrwirkung der Verordnung).

Die SE ist als Kapitalgesellschaft in Form einer AG konzipiert.[30] Es liegt dementsprechend nahe, das jeweilige nationale Aktienrecht als die im Verhältnis zur SE-VO subsidiäre Rechtsquelle zu erachten. Fraglich ist nur, ob eine SE ohne weiteres nationalem Aktienrecht, also z.B. dem deutschen Aktiengesetz, unterliegt. Es kann nicht bezweifelt werden, dass die SE den in § 1 AktG vorgegebenen Wesensmerkmalen einer AG deutschen Rechts entspricht (vgl. Art. 1). Die aktienrechtlichen Bestimmungen gelangen jedoch nicht automatisch zur Anwendung, nur weil eine Gesellschaft dem Typus AG nahe kommt, wie er in § 1 AktG beschrieben wird. Ein solcher Automatismus – vergleichbar dem Rechtsformzwang nach § 105 Abs. 1 HGB – ist dem § 1 AktG nicht zu entnehmen.[31] Darauf kommt es aber ohnehin nicht an, da der Verordnungsgeber die SE nicht als Sonderform der nationalen AG, sondern als eigenständige und vom nationalen Recht grundsätzlich unabhängige Rechtsform ausgestaltet hat. Dementsprechend heißt es in den Erwägungsgründen:[32]

Rn. 35. Siehe auch *Wagner*, NZG 2002, 985, 987.

28 Entsprechende Andeutungen finden sich bei *Raiser*, in: FS Semler, 1993, S. 277, 282 f.; *Jäger*, S. 24 f.

29 Grundlegend EuGH, Urteil v. 5.2.1963, Rs. 26/62 (van Gend & Loos), Slg. 1963, 1, 25; EuGH, Urteil v. 15.7.1964, Rs. 6/64 (Costa/ENEL), Slg. 1964, 1251, 1269 ff.; EuGH, Urteil v. 17.12.1970, Rs. 11/10 (Internationale Handelsgesellschaft), Slg. 1970, 1125, 1135 Rn. 4.

30 Erwägungsgrund 13.

31 A.A. *Ihrig/Wagner*, BB 2003, 969, 971 Fn. 37; zu den Funktionen des § 1 AktG (Abgrenzungs- und Ableitungsfunktion) vgl. *Heider*, in: MüKo zum AktG, § 1 Rn. 4 ff.

32 Erwägungsgrund 6.

> „*Neben den bisherigen Gesellschaftsformen nationalen Rechts* [Hervorhebung des Verf.] ist daher die Schaffung von Gesellschaften vorzusehen, deren Struktur und Funktionsweise durch eine in allen Mitgliedstaaten unmittelbar geltende gemeinschaftsrechtliche Verordnung geregelt werden."

Ziel der SE-VO ist also weder die Vereinheitlichung noch die Fortentwicklung der nationalen Aktienrechte, sondern die Schaffung einer neuen Gesellschaftsform, die neben die nationalen Gesellschaftsformen tritt.[33] Die Verordnung ist nicht als europäisches Komplementärrecht anzusehen, das den organisatorischen Überbau über das primär geltende materielle Aktienrecht der Mitgliedstaaten liefert.[34] Die SE-VO und nationales Aktienrecht stehen in keinem Über-/Unterordnungsverhältnis, sondern gleichgeordnet nebeneinander. Die SE ist demnach nicht ein supranationaler Spezialfall der nationalen AG, der abgesehen von den Besonderheiten der SE-VO grundsätzlich dem allgemeinen nationalen Aktienrecht unterliegt, sondern eine eigenständige Gesellschaftsform. Die SE-VO und die nationalen Aktienrechte haben daher unterschiedliche Normadressaten und regeln dementsprechend verschiedene Sachverhalte. Sachverhalte mit Beteiligung einer SE lassen sich daher nicht ohne weiteres unter die Bestimmungen des nationalen Aktienrechts subsumieren.[35] Der Verordnungsgeber spricht im Übrigen selbst davon, dass die SE vorbehaltlich der SE-VO „wie eine Aktiengesellschaft" nach mitgliedstaatlichem Recht zu behandeln ist (Art. 10). Dies zeigt, dass die Gleichstellung von SE und nationaler AG reine Fiktion ist.[36] Kurz gesagt: Bei der SE handelt es sich um ein aliud.

Eine unmittelbare Anwendbarkeit von nationalem Aktienrecht ist aber auch deshalb abzulehnen, weil die Schaffung einer europäischen Gesellschaftsform in die ausschließliche Zuständigkeit des Gemeinschaftsgesetzgebers fällt.[37] Es ist demnach kompetenzrechtlich nicht denkbar, dass Regelungen des nationalen Rechts existieren, die von sich aus Anwendung auf eine SE beanspruchen. Im Übrigen wären die Verweisungsvorschriften (z.B. Art. 5, Art. 9 Abs. 1 Buchst. c Ziffer ii und iii, Art. 15 Abs. 1, Art. 61, Art. 63) überflüssig, wenn das nationale Aktienrecht als nachrangige Rechtsquelle ohnehin zur Anwendung gelangen würde, sobald die Verordnung eine Rechtsfrage nicht erfasst.

Wenn aber, wie gerade festgestellt, nationales (Aktien-)Recht auf eine SE nicht aus eigenem Geltungsgrund Anwendung findet, bedarf es entsprechender Rechtsanwendungsbefehle, um innerhalb des Regelungsbereichs der Verord-

---

[33] Völlig zu Recht *Abeltshauser*, AG 1990, 289, 294.

[34] Vgl. *Thamm*, S. 16 ff., der entsprechende Überlegungen – allerdings auf Grundlage des SE-VOV 1970 – verworfen hat.

[35] So im Erg. auch *Ch. Teichmann*, ZGR 2002, 383, 395 f.

[36] Es handelt sich also um die gewollte Gleichsetzung des als ungleich Gewussten; vgl. *Larenz*, Methodenlehre, S. 262.

[37] Siehe oben B.I.1.a), S. 22.

nung in die nationale Rechtsordnung zu gelangen. Diese Aufgabe ist den zahlreichen Verweisungsvorschriften in der SE-VO zugewiesen. Die Anwendung nationalen Rechts innerhalb des Regelungsbereichs der Verordnung hängt damit stets vom Vorliegen eines entsprechenden gemeinschaftsrechtlichen Anwendungsbefehls ab. Das nationale Aktienrecht findet also nicht aus eigenem Geltungsgrund auf die SE Anwendung, sondern nur kraft eines gemeinschaftsrechtlichen Anwendungsbefehls.

Soweit die nationalen Gesetzgeber Sondervorschriften für die SE (z.B. in einem Ausführungsgesetz) erlassen, können sie dies nur auf Grundlage einer in der Verordnung enthaltenen Ermächtigung tun.[38] Der nationale Gesetzgeber kann in den Bereichen, die in die ausschließliche Zuständigkeit der Gemeinschaft fallen, nur insoweit regelnd tätig werden, als er hierzu durch eine ausdrücklichen Zuständigkeitsübertragung ermächtigt wird. Die Ermächtigungsnormen in der Verordnung (im Gründungsrecht z.B. Art. 19, Art. 24 Abs. 2, Art. 31 Abs. 2 Unterabs. 2, Art. 34, Art. 37 Abs. 8) haben insofern den Charakter von Zuständigkeitsübertragungen.[39]

c) Zusammenfassung

Die Verweisungsvorschriften der SE-VO dienen der Rechtsergänzung und –vervollständigung, nicht jedoch der Lückenfüllung. Zu diesem Zweck ordnen die Verweisungsvorschriften die Anwendbarkeit von nationalem (Aktien-)Recht auf Sachverhalte an, auf die dieses normalerweise nicht anwendbar wäre. Soweit die nationalen Gesetzgeber durch Verpflichtungs- und Ermächtigungsnormen überdies zur Schaffung eines nationalen SE-Rechts berechtigt werden, lässt sich von Zuständigkeitsübertragungen sprechen. Die Verweisungsnormen der SE-VO erfüllen nach alledem eine gemeinschaftssachrechtsergänzende Funktion. Nationales Recht findet grundsätzlich nur aufgrund eines gemeinschaftsrechtlichen Rechtsbefehls Anwendung.

2. Rangkollisionsrecht

Eng mit der gerade behandelten Problematik der (vermeintlich) unmittelbaren Anwendbarkeit nationalen Rechts auf eine SE hängt die Frage zusammen, ob den Verweisungsvorschriften der SE-VO rangrechtliche Bedeutung zukommt. Die Verweisungsvorschriften, die sich in den Verordnungs- und Vorschlagstexten zu den europäischen Gesellschaftsformen finden, werden des Öfteren als EG-Rangkollisionsrecht bezeichnet. Zur Begründung wird auf den allgemeinen Anwendungsvorrang des Gemeinschaftsrechts vor den nationalen Rechtsordnungen verwiesen. Dieser mache es innerhalb des Regelungsbereichs der Ver-

---

[38] So auch *Meyer-Landrut*, S. 22 zu Art. 2 Abs. 1 EWIV-VO.

[39] Vgl. *Bieber*, Zur Rolle der Mitgliedstaaten bei Ausfüllung von Lücken im EG-Recht, S. 283, 307. Siehe auch *Ch. Teichmann*, ZGR 2002, 383, 399 f.

ordnungen erforderlich, explizit die Anwendung nationalen Rechts anzuordnen, sofern dieses Geltung beanspruchen soll.[40]

Rangkollisionsrecht bezweckt die hierarchische Einordnung von Rechtsquellen, deren Rechtssätze ein und denselben Sachverhalt regeln.[41] Es müsste also zunächst einmal ein und derselbe Sachverhalt durch Rechtssätze aus verschiedenen Rechtsquellen geregelt sein.[42] Mit anderen Worten: Es müsste eine Gesetzeskonkurrenz vorliegen.[43] Wie gerade eben festgestellt wurde, existiert kein nationales Recht, das von sich aus auf die SE Anwendung findet. Folglich kann es zwischen der SE-VO und nationalem Recht auch zu keiner Gesetzeskonkurrenz kommen, die durch eine rangkollisionsrechtliche Vorschrift aufzulösen ist. Die Verweisungsnormen haben daher prinzipiell keinen rangrechtlichen Charakter.[44]

Etwas anderes gilt für die Verweisungsvorschriften, die das auf die Gründungsgesellschaften anwendbare Recht bestimmen (z.B. Art. 18 und 36). Die Verordnung regelt die Rechtsverhältnisse der Gründungsgesellschaften im Hinblick auf ihre Beteiligung am Gründungsverfahren (z.B. Art. 20, Art. 23, Art. 32 Abs. 2, Art. 37 Abs. 4). Die Gründungsgesellschaften, die normalerweise in einer Gesellschaftsform nationalen Rechts organisiert sind, unterliegen jedoch – anders als die SE – grundsätzlich mitgliedstaatlichem Recht. Die SE-VO überlagert damit das auf die Gründungsgesellschaften anwendbare nationale Recht, sofern sie Regelungen über die Gründungsgesellschaften enthält. Damit kann es zu Kollisionen zwischen der SE-VO und nationalem Recht kommen. Insofern gilt der Grundsatz des Anwendungsvorrangs des Gemeinschaftsrechts. Soweit die Verweisungsnormen der SE-VO dennoch auf mitgliedstaatliches Recht verweisen, durchbrechen sie den grundsätzlichen Anwendungsvorrang des Gemeinschaftsrechts und haben deshalb rangkollisionsrechtliche Bedeutung. Sie stellen mithin spezielles EG-Rangkollisionsrecht dar.

3. Internationalprivatrechtliche Qualität

Über den internationalprivatrechtlichen Gehalt der Verweisungsnormen gehen die Meinungen auseinander. Die Bestimmung der für die Rechtsverhältnisse einer Gesellschaft maßgeblichen Rechtsordnung (Personal- oder Gesellschaftsstatut) ist Aufgabe des Internationalen Gesellschaftsrechts. Im europäischen Rechtsraum stehen sich mit der Sitztheorie und der Gründungstheorie zwei Konzeptionen zur Bestimmung des Gesellschaftsstatuts gegenüber. Danach bestimmt sich das Gesellschaftsstatut entweder nach dem tatsächlichen Verwaltungssitz der Gesellschaft (Sitztheorie) oder nach dem Recht, nach dem die Ge-

---

[40] *Brödermann*, in: Brödermann/Iversen, Rn. 50, 359; *Wagner*, S. 52; *ders.*, NZG 2002, 985, 987. In diese Richtung auch *Ihrig/Wagner*, BB 2003, 969, 971 Fn. 37.

[41] *Kegel/Schurig*, IPR, § 1 VII 2 c aa, S. 46.

[42] *Sonnenberger*, in: MüKo zum BGB, Einl. IPR Rn. 124.

[43] *Larenz*, Methodenlehre, S. 266 f.

[44] So zu Recht *Ch. Teichmann*, ZGR 2002, 383, 395 f.

sellschaft gegründet wurde (Gründungstheorie).[45] Da auch das europäische Gemeinschaftsrecht Quelle des IPR sein kann,[46] stellt sich die Frage, ob die Verweisungsvorschriften der SE-VO zur Bestimmung des Gesellschaftsstatuts beitragen und damit als Kollisionsnormen im internationalprivatrechtlichen Sinne anzusehen sind.

a) Meinungsstand

Ein beachtlicher Teil des Schrifttums vertritt die Auffassung, dass es sich bei den Verweisungsvorschriften im Recht der europäischen Gesellschaftsformen um einheitliches, gemeinschaftsrechtliches IPR handelt.[47] Nach anderer Ansicht handelt es sich bei den Verweisungen um einseitige Rechtsanwendungsregeln, die lediglich die Anwendung nationalen Rechts auf einen europäischer Regelungskompetenz unterliegenden Sachverhalt anordnen. Nach diesem Verständnis erschöpft sich die Funktion der Verweisungsvorschriften in der Festlegung des Anwendungsbereichs der EG-Normen.[48] Es handelt sich demnach nicht um Kollisionsnormen im internationalprivatrechtlichen Sinne; die nationalen Grundsätze des IPR bleiben nach dieser Auffassung auf jeden Fall anwendbar.[49]

b) Stellungnahme

IPR ist räumliches Kollisionsrecht, das die Anwendung von materiellen Rechten verschiedener geografischer Gebiete regelt.[50] Wenn vorgebracht wird, dass die Verweisungen der Verordnung nicht den territorialen Geltungsbereich von Normen abgrenzen, sondern nur die Anwendung nationalen Rechts auf einen ausschließlich dem europäischen Recht unterliegenden Sachverhalt anordnen,[51] ist dies zu kurz gegriffen. Es trifft zwar zu, dass es in den Mitgliedstaaten per se kein materielles Recht gibt, das die gesellschaftsrechtlichen Verhältnisse einer SE regelt.[52] Dementsprechend ist hier genau genommen auch keine räumliche Abgrenzung zwischen den Sachnormen verschiedener Staaten erforderlich. Sobald der Verordnungsgeber aber die ergänzende Geltung nationalen Rechts an-

---

[45] *Schwarz*, Rn. 157 ff.

[46] *Basedow*, NJW 1996, 1921 ff.; *Kropholler*, IPR, § 1 III 3, S. 6.

[47] *Grote*, S. 50 f.; *Brödermann*, in: Brödermann/Iversen, Rn. 330 ff.; *Kreuzer/Wagner*, in: Dauses, Hdb. EU-Wirtschaftsrecht, Abschnitt R Rn. 36; *Kreuzer*, in: Müller-Graff, Gemeinsames Privatrecht in der Europäischen Gemeinschaft, S. 457, 477 f.; *Seif*, in: Jahrbuch Junger Zivilrechtswissenschaftler 1997, S. 225, 232 ff.; *Schwarz*, Rn. 960; *Wagner*, S. 58; *ders.*, NZG 2002, 985, 987.

[48] *Sonnenberger*, in: MüKo zum BGB, Einl. IPR Rn. 125

[49] *Ch. Teichmann*, ZGR 2002, 383, 396 f. unter Berufung auf *Sonnenberger*, in: MüKo zum BGB, Einl. IPR Rn. 131; *ders.*, ZGR 2003, 367, 376 zu Art. 18. Zust. *Neun*, in: Theisen/Wenz, S. 68; *Casper*, in: FS für Ulmer, 2003, S. 51, 65.

[50] *Kegel/Schurig*, IPR, § 1 VII 1, S. 24.

[51] *Ch. Teichmann*, ZGR 2002, 383, 396.

[52] Siehe oben B.I.1.b), S. 25.

ordnet, kommt es zur Kollision verschiedener mitgliedstaatlicher Rechtsordnungen. Es stellt sich dann die Frage, welches mitgliedstaatliche Sachrecht (deutsch, französisch, spanisch usw.) zur Anwendung berufen ist.

Die Verweisungsnormen der SE-VO, die das auf die SE oder die entstehende SE anwendbare Recht bestimmen, beschränken sich daher nicht darauf, schlicht die Anwendung nationalen Rechts anzuordnen, sondern legen überdies die maßgebliche mitgliedstaatliche Rechtsordnung fest. Art. 9 Abs. 1 Buchst. c Ziffer ii verweist auf die Rechtsvorschriften des Mitgliedstaats, die „auf eine nach dem Recht des Sitzstaats der SE gegründete Aktiengesellschaft Anwendung finden würden". Art. 15 Abs. 1 erklärt das Recht des Staats für anwendbar, „in dem die SE ihren Sitz begründet". Beide Vorschriften ordnen klar und unmissverständlich an, dass das Recht des (künftigen) Sitzstaats Anwendung findet. Sie treffen damit eine für alle Mitgliedstaaten verbindliche Auswahl der einschlägigen mitgliedstaatlichen Rechtsordnung, indem sie das für die Auffindung der einschlägigen Rechtsordnung maßgebliche Anknüpfungsmoment (Sitz der SE) bestimmen.[53] Die Verweisungsnormen enthalten damit zwei voneinander zu trennende Regelungen. Sie ordnen zunächst die Anwendung nationalen Rechts auf europäische Sachverhalte an und stellen damit gemeinschaftsrechtliche Rechtsanwendungsbefehle dar. Anschließend bestimmen sie die maßgebende mitgliedstaatliche Rechtsordnung und sind insofern als IPR-Kollisionsnorm zu qualifizieren. Auf mitgliedstaatliches IPR kommt es mithin nicht mehr an. Die Verweisungsnormen, die das auf die bestehende oder die werdende SE anwendbare Recht bestimmen, stellen daher internationalprivatrechtliche Kollisionsnormen des Gemeinschaftsrechts dar.

Etwas anderes gilt indes für die Verweisungsvorschriften, die das auf die Gründungsgesellschaften anwendbare Recht bestimmen (z.B. Art. 18, Art. 24 Abs. 1, Art. 25 Abs. 1, Art. 31 Abs. 1 S. 2, Art. 36). Diese Vorschriften ordnen allein die Anwendbarkeit nationalen Rechts an, ohne zugleich die maßgebliche mitgliedstaatliche Rechtsordnung zu bestimmen. Art. 18 sieht vor, dass auf jede Gründungsgesellschaft die Rechtsvorschriften des Mitgliedstaats anzuwenden sind, „dessen Recht sie unterliegt". Zur Bestimmung der anwendbaren nationalen Rechtsordnung ist demnach auf nationales IPR zurückzugreifen. Weder Art. 18 noch Art. 36 verdrängen das nationale IPR. Es handelt sich bei diesen Vorschriften nicht um IPR-Kollisionsnormen, weil sie keinen Anknüpfungsmoment im internationalprivatrechtlichen Sinn (Sitz oder Gründungsort) enthalten. Dennoch treffen auch die Art. 18 und 36 internationalprivatrechtliche Aussagen, die wegen des Anwendungsvorrangs des Gemeinschaftsrechts das nationale IPR modifizieren. Sie stellen zum einen klar, dass die von ihnen erfassten Rechtsfragen dem Gesellschaftsstatut zuzurechnen sind. Sie lösen damit das internatio-

---

[53] Zu Recht *Grote*, S. 50.

nalprivatrechtliche Problem der Qualifikation.[54] Zum anderen ordnen sie an, dass auf jede Gründungsgesellschaft gesondert das Recht Anwendung findet, dem sie unterliegt. Es kommt also nicht zu einer Einzelanknüpfung, bei der für alle Gesellschaften nur eine Rechtsordnung maßgebend ist, sondern zur distributiven Anwendung verschiedener Rechtsordnungen.[55]

c) Sachnorm- oder Gesamtnormverweisung

Fraglich ist, ob es sich bei den internationalprivatrechtlichen Kollisionsnormen der SE-VO (z.B. Art. 9 Abs. 1 Buchst. c Ziffer ii, Art. 15 Abs. 1) um Sachnorm- oder Gesamtnormverweisungen handelt.[56] Die in der Literatur vorherrschende Meinung geht davon aus, dass die Verweisungsvorschriften in den Verordnungs- und Vorschlagstexten zu den europäischen Gesellschaftsformen unmittelbar auf das nationale Sachrecht unter Ausschluss des IPR verweisen, also als Sachnormverweisungen zu qualifizieren sind.[57] Dem ist beizupflichten. Im Gegensatz zur EWIV-VO, deren Verweisungsvorschriften entweder auf „innerstaatliches Recht“ (= Sachrecht) oder „einzelstaatliches Recht“ (= auch IPR) Bezug nehmen, lässt die SE-VO eine entsprechende sprachliche Differenzierung zwar vermissen.[58] Allerdings gibt der Wortlaut der Verweisungsvorschriften zu erkennen, dass direkt auf das Sachrecht der nationalen Rechtsordnung Bezug genommen wird, wenn es heißt, dass „auf das für Aktiengesellschaften geltende Recht“ (Art. 15 Abs. 1) verwiesen wird. Außerdem wird in den Erwägungsgründen ausdrücklich betont, dass sich die Verweisung auf das „Aktienrecht des Sitzmitgliedstaats“ bezieht (Erwägungsgrund 9). Die Annahme einer Sachnormverweisung ist aber vor allem deshalb zwingend, weil die zur Anwendung berufene Rechtsordnung ansonsten durch eine Rückverweisung ihre Anwendbarkeit ablehnen könnte.[59]

4. Ergebnis

Die Verweisungsnormen stellen das Bindeglied zwischen gemeinschaftsrechtlicher und nationaler Rechtsebene dar. Sie vervollständigen das Sachrecht der SE-VO durch Rückgriff auf nationales Recht und stellen daher gemeinschaftssachrechtsergänzende Rechtsanwendungsbefehle dar. Die Bezeichnung als Lückenschließungsnormen ist dagegen missverständlich und in der Sache verfehlt. Das Bedürfnis für ausdrückliche Rechtsanwendungsbefehle in der SE-VO erklärt

[54] Siehe dazu unten B.IV.2.a)dd)(1)(d), S. 44.

[55] Siehe dazu unten B.IV.2.a)dd)(1)(b), S. 43.

[56] Zu den Begriffen *Kegel/Schurig*, IPR, § 10 II, S. 338 ff.

[57] *Brödermann*, in: Brödermann/Iversen, Rn. 359 ff.; *Schwarz*, Rn. 960; *Brandt/Scheifele*, DStR 2002, 547, 553; *Wagner*, NZG 2002, 985, 987; *Casper*, in: FS für Ulmer, 2003, S. 51, 66 Fn. 66. A.A. *Ch. Teichmann*, ZGR 2002, 383, 396 ff.

[58] Dazu eingehend *Brödermann*, in: Brödermann/Iversen, Rn. 360 ff.

[59] Zur Rückverweisung im IPR vgl. *Kropholler*, IPR, § 24, S. 158 ff.

sich damit, dass nationales Recht keinen Geltungsanspruch bezogen auf die SE erhebt. Nationales Recht findet nicht aus eigenem Geltungsgrund auf eine SE Anwendung, sondern nur dann, wenn die Verordnung ausdrücklich seine Anwendbarkeit anordnet. Rangrechtliche Bedeutung kommt den Verweisungsnormen grundsätzlich nicht zu, weil Rangkollisionen mangels eines nationalen SE-Rechts denknotwendig ausscheiden. Rangrechtliche Qualität haben nur die Verweisungsvorschriften, die das auf die nationalen Gründungsrechtsträger anwendbare Recht bestimmen (z.B. Art. 18 und Art. 36), weil insofern eine Gesetzeskonkurrenz zwischen europäischem und nationalem Recht besteht. Die Verweisungsnormen der SE-VO, die das auf die SE oder die entstehende SE anwendbare Recht bestimmen, stellen IPR-Kollisionsnormen dar, weil sie die maßgebliche Rechtsordnung anhand des Anknüpfungsmoments „Sitz der SE" eindeutig bestimmen. Demgegenüber können die Verweisungsnormen, die das auf die Gründungsgesellschaften anwendbare Recht bestimmen, nicht als IPR-Kollisionsnormen qualifiziert werden, weil sie nicht die einschlägige nationale Rechtsordnung bestimmen wollen, sondern das nationale IPR entscheiden lassen. Sie enthalten dennoch internationalprivatrechtliche Aussagen, weil sie die Aufgabe der Qualifikation übernehmen und eine distributive Rechtsanwendung anordnen.

II. Regelungsbereich der SE-VO

Die Verweisungsnormen bestimmen nicht für alle erdenklichen Rechtsfragen, die sich im Zusammenhang mit einer SE stellen, das anwendbare Recht. Sie greifen nur dann ein, wenn die zu regelnde Fragestellung in den potenziellen Anwendungsbereich der Verordnung fällt (sog. Regelungsbereich). Vor der Anwendung einer Verweisungsnorm muss also zunächst geklärt werden, ob der Regelungsbereich der Verordnung im konkreten Fall eröffnet ist. Außerhalb des Regelungsbereichs findet nationales Recht unmittelbar Anwendung, ohne dass es auf einen entsprechenden Rechtsanwendungsbefehl in Form einer Verweisungsnorm ankommt.[60] Der Grund seiner Anwendbarkeit ist sein eigener, in seiner bloßen Geltung liegender Anwendungsbefehl.[61]

1. Überlegungen zur Bestimmung des Regelungsbereichs

Die Bestimmung des Regelungsbereichs muss nach gemeinschaftsrechtlichen Auslegungsgrundsätzen erfolgen, weil es sich um die Auslegung einer Verordnung i.S. des Art. 249 Abs. 2 EG handelt.[62] Dabei ist danach zu fragen, was der europäische Gesetzgeber mittels eines Vollstatuts hätte regeln können.[63] Der Regelungsbereich der Verordnung lässt sich vereinfacht mit dem Gesellschafts-

---

60 *Schwarz*, Rn. 955.

61 *Wagner*, S. 66.

62 *Wagner*, S. 54; *vom Brocke*, S. 15; *Brandt/Scheifele*, DStR 2002, 547, 550.

63 *Casper*, in: FS für Ulmer, 2003, S. 51, 65.

recht der SE gleichsetzen. Danach gehören alle Fragen, die nach dem Kollisionsrecht des Sitzstaats zum internationalen Gesellschaftsrecht zählen, in den Regelungsbereich der SE-VO.[64] Schlagwortartig fallen darunter alle Rechtsfragen, die sich mit der Entstehung, dem Leben und der Beendigung der SE beschäftigen.[65] Wichtige Erkenntnisse über die Reichweite des Regelungsbereichs der SE-VO liefert ein Vergleich mit den SE-VOV 1970 und 1975. Die beiden Verordnungsvorschläge enthielten jeweils ein komplettes Gesetzbuch der Europäischen Aktiengesellschaft, in dem das SE-Recht umfassend und in sich geschlossen kodifiziert war. Es spricht daher Einiges für die Vermutung, dass Rechtsfragen, die in einem dieser beiden frühen Verordnungsvorschläge nicht geregelt waren, auch nicht in den Regelungsbereich der SE-VO fallen.[66]

Bestimmte Rechtsgebiete werden von der Verordnung ausdrücklich aus ihrem Regelungsbereich ausgenommen. Nicht in den Regelungsbereich fallen insbesondere das Konzernrecht (Erwägungsgründe 15 bis 17), das Steuer-, Wettbewerbs- und Konkursrecht sowie der gewerbliche Rechtsschutz (Erwägungsgrund 20) und schließlich auch das Arbeits- und Sozialrecht mit Ausnahme der unternehmerischen Arbeitnehmermitbestimmung (Erwägungsgrund 21).

2. Gründungsrecht als Teil des Regelungsbereichs

a) Grundsatz

Art. 1 Abs. 1 stellt die Zugehörigkeit des Gründungsrechts zum Regelungsbereich der Verordnung unmissverständlich fest. Die Schaffung supranationaler Rechtsformen fällt in die ausschließliche Gesetzgebungskompetenz des Gemeinschaftsgesetzgebers.[67] Von einer Verordnung zur Schaffung einer europäischen Gesellschaftsform muss erwartet werden, dass sie die Entstehung dieser Rechtsform regelt.[68] Gerade für die Gründung der SE, die wegen des Mehrstaatlichkeitsprinzips stets grenzüberschreitenden Charakter hat,[69] besteht ein besonderer Bedarf an europaweit einheitlichen Grundregeln, die nicht dem nationalen Gesetzgeber überlassen werden können. Dies wird in den Erwägungsgründen ausdrücklich betont, wenn es heißt, dass durch die Verordnung insbesondere die Gründung von Gesellschaften europäischen Zuschnitts ermöglicht wird, „ohne dass die bestehenden Unterschiede zwischen den für Handelsgesellschaften geltenden einzelstaatlichen Rechtsvorschriften und ihr räumlich begrenzter Gel-

---

[64] *V. Caemmerer*, in: FS für Kronstein, 1967, S. 171, 195; *Ficker*, in: FS für Sanders, 1972, S. 37, 45; *Lindacher*, in: Lutter, Europäische Aktiengesellschaft, S. 5; *Grote*, S. 106, 111.

[65] Zum Umfang des Gesellschaftsstatuts vgl. *Kropholler*, IPR, § 55 II, S. 542.

[66] *Brandt/Scheifele*, DStR 2002, 547, 551.

[67] Siehe oben B.I.1.a), S. 22.

[68] *Brandt/Scheifele*, DStR 2002, 547, 550. Vgl. zur EWIV-VO *Ganske*, DB 1985, Beilage Nr. 20, 1, 11 f.; *Meyer-Landrut*, S. 16. Zum EUV-VOV siehe *Wagner*, S. 52.

[69] Zum Mehrstaatlichkeitsprinzip siehe unten Teil 3 E, S. 106.

tungsbereich dafür ein Hindernis darstellten" (Erwägungsgrund 7). Die Regelung der erst zur Existenz einer SE führenden Akte zählt mithin zu den „ureigensten" Regelungsgegenständen des SE-Statuts.[70] Die Rechtsfragen, die sich im Zusammenhang mit der Gründung der SE stellen, fallen daher grundsätzlich in den Regelungsbereich der SE-VO.

b) Punktueller Regelungsbereich bezüglich der (nationalen) Gründungsrechtsträger

Fraglich ist indes, inwieweit sich der Regelungsbereich der SE-VO auch auf die Gründungsrechtsträger und deren Mitwirkung am Gründungsprozess erstreckt. Die Gründungsrechtsträger sind im Normalfall Gesellschaftsformen nationalen Rechts. Die Regelung ihrer Rechtsverhältnisse unterliegt damit grundsätzlich der Zuständigkeit der Mitgliedstaaten. Die SE-VO muss sich jedoch an vielen Stellen mit den Gründungsrechtsträgern befassen. Die Verwaltungs- oder Leitungsorgane der Gründungsrechtsträger müssen einen Gründungsplan erstellen (Art. 20, Art. 32 Abs. 2, Art. 37 Abs. 4), eine Gründungsprüfung vornehmen lassen (Art. 22, Art. 32 Abs. 4, Art. 37 Abs. 6) und schließlich müssen die Hauptversammlungen in den Gründungsgesellschaften dem Gründungsplan zuzustimmen (Art. 23, Art. 32 Abs. 6, Art. 37 Abs. 7). Darüber hinaus enthält die SE-VO Bestimmungen, welche die Auswirkungen der Gründung auf die Existenz der Gründungsrechtsträger regeln (Art. 29, Art. 32 Abs. 1 Unterabs. 2, Art. 37 Abs. 2). Soweit die SE-VO die Mitwirkung der Gründungsrechtsträger am Gründungsverfahren regelt, verzichtet sie jedoch darauf, detaillierte Vorgaben zu machen.

> *Beispiel*: Die SE-VO schreibt vor, dass die Hauptversammlung jeder sich verschmelzenden Gesellschaft dem Gründungsplan zustimmen muss („Ob"). Die SE-VO äußert sich jedoch nicht zu den Modalitäten der Vorbereitung und des Verfahrens der Hauptversammlung („Wie"). Es fehlen insbesondere Hinweise, ob und wie den Aktionären im Vorfeld der Hauptversammlungen Informationen über die Transaktion zu gewähren sind.

Hier stellt sich die Frage, ob diese und ähnliche Rechtsfragen in den Regelungsbereich der SE-VO fallen oder unmittelbar dem nationalen Gesellschaftsrecht unterliegen. Die Verordnung kann und will nicht alle Aspekte, die im weitesten Sinne mit ihrem Regelungsgegenstand zusammenhängen, regeln. Anderenfalls müsste sie tief in allgemeine Fragen der nationalen Gesellschaftsrechte, ja zum Teil des Bürgerlichen Rechts eingreifen.[71] Es handelt sich insofern um eine kompetenzrechtlich hochsensible Abgrenzung, weil die Gefahr besteht, dass sich der Regelungsbereich der SE-VO auf Kosten der nationalen Gesellschaftsrechte, denen die Gründungsrechtsträger unterliegen, ausdehnt. Die SE-VO spricht aus-

---

70 Vgl. *Meyer-Landrut*, S. 16.

71 So auch *Ganske*, DB 1985, Beilage Nr. 20, 11 f. zur EWIV-VO.

drücklich davon, dass die juristische Einheitlichkeit lediglich hinsichtlich der „Struktur und Funktionsweise" der SE selbst angestrebt wird (Erwägungsgrund 6). Weil die Gründung einer SE nach der Konzeption der Verordnung aber vor allem als Strukturmaßnahme bestehender nationaler Gesellschaftsformen ausgestaltet ist, greift die SE-VO gezwungenermaßen auch in deren Rechtsverhältnisse ein.

Die Situation lässt sich in gewisser Weise mit den gesellschaftsrechtlichen Richtlinien vergleichen. Diese lassen erkennen, dass das von ihnen behandelte Rechtsinstitut grundsätzlich weiterhin in die Kompetenz der nationalen Gesetzgeber fällt, die jeweilige Richtlinie also nur punktuell bestimmte Einzelfragen regelt.[72]

> *Beispiel*: Art. 7 Dritte RiL enthält bestimmte Vorgaben für die Zustimmung der Hauptversammlung bei der Verschmelzung von AG. Die Vorschrift enthält vor allem eine Kompetenzzuweisung (Art. 7 Abs. 1 S. 1) und eine Regelung zur erforderlichen Beschlussmehrheit (Art. Abs. 1 S. 2). Sie regelt aber nicht allgemein die Vorbereitung und die Durchführung der Hauptversammlung. Insofern war auch keine Harmonisierung zu erwarten, weil diese Rechtsfragen keinen spezifischen Zusammenhang mit der Verschmelzung aufweisen. Es handelt sich um Probleme des allgemeinen Gesellschaftsrechts – hier der Unternehmensverfassung -, die nichts mit dem Regelungszweck der Dritten RiL zu tun haben.

Entsprechendes gilt für den Regelungsanspruch der SE-VO hinsichtlich der (nationalen) Gründungsrechtsträger. Die Verordnung will die Rechtsfragen betreffend die Gründungsgesellschaften nur in dem Maße regeln, wie es sich um gründungsspezifische Rechtsfragen handelt, die sich gerade im Zusammenhang mit der Gründung einer SE stellen. Der Regelungsbereich der Verordnung ist deshalb hinsichtlich der Gründungsgesellschaften nationalen Rechts nur punktuell eröffnet. Dies ist vor allem dann der Fall, wenn die in der Verordnung ausdrücklich enthaltenen Sachnormen die Regelung eines annexen Sachproblems zwingend verlangen.[73] Gerade wenn es um den Schutz der Aktionäre, Gläubiger und Dritter in den Gründungsgesellschaften geht, ist die Herstellung gleichwertiger Rechtsverhältnisse besonders wichtig und der Regelungsbereich der Verordnung daher im Zweifel eröffnet.

> *Beispiel*: Die Hauptversammlung jeder Gründungsgesellschaft muss der Gründung einer Holding-SE zustimmen (Art. 32 Abs. 6). Die Verordnung regelt jedoch nicht, welche Informationsrechte den Aktionären im Vorfeld der Hauptversammlung zustehen. Die Entscheidungsbefugnis der Hauptversammlung wäre weitgehend sinnentleert, wenn die Anteilsinhaber nicht über

---

[72] *Bleckmann*, ZGR 1992, 364, 368.

[73] So *Bleckmann*, ZGR 1992, 364, 368 zur Lückenfüllung bei Richtlinien.

> die für ihren Willensbildungsprozess notwendigen Daten verfügen. Eine einheitliche europäische Regelung dieser Frage ist zur Herstellung eines gleichwertigen Aktionärsschutzes im Gemeinsamen Markt angezeigt.[74]

Stellen sich für den Gründungsrechtsträger dagegen Rechtsfragen, die keinen spezifischen Zusammenhang mit der Gründung der SE erkennen lassen, ist der Regelungsbereich der Verordnung nicht eröffnet.

3. Ergebnis

Die Verweisungsvorschriften der Verordnung bestimmen nur für solche Fragen das anwendbare Recht, die in den Regelungsbereich der Verordnung fallen. Soweit Rechtsfragen nicht mehr innerhalb des Regelungsbereichs angesiedelt werden können, findet nationales Recht automatisch und unmittelbar Anwendung. Das Recht der Gründung ist integraler Bestandteil der Verordnung und gehört damit ihrem Regelungsbereich an. Bei Rechtsfragen, welche die in der Regel in nationalen Rechtsformen organisierten Gründungsgesellschaften betreffen, ist wie folgt zu differenzieren. Soweit es sich um gründungsspezifische Probleme handelt, die sich gerade im Zusammenhang mit der Gründung einer SE stellen, ist der Regelungsbereich der Verordnung eröffnet. Handelt es sich dagegen um Problemstellungen des allgemeinen Gesellschafts- oder Zivilrechts, die nicht gründungsspezifisch sind, kommt ohne weiteres nationales Recht zur Anwendung.

III. Verweisungsobjekt

Auf der Rechtsfolgenseite stellt sich die Frage nach der Tragweite der Verweisungsnormen. Zunächst ist davon auszugehen, dass es sich bei den Verweisungen der SE-VO um sog. dynamische Verweisungen handelt. D.h. die Verweisungen beziehen sich auf das nationale Recht in seiner jeweils gültigen Fassung und berücksichtigen dementsprechend Änderungen.[75]

Weiterhin ist anzunehmen, dass das Verweisungsobjekt das jeweilige nationale Richterrecht einschließt.[76] Dies mag zwar im Hinblick auf den Wortlaut mancher Verweisungsnorm zweifelhaft sein.[77] Teleologische Gesichtspunkte sprechen aber für eine Einbeziehung des Richterrechts. Das Gesellschaftsrecht beruht in den meisten Mitgliedstaaten und nicht zuletzt in Deutschland in weitem Umfang auf nicht kodifiziertem Richterrecht. Ein Gesellschaftsrecht, das nicht durch Richterrecht ständig fortgebildet wird, ist in der Praxis kaum „lebensfä-

---

[74] Siehe im Einzelnen unten Teil 4 C.VI.1.b)aa), S. 337.

[75] *Brandt/Scheifele*, DStR 2002, 547, 553; *Casper*, in: FS für Ulmer, 2003, S. 51, 65.

[76] *Brandt/Scheifele*, DStR 2002, 547, 553; *Ch. Teichmann*, ZGR 2002, 383, 398 f.; *Neun*, in: Theisen/Wenz, S. 68. *Casper*, in: FS für Ulmer, 2003, S. 51, 68 f.

[77] Vgl. Art. 9 Abs. 1 Buchst. c oder Art. 18, wo von „Rechtsvorschriften" die Rede ist.

hig".[78] Außerdem entstünde ein Zuständigkeitsproblem, wenn man das Richterrecht aus dem Verweisungsobjekt des Art. 18 ausnehmen würde. Denn damit würde man praktisch auch die Zuständigkeit der Gerichte zur Auslegung des nationalen Rechts verneinen, weshalb letztlich der EuGH zur Auslegung des nationalen Rechts berufen wäre. Dies kann aber nicht gewollt sein, da man es sonst bei der in den SE-VOV 1970 und 1975 gewählten Lückenschließung durch die „allgemeinen Grundsätze, auf denen dieses Statut beruht" belassen hätte können.[79]

IV. Verweisungen im Gründungsrecht

Im Gründungsrecht bereitet die Bestimmung des anwendbaren Rechts besondere Probleme. Hier trifft das europäische Recht nicht nur mit einer nationalen Rechtsordnung, sondern – je nach Herkunft der Gründungsgesellschaften und dem Sitz der künftigen SE – mit mehreren nationalen Rechtsordnungen zusammen. Der Rechtsanwender muss also nicht nur bestimmen, ob auf eine bestimmte Fragestellung ergänzend nationales Recht Anwendung findet. Er muss darüber hinaus entscheiden, welche mitgliedstaatliche Rechtsordnung im Einzelfall einschlägig ist.

1. Zweistufiges Gründungsverfahren

Die Gründung einer SE unterliegt in erster Linie den Bestimmungen der Verordnung (Art. 1 Abs. 1). Über die Verweisungsnormen der SE-VO gelangt aber auch nationales Recht zur Anwendung. Da eine SE-Gründung wegen der grenzüberschreitenden Dimension des Vorgangs mehrere Rechtsordnungen berührt (Heimatstaaten der Gründungsgesellschaften, Sitzstaat der SE), muss entschieden werden, welcher dieser Rechtsordnungen das ergänzend anwendbare Sachrecht zu entnehmen ist. Art. 15 Abs. 1 erklärt das Recht des Staats für anwendbar, in dem die SE ihren Sitz begründet. Demgegenüber sieht Art. 18 vor, dass bei der Gründung einer SE durch Verschmelzung auf die Gründungsgesellschaften das Recht des Mitgliedstaats anzuwenden ist, dem sie jeweils unterliegen. Auf den ersten Blick erscheinen die beiden Verweisungsnormen widersprüchlich, weil sie unterschiedliche Anknüpfungsmomente wählen (SE-Sitzstaat und Personalstatut der Gründungsgesellschaften). Auf den zweiten Blick ist indes erkennbar, dass die Verweisungsnormen nicht für denselben Sachverhalt das anwendbare Recht bestimmen. Während Art. 15 Abs. 1 den Teil des Gründungsverfahrens abdeckt, der die bereits entstehende SE betrifft, erfasst Art. 18 die Vorgänge, die sich auf Ebene der Gründungsgesellschaften abspielen und damit dem für diese Gesellschaften geltenden Recht unterworfen sind. Dies lässt

---

[78] Nach kontinentaleuropäischer Rechtsauffassung ist die richterliche Rechtsfortbildung auch nicht als eigenständige Rechtsquelle, sondern als Rechtsanwendung zu verstehen; *Ch. Teichmann*, ZGR 2002, 383, 399.

[79] Zu Recht *Ch. Teichmann*, ZGR 2002, 383, 399.

sich bereits dem unterschiedlichen Wortlaut der Verweisungsnormen entnehmen. Art. 15 Abs. 1 gilt für die „Gründung einer SE", während Art. 18 das „auf jede Gründungsgesellschaft" anwendbare Recht bestimmt. Eine solche zweigeteilte Anknüpfung entspricht auch der Konzeption der Verordnung. Dies zeigt sich im zweistufigen Verfahren der Rechtmäßigkeitskontrolle nach Art. 25 f. Danach ist zunächst eine gesonderte Rechtmäßigkeitskontrolle für die „die einzelnen sich verschmelzenden Gesellschaften betreffenden Verfahrensabschnitte" durchzuführen, die sich nach dem Recht richtet, dem die jeweilige sich verschmelzende Gesellschaft unterliegt (Art. 25 Abs. 1). Anschließend findet eine Rechtmäßigkeitskontrolle „für den Verfahrensabschnitt der Durchführung der Verschmelzung und der Gründung der SE" im künftigen Sitzstaat der SE statt (Art. 26 Abs. 1).[80] Die Verordnung trennt also zwischen den Verfahrensabschnitten, welche die einzelnen Gründungsgesellschaften betreffen, und dem Verfahrensabschnitt der Durchführung der Verschmelzung und der Gründung der SE.

Aufgrund dessen hat sich im Schrifttum die Erkenntnis durchgesetzt, dass das Verfahren der Gründung einer SE zweistufig verläuft. Auf der ersten Stufe stehen die Verfahrensschritte, die sich auf Ebene der (nationalen) Gründungsrechtsträger zutragen. Auf der zweiten Stufe steht der Teil des Verfahrens, der die entstehende SE betrifft.[81] Dementsprechend ist bei der Bestimmung des anwendbaren Rechts danach zu unterscheiden, ob die konkrete Rechtsfrage die SE in Entstehung oder die Gründungsgesellschaften betrifft. Art. 15 Abs. 1 bestimmt nur im ersten Fall das anwendbare Recht.

Mit der unterschiedlichen Anknüpfung der Art. 15 Abs. 1 (SE in Entstehung) und 18 (Gründungsgesellschaften)[82] hat in der SE-VO in gewisser Weise die im IPR vorherrschende differenzierte Vereinigungstheorie ihren gesetzlichen Niederschlag gefunden. Nach dieser Theorie ist bei internationalen Verschmelzungen zwischen den Voraussetzungen, dem Verfahren und den Wirkungen zu unterscheiden und jeweils gesondert anzuknüpfen. Während sich die Voraussetzungen und das Verfahren nach dem Personalstatut der jeweiligen Gesellschaft richten, wird hinsichtlich der Wirkungen der Verschmelzung entweder auf das Recht der übertragenden oder der übernehmenden Gesellschaft abgestellt.[83] Dass

---

80 Dazu unten Teil 4 C.VIII.2, S. 257.

81 Grundlegend *Hommelhoff/Ch. Teichmann*, SZW 2002, 1, 8 und *Ch. Teichmann*, ZGR 2002, 383, 416 f. Ebenso *Wagner*, NZG 2002, 985, 990; *Neun*, in: Theisen/Wenz, S. 66 ff; *Heckschen*, DNotZ 2003, 251, 256 f.

82 Eine entsprechende Regelung findet sich in Art. 36, der das auf die an der Gründung einer gemeinsamen Tochter-SE beteiligten Gesellschaften anwendbare Recht festlegt.

83 Vgl. *Kindler*, in: MüKo zum BGB, IntGesR, Rn. 657 ff. m.w.N. Zum Meinungsstand in anderen Mitgliedstaaten siehe *Reik*, S. 238 ff. und *Tauchert-Nosko*, S. 266 ff. (Frankreich); *Steiger*, S. 57 ff. bzw. S. 206 ff. (Spanien und Portugal); *Gillessen*, S. 387 ff. und *Müller-Driver*, S. 183 ff (Großbritannien und Irland); *Bruhn*, S. 268 ff. (Italien). In Spani-

diese Unterscheidung zu sachgerechten Ergebnissen führt, verdeutlicht folgendes Beispiel:

> *Beispiel*: Eine britische plc und eine französische SA wollen eine gemeinsame Tochter-SE in Deutschland gründen. Würde sich das auf die Gründungsgesellschaften anwendbare Recht nach Art. 15 Abs. 1 bestimmen, müssten die britische und die französische Gesellschaft die Rechtsprechung des BGH („Holzmüller")[84] beachten und womöglich die Zustimmung ihrer Gesellschafterversammlungen einholen. Ein solches Ergebnis ist schlichtweg nicht hinnehmbar. Im umgekehrten Fall, also bei Beteiligung einer deutschen Gründungsgesellschaft an der Gründung einer Tochter-SE im Ausland, könnte dies die Entbehrlichkeit eines Hauptversammlungsbeschlusses bedeuten.

Für den Rechtsanwender verbleibt es zu entscheiden, ob die Rechtsfrage den Gründungsgesellschaften oder bereits der SE in Entstehung zuzurechnen ist. Dabei kann er sich am umwandlungsrechtlichen „Dreitakt" bestehend aus Vorbereitungsphase, Beschlussfassung und Vollzugsphase orientieren.[85] In die Vorbereitungsphase fallen der Verschmelzungs-, Gründungs- oder Umwandlungsplan als materielle Grundlage der beabsichtigten Transaktion, der von den Leitungs- bzw. Verwaltungsorganen zu erstellende Bericht sowie die Prüfung durch unabhängige Sachverständige. Die Beschlussfassung betrifft die Zustimmung der Hauptversammlungen zur SE-Gründung sowie die gerichtliche Überprüfung des Zustimmungsbeschlusses. Die Vollzugsphase umfasst die Anmeldung, Eintragung und Bekanntmachung der SE-Gründung. Während sich die Vorbereitungsphase und die Beschlussfassung auf Ebene der Gründungsgesellschaften zutragen, ist die Vollzugsphase bereits der SE in Entstehung zuzurechnen.

Hinsichtlich der Bestimmung des auf die Gründung einer SE anwendbaren Rechts ist nach alledem wie folgt zu unterscheiden:

In der Vorbereitungs- und Beschlussphase bestimmen die Art. 18 und 36 das anwendbare Recht (dazu 2). Hierunter fallen die Verfahrensschritte, die sich auf Ebene der Gründungsgesellschaften abspielen und damit deren Rechtskreis zuzuordnen sind. Es handelt sich dabei insbesondere um die internen Abläufe in den Gründungsrechtsträgern wie den Willensbildungsprozess, der sich in der Entscheidung der Hauptversammlung über die Transaktion äußert. Dazu gehört aber auch der von den Gründungsrechtsträgern zu erstellende Gründungsplan und die übrigen den Gesellschafterschutz bezweckenden Verfahrensschritte (Bericht, Prüfung, sonstige Informations- und Beteiligungsrechte).

---

en (Art. 9 Nr. 11 Abs. 1 Codigo Civil), Portugal (Art. 33 Abs. 4 Codigo Civil) und Italien (Art. 25 Abs. 3 l. 31 maggio 1995, n. 218) ist die Vereinigungstheorie sogar gesetzlich verankert.

[84] BGHZ 83, 122.

[85] Vgl. *Schwarz*, in: Widmann/Mayer, UmwG; Einf Rn. 11.1 ff. (Stand: Mai 1995); *Stratz*, in: Schmitt/Hörtnagl/Stratz, UmwG, § 1 Rn. 12.

In der Vollzugsphase bestimmt Art. 15 Abs. 1 das anwendbare Recht (dazu 3). Hierunter fallen die Verfahrensschritte, die sich auf die entstehende SE beziehen. Es handelt sich dabei im Wesentlichen um die Eintragung der SE und die Einhaltung der nationalen Gründungsvorschriften.

2. Anwendbares Recht hinsichtlich der Gründungsgesellschaften (= Vorbereitungs- und Beschlussphase)

Die Verordnung enthält mit Art. 18 und Art. 36 zwei Verweisungsvorschriften, die das auf die Gründungsgesellschaften anwendbare Recht bestimmen. Bezüglich der Gründungsformen Holding-SE und Umwandlung fehlt es an solchen partiellen Generalverweisungen.

a) Verschmelzung (Art. 18)

Art. 18 ist eine partielle Generalverweisung, die das auf die Gründungsgesellschaften anwendbare Recht bei einer Verschmelzung bestimmt.

aa) Sinn und Zweck

Die Vorschrift ist erst in der Schlussphase der Beratungen in den 90er Jahren in die Verordnung aufgenommen worden.[86] In den Vorschlägen bis einschließlich dem von 1991 war keine vergleichbare Regelung enthalten. Der Grund für die Einführung lag darin, dass sich in den Vorgängervorschlägen zahlreiche Sachnormen befanden, die den Text geltender Richtlinien inhaltlich oder sogar wörtlich wiedergaben. Das war z.B. bei Art. 20 SE-VOV 1991 der Fall, der Art. 9 Dritte RiL entsprach, oder bei Art. 21 Abs. 2 und 3 SE-VOV 1991, die mit Art. 10 Abs. 2 und 3 Dritte RiL übereinstimmten. Auf diese Vorschriften konnte nach Einführung des Art. 18 SE-VO verzichtet werden, da dieser auf das durch die Dritte RiL harmonisierte mitgliedstaatliche Recht verweist.[87] Art. 18 verwirklicht damit das Verweisungskonzept der SE-VO im Recht der Verschmelzung und trägt erheblich zu deren Kürze bei.

bb) Rechtsnatur

Art. 18 stellt eine gemeinschaftssachrechtsergänzende Verweisungsnorm dar.[88] Die Vorschrift enthält überdies spezielles EG-Rangkollisionsrecht, weil sie den Vorrang des Gemeinschaftsrechts im Hinblick auf die nationalen Gründungsgesellschaften aufhebt.[89] Art. 18 ist dagegen keine IPR-Kollisionsnorm. Nationales IPR wird im Anwendungsbereich des Art. 18 nicht verdrängt, aber modifiziert.[90]

---

86 Siehe Art. 17 SE-RatsE 1998.

87 Vgl. *Merkt*, BB 1992, 652, 657, der die Einführung einer Verweisung im Stile des Art. 18 gefordert hat.

88 Siehe oben B.I.1, S. 22.

89 Siehe oben B.I.2, S. 27.

90 Siehe oben B.I.3, S. 28 ff.

So enthält Art. 18 Aussagen internationalprivatrechtlicher Art, die bei der Anwendung des nationalen IPR beachtet werden müssen.[91]

cc) Voraussetzungen

Art. 18 sieht drei Anwendungsvoraussetzungen vor, die kumulativ vorliegen müssen. Die Rechtsfrage muss sich im Zusammenhang mit der Gründungsform Verschmelzung stellen (dazu 1), es muss sich um einen von diesem Abschnitt nicht erfassten Bereich oder nicht erfassten Teilbereich eines nur teilweise abgedeckten Bereichs handeln (dazu 2) und die Rechtsfrage muss die Gründungsgesellschaften betreffen (dazu 3).

(1) Verschmelzung

Die Vorschrift bestimmt allein für die Gründungsform der Verschmelzung i.S. des Art. 2 Abs. 1 das anwendbare Recht („bei der Gründung einer SE durch Verschmelzung"). Im Hinblick auf die anderen Gründungsformen kommt allenfalls eine analoge Anwendung in Betracht.[92]

(2) Nichtregelung oder Unvollständigkeit

Die Verweisung findet nur auf die von diesem Abschnitt nicht erfassten Bereiche (Alt. 1) oder die nicht erfassten Teilbereiche eines von diesem Abschnitt nur teilweise abgedeckten Bereichs (Alt. 2) Anwendung. Unter Berücksichtigung der Entstehungsgeschichte und des bewusst offen gehaltenen Regelungskonzepts der Verordnung sind an das Vorliegen einer solchen Nichtregelung oder Unvollständigkeit keine hohen Anforderungen zu stellen. Es muss sich nicht um eine planwidrige Regelungslücke handeln, wie sie Voraussetzung der richterlichen Rechtsfortbildung ist.[93] Für die Anwendung des Art. 18 reicht es aus, wenn die Art. 17 bis 31 eine regelungsbedürftige Rechtsfrage, die in den Regelungsbereich der Verordnung fällt, offen lassen und die Vorschriften der Verordnung nicht abschließend sind. Wie der Wortlaut der Alternative 2 zeigt, ist das Vorliegen einer abschließenden Regelung nur mit Zurückhaltung anzunehmen. Im Hinblick auf den Regelungsbereich ist zu beachten, dass dieser bezüglich der (nationalen) Gründungsgesellschaft nur punktuell eröffnet ist. Die Rechtsfrage muss die Gründungsgesellschaft also gerade in ihrer Rolle als SE-Gründer betreffen.[94]

(3) Gründungsgesellschaft

Art. 18 bestimmt das auf die Gründungsgesellschaften anwendbare Recht („auf jede Gründungsgesellschaft"). Die Verweisungsnorm gilt also nur für die Ver-

---

91 Siehe unten B.IV.2.a)dd)(1), S. 42.
92 Dies betrifft insbesondere die Holding-SE; siehe unten B.IV.2.b), S. 46.
93 Siehe oben B.I.1.a), S. 22.
94 Siehe oben B.II.2bb), S. 34.

fahrensschritte der Gründung, die den Gründungsgesellschaften zurechenbar sind.[95]

dd) Verweisungsobjekt

Verweisungsobjekt des Art. 18 sind „die mit der Richtlinie 78/855/EWG in Einklang stehenden, für die Verschmelzung von Aktiengesellschaften geltenden Rechtsvorschriften des Mitgliedstaats ..., dessen Recht sie unterliegt". Art. 18 bestimmt nicht die maßgebende nationale Rechtsordnung. Dennoch lassen sich der Vorschrift internationalprivatrechtliche Aussagen entnehmen, welche die Anwendung des nationalen IPR modifizieren (1). Außerdem bestimmt Art. 18 die anwendbaren Normen des nationalen Sachrechts (2).

(1) Internationalprivatrechtliche Aussagen

(a) Gründungsgesellschaft als Anknüpfungsmoment

Art. 18 ist im Hinblick auf das Anknüpfungsmoment der Verweisung missverständlich formuliert. So heißt es im letzten Halbsatz, dass die Rechtsvorschriften des Mitgliedstaats anzuwenden sind, dessen Recht „sie" unterliegt. Auf den ersten Blick könnte sich das „sie" sowohl auf die künftige SE („bei der Gründung einer SE") als auch auf die jeweilige Gründungsgesellschaft („auf jede Gründungsgesellschaft") beziehen. Vier Erwägungen sprechen dafür, dass die jeweilige Gründungsgesellschaft und nicht die künftige SE Anknüpfungsmoment des Art. 18 ist. Erstens besteht zwischen dem Begriff der Gründungsgesellschaft und dem letzten Relativsatz ein engerer sprachlicher Zusammenhang. Zweitens bestimmt Art. 18 für den Verfahrensabschnitt bis einschließlich der Beschlussfassung das anwendbare Recht. Es handelt sich also um die Gründungsphase, die für jede Gründungsgesellschaft grundsätzlich separat abläuft. Hier wäre es kaum nachzuvollziehen, wenn beispielsweise auf die Mehrheitserfordernisse in der Hauptversammlung einer deutschen AG spanisches Verschmelzungsrecht Anwendung fände, nur weil die SE künftig ihren Sitz in Madrid nimmt. Drittens spricht Art. 18 von dem Recht, dem die jeweilige Gesellschaft „unterliegt". Daraus lässt sich entnehmen, dass die Verordnung an eine bereits bestehende Gesellschaft anknüpft. Es kann sich demzufolge nur um die Gründungsgesellschaften, nicht aber die SE in Entstehung handeln. Viertens wäre Art. 18 anderenfalls überflüssig, weil bereits Art. 15 Abs. 1 auf das Recht am Sitz der künftigen SE verweist. Der Vergleich mit Art. 15 Abs. 1 zeigt außerdem, dass die SE-VO dann, wenn die SE selbst Anknüpfungsmoment der Verweisung ist, stets deren Sitz als Anknüpfungsmoment wählt, und eben nicht – wie in Art. 18 – auf das Recht, dem die SE unterliegt, verweist.[96] Anknüpfungsmoment der Verweisung des Art. 18 ist nach alledem das auf jede Gründungsgesellschaft anwendbare Recht.

---

95 Siehe oben B.IV.1, S. 37.

96 Siehe auch Art. 5, Art. 9 Abs. 1 Buchst. c Ziffer ii, Art. 53 usw.

(b) Grundsatz: Distributive Rechtsanwendung

Nach Art. 18 sind auf jede Gründungsgesellschaft die Rechtsvorschriften des Mitgliedstaats anzuwenden, „dessen Recht sie unterliegt". Damit steht unzweifelhaft fest, dass die Vorschrift die Bestimmung der maßgebenden mitgliedstaatlichen Rechtsordnung dem nationalen IPR überlässt. Die Verweisung schließt das nationale IPR also mit ein.[97]

Fraglich ist indessen, ob Art. 18 eine Entscheidung über die in der Rechtsliteratur vertretenen Auffassungen zur Bestimmung des maßgebenden Rechts bei transnationalen Verschmelzungen entnommen werden kann oder ob das Problem dem nationalen IPR überlassen bleibt.[98] Fest steht, dass die sog. Einzeltheorien, die entweder nur an das Recht der aufnehmenden (Aufnahmetheorie) oder der übertragenden Gesellschaft (Übertragungstheorie) anknüpfen, in Art. 18 keinen Rückhalt finden. Nach dem eindeutigen Wortlaut sind die Personalstatute aller Gründungsgesellschaften zu berücksichtigen („... auf *jede* Gründungsgesellschaft ..., dessen Recht *sie* unterliegt."). Daher ist auch davon auszugehen, dass Art. 18 die distributive (gekoppelte) Anknüpfung der Personalstatute aller Gründungsgesellschaften anordnet. Deshalb müssen für jede Gründungsgesellschaft die Voraussetzungen ihres Personalstatuts bezüglich des Verschmelzungsverfahrens erfüllt sein.[99] Dafür spricht der Wortlaut, nach dem die Rechtsvorschriften des jeweiligen Mitgliedstaats „anzuwenden" sind.[100] Daran zeigt sich, dass die genannten Sachnormen tatsächlich zur Anwendung gelangen sollen. Wenn Art. 18 anordnet, dass auf „jede" Gründungsgesellschaft die Rechtsvorschriften des Mitgliedstaats „anzuwenden" sind, dessen Recht „sie" unterliegt, kann damit im Ergebnis also nur die distributive Anknüpfung der Personalstatute aller Gründungsgesellschaften gemeint sein. Der Vorgang lässt sich mit der internationalen Eheschließung vergleichen, bei der hinsichtlich der Ehevoraussetzungen für jeden Partner sein Personalstatut maßgebend ist (Art. 13 Abs. 1 EGBGB).[101] Art. 18 sieht insofern eine distributive (gekoppelte) Anknüpfung vor, weil die Voraussetzungen ein und derselben Rechtsfolge (Verschmelzung) nach verschiedenen Rechtsordnungen beurteilt werden. Damit hat der europäische Gesetzgeber in Art. 18 die differenzierte Vereinigungstheorie positivrechtlich festgeschrieben.

---

97 Ebenso *Ch. Teichmann*, ZGR 2002, 383, 417 Fn. 157. Unzutreffend dagegen *Menjucq*, Revue des sociétés 2002, 225, 234, der davon ausgeht, dass Art. 18 stets auf das Sitzstaatrecht der Gründungsgesellschaften verweist.

98 Zu den verschiedenen Theorien siehe *Kindler*, in: MüKo zum BGB, IntGesR Rn. 655 ff.

99 Zur distributiven Anknüpfung siehe *Kropholler*, IPR, § 20 V, S. 140 f.

100 Im französischen Text heißt es „est soumise" und in der englischen Version „shall be governed".

101 Vergleich nach *Beitzke*, FS für Hallstein, 1966, S. 14, 20 f. Siehe auch *Wiedemann*, GesR, § 15 III 2 a, S. 873.

(c) Ausnahme: Kumulative Rechtsanwendung

Die distributive Anwendung der Gesellschaftsstatute stößt freilich dann an Grenzen, wenn es sich nicht um rein innergesellschaftliche Verfahrensschritte handelt, sondern um solche, die von sämtlichen beteiligten Gesellschaften gemeinsam durchgeführt werden müssen. Dies trifft vor allem auf den Verschmelzungsplan zu, der ein gemeinsames Dokument der Gründungsgesellschaften ist und dementsprechend gemeinsam erstellt werden muss.[102] In der europäischen Rechtswissenschaft stimmt man grundsätzlich darin überein, dass die Gesellschaftsstatute ausnahmsweise kumulativ anzuwenden sind, wenn ein gemeinsames Tätigwerden der sich verschmelzenden Gesellschaften erforderlich ist. Bei divergierenden oder kollidierenden Regelungen soll sich dann die jeweils strengere Rechtsordnung durchsetzen.[103]

Art. 18 trifft keine Aussage zu diesem Problem. Für die SE-Verschmelzung kann im Ergebnis aber nichts anderes gelten. Nur so kann vermieden werden, dass bestimmte Schutzstandards unterlaufen werden. Art. 18 ist daher einschränkend so auszulegen, dass der Grundsatz der distributiven Rechtsanwendung nur dann gilt, wenn die Gründungsgesellschaften nicht gemeinsam tätig werden. Anderenfalls sind die Personalstatute kumulativ anzuwenden, wobei sich bei Normwidersprüchen das strengere Recht durchsetzt.

(d) Bestimmung des Gesellschaftsstatuts

Art. 18 bestimmt, dass sich die von den Art. 17 bis 31 offen gelassenen Rechtsfragen nach den Rechtsvorschriften des Mitgliedstaats richten, dessen Recht die jeweilige Gründungsgesellschaft unterliegt. Entscheidend für die Bestimmung der maßgebenden nationalen Rechtsordnung ist also das Gesellschaftsstatut der jeweiligen Gründungsgesellschaft. Eine Gründungsgesellschaft deutschen Rechts muss die Anforderungen, die das deutsche Recht an das Verschmelzungsverfahren stellt, erfüllen. Die Anknüpfung an ein anderes nationales Recht kommt nicht in Betracht. Im Zusammenspiel zwischen den Anforderungen an die Gemeinschaftszugehörigkeit der Gründungsgesellschaften in Art. 2 (Gründung nach dem Recht eines Mitgliedstaats, Sitz und Hauptverwaltung in der Gemeinschaft) und den im IPR vertretenen Theorien zur Bestimmung des Gesellschaftsstatuts (Gründungs- und Sitztheorie) folgt daraus, dass über Art. 18 stets auf das Recht eines EG-Mitgliedstaats zurückgegriffen wird. Anknüpfungen an Drittstaaten sind nicht denkbar.

---

[102] Siehe unten Teil 4 C.I.1, S. 141.

[103] *Beitzke*, in: FS für Hallstein, 1966, S. 14, 23; *Koppensteiner*, S. 269; *Wiedemann*, GesR, § 15 III 2, S. 873; *Kindler*, in: MüKo zum BGB, IntGesR Rn. 668; *Großfeld*, in: Staudinger, IntGesR, Rn. 683. Zum Meinungsstand in Frankreich vgl. *Reik*, S. 242 f.; zu Spanien und Portugal vgl. *Steiger*, S. 58 ff., 67 bzw. 206 ff.; für eine Anwendbarkeit der Vereinigungstheorie auf Verschmelzungen unter Beteiligung einer britischen Gesellschaft *Gillessen*, S. 386 ff.

Beispiel: Die deutschem Recht unterliegende A-AG und die französischem Recht unterliegende B-SA stellen in der Schweiz einen Verschmelzungsplan auf. Über Art. 18 findet auf die A-AG ergänzend deutsches Recht und auf die B-SA französisches Recht Anwendung. Nach deutschem Recht muss der Verschmelzungsplan notariell beurkundet werden (Art. 18 i.V.m. § 6 UmwG). Die Formerfordernisse des Vornahmeorts (vgl. Art. 11 Abs. 1 EGBGB) – hier also Schweiz – sind unbeachtlich.

(2) Anwendbare Vorschriften des Sachrechts

Sobald das maßgebende Gesellschaftsstatut feststeht, stellt sich als nächstes die Frage, welche Sachnormen des nationalen Rechts zur Anwendung kommen. Art. 18 legt fest, dass die mit der Dritten RiL in Einklang stehenden, für die Verschmelzung von AG geltenden Rechtsvorschriften anzuwenden sind.

(a) Rechtsvorschriften

Der Begriff „Rechtsvorschriften" erweckt den Eindruck, dass Art. 18 das Richterrecht von der Verweisung ausnimmt. Gegen eine Einbeziehung des Richterrechts könnte auch der Vergleich mit Art. 15 Abs. 1 sprechen, wo allgemein auf das mitgliedstaatliche „Recht" verwiesen wird.[104] Sinn und Zweck der Verweisung gebieten es jedoch, auch das Richterrecht als Teil des Verweisungsobjekts des Art. 18 anzusehen.[105]

(b) Im Einklang mit der Dritten RiL

Die Formulierung „in Einklang stehen" stellt klar, dass Art. 18 nicht nur auf die Durchführungsbestimmungen zur Dritten RiL verweist. Die Vorschrift erklärt auch solche Vorschriften des nationalen Rechts für anwendbar, die nicht zur Durchführung der Dritten RiL erlassen oder geändert wurden, solange sie nicht im Widerspruch zur Dritten RiL stehen.

(c) Für die Verschmelzung von AG geltende Rechtsvorschriften

Im deutschen Recht ist die Verschmelzung von AG in den §§ 2 bis 38 und §§ 60 bis 77 UmwG geregelt. Diese Vorschriften fallen damit in das Verweisungsobjekt des Art. 18. Das Verweisungsobjekt umfasst auch die Vorschriften des allgemeinen Aktienrechts, soweit sie für die Durchführung einer Verschmelzung relevant sind.[106] Das ergibt sich schon daraus, dass die Regelungen des UmwG selbst vielfach der Ergänzung durch aktienrechtliche Bestimmungen bedürfen. So stellt beispielsweise Art. 63 Abs. 1 auf den Zeitpunkt der Einberufung der Hauptversammlung ab. Wann die Hauptversammlung einzuberufen ist, bestimmt sich nach § 123 Abs. 1 AktG.

---

[104] Siehe auch die englische Sprachfassung, wo einerseits von „law" (Art. 15 Abs. 1) und andererseits von „provisions of the law" (Art.18) die Rede ist.

[105] Siehe oben B.III, S. 36.

[106] So zu Recht *Ch. Teichmann*, ZGR 2002, 383, 425 Fn. 179.

Auch die Vorschriften des Spruchverfahrensgesetz (SpruchG),[107] auf das in § 15 Abs. 1 S. 2 und § 34 S. 1 UmwG verwiesen wird, finden auf die Verschmelzung von AG Anwendung und fallen damit an sich in das Verweisungsobjekt des Art. 18. Allerdings wird der Art. 18 insofern von den Art. 24 Abs. 2 und Art. 25 Abs. 3 als leges speciales verdrängt.[108]

b) Holding-SE

Die Verordnung enthält zur Gründung der Holding-SE (Art. 32 bis 34) keine dem Art. 18 vergleichbare Verweisung. Es fehlt also eine Vorschrift, die das auf die Gründungsgesellschaften anwendbare Recht bestimmt. Bei der Holding-SE kommt das Problem hinzu, dass den meisten Mitgliedstaaten die Holding als eigenständige Rechtsform unbekannt ist. In den nationalen Rechtsordnungen existiert kein spezielles Holdingrecht, auf das verwiesen werden könnte.[109] Im Schrifttum wird deshalb von den nationalen Gesetzgebern der Erlass von Sondervorschriften gefordert, um die Wirksamkeit dieser Gründungsform zu gewährleisten.[110] Dies klingt verlockend, würde es die Rechtsanwendung doch sicher vereinfachen. Ohne expliziten Regelungsauftrag in der Verordnung lässt sich ein eigenmächtiger Lückenschluss des nationalen Gesetzgebers dogmatisch jedoch nicht begründen. Das Fehlen einer Regelung in der Verordnung bedeutet nicht, dass der nationale Gesetzgeber automatisch zur Lückenschließung befugt ist.[111] Man wird daher nicht umhin kommen, ggf. bestehende Lücken der Verordnung im Wege der Rechtsfortbildung zu schließen.[112] Um auf dogmatisch sicherem Boden zu bleiben, muss daher zunächst bestimmt werden, ob eine Rechtsfrage, die in den Regelungsbereich der Verordnung fällt, von der Verordnung unbeantwortet bleibt und die Verordnung insofern nicht abschließend ist. Ist dies der Fall, so ist von einer Regelungslücke der Verordnung auszugehen, die auf gemeinschaftsrechtlicher Rechtsebene zu schließen ist. Letztlich ist nur der EuGH autorisiert, die Regelungslücken der SE-VO im Wege der richterlichen Rechtsfortbildung zu schließen.

Was das Fehlen einer Verweisungsvorschrift für die Gründungsgesellschaften im Recht der Holdinggründung betrifft, so ist von der Lückenhaftigkeit der Verordnung auszugehen. Das Recht zur Holdinggründung ist genauso wie die Verschmelzung auf die Ergänzung durch nationales Recht angewiesen. Nationales Recht findet innerhalb des Regelungsbereichs der Verordnung aber nur aufgrund

---

[107] Zum SpruchG (BR-Drs. 272/03 v. 2.5.2003), das am 1.9.2003 in Kraft getreten ist, siehe *Neye*, ZIP 2002, 2097 ff. und *Lamb/Schluck-Amend*, DB 2003, 1259 ff.

[108] Siehe unten C.VI.2, S. 229.

[109] Vgl. *Lutter*, in: ders., Holding-Hdb., Rn. A 11.

[110] *Brandt*, NZG 2002, 991, 995.

[111] Ebenso *Ch. Teichmann*, in: Theisen/Wenz, S. 587 f.

[112] Zu Recht *Raiser*, in: FS für Semler, 1993, S. 277, 286. Zum Lückenschluss in der SE-VO siehe unten C, S. 55.

eines gemeinschaftsrechtlichen Rechtsanwendungsbefehls Anwendung. Es fragt sich, wie diese Lücke geschlossen werden kann. Im Schrifttum wird eine Analogie zu Art. 18 sowie ein Rückgriff auf allgemeine Grundsätze des europäischen Gesellschaftsrechts, wie sie sich durch einen Vergleich mit der Dritten und Sechsten RiL gewinnen lassen, diskutiert.[113] Ein Rückgriff auf Richtlinienbestimmungen ist methodisch bedenklich, weil sich Richtlinien grundsätzlich nicht zur unmittelbaren Anwendung eignen.[114] Einer Analogie zu Art. 18 ist auch deshalb der Vorzug zu geben, weil sie dem gesetzgeberischen Willen entspricht, die Holding-SE nach dem Vorbild der Verschmelzung zu regeln.[115] Daher finden hinsichtlich der Gründungsphase, die sich auf Ebene der Gründungsgesellschaften abspielt, jeweils die Vorschriften über die Verschmelzung von AG nationalen Rechts Anwendung (Art. 18 analog).[116]

c) Gemeinsame Tochter-SE (Art. 36)

aa) Sinn und Zweck

Art. 36 bestimmt das auf die Gründungsgesellschaften anwendbare Recht bei der Gründung einer gemeinsamen Tochter-SE. Die Vorschrift verweist für die an der Gründung beteiligten Rechtsträger auf die Vorschriften über deren Beteiligung an der Gründung einer Tochter-AG nationalen Rechts. Art. 36 stellt damit einen gemeinschaftsrechtlichen Rechtsanwendungsbefehl dar, der die Anwendung nationalen Rechts auf einen europäischen Sachverhalt anordnet. Art. 36 hat den Charakter einer Rangkollisionsregel.[117] Es handelt sich dagegen nicht um eine internationalprivatrechtliche Kollisionsnorm, weil die Bestimmung der maßgebenden mitgliedstaatlichen Rechtsordnung dem nationalen IPR überlassen bleibt.[118]

Dem Art. 36 kommt besondere Bedeutung zu, weil die Verordnung keinerlei Sachnormen zum Verfahren der Gründung einer gemeinsamen Tochter-SE enthält. Einheitliche Verfahrenseckpunkte, wie sie bei den anderen Gründungsformen vorgeschrieben werden, also die Erstellung eines Gründungsplans, die

---

113 *Ch. Teichmann*, ZGR 2002, 383, 434 f.; *ders.*, ZGR 2003, 367, 388 ff. („systematische Parallele zum Verschmelzungsverfahren"); *Neun*, in: Theisen/Wenz, S. 139 f.; *Oplustil*, GLJ Vol. 4 No. 2 (1 February 2003), Nr. 3.

114 Siehe unten C.IV.1, S. 61.

115 Siehe unten Teil 5 C.I, S. 311.

116 Unzutreffend *Heckschen*, DNotZ 2003, 251, 261, der über Art. 18 analog eine Anwendung der Vorschriften über die Ausgliederung einer AG nationalen Rechts (§ 125 UmwG) befürwortet. Dies lässt sich allenfalls über eine doppelte Analogie zu Art. 18 begründen. Einer solchen steht indes entgegen, dass sich die Gründung der Holding-SE mangels Vermögensübertragung wesentlich von der Ausgliederung unterscheidet (siehe unten Teil 5 A.I, S. 305).

117 Siehe oben B.I.2, S. 27.

118 Siehe oben B.I.3, S. 28.

Gründungsprüfung und der Gesellschafterbeschluss, fehlen völlig. Statt dessen richtet sich der die Gründungsgesellschaften betreffende Teil des Verfahrens über Art. 36 ausschließlich nach mitgliedstaatlichem Recht.

bb) Voraussetzungen

Art. 36 bestimmt das auf „die an der Gründung beteiligten Gesellschaften oder sonstigen juristischen Personen" anwendbare Recht.[119] Das eigentliche Gründungsverfahren richtet sich dagegen über Art. 15 Abs. 1 nach dem Sitzstaatrecht.[120]

Art. 36 wird in erster Linie dann eine Rolle spielen, wenn der interne Willensbildungsprozess in den Gründungsrechtsträgern betroffen ist. Vornehmlich wird es um die Frage gehen, ob die Gesellschafter bzw. Mitglieder des Gründungsrechtsträgers der Gründung einer gemeinsamen Tochter-SE zustimmen müssen.[121] Die damit zusammenhängenden Rechtsfragen richten sich ausschließlich nach dem Recht, dem die jeweilige Gesellschaft unterliegt. Dies ist ein sachgerechtes Ergebnis. Es wäre schlicht nicht hinnehmbar, wenn die Beteiligungsrechte der Gesellschafter von einer fremden Rechtsordnung abhängen würden.[122]

cc) Verweisungsobjekt

Art. 36 verweist auf die Vorschriften über die Beteiligung der Gründungsrechtsträger an der Gründung einer Tochtergesellschaft in Form einer AG nationalen Rechts. Zunächst ist zu klären, welche mitgliedstaatliche Rechtsordnung einschlägig ist (dazu 1). Sodann ist zu prüfen, welche Normen des nationalen Sachrechts zur Anwendung gelangen (dazu 2).

(1) Bestimmung der nationalen Rechtsordnung

Die Vorschrift legt nicht fest, welche nationale Rechtsordnung maßgebend ist. Unzutreffend sind daher Äußerungen im Schrifttum, denen zufolge auf die Gründungsvorschriften des zukünftigen SE-Sitzstaats verwiesen wird und damit eine Kumulation der Gründungsrechte mehrerer Mitgliedstaaten ausgeschlossen wird.[123] Hier wird die Zweistufigkeit des SE-Gründungsverfahrens verkannt, nach der zwischen den Verfahrensschritten, welche die Gründungsgesellschaften betreffen, und denen, welche die entstehende SE betreffen, unterschieden werden muss. Während Art. 15 Abs. 1 das auf die entstehende SE anwendbare Recht festlegt, bestimmt Art. 36 das auf „die an der Gründung beteiligten Ge-

---

[119] Art. 35 Abs. 2 SE-VOV 1991 sprach noch von den „Gründungsgesellschaften nationalen Rechts". Dies ließ zweifelhaft erscheinen, ob die Vorschrift auch dann das anwendbare Recht bestimmt, wenn eine SE als Gründungsgesellschaft beteiligt ist; vgl. *Raiser*, in: FS Semler, 1993, S. 277, 287. Diese Zweifel sind nunmehr ausgeräumt.

[120] Siehe unten Teil 6 C.I, S. 390.

[121] *Neun*, in: Theisen/Wenz, S. 168.

[122] Siehe dazu unten Teil 6 C.III, S. 392 ff.

[123] *Bungert/Beier*, EWS 2002, 1, 8; *C.P. Schindler*, S. 37.

sellschaften“ anwendbare Recht.[124] Hier findet auf jede Gründungsgesellschaft das Recht Anwendung, dem sie unterliegt. Dies lässt sich historisch belegen. So heißt es in der Begründung zur Vorgängervorschrift des Art. 36 Abs. 2 SE-VOV 1975:[125]

> „Absatz 2 enthält bei Gründungsgesellschaften nationalen Rechts einen Verweis auf deren jeweilige Rechtsordnung.“

Daher kommt es nicht zu einer Kumulation der Rechtsordnungen. Es ist für jede Gründungsgesellschaft nach den Grundsätzen des nationalen IPR ihr Gesellschaftsstatut zu bestimmen.

(2) Anwendbare Vorschriften des Sachrechts

Ist die maßgebliche nationale Rechtsordnung bestimmt, so sind als nächstes die anwendbaren Normen des Sachrechts zu ermitteln. Art. 36 gibt vor, dass die Vorschriften über die Beteiligung des Gründungsrechtsträgers an der Gründung einer Tochtergesellschaft in Form einer AG nationalen Rechts Anwendung finden. Der Begriff Vorschriften ist in einem weiten Sinne zu verstehen, der auch das Gewohnheits- und Richterrecht einschließt.[126] Aus deutscher Perspektive ist daher beispielsweise eine Anwendung der Grundsätze der *Holzmüller*-Rechtsprechung möglich.[127]

Bei der Bestimmung der anwendbaren sachrechtlichen Normen ist nach der Rechtsform des jeweiligen Gründungsrechtsträgers zu unterscheiden („Vorschriften über *deren* Beteiligung“). Es ist danach zu fragen, welche Beteiligungsrechte den Gesellschaftern oder Mitgliedern der konkreten Rechtsform bei der Gründung einer Tochter-AG nationalen Rechts zustehen? Die Antwort fällt je nachdem, ob sich eine AG, GmbH, Personenhandelsgesellschaft oder ein anderer gründerfähiger Rechtsträger an der SE-Gründung beteiligt, unterschiedlich aus.

> *Beispiel*: Handelt es sich bei der Gründungsgesellschaft um eine deutsche OHG oder KG, so sind die Gesellschafter zur Beschlussfassung über die Gründung der gemeinsamen Tochter-SE berufen, wenn es sich um ein außergewöhnliches Geschäft handelt (§§ 116 Abs. 2, 164 S. 1 HGB). Das AktG sieht dagegen prinzipiell keine Kompetenz der Hauptversammlung vor, wenn sich die AG an der Gründung einer Tochtergesellschaft beteiligt. Hier ist allenfalls nach den Grundsätzen der *Holzmüller*-Rechtsprechung die Zustimmung der Hauptversammlung einzuholen.[128]

---

[124] Siehe oben B.IV.1, S. 37.
[125] SE-VOV 1975, Begründung zu Art. 35 bis 37, S. 202.
[126] Siehe oben B.III, S. 36.
[127] BGHZ 83, 122.
[128] Dazu im Einzelnen unten Teil 6 C.III, S. 392.

d) Umwandlung

Ebenso wie bei der Holding-SE fehlt auch bei der Umwandlung (Art. 2 Abs. 4 i.V.m. Art. 37) eine Verweisungsnorm, die das auf die Gründungsgesellschaften anwendbare Recht bestimmt. Dies ist bei der Umwandlung allerdings weniger problematisch, weil es sich um eine unilaterale Gründungsform handelt, sodass hier von vornherein nur auf das Recht einer Gründungsgesellschaft abzustellen ist. Außerdem vollzieht sich die Umwandlungsgründung wegen des Sitzverlegungsverbots (Art. 37 Abs. 3) im rein innerstaatlichen Rahmen, weshalb nicht verschiedene mitgliedstaatliche Rechtsordnungen zu beachten sind. Im Schrifttum findet sich die Auffassung, dass auf den formwechselnden Rechtsträger bis zur Eintragung der SE ohne weiteres das vom mitgliedstaatlichen IPR bestimmte Sachrecht Anwendung findet, soweit nicht die SE-VO eigene Sachregelungen enthält.[129] Das kann allerdings nur für die außerhalb des Regelungsbereichs der SE-VO liegenden Rechtsfragen gelten. Innerhalb des Regelungsbereichs der Verordnung hätte es dagegen eines gemeinschaftsrechtlichen Rechtsanwendungsbefehls bedurft, um zur Anwendung des nationalen Rechts zu gelangen. Wegen der ausschließlichen Gesetzgebungskompetenz des Gemeinschaftsgesetzgebers findet hier nationales Recht nur dann Anwendung, wenn die Verordnung dies ausdrücklich zulässt.[130] Es ist daher im Einzelfall zu prüfen, ob die Verordnung insoweit lückenhaft ist, als sie keinen Rechtsanwendungsbefehl für Rechtsfragen betreffend die Gründungsgesellschaft enthält. Ist dies der Fall, so ist diese Lücke im Wege der Rechtsfortbildung zu schließen. Denkbar ist eine Analogie zu Art. 18.

e) Ausgründung einer Tochter-SE aus einer SE

Bei der Ausgründung einer Tochter-SE aus einer SE (Art. 3 Abs. 2) bestimmt sich das auf die Gründungsgesellschaft anwendbare Recht nach der Normenhierarchie des Art. 9 Abs. 1. Damit beurteilen sich die Beteiligungsrechte der Gesellschafter vorrangig nach den Bestimmungen der SE-VO (Art. 9 Abs. 1 Buchst. a). Die Frage, ob bei der Ausgründung einer Tochter-SE die Zustimmung der Hauptversammlung einzuholen ist, soll weiter unten vertieft werden.[131]

3. Anwendbares Recht hinsichtlich der SE in Entstehung (= Vollzugsphase)

Art. 15 Abs. 1 bestimmt das auf die Gründung einer SE anwendbare Recht. Die Vorschrift befindet sich im Allgemeinen Teil des SE-Gründungsrechts (Abschnitt 1) und gilt demnach für alle Gründungsformen gleichermaßen. Die Ver-

---

[129] *Wagner*, NZG 2002, 985, 990.
[130] Siehe oben Teil 2 B.I.1.b), S. 25.
[131] Siehe unten Teil 8 C.II.3, S. 443.

weisung gilt vorbehaltlich der Bestimmungen der Verordnung und stellt damit eine Auffangnorm für die nicht geregelten Fragen dar.[132]

a) Sinn und Zweck

Eine dem heutigen Art. 15 Abs. 1 entsprechende Verweisungsnorm wurde erstmals im SE-VOV 1991 vorgesehen.[133] *Raiser* hielt die Regelung damals neben der Generalverweisung des Art. 7 SE-VOV 1991 (= Art. 9) für überflüssig.[134] Das Bedürfnis nach einer speziell auf das Gründungsrecht zugeschnittenen Verweisungsnorm erklärt sich aber damit, dass Art. 9 und Art. 15 Abs. 1 unterschiedliche Anwendungsbereiche aufweisen. Art. 9 bestimmt nur das auf die entstandene SE anwendbare Recht („Die SE unterliegt ...") und findet damit in der Gründungsphase der SE keine Anwendung.[135] Diese Lücke füllt der Art. 15 Abs. 1, der das auf die SE vor ihrer Entstehung anwendbare Recht bestimmt.

b) Rechtsnatur

Art. 15 Abs. 1 enthält einen gemeinschaftssachrechtsergänzenden Rechtsanwendungsbefehl, der die Anwendung nationalen Rechts auf einen europäischen Sachverhalt anordnet.[136] Die Vorschrift gilt für alle Rechtsfragen, welche die Gründung der SE betreffen; sie stellt daher eine partielle Generalverweisung dar. Art. 15 Abs. 1 ist keine Rangkollisionsnorm, weil die nationalen Gesellschaftsrechte die Gründung einer SE nicht regeln und damit keine Kollisionen zwischen Gemeinschaftsrecht und nationalem Recht entstehen können.[137] Die Vorschrift bestimmt die maßgebende nationale Rechtsordnung (= Sitzstaat) und verdrängt die Regeln des nationalen IPR.[138] Es handelt sich daher um eine IPR-Kollisionsnorm.[139]

c) Voraussetzungen

aa) Sachlicher Anwendungsbereich

Art. 15 Abs. 1 bestimmt für solche Rechtsfragen das anwendbare Recht, welche die Gründung einer SE betreffen. Wie bereits dargelegt wurde, ist damit nicht das gesamte Gründungsverfahren gemeint. Der sachliche Anwendungsbereich des Art. 15 Abs. 1 beschränkt sich auf die Teile des Verfahrens, die der entstehenden SE zugerechnet werden können.[140] Dabei handelt es sich im Wesentli-

---

132 *Ch. Teichmann*, ZGR 2002, 383, 414.
133 Art. 11a Abs. 1 SE-VOV 1991.
134 *Raiser*, in: FS Semler, 1993, S. 277, 284.
135 *Ch. Teichmann*, ZGR 2002, 383, 415 und 416 Fn. 154. Unzutreffend daher *C.P. Schindler*, S. 22.
136 Siehe oben B.I.1, S. 22 ff.
137 Siehe oben B.I.2, S. 27.
138 Zu Recht *Kersting*, DB 2001, 2079, 2080.
139 Siehe auch oben B.I.3, S. 28 ff.
140 Siehe oben B.IV.1, S. 37.

chen um die Vollzugsphase der Gründung, unter anderem also die Feststellung der Satzung, die Kapitalaufbringung[141] und das Registerverfahren.

bb) Zeitlicher Anwendungsbereich

Im Schrifttum ist die Frage erörtert worden, ob Art. 15 Abs. 1 überhaupt vor Eintragung der SE zur Anwendung kommt.[142] Bei der EWIV wird von der herrschenden Meinung nämlich die Auffassung vertreten, dass sich das anwendbare Recht vor der Eintragung der EWIV nach den allgemeinen Regeln des IPR bestimmt, während die Verweisungsnorm des Art. 2 Abs. 1 EWIV-VO erst ab der Eintragung einschlägig ist.[143] Begründet wird dies mit dem Wortlaut des Art. 2 Abs. 1 EWIV-VO, der auf das Recht des Mitgliedstaats verweist, in dem die EWIV ihren Sitz „hat". Da die EWIV vor ihrer Eintragung nicht errichtet ist, könne sie zu diesem Zeitpunkt auch keinen Sitz haben. Dementsprechend bestimme die Verweisung erst für den Zeitraum ab Eintragung der EWIV das anwendbare Recht.

Auf den Art. 15 Abs. 1 kann diese Argumentation nicht übertragen werden. Dies zeigen der Wortlaut und die Systematik der Vorschrift. Art. 15 Abs. 1 spricht vom Recht des Staates, in dem die SE ihren Sitz „begründet". Es muss also lediglich feststehen, wo der SE-Sitz in Zukunft begründet werden soll.[144] Diese Festlegung erfolgt im Gründungsplan (vgl. Art. 20 Abs. 1 S. 2 Buchst. a). Art. 15 Abs. 1 wäre außerdem überflüssig, wenn er erst ab der Eintragung Anwendung fände. Von da an bestimmt bereits Art. 9 Abs. 1 das anwendbare Recht. Ein solches Nebeneinander von partieller Generalverweisung für die Gründung und Generalverweisung für die bestehende Gesellschaft ist der EWIV-VO fremd; dort gibt es allein die Generalverweisung des Art. 2 EWIV-VO, die dem Art. 9 – nicht jedoch dem Art. 15 Abs. 1 – entspricht.[145] Es ist daher festzuhalten, dass Art. 15 Abs. 1 gerade und ausschließlich das vor Eintragung der SE anwendbare Recht bestimmt.

cc) Vorbehaltsklausel

Art. 15 Abs. 1 steht unter dem Vorbehalt der Bestimmungen dieser Verordnung. Damit wird klargestellt, dass Art. 15 Abs. 1 hinter den Sachnormen und Verweisungen der SE-VO subsidiär zurücktritt. Die Vorschrift bestimmt nur dann das

---

[141] Art. 5 findet nur auf eine eingetragene, also bereits wirksam entstandene SE (vgl. Art. 16 Abs. 1) Anwendung. Dies zeigt der Wortlaut („...Mitgliedstaat, in dem die SE eingetragen ist...").

[142] *Kersting*, DB 2001, 2079, 2079 f.; *Ch. Teichmann*, ZGR 2002, 383, 414 f.

[143] *Scriba*, S. 102; *v. Rechenberg*, in: von der Heydt/v. Rechenberg, S. 33; *Lentner*, S. 85; *Schwarz*, Rn. 1010. A.A. *Selbherr/Manz*, Art. 2 EWIV-VO Rn. 14; *Lenz*, Die Europäische wirtschaftliche Interessenvereinigung mit dem Sitz in Deutschland vor Eintragung, 1997, S. 48 ff.

[144] *Kersting*, DB 2001, 2079, 2080.

[145] *Ch. Teichmann*, ZGR 2002, 383, 415. Zust. *C.P. Schindler*, S. 18.

anwendbare Recht, wenn die Rechtsfrage nicht von einer anderen Bestimmung der Verordnung geregelt wird. Der Vorbehalt bezieht sich dabei nicht nur auf die Bestimmungen des SE-Gründungsrechts, also den Titel II (Art. 15 bis 37), sondern auf die ganze Verordnung. Das ist bemerkenswert, weil sich der Vorbehalt in der Vorgängervorschrift des Art. 11 a Abs. 1 SE-VOV 1991 noch auf die „nachfolgenden Bestimmungen“ beschränkte. In der Sache ändert sich dadurch jedoch nicht viel. So tritt der Art. 15 Abs. 1 z.B. nicht hinter Art. 9 Abs. 1 Buchst. c oder Art. 5 zurück, weil diese Verweisungen nur für die entstandene SE das anwendbare Recht bestimmen.[146]

d) Verweisungsobjekt

Verweisungsobjekt ist das „für Aktiengesellschaften geltende Recht des Staates ..., in dem die SE ihren Sitz begründet“. Art. 15 Abs. 1 trifft damit drei Aussagen. Erstens stellt die Vorschrift klar, dass ergänzend nationales Recht Anwendung findet (gemeinschaftsrechtlicher Rechtsanwendungsbefehl). Zweitens bestimmt die Vorschrift, welcher nationalen Rechtsordnung dieses Recht zu entnehmen ist (IPR-Kollisionsnorm). Drittens legt die Vorschrift fest, welche Sachnormen der maßgebenden Rechtsordnung Anwendung finden.

aa) Internationalprivatrechtliches Anknüpfungsmoment

Art. 15 Abs. 1 knüpft an den Staat an, in dem die SE ihren Sitz begründet. Mit Sitz ist der satzungsmäßige Sitz gemeint.[147] Die Anknüpfung an das Recht des Staats, in dem die SE ihren Sitz „begründet“, führt dabei zum selben Ergebnis, als wenn auf das Recht im Gründungsstaat der SE abgestellt werden würde. Damit ist ein Konflikt zwischen Gründungs- und Sitztheorie vermieden worden. Art. 15 Abs. 1 entspricht daher in seiner internationalprivatrechtlichen Aussage sowohl der Sitz- als auch der Gründungstheorie.[148]

bb) Anwendbare Normen des Sachrechts

(1) Für AG geltendes Recht

Fraglich ist, was mit dem für AG geltenden Recht gemeint ist. Der Wortlaut deutet auf ein weites Begriffsverständnis hin. Art. 15 Abs. 1 spricht nicht nur vom Aktienrecht des Sitzstaats, sondern allgemein von dem für AG geltenden Recht.[149] Damit wird nicht nur auf das Aktienrecht im eigentlichen Sinne, in Deutschland also das AktG, sondern auf jegliches Recht verwiesen, das auf eine AG Anwendung findet. Voraussetzung ist nur, dass die jeweilige Vorschrift des

---

[146] Siehe oben B.IV.3.a), S. 51.

[147] Vgl. die französische („siège statutaire“) und englische Sprachfassung („registered office“).

[148] *Brödermann*, in: Brödermann/Iversen, Rn. 332.

[149] Entsprechend heißt es in der französischen Fassung „par la loi applicable aux sociétés anonymes“.

nationalen Rechts tatsächlich für AG „gilt". Daraus ergibt sich, dass die betreffende Norm entsprechend ihren Tatbestandsvoraussetzungen auf eine AG anwendbar sein muss.

(2) Für die Gründung geltendes Recht

Der Vergleich mit Art. 26 Abs. 4 zeigt, dass Art. 15 Abs. 1 gerade auf die Vorschriften des nationalen Rechts verweist, die für die Gründung von AG gelten.[150] Damit stellt sich die Frage, ob der Art. 15 Abs. 1 auf die Vorschriften der normalen Bar- oder Sachgründung (§§ 23 ff. AktG) oder auf die Sondervorschriften des UmwG über die Gründung einer AG durch Verschmelzung (§§ 2 ff. UmwG), Spaltung (§§ 123 ff. UmwG) oder Formwechsel (§§ 190 ff. UmwG) verweist.

> *Beispiel*: Im Wege der Verschmelzung durch Neugründung soll eine SE mit Sitz in Deutschland errichtet werden. Sind in die Satzung die Festsetzungen über Sondervorteile, Gründungsaufwand, Sacheinlagen und Sachübernahmen aus den Satzungen der Gründungsgesellschaften zu übernehmen (Art. 15 Abs. 1 i.V.m. § 74 UmwG)?
>
> *Beispiel*: Eine AG deutschen Rechts will sich in eine SE umwandeln. Finden hinsichtlich der Eintragung der SE über Art. 15 Abs. 1 die Sondervorschriften der §§ 198 ff. UmwG Anwendung?

Gegen eine Anwendung der Vorschriften des UmwG könnte das Analogieverbot des § 1 Abs. 2 UmwG sprechen. Danach finden die Vorschriften des UmwG grundsätzlich nur auf die in diesem Gesetz geregelten Fälle Anwendung. Die Gründung einer SE fällt nicht darunter. Das ist jedoch unbeachtlich. Art. 15 Abs. 1 verweist nicht auf das für SE geltende Recht, sondern auf das für AG nationalen Rechts geltende Recht. Damit finden die Vorschriften des UmwG, welche die Gründung einer AG nationalen Rechts regeln, auch auf die Gründung einer SE Anwendung. Wenn also eine SE durch Verschmelzung gegründet wird, finden über Art. 15 Abs. 1 grundsätzlich die §§ 2 ff. UmwG Anwendung, sofern sie die Vollzugsphase der SE-Gründung betreffen. Auf die Umwandlung in eine SE finden die Vorschriften über den Formwechsel (§§ 190 ff. UmwG) Anwendung.

Fraglich ist aber, ob auch die rechtsformspezifischen Sonderregelungen des UmwG gelten. Bei der Umwandlung in eine SE stellt sich beispielsweise die Frage, ob die Vorschriften über den Formwechsel einer Kapitalgesellschaft in eine Kapitalgesellschaft anderer Rechtsform (§§ 238 ff. UmwG) eingreifen. Dies ist problematisch, weil zu bezweifeln ist, dass die SE zu den möglichen

---

[150] Siehe auch SE-VOV 1991, Begründung zu Art. 11a, S. 3: „In dem neuen Artikel 11a wird für den gesamten Titel II der Grundsatz festgeschrieben, daß auf die SE neben den ausdrücklichen Bestimmungen der Verordnung alle Vorschriften anwendbar sind, die nach dem Recht des Sitzstaates der SE *für die Gründung von Aktiengesellschaften* gelten [Hervorhebung des Verf.]."

Zielgesellschaften i.S. des § 191 Abs. 2 UmwG zählt. Dennoch ist auch die SE umwandlungsfähiger Rechtsträger i.S. des UmwG. Art. 10 bestimmt, dass eine SE in jedem Mitgliedstaat wie eine AG behandelt wird, die nach dem Recht des Sitzstaats der SE gegründet wurde.[151] Aus diesem Grund ist eine SE umfassend verschmelzungsfähig (§ 3 Abs. 1 Nr. 2 UmwG), spaltungsfähig (§ 124 Abs. 1 i.V.m. § 3 Abs. 1 Nr. 2 UmwG) und formwechselfähig (§ 191 Abs. 2 Nr. 3 UmwG). Es ist daher festzuhalten, dass das Verweisungsobjekt des Art. 15 Abs. 1 auch die Vorschriften des UmwG erfasst und darunter auch die Vorschriften, die rechtsformspezifisch für AG gelten.

Grundsätzlich sind bei einer SE-Gründung aber auch immer die §§ 23 ff. AktG zu beachten. Dies ist zu betonen, weil gemäß § 36 Abs. 2 UmwG bei der Verschmelzung durch Neugründung und gemäß § 197 S. 1 UmwG beim Formwechsel die für die neue Rechtsform geltenden Gründungsvorschriften einzuhalten sind und es damit über Art. 15 Abs. 1 scheinbar zu einer Rückverweisung kommt. Während Art. 15 Abs. 1 auf das für die Gründung von AG nationalen Rechts geltende Recht und damit auch auf die § 36 Abs. 2 und § 197 S. 1 UmwG verweist, erklären diese das für die Gründung der neuen Rechtsform geltende Recht und damit auf den ersten Blick die Vorschriften der SE-VO für anwendbar. Art. 10 löst diese scheinbare Hin- und Herverweisung (Zirkelverweisung) auf, indem die Vorschrift anordnet, dass eine SE in jedem Mitgliedstaat wie eine AG nationalen Rechts behandelt wird. Damit gilt die SE hinsichtlich der Anwendung der §§ 36 Abs. 2, 197 S. 1 UmwG als AG deutschen Rechts. Somit finden über Art. 15 Abs. 1 i.V.m. § 36 Abs. 2 bzw. § 197 S. 1 UmwG die §§ 23 ff. AktG Anwendung.

C. Lückenschließung durch Rechtsfortbildung

Von der Rechtsergänzung durch Verweisungsvorschriften ist die Schließung von Regelungslücken mittels Rechtsfortbildung zu unterscheiden. Die Feststellung einer Lücke begründet nach den Grundsätzen der juristischen Methodenlehre die Befugnis des Richters, eine Rechtsfrage auch dann zu beantworten, wenn das anwendbare Normensystem keine ausdrückliche Regelung enthält.[152] Dies ist im Europarecht – einschließlich des Sekundärrechts[153] – nicht anders. Hier stützt der EuGH seine Kompetenz zur Rechtsfortbildung zusätzlich auf den ihm zugewiesenen Auftrag, „die Wahrung des Rechts bei der Auslegung und Anwendung" des Vertrags zu sichern (Art. 220 EG).[154]

---

[151] Zur Frage, ob sich eine SE selbst aktiv an einer Umwandlung nach dem UmwG beteiligen kann, siehe *Oplustil/Schneider*, NZG 2003, 13, 15.

[152] *Canaris*, Die Feststellung von Lücken, S. 17, 21, 37, *Larenz*, Methodenlehre, S. 368.

[153] Vgl. EuGH, Urteil v. 30.1.1974, Rs. 159/73 (Hannoversche Zucker), Slg. 1974, 121, 129 Rn. 4.

[154] *Borchardt*, Der Europäische Gerichtshof, Art. 220 Rn. 21 m.w.N. Das BVerfG hat die Zu-

I. Verweisungsvorschriften als Analogieverbot

Fraglich ist, ob Lücken in der Verordnung überhaupt durch Rechtsfortbildung geschlossen werden dürfen. Aus den Verweisungsvorschriften der Verordnung könnte man den Schluss ziehen, dass jede Form der Lückenfüllung durch Analogieschluss zugunsten des nachrangig anwendbaren nationalen Rechts zu unterbleiben hat.[155] Es ist zu untersuchen, ob sich aus den Verweisungsnormen der Verordnung tatsächlich ein solches Analogieverbot ableiten lässt.

Die richterliche Rechtsfortbildung wird in der SE-VO nicht ausdrücklich als Rechtsquelle genannt. Dies war in den früheren Verordnungsvorschlägen noch anders.[156] Im SE-VOV 1989 wurde den allgemeinen Grundsätzen, auf denen dieses Statut beruht, sogar noch Vorrang gegenüber dem rechtsergänzenden Rückgriff auf das nationale Recht eingeräumt.[157] Der Fortfall der richterlichen Rechtsfortbildung als gesetzlich anerkannter Rechtsquelle bedeutet indessen nicht ihr Verbot. Der Verordnungsgeber hat lediglich darauf verzichtet, dem Lückenschluss durch richterliche Rechtsfortbildung einen gesetzlichen Vorrang vor der Rechtsergänzung durch nationales Recht einzuräumen. Er hat – nach entsprechender Forderung des Europäischen Parlaments[158] – ebenso davon abgesehen, dem Richter Vorgaben über die Art und Weise der Rechtsfortbildung zu machen, indem er den ursprünglich vorgesehenen Hinweis auf die „allgemeinen Grundsätze" der Verordnung gestrichen hat. Die richterliche Rechtsfortbildung wird daher als Rechtsquelle nicht mehr erwähnt, aber keineswegs für unzulässig erklärt. Ihre Nichtberücksichtigung in der Verordnung gründet vielmehr auf der „Einsicht in die aktuellen Grenzen dieser Quelle der Rechtsschöpfung".[159] Die entsprechenden Vorschriften in den Vorschlägen wurden wegen ihrer Unbestimmtheit und mangelnden Umsetzbarkeit in der Praxis kritisiert.[160] Die richterliche Rechtsfortbildung ist im SE-Recht daher grundsätzlich weiterhin möglich, wenngleich sie zweifelsohne an Bedeutung eingebüßt hat.

II. Bedeutung im SE-Recht

Die Verordnung stellt durch die Einbeziehung nationaler Rechtsregeln nur scheinbar Vollständigkeit her.[161] Die Ergänzung der Sachregelungen der SE-VO durch die Verweisungsvorschriften stößt im Einzelfall an Grenzen. Dies kann

---

lässigkeit der richterlichen Rechtsfortbildung durch den EuGH in seiner „Kloppenburg"-Entscheidung anerkannt (BVerfGE 75, 223, 243 f.).

155 *Casper*, in: FS für Ulmer, 2003, S. 51, 57 f.

156 Siehe dazu oben B.I.1.a), S. 22.

157 Art. 7 Abs. 1 Buchst. a SE-VOV 1989.

158 Siehe auch SE-VOV 1989, Stellungnahme EP, S. 77.

159 *Ch. Teichmann*, ZGR 2002, 383, 406 f.

160 Vgl. *Hauschka*, AG 1990, 85, 10 („fast unlösbare praktische Probleme"); *ders.*, EuZW 1990, 181, 183. Siehe auch *Merkt*, BB 1992, 652, 656.

161 *Ch. Teichmann*, ZGR 2002, 383, 408.

zum einen damit zusammenhängen, dass die Verweisungsvorschriften in der SE-VO die einschlägige Rechtsfrage tatbestandlich gar nicht erfassen. Zum anderen sind Sachprobleme denkbar, bei denen eine Ergänzung des SE-Statuts durch nationales Recht im Hinblick auf die Supranationalität der Rechtsform nicht sachgerecht wäre. Stellt sich heraus, dass die Verordnung in einem der beiden Fällen lückenhaft ist, so ist letztlich der EuGH zur Rechtsfortbildung auf Grundlage des Gemeinschaftsrechts berufen.[162]

Die im Schrifttum geäußerten Bedenken, die Zuhilfenahme der Rechtsfortbildung sei im Hinblick auf fehlende Rechtssicherheit und Akzeptanz der SE als Rechtsform nicht zu verantworten,[163] sind ernst zu nehmen. Es mag auch sein, dass der Verordnungsgeber nicht wirklich damit gerechnet hat, dass seine – den Rückgriff auf nationales Recht favorisierende – Verordnungskonzeption überhaupt noch Fragen offen lässt, die der Ergänzung durch Richterrecht bedürfen. Weil aber das System der Verweisungsvorschriften in der SE-VO selbst nicht umfassend gestaltet, ja womöglich lückenhaft ist, ist eine Rechtsfortbildung an diesen Stellen unumgänglich. Im Übrigen darf nicht übersehen werden, dass eine einheitliche Rechtsfortbildung auf gemeinschaftsrechtlicher Ebene der von vielen befürchteten Nationalisierung des SE-Statuts zumindest in Teilbereichen entgegenwirken kann.[164] Die Lückenausfüllung durch richterliche Rechtsfortbildung bildet im SE-Recht nach der Konzeption der Verordnung daher zwar die Ausnahme, ihre praktische Bedeutung ist aber, wie noch zu sehen sein wird, nicht zu gering einzuschätzen.

1. Keine Anwendbarkeit der Verweisungsvorschriften

Erfassen weder die Sachnormen noch die Verweisungsvorschriften ihrem Wortsinn nach eine Rechtsfrage, die dem Regelungsbereich der Verordnung zuzuordnen ist, so ist die Verordnung an dieser Stelle lückenhaft. Der EuGH ist dann zur Rechtsfortbildung berufen. Die richterliche Rechtsfortbildung dürfte vor allem im Rahmen der Gründungsformen Holding-SE und Umwandlung relevant werden. Für beide Gründungsformen fehlt eine dem Art. 18 oder 36 vergleichbare partielle Generalverweisung, die das auf die Gründungsgesellschaften anwendbare Recht bestimmt. Ein Rückgriff auf Art. 15 Abs. 1 kommt nicht in Betracht, da das Gründungsverfahren innerhalb der Gründungsgesellschaften nach der Konzeption der SE-VO nicht einheitlich nach dem Sitzstaatrecht der SE, sondern für jede Gründungsgesellschaft nach deren Personalstatut behandelt wird.[165]

---

162 Zweifelnd hinsichtlich der Möglichkeit einer Rechtsfortbildung auf europäischer Ebene dagegen *Jäger*, S. 24.

163 *Jäger*, S. 24 f. insbes. Fn. 34.

164 In diesem Sinne schon *Raiser*, in: FS Semler, 1993, S. 277, 297.

165 Siehe oben B.IV.1, S. 37.

Beispiel: Die Hauptversammlungen in den Gründungsgesellschaften müssen bei der Gründung einer Holding-SE gemäß Art. 32 Abs. 6 dem Gründungsplan zustimmen. Die SE-VO äußert sich nicht zu der Frage, ob und in welcher Form den Aktionären vor der Hauptversammlung Informationen über die Transaktion zu gewähren sind. Im Recht der Holdinggründung gibt es auch keine (dem Art. 18 vergleichbare) Verweisungsvorschrift, die das anwendbare Recht für die die Gründungsgesellschaften betreffenden Verfahrensabschnitte des Gründungsverfahrens bestimmt.[166]

2. SE-spezifische Regelungslücke

Denkbar ist auch, dass eine Anwendung der Verweisungsvorschriften deshalb nicht in Betracht kommt, weil die konkrete Rechtsfrage spezifisch am supranationalen Charakter der SE als Rechtsform anknüpft und daher sinnvollerweise nicht durch Rückgriff auf nationales Recht geschlossen werden kann (sog. SE-spezifische Regelungslücke).[167]

Beispiel: Die Gründung der SE setzt die Mehrstaatlichkeit der Transaktion voraus.[168] Die Verordnung trifft aber keine Aussage darüber, ob die Existenz der wirksam gegründeten SE vom Fortbestand ihrer Mehrstaatlichkeit abhängt. In diesem Zusammenhang stellt sich auch die Frage, ob eine SE zur Ausgründung einer Tochter-SE (Art. 3 Abs. 2) berechtigt ist, wenn sie selbst nicht (mehr) die Voraussetzungen der Mehrstaatlichkeit erfüllt.

Die Beantwortung solcher Rechtsfragen muss der Rechtsergänzung durch mitgliedstaatliches Recht entzogen sein, weil sonst die Einheitlichkeit der Struktur und Funktionsweise der SE gefährdet wäre. Hier ist also zu klären, ob die Verordnung an dieser Stelle lückenhaft ist. Falls ja, ist das Problem durch Rechtsfortbildung auf europäischer Ebene zu lösen.

III. Lücke im SE-Recht

Das Vorliegen einer Lücke begründet die richterliche Befugnis zur Rechtsfindung praeter legem und dient damit der Abgrenzung der judikativen von der legislativen Gewalt.[169] Die Besonderheit des Gemeinschaftsrechts besteht nun darin, dass die Grenzen der richterlichen Rechtsfortbildung nicht nur im Verhältnis zum Gemeinschafts-, sondern auch zum nationalen Gesetzgeber bestimmt werden müssen.[170] Die Befugnis des EuGH zur richterlichen Rechtsfortbildung be-

---

[166] Siehe unten Teil 5 C.VI.1.b)aa), S. 337.

[167] *Brandt/Scheifele*, DStR 2002, 547, 552; zust. *Wagner*, NZG 2002, 985, 989.

[168] Dazu unten Teil 3 E, S. 106.

[169] Eingehend zur kompetenzrechtlichen Problematik der Rechtsfortbildung durch den EuGH *Völter*, S. 153 ff.

[170] *Anweiler*, S. 53.

schränkt sich also in jedem Fall auf Fragen, deren Regelung in die Kompetenz der Gemeinschaft fällt.[171] Weil der Gemeinschaft für das SE-Gesellschaftsrecht die ausschließliche Gesetzgebungskompetenz zukommt,[172] ist die Befugnis zur Rechtsfortbildung durch den EuGH insofern nicht eingeschränkt. Der EuGH kann innerhalb des Regelungsbereichs der SE-VO also grundsätzlich rechtsfindend tätig werden.[173]

Im Grundsatz ist davon auszugehen, dass Lücken im Sekundärrecht eher selten vorkommen. Dafür gibt es verschiedene Gründe. Bisweilen wird auf den „Brüsseler Perfektionismus" hingewiesen, der dazu führe, dass sekundäres Gemeinschaftsrecht in der Regel eine vollständige Normierung der jeweiligen Materie enthält.[174] Vielmehr bestehe eine Vermutung dafür, dass beim Fehlen einer Regelung eine weitergehende gemeinschaftsrechtliche Regelung unerwünscht war, sodass es bewusst bei der Zuständigkeit der Mitgliedstaaten bleiben soll.[175] Das Fehlen einer Regelung im europäischen Recht bedeute wegen des Prinzips der begrenzten Einzelermächtigung, dass der Gesetzgeber nicht bereit war, dass nationales Recht durch europäisches verdrängt wird. Bei Vorliegen einer wenn auch nur fragmentarischen, aber abschließenden Regelung sei daher keine Regelung auf europäischer Ebene erwünscht mit der Folge, dass die Kompetenz grundsätzlich beim nationalen Gesetzgeber bleibe.[176] Dennoch hält der EuGH eine Lückenschließung durch Analogie auch im Sekundärrecht für möglich.[177] Sie setzt allerdings – wie der EuGH betont – voraus, dass die Lücke gegen höherrangiges primäres Gemeinschaftsrecht verstößt. Daran dürfte ein Lückenschluss in aller Regel aber nicht scheitern, weil der EuGH den Gleichbehandlungsgrundsatz als tragendes Prinzip des primären Gemeinschaftsrechts anerkennt.[178] Die Analogiebildung im Sekundärrecht ist damit im Ergebnis nicht an strengere Voraussetzungen geknüpft,[179] weil die Feststellung einer Lücke auch

---

171 *Völter*, S. 158; *Hatje*, in: Hommelhoff/Helms, Neue Wege in die Europäische Privatgesellschaft, S. 249 Fn. 9.

172 Siehe oben B.I.1.a), S. 22.

173 Vgl. *Völter*, S. 43.

174 *Oppermann*, Rn. 479. Siehe auch *Anweiler*, S. 318, 332.

175 *Bleckmann*, ZGR 1992, 364, 368 zu den gesellschaftsrechtlichen Richtlinien; *Anweiler*, S. 332; *Völter*, S. 42; *Dänzer-Vanotti*, in: FS für Everling, 1995, S. 205, 219 f.

176 *Völter*, S. 41.

177 Grundlegend EuGH, Urteil v. 12.12.1985, Rs. 165/84 (Krohn), Slg. 1985, 3997, 4019 Rn. 14.

178 Vgl. EuGH, Urteil v. 19.10.1977. verb. Rs. 117/76 und 16/77 (Ruckdeschel), Slg. 1977, 1753, 1771 Rn. 10 und 13; EuGH, Urteil v. 12.12.1985, Rs. 165/84 (Krohn), Slg. 1985, 3997, 4022 Rn. 27; EuGH, Urteil v. 25.11.1986, verb. Rs. 201 und 202/85 (Klensch), Slg. 1986, 3477, 3510 f. Rn. 22. Zum Gleichheitssatz als Erfordernis und Rechtfertigung der Rechtsfortbildung des EuGH vgl. *Ukrow*, Richterliche Rechtsfortbildung durch den EuGH, S. 135 f.

179 *Ch. Teichmann*, ZGR 2002, 383, 408.

sonst davon abhängt, dass gleichartige Sachverhalte ungleich bzw. ungleiche gleich behandelt werden.[180]

Die grundsätzliche Zurückhaltung bei der Annahme von Lücken im Sekundärrecht gründet ganz wesentlich auf der Vorstellung, dass Akte des Sekundärrechts nur die punktuelle Regelung einer Einzelfrage aber nicht die umfassende Regelung eines ganzen Sachgebiets anstreben. Dies ist im Grundsatz sicherlich richtig und trifft vor allem auf die gesellschaftsrechtlichen Richtlinien zu.[181] Zu Recht wird allerdings darauf hingewiesen, dass eine Verordnung, die eine supranationale Gesellschaftsform ins Leben ruft, von ihrer Idee her keine punktuelle Regelung sein kann, sondern „auf Vollständigkeit aller für eine funktionsfähige Rechtsform nötigen Regeln bedacht sein" muss.[182] In der Verordnung heißt es daher auch, dass die juristische Einheitlichkeit bezüglich der Struktur und Funktionsweise der SE angestrebt wird (Erwägungsgrund 6). Wenn der EuGH als Ziel der Schließung von Lücken wiederholt die Bewahrung der Effektivität und Funktionsfähigkeit des Gemeinschaftsrechts genannt hat,[183] mag hier manche Rechtsfortbildung zur Wahrung der juristischen Einheitlichkeit der Struktur und Funktionsweise der SE notwendig werden.[184] Die Vermutung, dass es beim Fehlen einer Regelung bewusst bei der Zuständigkeit der nationalen Gesetzgeber bleiben soll, kann bezogen auf die SE-VO außerdem schon deshalb nicht gelten, weil es für das SE-Gesellschaftsrecht an einer konkurrierenden nationalen Zuständigkeit fehlt.[185]

IV. Methoden der Rechtsfortbildung

Dem EuGH eröffnen sich zwei Möglichkeiten, um Regelungslücken des Gemeinschaftsrechts zu schließen: zum einen die analoge Anwendung einer Norm des geschriebenen Gemeinschaftsrechts, zum anderen die Entwicklung eines allgemeinen Rechtsgrundsatzes durch wertenden Vergleich sonstigen Gemeinschaftsrechts bzw. der nationalen Rechtsordnungen.[186] Man kann einerseits von einem regelgeleiteten und andererseits von einem prinzipiengeleiteten Analogieschluss sprechen.[187] Dabei ist von der Subsidiarität des prinzipiengeleiteten Analogieschlusses auszugehen, sofern die Gemeinschaftsrechtsordnung eine hohe Regelungsdichte an vergleichbaren Vorschriften aufweist.[188]

---

180 *Canaris*, Die Feststellung von Lücken im Gesetz, S. 71 ff.

181 *Bleckmann*, ZGR 1992, 364, 368 f.

182 *Ch. Teichmann*, ZGR 2002, 383, 408.

183 *Hatje*, in: Hommelhoff/Helms, Neue Wege in die Europäische Privatgesellschaft, S. 254 ff. m.w.N.

184 Vgl. *Ch. Teichmann*, ZGR 2002, 383, 408.

185 Siehe oben B.I.1.a), S. 22.

186 *Anweiler*, S. 59, 305.

187 *Langenbucher*, in: Jahrbuch Junger Zivilrechtswissenschaftler 1999, S. 65, 77 und 79.

188 Anderenfalls liefe der Richter Gefahr, sich in Widerspruch zu ausdrücklichen Normen des

1. Regelgeleiteter Analogieschluss

Ein regelgeleiteter Analogieschluss kann sich vor allem auf vergleichbare Vorschriften in der Verordnung selbst beziehen.[189] Fraglich ist, ob sich daneben auch Richtlinienbestimmungen für einen Analogieschluss eignen. Im Laufe der Entstehungsgeschichte wurde darüber gestritten, ob die Verordnung in ihren Verweisungen eine Richtlinienbestimmung für unmittelbar anwendbar erklären dürfe. Einer direkten Anwendbarkeit wurde entgegengehalten, dass eine solche nicht dem Rechtscharakter von Richtlinienbestimmungen entspräche, die sich an den nationalen Gesetzgeber, nicht aber an den Marktbürger richten.[190] Aus ähnlichen Erwägungen heraus wird eine analoge Anwendung der in Richtlinien enthaltenen Regelungen abgelehnt. Es wird vorgebracht, dass Richtlinien den Mitgliedstaaten bei ihrer Durchführung einen mehr oder weniger großen Spielraum eröffnen. Analogien könnten deshalb nur aus unmittelbar anwendbarem Recht, nicht aber aus Richtlinien gebildet werden, weil diese nur hinsichtlich ihrer Ziele, nicht aber bezüglich der Art und Weise der Zielerreichung verbindliche Vorgaben machen (vgl. Art. 249 Abs. 3 EG).[191] Daher sei von vornherein nur eine Analogie mit unmittelbar geltenden Bestimmungen des Verordnungsrechts möglich.[192] Hier wird man jedoch Einschränkungen machen müssen. In der Rechtswirklichkeit sind Richtlinienbestimmungen nicht selten derart exakt und detailliert formuliert, dass den Mitgliedstaaten nur die Möglichkeit der wortgleichen Umsetzung ohne eigenen Gestaltungsspielraum verbleibt.[193] Es ist daher anerkannt, dass sich Richtlinienbestimmungen dann zu einer unmittelbaren Wirkung eignen, wenn sie ihrem Inhalt nach unbedingt und hinreichend genau („self executing") sind.[194] Ist dies der Fall, so steht einer unmittelbaren Anwendung der Richtlinienbestimmungen und einer Analogiebildung prinzipiell nichts im Wege.[195]

Nach anderer Auffassung bringt die Verordnung in ihren Erwägungsgründen[196] zum Ausdruck, dass europäisches Sekundärrecht nur über harmonisiertes nationales Recht und nicht im Wege eines europarechtlichen Analogieschlusses Anwendung findet. Eine Analogie zu Richtlinienbestimmungen sei nur dann möglich, wenn die SE-VO selbst in einem vergleichbaren Zusammenhang auf eine der gesellschaftsrechtlichen Richtlinien verweist, wie dies z.B. in Art. 17 und 18

---

von ihm zu hütenden Rechtssystems zu setzen; vgl. *Anweiler*, S. 306.

[189] Ebenso *Casper*, in: FS für Ulmer, 2003, S. 51, 58.

[190] Vgl. *Lutter*, AG 1990, 413, 418; *Merkt*, BB 1992, 652, 658; *Gutsche*, S. 36 f.

[191] *Anweiler*, S. 307; *Völter*, S. 69.

[192] *Anweiler*, S. 307.

[193] *Geiger*, Art. 249 EGV Rn. 10.

[194] *Geiger*, Art. 249 EGV Rn. 15 m.w.N.

[195] Ähnlich *Völter*, S. 69.

[196] Vgl. Erwägungsgrund 9.

der Fall sei.[197] Bisweilen wird die dargestellte Problematik einfach dadurch gelöst, dass nicht nur die einschlägigen Richtlinienbestimmungen, sondern zusammen mit ihnen die entsprechenden nationalen Durchführungsbestimmungen analog angewendet werden.[198]

Tatsächlich kann der Verordnung und ihren Erwägungsgründen kein Verbot einer Analogie mit Richtlinienbestimmungen entnommen werden. Zutreffend ist, dass eine solche Analogie nur in Ausnahmefällen in Betracht kommt. Dabei kommt es aber nicht darauf an, dass die SE-VO selbst auf eine der gesellschaftsrechtlichen Richtlinien verweist. In diesen Fällen ist eine Analogie zu Richtlinienbestimmungen ohnehin überflüssig, weil man bereits die entsprechende Verweisung in der Verordnung (z.B. Art. 18) analog anwenden kann. Eine Analogie zu Richtlinienbestimmungen sollte daher nur dann in Erwägung gezogen werden, wenn eine Analogie zu einer vergleichbaren Vorschrift in der Verordnung nicht möglich ist.

> *Beispiel*: Die Verordnung regelt nicht die Informationsrechte der Aktionäre bei der Gründung einer Holding-SE. Handelt es sich hierbei um eine planwidrige Regelungslücke, so kommt eine Analogie zu Art. 11 Dritte RiL oder zu Art. 18 in Betracht. Vorrangig ist auf Art. 18 abzustellen.

2. Prinzipiengeleiteter Analogieschluss

Der fortgeschrittene Stand der Rechtsintegration bringt es mit sich, dass bereits zahlreiche Aspekte des Gesamtrechtsinstituts Gesellschaftsrecht durch das Zusammenspiel der entsprechenden Richtlinien und mittlerweile auch Verordnungen geregelt werden. Es ist deshalb nicht übertrieben, wenn davon gesprochen wird, dass sich durch die Gesamtschau aller Gesellschaftsrichtlinien ein selbständiges europäisches Modell der Gesellschaft entwickelt hat, aus dem heraus die Lücken des Systems geschlossen werden können.[199]

Was die derzeit bestehenden gemeinschaftsrechtlichen Vorschriften über Strukturmaßnahmen bei Gesellschaften – im Einzelnen also die Dritte und die Sechste RiL sowie die SE-VO und neuerdings die SCE-VO – betrifft, regeln diese zwar nur einzelne Ausschnitte dieses Regelungsbereichs. Dennoch wird zu Recht festgestellt, dass sich auch das europäische Recht der Strukturmaßnahmen bereits jetzt als ein „geordnetes Ganzes" darstellt, dessen materielle Vorschriften die folgerichtige Durchführung leitender Prinzipien erkennen lassen.[200] Es lassen sich daher gerade im europäischen Gesellschaftsrecht und hier wiederum insbesondere im europäischen Recht der Strukturmaßnahmen durch wertende Zu-

---

[197] *Casper*, in: FS für Ulmer, S. 51, 59.

[198] Z.B. *Ch. Teichmann*, ZGR 2002, 383, 434, der entsprechend Art. 11 Dritte RiL bzw. Art. 9 Sechste RiL (Fn. 193) zugleich analog § 63 UmwG anwenden möchte.

[199] *Bleckmann*, ZGR 1992, 364, 369. Ähnlich *Schön*, RabelsZ 64 (2000), 1, 6 ff.

[200] *Hommelhoff/Riesenhuber*, S. 259, 263 ff., 281; *Schön*, RabelsZ 64 (2000), 1, 7.

sammenschau der Vorschriften in den betreffenden Richtlinien und Verordnungen allgemeine Rechtsgrundsätze entwickeln.[201] *Bleckmann*[202] fasst dies so zusammen:

> „Die verschiedenen Richtlinien, die in derselben Materie ergangen sind oder dieselben oder ähnliche Probleme in verschiedenen Materien regeln, stehen in einer *einheitlichen europäischen Rechtsordnung*, auf welche nach der Rechtsprechung des EuGH der *allgemeine Gleichheitssatz* in einer ähnlichen Form wie im deutschen Recht angewandt werden muss. Das bedeutet aber, *dass, wenn sachliche Unterschiede nicht vorliegen*, die Lösungen der einen Richtlinie *im Wege der Gesetzesanalogie* auf die anderen Richtlinien *angewandt werden* müssen und dass aus mehreren Richtlinien im Wege der *Rechtsanalogie* allgemeine Rechtsgrundsätze des Europäischen Gemeinschaftsrechts entwickelt werden können. Soweit die Richtlinie eine Materie abschließend regeln will, dabei aber Lücken offen lässt, können diese Lücken also durch den Rückgriff auf andere Richtlinien geschlossen werden."

Übertragen auf die SE-VO bedeutet dies, dass ein Lückenschluss durch die Entwicklung allgemeiner Rechtsgrundsätze des europäischen Gesellschaftsrechts durchaus möglich ist.[203] Als leitende Prinzipien des europäischen Umwandlungsrechts lassen sich vor allem der in den Erwägungsgründen zur Dritten und Sechsten RiL angesprochene Schutz der Gesellschafter und der Gläubiger sowie mit Abstrichen auch der Schutz Dritter ausmachen.[204]

Casper vertritt demgegenüber die Auffassung, dass die Verweisungskonzeption der SE-VO eine prinzipiengeleitete Analogiebildung ausschließt.[205] Die Gewinnung von Rechtssätzen durch die Bildung allgemeiner Grundsätze des europäischen Gesellschaftsrechts lasse sich nicht mit der politisch gewollten Nationalisierung der SE (vgl. Art. 9 Abs. 1 Buchst. c) vereinbaren. Außerdem sei die mit der Entwicklung allgemeiner Rechtsgrundsätze verbundene Rechtsunsicherheit für den Rechtsanwender nicht hinnehmbar.

Diese Einwände sind durchaus ernst zu nehmen. Es ginge jedoch zu weit, daraus ein generelles Verbot der prinzipiengeleiteten Analogiebildung ableiten zu wollen. Die wissenschaftlichen Vorarbeiten zur Systembildung im europäischen Gesellschaftsrecht haben gezeigt, dass sich angesichts der bestehenden hohen Regelungsdichte präzise Grundsätze feststellen lassen, die einer Analogiebil-

---

201 *Schön*, RabelsZ 64 (2000), 1, 8 f., der zu Recht darauf hinweist, dass den Richtlinien trotz des in ihnen enthaltenen gesetzgeberischen Gestaltungsspielraums ein gemeinsames System von Grundwertungen, Sachentscheidungen und Schutzniveaus zugrunde liegt.

202 *Bleckmann*, ZGR 1992, 364, 369.

203 Ebenso *Ch. Teichmann*, ZGR 2002, 383, 409.

204 Dritte RiL, Erwägungsgründe 3 bis 8; Sechste RiL, Erwägungsgründe 6, 8 und 9. Dazu *Hommelhoff/Riesenhuber*, S. 259, 272; *Schön*, RabelsZ 64 (2000), 1, 7.

205 *Casper*, in: FS für Ulmer, 2003, S. 51, 57 f.

dung durchaus zugänglich sind. Das Argument der fehlenden Rechtssicherheit wirkt insofern kaum überzeugend. Dennoch wird es nur selten zu einer prinzipiengeleiteten Rechtsfortbildung kommen, weil sich in den meisten Fällen eine regelgeleitete Analogiebildung mit Vorschriften der Verordnung anbietet.

D. Auslegung

Die SE-VO unterliegt als Teil der eigenständigen Rechtsordnung Gemeinschaftsrecht autonomen Auslegungsgrundsätzen. Der EuGH folgt den traditionellen Auslegungskriterien Wortlaut, Entstehungsgeschichte, Systematik und Teleologie, gewichtet diese aber anders. Vorrangig wird auf die systematisch-teleologische Methode abgestellt, während dem Wortlaut und der Entstehungsgeschichte geringere Bedeutung beigemessen wird. Die Auslegungsmethoden des EuGH sind bereits ausgiebig dargestellt worden, sodass sich an dieser Stelle eine Wiederholung erübrigt.[206] Kurz dargestellt werden allerdings die Besonderheiten, die bei der Auslegung der Vorschriften der SE-VO zu beachten sind (dazu I). Im Übrigen stellt sich infolge der Verweisungskonzeption der SE-VO nicht nur die Frage, wie die Vorschriften der Verordnung selbst auszulegen sind. Darüber hinaus ist zu klären, wie das nationale Recht, das von den Verweisungsnormen der SE-VO zur Anwendung berufen wird, auszulegen ist (dazu II).

I. Auslegung der SE-VO

Bei der systematischen Auslegung der SE-VO können vergleichend andere Rechtsakte im europäischen Gesellschaftsrecht herangezogen werden. Im Bereich der SE-Gründung bieten sich hierfür die Zweite, Dritte und Sechste RiL an. Daneben sind auch die EWIV-VO und die Vorschläge für andere Gesellschaftsformen des Gemeinschaftsrechts (EUV-VOV, EUGEN-VOV, EUGGES-VOV) zu berücksichtigen. Durch eine Zusammenschau dieser Rechtsakte lassen sich gemeinsame Prinzipien feststellen, die bei der Auslegung nutzbar gemacht werden können. Die Koordinierung von Normen desselben Regelungsbereichs ist dabei – wie *Ch. Teichmann* zutreffend feststellt – ein Gebot der Gleichbehandlung.[207]

Die historische Auslegung, die vom EuGH gemeinhin nur selten herangezogen wird, verdient im Sekundärrecht im Allgemeinen[208] und bei der SE-VO im Besonderen eine ungleich größere Beachtung. Angesichts der über vierzigjährigen Entstehungsgeschichte und des Vorhandenseins zahlreicher offizieller Vor-

---

[206] Überblicksartige Darstellungen finden sich z.B. bei *Bleckmann*, Rn. 537 ff. und *Oppermann*, Rn. 680 ff. Zu den Besonderheiten bei der Auslegung von Sekundärrecht siehe *Bleckmann*, NJW 1982, 1177 ff. und *Schwarz*, Rn. 86 ff.

[207] *Ch. Teichmann*, ZGR 2002, 383, 405. Dagegen zweifelnd *Casper*, in: FS für Ulmer, 2003, S. 51, 55.

[208] *Bleckmann*, NJW 1982, 1177, 1178; *Lutter*, JZ 1992, 593, 599 f.; *Schwarz*, Rn. 87.

schlags- und Entwurfstexte kommt man nicht umhin, diesen Materialien bei der Auslegung des Verordnungstexts eine wichtige Rolle einzuräumen.[209] Bei der historischen Auslegung müssen die Erwägungsgründe der SE-VO, die Vorgängervorschläge und ihre Begründungen und die jeweiligen Stellungnahmen des Europäischen Parlaments und des Wirtschafts- und Sozialausschusses Berücksichtigung finden.[210]

Im Hinblick auf die teleologische Auslegung ist zu beachten, dass durch die SE-VO eine supranationale Gesellschaftsform ins Leben gerufen wird. Die Auslegung muss sich daher auch von dem Ziel leiten lassen, ein funktionsfähige Rechtsform bereitzustellen.[211]

II. Auslegung des Verweisungsobjekts

Die Verweisungsnormen der Verordnung verhelfen nationalem Recht zur Anwendung, wo dieses aus sich selbst heraus keine Anwendung gefunden hätte. Das nationale Recht erfüllt damit nur eine Hilfsfunktion. Es ist auf Sachverhalte anzuwenden, für die es nicht gedacht war. Es stellt sich daher die Frage, ob für das Verweisungsobjekt, also die zur Anwendung berufenen Normen des nationalen Rechts, im Zweifel eine europafreundliche Auslegung zu wählen ist, die sich an den Zielen der Verordnung orientiert.

Die Beantwortung dieser Frage hängt wesentlich davon ab, welche Rolle man dem nationalen Recht im Anwendungsbereich einer gemeinschaftsrechtlichen Verweisungsnorm zubilligt. Nach Ansicht von *Casper* bleiben die ergänzend herangezogenen Vorschriften nationales Recht und unterliegen damit der Auslegung durch die nationalen Gerichte und nicht durch den EuGH. Die Auslegung des betroffenen nationalen Rechts sei dementsprechend nach der in der jeweiligen nationalen Rechtsordnung entwickelten Methodik vorzunehmen. Eine gespaltene Auslegung des nationalen Rechts je nachdem, ob es auf eine nationale Gesellschaft oder auf die SE Anwendung findet, sei außerdem wegen der zu befürchtenden Rechtsunsicherheit abzulehnen.[212]

Casper ist darin beizupflichten, dass das zur Anwendung berufene Recht weiter der Rechtsprechung durch die nationalen Gerichte unterliegt. Dennoch muss bei der Auslegung beachtet werden, dass die Vorschriften des nationalen Rechts nicht aus eigenem Geltungsgrund, sondern aufgrund eines gemeinschaftsrechtlichen Rechtsanwendungsbefehls Anwendung finden. Dementsprechend ist die Zuständigkeit der nationalen Gerichte zur Auslegung und Anwendung des Verweisungsobjekts nur verliehen. Das nationale Gericht legt also nicht die jeweili-

---

209 Ebenso *Ch. Teichmann*, ZGR 2002, 383, 404; *Casper*, in: FS für Ulmer, 2003, S. 51, 56.
210 Vgl. *Lutter*, JZ 1992, 593, 599 ff.
211 *Ch. Teichmann*, ZGR 2002, 383, 405; *Casper*, in: FS für Ulmer, 2003, S. 51, 55.
212 *Casper*, in: FS für Ulmer, 2003, S. 51, 69 f.

ge Norm des nationalen Rechts für sich aus, sondern immer in Verbindung mit dem gemeinschaftsrechtlichen Rechtsanwendungsbefehl.

> *Beispiel*: Die Form des Verschmelzungsplans bestimmt sich nach Art. 18 i.V.m. § 6 UmwG.[213] Das nationale Gericht kann hier nicht allein § 6 UmwG auslegen, sondern muss dies in Zusammenschau mit Art. 18 tun.

Das Verweisungsobjekt muss daher in Übereinstimmung mit den allgemeinen Zielen der Verordnung und den Vorgaben der einschlägigen Verweisungsnorm in der SE-VO ausgelegt werden. Man kann insofern von einer SE-spezifischen oder verordnungskonformen Auslegung sprechen.[214] Dies bedeutet zu Ende gedacht nichts anderes, als dass die Auslegung des nationalen Rechts, das durch die Verweisungsnormen der SE-VO für anwendbar erklärt wird, der Rechtsprechung des EuGH unterliegt.[215]

---

213 Siehe unten Teil 4 C.I.4, S. 171.

214 *Brandt/Scheifele*, DStR 2002, 547, 554; *Ch. Teichmann*, GLJ Vol. 4 No. 4 (1 April 2003), Nr. 56. Noch weiter geht *Grote*, S. 52, für den das nationale Verweisungsobjekt die Rechtsqualität der Verweisungsnorm teilt und damit die Rechtsnatur von Gemeinschaftsrecht erlangt.

215 *Ch. Teichmann*, GLJ Vol. 4 No. 4 (1 April 2003), Nr. 58.

Teil 3: Gründungsberechtigung

A. Überblick

Die SE kann frei gebildet werden, ohne dass es eines staatlichen Legitimationsakts bedarf.[1] Die Voraussetzungen der Gründungsberechtigung gemäß Art. 2 schränken den Zugang zur Rechtsform SE jedoch erheblich ein.[2] Die Befugnis zur Gründung einer SE wird darin von bestimmten Voraussetzungen abhängig gemacht, die an der Person des Gründers und am Gründungsvorgang anknüpfen.[3]

Die Verordnung regelt die Anforderungen an die Gründungsberechtigung in Art. 2 für jede Gründungsform gesondert (= gründungsformspezifische Gründungsberechtigung).[4] Danach kann es z.B. vorkommen, dass eine Gesellschaft, die eine gemeinsame Tochter-SE gründen kann (Art. 2 Abs. 3), nicht zur Verschmelzung (Art. 2 Abs. 1) oder zur Gründung einer Holding-SE (Art. 2 Abs. 2) berechtigt ist. Die Tatbestände des Art. 2 weisen allerdings eine gemeinsame Grundstruktur auf. Die Voraussetzungen der Gründungsberechtigung in den Absätzen 1 bis 4 lassen sich demzufolge in drei Gruppen einteilen:

- Gründerfähigkeit (Halbs. 1);
- Gemeinschaftszugehörigkeit (Halbs. 2);
- Mehrstaatlichkeit (letzter Halbs.).

Im jeweils ersten Halbsatz der Absätze 1 bis 4 werden die gründerfähigen Rechtsformen bestimmt (AG, GmbH, Gesellschaft i.S. des Art. 48 Abs. 2 EG, juristische Personen des öffentlichen oder privaten Rechts).

Der jeweils zweite Halbsatz legt fest, dass die gründerfähigen Rechtsformen einen Bezug zum Gebiet der Gemeinschaft aufweisen müssen (Gemeinschaftszugehörigkeit). Gemeinschaftszugehörigkeit liegt danach vor, wenn die Gesellschaft nach dem Recht eines Mitgliedstaats gegründet worden ist und ihren Sitz und ihre Hauptverwaltung in der Gemeinschaft hat.

Der jeweils letzte Halbsatz verlangt das Vorliegen eines grenzüberschreitenden Sachverhalts. Die Gründer müssen entweder dem Recht verschiedener Mitgliedstaaten unterliegen (Abs. 1 letzter Halbs., Abs. 2 Buchst. a, Abs. 3 Buchst. a) oder selbst grenzüberschreitend strukturiert sein, weil sie über eine Tochtergesellschaft oder eine Zweigniederlassung in einem anderen Mitgliedstaat verfü-

---

1 Siehe oben Teil 1 C, S. 10.

2 Art. 3 enthält Sonderregelungen für den Fall, dass eine SE selbst eine SE gründen will. Dazu unten Teil 8, S. 433 ff.

3 Eine andere Art der Zugangsbeschränkung ist im numerus clausus der Gründungsformen zu sehen; dazu oben Teil 1 E, S. 11.

4 Verschmelzung (Art. 2 Abs. 1), Holding-SE (Art. 2 Abs. 2), gemeinsame Tochter-SE (Art. 2 Abs. 3), Umwandlung (Art. 2 Abs. 4).

gen (Abs. 2 Buchst. b, Abs. 3 Buchst. b, Abs. 4 letzter Halbs.). Dieses Kriterium wird als Mehrstaatlichkeitserfordernis bezeichnet.

Diese drei Voraussetzungen der Gründungsberechtigung stimmen grundsätzlich für jede Gründungsform überein. Es bietet sich daher an, sie für alle Gründungsformen gemeinsam darzustellen. Sofern die Anforderungen bei den einzelnen Gründungsformen voneinander abweichen, wird ausdrücklich darauf hingewiesen. Die Untersuchung der Gründungsberechtigung nimmt folgenden Verlauf: Zunächst wird allgemein der Sinn und Zweck der Beschränkungen des Zugangs zur Rechtsform SE untersucht (dazu B). Im Anschluss daran werden die einzelnen Voraussetzungen der Gründungsberechtigung, die Gründerfähigkeit (dazu C), die Gemeinschaftszugehörigkeit (dazu D) und die Mehrstaatlichkeit (dazu E), vorgestellt.

B. Sinn und Zweck der Zugangsbeschränkungen

Der Zugang zur Rechtsform der SE war von Anfang an eines der Schlüsselprobleme bei der Schaffung der SE-VO.[5] Man diskutierte darüber, ob jedermann zur Gründung einer SE berechtigt sein soll oder ob diesbezüglich Einschränkungen zu machen sind. Soweit man Zugangsbeschränkungen grundsätzlich befürwortete, war weiterhin strittig, wie diese im Einzelnen auszugestalten sind. Zur Debatte standen dabei einerseits Einschränkungen, welche an der Qualität der Gründungssubjekte und des Gründungsvorgangs anknüpfen, und andererseits die Forderung nach einem besonders hohen Mindestkapitalbetrag.[6] Der Streit drehte sich also sowohl um das „Ob“ als auch um das „Wie“ der Beschränkung des Zugangs zur Rechtsform SE.

Nachfolgend wird untersucht, warum es überhaupt zu einer Beschränkung der Zugangsmöglichkeiten gekommen ist. Der Sinn und Zweck der einzelnen Zugangbeschränkungen in ihrer konkreten Form (Gründerfähigkeit, Gemein-

---

5 Vgl. *v. Caemmerer*, in: FS für Kronstein, 1967, S. 171, 182 ff.; *ders.*, in: Europäische Handelsgesellschaft und Angleichung des nationalen Gesellschaftsrechts, 1968, S. 54, 61 ff.; *Hauschild*, in: Europäische Handelsgesellschaft und Angleichung des nationalen Gesellschaftsrechts, 1968, S. 81, 85 f.; *Mertens*, in: Die europäische Handelsgesellschaft im Verhältnis zum deutschen und italienischen Recht, 1970, S. 1, 38 ff.; *de Martini*, in: Die europäische Handelsgesellschaft im Verhältnis zum deutschen und italienischen Recht, 1970, S. 45, 52 ff.

6 *Sanders*, Vorentwurf, S. 10. Siehe auch *v. Caemmerer*, in: Europäische Handelsgesellschaft und Angleichung des nationalen Gesellschaftsrechts, 1968, S. 54, 62; *Hauschild*, in: Europäische Handelsgesellschaft und Angleichung des nationalen Gesellschaftsrechts, 1968, S. 81, 85 f.; *de Martini*, in: Die europäische Handelsgesellschaft im Verhältnis zum deutschen und italienischen Recht, 1970, S. 45, 54 f.; *Nissen*, S. 130 Fn. 2. Krit. zu einem erhöhten Mindestkapital als Zugangsschranke *Martens*, in: Lutter, Europäische Aktiengesellschaft, S. 168.

schaftszugehörigkeit, Mehrstaatlichkeit) wird später im Rahmen der jeweiligen Voraussetzung erörtert.[7]

I. Entstehungsgeschichtlicher Hintergrund

Von französischer Seite wurde zunächst die Möglichkeit eines freien Zugangs zur SE favorisiert. Danach sollten die Beteiligten zwischen nationaler und europäischer Gesellschaftsform genauso frei wählen dürfen wie innerstaatlich zwischen GmbH und AG. Eine besondere europäische Verankerung sei nicht erforderlich, um den Status einer europäischen Gesellschaft erwerben zu können. Man ging davon aus, dass die europäische Gesellschaftsform nicht nur Vor-, sondern auch Nachteile böte, so dass man die Entscheidung über die Wahl der Rechtsform den Beteiligten selbst überlassen könne. Es sei allenfalls ein im Vergleich zu den nationalen Gesellschaftsformen höheres Mindestkapital zu fordern.[8] Dem Vernehmen nach neigten auch belgische Expertengruppen in der Frühphase der Beratungen einem weniger restriktiven Zugangsmodell zu, das auch kleineren Unternehmen Gelegenheit zur Beteiligung an einer SE bieten sollte. Insofern wurde eine Gleichstellung zwischen der Rechtsform SE und den nationalen Gesellschaftstypen befürwortet.[9]

Demgegenüber hat sich insbesondere Deutschland von Beginn an für eine Begrenzung der Zugangsmöglichkeiten stark gemacht. Das Motiv für die Schaffung einer Rechtsform SE läge nämlich darin, gerade und ausschließlich für europaweit tätige Unternehmen eine Gesellschaftsform zur Verfügung zu stellen, die deren besonderen Bedürfnissen gerecht wird. Im Übrigen wurde von deutscher Seite die Befürchtung geäußert, dass ein grundsätzlich freier Zugang zur SE zu einer Flucht aus dem vermeintlich strengeren nationalen Recht – insbesondere was den Schutz der Aktionäre, Gläubiger und Arbeitnehmer betrifft – verleiten könne und dadurch Umgehungsmöglichkeiten eröffnet würden.[10]

---

7 Siehe unten C.II.1, S. 76, D.I, S. 93 und E.I, S. 107.

8 Vgl. die Note der französischen Regierung an den Rat der EWG vom 15.3.1965, in der diese die Schaffung einer europäischen Handelsgesellschaft anregt (vgl. schriftliche Anfrage Nr. 15 von Herrn Nederhorst an die Kommission, ABl. v. 24.7.1965, S. 2251 f.; zitiert nach *Eder*, GmbHR 1965, 220 ff.; *v. Caemmerer*, in: FS für Kronstein, 1967, S. 171, 182; *ders.*, in: Europäische Handelsgesellschaft und Angleichung des nationalen Gesellschaftsrechts, 1968, S. 54, 61 f. und *Hauschild*, in: Europäische Handelsgesellschaft und Angleichung des nationalen Gesellschaftsrechts, 1968, S. 81, 85 f). Zu den französischen Vorstellungen siehe auch *André*, Europäisches Gesellschaftsrecht, S. 247, 250. Zu dem vom Verband der französischen Industrie (Conseil National du Patronat Francais) im Jahr 1962 vorgelegten „Entwurf eines Statuts für europäische Gesellschaften" siehe *Eder*, GmbHR 1965, 220, 222 ff. und *Bayer*, RabelsZ 35 (1971), 201, 214.

9 Dazu *de Martini*, in: Die europäische Handelsgesellschaft im Verhältnis zum deutschen und italienischen Recht, 1970, S. 45, 53 f.

10 Siehe die Nachweise bei *de Martini*, in: Die europäische Handelsgesellschaft im Verhältnis zum deutschen und italienischen Recht, 1970, S. 45, 53.

Diesen divergierenden Auffassungen lag ein unterschiedliches Grundverständnis vom Nutzen und den Zielen einer europäischen Gesellschaftsform zugrunde. Die eine Konzeption sah in der zu schaffenden Gesellschaftsform eine „Handelsgesellschaft europäischen Typs", die in allen Mitgliedstaaten neben die dort bestehenden nationalen Formen der Kapitalgesellschaft tritt, und ging demzufolge von der Möglichkeit eines freien Zugangs aus. Die andere Konzeption betrachtet die europäische Gesellschaft lediglich als ein Instrument, um die Zusammenfassung der Produktionsfaktoren aus verschiedenen Mitgliedstaaten, sei es durch Fusion oder durch Errichtung gemeinsamer Ober- oder Tochtergesellschaften, zu ermöglichen oder zu erleichtern, und wollte den Zugang auf diese Fälle beschränken.[11]

Sanders hat sich in seinem Vorentwurf für ein SE-Statut aus dem Jahr 1966 für beschränkte Zugangsmöglichkeiten ausgesprochen. Nach seiner Meinung sind Beschränkungen aus zwei Gründen gerechtfertigt. Erstens weil die neue Rechtsform nur solchen Unternehmen offen stehen soll, die aufgrund ihrer Größe imstande sind, europaweit tätig zu sein.[12] Zweitens um zu verhindern, dass die neue Gesellschaftsform in direkte Konkurrenz zu den nationalen Aktienrechten tritt und damit zu einer „Ausweichform für Aktiengesellschaften nationalen Rechts" wird.[13] Vor diesem Hintergrund schlägt *Sanders* zwei Formen von Gründungsbeschränkungen vor:

- eine Einschränkung hinsichtlich der gründungsberechtigten Personen;
- die Forderung nach einem hohen Mindestkapital.

Zusammengefasst lassen sich zwei wesentliche Motive für die Beschränkung des Zugangs zur Rechtsform SE erkennen. Zum einen soll verhindert werden, dass die SE in unmittelbare Konkurrenz zu den nationalen Gesellschaftsformen tritt und diese letztlich verdrängt. Durch die Zugangsschranken sollen Umgehungsmöglichkeiten eingedämmt und ein Wettbewerb zwischen europäischen und nationalen Gesetzgebern („race to the bottom") ausgeschlossen werden. Dieses Motiv wird hier als Konkurrenzthese bezeichnet (dazu II). Außerdem soll im Hinblick auf die Supranationalität der geplanten Gesellschaftsform gewährleistet werden, dass nur Unternehmen mit gemeinschaftsweitem Betätigungsradius in den Genuss einer europäischen Gesellschaftsform kommen. Dieser Begründungsansatz soll als Exklusivitätsthese bezeichnet werden (dazu III).

II. Konkurrenzthese

Die Konkurrenzthese gründet auf der Überlegung, in welchem Verhältnis nationale und supranationale Gesellschaftsformen zueinander stehen: Soll die SE in

[11] *Ficker*, NJW 1967, 1160, 1163.

[12] *Sanders*, Vorentwurf, S. 10.

[13] *Sanders*, Vorentwurf, S. 11. Siehe auch *v. Caemmerer*, in: Europäische Handelsgesellschaft und Angleichung des nationalen Gesellschaftsrechts, 1968, S. 54, 61.

unmittelbare Konkurrenz zur nationalen AG treten, indem den Unternehmen die freie Wahl zwischen den Rechtsformen gewährt wird, oder muss eine solche Konkurrenzsituation – mittels Zugangsbeschränkungen – verhindert werden? Der Konkurrenzthese zufolge verhindern die Zugangsbeschränkungen zur SE, dass es zu einer Verdrängung der nationalen Gesellschaftsformen kommt.

Die Konkurrenzthese fand in der Fachöffentlichkeit durchaus Zuspruch. Es wurde vorgebracht, dass sich eine Gesellschaftsform europäischen Zuschnitts wesentlich von ihren nationalen Pendants unterscheiden und abheben müsse, weil sie sonst an deren Stelle treten und diese überflüssig machen würde. Vor allem dürfe es nicht zu einer Flucht aus den nationalen Rechtsformen in die vermeintlich privilegierte SE kommen.[14] In diesem Sinn stellt *Geßler* folgende (rhetorische) Frage:[15]

> „Wie soll die europäische Aktiengesellschaft ... von der Aktiengesellschaft nationalen Rechts abgegrenzt werden? Muss es nicht zu einer Konkurrenz beider Formen kommen; welche Bedeutung hätte das für die eine oder andere Form? (...) Wir kämen zu einer Konkurrenz zwischen zwei Formen von Aktiengesellschaften, die äußerst unerwünscht wäre. Es darf nicht von der Vorteilhaftigkeit des Rechts der einen oder der anderen Gesellschaftsform die Wahl der Gesellschaftsform abhängen. Diese Frage wird sich bei freiem Zugang aber immer stellen."

Auch in der jüngeren Literatur wird die Befürchtung geäußert, dass eine Freigabe der Gründungsmöglichkeiten ohne einschränkendes Korrektiv zu einer Kollision mit den nationalen Rechtsordnungen führt. Dies könne aber nur dann gewollt sein, wenn ein Wettbewerb zwischen europäischem und nationalem Gesetzgeber um die Gunst der Unternehmen zugelassen werden solle. Letztlich wäre mit der Verdrängung der nationalen Rechtsform zu rechnen – ein Ergebnis, das von den Mitgliedstaaten nicht gewollt sein könne.[16] Aus diesem Grund wurden in der Literatur verschiedene Möglichkeiten zur Steuerung des Zugangs zur Rechtsform SE diskutiert.[17] Durchgesetzt hat sich schließlich die Auffassung,

---

[14] *Geßler*, BB 1967, 381, 382; *v. Caemmerer*, in: FS für Kronstein, 1967, S. 171, 185; *ders.*, in: Europäische Handelsgesellschaft und Angleichung des nationalen Gesellschaftsrechts, 1968, S. 54, 61; *André*, Europäisches Gesellschaftsrecht, S. 247, 250; *de Martini*, in: Die europäische Handelsgesellschaft im Verhältnis zum deutschen und italienischen Recht, 1970, S. 45, 48; *Barz/Lutter*, in: Lutter, Europäische Aktiengesellschaft, S. 19.

[15] *Geßler*, BB 1967, 381, 382 f.

[16] *Helms*, S. 212 f., der aus diesen Gründen ein Mehrstaatlichkeitserfordernis im Hinblick auf ein mögliches EPG-Statut befürwortet.

[17] Unter anderem wurde daran gedacht, das Prinzip der Neutralität der Rechtsform SE gegenüber den bestehenden Gesellschaftsformen aufzugeben, indem man einerseits strengere Auflagen an die Organisation (z.B. erweiterter Minderheitenschutz) oder an die geschäftliche Ausrichtung der SE (z.B. Errichtung eines Betriebs nur in bestimmten Geschäftsfeldern) stellt, andererseits aber eine Reihe besonderer Privilegien gewährt; so *Mertens*, in: Die europäische Handelsgesellschaft im Verhältnis zum deutschen und italienischen

dass eine Beschränkung am besten dadurch zu erreichen ist, dass man das Vorliegen eines europäischen bzw. internationalen Sachverhalts verlangt.[18] Die Zugangsbeschränkungen der SE-VO haben daher ihren Grund unter anderem darin, dass es zu keiner unmittelbaren Konkurrenz mit den nationalen Gesellschaftsformen kommen soll.

III. Exklusivitätsthese

Nach der Exklusivitätsthese soll die SE nur solchen Unternehmen, die zur europaweiten Betätigung imstande sind, zur Verfügung stehen.[19] Kleinunternehmen ohne internationale Ausrichtung und nur regional beschränktem Tätigkeitsbereich bleibt die SE dagegen versperrt. *Sanders* warb in diesem Sinne dafür, nur „seriöse Gründungen" zuzulassen, die gewährleisten, dass „die zu schaffende Europäische Handelsgesellschaft auch wirklich als solche im europäischen Raum tätig sein kann".[20] Der Gedanke, die SE für Unternehmen mit europäischem Aktionsradius vorzubehalten, fand im Schrifttum schnell Unterstützung.[21] In der SE-VO selbst ist zu lesen, dass es zur gemeinschaftsweiten Reorganisation der Produktionsfaktoren unerlässlich sei, dass „die Unternehmen, deren Tätigkeit sich nicht auf die Befriedigung rein örtlicher Bedürfnisse beschränkt, die Neuordnung ihrer Tätigkeiten auf Gemeinschaftsebene planen und betreiben können" (Erwägungsgrund 1). Die Zugangsbeschränkungen erfüllen demzufolge den Zweck, Unternehmen mit nur regionaler Bedeutung von der SE-Gründung auszuschließen.

IV. Kritik und Stellungnahme

Aufgrund des kontroversen Meinungsbilds in den Mitgliedstaaten zeichnete es sich schon früh ab, dass eine Einigung über das Projekt der SE um so schwieriger zu erreichen sein wird, je weiter der Zugang zu dieser Gesellschaftsform ge-

---

Recht, 1970, S. 1, 39 f., der ein Zugangskonzept, das von den Spezifika des von der Gesellschaft betriebenen Unternehmens abhängt, im Ergebnis jedoch selbst für „nicht billigenswert" hält.

[18] *Geßler*, BB 1967, 381, 383 f.; *Mertens*, in: Die europäische Handelsgesellschaft im Verhältnis zum deutschen und italienischen Recht, 1970, S. 1, 40 f. Zum Mehrstaatlichkeitserfordernis siehe unten E, S. 106.

[19] *De Martini*, in: Die europäische Handelsgesellschaft im Verhältnis zum deutschen und italienischen Recht, 1970, S. 45, 53 spricht von „Gesellschaften von europäischer Bedeutung".

[20] *Sanders*, Vorentwurf, S. 10.

[21] *V. Caemmerer*, in: FS für Kronstein, 1967, S. 171, 185; *ders.*, in: Europäische Handelsgesellschaft und Angleichung des nationalen Gesellschaftsrechts, 1968, S. 54, 63: „Die europäische Aktiengesellschaft soll überall da verwendet werden dürfen, wo es sich wirklich um europäische Großunternehmen handelt. Man knüpft damit an das Motiv an, das bei den Bestrebungen zur Schaffung einer europäischen Aktiengesellschaft im Vordergrund steht."

öffnet wird.[22] Der Gemeinschaftsgesetzgeber hat sich letztlich dafür entschieden, den Zugang zur SE zu begrenzen. Dem Mindestkapital kommt dabei als zugangseinschränkendem Kriterium kaum noch Bedeutung bei. Die anfänglich geforderten Mindestkapitalbeträge, die sich bis auf 1 Mio. RE beliefen,[23] wurde im Laufe des Gesetzgebungsverfahren nach und nach herabgesetzt. Zwar liegt das Mindestkapital der SE mit 120.000 Euro (Art. 4 Abs. 2) immer noch deutlich über den nach § 7 AktG geforderten 50.000 Euro. Davon dürfte aber keine wirklich abschreckende Wirkung auf gründungswillige Unternehmen ausgehen.[24] Der eigentliche Hebel zur Eindämmung des Zugangs liegt vielmehr in den materiellen Zugangsvoraussetzungen des Art. 2 begründet, die an der Qualität des Gründungsrechtsträgers anknüpfen.

Die Einschränkungen des Zugangs lassen sich letztlich aber weder durch die Konkurrenzthese noch durch die Exklusivitätsthese überzeugend begründen. Es steht nicht zu befürchten, dass die SE die nationalen Gesellschaftsformen zur Bedeutungslosigkeit verurteilt. Auf kleinere und mittlere Unternehmen dürfte die SE wegen ihrer komplexen Organisationsverfassung, der Problematik der Mitbestimmung sowie der Satzungsstrenge ohnehin wenig Anziehungskraft ausüben.[25] Das Gründungsverfahren nach der SE-VO erfordert einen erheblichen organisatorischen, zeitlichen und finanziellen Aufwand, der selbst größere Unternehmen davor abschrecken dürfte, aus schieren Umgehungsgesichtspunkten die Rechtsform SE zu wählen. Die SE ist auf bestimmte unternehmerische und betriebswirtschaftliche Zwecke zugeschnitten, die sich im Rahmen der nationalen Rechtsformen nicht oder nur schwierig erreichen lassen. Daher sollte es der unternehmerischen Entscheidungsfreiheit überlassen bleiben und nicht von formalen Zugangsvoraussetzungen abhängen, ob die Rechtsform SE gewählt wird.[26]

---

22 *Mertens*, JR 1970, 321, 327.

23 Siehe Art. I-3 Abs. 2 Sanders-Vorentwurf im Falle der Verschmelzungsgründung und Holding-SE. In Art. 4 Spiegelstrich 1 SE-VOV 1970 wurde der Betrag bereits auf 500.000 RE halbiert. Die Umrechnung in die nationalen Währungen erfolgte dabei nach Maßgabe von Art. 4 Abs. 1 der Satzung der Europäischen Investitionsbank. Danach hätte die im Sanders-Entwurf verlangte Summe von 1 Mio. RE nach damaligem Kurs in etwa einem Betrag von 4 Mio. DM (!) entsprochen. Siehe dazu *Martens*, in: Lutter, Europäische Aktiengesellschaft, S. 168 Fn. 6.

24 So schon *v. Caemmerer*, in: Europäische Handelsgesellschaft und Angleichung des nationalen Gesellschaftsrechts, 1968, S. 54, 62.

25 Siehe die eingehende Untersuchung von *Gutsche*, Die Eignung der Europäischen Aktiengesellschaft für kleinere und mittlere Unternehmen in Deutschland, 1993.

26 Ebenso *Hopt*, EUREDIA 2000, 466, 471: „A truly European company law form should ... be an alternative to all those who choose such a European form in place of a national form. The member states' fear of giving everyone the same free access to the SE as to national company forms is unfounded and dated. Let the company forms compete freely and the market will show which forms are best suited to different needs."

Was den Exklusivitätsgedanken angeht, so ist dieser aus wettbewerbsrechtlichen Gesichtspunkten bedenklich. Der mit der Exklusivitätsthese verbundene weitgehende Ausschluss kleinerer und mittlerer Unternehmen aus dem Kreis gründungsberechtigter Rechtspersonen wurde schon vom Bundesrat in Bezug auf den SE-VOV 1975 kritisiert.[27] Auch in der Wissenschaft wurde vorgebracht, dass die Beschränkung auf Großunternehmen die Gefahr in sich berge, dass diese die Rechtsform SE dazu nutzen könnten, monopolistische Strukturen zu errichten.[28] Größere Unternehmenseinheiten könnten sich den Zwängen nationalen Rechts durch Gründung einer SE entledigen,[29] während kleineren Konkurrenzunternehmen diese Möglichkeit mangels grenzüberschreitender Ausrichtung versperrt bliebe. Eine Diskriminierung von Kleinunternehmen wäre die Folge.[30] Es sei im Übrigen äußerst bedenklich, wenn gerade den Großunternehmen, die dieser Unterstützung am wenigsten bedürfen, Hilfestellung zur Abwanderung in ein „internationales Machtvakuum“ geboten würde.[31] Die Beschränkung der Zugangsmöglichkeiten auf Großunternehmen ist auch im Hinblick auf die Niederlassungsfreiheit bedenklich. Diese schützt nicht nur die bereits europaweit tätigen Unternehmen, sondern gerade auch diese, die sich erst anschicken, über nationale Grenzen hinweg geschäftlich tätig zu werden. In diesem Zusammenhang wird zu Recht darauf hingewiesen, dass die SE nicht nur als Instrument der grenzüberschreitenden Zusammenarbeit verschiedener Unternehmen zu begreifen ist. Die Möglichkeit einer Umwandlungsgründung zeige vielmehr, dass die SE-VO auch einzelnen Unternehmen eine grenzüberschreitende Betätigung erleichtern soll.[32] Die SE als Rechtsform sollte den Unternehmen daher gerade auch dann zur Verfügung stehen, wenn diese erst im Begriffe sind, grenzüberschreitend in Europa tätig zu werden.[33] Bemerkenswert ist insofern, dass der europäische Gesetzgeber selbst seine Bereitschaft signalisiert hat, auch kleinen und

---

27 SE-VOV 1975, Beschluss BR, S. 3: „Der Bundesrat sieht die Gefahr, dass mit der Einführung des Statuts der Europäischen Aktiengesellschaft Wettbewerbsnachteile insbesondere für mittelständische Unternehmen entstehen können, denen auf Grund ihrer Größenstruktur der Zugang zur S.E. mit ihren gegenüber dem nationalen Recht teilweise vorteilhafteren Regelungen versagt bleiben wird. Die Bundesregierung wird deshalb gebeten, derartigen Wettbewerbsverzerrungen durch geeignete Maßnahmen entgegenzuwirken.“

28 *Mertens*, in: Die europäische Handelsgesellschaft im Verhältnis zum deutschen und italienischen Recht, 1970, S. 1, 38 f.

29 *Trojan-Limmer*, RIW 1991, 1010, 1013 nennt als Beispiel einen geringeren Minderheitenschutz.

30 *Gutsche*, S. 60, der deshalb eine Abschaffung oder zumindest Abschwächung des Mehrstaatlichkeitsprinzips befürwortet.

31 So *Mertens*, JR 1970, 321, 327.

32 *Kallmeyer*, AG 1990, 103, 106; *ders.*, AG 1990, 527, 528; *Wehlau*, DWiR 1992, 78, 79.

33 Dieser Gedanke findet sich bereits bei *Sanders*, Vorentwurf, S. 9. Siehe auch *Hommelhoff*, AG 1990, 422, 424; *Kallmeyer*, AG 1990, 527, 528; *Schulz/Geismar*, DStR 2001, 1078, 1081.

mittleren Unternehmen die Möglichkeit zur Gründung einer SE zu geben.[34] Weder der Rat noch die Kommission wollten hierfür allerdings das Mehrstaatlichkeitsprinzip aufgeben. Um den Belangen der kleinen und mittleren Unternehmen gerecht zu werden, hat man vielmehr die Mindestkapitalsumme auf nunmehr 120.000 Euro herabgesetzt (Art. 4 Abs. 2).[35]

C. Gründerfähigkeit

Nicht jedermann kann Gründer einer SE sein. Die Verordnung schränkt die Gründerfähigkeit auf bestimmte Gesellschafts- und Rechtsformen ein. Eine allgemeine Definition der Gründerfähigkeit existiert nicht. Die jeweils gründerfähigen Rechtsformen werden statt dessen einzeln aufgezählt. Folgende Rechtsformen können Gründer einer SE sein:

- AG (Art. 2 Abs. 1, Abs. 2 Alt. 1 und Abs. 4.);
- GmbH (Art. 2 Abs. 2 Alt. 2.);
- Gesellschaften im Sinne des Art. 48 Abs. 2 EG (Art. 2 Abs. 3 Alt. 1);
- juristische Personen des öffentlichen oder privaten Rechts (Art. 2 Abs. 3 Alt. 2).

Die SE-VO regelt die Gründerfähigkeit gründungsformspezifisch, d.h. nicht jede der genannten Rechtsformen kann sich an allen Gründungsformen beteiligen. Eine GmbH kann beispielsweise nur eine Holding-SE (Art. 2 Abs. 2) oder eine gemeinsame Tochter-SE gründen (Art. 2 Abs. 4). Die Verschmelzung (Art. 2 Abs. 1) oder die Umwandlung (Art. 2 Abs. 4) sind ihr dagegen versperrt. Lediglich die AG ist unbeschränkt gründerfähig; sie kann sich an allen vier primären Gründungsformen beteiligen.

I. Keine Definition der Gründerfähigkeit

Die Gründerfähigkeit lässt sich nicht allgemein definieren. Die in Art. 2 Abs. 1 bis Abs. 4 aufgezählten gründerfähigen Rechtsformen bilden keine homogene Gruppe und entziehen sich damit einer gemeinsamen Definition. Wenn gesagt wird, die Gründung einer SE setze die Existenz ins Leben gerufener (Kapital-)Gesellschaften voraus,[36] so trifft dies im Kern zu, deckt aber doch nicht alle möglichen Fälle der Gründerfähigkeit ab. Die offenen Begriffe der Gesellschaft i.S. des Art. 48 Abs. 2 EG sowie der juristischen Person des öffentlichen oder privaten Rechts (Art. 2 Abs. 3) eröffnen auch solchen Rechtsträgern die Möglichkeit zur Gründung einer SE, die nicht dem herkömmlichen Verständnis einer Gesellschaft im Sinne eines privaten Zweckverbandes entsprechen.[37] So ist z.B.

---

[34] Siehe SE-VOV 1991, Begründung zu Art. 2, S. 2.

[35] Erwägungsgrund 13.

[36] *Pluskat*, EuZW 2001, 524, 527; *Hirte*, NZG 2002, 1, 4; *Heckschen*, DNotZ 2003, 251, 252.

[37] Zu diesen Begriffen unten C.V, S. 84 und C.VI, S. 86.

eine Stiftung zur Gründung einer gemeinsamen Tochter-SE berechtigt, auch wenn sie keine Gesellschaft im eigentlichen Sinne darstellt.[38]

II. Ausschluss natürlicher Personen

Die Aufzählung der gründerfähigen Rechtsformen in Art. 2 ermöglicht allerdings eine negative Abgrenzung. Aus ihrer Nichterwähnung und dem abschließenden Charakter des Art. 2 kann geschlossen werden, dass natürliche Personen keine SE gründen können. Demnach ist es z.B. Einzelkaufleuten, Freiberuflern, nichtkaufmännischen Gewerbetreibenden (vgl. § 1 Abs. 2 Halbs. 2 HGB) oder privaten Kapitalanlegern verwehrt, eine SE zu gründen.[39] Eine Primärgründung durch natürliche Personen ist mithin ausgeschlossen; es muss eine nationale oder supranationale Rechtsform bestehen, aus der in einem zweiten Schritt eine SE entstehen kann (Sekundärgründung).[40] Die vielzitierte „Gründung auf der grünen Wiese" scheidet mithin aus.[41] Die SE-VO zieht den Kreis der gründerfähigen Personen damit wesentlich enger als die EWIV-VO oder die SCE-VO.[42]

1. Sinn und Zweck

Der Ausschluss natürlicher Personen aus dem Kreis der gründerfähigen Rechtsträger wurde damit begründet, dass die SE nach ihrer Zielsetzung ein Integrationsmittel für bestehende Unternehmen sein soll. Nur hier ergebe sich ein „vorrangiges, wirtschaftliches Bedürfnis in der Gemeinschaft", da es an einem geeigneten Instrument für die grenzüberschreitende Zusammenarbeit fehle. Für Neugründungen von Unternehmen hingegen reichten die vorhandenen nationalen Instrumente als Organisationsform aus.[43] *Sanders* wies darauf hin, dass nur solche Gründungen zuzulassen sind, die gewährleisten, dass die zu schaffende SE auch wirklich als solche im europäischen Raum tätig sein kann. Eine Direktgründung durch Privatpersonen komme daher nicht in Frage, weil sich deren wirtschaftliche Kapazität schwieriger beurteilen ließe.[44] *Sanders* argumentiert damit auf Linie der Exklusivitätsthese.[45] Demgegenüber ist in der Literatur wie-

---

[38] Vgl. *Karsten Schmidt*, GesR, § 1 I 1 b, S. 4.

[39] *Hommelhoff*, AG 1990, 422, 423; *ders.*, AG 2001, 279, 280. Eine Besonderheit stellt allerdings die Gründung einer Holding-SE, bei der fraglich ist, ob nicht die Gesellschafter der Gründungsgesellschaften die eigentlichen Gründer sind; dazu unten Teil 5 A.III, S. 307.

[40] Begriffe nach *Gutsche*, S. 26 f. *De Martini*, in: Die europäische Handelsgesellschaft im Verhältnis zum deutschen und italienischen Recht, 1970, S. 45, 58 spricht im Zusammenhang mit der SE von einer „Gesellschaft zweiten Grades".

[41] So schon *v. Caemmerer*, in: Europäische Handelsgesellschaft und Angleichung des nationalen Gesellschaftsrechts, 1968, S. 54, 63.

[42] Vgl. Art. 4 Abs. 1 Buchst. b EWIV-VO bzw. Art. 2 Abs. 1 Spiegelstr. 1 und 2 SCE-VO.

[43] SE-VOV 1975, Begründung zu Art. 2, S. 193.

[44] Sanders, Vorentwurf, S. 10.

[45] Siehe oben B.III, S. 72.

derholt die Freigabe der SE-Gründung für natürliche Personen gefordert worden.[46]

2. Beteiligung als Mitgründer

Fraglich ist, ob sich natürliche Personen wenigstens als Mitgründer neben AG oder anderen gründerfähigen Rechtsträgern an einer SE-Gründung beteiligen können. Nach einer in der Literatur anzutreffenden Auffassung ist dies der Fall. Danach ist es natürlichen Personen nur verwehrt, Alleingründer einer SE zu sein. Es steht ihnen jedoch frei, zu einem von gründerfähigen Personen betriebenen Gründungsgeschäft hinzuzutreten.[47]

Grundsätzlich spricht nichts gegen die Beteiligung natürlicher Personen als Mitgründer, sofern die Voraussetzungen der Gründungsberechtigung (Gründerfähigkeit, Gemeinschaftszugehörigkeit, Mehrstaatlichkeit) von den anderen Gründern erfüllt werden. Es ist nicht ersichtlich, weshalb zwei AG zusammen mit einer natürlichen Person keine SE gründen können sollten, wenn sie dazu allein in der Lage wären. Eine solche Ausschlusswirkung kann der SE-VO nicht entnommen werden. Eine Beteiligung natürlicher Personen ist wegen des numerus clausus der Gründungsformen jedoch faktisch so gut wie ausgeschlossen. Eine natürliche Person kann nicht erlöschen, sich in eine SE umwandeln oder Tochter einer Holding-SE werden. Natürliche Personen können sich daher wegen der mit diesen Gründungsformen verbundenen Rechtsfolgen nicht an einer Verschmelzung, Holding-SE oder Umwandlung beteiligen. Denkbar ist lediglich die Beteiligung an der Gründung einer gemeinsamen Tochter-SE.

3. Indirekte Beteiligungsmöglichkeiten

Als indirekte Beteiligungsmöglichkeit bietet sich für natürliche Personen die Zuhilfenahme von Mantelgesellschaften oder die Zwischenschaltung von Banken an.[48] Außerdem können natürliche Personen der SE nach deren Gründung als Kapitalanleger beitreten. Die SE ist als kapitalmarktorientierte Rechtsform konzipiert, sodass dem Erwerb von SE-Aktien durch natürliche Personen nichts im Wege steht.[49] Der Ausschluss der natürlichen Personen aus dem Kreis der

---

[46] *Barz/Lutter*, in: Lutter, Europäische Aktiengesellschaft, S. 21; *Kallmeyer*, AG 1990, 527, 528; *Schulz/Geismar*, DStR 2001, 1078, 1081.

[47] *Hommelhoff*, AG 2001, 279, 280; *ders.*, in: FS für Ulmer, 2003, S. 267, 273; *Schlüter*, EuZW 2002, 589, 590; a.A. offensichtlich *Habersack*, EuGesR, Rn. 401.

[48] *Sanders*, Vorentwurf, S. 10. Zur Gründung von Vorrats-SE als Mittel der Umgehung der Gründungsrestriktionen siehe auch *Lange*, EuZW 2003, 301 f.

[49] *Hommelhoff*, in: FS für Ulmer, 2003, S. 267, 273 f. Ebenso schon *Sanders*, Vorentwurf, S.11 und *de Martini*, in: Die europäische Handelsgesellschaft im Verhältnis zum deutschen und italienischen Recht, 1970, S. 45, 58: „Undenkbar ist eine Begrenzung der Übertragbarkeit ausschließlich auf juristische Personen. Demgemäß dienten die besonderen Anforderungen gelegentlich der Gründung ausschließlich dazu, bei Beginn der Gesellschaft eine größere Sicherheit, bessere Möglichkeiten der Kontrolle sowie eine Ausgangs-

Gesellschafter im Rahmen der Gründung setzt sich also bei der entstandenen SE nicht fort.[50] Es können demnach auch sämtliche Anteile an der SE an eine einzelne natürliche Person übertragen werden, wenn das über Art. 5 maßgebende nationale Recht die nachträgliche Entstehung einer Einmann-AG zulässt.

III. Aktiengesellschaften

Die AG ist unbeschränkt gründerfähig. Ihr stehen alle primären Gründungsformen offen. In Art. 2 Abs. 1, Abs. 2 und Abs. 4 wird sie ausdrücklich erwähnt. Außerdem ist sie Gesellschaft i.S. des Art. 48 Abs. 2 EG und damit zur Gründung einer gemeinsamen Tochter-SE berechtigt.

1. Begriff nach der SE-VO

In Art. 2 Abs. 1 werden die AG näher als solche „im Sinne des Anhangs I", in Art. 2 Abs. 2 als solche „im Sinne des Anhangs II" beschrieben. Sowohl Anhang I und Anhang II verweisen für Deutschland auf die AG nach deutschem Recht. KGaA werden nicht von der Verweisung erfasst und sind damit nicht gründerfähig.[51]

In Art. 2 Abs. 4 ist ein Verweis auf Anhang I oder II unterblieben. Es ist auch kein eigener Anhang vorgesehen, in dem erläutert ist, welche nationale Gesellschaftsformen unter den Begriff AG fallen. Daraus kann aber nicht der Schluss gezogen werden, dass für die Umwandlungsgründung eine verordnungsautonome Definition des Begriffs AG zu entwickeln ist, die sich nicht an den mitgliedstaatlichen Gesellschaftsrechten orientiert. Hier liegt offensichtlich ein redaktionelles Versehen vor. Jedenfalls ist nicht anzunehmen, dass es für die Umwandlungsgründung in Deutschland nicht auf das Vorliegen einer AG nach deutschem Recht ankommt. Für einen solchen Umkehrschluss fehlt es an einem sachlichen Grund, der eine unterschiedliche Behandlung der Umwandlungsgründung gegenüber der Verschmelzung oder Holding-SE rechtfertigt.[52]

Weitere Anforderungen an die Gründerfähigkeit der AG werden von der SE-VO nicht gestellt. Es muss sich vor allem nicht um operative Gesellschaften handeln. Auch Holdinggesellschaften oder Gesellschaften ohne Geschäftsbetrieb, also Vorrats- oder Mantelgesellschaften ohne Arbeitnehmer, können eine SE gründen.[53]

---

struktur zu gewährleisten, die der vorgesehenen Tätigkeit der Gesellschaft im europäischen Rahmen angemessen ist."

[50] Zum Zeitpunkt der Gründungsberechtigung siehe unten F, S. 126.

[51] So auch *Sanna*, ELR 2002, 2, 6. Die Gründerfähigkeit von KGaA war aber vom Rechtsausschuss des EP gefordert worden (SE-VOV 1989, Bericht Rechtsausschuss, Teil A, S. 6 und Teil B, S. 4.)

[52] Ebenso *Hommelhoff*, AG 2001, 279, 280 Fn. 8.

[53] *Kallmeyer*, AG 2003, 197, 199.

2. Gründerfähigkeit der Vor-AG oder der AG in Liquidation

In Deutschland werden also alle Gesellschaften erfasst, die eine AG i.S. des AktG darstellen. Damit ist eine AG jedenfalls im Zeitraum zwischen ihrer Eintragung und dem Abschluss der Abwicklung (vgl. § 264 Abs. 3 und § 273 Abs. 1 AktG) fähig zur Gründung einer SE. Weitere Anforderungen werden nicht gestellt. Die noch im Sanders-Vorentwurf enthaltene Voraussetzung, die AG müsse „während der letzten drei Jahre vor der Anmeldung der S.E. wirtschaftlich tätig" gewesen sein,[54] ist von der SE-VO nicht übernommen worden.[55]

a) Vor-AG

Fraglich ist indessen, ob bereits die Vor-AG gründerfähig ist. Die Vor-AG ist Gesamthandsgesellschaft eigener Art und von den Gründern zu unterscheidendes Zuordnungssubjekt für Rechte.[56] Als solche wird ihre (Teil-)Rechtsfähigkeit im Allgemeinen anerkannt. Sie ist aber bloßes Durchgangsstadium der werdenden juristischen Person. Entstehungsgeschichtliche[57], grammatische und teleologische Erwägungen sprechen dafür, dass die Verordnung, wenn sie von „Aktiengesellschaft" spricht, nur die vollständig entstandene und mit Rechtspersönlichkeit ausgestattete AG meint. In Art. 2 Abs. 1 bis Abs. 4 heißt es, dass die gründerfähige Rechtsform nach dem Recht eines Mitgliedstaats „gegründet worden" sein muss. Dies setzt voraus, dass sämtliche Anforderungen des mitgliedstaatlichen Rechts hinsichtlich der Gründung der Gesellschaft erfüllt sein müssen.[58] Auf eine Vor-AG trifft dies nicht zu. Die Überschrift zum fünften Abschnitt des Titels II spricht ausdrücklich von der Umwandlung einer „bestehenden" AG.[59] Es entspricht außerdem der Zielsetzung des Verordnungsgebers, solchen Rechtsformen das Recht zur Gründung einer SE vorzubehalten, die eine gewisse Größe und einen gewissen Umfang des von ihnen betriebenen Unternehmens garantieren (Exklusivitätsthese).[60] In der Phase vor der Entstehung der AG kann dieser Nachweis und damit die Gewähr der Befähigung zur europaweiten Betätigung in der Regel nicht erbracht werden. Die Gründerfähigkeit der Vor-AG scheidet schließlich auch aus tatsächlichen Gründen aus. Der von der Verordnung verlangte Zustimmungsbeschluss der Hauptversammlung (Art. 23,

---

54 Art. I-2 Abs. 1 Buchst. a und b Sanders-Vorentwurf.

55 Zum Problem der zeitlichen Mindestexistenz siehe unten C.IX, S. 90.

56 *Hüffer*, AktG, § 41 Rn. 4.

57 SE-VOV 1970, Begründung zu Art. 2, S. 5: „Werden als Gründer Europäischer Aktiengesellschaften nur bestehende Unternehmen zugelassen, so ist es erforderlich, dass diesen bereits nach nationalem Recht (scil.) Rechtspersönlichkeit zukommt. Das ist in den Mitgliedstaaten in der Regel bei allen Kapitalgesellschaften der Fall."

58 Siehe unten D.II, S. 94.

59 In der englischen Fassung ist von einer „existing public liability company" die Rede.

60 Erwägungsgrund 2: „Eine solche Umgestaltung setzt die Möglichkeit voraus, das Wirtschaftspotenzial bereits bestehender Unternehmen mehrerer Mitgliedstaaten durch Konzentrations- und Fusionsmaßnahmen zusammenzufassen."

Art. 32 Abs. 6, Art. 37 Abs. 7) kann von einer Vor-AG nicht gefasst werden. Die Vor-AG ist daher prinzipiell nicht gründerfähig. Vorgesellschaften sind allenfalls zur Gründung einer gemeinsamen Tochter-SE gemäß Art. 2 Abs. 3 befugt.[61]

Eine andere Frage ist, ob der noch nicht gründerfähige Rechtsträger bereits Vorbereitungshandlungen für eine SE-Gründung nach seiner Entstehung treffen kann. Hier ist an die Aufstellung des Verschmelzungs- bzw. Gründungsplans zu denken. Im deutschen Umwandlungsrecht wird die Zulässigkeit solcher Vorbereitungshandlungen bejaht, weil die rechtliche Wirkung erst nach Entstehung eintritt.[62] Diese Argumentation lässt sich auch auf die SE übertragen. Es ist daher davon auszugehen, dass der noch nicht gründerfähige Rechtsträger jedenfalls Vorbereitungshandlungen der SE-Gründung vornehmen kann.

b) AG in Liquidation

Die SE-VOV 1975 und 1989 bestimmten, dass sich eine AG in Abwicklung an der Gründung einer SE durch Verschmelzung beteiligen kann, wenn noch nicht mit der Verteilung ihres Vermögens begonnen worden ist.[63] Die Verordnung enthält keine solche Vorschrift. Aus dem Fehlen einer entsprechenden Regelung kann indessen nicht geschlossen werden, dass damit die Gründungsberechtigung einer in Liquidation befindlichen AG ausgeschlossen ist. Die Kommission hat in der Begründung zum SE-VOV 1991 vielmehr ausdrücklich klargestellt, dass sich die Gründerfähigkeit einer AG in Liquidation nach nationalem Recht richtet.[64] Art. 3 Abs. 2 und Art. 4 Abs. 2 Dritte RiL stellen es den Mitgliedstaaten frei, eine Verschmelzung auch dann zuzulassen, wenn sich eine oder mehrere der übertragenden Gesellschaften in Abwicklung befinden, sofern diese noch nicht mit der Verteilung ihres Vermögens an die Aktionäre begonnen haben[65]. Es handelt sich um eine Kann-Vorschrift. Der Verordnungsgeber wollte durch den Rückgriff auf nationales Recht vermeiden, dass es zu einer unterschiedlichen Behandlung von AG, die sich an einer nationalen Verschmelzung beteiligen, und AG, die eine SE gründen, kommt.[66]

Daran schließt sich die Frage an, nach welcher nationalen Rechtsordnung sich die Gründerfähigkeit einer AG in Liquidation bestimmt. Die Kommission vertrat in der Begründung zum SE-VOV 1991 die Auffassung, dass in diesem Fall Art.

---

[61] Siehe unten C.V.1, S. 84.

[62] *Lutter*, in: ders., UmwG, § 3 Rn. 5.

[63] Art. 21 Abs. 2 SE-VOV 1975 und Art. 17 Abs. 2 SE-VOV 1989.

[64] SE-VOV 1991, Begründung zu Art. 17, S. 4.

[65] Mit diesem Erfordernis soll eine Umgehung des Verbots der Einlagenrückgewähr verhindert werden. Vgl. *Lutter*, in: ders., UmwG, § 3 Rn. 12.

[66] Krit. *Leupold*, S. 44, der Bedenken wegen der dann entstehenden uneinheitlichen Rechtslage in den Mitgliedstaaten hat.

7 SE-VOV 1991 (= Art. 9) Anwendung findet.[67] Damit käme es auf das Recht im künftigen Sitzstaat der SE an. Dies kann nicht überzeugen. Art. 9 ist in seinem persönlichen Anwendungsbereich auf die SE selbst beschränkt und bestimmt nicht das auf die Gründungsgesellschaften anwendbare Recht. Die Frage der Gründerfähigkeit betrifft auch nicht die SE in Entstehung, sodass Art. 15 Abs. 1 als Rechtsanwendungsregel ebenfalls ausscheidet. Die Frage der Gründerfähigkeit ist für jede Gründungsgesellschaft gesondert nach deren Personalstatut zu beantworten, weil es ansonsten – entgegen der Absicht der Kommission – innerhalb desselben Mitgliedstaats zu Ungleichbehandlungen bei innerstaatlichen Fusionen und SE-Verschmelzungen kommen kann. Zutreffende Verweisung ist daher Art. 18. Die Gründerfähigkeit der AG in Liquidation bestimmt sich daher für jede Gründungsgesellschaft nach ihrem Personalstatut und nicht nach dem Recht des künftigen Sitzstaats. Dies entspricht den Grundsätzen der differenzierten Vereinigungstheorie, die hinsichtlich der Voraussetzungen der Verschmelzung eine distributive Anwendung der Personalstatute vorsieht.[68]

Eine übertragende Gesellschaft, die deutschem Recht unterliegt, kann sich daher auch dann an einer SE-Verschmelzung beteiligen, wenn sie sich in Liquidation befindet (Art. 18 i.V.m. § 3 Abs. 3 UmwG). Voraussetzung ist allerdings, dass die Fortsetzung der AG noch beschlossen werden kann. Ein Fortsetzungsbeschluss kann solange gefasst werden, als noch nicht mit der Verteilung des Vermögens begonnen worden ist (§ 274 Abs. 1 AktG). Die Beteiligung einer aufgelösten AG als übernehmender Rechtsträger wird in § 3 Abs. 3 UmwG nicht geregelt; ihre Zulässigkeit ist umstritten.[69]

Fraglich ist, ob sich eine AG in Liquidation auch an der Gründung einer Holding-SE beteiligen kann. Entstehungsgeschichtliche und teleologische Erwägungen sprechen gegen eine solche Beteiligungsmöglichkeit. Die Verordnungsvorschläge von 1975 und 1989 sahen die Gründerfähigkeit von aufgelösten AG nur für die Verschmelzung vor, enthielten jedoch keine vergleichbaren Regelungen zur Holdinggründung. Daraus kann gefolgert werden, dass die Verordnung die Gründerfähigkeit bei der Holding-SE abschließend regelt. Außerdem gehen die Anteile an den Gründungsgesellschaften mit deren Auflösung unter. Dies würde nicht zur Konzeption der Holding-SE passen, nach der die Gründungsgesellschaften als Tochtergesellschaften fortbestehen (Art. 32 Abs. 1 Unterabs. 1). Es ist deshalb davon auszugehen, dass aufgelöste AG keine Holding-SE gründen

---

67 SE-VOV 1991, Begründung zu Art. 17, S. 4: „Die Kommission möchte deshalb Artikel 7 voll zum Tragen kommen lassen, um jede Gefahr einer unterschiedlichen Behandlung zwischen Aktiengesellschaften, die sich an einer nationalen Verschmelzung beteiligen, und Aktiengesellschaften, die eine SE im Wege einer internationalen Verschmelzung gründen, auszuschalten."

68 Siehe oben Teil 2 B.IV.2.a)dd)(1)(b), S. 43.

69 Zum Meinungsstand siehe *Stratz*, in: Schmitt/Hörtnagl/Stratz, UmwG, § 3 Rn. 34 m.w.N.

können. Gegen die Beteiligung einer aufgelösten AG an der Gründung einer gemeinsamen Tochter-SE sind indessen keine Einwände erkennbar.

Es ist auch anzunehmen, dass sich eine aufgelöste AG in eine SE umwandeln kann. Nach deutschem Recht ist eine aufgelöste AG formwechselfähig, solange ihre Fortsetzung beschlossen werden kann (§ 191 Abs. 3 UmwG). Problematisch ist, dass für das Recht der Umwandlungsgründung eine dem Art. 18 vergleichbare Vorschrift fehlt, die nationales Recht für anwendbar erklärt.[70] Allerdings ist nicht ersichtlich, weshalb es einer AG in Auflösung verwehrt sein sollte, sich in eine SE umzuwandeln, wenn sie sich zu einer SE verschmelzen kann. Die darin liegende Ungleichbehandlung vergleichbarer Sachverhalte rechtfertigt eine Analogie zu Art. 18. Eine aufgelöste AG kann sich daher unter den Voraussetzungen des Art. 18 i.V.m. § 3 Abs. 3 UmwG analog in eine SE umwandeln.

3. Zusammenfassung

Der AG stehen als einziger Rechtsform alle vier primären Gründungsformen zur Verfügung. Die KGaA stellt keine AG i.S. des Art. 2 Abs. 1, Abs. 2 und Abs. 4 dar. Gründerfähig ist grundsätzlich nur die bestehende SE. Eine AG in Auflösung kann sich an der Gründung einer SE durch Verschmelzung beteiligen, wenn ihr Personalstatut diese Möglichkeit vorsieht (Art. 18). Bei der Umwandlung ist Art. 18 insofern analog anzuwenden. Eine aufgelöste AG kann dagegen keine Holding-SE gründen.

IV. Gesellschaften mit beschränkter Haftung

Die GmbH ist nur beschränkt gründerfähig.[71] Sie wird in Art. 2 Abs. 2 ausdrücklich erwähnt und kann demnach eine Holding-SE gründen. Sie ist außerdem Gesellschaft i.S. des Art. 48 Abs. 2 EG und kann sich somit an der Gründung einer gemeinsamen Tochter-SE beteiligen (Art. 2 Abs. 3). Die Gründungsformen Verschmelzung und Umwandlung bleiben der GmbH dagegen versperrt.

1. Entwicklungsgeschichtlicher Hintergrund und Kritik

Die Gründerfähigkeit der GmbH war und ist Gegenstand einer heftigen rechtspolitischen Diskussion. Der SE-VOV 1970 ließ nur AG zur Gründung einer SE zu. Dies wurde mit „praktischen Gründen" gerechtfertigt. Die Zulassung anderer Rechtsformen als der AG erschwere die Abfassung des Verordnungsvorschlags und die – damals noch zentral beim EuGH angesiedelte – Gründungskontrolle. Angesichts dieser Schwierigkeiten sei es vertretbar, anderen Gesellschaftsformen zunächst die Umwandlung in eine AG zuzumuten.[72]

---

70 Siehe oben B.IV.2.d), S. 50.

71 GmbH i.S. des Art. 2 Abs. 2 sind nur die in Anhang II aufgeführten Gesellschaften.

72 SE-VOV 1070, Begründung, S. 5. Kritisch dazu SE-VOV 1970, Bericht des Rechtsausschusses des EP, S. 54 f.

Im SE-VOV 1975 wurde erstmals auch der GmbH die Möglichkeit eingeräumt, sich an der Gründung einer SE zu beteiligen. Die Gründerfähigkeit der GmbH beschränkte sich aber auf die gemeinsame Tochter-SE,[73] während Verschmelzung und Holding-SE ausgenommen blieben.

Im SE-VOV 1991 wurde die GmbH schließlich auch zur Gründung einer Holding-SE zugelassen.[74] Hierdurch sollte nach dem Willen der Kommission auch kleineren und mittleren Unternehmen die Gelegenheit zu einer Reorganisation ihrer Tätigkeiten im Rahmen des Statuts geboten werden, zumal die GmbH ein sehr breites Spektrum wirtschaftlicher Tätigkeit in der Gemeinschaft abdecke.[75] Die Einbeziehung der GmbH war zuvor übereinstimmend vom Wirtschafts- und Sozialausschuss und vom Europäischen Parlament gefordert worden.[76]

In der Fachöffentlichkeit fand die Aufnahme der GmbH in den Kreis der gründerfähigen Rechtsträger überwiegend Beifall.[77] Eine durchaus verständliche Reaktion, wenn man sich die überragende Bedeutung der GmbH als Rechtsform in der mittelständischen Wirtschaft Deutschlands vergegenwärtigt.[78] Zugleich wurde aber wegen der Beschränkung der Gründerfähigkeit der GmbH auf bestimmte Gründungsformen heftige Kritik geübt.[79] Es lässt sich kaum erklären, warum eine Umwandlung einer GmbH in eine SE oder eine Verschmelzung einer GmbH mit einem anderen gründerfähigen Rechtsträger zu einer SE nicht möglich sein soll. Eine GmbH ist in beiden Fällen gezwungen, sich erst in eine AG umzuwandeln. Die Nachteile eines solchen Zweischritt-Verfahrens sind offenkundig: ein finanzieller und zeitlicher Mehraufwand sowie die erhöhte Fehleranfällig-

---

73 Art. 2 Abs. 2 SE-VOV 1975 spricht allgemein von „Gesellschaften mit Rechtspersönlichkeit". Dazu *Walther/Wiesner*, GmbHR 1975, 247, 248; *Barz/Lutter,* in: Lutter, Europäische Aktiengesellschaft, S. 20.

74 Art. 2 Abs. 1a SE-VOV 1991.

75 SE-VOV 1991, Begründung zu Art. 2, S. 2.

76 SE-VOV 1989, Stellungnahme WSA, S. 37 und SE-VOV 1989, Stellungnahme EP, S. 74.

77 *Rasner*, ZGR 1992, 314, 320; *Weitnauer*, EWS 1992, 165, 167. Lediglich in Gewerkschaftskreisen stieß die Ausweitung der gründerfähigen Rechtsformen auf die GmbH auf Kritik; vgl. *Köstler*, Die Mitbestimmung 1991, 608, der die Befürchtung äußert, dass hierdurch „rechtzeitig vor Erreichen der Schwellen für die Mitbestimmung die Flucht an jeden Ort der Gemeinschaft" angetreten werden könne; zust. *Göke*, S. 104.

78 *Barz/Lutter,* in: Lutter, Europäische Aktiengesellschaft, S. 20; *Hauschka*, EuZW, 1990, 181, 182; *Hopt*, ZGR 1992, 265, 268. Siehe auch SE-VOV 1989, Bericht Rechtsausschuss, Teil B, S. 6: „Zur Veranschaulichung der wirtschaftlichen Bedeutung eines erweiterten Zugangs zur Rechtsform SE sei erwähnt, dass es allein in der Bundesrepublik Deutschland 390 000 Gesellschaften mit beschränkter Haftung, aber nur 2300 Aktiengesellschaften gibt."

79 *Barz/Lutter*, in: Lutter: Europäische Aktiengesellschaft, S. 20 f.; *Gemeinsamer Arbeitsausschuss 1991*, S. 4; *Trojan-Limmer*, RIW 1991, 1010, 1013; *Rasner*, ZGR 1992, 314, 320; *Weitnauer*, EWS 1992, 165, 173; *Leupold*, S. 70; *Hommelhoff*, AG 2001, 279, 280 f.

keit.[80] Der Einwand, dass der mit der Verschmelzung oder Holdinggründung verbundene Aktientausch effektiv nur möglich sei, wenn die Gründungsgesellschaft eine AG ist,[81] entspricht nicht den Tatsachen.[82] Geschäftsanteile an der GmbH sind verkehrsfähig (vgl. § 15 GmbHG) und können ohne weiteres Gegenstand eines Anteilstausches sein. Die Kommission war von ihrer früheren Argumentation offenkundig selbst nicht überzeugt und hat trotz der angeblichen Schwierigkeiten beim Anteilstausch im SE-VOV 1991 die Gründung einer Holding-SE durch eine GmbH zugelassen. Für die Umwandlungsgründung – in Deutschland immerhin die häufigste Art der Gründung einer AG[83] – lässt sich dieses Argument erst recht nicht anführen, weil es hier überhaupt nicht zum Anteilstausch kommt.

2. Zusammenfassung und Stellungnahme

Der Ausschluss der GmbH von der Verschmelzungs- und Umwandlungsgründung ist rechtspolitisch zu bedauern. Die Praxis wird diese Einschränkung der Gründerfähigkeit jedoch verkraften können, weil ein großer Andrang von kleinen und mittleren Unternehmen in die SE ohnehin nicht zu erwarten ist. Dafür ist die SE als Rechtsform zu sehr auf die Bedürfnisse der AG zugeschnitten. Falls sich eine GmbH dennoch für eine SE-Gründung entscheiden sollte, stehen ihr immerhin zwei Gründungsformen zur Verfügung, die ohne Zwischenschritte die Beteiligung an einer SE erlauben. Im Übrigen ist anzunehmen, dass eine GmbH, die eine Verschmelzungs- oder Umwandlungsgründung anstrebt, auch die hierfür erforderliche Umwandlung in eine AG in Kauf nehmen wird. Insbesondere tritt wegen der Identität von AG und GmbH als Steuersubjekt – beide unterliegen der Körperschaftsteuer (§ 1 Abs. 1 Nr. 1 KStG) – keine Gewinnrealisierung ein, sodass Steuernachteile nicht zu befürchten sind.

V. Gesellschaften i. S. des Art. 48 Abs. 2 EG

Zu den gründerfähigen Rechtsformen zählen auch die Gesellschaften i.S. des Art. 48 Abs. 2 EG. Ihnen steht allerdings nur die Gründungsform gemeinsame Tochter-SE offen (Art. 2 Abs. 3).

1. Erfasste Rechtsformen

Der Gesellschaftsbegriff nach Art. 48 Abs. 2 EG umfasst alle Gesellschaften des bürgerlichen und des Handelsrechts einschließlich der Genossenschaften und die sonstigen juristischen Personen des öffentlichen oder privaten Rechts mit Aus-

---

80 *Hommelhoff*, AG 2001, 279, 281; *Hirte*, NZG 2002, 1, 4.

81 So der SE-VOV 1975, Begründung zu Art. 2, S. 192.

82 *Barz/Lutter*, in: Lutter, Europäische Aktiengesellschaft, S. 21; *Kraft/Hönn*, a.a.O., S. 329 f.

83 *Hoffmann-Becking*, in: MünchHdb. GesR, Band 4, § 3 Rn. 1.

nahme derjenigen, die keinen Erwerbszweck verfolgen[84]. Darunter fallen alle Wirtschaftssubjekte, die keine natürlichen Personen sind. In Deutschland können sich daher folgende Personenmehrheiten bzw. Rechtssubjekte an der Gründung einer gemeinsamen Tochter-SE beteiligen:

- juristische Personen des privaten Rechts (Vereine, AG, KGaA, GmbH, eG, VVaG, Stiftungen);
- Personenhandelsgesellschaften (OHG, KG);
- juristische Personen des öffentlichen Rechts;[85]
- besondere Rechtsformen wie Partnerschaftsgesellschaften, Reedereien und bergrechtliche Gewerkschaften.

Strittig war bislang, ob die Gesellschaft bürgerlichen Rechts eine Gesellschaft i.S. des Art. 48 Abs. 2 EG darstellt.[86] Ein Teil des Schrifttums ist der Ansicht, dass bei Gesellschaften ohne Rechtspersönlichkeit eine gewisse rechtliche Verselbständigung gegenüber den dahinterstehenden Gesellschaftern zu verlangen sei; diese fehle indessen bei der Gesellschaft bürgerlichen Rechts. Zur Begründung wird auf das nicht in Kraft getretene Übereinkommen vom 29.2.1968 über die gegenseitige Anerkennung von Gesellschaften und juristischen Personen[87] verwiesen, das nur solche Gesellschaften erfasst, denen die Fähigkeit zukommt, Träger von Rechten und Pflichten zu sein. Der Gesellschaft bürgerlichen Rechts wird daher bisweilen die Möglichkeit zur Gründung einer EWIV,[88] aber auch die Fähigkeit zur Gründung einer SE[89] abgesprochen. Spätestens seitdem der BGH die Rechts- und Parteifähigkeit der BGB-Außengesellschaft anerkannt hat,[90] lässt sich der Ausschluss der Gesellschaft bürgerlichen Rechts von den gründerfähigen Rechtsformen aber nicht mehr überzeugend vertreten. Vielmehr ist davon auszugehen, dass auch die BGB-Außengesellschaft Gesellschaft i.S. des Art 48 Abs. 2 EG und damit fähig zur Gründung einer SE ist.[91] Keine Gründerfähigkeit kommt dagegen der stillen Gesellschaft nach § 230 HGB zu. Vorgesellschaften (Vor-AG, Vor-GmbH) können sich hingegen an der Gründung einer gemeinsamen Tochter-SE beteiligen.[92]

---

84 Zum Erwerbszweck siehe unten C.V.2, S. 86.

85 Vgl. die Aufzählung bei *Troberg*, in: von der Groeben/Thiesing/Ehlermann, Art. 58 EGV Rn. 2 ff.

86 Zum Meinungsstand vgl. *Schwarz*, Rn. 148 m.w.N.

87 BGBl. II 1972, S. 370. Zum Übereinkommen vgl. *Schwarz*, Rn. 1417 ff.

88 *Müller-Gugenberger*, NJW 1989, 1449, 1456; a.A. mit beachtlichen Argumenten *Bach*, BB 1990, 1432 ff.

89 *Hommelhoff*, AG 1990, 422, 423.

90 BGHZ 146, 341.

91 Nach der Rechtsprechung des BGH hängt die Gründerfähigkeit der Gesellschaft bürgerlichen Rechts im deutschen Aktienrecht von der unbeschränkten Haftung der Gesellschafter ab (BGHZ 118, 83, 100).

92 Vgl. *Schwarz*, Rn. 993 zu Art. 4 Abs. 1 EWIV-VO.

Schließlich fallen auch europäische Gesellschaftsformen (also die EWIV und die SE) unter den Begriff der Gesellschaft i.S. des Art. 48 Abs. 2 EG. Selbst wenn man unter Berufung auf den Wortlaut des Art. 48 Abs. 1 EG die Auffassung vertritt, dass gemeinschaftsrechtliche Rechtsformen nicht in den Genuss der Niederlassungsfreiheit kommen, weil sie nicht „nach den Rechtsvorschriften eines Mitgliedstaats" gegründet worden sind,[93] ist dies für die Frage der Gründerfähigkeit nach Art. 2 Abs. 3 ohne Belang. Denn Art. 2 Abs. 3 nimmt expressis verbis nur auf den zweiten Absatz des Art. 48 EG Bezug, sodass die Tatbestandsvoraussetzungen des Absatzes 1 keine Rolle spielen.[94]

2. Erfordernis eines Erwerbszwecks

Zusätzlich wird verlangt, dass die genannten Rechtsformen einen Erwerbszweck verfolgen. Der Begriff des Erwerbszwecks wird dabei weit ausgelegt und lässt schon die Entgeltlichkeit der Tätigkeit genügen.[95] Es wird keinesfalls vorausgesetzt, dass Hauptzweck der Gesellschaft die Gewinnerzielungsabsicht ist. Daher kommt auch der Genossenschaft und der EWIV[96] Gründerfähigkeit zu. Die Gründerfähigkeit von Vereinen, Stiftungen und BGB-Gesellschaften, die auf unentgeltlicher Basis ausschließlich karitativen, sportlichen, religiösen oder kulturellen Zwecken nachgehen, ist jedoch zu verneinen.[97]

VI. Juristische Personen des öffentlichen oder privaten Rechts

Die Gründung einer gemeinsamen Tochter-SE steht überdies allen juristischen Personen des öffentlichen oder privaten Rechts offen (Art. 2 Abs. 3). Juristische Personen des öffentlichen oder privaten Rechts fallen bereits unter die Definition der Gesellschaft nach Art. 48 Abs. 2 EG, was den Schluss nahe legt, dass ihre gesonderte Erwähnung in Art. 2 Abs. 3 überflüssig ist. Es ist daher zu untersuchen, ob der Begriff der juristischen Person des öffentlichen oder privaten Rechts i.S. des Art. 2 Abs. 3 über den Anwendungsbereich des Art. 48 Abs. 2 EG hinausgeht und damit eigenständige Bedeutung hat.

1. Keine Rechtsfähigkeit

Der Begriff juristische Person deutet darauf hin, dass nur Rechtsformen mit Rechtspersönlichkeit unter das Tatbestandsmerkmal subsumiert werden können.

---

[93] Ein solcher Ausschluss gemeinschaftsrechtlicher Gesellschaftsformen aus dem Anwendungsbereich der Niederlassungsfreiheit ist aus teleologischen Erwägungen heraus freilich abzulehnen; vgl. *Schwarz*, Rn. 151.

[94] Im Erg. ebenso *Blanquet*, ZGR 2002, 20, 45; *Wagner*, NZG 2002, 985, 990; *C.P. Schindler*, S. 37.

[95] *Troberg*, in: von der Groeben/Thiesing/Ehlermann, Art. 52 EGV Rn. 26.

[96] Anderenfalls wäre die Gründerfähigkeit der EWIV wegen des Ausschlusses des Gewinnerzielungszwecks (Art. 3 Abs. 1 HS 2 EWIV-VO) in Frage gestellt.

[97] *Schwarz*, Rn. 149.

Es stellt sich die Frage, ob der Begriff juristische Person i.S. des Art. 2 Abs. 3 tatsächlich Rechtsfähigkeit voraussetzt.

Die Vorgängervorschläge sprachen nicht von „juristischen Personen", sondern von „Körperschaften" des öffentlichen oder privaten Rechts.[98] In der Begründung zum Verordnungsvorschlag von 1989 heißt es, dass sich an der Gründung einer gemeinsamen Tochter-SE alle Körperschaften beteiligen können, „gleich ob sie die Form einer Gesellschaft oder selbst die Rechtspersönlichkeit haben, ob sie eine wirtschaftliche Tätigkeit oder lediglich eine Tätigkeit mit wirtschaftlicher Zweckbestimmung ausüben".[99] Der Begriff Körperschaft war also in einem weiten Sinne zu verstehen. Die Kommission orientiert sich dabei ausdrücklich am Konzept für den Zugang zur EWIV. Diese Bezugnahme auf die EWIV wurde vereinzelt so verstanden, dass auch diese eine SE in Form einer Tochter-SE gründen dürfe.[100] Im Ergebnis ist diese Feststellung richtig, sie trifft jedoch nicht den eigentlichen Kern der Aussage. Diese stellt klar, dass der Zugang zur Gründung einer gemeinsamen Tochter-SE denselben Anforderungen unterliegt wie der Zugang zur EWIV. Mitglied einer EWIV können neben Gesellschaften i.S. des Art. 48 Abs. 2 EG auch andere juristische Einheiten des öffentlichen oder des Privatrechts sein (Art. 4 Abs. 1 EWIV-VO). Der Begriff „juristische Einheit" ist dabei nicht gleichbedeutend mit juristischer Person. Auch solche Gebilde können Mitglied einer EWIV sein, die weder Gesellschaften noch juristische Personen sind und die auch keinen Erwerbszweck verfolgen.[101]

Die Wortlautänderung von „Körperschaft" hin zu „juristischer Person" könnte nach der Terminologie im deutschen Gesellschaftsrecht nun allerdings eine Abkehr von der Gründerfähigkeit nichtrechtsfähiger Gesellschaften bedeuten.[102] Dies ist aber offensichtlich nicht gewollt. So wurde im Zuge der Erörterungen über die Schaffung der EUGEN-VO auf Wunsch der deutschen Delegation in das Ratsprotokoll eine Erklärung aufgenommen, in der betont wird, dass die Gesellschaft bürgerlichen Rechts als juristische Person im Sinne der Vorschriften der Verordnung anzusehen ist.[103] Das Bedürfnis für diese Klarstellung erklärt sich mit der unterschiedlichen rechtlichen Behandlung von Personengesellschaften in den Mitgliedstaaten. Im französischen Recht sind die Personengesellschaften beispielsweise voll rechtsfähig,[104] sodass ihnen unstreitig Gründerfähigkeit zukommt. Dagegen wäre die Rechtslage bei den ihnen verwandten deut-

---

98 Siehe Art. 2 Abs. 2 SE-VOV 1989 und 1991 sowie Art. 2 Abs. 3 SE-RatsE 1998.

99 SE-VOV 1989, Begründung zu Art. 2, S. 4.

100 *Hauschka*, EuZW 1990, 181, 182 Fn. 19.

101 *Ganske*, Das Recht der Europäischen Wirtschaftlichen Interessenvereinigung (EWIV), 1988, S. 34.

102 Vgl. *Schwarz*, ZIP 2001, 1847, 1853 Fn. 46.

103 EUGEN-RatsE April 2001, S. 10 Fn. 36.

104 Siehe *Tillmanns*, in: Hohloch, EU-Handbuch Gesellschaftsrecht, Frankreich, Rn. 21, 29, 100, 152.

schen Gesellschaftsformen zumindest unklar geblieben. Es wäre indes geradezu willkürlich, wenn sich französische Personengesellschaften an der Gründung einer SE beteiligen könnten, während Gesellschaften aus anderen Mitgliedstaaten, die hinsichtlich ihrer inneren Struktur und ihrem Auftreten nach außen jenen vollkommen gleichen, diese Möglichkeit versagt bliebe.[105]

Der Vergleich mit den anderen Sprachfassungen zeigt ebenfalls, dass der Wortlautänderung im deutschsprachigen Text keine rechtliche Bedeutung beizumessen ist. In den englischen Versionen des SE-VOV 1991, der SE-VO und der EWIV-VO ist durchgängig von „other legal bodies" die Rede. Die französischen Texte sprechen von „d`autes entités juridiques". Die Begriffe „legal body" und „entité juridique" sind in einem möglichst weiten Sinne zu verstehen, der jedes Wirtschaftssubjekt, das im Rechtsverkehr eine selbständige Einheit darstellt, einschließt.[106] Es ist deshalb davon auszugehen, dass der Begriff juristische Person in Art. 2 Abs. 3 auf einer ungenauen Übersetzung des Begriffs „entité juridique" beruht, weil „juristische Person" normalerweise mit „personnalité juridique" wie in Art. 1 Abs. 3 zu übersetzen wäre. Dementsprechend meint Art. 2 Abs. 3 eigentlich juristische Einheit, wenn er von „juristischen Personen" spricht.[107]

Der Begriff juristische Person i.S. des Art. 2 Abs. 3 setzt nach alledem nicht die Rechtsfähigkeit der betreffenden Person oder Gesellschaft voraus. Unter dem Aspekt der Rechtsfähigkeit unterscheidet sich der Anwendungsbereich des Merkmals juristische Person des öffentlichen oder privaten Rechts daher nicht von dem der Gesellschaft i.S. des Art. 48 Abs. 2 EG. Weder hier noch dort hängt die Gründerfähigkeit von der Rechtsfähigkeit ab.

2. Kein Erwerbszweck

Der Unterschied zwischen den beiden Tatbestandsmerkmalen liegt vielmehr im Erfordernis der Verfolgung eines Erwerbszwecks. Während die Gesellschaften i.S. des Art. 48 Abs. 2 EG einen Erwerbszweck verfolgen müssen, hängt die Gründerfähigkeit der juristischen Personen des öffentlichen oder privaten Rechts nicht davon ab. Damit wird auch solchen Rechtspersonen, die keinen Erwerbszweck verfolgen (z.B. Idealvereine), Gelegenheit zur Gründung einer SE gegeben. Von ihnen wird lediglich verlangt, dass sie sich wirtschaftlich betätigen.[108] Damit hat das Tatbestandsmerkmal juristische Person in Art. 2 Abs. 3 eigenständige Bedeutung, wenn auch nur in den seltenen Fällen, in denen eine Gesell-

---

[105] Nach Meinung von *Blaurock*, ZHR 141 (1977), 18, 29 ff. liegt darin sogar eine Diskriminierung i.S. des Art. 7 EWGV (= Art. 12 EG).

[106] Vgl. *Bach*, BB 1990, 1432, 1435 zur EWIV-VO.

[107] *Vossius*, in: Widmann/Mayer, § 20 UmwG Rn. 401 (S. 6 Fn. 7) und Rn. 405 (S. 8 Fn. 2) (Stand: Juni 2002) schlägt deshalb vor, von „Rechtsträgern" zu sprechen.

[108] Siehe dazu unten C.VIII, S. 89.

schaft nicht die niedrige Schwelle der Erwerbstätigkeit i.S. des Art. 48 Abs. 2 EG erreicht.

3. Zusammenfassung

Die Qualifizierung als juristische Person des öffentlichen oder privaten Rechts i.S. des Art. 2 Abs. 3 hängt weder von der Rechtsfähigkeit des betreffenden Gebildes noch von der Verfolgung eines Erwerbszwecks ab. Der Begriff orientiert sich in seinem Anwendungsbereich vielmehr am weiten Verständnis der „juristischen Einheit" i.S. des Art. 4 Abs. 1 Buchst. a EWIV-VO.

VII. Keine Beschränkung auf Handelsgesellschaften

Die SE ist Handelsgesellschaft (Art. 1 Abs. 1). Die SE unterliegt damit dem jeweiligen mitgliedstaatlichen Sonderprivatrecht für Kaufleute, und zwar unabhängig davon, ob sie tatsächlich gewerblich tätig ist.[109] Dies bedeutet aber nicht, dass die Gründer ebenfalls Handelsgesellschaften sein müssen.[110] Eine solche Beschränkung auf Handelsgesellschaften kann dem Art. 2 nicht entnommen werden. Damit sind auch die Gesellschaft bürgerlichen Rechts oder nichtkaufmännische Vereine gründerfähig, wie auch die nachfolgenden Erwägungen bestätigen werden.

VIII. Erfordernis der wirtschaftlichen Betätigung

Zweifelhaft ist, ob die gründerfähigen Rechtsformen überhaupt einen Erwerbszweck verfolgen müssen. Bei den Gesellschaften i.S. des Art. 48 Abs. 2 EG ist dieses Erfordernis im Tatbestand angelegt, nicht jedoch bei den juristischen Personen des öffentlichen oder privaten Rechts i.S. des Art. 2 Abs. 3. Der Vergleich mit den anderen juristischen Einheiten i.S. des Art. 4 Abs. 1 Buchst. a EWIV-VO belegt dies. Diese müssen lediglich eine wirtschaftliche Tätigkeit ausüben.[111] Dafür genügt schon die bloße Teilnahme am Markt ohne Eigeninteresse. Letztlich scheiden nur Privatleute als mögliche Mitglieder einer EWIV aus.[112]

Fraglich ist, ob auch die SE-VO diesem weiten Verständnis der Zugangsberechtigung folgt. Im SE-VOV 1975 wurde von den juristischen Personen des öffentlichen oder privaten Rechts ausdrücklich verlangt, dass „ihr Gegenstand darin besteht, eine wirtschaftliche Tätigkeit auszuüben".[113] Im Folgevorschlag von 1989 wurde dieser Passus gestrichen. In der Begründung zum SE-VOV 1989 heißt es sogar, dass die Gründerfähigkeit der Körperschaften des öffentlichen

---

109 Siehe schon *Sanders*, Vorentwurf, S. 19 oder SE-VOV 1970, Begründung zu Art. 1, S. 5.

110 So aber *Wenz*, S. 61 Fn. 90.

111 Dies ergibt sich im Umkehrschluss aus Art. 3 Abs. 1 EWIV-VO, der als den Zweck der Vereinigung die Förderung der wirtschaftlichen Tätigkeit ihrer Mitglieder bestimmt.

112 *Schwarz*, Rn. 991, 993 m.w.N.

113 Art. 2 Abs. 2 SE-VOV 1975.

oder privaten Rechts nicht einmal davon abhängt, dass sie „eine wirtschaftliche Tätigkeit oder lediglich eine Tätigkeit mit wirtschaftlicher Zweckbestimmung ausüben“.[114] Dies könnte darauf hindeuten, dass nach dem SE-VOV 1989 nicht einmal mehr die wirtschaftliche Betätigung Voraussetzung der Gründerfähigkeit gewesen ist. Allerdings heißt es in der Begründung weiter: „Dieses sehr weit gefasste Konzept lehnt sich an den Ansatz für den Zugang zur Europäischen Wirtschaftlichen Interessenvereinigung (EWIV) an.“[115] Daraus folgt, dass auch der SE-VOV 1989 zumindest eine wirtschaftliche Tätigkeit verlangt hat.

In der SE-VO heißt es, dass Gesellschaften und andere juristische Personen, „die eine Wirtschaftstätigkeit betreiben“, eine gemeinsame Tochter-SE gründen können (Erwägungsgrund 10). Demnach müssen die juristischen Personen i.S. des Art. 2 Abs. 3 also keinen Erwerbszweck verfolgen, sich aber wenigstens wirtschaftlich betätigen. Der Begriff der wirtschaftlichen Tätigkeit ist dabei in Anlehnung an die EWIV-VO in einem weiten Sinne zu verstehen, der eine Teilnahme am Markt ohne Eigeninteresse genügen lässt.[116] Unter den Begriff der juristischen Person i.S. des Art. 2 Abs. 3 fallen daher auch Eigenbetriebe der öffentlichen Hand, Stiftungen, Idealvereine, die kleingewerbliche Gesellschaft bürgerlichen Rechts sowie gemeinwirtschaftliche, soziale und kirchliche Einrichtungen.

IX. Keine Mindestexistenz des Gründungsrechtsträgers

Die Verordnung schreibt keine zeitliche Mindestexistenz der gründerfähigen Rechtsformen vor. Dagegen wollte *Sanders* in seinem Vorentwurf nur solchen Gesellschaften die Gründung einer SE gestatten, die innerhalb der letzten drei Jahre bestanden und wirtschaftlich tätig waren.[117] Durch diese Beschränkung sollte gewährleistet werden, dass die Kapitalkraft der Gründungsgesellschaften bestmöglich beurteilt werden kann.[118] Der SE-VOV 1970 enthielt keine solche Frist, setzte aber indirekt eine dreijährige Mindestexistenz voraus, indem er verlangte, dass dem Fusionsplan bzw. dem Gründungsakt als Anlage die Bilanzen sowie Gewinn- und Verlustrechnungen der „drei letzten Geschäftsjahre“ beizufügen sind.[119] Im SE-VOV 1975 wurde dann klargestellt, dass auch Gesellschaften, die noch keine drei Geschäftsjahre vollendet haben, eine SE gründen können.[120] Dabei ist es geblieben. Es kann damit festgehalten werden, dass die Ver-

---

114 SE-VOV 1989, Begründung zu Art. 2, S. 4.
115 SE-VOV 1989, Begründung zu Art. 2, S. 4.
116 EWIV-VO, Erwägungsgrund 5.
117 Art. I-2 Abs. 1 Sanders-Vorentwurf.
118 *Sanders*, Vorentwurf, S. 10.
119 Art. 22 Abs. 2 Buchst. b und Art. 30 Abs. 2 S. 1 SE-VOV 1970. Dazu *Clement/Fortdran/Müller/Wanske*, AG 1972, 343, 345.
120 Art. 22 Abs. 2 Buchst. c und e SE-VOV 1975 e contrario. Siehe auch SE-VOV 1975, Begründung zu Art. 22, S. 198.

ordnung an die Gründerfähigkeit keine Anforderungen zeitlicher Art stellt, die eine Mindestexistenz der beteiligten Gründungsrechtsträger verlangen. Das ergänzend anwendbare deutsche Umwandlungsrecht knüpft an die Verschmelzung indessen besondere Anforderungen, wenn die beteiligten AG noch keine zwei Jahre im Register eingetragen sind.[121]

X. Zusammenfassung

Die SE-VO beschränkt die Gründerfähigkeit auf bestimmte Rechtsformen (AG, GmbH, Gesellschaften i.S. des Art. 48 Abs. 2 EG, juristische Personen des öffentlichen oder privaten Rechts). Die gründerfähigen Rechtsformen bilden keine homogene Gruppe und entziehen sich damit einer allgemeinen Definition. Natürliche Personen können nicht Alleingründer einer SE sein, sich aber als Mitgründer beteiligen, wenn die anderen Gründer für sich genommen die Voraussetzungen der Gründungsberechtigung erfüllen. Vorgesellschaften (Vor-AG, Vor-GmbH) sind grundsätzlich nicht gründerfähig. Sie können sich allenfalls an der Gründung einer gemeinsamen Tochter-SE beteiligen. Die AG in Liquidation kann sich unter den Voraussetzungen des Art. 18 i.V.m. § 3 Abs. 3 UmwG zu einer SE verschmelzen oder in eine SE umwandeln. Die „juristischen Personen des öffentlichen oder privaten Rechts" (Art. 2 Abs. 3) müssen weder rechtsfähig sein noch einen Erwerbszweck verfolgen. Es genügt, wenn sie sich im weitesten Sinne wirtschaftlich betätigen. Eine zeitliche Mindestexistenz des gründerfähigen Rechtsträgers wird nicht verlangt.

Es ist nicht schwer zu erkennen, dass der europäische Gesetzgeber in der AG die natürliche Klientel für die Gründung einer SE erblickt. Nach seiner Auffassung entsprechen die Kapitalgesellschaften angesichts ihres gesamtwirtschaftlichen Gewichts, ihrer Finanzierung und ihrer Organisation am besten den Bedürfnissen einer gemeinschaftsweiten Betätigung (Erwägungsgrund 13). Darin spiegelt sich der hier als Exklusivitätsthese bezeichnete Gedanke wieder, die SE nur den europäisch ausgerichteten Unternehmen als Organisationsform zur Verfügung zu stellen. Daran ist grundsätzlich nichts auszusetzen, entspricht dies doch der weit verbreiteten Erwartung, dass die SE für kleinere oder mittlere Unternehmen, die oft nicht als Kapitalgesellschaft organisiert sind, kaum Anziehungskraft ausüben dürfte. Dann stellt sich allerdings im Umkehrschluss die Frage, warum es eines gesetzlichen Ausschlusses anderer Gesellschaftsformen bedurfte, wenn schon rechtliche und betriebswirtschaftliche Aspekte die Umstrukturierung zu einer SE für eine Vielzahl von kleineren Unternehmen wenig verlockend erscheinen lassen.[122] Es ist schwer einzusehen, weshalb man es nicht der

---

[121] Siehe unten Teil 4 B.I, S. 137.

[122] Siehe dazu die grundlegende Arbeit von *Gutsche*, der auf S. 239 f. zum Schluss kommt, dass die SE „kein geeigneter Unternehmensträger" für kleine und mittlere Unternehmen ist.

unternehmerischen Gestaltungsfreiheit überlassen hat, sich – wie im nationalen Gesellschaftsrecht – für die eine oder andere Gesellschaftsform zu entscheiden. Der grundsätzliche Ausschluss insbesondere von Personenhandelsgesellschaften kann allein mit der Exklusivitätsthese nicht überzeugend begründet werden. Vielmehr dürfte hier noch die Befürchtung, dass sich die SE zu einer unmittelbaren Konkurrenz zu den nationalen Gesellschaftsformen entwickelt und letztlich deren Verdrängung zur Folge hat, eine gewichtige Rolle gespielt haben. Es ist daher anzunehmen, dass gerade die Konkurrenzthese einer freien unternehmerischen Wahlmöglichkeit entgegenstand.

D. Gemeinschaftszugehörigkeit

Die Gründungsberechtigung setzt voraus, dass die gründerfähigen Rechtsformen gemeinschaftszugehörig sind. Dazu müssen sie folgende Voraussetzungen kumulativ erfüllen:

- Sie müssen nach dem Recht eines Mitgliedstaats gegründet worden sein und
- sie müssen ihren Sitz und ihre Hauptverwaltung in der Gemeinschaft haben.

Art. 48 Abs. 1 EG, der die Gesellschaften hinsichtlich der Anwendung der Niederlassungsfreiheit den natürlichen Personen gleichstellt, enthält die gleichen Voraussetzungen. Weil Gesellschaften keine Staatsangehörigkeit im eigentlichen Sinne besitzen, soll durch sie – entsprechend der Staatsangehörigkeit bei natürlichen Personen – die Zugehörigkeit einer Gesellschaft zur Rechtsordnung eines Mitgliedstaats festgestellt werden.[123] Art. 48 Abs. 1 EG lässt es genügen, wenn die Gesellschaft ihren satzungsmäßigen Sitz *oder* ihre Hauptverwaltung in der Gemeinschaft hat. Die Vorschrift vereint damit die in der Gemeinschaft vertretenen Theorien zur kollisionsrechtlichen Bestimmung des Gesellschaftsstatuts, nämlich die Gründungs- und Sitztheorie.[124]

Im Vergleich zu Art. 48 Abs. 1 EG stellt Art. 2 an die Gemeinschaftszugehörigkeit strengere Anforderungen, weil Sitz *und* Hauptverwaltung in der Gemeinschaft liegen müssen. Damit setzt sich letztlich das Anknüpfungsmoment des Verwaltungssitzes und infolgedessen die Sitztheorie durch. Allerdings lässt Art. 2 Abs. 5 Ausnahmen von diesem an der Sitztheorie orientierten Konzept der Gemeinschaftszugehörigkeit zu.[125]

---

[123] EuGH, Urteil v. 10.7.1986, Rs. 79/85 (Segers), Slg. 1986, 2375, 2387 Rn. 13; EuGH, Urteil v. 9.3.1999, Rs. C-212/97 (Centros), Slg. 1999, I-1449, 1491 Rn. 20.

[124] *Schwarz*, Rn. 150.

[125] Im Hinblick auf EuGH, Urteil v. 5.11.2002, Rs. 208/00 (Überseering), NJW 2002, 3614 könnte zweifelhaft sein, ob die Anknüpfung an den Verwaltungssitz überhaupt noch primärrechtskonform ist. Der EuGH hat in seiner Entscheidung aber nicht die Sitztheorie als solche, sondern lediglich bestimmte, aus der Sitztheorie abgeleitete Rechtsfolgen (Nicht-

I. Sinn und Zweck

Nach dem Sanders-Vorentwurf sollten sich auch solche Gesellschaften an einer SE-Gründung beteiligen können, die „in einem der Europäischen Wirtschaftsgemeinschaft nicht angehörenden Staat gegründet sind".[126] Für diese sollten die Gründungsformen gemeinsame Tochtergesellschaft und Ausgründung einer Tochtergesellschaft offen stehen. Die Einbeziehung von Gesellschaften aus Nichtmitgliedstaaten wurde mit dem Hinweis auf „wirtschaftliche Bedürfnisse" begründet.[127] Für die Gründungsformen Fusion, Holding-SE und Umwandlung sei eine solche Ausweitung dagegen technisch kaum zu regeln. So sei z.B. bei der Holding-SE die Verpflichtung der Aktionäre, ihre Aktien an der nationalen AG in solche der SE umzutauschen, nur in den EG-Mitgliedstaaten durchsetzbar.[128]

In der Literatur wird die Auffassung vertreten, dass der Ausschluss von Nicht-EG-Gesellschaften einer „Durchdringung des europäischen Marktes" durch solche Unternehmen vorbeugen soll.[129] Daran ist sicherlich richtig, dass eine der ursprünglichen Intentionen bei der Schaffung einer Europäischen Aktiengesellschaft war, konkurrenzfähige Unternehmenseinheiten zu schaffen, die sich im Weltmarkt behaupten können.[130] Die Idee von der SE als Mittel zur Abwehr des „défi américain" dürfte auch durchaus noch aktuell sein.[131]

---

anerkennung der Rechts- und Parteifähigkeit einer Auslandsgesellschaft) als Verstoß gegen die Niederlassungsfreiheit gewertet. Ebenso *Bayer*, BB 2002, 2289, 2291.

126 Art. I-2 Abs. 1 Buchst. b Sanders-Vorentwurf.

127 Sanders, Vorentwurf, S. 10: „Gerade für 'Joint Ventures' zwischen einer Gesellschaft innerhalb der Europäischen Wirtschaftsgemeinschaft und einer Gesellschaft außerhalb der Europäischen Wirtschaftsgemeinschaft könnte Anlass bestehen, die Form der Europäischen Handelsgesellschaft zu verwenden." Siehe auch *Sanders*, AWD 1960, 1, 2 f.: „So könnte diese Rechtsform [= SE; Anm. des Verf.] für amerikanische Betriebe, die eine Tochtergesellschaft im gemeinsamen Markt gründen wollen, ansprechend sein. Eine solche Tochtergesellschaft will meist für Europa als Ganzes tätig sein." Für eine Beteiligungsmöglichkeit von Gründergesellschaften aus Drittstaaten spricht sich grundsätzlich auch *Mertens*, in: Die europäische Handelsgesellschaft im Verhältnis zum deutschen und italienischen Recht, 1970, S. 1, 40 aus.

128 *Sanders*, Vorentwurf, S. 20.

129 So *Kolvenbach*, in: FS für Heinsius, 1991, S. 379, 394, der hierin eine Diskriminierung von Unternehmen aus Drittstaaten erblickt und aus diesem Grund sogar mit Sanktionen für EG-Unternehmen rechnet. Ähnlich schon *v. Caemmerer*, in: FS für Kronstein, 1967, S. 171, 185, der von einer „unerfreulichen Diskriminierung" spricht. Aus diesem Grund forderte die *UNICE*, Stellungnahme vom 13.11.1991 zum SE-VOV 1991, Anmerkung zu Art. 2 und 3, dass zumindest der Ausschluss von solchen Nicht-EG-Gesellschaften aufgehoben wird, in deren Heimatstaaten dem europäischen Standard entsprechende Kapitalerbringungs- und -erhaltungsvorschriften gegeben sind.

130 Zu den entsprechenden Motiven auf französischer Seite siehe *Skaupy*, AG 1966, 13, 20; *Storm*, CMLR 1967/68, 265, 267. Siehe auch SE-VOV 1970, Stellungnahme des WSA, S. 33 und SE-VOV 1970, Stellungnahme des EP, S. 22. Dazu *Wälde*, AWD 1974, 82, 83:

Der eigentliche Grund des Ausschlusses von Nicht-EG-Gesellschaften dürfte aber in der integrationspolitischen Zielsetzung der europäischen Gesellschaftsform SE liegen. Die Schaffung einer einheitlichen Rechtsform soll dazu beitragen, Beschränkungen innerhalb des Binnenmarkts abzubauen, nicht jedoch im Verhältnis von Binnenmarkt und Drittstaaten.[132] Im Übrigen ist eine Einbeziehung von Unternehmen aus Drittstaaten regelungstechnisch nicht möglich. Denn die Ordnung dieser Vorgänge macht Bestimmungen erforderlich, die in das Recht der (nationalen) Gründungsgesellschaften eingreifen.[133]. Dementsprechend ist eine Kooperation zwischen europäischen Gesellschaften und Partnern außerhalb der Gemeinschaft durch eine SE-Gründung nicht möglich.[134]

II. Gründung nach dem Recht eines Mitgliedstaats

Zunächst muss bestimmt werden, wann eine Gesellschaft nach dem Recht eines Mitgliedstaats gegründet worden ist. Bei Art. 48 Abs. 1 EG wird das Tatbestandsmerkmal Gründung nach den Rechtsvorschriften eines Mitgliedstaats weit ausgelegt. Auch die Errichtung einer öffentlichen Anstalt oder die Verleihung der Rechtspersönlichkeit durch staatlichen Akt fallen hierunter.[135] Die Gründung muss wirksam sein, d.h. die Gründungsvoraussetzungen des mitgliedstaatlichen Rechts müssen erfüllt sein (z.B. Registereintragung).[136] Maßgebender Zeitpunkt für die Beurteilung, ob eine Gesellschaft nach den Rechtsvorschriften eines Mitgliedstaats gegründet worden ist, ist der, in dem von der Niederlassungsfreiheit Gebrauch gemacht werden soll. Wenn ein ursprünglich in einem Mitgliedstaat gegründete Gesellschaft nachträglich durch Umgründung in einen Drittstaat verlegt worden ist, hat sie das Recht auf freie Niederlassung verloren.[137]

„Von der Geburtsstunde war der SE damit die Stoßrichtung gegen die US-Konkurrenz mitgegeben."

131 Dazu *Wälde*, AWD 1974, 82, 83; a.A. *Mertens*, in: Die europäische Handelsgesellschaft im Verhältnis zum deutschen und italienischen Recht, 1970, S. 1, 40 Fn. 98. Siehe aber *Kommission*, Memorandum vom 8.6.1988, S. 5: „Im Hinblick auf die Verwirklichung des Binnenmarktes bis 1992 und aufgrund der Herausforderung durch neue Wettbewerber wird es zu einer dringenden Aufgabe, die industrielle Zusammenarbeit in Europa zu erleichtern und zu fördern und unter Wahrung der beteiligten Interessen die Bildung europäischer Gesellschaften zu ermöglichen, die in der Lage sind, sich mit ihren amerikanischen und japanischen Konkurrenten zu messen. Diesen Zielen entspricht die neue Initiative der Kommission zur Schaffung eines Statuts für die Europäische Aktiengesellschaften."

132 So zutr. *Pipkorn*, ZHR 137 (1973), 35, 57. Entsprechende Überlegungen zu Art. 4 Abs. 2 EWIV-VO finden sich bei *Scriba*, S. 76 und *Lenz*, S. 164.

133 *V. Caemmerer*, in: FS für Kronstein, 1967, S. 171, 185.

134 Zu den indirekten Beteiligungsmöglichkeiten von Nicht-EG-Gesellschaften siehe unten D.IV, S. 105.

135 *Troberg*, in: von der Groeben/Thiesing/Ehlermann, Art. 58 EGV Rn. 6.

136 *Troberg*, in: von der Groeben/Thiesing/Ehlermann, Art. 58 EGV Rn. 6.

137 *Troberg*, in: von der Groeben/Thiesing/Ehlermann, Art. 58 EGV Rn. 6.

Es besteht keine Veranlassung bei der Bestimmung, ob eine Gesellschaft nach dem Recht eines Mitgliedstaats gegründet worden ist i.S. des Art. 2 Abs. 1 bis Abs. 4, andere Maßstäbe anzulegen. Auf die bei der Auslegung des Art. 48 Abs. 1 EG gewonnenen Erkenntnisse kann daher zurückgegriffen werden.

Im Übrigen ist auch für gemeinschaftsrechtliche Gesellschaftsformen wie die EWIV und die SE anzunehmen, dass sie nach dem Recht eines Mitgliedstaats gegründet worden sind, auch wenn sie im eigentlichen Sinne europäischen Ursprungs sind. Wenn schon rein nationale Gesellschaften gemeinschaftszugehörig sind, muss dies erst recht für europäische Gesellschaftsformen gelten (argumentum a maiore ad minus).[138]

III. Sitz und Hauptverwaltung in der Gemeinschaft

Die gründerfähigen Rechtsformen müssen ihren Sitz und ihre Hauptverwaltung in der Gemeinschaft haben. Beide Anknüpfungspunkte müssen nach dem eindeutigen Wortlaut kumulativ vorliegen. Daher ist zunächst der Frage nachzugehen, ob im Erfordernis der kumulativen Gemeinschaftszugehörigkeit ein Verstoß gegen die Niederlassungsfreiheit liegt (dazu 1). Anschließend werden die einzelnen Tatbestandsmerkmale Sitz (dazu 2), Hauptverwaltung (dazu 3) und Gemeinschaft (dazu 4) erläutert. Schließlich wird Art. 2 Abs. 5 untersucht, der die Mitgliedstaaten ermächtigt, eine Ausnahme vom Erfordernis der kumulativen Gemeinschaftszugehörigkeit zuzulassen (dazu 5).

1. Kumulative Gemeinschaftszugehörigkeit und Niederlassungsfreiheit

Art. 2 geht mit dem Erfordernis der kumulativen Gemeinschaftszugehörigkeit über die Anforderungen des Art. 48 Abs. 1 EG hinaus. Nach Art. 48 Abs. 1 EG reicht es aus, wenn der Sitz *oder* die Hauptverwaltung in der Gemeinschaft liegt. Dies führt zu der Frage, ob die SE-VO primärrechtskonform so auszulegen ist, dass bereits das alternative Vorliegen von Sitz *oder* Hauptverwaltung in der Gemeinschaft zur Gründung einer SE berechtigt.[139]

Dies hängt grundlegend davon ab, ob und inwieweit der Gemeinschaftsgesetzgeber in seinen Rechtsakten an die Vorgaben der Grundfreiheiten gebunden ist. Grundsätzlich ist davon auszugehen, dass die EG-Verträge auch die Gemeinschaft und ihre Organe verpflichten. Das ergibt sich aus der Kompetenzverteilung zwischen der Gemeinschaft und den Mitgliedstaaten.[140] Nach dem Prinzip der begrenzten Einzelermächtigung darf die Gemeinschaft nur „innerhalb der Grenzen der in diesem Vertrag zugewiesenen Befugnisse und gesetzten Ziele" tätig werden. Die Reichweite der Kompetenzen des Gemeinschaftsgesetzgebers

---

[138] Ebenso *Schwarz*, Rn. 151 im Hinblick auf die Voraussetzungen des Art. 48 Abs. 1 EG.

[139] Zur primärrechtskonformen Auslegung des Sekundärrechts vgl. *Schwarz*, Rn. 86 m.w.N. Zur primärrechtskonformen Auslegung der SE-VO siehe *Ch. Teichmann*, ZGR 2002, 383, 404.

[140] *Schwemer*, S. 29 ff.

wird also durch die Zielsetzungen des Vertrags bestimmt. Dazu gehört insbesondere die Schaffung eines Binnenmarkts im Sinne eines Raums ohne Binnengrenzen, in dem die Grundfreiheiten verwirklicht sind (Art. 14 Abs. 1 EG). Maßnahmen der Gemeinschaft, die sich auf die Verwirklichung des Binnenmarkts berufen,[141] dürfen daher per se keine grundfreiheitsbeeinträchtigende Wirkung haben. Die kompetenzrechtliche Verpflichtung der Gemeinschaft auf die Grundfreiheiten kommt auch in den konkreten Ermächtigungsnormen des EG-Vertrags selbst zum Ausdruck. Diese sind in ihren Voraussetzungen in aller Regel binnenmarktorientiert (vgl. Art. 95 EG). Auf ihrer Grundlage ist Rechtsetzung insbesondere zur Verwirklichung des Binnenmarkts zulässig. Deshalb dürfen diese Ermächtigungsgrundlagen nicht zum Erlass von grundfreiheitsbeeinträchtigenden Maßnahmen herangezogen werden. Daraus kann nur der Schluss gezogen werden, dass auch die Gemeinschaft und ihre Organe durch die Niederlassungsfreiheit verpflichtet werden.[142]

Problematisch ist, dass dem Erfordernis der kumulativen Gemeinschaftszugehörigkeit keine diskriminierende Wirkung innewohnt, weil es das unternehmerische Verhalten gleichermaßen für alle Gesellschaften und ungeachtet ihrer Zugehörigkeit zu einem bestimmten Mitgliedstaat reglementiert. Der EuGH entnimmt der Niederlassungsfreiheit jedoch nicht nur ein Diskriminierungsverbot, sondern auch ein allgemeines Beschränkungsverbot, das solchen Maßnahmen entgegensteht, welche „die Ausübung der durch den Vertrag grundlegend garantierten Freiheiten behindern oder weniger attraktiv machen können".[143] Beschränkende Maßnahmen können nach der Rechtsprechung des EuGH nur dann Bestand haben, wenn vier Voraussetzungen erfüllt sind: Sie müssen in nicht diskriminierender Weise angewandt werden, sie müssen aus zwingenden Gründen des Allgemeininteresses gerechtfertigt sein, sie müssen geeignet sein, die Verwirklichung des mit ihnen verfolgten Ziels zu gewährleisten, und sie dürfen nicht über das hinausgehen, was zur Erreichung dieses Ziels erforderlich ist.[144]

Unter Berücksichtigung dieser Grundsätze erscheint es nicht ausgeschlossen, dass auch bestimmte Vorschriften der SE-VO beschränkende Wirkung entfalten und daher gegen die Niederlassungsfreiheit verstoßen.[145] Es kann nicht bestritten

---

[141] Vgl. Erwägungsgrund 1.

[142] *Schwemer*, S. 45; *Jarass*, EuR 1995, 202, 211; *Lackhoff*, S. 208 f.; *Randelzhofer/Forsthoff*, in: Grabitz/Hilf, Art. 43 EGV Rn. 69 (Stand: Mai 2001); *Beutler/Bieber/Pipkorn/Streil*, S. 207; a.A. *Bahlmann*, EuR 1982, 1, 3; *Roth*, EuR 1987, 7, 9.

[143] EuGH, Urteil v. 30.11.1995, Rs. C-55/94 (Gebhard), Slg. 1994, I-4165, 4197 Rn. 37. Eingehend zur freiheitsrechtlichen Dimension der Niederlassungsfreiheit *Lackhoff*, S. 358 ff.

[144] EuGH, Urteil v. 30.11.1995, Rs. C-55/94 (Gebhard), Slg. 1994, I-4165, 4197 Rn. 37.

[145] Eine andere Frage ist, ob die Gründung einer SE überhaupt in den sachlichen Anwendungsbereich der Niederlassungsfreiheit fällt. Im Schrifttum wird bisweilen bestritten, dass die Verschmelzung oder Spaltung von Gesellschaften durch die Niederlassungsfreiheit geschützt werden (z.B. *Lennerz*, S. 179 ff.; *Müller-Driver*, S. 182 f.). Dem kann nicht

werden, dass die kumulative Gemeinschaftszugehörigkeit den Zugang zur Rechtsform SE einengt und damit grundsätzlich beschränkend wirkt. Der EuGH hat in seinen bisherigen Entscheidungen jedoch stets von „nationalen Regelungen"[146] bzw. „nationalen Maßnahmen"[147] gesprochen, die Beschränkungen der Niederlassungsfreiheit darstellen können. Dies kann zweierlei bedeuten. Entweder hält es der EuGH schlicht für unmöglich, dass auch europäische Rechtsakte die Niederlassungsfreiheit beschränken können, oder er wollte diese bewusst aus seiner extensiven Auslegung der Niederlassungsfreiheit im Sinne eines allgemeinen Beschränkungsverbots ausnehmen. Es bleibt abzuwarten, ob der EuGH in seiner künftigen Rechtsprechung die Fixierung auf Maßnahmen des nationalen Rechts beibehält oder ob er die freiheitsrechtliche Dimension der Niederlassungsfreiheit auch gegenüber Gemeinschaftsrechtsakten anerkennt. Mit fortschreitender Rechtsintegration werden sich die Fälle, in denen auch europäischen Rechtsakten freiheitsbeschränkende Wirkung entnommen werden kann, jedenfalls häufen. Es wäre daher kurzsichtig, allein auf Maßnahmen der nationalen Gesetzgeber abzustellen. In einem Binnenmarkt als Raum ohne Grenzen sind sämtliche ungerechtfertigten Beschränkungen abzubauen, ungeachtet ob sie auf nationaler oder supranationaler Rechtsgrundlage beruhen.

Gegen die freiheitsbeschränkende Wirkung von Vorschriften der SE-VO könnte vorgebracht werden, dass die SE-VO ihrer Natur nach die Niederlassungsfreiheit erweitert und deshalb schon per se nicht beschränkend wirken kann. Dieses Argument erscheint auf den ersten Blick zwingend, beruht aber auf einer falschen Vorstellung von Zielen und Aufgaben der Gemeinschaft. Projekte wie die SE-VO dürfen nicht als „Wohltaten" der Gemeinschaft gegenüber den Marktbürgern missverstanden werden. Die Gemeinschaft kommt insofern nur ihrer Pflicht nach, die zur Verwirklichung des Binnenmarkts erforderlichen Maßnahmen zu treffen (Art. 14 Abs. 1 EG). Den Organen der Gemeinschaft steht freilich ein weiter Ermessensspielraum bei der Verwirklichung ihrer Ziele zu, der nicht justiziabel ist. Sie können entscheiden, ob und in welchem Umfang Rechtsintegration erforderlich ist (vgl. Art. 308 EG). Deshalb wird sich die Rechtspraxis darauf einzustellen haben, dass sich das Erfordernis der kumulativen Gemeinschaftszugehörigkeit mit der Einschätzungsprärogative des Rats als Gesetzgebungsorgan hinreichend begründen lässt.

Somit ist es zwar de lege ferenda bedauerlich, dass die Zugangsvoraussetzungen der SE nicht völlig mit den Anforderungen der Niederlassungsfreiheit übereinstimmen. Ein Verstoß gegen Primärrecht liegt darin jedoch nicht. Der europäi-

---

gefolgt werden, da Art. 43 Abs. 2 EG ausdrücklich von der Gründung von Gesellschaften spricht. Siehe auch *Schlag*, in: Schwarze, EGV, Art. 48 Rn. 25; *Schwarz*, Rn. 144.

146 EuGH, Urteil v. 31.3.1993, Rs. C-19/92 (Kraus), Slg. 1993, I-1663, 1697 Rn. 32.

147 EuGH, Urteil v. 30.11.1995, Rs. C-55/94 (Gebhard), Slg. 1994, I-4165, 4197 Rn. 37; EuGH, Urteil v. 9.3.1999, Rs. C-212/97 (Centros), Slg. 1999, I-1459, 1495 Rn. 34.

sche Gesetzgeber muss sich aber die Frage gefallen lassen, weshalb hier ohne Not eine Schieflage zwischen den Voraussetzungen der Niederlassungsfreiheit – als der „Magna Charta“[148] des europäischen Gesellschaftsrechts – und den Anforderungen der SE-VO – als dem „Flaggschiff“[149] des europäischen Gesellschaftsrechts – geschaffen worden ist. Dem Verordnungsgeber erschien diese Diskrepanz offensichtlich selbst als zu weitgehend. So gab er den Mitgliedstaaten mit Art. 2 Abs. 5 die Möglichkeit, Ausnahmen vom Erfordernis der kumulativen Gemeinschaftszugehörigkeit zuzulassen.

2. Sitz

Mit Sitz i.S. des Art. 2 Abs. 1 bis Abs. 4 ist der satzungsmäßige Sitz gemeint.[150] Dies zeigt der Vergleich mit den anderen Sprachfassungen.[151] Außerdem wäre die Erwähnung der Hauptverwaltung in Art. 2 Abs. 1 bis Abs. 4 überflüssig, wenn unter Sitz der tatsächliche Sitz zu verstehen wäre.[152] Dies entspricht im Übrigen der Unterscheidung in Art. 48 Abs. 1 EG, der allerdings deutlicher zwischen „satzungmäßigem Sitz“ und „Hauptverwaltung“ trennt. Sitz i.S. des Art. 2 ist daher der Ort, an dem die Gesellschaft kraft Satzung ihren Sitz hat und an dem sie im Handelsregister eingetragen ist.[153]

3. Hauptverwaltung

Die Hauptverwaltung ist gleichbedeutend mit dem Verwaltungssitz. Hauptverwaltung ist demnach der Ort, an dem die Willensbildung und die eigentliche unternehmerische Leitung der Gesellschaft erfolgt.[154]

4. In der Gemeinschaft

Der Sitz und die Hauptverwaltung des Rechtsträgers müssen sich in der Gemeinschaft – also nicht zwingend im selben Mitgliedstaat – befinden.[155] Hinzu kommen die Mitgliedstaaten des Europäischen Wirtschaftsraums (EWR), Island, Liechtenstein und Norwegen, weil der Gemeinsame Ausschuss des EWR im Ju-

---

[148] *Lutter*, Europäisches Unternehmensrecht, S. 36.

[149] *Hopt*, ZIP 1998, 96, 99.

[150] Im Erg. ebenso *C.P. Schindler*, S. 23 Fn. 160; *Kloster*, EuZW 2003, 293, 295.

[151] Vgl. die französische („siège statutaire“) und englische Version („registered office“).

[152] *Schwarz*, ZIP 2001, 1847, 1849 zu Art. 7.

[153] Siehe auch Art. 2 Abs. 2 Buchst. b Vierzehnte RiL-VE 1997. Dort wird der tatsächliche Sitz definiert als der Ort, an dem die Gesellschaft ihre Hauptverwaltung hat und an dem sie eingetragen ist. Der satzungsmäßige Sitz ist dagegen der Ort, an dem die Gesellschaft eingetragen ist.

[154] *Troberg*, in: von der Groeben/Thiesing/Ehlermann, Art. 58 EGV Rn. 7.

[155] Das Gebiet der Gemeinschaft bestimmt sich nach dem Anwendungsbereich des EG-Vertrags gemäß Art. 299 EG.

ni 2002 beschlossen hat, die SE-VO und die SE-ErgRiL in den Rechtsbestand des Abkommens über den EWR aufzunehmen.[156]

5. Erweiterte Gemeinschaftszugehörigkeit (Art. 2 Abs. 5)

a) Rechtsnatur des Art. 2 Abs. 5

Gesellschaften, die in Mitgliedstaaten eingetragen sind, in denen der Gründungstheorie gefolgt wird (z.B. Großbritannien, Niederlande, Irland),[157] können ihre Hauptverwaltung außerhalb dieser Mitgliedstaaten und damit auch außerhalb der Gemeinschaft haben (z.B. Niederländische Antillen, Cayman Islands). Solche Gesellschaften erfüllen nicht die Voraussetzungen der kumulativen Gemeinschaftszugehörigkeit und sind damit grundsätzlich nicht gründungsberechtigt.

Art. 2 Abs. 5 ermächtigt die Mitgliedstaaten allerdings dazu, auch solche Gesellschaften zur SE-Gründung zuzulassen, die ihre Hauptverwaltung außerhalb der Gemeinschaft haben. Die Vorschrift gibt den nationalen Gesetzgebern also die Möglichkeit, eine Ausnahme vom Erfordernis der kumulativen Gemeinschaftszugehörigkeit vorzusehen. Die Voraussetzungen der Mehrstaatlichkeit können dagegen auf Grundlage des Art. 2 Abs. 5 nicht abgeschwächt werden.[158]

b) Regelungsbedarf des deutschen Gesetzgebers

Die Ermächtigung war in den Verordnungsvorschlägen nicht enthalten und ist erst zum Ende des Gesetzgebungsverfahrens in den Verordnungstext aufgenommen worden.[159] Sie richtet sich an die Mitgliedstaaten, die der Gründungstheorie anhängen.[160] Es ist zwar theoretisch denkbar, dass auch solche Mitgliedstaaten, die der Sitztheorie folgen, also z.B. Deutschland, von der Ermächtigung Gebrauch machen. Eine solche Umsetzung wäre aber sinnlos. Eine deutsche Ausnahmeregelung könnte nur auf Gesellschaften Anwendung finden, die deutschem Recht unterliegen. Einer Gesellschaft deutschen Rechts ist es jedoch verwehrt, ihre Hauptverwaltung unter Beibehaltung ihrer Rechtspersönlichkeit in einen anderen Staat zu verlegen.[161] Es besteht dementsprechend kein denkbarer Anwendungsfall für eine deutsche Ausnahmeregelung. Dies ist der entscheidende Punkt, und nicht etwa die Frage, ob eine Gesellschaft, die ihre Hauptver-

---

156 Siehe *Wenz*, AG 2003, 185 m.w.N.

157 Zur Gründungstheorie *Schwarz*, Rn. 161.

158 Insofern missverständlich *Hommelhoff*, AG 2001, 279, 281.

159 Die EWIV-VO enthält keine vergleichbare Erleichterung. Nach Art. 4 Abs. 1 Buchst. a EWIV-VO muss die beteiligte Rechtsform auf jeden Fall ihre Hauptverwaltung in der Gemeinschaft haben. Siehe dazu *Ganske*, Das Recht der Europäischen Wirtschaftlichen Interessenvereinigung (EWIV), 1988, S. 33.

160 *Hommelhoff/Ch. Teichmann*, SWZ 2002, 1, 7. Eine Aufzählung dieser Staaten findet sich bei *Schwarz*, Rn. 164.

161 Zur Sitzverlegung unter der Sitztheorie siehe *Kropholler*, IPR, § 55 I 2 a, S. 535 f.

waltung außerhalb der Gemeinschaft hat, nach der in Deutschland vorherrschenden Sitztheorie überhaupt als wirksam gegründet anzusehen ist.[162] Eine Gesellschaft, die ihre Hauptverwaltung außerhalb der Gemeinschaft hat, kann nicht nach deutschem Recht gegründet worden sein, weil sie ansonsten ihre Hauptverwaltung nicht ins Ausland hätte verlegen können. Folglich kann sich eine solche Gesellschaft auch nicht auf eine deutsche Ausnahmeregelung berufen, weil sie weder nach der Gründungs- noch nach der Sitztheorie deutschem Recht unterliegt. Eine Umsetzung des Art. 2 Abs. 5 in deutsches Recht ist demnach überflüssig, weil für eine solche Regelung kein Anwendungsfall denkbar ist. Es bestehen daher auf deutscher Seite zu Recht keine Pläne, von der Ermächtigung des Art. 2 Abs. 5 Gebrauch zu machen.[163]

c) Voraussetzungen

Die nationalen Gesetzgeber müssen folgende vier Vorgaben des Art. 2 Abs. 5 beachten, wenn sie von der Ermächtigung Gebrauch machen wollen:

aa) Gesellschaft

Art. 2 Abs. 5 spricht von „Gesellschaft". Der Begriff ist in einem weiten Sinne zu verstehen, der auch die sonstigen juristischen Personen i.S. des Art. 2 Abs. 3 einschließt. Der Begriff kann aber nicht dahin interpretiert werden, dass die Gründerfähigkeit über die in Art. 2 Abs. 1 bis Abs. 4 aufgezählten Rechtsformen hinaus erweitert werden kann. Art. 2 Abs. 5 ermächtigt die nationalen Gesetzgeber nur dazu, Erleichterungen im Hinblick auf die Gemeinschaftszugehörigkeit vorzusehen, nicht jedoch im Hinblick auf die Gründerfähigkeit.

Fraglich ist, ob die Mitgliedstaaten die erweiterte Gründerfähigkeit auf bestimmte Rechts- oder Gesellschaftsformen (z.B. AG) beschränken können. Dies hängt davon ab, ob die Ermächtigung des Art. 2 Abs. 5 einen Höchstrahmen vorgibt, der bei der Umsetzung durch die Mitgliedstaaten auch ein „Weniger" umfasst, oder ob es sich um starre Vorgaben handelt, von denen der nationale Gesetzgeber nicht abweichen darf. Weil es nationalen Gesetzgebern frei steht, ob sie überhaupt von der Ermächtigung Gebrauch machen, muss es ihnen auch möglich sein, den Rahmen der Ermächtigung nicht vollends auszuschöpfen. Es ist demnach davon auszugehen, dass die Privilegierung auf bestimmte Gesellschaftsformen beschränkt werden darf.

bb) Gründung nach dem Recht eines Mitgliedstaats

Die privilegierte Gesellschaft muss nach dem Recht eines Mitgliedstaats gegründet worden sein. Es gelten insofern die allgemeinen Anforderungen für die Gemeinschaftszugehörigkeit.[164]

---

[162] So aber *Neye/Ch. Teichmann*, AG 2003, 169, 171.

[163] *Ch. Teichmann*, ZIP 2002, 1109, 1110 f.; *ders.*, in: Theisen/Wenz, S. 579 f.

[164] Siehe oben D.II, S. 94.

cc) Sitz in diesem Mitgliedstaat

Die Gesellschaft muss ihren Sitz in dem Mitgliedstaat haben, in dem sie gegründet worden ist. Insofern geht Art. 2 Abs. 5 über die Anforderungen der Absätze 1 bis 4 hinaus, weil der Gründungsmitgliedstaat und der Sitzmitgliedstaat der Gesellschaft identisch sein müssen.[165] Sitz i.S. des Art. 2 Abs. 5 ist der satzungsmäßige Sitz. Dies ergibt sich aus der Gegenüberstellung mit der Hauptverwaltung und aus den insofern klarer formulierten anderen Sprachfassungen.[166]

dd) Tatsächliche und dauerhafte Verbindung mit der Wirtschaft eines Mitgliedstaats

Schließlich muss die privilegierte Gesellschaft in tatsächlicher und dauerhafter Verbindung mit der Wirtschaft eines Mitgliedstaats stehen. Dieses Tatbestandsmerkmal geht auf eine Formulierung im Allgemeinen Programm zur Aufhebung der Beschränkungen der Niederlassungsfreiheit von 1962[167] zurück. Dort wird ausdrücklich verlangt, dass sich auch Gesellschaften, die in einem Mitgliedstaat eingetragen sind, ohne dort ihre Hauptverwaltung zu haben, auf die Niederlassungsfreiheit berufen können, soweit ihre Tätigkeit „eine tatsächliche, dauerhafte Verbindung mit der Wirtschaft eines Mitgliedstaats“ aufweist.

Bei Art. 48 Abs. 2 EG ist umstritten, ob es genügt, wenn die Gesellschaft nur ihren Sitz in der Gemeinschaft hat, oder ob sie darüber hinaus in tatsächlicher und wirtschaftlicher Verbindung mit der Wirtschaft eines Mitgliedstaats stehen muss. Eine Reihe von Autoren verlangt unter Berufung auf das Allgemeine Programm zusätzlich diese tatsächliche Verbindung. Dadurch soll ausgeschlossen werden, dass bloße Briefkastenfirmen mit fiktivem Sitz in der Gemeinschaft in den Genuss der Niederlassungsfreiheit kommen.[168] Diese Auffassung erscheint, zumindest was die sekundäre Niederlassungsfreiheit angeht, durchaus überzeugend. Denn dort wird zusätzlich zur Staatsangehörigkeit – und nur diese wird durch die Gleichstellungsvoraussetzungen des Art. 48 Abs. 1 EG ersetzt – die Ansässigkeit in der Gemeinschaft gefordert (Art. 43 Abs. 1 S. 2 EG). Diese Ansässigkeit lässt sich bei Gesellschaften durch die tatsächliche Verbindung mit der Wirtschaft eines Mitgliedstaats feststellen.[169] In der Rechtsprechung des EuGH wird dem Kriterium der tatsächlichen Verbindung – trotz dieser überzeugenden Argumente – bei der Bestimmung des Anwendungsbereichs der Niederlassungsfreiheit allerdings keine Bedeutung beigemessen.[170]

---

[165] Siehe oben D.III.4, S. 98.

[166] Vgl. die französische („siège statutaire“) und englische Fassung („registered office“).

[167] ABl. EG Nr. 2 vom 15. 1.1962, S. 36 ff.

[168] *Oppermann*, Rn. 1586; *Bleckmann*, Rn. 1619 m.w.N.

[169] *Schwarz*, Rn. 154 m.w.N.

[170] EuGH, Urteil v. 10.7.1986, Rs. 79/85 (Segers), Slg. 1986, 2375, 2388 Rn. 16; EuGH, Urteil v. 9.3.1999, Rs. C-212/97 (Centros), Slg. 1999, I-1459, 1490 Rn. 17.

Der Meinungsstreit um den Art. 48 EG lässt jedoch Rückschlüsse auf den Sinn und Zweck dieses Erfordernisses im Rahmen des Art. 2 Abs. 5 zu. Durch diese zusätzliche Voraussetzung wollte der Verordnungsgeber offensichtlich vermeiden, dass sich Briefkastenfirmen ohne intensive wirtschaftliche Bindung zur Gemeinschaft an der Gründung einer SE beteiligen können.

(1) Tatsächliche und dauerhafte Verbindung mit der Wirtschaft

Zunächst ist zu klären, wann eine tatsächliche und dauerhafte Verbindung mit der Wirtschaft eines Mitgliedstaats gegeben ist. Das Allgemeine Programm enthält keine Definition, anhand deren sich das Vorliegen einer solchen Verbindung feststellen lässt.[171] Es bestimmt jedoch, dass die Verbindung nicht von der Staatsangehörigkeit der Gesellschafter, der Mitglieder der Leitungs- oder Überwachungsorgane oder der Inhaber des Gesellschaftskapitals abhängig gemacht werden darf. Der sog. Kontrolltheorie wird damit eine Absage erteilt. Dies lässt den Umkehrschluss zu, dass die Verbindung durch sachliche Anhaltspunkte festzustellen ist. Einen solchen Anhaltspunkt stellt regelmäßig das Vorhandensein einer Geschäftstätigkeit der Gesellschaft in einem der Mitgliedstaaten dar. Fraglich ist indes, nach welchen Kriterien eine Geschäftstätigkeit festzustellen ist. Hier sind zwei Anknüpfungspunkte denkbar. Zum einen ließe sich die Verbindung an formellen Kriterien, wie etwa dem Vorliegen einer Tochtergesellschaft, Zweigniederlassung, Niederlassung, Agentur, Handelsvertreter, festmachen. Zum anderen könnten materielle Kriterien, wie z.B. ein bestimmter Mindestumsatz, eine Rolle spielen.

Die Erwägungsgründe zeigen, dass sich die SE-VO für die erste Lösung entschieden hat.[172] So heißt es in Erwägungsgrund 23, dass eine solche Verbindung besteht, „wenn die Gesellschaft in dem Mitgliedstaat eine Niederlassung hat, von dem aus sie ihre Geschäfte betreibt". Der Begriff der Niederlassung ist primärrechtskonform in Anlehnung an Art. 43 EG zu bestimmen. Demzufolge ist unter einer Niederlassung jede auf Dauer konzipierte, feste Einrichtung zu verstehen, die einer wirtschaftlichen Tätigkeit zu dienen bestimmt ist.[173] Eine Tätigkeit ist bereits dann wirtschaftlicher Art, wenn zumindest auch ein Erwerbszweck verfolgt wird und nicht nur unentgeltliche Gefälligkeitsleistungen erbracht werden.

---

[171] Das Allgemeine Programm ist seiner Rechtsnatur nach nur eine „(sanktionslose) Selbstbindung von Kommission und Rat" (*Oppermann*, Rn. 1608). Der EuGH zieht das Allgemeine Programm jedoch als Auslegungshilfe für die betreffenden Vertragsbestimmungen heran; vgl. EuGH, Urteil v. 10.7.1986, Rs. 79/85 (Segers), Slg. 1986, 2375, 2388 Rn. 15 („nützliche Hinweise").

[172] Siehe auch *Blanquet*, ZGR 2002, 20, 45; *C.P. Schindler*, S. 41.

[173] *Schlag*, in: Schwarze, Art. 43 EGV Rn. 16 ff.

(2) Mitgliedstaat

In der Literatur wird die Auffassung vertreten, dass die Erleichterung des Art. 2 Abs. 5 entgegen dem Wortlaut („eines Mitgliedstaats")[174] voraussetzt, dass die tatsächliche und wirtschaftliche Verbindung zum Gründungsstaat der Gesellschaft besteht. Eine entsprechende Verbindung zu einem dritten Mitgliedstaat könne eine Erleichterung der Gründungsanforderungen dagegen nicht rechtfertigen.[175] Dies wird damit begründet, dass es nicht der Entscheidung des Gründungsstaats überlassen bleiben könne, ob „eine nach seinem Recht gegründete Gesellschaft einer innergemeinschaftlichen Gesellschaft gleichgestellt und damit privilegiert werden soll, wenn diese Privilegierung ihre Grundlage in den wirtschaftlichen Beziehungen zu einem dritten Mitgliedstaat findet"[176]. Hier müsse auch der dritte Mitgliedstaat zur Entscheidung in dieser Frage befugt werden. Da dies nicht vorgesehen ist, sei der Art. 2 Abs. 5 so auszulegen, dass er nur die Fälle erfasse, in denen die Verbindung zum Gründungsstaat besteht.

In der Formulierung des Art. 2 Abs. 5 liegt zugegebenermaßen eine gewisse Brisanz. Es ist durchaus denkbar, dass ein Mitgliedstaat die Regelungskompetenz für einen Sachverhalt beansprucht, der sich außerhalb seines Hoheitsgebiets ereignet.[177] Dieses Problem geht sogar noch weiter, weil nicht ausdrücklich vorausgesetzt wird, dass die zu gründende SE ihren Sitz in dem Staat haben muss, der von der Ermächtigung Gebrauch gemacht hat. Es ist also denkbar und möglich, dass einer Gesellschaft, die nach dem Recht des künftigen SE-Sitzstaats an sich nicht zur Gründung einer SE berechtigt ist, durch einen anderen Mitgliedstaat gerade hierfür das Recht zugesprochen wird.

> *Beispiel*: Die in den Niederlanden gegründete A-BV hat ihren Sitz in Amsterdam und ihre Hauptverwaltung auf den Cayman Islands. Sie verfügt über eine Zweigniederlassung in Spanien und möchte eine SE mit Sitz in Deutschland gründen. Zu diesem Zweck beruft sie sich auf die in Umsetzung des Art. 2 Abs. 5 erlassene Ausnahmeregelung niederländischen Rechts, nach der sie sich an der Gründung einer SE beteiligen darf. Muss das deutsche Registergericht die Eintragung der SE verfügen?

Die Antwort lautet ja; das deutsche Registergericht wäre in diesem Fall zur Eintragung verpflichtet. Dafür spricht der Wortlaut des Art. 2 Abs. 5. Dafür spricht aber auch, dass die Frage der Gründungsberechtigung, soweit sie von der Verordnung in Art. 2 nicht abschließend geregelt worden ist, für jede Gründungsgesellschaft gesondert nach ihrem Gesellschaftsstatut zu entscheiden ist.[178] Man

---

174 Die englische („with a Member State´s economy") und die französische Sprachfassung („d´un État membre") knüpfen ebenso wenig an einem bestimmten Mitgliedstaat an.

175 *Hommelhoff*, AG 2001, 279, 281 Fn. 17. Zust. *Neun*, in: Theisen/Wenz, S. 65 Fn. 2.

176 *Hommelhoff*, AG 2001, 279, 281 Fn. 17.

177 *Ch. Teichmann*, ZGR 2002, 383, 414 Fn. 145.

178 Vgl. *Kindler*, in: MüKo zum BGB, IntGesR Rn. 664 ff.

könnte zwar daran zweifeln, weil damit gleichzeitig allen anderen Mitgliedstaaten die Erleichterung der Gemeinschaftszugehörigkeit mit Wirkung inter omnes aufgezwungen wird. Über die Hintertür würde die Gründungstheorie in allen Rechtsordnungen der Gemeinschaft Einzug halten. Es fragt sich insofern, ob dies dem Sinn einer Ermächtigung entsprechen kann, über die jeder einzelne Mitgliedstaat nach seinem Gutdünken entscheiden kann. Ein Ausweg könnte darin liegen, den Tatbestand der Ermächtigungsvorschrift des Art. 2 Abs. 5 gedanklich zu ergänzen. Man könnte daran denken, der Formulierung „an der Gründung einer SE beteiligen" den Passus „mit Sitz in diesem Mitgliedstaat" anzufügen. Dadurch würden sich die Folgen, welche sich aus dem Gebrauch der Ermächtigung ergeben, vornehmlich auf das Gebiet des Mitgliedstaats beschränken, der sich für die Erleichterung der Gemeinschaftszugehörigkeit entschieden hat. Eine solche Auslegung findet aber weder eine Stütze im Wortlaut noch entspricht sie den Grundsätzen des Internationalen Gesellschaftsrechts im Hinblick auf transnationale Verschmelzungen (s.o.). Sie lässt sich außerdem nicht mit der neueren Rechtsprechung des EuGH zur Anerkennung der Rechtsfähigkeit von Auslandsgesellschaften vereinbaren. Der EuGH hat in der Rechtssache „Überseering"[179] entschieden, dass eine Gesellschaft, die nach dem Recht eines Mitgliedstaats gegründet worden ist und die dort ihren satzungsmäßigen Sitz hat, von den anderen Mitgliedstaaten als rechtsfähig anzuerkennen ist. Das niedrigere Schutzniveau der ausländischen Rechtsform kann also nicht zur Verweigerung der Teilnahme am inländischen Rechtsverkehr führen. Spätestens auf Grundlage dieser Entscheidung ist davon auszugehen, dass Art. 2 Abs. 5 so zu verstehen ist, dass die Entscheidung eines Mitgliedstaats, von der Ermächtigung Gebrauch zu machen, in ihren Konsequenzen auch gegen die anderen Mitgliedstaaten wirkt. Dies ist aus Sicht des Wettbewerbs zwischen den Mitgliedstaaten um Direktinvestitionen sogar zu begrüßen. Anderenfalls kämen von vornherein nur die Mitgliedstaaten, die der Gründungstheorie folgen und von der Ermächtigung des Art. 2 Abs. 5 Gebrauch machen, als Standort für die zu gründende SE in Frage.[180]

Derjenige Mitgliedstaat, der von der Ermächtigung des Art. 2 Abs. 5 Gebrauch macht, maßt sich also auch dann die Regelungsbefugnis über einen außerhalb seines Herrschaftsgebiets liegenden Sachverhalt an, wenn die SE ihren Sitz in einem anderen Mitgliedstaat nimmt. Im Vergleich dazu fällt es kaum noch ins Gewicht, wenn eine mitgliedstaatliche Rechtsordnung über das Vorliegen einer tatsächlichen und dauerhaften Verbindung mit der Wirtschaft eines anderen Mitgliedstaats zu entscheiden hätte. Es ist deshalb nicht nur hinnehmbar, sondern angesichts des klaren und eindeutigen Wortlauts auch vorzugswürdig, es

---

[179] EuGH, Urteil v. 5.11.2002, Rs. 208/00 (Überseering), NJW 2002, 3614.

[180] Dementsprechend äußert *Ch. Teichmann*, ZGR 2002, 383, 414 die Befürchtung, dass Großbritannien bevorzugter Standort europäischer Konzernzentralen sein wird.

dabei zu belassen, dass die wirtschaftliche Beziehung nicht zwingend zum Gründungs- und Sitzstaat bestehen muss.

IV. Ausschluss von Nicht-EG-Gesellschaften und indirekte Beteiligungsmöglichkeiten

Das Erfordernis der Gemeinschaftszugehörigkeit schließt Unternehmen aus Drittstaaten (z.B. USA, Schweiz, Japan) grundsätzlich von der Gründung einer SE aus.[181] Die Privilegierung des Art. 2 Abs. 5 kann – sofern der mitgliedstaatliche Gesetzgeber von ihr Gebrauch macht – die fehlende Gemeinschaftszugehörigkeit nur im Hinblick auf die Hauptverwaltung heilen. Hat die Gesellschaft dagegen ihren Sitz in einem Drittstaat oder ist sie nach dem Recht eines Nichtmitgliedstaats gegründet worden, ist die Teilnahme an einer SE-Gründung in jedem Fall ausgeschlossen.

Es schließt sich die Frage an, ob und wie sich Nicht-EG-Unternehmen dennoch an der Gründung einer SE beteiligen können. Ein entsprechendes Interesse von Unternehmen außerhalb der Gemeinschaft wird angesichts der für die Rechtsform SE prognostizierten Einsparungsmöglichkeiten durchaus für wahrscheinlich gehalten. Praktisch relevant dürfte eine Beteiligung von Nicht-EG-Unternehmen vor allem dann werden, wenn es darum geht, mehrere Tochtergesellschaften in verschiedenen EG-Mitgliedstaaten zu einer europäischen Zentrale zusammenzuschließen.[182]

Für Nicht-EG-Unternehmen kommen nur indirekte Beteiligungsmöglichkeiten in Betracht. Dies setzt voraus, dass das Nicht-EG-Unternehmen über eine nach dem Recht eines Mitgliedstaats gegründete Tochtergesellschaft verfügt, die in einer gründerfähigen Rechtsform organisiert ist.[183] Dieser Tochtergesellschaft stehen grundsätzlich alle primären Gründungsformen offen; so auch die Umwandlung gemäß Art. 2 Abs. 4. Handelt es sich bei der Tochtergesellschaft um eine AG, dann kann diese sich in eine SE umwandeln, wenn sie ihrerseits seit mindestens zwei Jahren eine dem Recht eines anderen Mitgliedstaats unterliegende Tochtergesellschaft hat.[184] Damit haben sich die Bestrebungen, den Zu-

---

[181] Der Ausschluss betrifft damit auch solche Gesellschaften, die in einem der Gründungstheorie anhängenden Drittstaat gegründet worden sind und ihre Hauptverwaltung in die Gemeinschaft verlegt haben. Daran wird deutlich, dass sich der Ausschluss von Nicht-EG-Unternehmen aus dem Kreis der gründungsberechtigten Rechtsträgern in aller Regel bereits aus dem Tatbestandsmerkmal „Gründung nach dem Recht eines Mitgliedstaats" ergibt.

[182] Zum Interesse nichteuropäischer Unternehmen an der Beteiligung an einer SE siehe schon *Wälde*, AWD 1974, 82 ff. Siehe auch *Hirte*, NZG 2002, 1, 3; *Ch. Teichmann*, ZGR 2002, 383, 413. *Wenz*, in: Theisen/Wenz, S. 566 ff. stellt die Vorzüge einer solchen Reorganisations-SE vor.

[183] *Pipkorn*, ZHR 137 (1973), 35, 57; *Zawischa*, ZfRV 1976, 125, 126; *Weitnauer*, EWS 1992, 165, 167.

[184] Missverständlich insofern *Blanquet*, ZGR 2002, 20, 37, die nur die Gründungsformen

gang zur Rechtsform SE zusätzlich zu den vorhandenen Anforderungen davon abhängig zu machen, dass der Gründungsrechtsträger europäisch kontrolliert ist, nicht durchsetzen können (sog. Kontrolltheorie).[185] Die Gründungsberechtigung hängt nicht von der Staatsangehörigkeit bzw. -zugehörigkeit der Gesellschafter der Gründungsgesellschaften ab.[186] Weil die Gemeinschaftszugehörigkeit der Gesellschafter nur Gründungs-, aber nicht Bestandsvoraussetzung der SE ist,[187] steht auch einem nachträglichen Aktienerwerb an einer SE nichts im Wege.[188] Schließlich ist denkbar, dass Nicht-EG-Gesellschaften eines ihrer Unternehmen im Wege einer Sacheinlage in eine SE einbringen.[189]

V. Zusammenfassung

Durch das Merkmal der Gemeinschaftszugehörigkeit werden Gesellschaften aus Nicht-EG-Staaten von der Gründung einer SE ausgeschlossen. Eine Einbeziehung von Gesellschaften aus Drittstaaten wäre regelungstechnisch kaum möglich gewesen und hätte auch nicht der Zielsetzung der SE-VO (Verwirklichung des Binnenmarkts) entsprochen. Die von Art. 2 geforderte kumulative Gemeinschaftszugehörigkeit geht über die Voraussetzungen der Niederlassungsfreiheit nach Art. 43, 48 EG hinaus. Darin kann aber kein Verstoß gegen das Primärrecht gesehen werden, weil die Einschränkung vom Ermessensspielraum des Gemeinschaftsgesetzgebers gedeckt ist. Die Ermächtigung des Art. 2 Abs. 5 ist nur für solche Staaten relevant, die der Gründungstheorie anhängen. Entgegen einer in der Literatur vertretenen Auffassung muss die in Art. 2 Abs. 5 vorausgesetzte Verbindung zu einem Mitgliedstaat nicht zum Gründungsstaat bestehen.

E. Prinzip der Mehrstaatlichkeit

Die Gründung einer SE setzt das Vorliegen eines grenzüberschreitenden Sachverhalts voraus. Danach muss entweder die der Gründung zugrunde liegende Transaktion grenzüberschreitenden Charakter haben, weil die Gründungsgesellschaften verschiedenen Rechtsordnungen unterliegen (Art. 2 Abs. 1, Abs. 2 Buchst. a, Abs. 3 Buchst. a), oder die an der Gründung beteiligten Rechtsträger müssen grenzüberschreitend strukturiert sein, weil sie eine Tochtergesellschaft oder eine Zweigniederlassung in einem anderen Mitgliedstaat haben (Art. 2 Abs.

Verschmelzung, Holding-SE oder Tochter-SE erwähnt.

185 *V. Caemmerer*, in: FS für Kronstein, 1967, S. 171, 185; *Mertens*, JR 1970, 321, 327; *ders.*, in: Die europäische Handelsgesellschaft im Verhältnis zum deutschen und italienischen Recht, 1970, S. 40 Fn. 98; *Weitnauer*, EWS 1992, 165, 167.

186 Vgl. zum entsprechenden Problem bei Art. 48 EG *Schwarz*, Rn. 153 m.w.N.

187 Siehe unten F, S. 126.

188 Ebenso *Nobel*, S. 311.

189 *Hirte*, NZG 2002, 1, 4.

2 Buchst. b, Abs. 3 Buchst. b, Abs. 4) Diese Beschränkung auf internationale Sachverhalte wird als Prinzip der Mehrstaatlichkeit bezeichnet.[190]

I. Sinn und Zweck

Zunächst werden die denkbaren Begründungsansätze für das Mehrstaatlichkeitserfordernis vorgestellt (1). Daran schließt sich eine kritische Auseinandersetzung mit dem Mehrstaatlichkeitserfordernis im Allgemeinen und den einzelnen Begründungsansätzen im Besonderen an (2).

1. Begründungsansätze

a) Exklusivitätsthese

Die SE-VO setzt sich das Ziel, dass „Unternehmen, deren Tätigkeit sich nicht auf die Befriedigung rein örtlicher Bedürfnisse beschränkt", die Neuordnung ihrer Tätigkeiten auf Gemeinschaftsebene planen und betreiben können (Erwägungsgrund 1). Die SE ist demnach als Rechtsform für Unternehmen mit überörtlichem Betätigungsradius konzipiert. Das Kriterium der Mehrstaatlichkeit trägt wesentlich zur Feststellung bei, welche Unternehmen zu einer europaweiten und damit überörtlichen Betätigung imstande sind. Die Exklusivitätsthese findet insofern im Mehrstaatlichkeitserfordernis ihren Niederschlag.[191]

b) Konkurrenzthese

Durch das Mehrstaatlichkeitserfordernis wird verhindert, dass die SE den Unternehmen als Rechtsform in der gleichen Weise zur Verfügung steht wie die nationalen Gesellschaftsformen. Im Gegensatz zu diesen ist die Gründung einer SE nur bei Vorliegen eines grenzüberschreitenden Sachverhalts gerechtfertigt.[192] Das Mehrstaatlichkeitserfordernis schließt daher eine unmittelbare Konkurrenz zwischen SE und nationalen Gesellschaftsformen aus.[193]

c) Täuschungsschutz im Rechtsverkehr

Zur Rechtfertigung des Mehrstaatlichkeitsprinzips wird auch darauf verwiesen, dass das Vorliegen eines grenzüberschreitenden Sachverhalts die Gefahr von Täuschungen im Rechtsverkehr ausschließen helfe.[194] Das Mehrstaatlichkeits-

---

[190] Z.B. *Hommelhoff*, AG 1990, 422, 423; *Kallmeyer*, AG 1990, 527, 528; *Abeltshauser*, EWS 1991, 58, 61; *Ebenroth/Wilken*, JZ 1991, 1014, 1016; *Trojan-Limmer*, RIW 1991, 1010, 1011 und 1013.

[191] Siehe oben B.III, S. 72.

[192] SE-VOV 1991, Begründung zu Art. 2, S. 2.

[193] Zur Konkurrenzthese siehe oben B.II, S. 70.

[194] Siehe schon *Geßler*, BB 1967, 381, 382: „Dann sollten wir auch nicht gestatten, dass sich künftig eine Gesellschaft in ein falsches, täuschendes Gewand kleidet, dass sie mit auf den nationalen Bereich beschränkten Geschäftsbeziehungen das Kleid einer europäischen Handelsgesellschaft auf Kosten der nationalen Aktiengesellschaft annimmt."

prinzip verhindere insofern einen Missbrauch, indem Unternehmen mit „lokalem oder auch nur regionalem Aktivitätsbereich vom Ausweis angeblich europaweiter Betätigung“ abgehalten werden.[195]

d) Europarechtliche Zwänge

Zur Parallelvorschrift des Art. 4 Abs. 2 EWIV-VO wird die Ansicht vertreten, dass die Rechtsgrundlage der Verordnung (= Art. 308 EG) die Beschränkung auf europäische Transaktionen verlangt. Ein Rechtsakt sei nur dann für die Verwirklichung eines der Ziele im Rahmen des Gemeinsamen Markts erforderlich, wenn sein Anwendungsbereich auf grenzüberschreitende Sachverhalte beschränkt sei.[196] Auch bei der SE-VO findet sich die Auffassung, dass die Gemeinschaftszuständigkeit ein transnationales Element voraussetzt.[197]

Das Mehrstaatlichkeitserfordernis lässt sich möglicherweise auch mit dem Subsidiaritätsprinzip (Art. 5 Abs. 2 EG) rechtfertigen.[198] Danach darf die Gemeinschaft nur tätig werden, sofern und soweit die Ziele der in Betracht gezogenen Maßnahmen auf Ebene der Mitgliedstaaten nicht ausreichend erreicht werden können. Die SE-VO bezieht sich in Erwägungsgrund 29 ausdrücklich auf das Subsidiaritätsprinzip.

2. Kritik

Das Mehrstaatlichkeitserfordernis ist in der Fachöffentlichkeit nicht nur auf Zuspruch gestoßen. Gegenstand der Kritik ist zum einen die Ausrichtung des Mehrstaatlichkeitserfordernisses an formellen Kriterien (dazu a). Zum anderen werden auch grundsätzliche Bedenken gegen das Mehrstaatlichkeitserfordernis geäußert, die bis zur Forderung nach dessen völliger Abschaffung reichen (dazu b).

---

195 *Hommelhoff*, AG 1990, 422, 423: „Ebensowenig wie der auf Hamburg beschränkte bahnamtliche Rollfuhrspediteur entgegen § 18 Abs. 2 HGB mit 'Eurosped' firmieren darf, sollte ihm die supranationale Rechtsform der SE zur Verfügung stehen. Dieser Rechtsform-Zusatz signalisiert im Rechts- und Geschäftsverkehr ein Unternehmen, das nach Größe und Marktstellung den Anforderungen des europäischen Marktes entspricht und sich zudem tatsächlich europaweit betätigt.“

196 *Gleichmann*, ZHR (149) 1985, 633, 640; *Ganske*, Das Recht der Europäischen Wirtschaftlichen Interessenvereinigung (EWIV), 1988, S. 34; *Meyer-Landrut*, S. 127; *Lentner*, S. 61; *Lenz*, S. 164. In einem vom Centre de recherche sur le droit des affaires der Industrie- und Handelskammer Paris herausgegebenen Statutsvorschlag für die EPG wird in Art. 5 EPG-VOV jedoch bemerkenswerterweise auf das Erfordernis der Mehrstaatlichkeit verzichtet. Abgedruckt bei *Boucourechliev/Hommelhoff*, Vorschläge für eine Europäische Privatgesellschaft, 1999, S. 293 f.

197 *Blanquet*, ZGR 2002, 20, 44.

198 Vgl. *Hommelhoff*, AG 2001, 279, 281; *Hirte*, NZG 2002, 1, 4. Zust. *Kloster*, EuZW 2003, 293, 294 Fn. 13.

a) Das Abstellen auf formelle Kriterien

Art. 2 setzt voraus, dass die beteiligten Gesellschaften entweder verschiedenen Rechtsordnungen unterliegen oder eine Tochtergesellschaft bzw. Zweigniederlassung in einem anderen Mitgliedstaat haben.[199] Diese Anknüpfung an formellen Kriterien ist im Schrifttum immer wieder bemängelt worden.[200]

aa) Umgehungsgefahr

Die Schwäche des Mehrstaatlichkeitserfordernisses der SE-VO liegt darin, dass es ohne großen Aufwand umgangen werden kann und damit keine wirkliche Gewähr für die grenzüberschreitende Orientierung der beteiligten Unternehmen bietet. In seiner gegenwärtigen Form fordert das Mehrstaatlichkeitserfordernis eine Umgehung durch Scheingründungen geradezu heraus.

> *Beispiel:*[201] Eine deutsche AG will sich in eine SE umwandeln. Sie gründet dafür eine Tochter-SA in Belgien. Anschließend verschmelzt sich die deutsche AG mit ihrer belgischen Tochter zu einer SE mit Sitz in Deutschland.

Die Zweijahresfrist, die für das Vorhandensein einer Tochtergesellschaft bzw. Zweigniederlassung gefordert wird (Art. 2 Abs. 2 Buchst. b, Abs. 3 Buchst. b und Abs. 4), kann, wie das obige Beispiel verdeutlicht, keine Abhilfe schaffen, weil sie bei Mutter-Tochter-Verschmelzungen nicht gilt (Art. 2 Abs. 1). Außerdem läuft sie bei einem vorsorglichen Erwerb von Mantelgesellschaften auch bei den anderen Gründungsformen ins Leere. Das Mehrstaatlichkeitsprinzip bedeutet daher lediglich ein Mehr an Aufwand und Kosten, ohne die Beteiligung von Gesellschaften mit nur innerstaatlichem Betätigungsfeld wirksam ausschließen zu können.

bb) Materielle Kriterien als Alternative

Einige Autoren plädieren daher zwar für eine Beibehaltung des Prinzips der Mehrstaatlichkeit, fordern aber dessen Ausrichtung an materiellen Kriterien.[202]

---

199 In der Frühphase der Schaffung der SE-VO waren auch folgende Kriterien zur Feststellung der Mehrstaatlichkeit im Gespräch: Börsenzulassung in verschiedenen Mitgliedstaaten, unterschiedliche Nationalität der Gründer der Gründergesellschaften, Herkunft der Einlagen in den Gründergesellschaften; vgl. *de Martini*, in: Die europäische Handelsgesellschaft im Verhältnis zum deutschen und italienischen Recht, 1970, S. 45, 55.

200 *V. Caemmerer*, in: FS für Kronstein, 1967, S. 171, 183; *ders.*, in: Europäische Handelsgesellschaft und Angleichung des nationalen Gesellschaftsrechts, 1968, S. 54, 62; *Barz/Lutter*, in: Lutter, Europäische Aktiengesellschaft, S. 19 und 21. Siehe auch *Hommelhoff*, AG 1990, 422, 423. Mittlerweile ist *Hommelhoff*, AG 2001, 279, 281 aber zu dem Befund gelangt, dass die Unternehmen mit dem Konzept einer „organisatorisch qualifizierten Mehrstaatlichkeit (...) gut leben können".

201 Vgl. *Barz/Lutter*, in: Lutter, Europäische Aktiengesellschaft, S. 19; *Hommelhoff*, AG 1990, 422, 423.

202 *Barz/Lutter*, in: Lutter, Europäische Aktiengesellschaft, S. 19-22; *Hommelhoff*, AG 1990,

So wurde erwogen, gemeinschaftliche Forschungsarbeit durch Unternehmen aus verschiedenen Mitgliedstaaten zum Nachweis der Mehrstaatlichkeit genügen zu lassen.[203] Kriterium könnte ferner das Vorliegen von zwischenstaatlichem Handel sein. Da ein solcher im Einzelfall schwer nachzuweisen sein mag, [204] wird bisweilen gefordert, dass die an der Gründung beteiligte Gesellschaft in mindestens zwei Mitgliedstaaten jeweils ein bestimmtes Umsatzniveau erzielt.[205] Dies hätte den Vorteil, dass auch solche Unternehmen, die über reisende Handlungsagenten, selbständige Handelsvertreter oder Franchisenehmer bereits europaweit tätig sind, ohne über eine Zweigniederlassung zu verfügen, grundsätzlich zur Gründung einer SE berechtigt wären.[206] Gegen ein solches Umsatzerfordernis wird eingewandt, dass auch der Zugang zur AG nationalen Rechts nicht vom Umsatz, sondern vom Mindestkapital abhängig gemacht wird. Überdies wäre es innerhalb eines Binnenmarkts irrelevant, in welchem Mitgliedstaat der Umsatz erzielt würde.[207]

Es ist auch vorgeschlagen worden, formelle und materielle Anforderungen zu kombinieren. Die strukturellen Merkmale wie das Vorhandensein von (Zweig-)Niederlassungen oder Tochtergesellschaften wären dementsprechend um „Wertkriterien" zu ergänzen.[208] Danach würde das bloße Vorhandensein von Tochtergesellschaften und Zweigniederlassungen in einem anderen Mitgliedstaat nicht mehr ausreichen Diese müssten zusätzlich einen bestimmten Wert haben oder die Beteiligung an ihnen müsste einen bestimmten Umfang erreichen. Der SE-RatsE 1990 ging in diese Richtung und setzte für die Umwandlung einer AG in eine SE voraus, dass die Niederlassung über ein bestimmtes Mindestgewicht verfügt, das sich in der Zahl ihrer Mitarbeiter oder in ihrem Umsatz äußert.[209]

422, 424; *Leupold*, S. 70; *Winkler*, S. 158.

[203] *De Martini*, in: Die europäische Handelsgesellschaft im Verhältnis zum deutschen und italienischen Recht, 1970, S. 45, 55.

[204] *Barz/Lutter*, in: Lutter, Europäische Aktiengesellschaft, S. 21 f.

[205] Vgl. *Geßler*, BB 1967, 381, 384, der Mindestanforderungen für das Betriebskapital bzw. die Beteiligung vorschlägt, um der Gefahr einer Umgehung der mehrstaatlichen Sachverhalte „mit Hilfe von Zwergfilialen, Zwerggesellschaften, Kleinstbeteiligungen" zu begegnen. *Hommelhoff*, AG 1990, 422, 424 schlägt einen Umsatz von jeweils mehr als 1 Mio. ECU vor. *Trojan-Limmer*, RIW 1991, 1010, 1013 will den Mindestumsatz zudem an eine Zeitvorgabe (= längere Periode vor der Gründung) knüpfen.

[206] *Hommelhoff*, AG 1990, 422, 424; *Schulz/Geismar*, DStR 2001, 1078, 1081.

[207] *Kallmeyer*, AG 1990, 527, 528.

[208] Vgl. *Hauschild*, in: Europäische Handelsgesellschaft und Angleichung des nationalen Gesellschaftsrechts, 1968, S. 81, 86.

[209] Dazu *Hommelhoff*, AG 1990, 422, 424.

b) Grundsätzliche Bedenken

Einige Stimmen in der Literatur geben sich mit einer Modifikation der Anforderungen nicht zufrieden und verlangen die vollständige Abschaffung des Prinzips der Mehrstaatlichkeit.[210] Gegen die Berechtigung des Mehrstaatlichkeitsprinzips können folgende Erwägungen vorgebracht werden:

aa) Wettbewerbsrechtliche Bedenken

Sanders verzichtete in seinem Vorentwurf von 1966 bewusst auf ein Mehrstaatlichkeitserfordernis, weil er der Ansicht war, dass die Rechtsform SE auch den Unternehmen zur Verfügung stehen soll, die ihre wirtschaftliche Tätigkeit erst auf den Gemeinsamen Markt ausdehnen. Zudem müsse auch nationalen Gesellschaften die Möglichkeit zur grenzüberschreitenden Sitzverlegung gegeben sowie der Zugang zu den Kapitalmärkten des Gemeinsamen Markts eröffnet werden.[211] Der deutsche Bundesrat hat in einer Stellungnahme zum SE-VOV 1975 ebenfalls auf die Wettbewerbsnachteile hingewiesen, die mittelständischen Unternehmen entstehen können, weil ihnen aufgrund ihrer Größenstruktur der Zugang zur SE mit ihren gegenüber dem nationalen Recht teilweise vorteilhafteren Regelungen versagt bleibt.[212] Auch in der Wissenschaft wird vorgebracht, dass die Beschränkung auf Großunternehmen die Gefahr in sich berge, dass diese die Rechtsform SE dazu nutzen könnten, monopolistische Strukturen zu errichten.[213] Größere Unternehmenseinheiten könnten sich den Zwängen nationalen Rechts durch Gründung einer SE entledigen,[214] während kleineren Konkurrenzunternehmen diese Möglichkeit mangels grenzüberschreitender Ausrichtung versperrt bleibt. Es sei im Übrigen äußerst bedenklich, wenn gerade den Großunternehmen, die dieser Unterstützung am wenigsten bedürfen, Hilfestellung zur Abwanderung in ein „internationales Machtvakuum" geboten würde.[215]

Manche Autoren fordern daher, die SE nicht nur als Instrument der grenzüberschreitenden Zusammenarbeit verschiedener Unternehmen zu begreifen. Die Möglichkeit einer Umwandlungsgründung zeige vielmehr, dass die SE auch dazu dienen kann, einzelnen Unternehmen den Einstieg in eine grenzüberschrei-

---

[210] *Kallmeyer*, AG 1990, 527, 528; *Merkt*, in: Jahrbuch Junger Zivilrechtswissenschaftler 1991, S. 169, 175; *ders.*, BB 1992, 652, 655. *Ebenroth/Wilken*, JZ 1991, 1014, 1016 treten für die Abschaffung des Mehrstaatlichkeitsprinzips ein, berufen sich dabei aber irrtümlich auf *Hommelhoff*, AG 1990, 422, 423, der lediglich eine Abkehr von den formellen Kriterien fordert (vgl. *Gutsche*, S. 60 Fn. 75).

[211] *Sanders*, Vorentwurf, S. 9 f.

[212] SE-VOV 1975, Beschluss BR, S. 3.

[213] *Mertens*, in: Die europäische Handelsgesellschaft im Verhältnis zum deutschen und italienischen Recht, 1970, S. 1, 38 f.

[214] *Trojan-Limmer*, RIW 1991, 1010, 1013 nennt als Beispiel einen geringeren Minderheitenschutz.

[215] *Mertens*, JR 1970, 321, 327.

tende Betätigung zu erleichtern. Die SE könnte eine sinnvolle organisatorische Maßnahme zur Vorbereitung einer europäischen Expansion sein. Die SE solle daher als Rechtsform gerade auch dann zur Verfügung stehen, wenn die Unternehmen erst planen, grenzüberschreitend in Europa tätig zu werden.[216]

bb) Kein wirksamer Schutz des Rechtsverkehrs

Soweit das Mehrstaatlichkeitsprinzip mit dem Schutz vor Täuschung im Rechtsverkehr begründet wird,[217] vermag dieser Ansatz nicht zu überzeugen. Es ist nicht Sache des Gründungsrechts der SE, sondern der allgemeinen Publizitätsvorschriften, die Öffentlichkeit vor der unzutreffenden Vorspiegelung europaweiter Betätigung zu schützen (vgl. Art. 11 Abs. 2 SE-VO). Auch das Führen der Bezeichnung „AG" wird nicht vom Umfang des geographischen Betätigungsfelds des Unternehmens abhängig gemacht. Außerdem ist der Rechtsformzusatz „SE" nicht geeignet, verlässlich Auskunft über die Größe und Bedeutung des Unternehmens zu geben.[218] Es steht sogar zu befürchten, dass die gegenwärtige Form des Mehrstaatlichkeitserfordernisses Täuschungsversuche erst heraufbeschwört: So könnten kleinere Unternehmen der Versuchung erliegen, eine grenzüberschreitende Aktivität vorzutäuschen, um so das Recht zur Gründung einer SE zu erlangen.[219]

cc) Keine Mehrstaatlichkeit bei der entstandenen SE

Bedenken im Hinblick auf die Berechtigung des Mehrstaatlichkeitsprinzips folgen auch daraus, dass die Voraussetzungen der Mehrstaatlichkeit nur während der Gründungsphase eingehalten werden müssen, es für die einmal wirksam entstandene SE aber keine Rolle spielt, ob sie weiterhin grenzüberschreitend ausgerichtet ist. Die Mehrstaatlichkeit ist nur Gründungs-, nicht jedoch Bestandsvoraussetzung.[220] *Merkt* zieht daraus den plakativen Schluss, dass auch eine reine Inlandsgründung zulässig sein müsse, wenn schon eine reine Inlandstätigkeit zulässig ist.[221]

---

216 *Kallmeyer*, AG 1990, 103, 106; *ders.*, AG 1990, 527, 528; *Wehlau*, DWiR 1992, 78, 79; *Schulz/Geismar*, DStR 2001, 1078, 1081.

217 Siehe oben E.I.1.c), S. 107.

218 *Kallmeyer*, AG 1990, 527, 528: „Mit dem Rechtsformzusatz SE ist für das Publikum nicht der Hinweis auf eine europäische Dimension des Unternehmens verbunden. Jedermann weiß, dass es sich um eine bestimmte Rechtsform handelt, die über den Umfang des Unternehmens nichts aussagt."

219 *Merkt*, in: Jahrbuch Junger Zivilrechtswissenschaftler 1991, S. 169, 175; *ders.*, BB 1992, 652, 655.

220 Vgl. *Trojan-Limmer*, RIW 1991, 1010, 1013. Zum Zeitpunkt der Gründungsberechtigung siehe unten F, S. 126.

221 *Merkt*, in: Jahrbuch Junger Zivilrechtswissenschaftler 1991, S. 169, 175; *ders.*, BB 1992, 652, 655.

dd) Grenzüberschreitung und Binnenmarkt

Weiterhin bedarf es der Überprüfung, ob Art. 308 EG als Rechtsgrundlage unbedingt das Vorliegen eines grenzüberschreitenden Sachverhalts verlangt. Art. 308 EG setzt voraus, dass die Gemeinschaft eines ihrer Ziele im Rahmen des Gemeinsamen Marktes verwirklicht. Die Verordnung setzt sich selbst das Ziel, zur Verwirklichung des Binnenmarkts beizutragen (Erwägungsgrund 1). Der Binnenmarkt umfasst einen Raum ohne Binnengrenzen, in dem der freie Verkehr von Waren, Personen, Dienstleistungen und Kapital gewährleistet ist (Art. 14 Abs. 2 EG). Es fragt sich nun, wie sich ein Binnenmarktkonzept, das von einem grenzenlosen Raum ausgeht, mit dem Erfordernis eines grenzüberschreitenden Sachverhalts vereinbaren lässt oder ein solches gar begründen kann. Im Schrifttum wird diese Frage lebhaft diskutiert, allerdings vornehmlich im Zusammenhang mit dem Problem, ob die Grenzüberschreitung Anwendungsvoraussetzung der Grundfreiheiten ist.[222] Es handelt sich aber um ein grundsätzliches Problem des gesamten Gemeinschaftsrechts.[223] Immer mehr Autoren neigen der Auffassung zu, dass die Grenzüberschreitung nicht Voraussetzung für die Anwendbarkeit von Gemeinschaftsrecht sein darf.[224] Es wird argumentiert, dass es dort, wo keine Binnengrenzen mehr existieren, auch keine grenzüberschreitenden Sachverhalte mehr geben könne.[225] Dem wird entgegengehalten, dass der im EG-Vertrag anvisierte Binnenmarkt allenfalls eine Zielvorstellung wiedergibt. Im Übrigen könne lediglich von einem „unvollkommenen Binnenmarkt" gesprochen werden, in dem die rechtlichen Bedingungen nicht per se gleichgestellt seien, sondern nur so weit, als es um den grenzüberschreitenden Verkehr geht.[226] Der EuGH hat in seiner bisherigen Rechtsprechung die Anwendbarkeit der Grundfreiheiten grundsätzlich vom Vorliegen eines grenzüberschreitenden Sachverhalts abhängig gemacht.[227] Der europäische Gesetzgeber befindet sich daher in Übereinstimmung mit der ständigen Rechtsprechung des EuGH, wenn er für den Zugang zur SE das Vorliegen eines grenzüberschreitenden Sachverhalts voraussetzt. Das beseitigt indessen nicht den inneren Widerspruch, der darin besteht, dass sich die Verordnung einerseits die Verwirkli-

---

222 Z.B. *Behrens*, EuR 1992, 145 ff.; *Steindorff*, ZHR 158 (1994), 149, 167 ff.; *Classen*, EWS 1995, 97 ff.; *Kingreen*, S. 84 ff.; *Lackhoff*, S. 55 ff.

223 Siehe *Heydt*, EuZW 1993, 105: „Der 'Raum ohne Binnengrenzen' erlaubt nicht mehr, für die Anwendbarkeit des Gemeinschaftsrechts danach zu unterscheiden, ob ein Vorgang die Binnengrenzen überschreitet oder ob er sich innerhalb eines Mitgliedstaates abspielt."

224 *Kewenig*, JZ 1990, 20, 23; *Reich*, EuZW 1991, 203, 205; *Behrens*, EuR 1992, 145, 161; *Heydt*, EuZW 1993, 105; *Steindorff*, ZHR 158 (1994), 149, 167; *Schubert*, S. 155, 187; *Lackhoff*, S. 55 ff.; *Nachbaur*, S. 98 ff.

225 *Schubert*, S. 155.

226 *Classen*, EWS 1995, 97, 105. Siehe auch *Everling*, DB 1990, 1853, 1857.

227 Vgl. *Randelzhofer/Forsthoff*, in: Grabitz/Hilf, Art. 43 EGV Rn. 60 ff. m.w.N. (Stand: Mai 2001).

chung eines grenzenlosen Raums zum Ziel setzt, andererseits aber einen grenzüberschreitenden Sachverhalt voraussetzt. Das Merkmal der Grenzüberschreitung steht daher in einem „ungelösten Spannungsverhältnis" zum Binnenmarktkonzept des EG-Vertrags.[228] Das Mehrstaatlichkeitsprinzip wird mit der fortschreitenden Rechtsintegration und der zunehmenden Verwirklichung des Binnenmarktziels jedenfalls weiter an argumentativem Rückhalt verlieren.

ee) Grenzüberschreitung und Subsidiarität

Schließlich ist zu erörtern, ob sich das Mehrstaatlichkeitserfordernis mit dem Subsidiaritätsprinzip erklären lässt. Fraglich ist schon, ob Art. 5 Abs. 2 EG, der eine Kompetenzausübungsschranke darstellt,[229] auf die Rechtsvereinheitlichung durch Schaffung supranationaler Gesellschaftsformen überhaupt anwendbar ist.

Art. 5 Abs. 2 EG findet nur im Rahmen konkurrierender Kompetenzen Anwendung. Das Subsidiaritätsprinzip gilt dagegen nicht für Bereiche, die in die ausschließliche Zuständigkeit der Gemeinschaft fallen. Die Begründung des Mehrstaatlichkeitserfordernisses mit Blick auf das Subsidiaritätsprinzip ist also nur dann tragfähig, wenn die Rechtsvereinheitlichung durch die SE-VO nicht in den Bereich der ausschließlichen Gemeinschaftskompetenzen fällt. Nach Ansicht der Kommission stellt die Rechtsangleichung zur Verwirklichung des Binnenmarkts eine ausschließliche Kompetenz dar; das Subsidiaritätsprinzip ist demzufolge nicht anwendbar.[230] Die Mitgliedstaaten, insbesondere die deutsche Seite, sind gegenteiliger Ansicht.[231] Im Schrifttum wird die Frage ebenfalls kontrovers diskutiert.[232] Nach zutreffender Ansicht kann das Subsidiaritätsprinzip jedenfalls dann keine Rolle spielen, wenn es um die Schaffung supranationaler Gesellschaftsformen geht. Hier ist eine Rechtsvereinheitlichung nur durch den Gemeinschaftsgesetzgeber denkbar, sodass eine konkurrierende Kompetenz mit den Mitgliedstaaten ausscheiden muss.[233]

---

[228] *Von Bogdandy*, in: Grabitz/Hilf, Art. 14 EGV Rn. 12 (Stand: Januar 2000).

[229] *Lienbacher*, in: Schwarze, Art. 5 EGV Rn. 12; *Geiger*, Art. 5 EGV Rn. 6. Demgegenüber sieht die Kommission im Subsidiaritätsprinzip eine Kompetenzverteilungsnorm, die auch eine Erweiterung der Gemeinschaftskompetenz begründen kann (*Kommission*, Das Subsidiaritätsprinzip, Mitteilung an den Rat und das Europäische Parlament vom 27.10.1992, Bulletin der EG 1992 Nr. 10, S. 118 ff.).

[230] *Kommission*, Mitteilung betreffend das Subsidiaritätsprinzip, 30.10.1992, KOM (93) 545, S. 2.

[231] Zur Rechtsauffassung des Bundesrats siehe EuZW 1990, 304 bzw. BR-Drs. 259/93, S. 32. Siehe auch den Bundestagsausschuss für Arbeit und Sozialordnung, EuZW 1994, 167.

[232] Zu einer ausschließlichen Zuständigkeit tendierend *Behrens*, in: FS für Mestmäcker, 1996, S. 831, 837; *ders.*, in: Dauses, Hdb. EU-Wirtschaftsrecht, Abschnitt E III Rn. 6a; a.A. *Schön*, ZGR 1995, 1, 21; *ders.*, ZHR 160 (1996), 221, 229.

[233] So zu Recht *Behrens*, in: FS für Mestmäcker, 1996, S. 831, 837; *ders.*, in: Dauses, Hdb. EU-Wirtschaftsrecht, Abschnitt E III Rn. 6a; *Schwarz*, Rn. 23.

Selbst wenn man aber nicht von einer ausschließlichen Kompetenz ausgeht, kann sich aus Art. 5 Abs. 2 EG im Bereich der gesellschaftsrechtlichen Vereinheitlichung keine Ausübungsschranke ergeben. Das ergibt sich daraus, dass eine Maßnahme, die für den Gemeinsamen Markt bzw. Binnenmarkt „erforderlich" ist i.S. der Art. 3 Abs. 1 Buchst. h, Art. 44 Abs. 2 Buchst. g, Art. 95 und Art. 308 EG, nicht dem Subsidiaritätsgedanken zuwiderlaufen kann. Denn die Erforderlichkeitsprüfung schließt die Feststellung mit ein, dass sich das Ziel auf Ebene der Mitgliedstaaten nicht mit derselben Effektivität wie auf der Gemeinschaftsebene verwirklichen lässt.[234]

Aus dem Subsidiaritätsprinzip lassen sich daher nach überzeugender Auffassung keine Beschränkungen der Gesetzgebung im Hinblick auf die SE-VO ableiten. Dennoch nimmt der europäische Gesetzgeber in Erwägungsgrund 29 ausdrücklich auf Art. 5 EG Bezug und bringt zum Ausdruck, dass die Rechtsvereinheitlichung durch die SE-VO in Einklang mit dem Subsidiaritätsprinzip steht. Der europäische Gesetzgeber geht also offensichtlich selbst davon aus, dass das Subsidiaritätsprinzip auf die Rechtsvereinheitlichung durch die Schaffung supranationaler Gesellschaftsformen Anwendung findet.

3. Stellungnahme

Das Mehrstaatlichkeitserfordernis ist kein wirksames Mittel, um Unternehmen, die sich (noch) nicht europaweit betätigen, von der SE-Gründung auszuschließen (Exklusivitätsthese), weil sich wegen der Ausrichtung an formellen Kriterien zahlreiche Schlupflöcher und Umgehungsmöglichkeiten ergeben. Die rechtspolitische Berechtigung der Exklusivitätsthese ist infolge ihrer wettbewerbsbeschränkenden Tendenz ohnehin äußerst zweifelhaft.

Soweit durch die Mehrstaatlichkeit eine Flucht aus den nationalen Gesellschaftsformen und ein Ausweichen in das vermeintlich vorteilhaftere SE-Gesellschaftsrecht verhindert werden soll (Konkurrenzthese), ist diese Befürchtung kaum begründet. Die SE ist aufgrund ihres Verweisungskonzepts kein geeignetes Vehikel, um sich der Fesseln des nationalen Rechts zu entledigen. Die Möglichkeit einer Privilegierung der SE gegenüber den nationalen Rechtsformen ist außerdem wegen Art. 10 weitgehend ausgeschlossen.

Aus Sicht des Gemeinschaftsgesetzgebers lässt sich die Notwendigkeit, die SE-Gründung nur bei Vorliegen eines grenzüberschreitenden Sachverhalts zu erlauben, mit seinen kompetenzrechtlichen Schranken erklären. Er fühlt sich an die Grenzen der Ermächtigungsgrundlage des Art. 308 EG und des Subsidiaritätsprinzips nach Art. 5 Abs. 2 EG gebunden (Erwägungsgrund 28 und 29). Hier ist aber vieles strittig. Es ist in sich widersprüchlich, einerseits einen Binnenmarkt

---

[234] *Schön*, ZGR 1995, 1, 19 ff.; *Behrens*, in: FS für Mestmäcker, 1996, S. 831, 837 f.; *Habersack*, EuGesR, Rn. 23; *Schwarz*, Rn. 23; *Müller-Graff*, in: Hommelhoff/Helms, Neue Wege in die Europäische Privatgesellschaft, S. 289, 307 f.

als Raum ohne Grenzen schaffen zu wollen, andererseits aber die rechtlichen Vergünstigungen in diesem Binnenmarkt von einem grenzüberschreitenden Sachverhalt abhängig zu machen. Das Mehrstaatlichkeitserfordernis wirkt insofern wie ein gesetzlicher Anachronismus.[235] Auch der Hinweis auf das Subsidiaritätsprinzip vermag nicht zu überzeugen. Es liegt in der Natur der Sache, dass die Schaffung supranationaler Gesellschaftsformen in die ausschließliche Kompetenz des Gemeinschaftsgesetzgebers fällt. Das Subsidiaritätsprinzip kann daher nicht als Rechtfertigung für die Beschränkung auf grenzüberschreitende Sachverhalte herangezogen werden.

Eine restlos überzeugende Begründung des Mehrstaatlichkeitserfordernisses ist damit nicht erkennbar. Mit Blick auf den der SE zugedachten Zweck, grenzüberschreitenden Strukturmaßnahmen zu erleichtern und zu ermöglichen (Erwägungsgrund 3), mag man das Festhalten am Mehrstaatlichkeitserfordernis zumindest für konsequent halten.[236] Es ist auch davon auszugehen, dass sich die Unternehmenspraxis mit dem Prinzip der Mehrstaatlichkeit arrangieren wird. Die verschiedenen Hintertüren und Umgehungsmöglichkeiten, welche das an formellen Kriterien anknüpfende Mehrstaatlichkeitserfordernis bietet, lassen dies erwarten. Zudem darf nicht außer Acht gelassen werden, dass das Mehrstaatlichkeitsprinzip in der Form, in der es in der SE-VO Berücksichtigung fand, deutlich entschärft worden ist im Vergleich zu den Vorgängervorschlägen.[237] Während früher noch gefordert worden ist, dass die beteiligten Gründungsrechtsformen verschiedenen Rechtsordnungen unterliegen (SE-VOV 1970 und 1975) bzw. ihre Hauptverwaltungen in verschiedenen Mitgliedstaaten haben (SE-VOV 1989), können seit dem SE-VOV 1991 sogar Rechtsformen aus demselben Mitgliedstaat gemeinsam eine SE gründen, sofern sie eine Tochtergesellschaft oder eine (Zweig-) Niederlassung in einem anderen Mitgliedstaat haben.[238]

II. Voraussetzungen der Mehrstaatlichkeit

1. Überblick

a) Formelle Kriterien

Das Vorliegen der Mehrstaatlichkeit wird an formellen Kriterien festgemacht. Die Grenzüberschreitung muss sich durch die institutionelle Verbindung zwi-

[235] So *Wehlau*, CMLR 1992, 473, 488.

[236] *Habersack*, EuGesR, Rn. 400.

[237] *Trojan-Limmer*, RIW 1991, 1010, 1011 und 1013 spricht etwas voreilig sogar von der Aufgabe des Mehrstaatenprinzips.

[238] *Hommelhoff*, AG 2001, 279, 281 ist deshalb der Auffassung, dass sich die rechtspolitischen Gegner des Mehrstaatlichkeitsprinzips mit dem Entscheid von Kommission und Ministerrat in der SE-VO abfinden sollten. Zu einer ähnlichen Bewertung gelangt *Kallmeyer*, AG 2003, 197, 201.

schen mindestens zwei Mitgliedstaaten manifestieren. Die Grundstruktur des Mehrstaatlichkeitserfordernisses in den vier Gründungsformen ist ähnlich. Die Anforderungen an die Mehrstaatlichkeit lassen sich in einen quantitativen und einen qualitativen Teil gliedern. Der quantitative Teil kommt in dem Tatbestandsmerkmal „sofern mindestens zwei von ihnen" in Art. 2 Abs. 1, Abs. 2 und Abs. 3 zum Ausdruck und behandelt die Frage, bei wie vielen der beteiligten Gründungsrechtsträger die Voraussetzungen der Mehrstaatlichkeit erfüllt sein müssen. Bei den qualitativen Anforderungen handelt es sich um die eigentlichen Voraussetzungen der Mehrstaatlichkeit. Zu unterscheiden ist zwischen der Mehrstaatlichkeit im strengen und im weiten Sinn.[239] Strenge Mehrstaatlichkeit setzt voraus, dass die Gründungsrechtsträger dem Recht verschiedener Mitgliedstaaten unterliegen (Art. 2 Abs. 1, Abs. 2 Buchst. a, Abs. 3 Buchst. a). Demgegenüber liegt Mehrstaatlichkeit im weiten Sinn bereits dann vor, wenn die Gründungsrechtsträger eine Tochtergesellschaft oder eine Zweigniederlassung in einem anderen Mitgliedstaat haben (Art. 2 Abs. 2 Buchst. b, Abs. 3 Buchst. b, Abs. 4).

Strenge Mehrstaatlichkeit ist nur bei der Verschmelzung unbedingte Gründungsvoraussetzung. Die anderen Gründungsformen (Holding-SE, gemeinsame Tochter-SE, Umwandlung) lassen bereits das Vorliegen von Mehrstaatlichkeit im weiten Sinn genügen.

b) Formelle Kriterien, die keine Mehrstaatlichkeit begründen

Die internationale Zusammensetzung des Personals, des Kapitals oder der Gesellschafter der Gründungsgesellschaft genugt nicht, um Mehrstaatlichkeit zu begründen. Bloße Kooperationsvereinbarungen oder ähnliche Maßnahmen über die Grenze hinweg (z.B. Beherrschungsverträge) reichen ebenso wenig aus.[240] Mehrstaatlichkeit i.S. der SE-VO lässt sich auch nicht dadurch begründen, dass der Gesellschaftszweck der Gründergesellschaft zwingend eine sich in mindestens zwei Mitgliedstaaten entfaltende Geschäftstätigkeit vorsieht.[241]

Auch Unternehmen, die sich bereits vor Inkrafttreten der SE-VO auf europäischer Ebene zusammengeschlossen haben, werden nicht allein schon deshalb als gründungsberechtigt anerkannt.[242] Nach der Begründung der Kommission hätte man ansonsten wirtschaftliche Tatbestandsmerkmale einführen müssen, um die Gründungsberechtigung dieser Unternehmen festzustellen. Aufgrund der damit

---

239 Vgl. *Buchheim*, S. 135 („strenges Prinzip der Mehrstaatlichkeit"; „gemildertes Prinzip der Mehrstaatlichkeit").

240 Dies war vom deutschen Bundesrat gefordert worden; vgl. SE-VOV 1975, Beschluss BR, S. 3. Siehe auch *Barz/Lutter*, in: Lutter, Europäische Aktiengesellschaft, S. 21.

241 Ein solches am Gesellschaftszweck orientiertes Mehrstaatlichkeitserfordernis befürwortet *Lange*, EuZW 2003, 301, 302.

242 Eine solche Freiklausel war in Wirtschaftskreisen gefordert worden; vgl. *Walther*, AG 1972, 99, 100, der eine erneute Umwandlung in diesen Fällen für nicht zumutbar hält.

verbundenen technischen Schwierigkeiten sah man davon ab, eine entsprechende Regelung vorzusehen.[243] Diese Argumentation kann nicht überzeugen. Es hätte kein Problem dargestellt, diesen Unternehmen unter der Voraussetzung die Gründungsberechtigung zuzusprechen, dass sie im Zeitpunkt ihres Zusammenschlusses die Voraussetzungen der Gründungsberechtigung erfüllt hätten. Abgesehen davon werden Unternehmen, die sich bereits auf europäischer Ebene zusammengeschlossen haben, im Regelfall kein Problem damit haben, die Anforderungen der Mehrstaatlichkeit zu erfüllen.

2. Quantitative Anforderung („sofern mindestens zwei von ihnen")

Art. 2 Abs. 1, Abs. 2 und Abs. 3 setzen voraus, dass die Mehrstaatlichkeit bei mindestens zwei der beteiligten Gesellschaften vorliegt. Daraus folgt, dass es bei einer Beteiligung von mehr als zwei Gesellschaften ausreicht, wenn zwei davon mehrstaatlich sind. Andererseits gibt der Wortlaut klar zu verstehen, dass es nicht genügt, wenn nur eine Gesellschaft die Voraussetzungen der Mehrstaatlichkeit erfüllt.

Dennoch vertreten *Hommelhoff* und *Kallmeyer* die Auffassung, dass es für die Gründung einer Holding-SE oder einer gemeinsamen Tochter-SE genügt, wenn nur eine der teilnehmenden Gesellschaften eine ausländische Tochtergesellschaft oder Zweigniederlassung hat. Bereits dann wäre dem Sinn und Zweck des Mehrstaatlichkeitsprinzips entsprochen, weil das Vorhandensein einer Auslandstochter bzw. -niederlassung dem Rechtsträger selbst die Qualität eines ausländischen Rechtsträgers verschaffe.[244]

Für diese Ansicht könnte auch folgende Überlegung sprechen: Wenn sogar einem Rechtsträger allein die Möglichkeit zur Gründung einer SE (durch Umwandlung gemäß Art. 2 Abs. 4 SE-VO) eingeräumt wird, sofern er mehrstaatlich im Sinne dieser Vorschrift ist, ist es kaum nachzuvollziehen, dass zwei Rechtsträgern, von denen einer für sich allein die Möglichkeit zur Gründung einer SE hätte, diese Möglichkeit deshalb versperrt bleibt, weil der zweite diese Voraussetzung nicht erfüllt (argumentum a maiore ad minus).

Der Ansicht von *Hommelhoff* und *Kallmeyer* kann trotzdem nicht Folge geleistet werden. Ihr steht nicht nur der klare Wortlaut der Art. 2 Abs. 1 bis Abs. 3 entgegen. Die Erwägungen von *Hommelhoff* und *Kallmeyer* zielen in ihrem Kern darauf ab, die Voraussetzungen der Mehrstaatlichkeit bei den jeweiligen Gründungsformen auf dem niedrigsten Niveau anzugleichen. Dies steht in Widerspruch zum Willen des europäischen Gesetzgebers, der die Anforderungen der Mehrstaatlichkeit für jede Gründungsform gesondert geregelt hat. Dies zeigt sich auch darin, dass die verschärften quantitativen Anforderungen an die Mehrstaatlichkeit bei der Holding-SE und der gemeinsamen Tochter-SE mit Erleich-

---

[243] SE-VOV 1975, Begründung zu Art. 2, S. 193.

[244] *Hommelhoff*, AG 2001, 279, 281 Fn. 15; *Kallmeyer*, AG 2003, 197, 199.

terungen bei den anderen Voraussetzungen der Gründungsberechtigung korrelieren.[245] Bei der Holding-SE und der gemeinsamen Tochter-SE ist der Kreis der gründerfähigen Rechtsformen weiter gezogen als bei den anderen Gründungsformen (GmbH, Gesellschaften i.S. des Art. 48 Abs. 2 EG, juristische Personen des öffentlichen oder privaten Rechts). Außerdem genügt hier bereits das Vorhandensein von ausländischen Zweigniederlassungen, während bei der Umwandlung nur Tochtergesellschaften berücksichtigt werden. Es ist deshalb davon auszugehen, dass Abweichungen im Anforderungsprofil der verschiedenen Gründungsformen gewollt sind und nicht durch angleichende Auslegung, die sich am höchsten oder niedrigsten Niveau orientiert, zu beseitigen sind.[246]

3. Qualitative Anforderungen

Hinsichtlich der qualitativen Anforderungen ist zwischen der Mehrstaatlichkeit im strengen Sinn (Art. 2 Abs. 1, Abs. 2 Buchst. a, Abs. 3 Buchst. a) und der Mehrstaatlichkeit im weiten Sinn (Art. 2 Abs. 2 Buchst. b, Abs. 3 Buchst. b, Abs. 4) zu unterscheiden.

a) Mehrstaatlichkeit im strengen Sinn

Die SE-VOV 1989 und 1991 haben das Vorliegen strenger Mehrstaatlichkeit davon abhängig gemacht, dass mindestens zwei der beteiligten Gründungsrechtsträger ihre Hauptverwaltung in verschiedenen Mitgliedstaaten haben. Dies führte zu einer Privilegierung solcher Gründungsrechtsträger, die in einem der Gründungstheorie anhängenden Mitgliedstaat gegründet wurden (z.B. Vereinigtes Königreich, Niederlande, Dänemark). Diesen stand untereinander die Möglichkeit zur Verschmelzung selbst dann offen, wenn sie im selben Mitgliedstaat gegründet worden sind, solange sie nur ihre Hauptverwaltung in verschiedenen Mitgliedstaaten hatten.[247]

Demgegenüber stellt die SE-VO für das Vorliegen strenger Mehrstaatlichkeit auf die Geltung verschiedener mitgliedstaatlicher Rechte ab. Mehrstaatlichkeit im strengen Sinn ist demzufolge dann gegeben, wenn die Gründungsrechtsträger dem Recht verschiedener Mitgliedstaaten unterliegen.[248] Die Gründungsrechtsträger unterliegen dem Recht verschiedener Mitgliedstaaten, wenn ihre Personalstatute voneinander abweichen.

---

[245] *Ch. Teichmann*, ZGR 2002, 383, 411.

[246] Im. Erg. ebenso *Schwarz*, ZIP 2001, 1847, 1850; *Ch. Teichmann*, ZGR 2002, 383, 411; *Neun*, in: Theisen/Wenz, S. 63; *C.P. Schindler*, S. 32 f.

[247] *Weitnauer*, EWS 1992, 165, 167.

[248] Dies entspricht den Voraussetzungen einer grenzüberschreitenden Verschmelzung nach Art. 3 und Art. 4 Zehnte RiL-V 1985.

b) Mehrstaatlichkeit im weiten Sinn

Bei der Holding-SE und der gemeinsamen Tochter-SE ist Mehrstaatlichkeit bereits dann gegeben, wenn mindestens zwei der Gründergesellschaften eine dem Recht eines anderen Mitgliedstaats unterliegende Tochtergesellschaft oder eine Zweigniederlassung in einem anderen Mitgliedstaat haben (Art. 2 Abs. 2 Buchst. b bzw. Abs. 3 Buchst. b).[249] Für die Umwandlung reicht das Vorliegen einer Zweigniederlassung nicht aus; hier muss die Gründungsgesellschaft seit mindestens zwei Jahren eine Tochtergesellschaft in einem anderen Mitgliedstaat haben (Art. 2 Abs. 4).

aa) Gründergesellschaft

Ein erstes Auslegungsproblem stellt sich hinsichtlich der Frage, „wer“ die Tochtergesellschaft bzw. Zweigniederlassung haben muss. Das Problem soll anhand folgender Fallkonstellation veranschaulicht werden.

> *Beispiel*: Eine deutsche GmbH, die seit mindestens zwei Jahren eine französische Tochtergesellschaft hat, wandelt sich zunächst in eine AG um, um sich unmittelbar danach gemäß Art. 2 Abs. 4 i.V.m. Art. 37 in eine SE umzuwandeln.

Hier stellt sich das Problem, ob – wie es der Wortlaut des Art. 2 Abs. 2 Buchst. b, Abs. 3 Buchst. b, Abs. 4 auf den ersten Blick erscheinen lässt – die jeweils gründerfähige Rechtsperson (hier: AG) die Tochtergesellschaft gehabt haben muss. Das hätte im obigen Beispiel zur Konsequenz, dass die GmbH eine zweijährige Wartezeit durchlaufen müsste, ehe sie sich nach ihrer Umwandlung in eine AG weiter in eine SE umwandeln könnte. Entscheidend ist also, ob mit „sie“ (bzw. „ihnen“ im Fall des Art. 2 Abs. 2 Buchst. b und Abs. 3 Buchst. b) der Rechtsträger gerade in Form der AG (bzw. der in Art. 2 Abs. 2 und Abs. 3 genannten gründerfähigen Rechtspersonen) oder die bloße Rechtsperson egal in welcher Form – einschließlich nicht gründungsfähiger Vorgängerrechtsformen – gemeint ist.[250]

Aufgrund teleologischer Gesichtspunkte wird man letzterer Auslegungsvariante den Vorzug zu geben haben. Anderenfalls würde man eine zusätzliche und vom Verordnungsgeber offensichtlich nicht gewollte Zugangsbeschränkung einführen. Eine solche ist auch nicht zu rechtfertigen, da das bloße Vorhandensein einer ausländischen Tochtergesellschaft bzw. Zweigniederlassung nach dem Konzept der Verordnung ausreicht, um einen europäischen Sachverhalt zu be-

---

[249] Bei der gemeinsamen Tochter-SE ist das Festhalten am strengen Mehrstaatlichkeitserfordernis als zu restriktiv kritisiert worden, weil auch bei Unternehmen, die diese Voraussetzung nicht erfüllen, ein Bedürfnis nach einer geeigneten Rechtsform für ihre gemeinschaftsweite Tätigkeit bestehen könne; so SE-VOV 1989, Bericht Rechtsausschuss, Teil B, S. 7.

[250] *Lange*, EuZW 2003, 301, 302 Fn. 18.

gründen. Auf die Rechtsform der Muttergesellschaft kommt es, jedenfalls was die Frage der Mehrstaatlichkeit angeht, nicht an.

bb) Tochtergesellschaft

(1) Tochtergesellschaft

Der Begriff der Tochtergesellschaft wird in der SE-VO nicht definiert. Es ist anzunehmen, dass zur Begriffsbestimmung auf die Auslegung des Art. 43 Unterabs. 1 S. 2 EG zurückgegriffen werden kann. Unter einer Tochtergesellschaft ist demnach eine rechtlich selbständige Unternehmenseinheit zu verstehen, die vom Bestehen der Muttergesellschaft unabhängig ist und deren Entscheidungsfreiheit nur im Innenverhältnis beschränkt ist.[251]

(2) „Haben" der Tochtergesellschaft

Damit ist noch nicht gesagt, wann eine Gründungsgesellschaft eine Tochtergesellschaft „hat". Fraglich ist, ob damit das Halten aller Anteile an dieser Gesellschaft gemeint ist, ob eine geringere Beteiligung ausreicht oder ob sogar eine andere Möglichkeit der Einflussnahme genügt. In der SE-ErgRiL wird unter einer Tochtergesellschaft ein Unternehmen verstanden, auf das eine andere Gesellschaft einen beherrschenden Einfluss i.S. des Art. 3 Abs. 2 bis Abs. 7 der Richtlinie über den Europäischen Betriebsrat (Euro-BR-RiL)[252] ausübt (Art. 2 Buchst. c SE-ErgRiL). Im Hinblick auf die Untrennbarkeit von SE-VO und SE-ErgRiL (Erwägungsgrund 19) liegt es nahe, diese Definition auch auf Art. 2 anzuwenden. Die Bezugnahme auf die Definition in Art. 3 Abs. 2 bis Abs. 7 Euro-BR-RiL ist indessen tatbestandlich nicht unproblematisch. Es stellt sich die Frage, ob die in Art. 3 Abs. 2 bis Abs. 5 Euro-BR-RiL enthaltene Definition unmittelbar Anwendung findet oder ob über Art. 3 Abs. 6 Euro-BR-RiL auf das Ausführungsgesetz des Mitgliedstaats zurückzugreifen ist, dem das vermeintlich herrschende Unternehmen unterliegt.[253] Es ist davon auszugehen, dass das mitgliedstaatliche Ausführungsgesetz maßgebend ist, weil die Verweisung des Art. 2 Buchst. c SE-ErgRiL auch den Art. 3 Abs. 6 Euro-BR-RiL erfasst. Für eine Gründungsgesellschaft deutschen Rechts bestimmt dementsprechend § 6 des Gesetzes über Europäische Betriebsräte (EBRG)[254], ob sie eine Tochtergesellschaft hat.

Allerdings ist zweifelhaft, ob ein Rückgriff auf die Definition der SE-ErgRiL überhaupt zulässig ist. Dem steht entgegen, dass die Definitionen des Art. 2 SE-ErgRiL expressis verbis nur „für die Zwecke dieser Richtlinie" gelten. Anhaltspunkte für eine Begriffsbestimmung können sich auch aus Art. 1 Siebente RiL

---

[251] Vgl. *Schwarz*, Rn. 128.

[252] ABl. L 254 v. 30.9.1994, S. 64 ff.; zuletzt geändert durch die RiL 97/74/EG, ABl. L 10 v. 16.1.1998, S. 22 ff.

[253] Vgl. *Sandmann*, Die Euro-Betriebsrats-Richtlinie 94/45/EG, 1996, S. 145 ff.

[254] BGBl. I 1996, 1548 ff.

ergeben.[255] Die Vorschrift stellt bei der Definition des Tochterunternehmens – ebenso wie die Euro-BR-RiL – auf die Beherrschungsmöglichkeit des Mutterunternehmens ab. Allerdings stimmen die Beherrschungstatbestände nicht völlig überein, sodass im Einzelfall Abweichungen zwischen der Siebenten RiL und der Euro-BR-RiL denkbar sind.[256] Für einen Rückgriff auf Art. 1 Siebente RiL könnte der Gedanke der systematischen Einheit der Rechtsakte auf dem Gebiet des europäischen Gesellschaftsrechts sprechen.[257] Aus diesem Grund dürfte auch eine Bezugnahme auf die Definition der Tochtergesellschaft nach Art. 3 Steuerliche Mutter-Tochter-RiL[258] nicht in Betracht kommen, weil es an einem derartigen systematischen Zusammenhang fehlt.[259]

Angesichts der Verbreitung des formellen Kontrollkonzepts, das in den mitgliedstaatlichen Rechten vorherrscht,[260] sowie dessen Verankerung in Art. 1 Siebente RiL spricht einiges dafür, auch im Hinblick auf das Vorliegen einer Tochtergesellschaft i.S. des Art. 2 die Beherrschungsmöglichkeit in den Mittelpunkt der Betrachtung zu stellen. Dafür spricht auch der Wortlaut, in dem von „haben“ die Rede ist. Eine bloße Minderheitsbeteiligung reicht hierfür nicht aus. Es ist dementsprechend davon auszugehen, dass ein Gründungsrechtsträger dann eine Tochtergesellschaft „hat“ i.S. des Art. 2 Abs. 2 Buchst. b, Abs. 3 Buchst. b und Abs. 4 , wenn er die Kontrolle über sie ausübt. Mittel der Kontrolle können die Stimmenmehrheit, ein Beherrschungsvertrag sowie das Recht sein, die Mehrheit des Leitungs- oder Aufsichtorgans zu bestellen oder abzuberufen.

(3) Fremdes Gesellschaftsstatut

Die Tochtergesellschaft muss dem Recht eines anderen Mitgliedstaats unterliegen. Mit dieser Formulierung hat der Verordnungsgeber die Unklarheiten, die im Zusammenhang mit dem SE-VOV 1991 bestanden, beseitigt. Damals hieß es, dass die Gründungsgesellschaft die Tochtergesellschaft „in einem anderen Mitgliedstaat als dem ihrer Hauptverwaltung haben“ muss. Es wurde zu Recht

---

255 *Schwarz*, Rn. 128.

256 So kann sich z.B. nach Art. 1 Abs. 1 Buchst. c Siebente RiL eine Beherrschungsmöglichkeit auch auf vertrags- oder satzungsmäßige Vereinbarungen stützen, was in Art. 3 Euro-BR-RiL so nicht vorgesehen ist.

257 Siehe oben Teil 2 D.I, S. 64.

258 Richtlinie 90/435/EWG; ABl. L 225 v. 23.7.1990, S. 6 ff. Nach Art. 3 Abs. 1 Steuerliche Mutter-Tochter-RiL muss ein 25%iger Anteil am Kapital der betreffenden Gesellschaft bestehen, damit man von einer Tochtergesellschaft sprechen kann. Eine Beherrschungsmöglichkeit wird also nicht verlangt. Es reicht, wenn ein dem Unternehmerrisiko vergleichbares Engagement gezeigt wird; dazu *Mehrpohl*, Die Mutter-/Tochter-Richtlinie der Europäischen Gemeinschaft und ihre Umsetzung in das Recht der Mitgliedstaaten, 1998, S. 59 ff.

259 A.A. *Wenz*, S. 52 und *Buchheim*, S. 135 Fn. 167. Art. 3 Steuerliche Mutter-Tochter-RiL setzte eine Beteiligungsquote von 25% voraus, um von einer Mutter- bzw. einer Tochtergesellschaft zu sprechen.

260 Dazu Schwarz, Rn. 924

beklagt, dass sich aus dieser Formulierung nicht zweifelsfrei ergibt, ob die Tochtergesellschaft nach dem Recht des anderen Mitgliedstaats gegründet sein muss, ob sie dort ihren Sitz und/oder ob sie dort ihre Hauptverwaltung haben muss.[261] Jetzt steht fest, dass die Mehrstaatlichkeit nach den Grundsätzen des Internationalen Gesellschaftsrechts zu bestimmen ist.[262] Die Tochtergesellschaft unterliegt dem Recht eines anderen Mitgliedstaats, wenn ihr Gesellschaftsstatut von dem der Muttergesellschaft abweicht.

cc) Zweigniederlassung

Bereits früh war gefordert worden, die Gründungsberechtigung auch auf solche Gesellschaften auszudehnen, die in verschiedenen Mitgliedstaaten Niederlassungen ohne Rechtspersönlichkeit unterhalten.[263] Im SE-VOV 1991 wurde diese Möglichkeit erstmals vorgesehen.[264] Dadurch wurde die Schwelle zur Mehrstaatlichkeit erheblich herabgesenkt.[265]

Der Begriff Zweigniederlassung wird in der Verordnung nicht definiert.[266] Bei der Auslegung der Elften RiL wird auf eine Definition in einer EuGH-Entscheidung zu Art. 5 Nr. 5 EuGVÜ[267] zurückgegriffen.[268] Der EuGH hat die Zweigniederlassung i.S. der EuGVÜ folgendermaßen definiert: Es handelt sich um einen Mittelpunkt wirtschaftlicher Tätigkeit, der „auf Dauer als Außenstelle eines Stammhauses hervortritt, eine Geschäftsführung hat und sachlich so ausgestattet ist, dass er in der Weise Geschäfte mit Dritten betreiben kann, dass diese, obgleich sie wissen, dass möglicherweise ein Rechtsverhältnis mit dem im Ausland ansässigen Stammhaus begründet wird, sich nicht unmittelbar an dieses zu wenden brauchen, sondern Geschäfte an dem Mittelpunkt geschäftlicher Tätigkeit abschließen können, der dessen Außenstelle ist".[269]

---

261 *Merkt*, in: Jahrbuch Junger Zivilrechtswissenschaftler 1991, S. 169, 174 Fn. 8; *ders.* BB 1992, 655 Fn. 33.

262 Zu den Konzeptionen der Bestimmung des Gesellschaftsstatuts siehe *Schwarz*, Rn. 157 ff.

263 SE-VOV 1975, Beschluss BR, S. 3.

264 Vgl. Art. 2 Abs. 1a und Abs. 2 SE-VOV 1991.

265 *Trojan-Limmer*, RIW 1991, 1010, 1011.

266 Im vorläufig endgültigen Text der SE-VO vom 1.2.2001 war noch von der „Niederlassung" in einem anderen Mitgliedstaat die Rede. Wäre es bei dieser Fassung geblieben, dann hätte sich zwangsläufig die Frage gestellt, ob der Begriff Niederlassung gleichbedeutend mit dem Begriff der Zweigniederlassung im Sinne der Elften RiL bzw. deren Umsetzung in das deutsche Recht (§§ 13 ff. HGB) sei (so *Gutsche*, S. 27 f.). Diese Auslegungsschwierigkeiten waren aber schon kurze Zeit später ad acta gelegt, als am 12.2.2001 in einem Korrigendum der Wortlaut der beiden Vorschriften im vorläufigen SE-VO-Text geändert und der Ausdruck „Niederlassung" durch „Zweigniederlassung" ersetzt worden ist. Auch in der englischen Version wurde zunächst der Begriff „establishment" gebraucht, um anschließend durch „branch" ersetzt zu werden.

267 ABl. L 12 v. 16.1.2001, 1 ff.

268 *Schwarz*, Rn. 375.

269 EuGH, Urteil v. 22.11.1987, Rs. 33/78 (Somafer/Saar-Ferngas), Slg. 1978, 2183, 2193 Rn.

Auf den Begriff der Zweigniederlassung i.S. des Art. 43 Abs. 1 S. 2 EG findet die Rechtsprechung zu Art. 5 Nr. 5 EuGVÜ wegen der unterschiedlichen Interessenlage dagegen keine Anwendung. Während für Art. 43 Abs. 1 S. 2 EG eine weite Auslegung angezeigt ist, damit im Anwendungsbereich der Niederlassungsfreiheit keine Schutzlücken verbleiben, ist für Art. 5 Nr. 5 EuGVÜ eine enge Auslegung geboten, um der Gefahr des Forumshopping entgegenzuwirken.[270] Daher fallen auch nicht geschäftsbefugte Betriebsteile (z.B. Lagerräume, Ausstellungsräume, Rechenzentren, Forschungs- und Schulungsstätten) unter den Zweigniederlassungsbegriff des Art. 43 Abs. 1 S. 2 EG.[271]

Demgegenüber wird man hinsichtlich der Zweigniederlassung i.S. des Art. 2 Abs. 2 Buchst. b bzw. Abs. 3 Buchst. b einem eher restriktiven Begriffsverständnis den Vorzug geben müssen. Durch das Merkmal der Zweigniederlassung in einem anderen Mitgliedstaat soll sichergestellt werden, dass sich der Tätigkeitsbereich der Gründungsgesellschaft nicht auf die Befriedigung rein örtlicher Bedürfnisse beschränkt (Erwägungsgrund 1). Das Vorhandensein einer Auslandszweigniederlassung dient mithin dem Nachweis einer europaweiten Betätigung. Dem entspräche es nicht, auch nicht geschäftsbefugte Betriebsteile unter den Begriff Zweigniederlassung zu subsumieren. Im Gegensatz zu Art. 43 Abs. 1 S. 2 EG, bei dem eine extensive Auslegung angebracht ist, um Schutzlücken zu vermeiden, muss man den Begriff der Zweigniederlassung i.S. des Art. 2 restriktiv auslegen, um Umgehungsgestaltungen zu verhindern. Unter den Begriff der Zweigniederlassung i.S. des Art. 2 können daher nur unselbständige[272] Betriebsteile gefasst werden, die geschäftsbefugt sind.

dd) Zweijahresfrist

Das Vorliegen von Mehrstaatlichkeit im weiten Sinn wird außerdem von einem zeitlichen Aspekt abhängig gemacht. Danach muss die Gründungsgesellschaft die Tochtergesellschaft oder Zweigniederlassung „seit mindestens zwei Jahren" haben (Art. 2 Abs. 2 Buchst. b, Abs. 3 Buchst. b, Abs. 4). Durch diese Frist, die in den Vorgängervorschriften nicht enthalten war,[273] sollen offensichtlich Scheingründungen von Tochtergesellschaften oder Zweigniederlassungen zu Umgehungszwecken verhindert werden.[274] Interessierten Unternehmen, welche die Gründung einer SE ins Auge fassen, ist daher anzuraten, sich rechtzeitig um

---

12.

[270] Generalanwalt La Pergola, in: EuGH, Urteil v. 9.3.1999, Rs. C-212/97 (Centros), Slg. 1999, I-1459, 1475 Anm. 19.

[271] Siehe *Schwarz*, Rn. 127 m.w.N.

[272] Selbständige Handelsvertreter oder besondere Betriebsformen wie das Franchising begründen keine Mehrstaatlichkeit; *Leupold*, S. 70.

[273] Vgl. Art. 2 Abs. 1, Abs. 1a und Abs. 2 SE-VOV 1991.

[274] *Hommelhoff*, AG 2001, 279, 281.

die Anschaffung ausländischer Tochtergesellschaften und Zweigniederlassungen zu kümmern.[275]

Fraglich ist, in welchem Zeitpunkt die Zweijahresfrist erfüllt sein muss. Im Schrifttum findet sich der Vorschlag, auf den Zeitpunkt des jeweiligen „Gründungsgeschäfts" abzustellen. Nach Ansicht von *Neun* wäre daher bei der Holding-SE und der Umwandlung der Hauptversammlungsbeschluss der betreffenden Gründungsgesellschaft und bei der gemeinsamen Tochter-SE – sofern diese ihren Sitz in Deutschland hat – die Satzungsfeststellung und Übernahmeerklärung maßgebend.[276] Es reicht jedoch aus, wenn die Zweijahresfrist vor Beginn der vorbeugenden Rechtmäßigkeitskontrolle abgelaufen ist, weil die zur Kontrolle berufene Stelle lediglich überprüft, ob die Eintragungsvoraussetzungen im Zeitpunkt der Anmeldung vorliegen. Maßgebender Zeitpunkt ist deshalb die Anmeldung zur Eintragung der SE.[277]

III. Zusammenfassung

Die Gründung einer SE setzt das Vorliegen eines grenzüberschreitenden Sachverhalts voraus (Mehrstaatlichkeitsprinzip). Die Ausrichtung der Mehrstaatlichkeit an formellen Kriterien birgt die Gefahr von Umgehungen in sich. Das Mehrstaatlichkeitserfordernis besteht aus quantitativen und qualitativen Anforderungen. Entgegen einer in der Literatur anzutreffenden Auffassung müssen die Voraussetzungen der Mehrstaatlichkeit bei mindestens zwei Gründungsgesellschaften vorliegen (quantitativer Teil). Qualitativ setzt die Mehrstaatlichkeit voraus, dass die Gründungsgesellschaften verschiedenen Rechtsordnungen unterliegen (Mehrstaatlichkeit im strengen Sinn) oder eine Tochtergesellschaft, die dem Recht eines anderen Mitgliedstaats unterliegt, oder eine Zweigniederlassung in einem anderen Mitgliedstaat haben (Mehrstaatlichkeit im weiten Sinn). Tochtergesellschaften sind rechtlich selbständige Unternehmenseinheiten, die von der Muttergesellschaft unabhängig sind und deren Entscheidungsfreiheit nur im Innenverhältnis beschränkt ist. Die Gründungsgesellschaft „hat" eine Tochtergesellschaft, wenn sie diese kontrollieren kann, sei es über die Stimmenmehrheit, sei es über einen Beherrschungsvertrag oder sei es über das Recht, die Mehrheit der Leitungs- und Verwaltungsorgane bestellen und abberufen zu können. Zweigniederlassungen sind rechtlich unselbständige Betriebsteile, die geschäftsbefugt sind. Der Begriff Zweigniederlassung i.S. des Art. 2 ist daher enger als bei Art. 43 Abs. 1 S. 2 EG. Die Zweijahresfrist für das Vorhandensein von Tochtergesellschaft und Zweigniederlassung muss im Zeitpunkt der Anmeldung zur Eintragung erfüllt sein.

---

[275] *Hirte*, NZG 2002, 1, 10; *C.P. Schindler*, S. 33.

[276] *Neun*, in Theisen/Wenz, S. 64.

[277] Zum Zeitpunkt der Gründungsberechtigung siehe unten F, S. 126.

F. Zeitpunkt der Gründungsberechtigung

Abschließend ist zu klären, in welchem Zeitpunkt die Voraussetzungen der Gründungsberechtigung vorliegen müssen. Hier interessiert vor allem die Frage, ob die Gründungsgesellschaften – sofern sie fortbestehen – und die neu gegründete SE nach ihrer Entstehung die Voraussetzungen der Gründungsberechtigung weiter erfüllen müssen.

Fest steht, dass die Gründungsgesellschaften im Zeitpunkt der Rechtmäßigkeitskontrolle und der Eintragung der SE gründungsberechtigt i.S. des Art. 2 sein müssen, weil dann von der zuständigen Kontrollstelle bzw. den zuständigen Kontrollstellen das Vorliegen der Gründungsvoraussetzungen überprüft wird. Maßgebender Zeitpunkt ist dabei die Anmeldung zur Eintragung der SE, weil die Gründungsgesellschaften der Anmeldung die entsprechenden Nachweise (z.B. Registerauszug über das Vorliegen einer Tochtergesellschaft) beifügen müssen.

Fraglich ist indes, wie sich der spätere Wegfall der Voraussetzungen der Gründungsberechtigung auswirkt.

> *Beispiel*: Eine deutsche AG hat seit über zwei Jahren eine Tochtergesellschaft in Frankreich. Nach der Umwandlung in eine SE löst sie ihre Tochtergesellschaft auf.

Art. 2 statuiert Gründungsvoraussetzungen der SE, nicht jedoch Bestandsvoraussetzungen. Aus Art. 30 ergibt sich für die Verschmelzung, dass der spätere Verlust der Gründungsberechtigung keine Auswirkungen auf die Wirksamkeit der Gründung und den Bestand der SE hat. Auch der Vergleich mit der EWIV-VO zeigt, dass der Wegfall der Voraussetzungen der Gründungsberechtigung für die entstandene SE unschädlich ist. Während Art. 31 Abs. 3 EWIV-VO ausdrücklich festlegt, dass die EWIV aufzulösen ist, sobald sie die Voraussetzungen der Mehrstaatlichkeit verliert, fehlt eine entsprechende Regelung in der SE-VO. Dem europäischen Gesetzgeber war eine regelungsbedürftige Frage diesen Inhalts also bekannt und dennoch sah er von einer Regelung ab.[278] Dies lässt allein den Schluss zu, dass es für den Bestand der SE unbeachtlich ist, ob die Voraus-

---

[278] Bereits im Jahr 1966 wurde im Ausschuss der Ständigen Vertreter der Mitgliedstaaten bei der EG eine Arbeitsgruppe zum Thema Europäische Aktiengesellschaft eingerichtet, in der *Geßler* und *Kötter* die Forderung erhoben, dass nicht nur auf die internationale Entstehung, sondern auf den dauernden europäischen Charakter des Unternehmens abzustellen sei. Der Forderung *Geßlers* und *Kötters* zufolge müssten demnach in verschiedenen Mitgliedstaaten dauernd Betriebsstätten vorhanden sein, die bestimmte Größenanforderungen erfüllen müssten. Dieser Vorschlag wäre in der Praxis kaum umsetzbar gewesen, da er die ständige Überprüfung der Voraussetzungen durch das Registergericht oder eine sonstige Stelle erforderlich gemacht hätte (dazu *v. Caemmerer*, in: Europäische Handelsgesellschaft und Angleichung des nationalen Gesellschaftsrechts, 1968, S. 54, 63; siehe auch *de Martini*, in: Die europäische Handelsgesellschaft im Verhältnis zum deutschen und italienischen Recht, 1970, S. 45, 53, 57).

setzungen des Art. 2 weiterhin erfüllt sind.[279] Für die SE als kapitalmarktorientierte Rechtsform wäre es im Übrigen undenkbar, dass nur gemeinschaftszugehörige Anleger, die in einer gründerfähigen Rechtsform organisiert sind, SE-Aktien erwerben könnten. Natürliche Personen können daher im Anschluss an die Gründung ohne weiteres Aktien oder sogar alle Aktien an der SE erwerben. Es kommt dabei auch nicht auf die Staatsangehörigkeit der Person an. Anlegern aus Drittstaaten ist der Erwerb von Aktien einer entstandenen SE nicht verwehrt.[280]

> *Beispiel*: Nach der Gründung der Holding-SE wird die deutsche Gründungs- und jetzige Tochter-GmbH in eine KG umgewandelt (§§ 190 ff. UmwG). Der Verlust der Gründerfähigkeit hat keine Konsequenzen für den Bestand der Holding-SE.
>
> *Beispiel*: Nach Gründung einer gemeinsamen Tochter-SE scheidet aus der deutschen Gründungsgesellschaft A & B OHG der Gesellschafter A aus. Die A & B OHG erlischt ohne Liquidation und B wird ihr Gesamtrechtsnachfolger. B wird damit Gesellschafter der Tochter-SE, obwohl er – gesetzt den Fall, es handelt sich bei B um eine natürliche Person – selbst nicht die Voraussetzungen der Gründerfähigkeit nach Art. 2 Abs. 3 erfüllt.

Auch für die SE selbst gilt der Grundsatz, dass Art. 2 Gründungsvoraussetzungen und keine Bestandsvoraussetzungen statuiert. Eine SE kann daher ihre Mehrstaatlichkeit verlieren, z.B. weil sie alle Tochtergesellschaften oder Zweigniederlassungen in anderen Mitgliedstaaten auflöst, ohne dass davon ihre Existenz abhängt. Etwas anderes gilt freilich im Hinblick auf die Gemeinschaftszugehörigkeit. Wegen Art. 7 müssen Sitz und Hauptverwaltung der SE in der Gemeinschaft liegen und zwar im selben Mitgliedstaat. Ist dies nicht der Fall, trifft der betroffene Mitgliedstaat Maßnahmen nach Art. 64, womit letztlich die Liquidation der Gesellschaft droht.

---

[279] *Thoma/Leuering*, NJW 2002, 1149, 1451 Fn. 34 („Gründungs-, nicht ... Bestandsvoraussetzung").

[280] *Karsten Schmidt*, GesR, § 26 I 4 b, S. 757.

Teil 4: Verschmelzung

A. Allgemeines

Die Gründung einer SE im Wege der Verschmelzung ist in Art. 2 Abs. 1 i.V.m. Art. 17 ff. geregelt.

I. Grenzüberschreitende Verschmelzungen nach bisheriger Rechtslage

Echten grenzüberschreitenden Verschmelzungen, bei denen die Vermögen der beteiligten Gesellschaften in einer Gesellschaft vereinigt werden, stehen erhebliche rechtliche Hindernisse im Wege. Zunächst stellt sich das Problem der Bestimmung der maßgebenden Rechtsordnung. Internationalprivatrechtliche Regelungen zur transnationalen Fusion existieren weder auf staatsvertraglicher noch auf gemeinschaftsrechtlicher Ebene.[1] Die Rechtslage in den Mitgliedstaaten ist uneinheitlich.[2] Während sich das nationale IPR in manchen Mitgliedstaaten ausdrücklich zur internationalen Verschmelzung äußert,[3] enthält das deutsche Recht keine Regelung. Nur in der Wissenschaft scheint sich auf Grundlage der differenzierten Vereinigungstheorie eine allgemein akzeptierte Lösung der internationalprivatrechtlichen Probleme grenzüberschreitender Verschmelzungen abzuzeichnen.[4] Die materiellrechtliche Zulässigkeit grenzüberschreitender Verschmelzungen ist dagegen nach wie vor ungeklärt. Auch hier fehlt es an den entsprechenden staatsvertraglichen oder gemeinschaftsrechtlichen Grundlagen.[5] In

---

1 Der Entwurf eines internationalen Verschmelzungsübereinkommens von 1972 (Int.VerschmelzÜE 1972) ist längst ad acta gelegt (vgl. *Schwarz*, Rn. 1426 ff.). Die Verabschiedung der Zehnten RiL über die internationale Fusion lässt nach wie vor auf sich warten. Bisher existiert lediglich ein Vorschlag für eine Zehnte RiL aus dem Jahr 1985 (Zehnte RiL-V 1985; dazu *Schwarz*, Rn. 840 ff.). Eine Verabschiedung zeichnet sich gegenwärtig noch nicht ab, wennschon das Gesetzgebungsverfahren mit Erlass der SE-VO neuen Schwung erhalten dürfte.

2 Vgl. *Steiger*, Grenzüberschreitende Fusion und Sitzverlegung von Kapitalgesellschaften innerhalb der EU nach spanischem und portugiesischem Recht, 1997; *Schädler*, Die grenzüberschreitende Realsitzverlegung und sonstige grenzüberschreitende Restrukturierungsformen von Handelsgesellschaften im Verhältnis von Spanien und Deutschland, 1999; *Gillessen*, Europäische transnationale Sitzverlegung und Fusion im Vereinigten Königreich und in Irland, 2000; *Reik*, Grenzüberschreitende Restrukturierungen von Unternehmen, Eine bilaterale Untersuchung zwischen Deutschland und Frankreich, 2002; *Müller-Driver*, Grenzüberschreitende Restrukturierungen von Kapitalgesellschaften zwischen Deutschland und England, 2002; *Bruhn*, Niederlassungsfreundliche Sitzverlegung und Verschmelzung über die Grenze nach italienischem Recht, 2002.

3 So z.B. das spanische (Art. 9 Nr. 11 Abs. 2 CC) oder portugiesische Recht (Art. 33 Abs. 4 C.c.). Siehe auch Art. 25 Nr. 3 des italienischen IPR-Gesetzes („Legge di riforma del diritto internazionale privato e testi collegati").

4 Dazu *Kindler*, in: MüKo zum BGB, IntGesR Rn. 655 ff. m.w.N.

5 Dazu *Reik*, S. 249 ff.

Deutschland dreht sich der Streit um die Auslegung des § 1 Abs. 1 UmwG. Fraglich ist, ob die Vorschrift, die expressis verbis nur die Umwandlung von Rechtsträgern „mit Sitz im Inland" regelt, grenzüberschreitende Verschmelzungen generell verbietet, diese lediglich aus dem Anwendungsbereich des UmwG ausklammert oder die Anwendbarkeit des UmwG auf den inländischen Teil der Transaktion beschränkt.[6] Einer im Vordringen befindlichen Auffassung zufolge sind internationale Verschmelzungen mit Rücksicht auf die Niederlassungsfreiheit nach Art. 43, 48 EG zumindest im innergemeinschaftlichen Rahmen zulässig.[7] Die Klärung der Streitfrage durch den Gesetzgeber oder durch die höchstrichterliche Rechtsprechung steht jedoch bislang aus.[8]

II. Grenzüberschreitende Unternehmenszusammenführungen in der bisherigen Rechtspraxis

Angesichts der unbewältigten rechtlichen Probleme ist die Kautelarpraxis auf Hilfskonstruktionen ausgewichen.[9] Eine häufig angewandte Variante besteht darin, durch den Tausch von Aktien die Aktionärskreise der beiden Unternehmen in einer Obergesellschaft zusammenzuführen und so ein der Verschmelzung vergleichbares wirtschaftliches Ergebnis herbeizuführen (financial merger). Bei den Zusammenschlüssen von *Rhône Poulenc/Hoechst* und *Daimler-Benz/Chrysler* wurde so verfahren. Dies kann entweder dadurch geschehen, dass eine Gesellschaft ihr Kapital erhöht und den Aktionären der anderen Gesellschaft die jungen Aktien zum Tausch anbietet (Zusammenführung durch Sacheinlage; so *Rhône-Poulenc/Hoechst*).[10] Oder eine zu diesem Zweck gegründete dritte Gesellschaft bietet den Aktientausch an (sog. NewCo-Structure; so bei *Daimler-Benz/Chrysler*).[11] Letzteres hat den Vorteil, dass die notwendigen Kapi-

---

6 Vgl. zum Meinungsstand *Kindler*, in: MüKo zum BGB, IntGesR Rn. 676 ff.

7 *Kronke*, ZGR 1994, 26, 30; *Lutter*, in: ders., UmwG, § 1 Rn. 9 ff.; *Kallmeyer*, in: ders: UmwG, § 1 Rn. 10.

8 Siehe aber *Dorr/Stukenborg*, DB 2003, 647, die von der Eintragung zweier grenzüberschreitender Verschmelzungen in das Handelsregister beim AG Düsseldorf berichten.

9 *Stengel*, in: Semler/Volhard, Hdb. Unternehmensübernahmen, § 17 Rn. 320 ff.; *Großfeld*, in: Staudinger, IntGesR Rn. 701; *ders.*, Internationales und Europäisches Unternehmensrecht, S. 100 ff.; *Wiedemann*, GesR, § 15 III 4, S. 878 ff.

10 Dazu *Hoffmann*, NZG 1999, 1077 ff. Das Problem einer solchen Gestaltung liegt in der Gefahr von Anfechtungsklagen der Aktionäre der aufnehmenden Gesellschaft (§§ 255 Abs. 2, 243 Abs. 2 AktG). Deren Zustimmung muss wegen der erforderlichen Kapitalerhöhung eingeholt werden; dazu *Decher*, in: FS für Lutter, 2000, S. 1209, 1212.

11 Dazu *Baums*, in: FS für Zöllner, Band 1, 1998, S. 65, 68 f. und *Großfeld*, in: GS für Lüderitz, 2000, S. 233 ff. Hier ist es ratsam, die Gesellschaft durch einen Treuhänder (z.B. Bank) und nicht durch die beteiligten Gesellschaften selbst zu gründen, um den Zusammenschluss nicht am Verbot des Erwerbs eigener Aktien (§§ 71, 71d S. 2 AktG) scheitern zu lassen. Vgl. *Thoma/Leuering*, NJW 2002, 1449, 1453. A.A. *Stengel*, in: Semler/Volhard, Hdb. Unternehmensübernahmen, § 17 Rn. 370, der die §§ 71 ff. AktG in diesen Fällen für nicht anwendbar hält, weil bei einem Aktientausch nicht die Gefahr einer

talerhöhungsbeschlüsse bei der NewCo von deren Gründer (in der Regel eine Bank) allein gefasst werden können. Ein Anfechtungsrisiko besteht damit nicht.[12] Außerdem wird der Anschein vermieden, dass eine der beteiligten Gesellschaften als Übernehmer und damit als „Gewinner" der Transaktion dasteht.[13]

Davon zu unterscheiden sind die sog. synthetischen Zusammenschlüsse, bei denen die Geschäftsbereiche zusammengelegt werden, die beteiligten Unternehmen an der Spitze der Unternehmensgruppe aber als selbständige Rechtspersonen fortbestehen.[14] In diesen Fällen ergibt sich eine Struktur mit zwei Obergesellschaften (sog. Dual-Headed-Structure).[15]

III. Vorzüge der SE-Verschmelzung

In der Praxis sind also gangbare Lösungen gefunden worden, um internationale Unternehmenszusammenschlüsse zu verwirklichen. Es handelt sich jedoch nur um „suboptimale Gestaltungen"[16], weil den Unternehmen nicht dieselbe Bandbreite an Strukturmaßnahmen wie bei innerstaatlichen Sachverhalten zur Verfügung steht. Die vollständige Zusammenführung der Vermögen, der Gesellschafterkreise und der Leitungsmacht der beteiligten Unternehmen kann nur durch eine echte Verschmelzung (full merger) erreicht werden. Die SE-VO bietet die Grundlage hierfür. Der wesentliche Vorteil der echten Verschmelzung gegenüber den oben dargestellten Zusammenschlüssen durch Bildung eines Unterordnungskonzerns liegt darin, dass die Unternehmensorganisation vereinfacht und Kosten gesenkt werden.[17] Die Verwaltungskosten für die Untergesellschaft, die Kosten für den Jahresabschluss der Untergesellschaft, Hauptversammlungskosten einschließlich der Prozesskosten bei Anfechtungsklagen von Minderheitsaktionären fallen nicht mehr an. Das Konzernrecht mit seinen Gläubiger- und Minderheitenschutzrechten entfällt als Hindernis der Unternehmensleitung und Geschäftsentscheidungen lassen sich rascher umsetzen.[18] Außerdem gibt es Fälle, in denen eine echte Verschmelzung die einzige Möglichkeit der Unternehmenszusammenführung ist, weil z.B. nicht genügend Liquidität für den Kauf

---

Einlagenrückgewähr bestünde.

12 Zu den Vor- und Nachteilen der verschiedenen Vorgehensweisen vgl. *Stengel*, in: Semler/Volhard, Hdb. Unternehmensübernahmen, § 17 Rn. 375 ff.

13 *Schenk*, in: Semler/Volhard, Hdb. Unternehmensübernahmen, § 8 Rn. 63.

14 Dazu *Stengel*, in: Semler/Volhard, Hdb. Unternehmensübernahmen, § 17 Rn. 321 ff.

15 Für diese Art der Unternehmenszusammenführung könnte künftig die Gründung einer gemeinsamen Tochter-SE (Art. 2 Abs. 3 i.V.m. Art. 35 f.) das geeignete Verfahren darstellen; siehe unten Teil 6, S. 385 ff.

16 *Hoffmann*, NZG 1999, 1077.

17 *Schwarz*, ZIP 2001, 1847, 1859 f.; *Wenz*, AG 2003, 185, 189.

18 *Bungert/Beier*, EWS 2002, 1, 10. Zu den einzelnen Vorteilen einer SE-Verschmelzung gegenüber den bisher praktizierten Vorgehensweisen siehe auch *Wenz*, in: Theisen/Wenz, S. 559 ff.

oder Tausch von Anteilen („share deal“) vorhanden ist oder weil die Gesellschafter der Zielgesellschaft nur zu einem kleineren Teil bereit sind, ihre Anteile abzugeben.[19]

IV. Regelungskonzept

Es bleibt abzuwarten, ob die Verschmelzungsgründung der praktisch wichtigste Fall einer SE-Gründung sein wird.[20] Regelungstechnisch stellen die Art. 17 bis 31 jedenfalls das Kernstück des SE-Gründungsrechts dar. Sie geben das gesetzliche Leitbild der Gründung einer SE wieder.[21]

1. Materiellrechtliche Zulässigkeit

Die SE-VO ermöglicht in Art. 2 Abs. 1 die Gründung einer SE im Wege der Verschmelzung. Die Vorschrift enthält außerdem die Voraussetzungen der Gründungsberechtigung.

2. Verfahren

Das Verfahren der Verschmelzung ist in den Art. 17 bis 31 geregelt. Art. 17 Abs. 1 stellt die Verbindung zu Art. 2 Abs. 1 her. Das Verfahren der Verschmelzung nach der SE-VO entspricht weitgehend dem Vorbild der Dritten RiL. Auf Rechtsfragen, die nicht von der Verordnung geregelt sind, findet dementsprechend das mit der Dritten RiL in Einklang stehende nationale Recht Anwendung (Art. 18). Die in den Art. 17 ff. enthaltenen Sachnormen konzentrieren sich im Wesentlichen auf die Fragen, die wegen der grenzüberschreitenden Dimension der Transaktion einheitlich durch die Verordnung geregelt werden müssen.

V. Definition und Arten der Verschmelzung

1. Überblick

Die Unternehmen können – wie bei innerstaatlichen Fusionen[22] – zwischen zwei Verschmelzungsarten wählen (Art. 17 Abs. 2 Unterabs. 1), der Verschmelzung durch Aufnahme (Buchst. a) und der Verschmelzung durch Neugründung (Buchst. b).[23] In den Verordnungsvorschlägen war nur die Verschmelzung durch

---

[19] *Kallmeyer*, in: v. Rosen, Studien des Deutschen Aktieninstituts, Heft 21, 2003, S. 22; *ders.*, AG 2003, 197, 200.

[20] So *Ulmer*, FAZ v. 21.3.2001, Nr. 68, S. 30; *Thoma/Leuering*, NJW 2002, 1449, 1452; *Kloster*, EuZW 2003, 293, 294. *Blanquet*, ZGR 2002, 20, 39 f. spricht vom „Königsweg“ für die Gründung einer SE.

[21] Nach *Ch. Teichmann*, ZGR 2003, 367, 369 habe die SE-VO der Verschmelzung die Rolle des allgemeinen Teils des Rechts der Strukturmaßnahmen zugewiesen.

[22] Vgl. Art. 2 bis 4 Dritte RiL.

[23] Die Kommission muss prüfen, ob später noch weitere Verschmelzungsarten zugelassen werden sollen (Art. 69 Buchst. b).

Neugründung vorgesehen.[24] Man war der Auffassung, dass eine supranationale Rechtsform nur durch Neugründung, nicht aber durch Aufnahme in eine Gesellschaft nationalen Rechts errichtet werden kann.[25] Da die Verschmelzung durch Aufnahme also für sich allein genommen nicht zur Entstehung einer SE führen kann, behalf sich der Verordnungsgeber damit, bei dieser zusätzlich den Formwechsel der aufnehmenden Gesellschaft anzuordnen (Art. 17 Abs. 2 Unterabs. 2 S. 1, Art. 29 Abs. 1 Buchst. d). Die Einführung der Verschmelzung durch Aufnahme ist rechtspolitisch zu begrüßen. Sie stellt in der Praxis der Mitgliedstaaten wegen der geringeren Kosten und Dauer den Regelfall dar.[26] Damit ist ein beträchtlicher Zugewinn an unternehmerischer Gestaltungsfreiheit bei der SE-Verschmelzung verbunden.[27]

Die beiden Verschmelzungsarten werden in Art. 17 Abs. 2 Unterabs. 1 definiert. Danach erfolgt die Verschmelzung entweder nach dem Verfahren der Verschmelzung durch Aufnahme gemäß Art. 3 Abs. 1 Dritte RiL (Buchst. a) oder nach dem Verfahren der Verschmelzung durch Gründung einer neuen Gesellschaft gemäß Art. 4 Abs. 1 Dritte RiL (Buchst. b). Soweit Art. 17 Abs. 2 Unterabs. 1 auf die Dritte RiL verweist, handelt es sich nicht um eine Verweisung im eigentlichen Sinne. Es wird nicht die unmittelbare Anwendbarkeit der erwähnten Vorschriften der Dritten RiL angeordnet. Der Verordnungsgeber bedient sich nur der in der Dritten RiL enthaltenen Definitionen, um umständliche Wiederholungen zu vermeiden.[28]

Aus den Definitionen des Art. 17 Abs. 2 Unterabs. 1 i.V.m. Art. 3 Abs. 1 bzw. Art. 4 Abs. 1 Dritte RiL lassen sich folgende wesentlichen Merkmale der SE-Verschmelzung ableiten:

- Übertragung des gesamten Vermögens der übertragenden auf die aufnehmende oder neue Gesellschaft,
- im Wege der Gesamtrechtsnachfolge,
- gegen Gewährung von Anteilen und ggf. einer baren Zuzahlung,
- unter Auflösung und Abwicklung der übertragenden Gesellschaften.

---

24 Vgl. Art. 17 Abs. 1 S. 2 SE-VOV 1991.

25 *Sagasser/Swienty*, DStR 1991, 1188, 1190; *Weitnauer*, EWS 1992, 165, 167; *Wenz*, S. 53 Fn. 45.

26 *Blanquet*, ZGR 2002, 20, 44. Durch die absorbierende Verschmelzung lässt sich insbesondere Grunderwerbsteuer vermeiden, weil nur das Grundvermögen der übertragenden Gründungsgesellschaften übergeht.

27 Ebenso *Buchheim*, S. 137.

28 *Ch. Teichmann*, ZGR 2002, 383, 415 Fn. 153, der einen direkten Verweis auf die Richtlinie sogar für systemwidrig hält, weil Art. 18 für denselben Sachverhalt eindeutig auf das angeglichene nationale Recht verweist.

2. Verschmelzung durch Aufnahme

Die Verschmelzung durch Aufnahme definiert sich gemäß Art. 17 Abs. 2 Unterabs. 1 Buchst. a i.V.m. Art. 3 Abs. 1 Dritte RiL als Vorgang, durch den eine oder mehrere Gesellschaften ihr gesamtes Aktiv- und Passivvermögen im Wege der Auflösung ohne Abwicklung auf eine andere Gesellschaft übertragen, und zwar gegen Gewährung von Aktien der übernehmenden Gesellschaft an die Aktionäre der übertragenden Gesellschaft oder Gesellschaften und ggf. einer baren Zuzahlung, die den zehnten Teil des Nennbetrags oder, wenn ein Nennbetrag nicht vorhanden ist, des rechnerischen Wertes der gewährten Aktien nicht übersteigt.

a) Kombination aus Verschmelzung und Formwechsel (Art. 17 Abs. 2 Unterabs. 2 S. 1)

Im deutschen Umwandlungsrecht bleibt bei der Verschmelzung durch Aufnahme die aufnehmende Gesellschaft in ihrer bisherigen Rechtsform bestehen. Die Besonderheit der Verschmelzung durch Aufnahme nach der SE-VO liegt nun darin, dass die aufnehmende Aktiengesellschaft nicht ihre Rechtsform behält, sondern in eine SE umgewandelt wird (Art. 17 Unterabs. 2 S. 1, Art. 29 Abs. 1 Buchst. d). Die Aufnahmeverschmelzung nach der SE-VO stellt daher eine Kombination aus Verschmelzung und Formwechsel dar.[29] Der Wortlaut von Art. 17 Unterabs. 2 S. 1 und Art. 29 Abs. 1 Buchst. d legt den Schluss nahe, dass es sich um eine formwechselnde und nicht um eine errichtende oder übertragende Umwandlung handelt. D.h. die formwechselnde Gründungsgesellschaft bleibt in ihrer rechtlichen und wirtschaftlichen Identität erhalten, es ändert sich lediglich ihre Verfassung.[30]

Bei der Verschmelzung durch Aufnahme entsteht also kein neuer Rechtsträger. Dennoch sind auch hier die Gründungsvorschriften für AG nationalen Rechts einzuhalten, wie Art. 15 Abs. 1 klarstellt.[31] Dies zeigt auch der Rechtsgedanke des Art. 13 Zweite RiL, nach dem die Umwandlung einer Gesellschaft in eine AG grundsätzlich wie eine Sachgründung zu behandeln ist.

b) Kapitalerhöhung

Die Verschmelzung durch Aufnahme ist typischerweise mit einer Kapitalerhöhung seitens der übernehmenden Gesellschaft verbunden, weil die Gegenleistung für die Sacheinlage „Vermögen des übertragenden Rechtsträgers“ zwingend in Anteilen am Grundkapital, also Aktien, nicht aber in Barzahlung oder anderen Werten besteht.[32] Dies ist bei der Verschmelzung zu einer SE nicht an-

---

[29] Ebenso *C.P. Schindler*, S. 22.

[30] Vgl. zu den verschiedenen Arten des Formwechsels *Vossius*, in: Widmann/Mayer, UmwG, § 190 Rn. 5 ff. (Stand: Juni 1997).

[31] Siehe oben Teil 2 B.IV.3.d)bb), S. 53.

[32] *Marsch-Barner*, in: Kallmeyer, UmwG, § 68 Rn. 1.

ders (vgl. Art. 29 Abs. 1 Buchst. b). Sofern die übernehmende AG deutschem Recht unterliegt, finden daher über Art. 18 die §§ 68, 69 UmwG Anwendung.[33] Es gelten die Kapitalerhöhungsverbote des § 68 Abs. 1 S. 1 UmwG – insbesondere also bei Mutter-Tochter-Verschmelzungen (Nr. 1) – sowie die Kapitalerhöhungswahlrechte des § 68 Abs. 1 S. 2 UmwG. Ist eine Kapitalerhöhung zulässig, erleichtert § 69 UmwG die Durchführung. Es kommt zu einem vereinfachten Kapitalerhöhungsverfahren,[34] was sich vor allem darin äußert, dass das Bezugsrecht der Aktionäre der übernehmenden Gesellschaft aus § 186 AktG ausgeschlossen ist. Eine gesonderte Prüfung der Sacheinlagen durch unabhängige Sachverständige ist ebenso entbehrlich.[35] Erforderlich bleibt aber der Kapitalerhöhungsbeschluss gemäß § 182 Abs. 1 AktG, der eine Mehrheit von drei Vierteln des vertretenen Grundkapitals voraussetzt.

3. Verschmelzung durch Neugründung

Unter einer Verschmelzung durch Neugründung ist gemäß Art. 17 Abs. 2 Unterabs. 1 Buchst. b i.V.m. Art. 4 Abs. 1 Dritte RiL der Vorgang zu verstehen, durch den mehrere Gesellschaften ihr gesamtes Aktiv- und Passivvermögen im Wege der Auflösung ohne Abwicklung auf eine Gesellschaft, die sie gründen, übertragen, und zwar gegen Gewährung von Aktien der neuen Gesellschaft an ihre Aktionäre und ggf. einer baren Zuzahlung, die den zehnten Teil des Nennbetrags oder, wenn ein Nennbetrag nicht vorhanden ist, des rechnerischen Werts der gewährten Aktien nicht übersteigt.

Die Verschmelzung durch Neugründung gleicht in ihrem Ablauf der Verschmelzung durch Aufnahme. Der einzige Unterschied besteht darin, dass die Vermögensübertragung und die Aktiengewährung nicht an bzw. durch eine der Gründungsgesellschaften erfolgt, sondern an bzw. durch eine neu zu gründende Gesellschaft.

4. Bedeutung der Unterscheidung

Die Verordnung unterscheidet hinsichtlich der Voraussetzungen (vgl. Art. 2 Abs. 1) und dem Verfahren der SE-Verschmelzung grundsätzlich nicht zwischen den beiden Verschmelzungsarten. Die Vorschriften der Verordnung finden hier gleichermaßen Anwendung. Eine Ausnahme stellt lediglich das erleichterte Gründungsverfahren bei Mutter-Tochter-Verschmelzungen (Art. 31) dar, das nur bei einer Verschmelzung durch Aufnahme Anwendung findet. Bedeutung erlangt die Unterscheidung ferner, wenn über Art. 18 oder Art. 15 Abs. 1 (oder eine Spezialverweisung) auf mitgliedstaatliches Recht verwiesen wird und das

---

[33] Einschlägige Rechtsanwendungsvorschrift ist Art. 18, weil sich die Kapitalerhöhung allein auf Ebene der (aufnehmenden) Gründungsgesellschaft zuträgt. Ebenso *Neun*, in: Theisen/Wenz, S. 117.

[34] Näher dazu *Grunewald*, in: Lutter, UmwG, § 69 Rn. 2.

[35] Vgl. Art. 27 Abs. 3 Zweite RiL.

einschlägige mitgliedstaatliche Recht zwischen den Verschmelzungsarten differenziert. Sofern deutsches Recht ergänzend herangezogen wird, finden bei einer Verschmelzung durch Aufnahme die §§ 4 bis 35 und §§ 60 bis 73 UmwG Anwendung, während bei der Verschmelzung durch Neugründung die §§ 36 bis 38 und §§ 73 bis 77 UmwG zu beachten sind.

Die Verordnung regelt die Rechtsfolgen der beiden Verschmelzungsarten grundsätzlich gesondert. Die Wirkungen der Verschmelzung durch Aufnahme werden in Art. 17 Abs. 2 Unterabs. 2 S. 1 sowie in Art. 29 Abs. 1 aufgeführt. Die Wirkungen der Verschmelzung durch Neugründung finden sich in Art. 17 Abs. 2 Unterabs. 2 S. 2 sowie Art. 29 Abs. 2. Art. 29 Abs. 3 und Abs. 4 sowie Art. 30 finden auf beide Verschmelzungsarten gleichermaßen Anwendung.

VI. Steuerliche Auswirkungen

Bei der Verschmelzung kommt es zur Übertragung des gesamten Gesellschaftsvermögens im Wege der Gesamtrechtsnachfolge. Es stellt sich die Frage, ob dieser Vermögenstransfer steuerneutral, d.h. ohne Aufdeckung stiller Reserven, stattfindet. Dies wäre der Fall, wenn die Vorgaben der §§ 11 Abs. 1, 12 Abs. 1, 4 Abs. 1 UmwStG erfüllt sind. Die Anwendbarkeit der §§ 3 bis 19 UmwStG hängt jedoch davon ab, dass die Verschmelzung zu einer SE überhaupt in den Anwendungsbereich des UmwStG fällt. Dies ist bislang nicht der Fall, weil nur Umwandlungen i.S. des § 1 UmwG erfasst werden (§ 1 Abs. 1 S. 1 UmwStG). Unabhängig davon könnte sich die Steuerneutralität aber aus der Steuerlichen Fusions-RiL[36] ergeben. Bezüglich grenzüberschreitender Verschmelzungen fehlt es bislang an einer vollständigen Umsetzung dieser Richtlinie in deutsches Recht. Spätestens nach der Verabschiedung der SE-VO ist dieses gesetzgeberische Versäumnis aber nicht länger hinnehmbar. Bei fortschreitender Untätigkeit müsste dementsprechend an eine richtlinienkonforme Auslegung des deutschen Steuerrechts und ggf. sogar an eine unmittelbare Wirkung der Richtlinienvorschriften gedacht werden.[37]

---

[36] Richtlinie 90/434/EWG v. 23.7.1990, ABl. L 225 v. 20.8.1990, 1 ff.

[37] *Schulz/Eicker*, Intertax 2001, 332, 337; *Schulz/Geismar*, DStR 1078, 1082 f.; *Förster/Lange*, DB 2002, 288, 290 f.; *Thömmes*, in: Theisen/Wenz, S. 514 f. Zweifelnd im Hinblick auf die Anwendbarkeit der Steuerlichen Fusions-RiL *Klapdor*, EuZW 2001, 677, 679, der annimmt, dass die Richtlinie nur solche Fälle erfasst, in denen die übertragenen Wirtschaftsgüter im selben Staat steuerverhaftet bleiben. Dies sei bei der Gründung der SE aber in der Regel nicht der Fall, da die übertragenen Wirtschaftsgüter der Spitzeneinheit zugerechnet werden.

B. Gründungsberechtigung (Art. 2 Abs. 1)

Zur Gründung einer SE durch Verschmelzung sind nur AG berechtigt, die nach dem Recht eines Mitgliedstaats gegründet worden sind und ihren Sitz und ihre Hauptverwaltung in der Gemeinschaft haben, sofern mindestens zwei von ihnen dem Recht verschiedener Mitgliedstaaten unterliegen (Art. 2 Abs. 1).

I. Gemeinschaftszugehörige Aktiengesellschaften

Die Gründerfähigkeit ist auf gemeinschaftszugehörige AG beschränkt.[38] Eine zeitliche Mindestexistenz der AG wird nicht verlangt.[39] Allerdings knüpft das deutsche Umwandlungsrecht an die Verschmelzung durch Aufnahme besondere Anforderungen, wenn die übernehmende AG im Zeitpunkt des Abschlusses des Verschmelzungsvertrags noch keine zwei Jahre im Handelsregister eingetragen war. Dann finden bestimmte Vorschriften über die Nachgründung von AG Anwendung (§ 67 UmwG).[40] Bei der Verschmelzung durch Neugründung darf der Verschmelzungsbeschluss der übertragenden Gesellschaft erst dann gefasst werden, wenn sie und jede andere übertragende AG mindestens zwei Jahre im Register eingetragen sind (§ 76 Abs. 1 UmwG).[41]

II. Strenge Mehrstaatlichkeit

Die Verschmelzungsgründung setzt strenge Mehrstaatlichkeit voraus. D.h. mindestens zwei der beteiligten Gesellschaften müssen verschiedenen Rechtsordnungen unterliegen. Das Vorliegen einer Tochtergesellschaft oder einer Zweigniederlassung in einem anderen Mitgliedstaat (Mehrstaatlichkeit im weiten Sinn) begründet keine Mehrstaatlichkeit.

III. Abhängigkeitsverhältnis als Zugangshindernis

Im Schrifttum wird gefordert, die Verschmelzungsgründung nur dann zuzulassen, wenn zwischen den Gründungsgesellschaften kein Abhängigkeitsverhältnis besteht. Dies wird mit der drohenden Gefahr einer Umgehung der Gründung durch Umwandlung begründet. Sonst könnte in einem anderen Mitgliedstaat eine Tochtergesellschaft gegründet werden, die nur dem Zweck dient, sich mit der Muttergesellschaft zu einer SE zu verschmelzen. Auf diesem Weg kann die für eine Umwandlung vorgesehene Zweijahresfrist (Art. 2 Abs. 4) unterlaufen werden.[42]

---

38 *Blaurock*, ZHR 141 (1977), 18, 19 hält dies für sinnvoll, weil durch eine Verschiedenheit der Gesellschaftsformen die Gründung erheblich erschwert würde.

39 Siehe oben Teil 2 C.IX, S. 90.

40 Dazu unten C.I.5, S. 177 und C.V.1.d)dd), S. 210.

41 Dazu unten C.V.1.d)ee)(1), S. 212.

42 *Hirte*, NZG, 2002, 1, 3.

Dieser Auffassung ist nicht Folge zu leisten. Art. 2 Abs. 1 enthält kein negatives Tatbestandsmerkmal, nach dem eine SE-Gründung nur bei Fehlen eines Abhängigkeitsverhältnisses zwischen den Gründungsgesellschaften gestattet ist. Außerdem ist davon auszugehen, dass Unterschiede in den Anforderungen an die Gründungsberechtigung in Art. 2 Abs. 1 bis Abs. 4 gewollt sind. Der Verordnungsgeber hat bewusst darauf verzichtet, die Frage der Gründungsberechtigung für alle Gründungsformen einheitlich zu regeln. Stattdessen wählte er die für ihn umständlichere Variante, indem er für jede Gründungsform gesondert die diesbezüglichen Voraussetzungen aufstellte. Eine angleichende Auslegung der unterschiedlichen Voraussetzungen der Gründungsberechtigung in den Absätzen 1 bis 4 ist daher abzulehnen. Das gilt sowohl für eine Herabsenkung der Anforderungen auf das jeweils niedrigst mögliche Niveau[43] als auch umgekehrt für eine Verschärfung. Die mögliche Umgehung strengerer Gründungsvoraussetzungen bei der einen Gründungsform begründet kein (ungeschriebenes) Zugangshindernis bei der anderen Gründungsform.[44] Die Zugangsberechtigung zur Rechtsform SE kann aufgrund ihrer Anknüpfung an formellen Kriterien auch kaum als „elementare Schutzvorschrift" angesehen werden, deren Umgehung – wie z.B. bei Gläubigerschutzvorschriften – nicht hingenommen werden kann.[45] Letztlich ausschlaggebend ist, dass die SE-VO die Möglichkeit einer Mutter-Tochter-Verschmelzung selbst ausdrücklich für zulässig erklärt.[46] In Art. 31 werden Verschmelzungen, bei denen eine der Gründungsgesellschaften mindestens 90 % der Stimmanteile an einer anderen Gründungsgesellschaft hält, sogar noch privilegiert.[47] Wenn aber selbst Verschmelzungen mit einer 100%igen Tochtergesellschaft möglich sind (vgl. Art. 31 Abs. 1), dann muss dies auch und erst recht für geringere Beteiligungsquoten gelten. Eine SE-Verschmelzung ist nach alledem auch bei Bestehen eines Abhängigkeitsverhältnisses zwischen den Gründungsgesellschaften zulässig.[48]

---

43 Vgl. die Problematik, ob es ausreichend ist, wenn die Voraussetzungen der Gründungsberechtigung bei einer Gründungsgesellschaft gegeben sind; siehe oben Teil 2 E.II.2, S. 118.

44 Siehe schon oben Teil 1 E.II, S. 12.

45 So *Ch. Teichmann*, ZGR 2002, 383, 412 f.

46 Vgl. auch schon Art. 30 SE-VOV 1989, der ausdrücklich anordnete, dass die Vorschriften über die Verschmelzungsgründung auch dann Anwendung finden, wenn einer der Gründungsgesellschaften alle oder ein Teil der Aktien einer anderen Gründungsgesellschaft gehören. Siehe dazu *Hommelhoff*, AG 1990, 422, 423, der zu Recht feststellt, dass an die Tochtergesellschaft auch keine sonstigen Anforderungen (wie z.B. Marktaktivität über einen bestimmten Zeitraum oder eine zeitliche Mindestexistenz) gestellt werden.

47 Siehe dazu im Einzelnen unten D, S. 280. Beachte auch Art. 30 SE-VOV 1989, der die Anwendbarkeit des SE-Verschmelzungsrechts auf Fusionen zwischen Gründungsgesellschaften, von denen einer Aktien einer anderen Gründungsgesellschaft gehören, noch ausdrücklich bestimmte.

48 Ebenso *Ch. Teichmann*, ZGR 2002, 383, 412; *C.P. Schindler*, S. 23; *Kalss*, ZGR 2003, 593, 629.

IV. Kein Behördeneinspruch (Art. 19)

Art. 19 Unterabs. 1 ermächtigt die Mitgliedstaaten, ihren Behörden ein Einspruchsrecht gegen die Beteiligung einer nationalen Gesellschaft an einer Verschmelzungsgründung einzuräumen. Letztlich wird damit das System der Normativbestimmungen, das der SE-Gründung zugrunde liegt, durchbrochen.[49] Bei den anderen Gründungsformen ist keine vergleichbare Regelung vorgesehen, was den Ausnahmecharakter der Vorschrift verdeutlicht.

1. Entstehungsgeschichte

Die Vorschrift geht – wie der vergleichbare Art. 8 Abs. 14 – auf die Wünsche der britischen Verhandlungsdelegation zurück, die auf ein Einspruchsrecht ihrer Finanzbehörden gedrängt hat.[50] Das englische Recht macht Sitzverlegungen davon abhängig, dass sämtliche Steuerschulden und Sozialversicherungsabgaben bezahlt sind, und sieht ein Einspruchsrecht vor, falls dies nicht der Fall ist.[51] In der EWIV-VO findet sich mit Art. 14 Abs. 4 eine Parallelvorschrift.

2. Voraussetzungen

a) Gesellschaft, die dem Recht dieses Mitgliedstaats unterliegt

Sofern ein Mitgliedstaat auf Grundlage von Art. 19 ein Einspruchsrecht vorsieht, darf sich dieses nur auf die Gesellschaften beziehen, die dem Recht dieses Mitgliedstaats unterliegen. Deshalb darf beispielsweise der künftige Sitzstaat der SE nicht Einspruch gegen die Beteiligung einer Gründungsgesellschaft ausländischen Rechts erheben.

b) Begriff des öffentlichen Interesses

Der Einspruch ist nur aus Gründen des öffentlichen Interesses zulässig (Art. 19 Unterabs. 2 S. 1). Die Verordnung enthält keine Definition des öffentlichen Interesses. Wegen des Ausnahmecharakters der Vorschrift ist der Begriff restriktiv auszulegen. Die Verordnung fordert die Mitgliedstaaten auf, dafür zu sorgen, dass die Bestimmungen, die auf SE aufgrund dieser Verordnung anwendbar sind, nicht zu unverhältnismäßig strengen Auflagen für die Errichtung einer SE führen (Erwägungsgrund 5). Daher können nur schwerwiegende Gründe, wie die Verfolgung von abgabenrechtlichen Interessen, die Strafverfolgung oder die nationale Sicherheit, ein öffentliches Interesse i.S. des Art. 19 Unterabs. 2 begründen.[52] Die zuständige Behörde hat bei ihrer Entscheidung im Einzelfall immer die Grundsätze der Verhältnismäßigkeit zu beachten.

---

[49] Siehe oben Teil 1 C, S. 10.

[50] *Ch. Teichmann*, ZIP 2002, 1109, 1111 und 1112.

[51] *Selbherr/Manz*, Art. 14 EWIV-VO Rn. 6. Genau dieses Einspruchsrecht war Anlass für die Daily Mail-Entscheidung des EuGH, Urteil v. 27.9.1998, Rs. 81/87 (Daily Mail), Slg. 1988, 5483.

[52] Vgl. *Bungert/Beier*, EWS 2002, 1, 7 Fn. 59 und *Selbherr/Manz*, Art. 14 EWIV-VO Rn. 7.

c) Zulässigkeit eines Rechtsmittels

Art. 19 Unterabs. 2 S. 2 schreibt den Mitgliedstaaten vor, dass sie die Einlegung von Rechtsmittel gegen den Einspruch zulassen müssen, wenn sie von der Ermächtigung Gebrauch machen.

3. Rechtsfolgen

Die systematische Einordnung der Vorschrift bereitet gewisse Schwierigkeiten. Zwar schließt sie bei erfolgtem Einspruch das Recht auf Teilnahme an einer SE-Gründung aus und könnte dementsprechend als Ausnahme von der Gründungsberechtigung verstanden werden. Da der Einspruch „vor der Erteilung der Bescheinigung gemäß Artikel 25 Absatz 2“ erfolgen muss und aufgrund der Stellung des Art. 19 im Gesetz, wird man die Einspruchsmöglichkeit aber eher als Sperre der Registereintragung, mithin als gesetzliches Eintragungshindernis verstehen müssen.

4. Regelungsbedarf des deutschen Gesetzgebers

Aus rechtspolitischer Sicht ist die Vorschrift bedenklich. Zwar ist der Einspruch nur „aus Gründen des öffentlichen Interesses“ zulässig und überdies ist die behördliche Entscheidung der gerichtlichen Überprüfung zugänglich (Art. 19 Unterabs. 2). Dennoch bietet sich der generalklauselartige Hinweis auf die Gründe des öffentlichen Interesses und das damit eingeräumte Ermessen als Einfalltor für willkürliche Behördenentscheidungen geradezu an.[53] Die Vorschrift ist zudem wegen ihres widersprüchlichen Charakters zur Niederlassungsfreiheit gemäß Art. 43, 48 EG problematisch.[54] Es besteht daher keine Veranlassung für den deutschen Gesetzgeber, von der Ermächtigung des Art. 19 Gebrauch zu machen.[55] Der SEAG-RegE sieht folglich zu Recht von einer Umsetzung des Art. 19 ab.

C. Verfahren

Das Verschmelzungsverfahren ist in den Art. 17 bis 31 geregelt. Das Verfahren umfasst im Wesentlichen folgende Schritte:

- Aufstellung eines Verschmelzungsplans (Art. 20);
- Erstattung eines Verschmelzungsberichts (Art. 18 i.V.m. § 8 UmwG);
- Offenlegung des Verschmelzungsplans (Art. 18 i.V.m. § 61 UmwG) und Bekanntmachung gemäß Art. 21;

---

[53] *Buchheim*, S. 138 befürchtet, dass Länder mit hohem Mitbestimmungsniveau diesen Ermessensspielraum nutzen könnten, um Gesellschaften die Teilnahme an SE-Gründungen zu verweigern.

[54] Zum Problem, ob und inwieweit der Gemeinschaftsgesetzgeber an die Grundfreiheiten gebunden ist, siehe oben Teil 2 D.III.1, S. 95.

[55] So auch *Ch. Teichmann*, ZIP 2002, 1109, 1112; *ders.*, in: Theisen/Wenz, S. 582 f.

- Prüfung der Verschmelzung durch unabhängige Sachverständige (Art. 22);
- Zustimmung der Hauptversammlung (Art. 23);
- Einhaltung des nationalen Aktiengründungsrechts (Art. 15 Abs. 1 i.V.m. §§ 23 ff. AktG);
- zweistufige Rechtmäßigkeitskontrolle (Art. 25 f.);
- Eintragung der SE (Art. 27 Abs. 1 i.V.m. Art. 12).

Die SE erlangt mit Eintragung im Register des Sitzstaats Rechtspersönlichkeit (Art. 16 Abs. 1). Die Eintragung wird offen gelegt (Art. 15 Abs. 2 i.V.m. Art. 13) und anschließend mittels einer Bekanntmachung im Amtsblatt der EG veröffentlicht (Art. 14 Abs. 1). Außerdem ist die Durchführung der Verschmelzung in den Mitgliedstaaten, deren Recht die Gründungsgesellschaften unterliegen, offen zu legen (Art. 28).

I. Verschmelzungsplan

Die Leitungs- oder Verwaltungsorgane der sich verschmelzenden Gesellschaften müssen einen Verschmelzungsplan aufstellen (Art. 20 Abs. 1).

1. Gemeinsamer Verschmelzungsplan

Im Schrifttum findet sich die Auffassung, dass jede Gründungsgesellschaft für sich einen Verschmelzungsplan aufstellt.[56] Dies folge aus dem Wortlaut der Verordnung. Nach dieser Ansicht muss also für jede Gründungsgesellschaft ein gesonderter Verschmelzungsplan abgefasst werden.

Dieser Ansicht kann nicht beigepflichtet werden. Der Wortlaut der SE-VO deutet gerade in die andere Richtung. Die Verordnung verwendet durchgängig den Singular. So heißt es in Art. 20 Abs. 1, dass die Leitungs- und Verwaltungsorgane der sich verschmelzenden Gesellschaften „einen Verschmelzungsplan" aufstellen. Es heißt weder, dass „jeweils ein" Verschmelzungsplan aufzustellen ist, noch, dass das Leitungs- oder Verwaltungsorgan „einer jeden Gründungsgesellschaft" einen Verschmelzungsplan aufstellt. Art. 22 spricht davon, dass die Sachverständigen bei einer gemeinsamen Prüfung „den Verschmelzungsplan" – und nicht etwa „die Verschmelzungspläne" – prüfen.[57]

---

[56] *Ch. Teichmann*, ZGR 2002, 383, 417; *Heckschen*, DNotZ 2003, 251, 257. Ausdrücklich offen lassend *Neun*, in: Theisen/Wenz, S. 79, der es aber jedenfalls für erforderlich hält, dass sich die Gründungsgesellschaften über den Inhalt des Verschmelzungsplans abstimmen.

[57] Siehe auch Art. 5 Dritte RiL. Dort heißt es, dass die Verwaltungs- oder Leitungsorgane „der sich verschmelzenden Gesellschaften" einen Verschmelzungsplan erstellen. Art. 9 Dritte RiL spricht dagegen davon, dass die Verwaltungs- oder Leitungsorgane „jeder sich verschmelzenden Gesellschaft" einen Bericht erstellen. Der Begriff „jeder" deutet an, dass in Art. 5 Dritte RiL ein gemeinsames Tätigwerden verlangt wird, während die Berichterstattung nach Art. 9 Dritte RiL für jede Gesellschaft getrennt stattfindet. Ebenso Art. 11

Es entspricht auch nicht dem Sinn und Zweck des Verschmelzungsplans, dass jede Gesellschaft ihren eigenen Verschmelzungsplan aufstellt. Der Verschmelzungsplan dokumentiert die Übereinkunft der beteiligten Gesellschaften über die Bedingungen der Gründung. Es liegt daher in der Natur der Sache, dass die Aufstellung des Verschmelzungsplans die Abfassung eines gemeinsamen Schriftstücks durch die Leitungs- oder Verwaltungsorgane der beteiligten Gesellschaften voraussetzt. Nicht anders können die Äußerungen der Kommission verstanden werden, in denen diese den Verschmelzungsplan als „gemeinsames Dokument aller Gründungsgesellschaften" bezeichnet.[58] Der Verschmelzungsplan ist – um mit den Worten von *Goldman* zu sprechen – eine „einheitliche unteilbare und für die sich verschmelzenden Gesellschaften gemeinsame Rechtshandlung".[59] Dies entspricht auch der Rechtslage in den Mitgliedstaaten, die einheitlich vorsehen, dass die Gesellschaften vor der Beschlussfassung in einem gemeinsamen Dokument die Rahmendaten der Verschmelzung festlegen.[60]

Soweit gemäß Art. 26 Abs. 3 zu prüfen ist, ob die sich verschmelzenden Gesellschaften einem „gleich lautenden" Verschmelzungsplan zugestimmt haben, kann daraus nicht der Schluss gezogen werden, dass jede Gründungsgesellschaft für sich einen eigenen Verschmelzungsplan erstellt.[61] Hierdurch soll vielmehr sichergestellt werden, dass den Hauptversammlungen inhaltlich identische Ausfertigungen des Verschmelzungsplans zur Zustimmung vorgelegt worden sind, an denen keine nachträglichen Veränderungen vorgenommen worden sind. Das Bedürfnis für eine Überprüfung, ob ein gleich lautender Verschmelzungsplan vorliegt, erklärt sich auch damit, dass dieser in der Regel mehrsprachig abgefasst werden muss.[62] Dies macht eine Kontrolle der inhaltlichen Übereinstimmung verschiedener Sprachversionen ein und desselben Gründungsplans erforderlich. Nach alledem bleibt festzuhalten, dass der Verschmelzungsplan ein einzelnes und von den Gründungsgesellschaften gemeinsam zu erstellendes Dokument darstellt.

2. Rechtsnatur

Das deutsche Umwandlungsrecht setzt in § 4 UmwG den Abschluss eines Verschmelzungsvertrags voraus. Dieser stellt in erster Linie einen gesellschafts-

---

Dritte RiL, wo von „dem" Verschmelzungsplan und „den" Berichten die Rede ist.

58 SE-VOV 1989, Begründung zu Art. 18 und 19, S. 7. Vgl. auch Zehnte RiL-V 1985, Begründung zu Art. 5, S. 7 („gemeinsame Unterlage aller beteiligten Gesellschaften").

59 *Goldman*, Bericht zum Int.VerschmelzÜE 1972, S. 71.

60 Vgl. Art. 5 Abs. 1 Dritte RiL.

61 *Neun*, in: Theisen/Wenz, S. 79 hält das Fehlen einer entsprechenden Formulierung bei Art. 20 für ein redaktionelles Versehen. Siehe auch Art. 32 Abs. 2 S. 1 für den Gründungsplan bei der Holding-SE.

62 Siehe unten C.I.4.d), S. 177.

rechtlichen Organisationsakt und daneben einen schuldrechtlichen Vertrag dar.[63] Die gesellschaftsrechtliche Wirkung des Verschmelzungsvertrags liegt darin begründet, dass er für die Rechtsverhältnisse der an der Verschmelzung Beteiligten gestaltende Wirkung hat. Die darüber hinaus notwendigen Verschmelzungsbeschlüsse ändern an der im Verschmelzungsvertrag getroffenen inhaltlichen Festlegung der zukünftigen Rechtsverhältnisse nichts mehr. Der schuldrechtliche Charakter ergibt sich daraus, dass der Verschmelzungsvertrag die Verpflichtung enthält, das Gesellschaftsvermögen gegen die Gewährung von Anteilen zu übertragen, und außerdem gegenseitige Pflichten der am Vertragsschluss beteiligten Rechtsträger festlegt. Dingliche Wirkung entfaltet der Verschmelzungsvertrag nicht, weil erst die Eintragung der Verschmelzung die in § 20 UmwG niedergelegten Rechtsfolgen herbeiführt.

Im Rahmen von Unternehmenszusammenführungen auf internationaler wie nationaler[64] Ebene – sofern sie als Zusammenschluss „unter Gleichen" gewollt sind[65] – ist es zur Gewohnheit geworden, einen sog. Zusammenschlussvertrag (Business Combination Agreement) abzuschließen.[66] In diesem sind die Ziele und Schritte eines Zusammenschlusses von Unternehmen geregelt.[67] Der Zusammenschlussvertrag ist nicht mit dem Verschmelzungsvertrag i.S. des UmwG gleichzusetzen. Der Verschmelzungsvertrag ist ein einzelner Schritt im Vollzug des Zusammenschlusses und damit Teil des Programms des Zusammenschlusses, das im Zusammenschlussvertrag umfassend festgelegt wird. Im Gegensatz zum Verschmelzungsvertrag erzeugt der Zusammenschlussvertrag keine gesellschaftsrechtlichen Wirkungen. Die beteiligten Gesellschaften können sich lediglich dazu verpflichten, die Herbeiführung gesellschaftsrechtlicher Rechtsfolgen (wie etwa eine bestimmte Besetzung der Gesellschaftsorgane) zu fördern oder Empfehlungen abzugeben.[68] Eine verbindliche Festsetzung dieser Rechtsfolgen ist aber nicht möglich.[69]

---

63 Vgl. *Stratz*, in: Schmitt/Hörtnagl/Stratz, UmwG, § 4 Rn. 7 f. m.w.N.

64 Vgl. z.B. die „Grundsatzvereinbarung" bei der Verschmelzung von VEBA und VIAG (Quelle: http://www.eon-ag.com/onlineres/common/download/VerschmelzungsberichtVEBAVIAG.pdf).

65 Zum Begriff des Zusammenschlusses unter Gleichen („Merger of Equals") *Stengel*, in: Semler/Volhard, Hdb. Unternehmensübernahmen, § 17 Rn. 277 ff.

66 Davon abzugrenzen sind bloße interne, unverbindliche Grundsatzpapiere, in denen die Grundzüge künftiger Zusammenarbeit festgelegt werden (sog. memorandum of understanding); dazu *Horn*, ZIP 2000, 473, 479.

67 Beispielhaft dafür sind die Zusammenschlüsse von Rhône-Poulenc mit Hoechst und Daimler-Benz mit Chrysler.

68 *Horn*, in: FS für Buxbaum, 2000, S. 315, 331 f.; *ders.*, in: FS für Lutter, 2000, S. 1113, 1114. Gesellschaftsrechtliche Auswirkungen können allenfalls als Programmsatz oder Ziel im Sinne einer „Bemühensverpflichtung" formuliert werden.

69 *Stengel*, in: Semler/Volhard , Hdb. Unternehmensübernahmen, § 17 Rn. 283.

Übertragen auf den Verschmelzungsplan i.S. des Art. 20 stellen sich zwei Fragen: Erstens: Stellt der Verschmelzungsplan – wie der Verschmelzungsvertrag im deutschen Recht – einen gesellschaftsrechtlichen Organisationsakt dar? Zweitens: Begründet der Verschmelzungsplan Verpflichtungen im Sinne eines schuldrechtlichen Vertrags? Zur Beantwortung dieser Fragen ist es erforderlich, vorab zu klären, ob Art. 20 eine abschließende Regelung über den Verschmelzungsplan enthält oder ob Art. 18 Anwendung findet, sodass sich die Rechtsnatur des Verschmelzungsplans nach nationalem Recht bestimmt (z.B. §§ 4, 5 UmwG). Fest steht, dass dem Verschmelzungsplan keine dingliche Bedeutung zukommt, weil die Gesamtrechtsnachfolge mit Eintragung der SE kraft Gesetzes eintritt (Art. 29 Abs. 1 Buchst. a bzw. Abs. 2 Buchst. a).[70]

a) Abschließende Regelung

Der Begriff „Plan" geht zurück auf die Frühphase der Entstehung der Dritten RiL und des Entwurfs zu einem Übereinkommen über die internationale Verschmelzung (Int.VerschmelzÜE 1972).[71] Die nationalen Verschmelzungsrechte waren damals höchst uneinheitlich geregelt. Übereinstimmung herrschte allenfalls darüber, dass eine Fusion notwendig eine Übereinkunft der beteiligten Gesellschaften voraussetzt. Wie und in welcher Form man zu dieser Übereinkunft gelangte, war jedoch von Mitgliedstaat zu Mitgliedstaat unterschiedlich geregelt.[72] Im deutschen Recht musste vor der Hauptversammlung ein Verschmelzungsvertrag geschlossen werden.[73] Nach französischem Recht musste vor den Hauptversammlungen ein Vertragsentwurf aufgestellt werden („projet de contrat de fusion"[74] oder „contrat de fusion"[75]). In Belgien und Luxemburg begnügte man sich damit, den Hauptversammlungen die Zuständigkeit für die Entscheidung über die Fusion zuzuweisen, ohne explizit eine Vereinbarung zwischen den Vertretungsorganen der Gesellschaften zu verlangen. In Italien war nach den Beschlüssen der Hauptversammlungen ein Fusionsvertrag („atto di fusione") abzuschließen.[76] In den Niederlanden schließlich war die Verschmelzung überhaupt nicht gesetzlich geregelt, sondern nur einem freiwilligen Verhaltenskodex unterworfen.[77]

---

70 So auch *Neun*, in: Theisen/Wenz, S. 80.

71 Dazu *Meyer-Ladewig*, BB 1970, 1517, 1518.

72 Vgl. Dritte RiL-V 1970, Begründung zu Art. 3, S. 10 und *Goldman*, Bericht zum Int.VerschmelzÜE 1972, S. 37 und 49.

73 Bei entsprechender Ermächtigung durch die Hauptversammlung konnte der Vertrag auch nach dem Zustimmungsbeschluss geschlossen werden (§ 341 AktG a.F.).

74 Art. 374 des Gesetzes vom 24.7.1966.

75 Art. 254 des Dekrets 67.236 v. 23.3.1967.

76 Art. 2504 des Codice Civile.

77 *Ganske*, DB 1981, 1551 Fn. 7.

Der europäische Gesetzgeber hielt es für nicht erforderlich, diese Unterschiede zur Gänze zu beseitigen. Die Dritte RiL verlangt daher nur, dass die wesentlichen Bedingungen der Fusion

- rechtzeitig vor der Beschlussfassung der Hauptversammlungen
- in einem besonderen Dokument festgehalten werden,
- das den Aktionären und sonstigen Interessenten zugänglich ist.[78]

Dieses besondere Dokument wird in der Dritten RiL und im Int.VerschmelzÜE 1972 als „Verschmelzungsplan" bezeichnet. Mit der Wahl dieses neutralen Begriffs sollte „den Verschiedenheiten in der rechtlichen Bewertung der von den Verwaltungsorganen getroffenen Vereinbarung Rechnung getragen werden".[79] Die Dritte RiL verzichtet also darauf, die Rechtsnatur des Verschmelzungsplans einheitlich festzulegen. Die Entscheidung, ob ein Verschmelzungsvertrag abzuschließen ist oder nicht, bleibt damit den nationalen Gesetzgebern überlassen. Das zeigt auch Art. 16 Abs. 1 Dritte RiL,[80] der vom ggf. nach Beschlussfassung abzuschließenden „Verschmelzungsvertrag" spricht.[81]

Übergeleitet auf die SE-VO könnte die Verwendung des Begriffs „Verschmelzungsplan" bedeuten, dass der Gemeinschaftsgesetzgeber auch hier die Bestimmung der Rechtsnatur dem nationalen Recht überlassen möchte. Zwischen der Dritten RiL und der SE-VO besteht allerdings ein gravierender Unterschied. Während die Dritte RiL nur innerstaatliche Verschmelzungen regelt,[82] verlangt die SE-VO zwingend die Mehrstaatlichkeit der Verschmelzung (Art. 2 Abs. 1). Überließe man die Entscheidung über die Rechtsnatur des Verschmelzungsplans daher dem nationalen Recht, käme es über Art. 18 grundsätzlich zu einer distributiven Anwendung mehrerer Rechtsordnungen. Die Rechtsnatur des Verschmelzungsplans würde sich damit nach den Gesellschaftsstatuten aller Gründungsgesellschaften beurteilen. Der Verschmelzungsplan stellt jedoch ein gemeinsames Dokument der Gründungsgesellschaften dar. Seine Erstellung setzt ein gemeinsames Tätigwerden der beteiligten Gesellschaften voraus. In diesem Fall sind alle die maßgeblichen Gesellschaftsstatute ausnahmsweise zu kumulieren, wobei sich die strengste Rechtsordnung durchsetzt.[83] Sofern eine deutsche AG an der Verschmelzung beteiligt ist, wäre also stets ein Verschmelzungsvertrag abzuschließen.

---

78 Dritte RiL-V 1970, Begründung zu Art. 3, S. 10.

79 Dritte RiL-V 1970, Begründung zu Art. 3, S. 10.

80 Siehe auch Art. 10 Abs. 2 Zehnte RiL-V 1985.

81 *Lutter*, in: ders., UmwG, § 9 Rn. 12 a.E. schließt daraus, dass die Dritte RiL unter Verschmelzungsplan den mangels Zustimmung der Hauptversammlung noch nicht verbindlichen Vertrag versteht. Dem kann nicht gefolgt werden, weil sich aus dem Begriff „gegebenenfalls" ergibt, dass das nationale Recht auch völlig auf den Abschluss eines Vertrags verzichten kann.

82 Vgl. Art. 2 Dritte RiL.

83 Siehe oben Teil 2 B.IV.2.a)dd)(1), S. 42 ff.

Es ist jedoch zweifelhaft, ob Art. 18 hinsichtlich der Rechtsnatur des Verschmelzungsplans überhaupt Anwendung findet. Der Vergleich mit dem Int.VerschmelzÜE 1972 und der SCE-VO – einschließlich der Ratsentwürfe für eine SCE-VO vom April und Dezember 2001 sowie vom April und Mai 2002 – legt den Schluss nahe, dass Art. 20 als abschließende Regelung zu verstehen ist, die einen Rückgriff auf nationales Recht ausschließt. Der Int.VerschmelzÜE 1972 und die SCE-VO enthalten im Gegensatz zur SE-VO Spezialverweisungen, die ausdrücklich anordnen, dass auf den Verschmelzungsplan ergänzend nationales Recht Anwendung findet.[84] In Art. 23 Abs. 3 SCE-RatsE April und Mai 2001 hieß es sogar, dass die einzelstaatlichen Vorschriften vorsehen können, dass der Verschmelzungsplan die Form eines Verschmelzungsvertrags haben muss. Dies ist schon deshalb von besonderer Aussagekraft, weil der SCE-RatsE April 2001 in ausdrücklicher Anlehnung an die SE-VO verfasst worden ist. Das Fehlen einer entsprechenden Verweisungsvorschrift in der SE-VO lässt den Umkehrschluss zu, dass die SE-VO hinsichtlich der Rechtsnatur des Verschmelzungsplans keine zusätzlichen Anforderungen des mitgliedstaatlichen Rechts zulässt. Art. 20 stellt deshalb eine abschließende Regelung dar.[85] Die Rechtsnatur des Verschmelzungsplans ist somit verordnungsautonom und ohne Rückgriff auf nationales Recht zu bestimmen.[86]

b) Verordnungsautonome Auslegung

Stellungnahmen zur Rechtsnatur des Verschmelzungsplans sind rar. Die wenigen Stimmen im deutschsprachigen Schrifttum übertragen überwiegend das deutsche Verständnis vom Naturell des Verschmelzungsvertrags auf den Verschmelzungsplan nach der SE-VO. Nach Ansicht von *Trojan-Limmer* entspricht der Verschmelzungsplan funktional dem Verschmelzungsvertrag i.S. des deutschen Umwandlungsrechts.[87] Auch *Kersting* geht offensichtlich davon aus, dass der Verschmelzungsplan als Vertrag zu qualifizieren ist, wenn er davon spricht,

---

[84] Vgl. Art. 7 Abs. 3 Int.VerschmelzÜE 1972: „Ist aufgrund des Rechts einer der Gesellschaften vor den Beschlüssen der Hauptversammlungen ein Vertrag zu schließen, so gilt dieser Vertrag als Verschmelzungsplan im Sinne dieses Übereinkommens.“. In Art. 23 Abs. 3 EUGEN-RatsE April und Dezember 2001 heißt es: „In den einzelstaatlichen Rechtsvorschriften kann vorgesehen werden, dass der Plan für die grenzüberschreitende Verschmelzung öffentlich zu beurkunden ist und die Form eines von den beteiligten Genossenschaften zu schließenden Verschmelzungsvertrags haben muss.“ Art. 22 Abs. 3 SCE-VO enthält keine Ermächtigung mehr, sondern eine einfache Verweisung auf mitgliedstaatliches Recht: „Das für einen Verschmelzungsplan von Aktiengesellschaften maßgebende Recht findet auf die grenzüberschreitende Verschmelzung von Genossenschaften zur Gründung einer SCE entsprechend Anwendung.“

[85] Ebenso *Heckschen*, DNotZ 2003, 251, 257.

[86] Im Erg. ebenso *Ch. Teichmann*, ZGR 2002, 383, 419 f.; zust. *C.P. Schindler*, S. 24 Fn. 165.

[87] *Trojan-Limmer*, RIW 1991, 1010, 1014.

dass die SE grundsätzlich „durch einen Vertrag gegründet" wird.[88] *Sagasser* und *Swienty* sehen im Verschmelzungsplan grundsätzlich ebenso einen Vertrag, nehmen aber an, dass es für die Zwecke der SE-VO ausreicht, wenn die Gründungsgesellschaften den Hauptversammlungen zur Beschlussfassung zunächst einen Entwurf vorlegen.[89] Einzig *Ch. Teichmann* hat sich bislang gegen die Gleichstellung von Verschmelzungsvertrag und Verschmelzungsplan ausgesprochen; er erkennt die organisationsrechtliche Bedeutung des Verschmelzungsplans an, bezweifelt aber, dass dieser auch schuldrechtliche Wirkungen entfaltet.[90]

aa) Wortlaut

Der deutsche Begriff „Verschmelzungsplan" spricht nach dem engen Wortsinn gegen die Einordnung als schuldrechtlicher Vertrag. Die anderen Sprachfassungen lassen zumindest eine Nähe zum Entwurf eines Vertrags erkennen. Der französische Verordnungstext spricht von einem „projet de fusion". Dieser Begriff findet sich entsprechend im französischen Code de Commerce wieder (Art. L-236 C.Com) und wird in diesem Zusammenhang als „Entwurf des Verschmelzungsvertrags" übersetzt.[91] Die für rechtsgeschäftliche Verträge gebräuchliche Bezeichnung „contrat"[92] findet dagegen keine Verwendung. In der englischen Sprachfassung ist von „draft terms" die Rede. Während „draft" im Kontext des SE-Gründungsrechts am besten mit dem deutschen Wort „Entwurf"[93] zu übersetzen sein dürfte, sind mit „terms" wohl die „Bedingungen"[94] gemeint. Auch der Begriff „draft terms" taucht entsprechend im englischen Recht auf, wo er unverändert aus der Dritten RiL übernommen wurde.[95] Die Ausdrücke „contract" oder „agreement", die im Englischen für eine vertragliche Vereinbarung stehen,[96] werden nicht gebraucht. In der spanischen Version ist vom „proyecto de fusión" die Rede. Dies entspricht der Terminologie im spanischen Aktiengesetz, das in Art. 234 LSA ebenfalls die Aufstellung eines „proyecto de fusión" (= Verschmelzungsentwurf) verlangt.[97] Auch die italienische Fassung („progetto di fusione") entspricht dem Sprachgebrauch im nationalen

---

88 *Kersting*, DB 2001, 2079, 2080.

89 *Sagasser/Swienty*, DStR 1991, 1188, 1193 f.

90 *Ch. Teichmann*, ZGR 2002, 383, 418 ff. Unentschieden *Neun*, in: Theisen/Wenz, S. 80.

91 Übersetzung nach *Gravenstein*, S. 267 f.

92 *Doucet/Fleck*, Wörterbuch der Rechts- und Wirtschaftssprache, Teil 2, S. 879.

93 *Romain/Bader/Byrd*, Wörterbuch der Rechts- und Wirtschaftssprache, Teil 1, S. 264.

94 *Romain/Bader/Byrd*, Wörterbuch der Rechts- und Wirtschaftssprache, Teil 1, S. 809.

95 Companies Act 1985, Section 427A i.V.m. Schedule 15B.

96 *Romain/Byrd/Thielecke*, Wörterbuch der Rechts- und Wirtschaftssprache, Deutsch-Englisch, S. 892.

97 Übersetzung nach *Reichmann*, S. 274 ff. Der „proyecto de fusión" wird von der spanischen Rechtslehre bereits als aufschiebend bedingter Vertrag angesehen, der von der Beschlussfassung der Hauptversammlungen abhängt; *Steiger*, S. 86 m.w.N.

italienischen Recht. Nach Art. 2501 c.c. haben die Verwaltungsorgane einen „progetto di fusione“[98] zu verfassen, der dem im deutschen Recht bekannten Entwurf des Verschmelzungsvertrags entspricht.[99]

Die Rechtsnatur des Verschmelzungsplans lässt sich anhand des Wortlauts letztlich nicht eindeutig bestimmen. Allen Textfassungen ist aber gemeinsam, dass keine das in der jeweiligen Sprache gebräuchliche Wort für Vertrag oder Vereinbarung verwendet. Dies spricht jedenfalls gegen die Einordnung als schuldrechtlicher Vertrag.

bb) Entstehungsgeschichte

In den Materialien zu den Vorschlagstexten für eine SE-VO lassen sich keine eindeutigen Aussagen über die Rechtsnatur des Verschmelzungsplans finden. In der Begründung zum SE-VOV 1989 wird der Verschmelzungsplan als „gemeinsames Dokument aller Gründungsgesellschaften“ bezeichnet.[100] Es wird nicht ganz klar, ob man dieser Formulierung größere Bedeutung im Hinblick auf die Bestimmung der Rechtsnatur des Verschmelzungsplans einräumen darf. Sie kann jedenfalls kaum als Hinweis auf die vertragliche Qualität des Verschmelzungsplans gedeutet werden. Der Begriff „gemeinsames Dokument“ spricht im Zweifel eher gegen den schuldrechtlichen Gehalt des Verschmelzungsplans.

Dem SE-VOV 1989 kann allerdings an einer anderen Stelle ein Hinweis auf die Rechtsnatur des Verschmelzungsplans entnommen werden. Art. 24 Abs. 2 S. 2 SE-VOV 1989 legt fest, dass nach dem Zustimmungsbeschluss der Hauptversammlungen ein Verschmelzungsvertrag zu schließen ist, wenn das Recht, dem eine der Gründungsgesellschaften unterliegt, dies vorsieht. Daraus kann im Umkehrschluss gefolgert werden, dass der Verschmelzungsplan als solcher nicht als Vertrag anzusehen ist.

cc) Systematische Auslegung

Die im Katalog des Art. 20 Abs. 1 S. 2 aufgezählten Mindestbestandteile des Verschmelzungsplans legen die Rahmenbedingungen der Verschmelzung fest. Auffällig ist, dass im Verschmelzungsplan keine Vereinbarung über die Vermögensübertragung gegen Gewährung von Anteilen enthalten sein muss, wie sie im deutschen Recht für den Verschmelzungsvertrag gefordert wird (vgl. § 5 Abs. 1 Nr. 2 UmwG). Diese Vereinbarung trägt wesentlich dazu bei, dass der Verschmelzungsvertrag von der Rechtswissenschaft als schuldrechtlicher Vertrag qualifiziert wird.[101] Dass der Verschmelzungsplan keine entsprechende Vereinbarung beinhalten muss, ist ein Anzeichen für die unterschiedliche Zielrichtung von Verschmelzungsplan und Verschmelzungsvertrag.

---

[98] Der Begriff „progetto“ lässt sich ins Deutsche als „Entwurf“ übersetzen; vgl. *Conte/Boss*, Wörterbuch der Rechts- und Wirtschaftssprache, Teil 1, S. 382.

[99] *Bruhn*, S. 281.

[100] SE-VOV 1989, Begründung zu Art. 18 und 19, S. 7.

[101] Vgl. *Kraft*, in: KöKo zum AktG, § 340 Rn. 8.

Nach Art. 20 Abs. 2 können die sich verschmelzenden Gesellschaften dem Verschmelzungsplan weitere Punkte hinzufügen. Dies könnte darauf hindeuten, dass der Verschmelzungsplan auch um Abreden schuldrechtlicher Art ergänzt werden kann.[102] Unabhängig davon, ob eine solche inhaltliche Erweiterung um schuldrechtliche Abreden zulässig ist, beantwortet dies aber nicht die Frage, ob dem Verschmelzungsplan per se, also auch ohne solche fakultativen Zusätze, schuldrechtliche Wirkungen innewohnen.

In Art. 26 Abs. 3 wird bestimmt, dass die für die Rechtmäßigkeitskontrolle zuständige Stelle im künftigen Sitzstaat der SE überprüft, ob die Gesellschaften einem „gleich lautenden" Verschmelzungsplan zugestimmt haben. Auch dies könnte gegen den Vertragscharakter des Verschmelzungsplans sprechen. Die ausdrückliche Anordnung, die inhaltliche Übereinstimmung der vorgelegten Ausfertigungen des Verschmelzungsplans zu überprüfen, lässt sich eigentlich nur mit der Erwartung des Gesetzgebers erklären, dass mit Abweichungen zwischen den Dokumenten zu rechnen ist. Würde es sich beim Verschmelzungsplan indessen um ein Vertragswerk zwischen den Gründungsgesellschaften handeln, wären Abweichungen an sich ausgeschlossen, weil die Gründungsgesellschaften jeweils eine Ausfertigung oder beglaubigte Abschrift des von allen Seiten unterzeichneten Verschmelzungsplans vorlegen würden.

Auch bei der Holding-SE und der Umwandlung wird das zentrale Gründungsdokument als „Gründungsplan" (Art. 32 Abs. Abs. 2) bzw. als „Umwandlungsplan" (Art. 37 Abs. 4) bezeichnet. Während dieses Dokument bei der Holdinggründung als bi-/multilateraler Gründungsform zumindest theoretisch Vertragscharakter haben könnte, scheidet dies bei der Umwandlung mangels Beteiligung eines zweiten oder mehrerer Gründungsrechtsträger von vornherein aus. Der Verordnungsgeber verbindet mit dem Begriff „Plan" also offensichtlich keine Aussage über dessen Vertragscharakter.

Die Dritte RiL erlaubt keine Rückschlüsse auf die Rechtsnatur des Verschmelzungsplans i.S. des Art. 20 Abs. 1, weil sie die Frage der Rechtsnatur ausdrücklich offen gelassen hat.[103] Aufschluss über die Rechtsnatur des Gründungsplans geben indessen andere Rechtsakte und Vorhaben auf dem Gebiet des europäischen Gesellschaftsrechts. Schon der Int.VerschmelzÜE 1972 hat ausdrücklich zwischen dem Verschmelzungsplan und dem Verschmelzungsvertrag unterschieden. Grundsätzlich wurde nur die Erstellung eines Verschmelzungsplans gefordert (Art. 7 Abs. 1 Int.VerschmelzÜE 1972). Der Abschluss eines Verschmelzungsvertrags sollte nur dann erforderlich sein, wenn das auf eine der Gründungsgesellschaften anwendbare Recht dies vorsah (Art. 7 Abs. 3 Int.VerschmelzÜE 1972). Besonders aufschlussreich ist der Vergleich mit der SCE-VO sowie den SCE-RatsE aus den Jahren 2001 und 2002. Diese sind in

---

[102] *Neun*, in: Theisen/Wenz, S. 80 deutet diese Möglichkeit an.

[103] Siehe oben C.I.2.a), S. 144.

enger Anlehnung an die SE-VO verfasst worden[104] und erlauben daher Rückschlüsse auf deren Auslegung. Entsprechend der SE-VO wird dort bestimmt, dass die Leitungs- oder Verwaltungsorgane der sich verschmelzenden Genossenschaften einen Verschmelzungsplan aufstellen.[105] Nach den beiden Entwürfen des Jahres 2001 können die Mitgliedstaaten aber darüber hinaus verlangen, dass der Plan „die Form eines von den beteiligten Genossenschaften zu schließenden Verschmelzungsvertrags haben muss".[106] In der endgültigen Fassung der SCE-VO wurde die Ermächtigung in eine Verweisung abgeändert. Danach wird jetzt angeordnet, dass das „für einen Verschmelzungsplan von Aktiengesellschaften maßgebende Recht" auf die grenzüberschreitende Verschmelzung von Genossenschaften entsprechend Anwendung findet.[107] Der Gemeinschaftsgesetzgeber gibt mit dieser Ermächtigung bzw. Verweisung zu verstehen, dass er den Verschmelzungsplan für sich genommen nicht als Vertrag ansieht. Ein Verschmelzungsvertrag ist nur dann abzuschließen, wenn das mitgliedstaatliche Recht dies vorsieht. Es ist also festzustellen, dass der Gemeinschaftsgesetzgeber klar zwischen den Begriffen Verschmelzungsplan und Verschmelzungsvertrag trennt und ihnen damit unterschiedliche Bedeutung beimisst.

dd) Sinn und Zweck

Der Verschmelzungsplan erfüllt im Wesentlichen zwei Zwecke:

Er dient zum einen der Information der Anteilsinhaber und hat damit Schutzfunktion.[108] Die Anteilsinhaber müssen die Gelegenheit haben, von den wesentlichen Bedingungen der Gründung im Vorfeld der Beschlussfassung Kenntnis zu erlangen, um eine sachgerechte und abgewogene Entscheidung treffen zu können.[109] Entscheidend ist dabei, ob sie für ihre Anteile an den Gründungsgesellschaften einen akzeptablen und angemessenen Gegenwert erhalten. Die Angabe des Umtauschverhältnisses der Aktien (Art. 20 Abs. 1 Buchst. b, 32 Abs. 2 S. 3) sowie der Einzelheiten hinsichtlich der Übertragung der Aktien der SE (Art. 20 Abs. 1 Buchst. c, 32 Abs. 2 S. 3) dient genau diesem Zweck. Der Verschmelzungsplan stellt daher neben dem Verschmelzungs- und dem Prüferbe-

---

104 Siehe den Einleitungssatz zum EUGEN-RatsE April 2001: „Die Delegationen erhalten beiliegend den eingangs genannten Vorschlag in einer Textfassung, die vom Vorsitz geändert wurde, um sie an den Entwurf der Verordnung des Rates über das Statut der Europäischen Gesellschaft (Dok. 14886/00) anzupassen."

105 Siehe Art. 22 Abs. 1 SCE-VO bzw. Art. 23 Abs. 1 EUGEN-RatsE April und Dezember 2001 sowie April und Mai 2002.

106 Art. 23 Abs. 3 EUGEN-RatsE April und Dezember 2001.

107 Art. 22 Abs. 3 SCE-VO.

108 *Ch. Teichmann*, ZGR 2003, 367, 373; *Kalss*, ZGR 2003, 593, 618.

109 Siehe dazu SE-VOV 1970, Begründung zu den Art. 21 bis 28, S. 15: „Um den Beteiligten ein zuverlässiges Bild über die Gründungsgesellschaften zu geben, aus denen die S.E. durch Fusion hervorgehen soll, ist ein Fusionsplan aufzustellen..." Siehe auch *Habersack*, EuGesR, Rn. 222 zur Dritten RiL.

richt die zentrale Erkenntnisquelle der Anteilsinhaber dar. Die Verordnung sorgt damit durch ein System der mehrgliedrigen Vorabinformation für einen Präventivschutz der Aktionäre. Dies kommt auch in den korrespondierenden Auskunftsrechten der Anteilsinhaber zum Ausdruck.[110]

Der Verschmelzungsplan ist zum anderen Gegenstand der Beschlussfassung der Hauptversammlungen (Art. 23 Abs. 1). Daraus ergibt sich die Qualifikation des Verschmelzungsplans als gesellschaftsrechtlicher Organisationsakt. Er legt die rechtlich-organisatorische Grundlage der Verschmelzung fest. Für die Gründungsgesellschaften hat er satzungsändernde Wirkung, weil sich die Gründungsgesellschaften in Folge der Fusion entweder auflösen oder eine neue Rechtsform annehmen (vgl. Art. 29). Für die Gesellschafter bestimmt er, in welcher Relation und in welcher mitgliedschaftsrechtlichen Qualität sich ihre Anteile am Vermögen der SE fortsetzen. Unerheblich ist, dass diese Wirkungen erst nach der Beschlussfassung mit der Eintragung herbeigeführt werden, weil hierdurch an der im Verschmelzungsplan getroffenen inhaltlichen Festlegung der zukünftigen Rechtsverhältnisse nichts mehr geändert wird.[111] Im Ergebnis stellt der Verschmelzungsplan daher nichts anderes dar als die „Ausführung der Zustimmungsbeschlüsse der Hauptversammlungen der beteiligten Gesellschaften“[112].

c) Stellungnahme

Der Verschmelzungsplan legt die Eckdaten der Verschmelzung fest, wie sie von den Gründungsgesellschaften durchzuführen ist, wenn die Hauptversammlungen ihre Zustimmung erteilen. Er ist damit als gesellschaftsrechtlicher Organisationsakt einzustufen.[113] Unklar ist hingegen, ob der Verschmelzungsplan daneben auch Rechte und Pflichten im Sinne eines schuldrechtlichen Vertrags begründet. Es kann nicht bestritten werden, dass bei einer SE-Gründung ein Bedürfnis besteht, die wechselseitigen Pflichten zur Durchführung der Gründung im Sinne eines schuldrechtlichen Austauschvertrags verbindlich festzulegen. Fraglich ist indessen, ob es gerade Aufgabe des Verschmelzungsplans ist, diese Verbindlichkeit zu erzeugen. Unter Berücksichtigung des Wortlauts, der Entstehungsgeschichte und der Systematik der Verordnung ist dies zu verneinen. Gegen die schuldrechtliche Qualität des Verschmelzungsplans spricht, dass er keine Vereinbarung über die Übertragung des Gesellschaftsvermögens gegen die Gewährung von Anteilen enthalten muss. Außerdem hat der europäische Gesetzgeber in Art. 24 Abs. 2 S. 2 SE-VOV 1989 sowie in Art. 22 Abs. 3 SCE-VO zu verstehen gegeben, dass er den Verschmelzungsplan grundsätzlich nicht als Vertrag

---

[110] Siehe dazu unten C.V.1.d), S. 209.

[111] *Stratz*, in: Schmitt/Hörtnagl/Stratz, UmwG, § 4 Rn. 7.

[112] So *Kraft*, in: KöKo zum AktG, § 340 Rn. 7 zur organisationsrechtlichen Natur des Verschmelzungsvertrags.

[113] Im Erg. ebenso *Ch. Teichmann*, ZGR 2002, 383, 419; *Neun*, in: Theisen/Wenz, S. 80.

ansieht. Schließlich ist auch kein praktisches Bedürfnis dafür erkennbar, aus dem Verschmelzungsplan schuldrechtliche Rechte und Pflichten zwischen den Gründungsgesellschaften herzuleiten. Dem Interesse der Parteien an verbindlichen Absprachen über den Ablauf und die Rahmendaten der Verschmelzung kann durch Abschluss eines Zusammenschlussvertrags (Business Combination Agreement, BCA) Genüge getan werden.[114] Festzuhalten bleibt jedenfalls, dass der Verschmelzungsplan i.S. des Art. 20 als gesellschaftsrechtlicher Organisationsakt, nicht jedoch als schuldrechtlicher Vertrag einzustufen ist.

3. Inhalt

Art. 20 Abs. 1 S. 2 legt den Mindestinhalt des Verschmelzungsplans fest. Der Katalog regelungsbedürftiger Punkte entspricht der Aufzählung in Art. 5 Dritte RiL und geht noch darüber hinaus. Zusätzlich wird die Angabe der Satzung verlangt. Außerdem muss der Verschmelzungsplan Angaben zum Verfahren, in dem die Arbeitnehmermitbestimmung beschlossen wird, enthalten.[115] Die Gründungsgesellschaften sind befugt, dem Verschmelzungsplan weitere Punkte hinzuzufügen (Art. 20 Abs. 2). Fraglich ist indes, ob sich zusätzliche Pflichtangaben aus dem nationalen Recht ergeben können oder ob die Aufzählung in Art. 20 abschließend ist.

a) Mindestinhalt (Art. 20 Abs. 1 S. 2)

Der Katalog an Pflichtangaben im Verschmelzungsplan umfasst folgende Punkte:

aa) Firma und Sitz der sich verschmelzenden Gesellschaften sowie der SE

Im Verschmelzungsplan muss die Firma und der Sitz der sich verschmelzenden Gesellschaften angegeben werden (Art. 20 Abs. 1 S. 2 Buchst. a).

(1) Rechtsform

Die Verordnung verlangt im Gegensatz zu den SE-VOV 1989 und 1991[116] nicht die Nennung der Rechtsform der Gründungsgesellschaften. Diese Angabe wurde offensichtlich für überflüssig gehalten, weil man davon ausging, dass sich ohnehin nur AG an einer SE-Verschmelzung beteiligen können (Art. 2 Abs. 1). Jedoch darf nicht außer Acht gelassen werden, dass auch die SE selbst verschmel-

---

[114] Fraglich ist, ob der Zusammenschlussvertrag der Hauptversammlung zur Zustimmung vorzulegen ist. Bejahend *Horn*, in: FS für Lutter, 2000, S. 1113, 1124; *ders.*, ZIP 2000, 473, 479; *Rosengarten*, in: FS Buxbaum, 2000, S. 445, 459 Fn. 49. Ablehnend *Decher*, in: FS für Lutter, 2000, S. 1209, 1222 f.; *Aha*, BB 2001, 2225, 2231 f.

[115] Im Gegensatz zur SCE-VO (Art. 22 Abs. 1 Buchst. f und h) muss der Verschmelzungsplan bei der SE jedoch keine Angaben zu den Besonderheiten oder Vorteilen von Schuldverschreibungen und Wetpapieren, die keine Gesellschaftsanteile sind, sowie den Vorkehrungen bezüglich des Gläubigerschutzes enthalten.

[116] Art. 18 Abs. 1 Buchst. a SE-VOV 1989 und 1991.

zungsfähig ist (Art. 3 Abs. 1). Im Übrigen wird bei der Gründungsform Holding-SE, zu der neben der AG auch die GmbH zugelassen ist, auf den Inhalt des Verschmelzungsplans nach Art. 20 Abs. 1 verwiesen (Art. 32 Abs. 2 S. 3). Auch deshalb wäre es sinnvoll gewesen, die Angabe der Rechtsform der beteiligten Gründungsgesellschaften zu verlangen.[117] Dieser Mangel wiegt indessen nicht so schwer, weil die Rechtsform der sich verschmelzenden Gesellschaften gemäß Art. 21 Buchst. a ohnehin offen gelegt werden muss.

(2) Sitz

Der Bestimmung des Sitzes der künftigen SE kommt eine besondere Bedeutung zu, weil sich die Rechtsverhältnisse der SE ganz wesentlich nach dem Sitzstaatrecht der SE bestimmen (Art. 9 Abs. 1 Buchst. c). Im Falle des Scheiterns der Verhandlungen über die Mitbestimmung kommen unter Umständen die in diesem Mitgliedstaat vorgesehenen Auffangregelungen zum Tragen (Art. 7 Abs. 1 SE-ErgRiL). Auch die Gründung der SE hängt in ihrer Vollzugsphase maßgeblich vom nationalen Recht des künftigen Sitzstaats der SE ab (Art. 15 Abs. 1).

Mit Sitz i.S. des Art. 20 Abs. 1 Buchst. a ist der satzungsmäßige Sitz gemeint.[118] Der Sitz der SE muss in der Gemeinschaft liegen und zwar grundsätzlich in dem Mitgliedstaat, in dem sich die Hauptverwaltung befindet (Art. 7 S. 1). Nach der Verordnung ist es ausgeschlossen, dass für die SE ein Doppelsitz in zwei Mitgliedstaaten gewählt wird. Dies ist notwendig, weil sonst die für die Bestimmung des ergänzend anwendbaren nationalen Rechts erforderliche Anknüpfung an den Sitzmitgliedstaat unmöglich wäre. Die Mitgliedstaaten können darüber hinaus verlangen, dass der satzungsmäßige und der tatsächliche Sitz am selben Ort liegt (Art. 7 S. 2). Dementsprechend bestimmt § 2 SEAG-RegE, dass die Satzung der SE als Sitz den Ort zu bestimmen hat, wo die Verwaltung geführt wird.[119] Für die deutsche SE gilt also: Satzungssitz ist gleich Verwaltungssitz.

Im Übrigen ist davon auszugehen, dass die Gründungsgesellschaften den Sitzstaat der SE frei wählen können. Der Sitz der SE kann sich demnach auch in einem Mitgliedstaat befinden, zu dem bislang keine der Gründungsgesellschaften einen Bezug hat. Es muss sich daher nicht um den Sitzstaat einer der Gründungsgesellschaften handeln.[120] Dies ergibt sich im Umkehrschluss aus Art. 37

---

[117] Für eine Einbeziehung der Rechtsform in den Pflichtinhalt schon *Barz/Lutter*, in: Lutter: Europäische Aktiengesellschaft, S. 27.

[118] Vgl. die französische („siège statutaire“) und englische Fassung („registered office“).

[119] § 2 SEAG-DiskE war insoweit liberaler, weil er in Anlehnung an § 5 Abs. 2 AktG zuließ, dass die SE ihren Sitz auch an einem bloßen Betriebsort nimmt (*Waclawik*, DB 2004, 1191, 1192; siehe auch *Ch. Teichmann*, ZGR 2002, 383, 456 f.; *ders.*, ZIP 2002, 1109, 1111; *ders.*, in: Theisen/Wenz, S. 580 f.; *Wenz*, in: Theisen/Wenz, S. 203). Es war indes str., ob eine solche Regelung von der Ermächtigungsnorm des Art. 7 S. 2 gedeckt ist (bejahend *Neye/Teichmann*, AG 2003, 169, 173; *Ihrig/Wagner*, BB 2003, 969, 971 Fn. 38; verneinend *Handelsrechtsausschuss des DAV*, NZG 2004, 75, 76).

[120] Zu Recht *Kallmeyer*, AG 2003, 197, 198. Im Erg. ebenso *Habersack*, EuGesR, Rn. 402.

Abs. 3, der für die Gründungsform Umwandlung ein ausdrückliches Sitzverlegungsverbot statuiert,[121] und dem Fehlen einer entsprechenden Regelung im Recht der Verschmelzungsgründung. Die Möglichkeit der freien Sitzwahl wird außerdem durch Art. 22 bestätigt. Danach ist für die Bestellung des Verschmelzungsprüfers das Gericht des Mitgliedstaats zuständig, dessen Recht eine der sich verschmelzenden Gesellschaften „oder die künftige SE" unterliegt.

Im Schrifttum wird die Wahlfreiheit bezüglich des Sitzstaats allerdings vereinzelt auf den Fall der Verschmelzung durch Neugründung beschränkt.[122] Der Verordnung kann eine solche Einschränkung nicht entnommen werden. Man könnte zwar der Auffassung sein, dass eine Verschmelzung durch Aufnahme, bei der die SE ihren Sitz in einem anderen Staat als dem Sitzstaat der aufnehmenden Gesellschaft haben soll, eine verdeckte Sitzverlegung der aufnehmenden Gesellschaft darstellt. Daraus könnte man den Schluss ziehen, dass eine solche nur unter Befolgung der in Art. 8 für diesen Fall vorgesehenen besonderen Voraussetzungen zulässig ist. Die Interessen der Gesellschafter und Dritter (Gläubiger, Arbeitnehmer) werden aber schon im Verschmelzungsverfahren in vergleichbarer Weise berücksichtigt (vgl. Art. 24), sodass für eine Anwendung des Art. 8 kein Bedürfnis erkennbar ist. Es besteht daher keine Veranlassung, die Wahlfreiheit auf die Verschmelzung durch Neugründung zu beschränken.

(3) Firma

Die Firma der SE muss den Rechtsformzusatz „SE" enthalten (Art. 11 Abs. 1). Alle anderen firmenrechtlichen Vorgaben ergeben sich im Gründungsstadium über Art. 15 Abs. 1 aus dem mitgliedstaatlichen Recht. Für eine SE mit Sitz in Deutschland gelten dementsprechend die §§ 17 ff. HGB.

bb) Umtauschverhältnis und Höhe der Ausgleichsleistung

Der Verschmelzungsplan muss das Umtauschverhältnis der Aktien sowie ggf. die Höhe der Ausgleichsleistung angeben (Art. 20 Abs. 1 S. 2 Buchst. b).

(1) Umtauschverhältnis und Probleme der internationalen Unternehmensbewertung

Das Umtauschverhältnis bestimmt, wie viele Anteile am übernehmenden Rechtsträger auf einen Anteil am übertragenden Rechtsträger entfallen. Leistung und Gegenleistung müssen sich wertmäßig entsprechen.[123] Die Festlegung des Umtauschverhältnisses stellt in der Regel das „Zentralproblem" der Verhandlungen dar.[124] Das Umtauschverhältnis gewinnt auch noch an anderen Stellen des Verschmelzungsverfahrens Bedeutung. Es ist im Verschmelzungsbericht

---

[121] Dazu unten Teil 7 A.V, S. 400.

[122] *Buchheim*, S. 138, 193 f.; offenbar auch *Ihrig/Wagner*, BB 2003, 969, 973 Fn. 67.

[123] *Volhard*, in: Semler/Volhard, Hdb. Unternehmensübernahmen, § 17 Rn. 127.

[124] *Stratz*, in: Schmitt/Hörtnagl/Stratz, UmwG, § 5 Rn. 5.

rechtlich und wirtschaftlich zu erläutern,[125] im Prüfungsbericht ist seine Angemessenheit zu beurteilen,[126] und schließlich stellt sich die Frage, welche Rechtsbehelfe den Anteilsinhabern zur Verfügung stehen, wenn sie das Umtauschverhältnis für zu niedrig bemessen halten (vgl. Art. 25 Abs. 3)[127]. Im Verschmelzungsplan muss das Umtauschverhältnis konkret angegeben werden (z.B. 1:2 oder 5:4). Eine Begründung des Umtauschverhältnisses ist nicht erforderlich.[128] Diese ist jedoch im Verschmelzungsbericht nachzureichen (Art. 18 i.V.m. § 8 UmwG).

Die Bestimmung des Umtauschverhältnisses hängt von der Wertrelation zwischen übertragender und übernehmender Gesellschaft ab. Die Wertrelation wird durch Bewertung der beteiligten Unternehmen ermittelt. Über die Methoden der Bestimmung des Unternehmenswerts schweigt sich die SE-VO aus (vgl. Art. 32 Abs. 5). Dementsprechend ist über Art. 18 das Personalstatut der jeweiligen Gründungsgesellschaft maßgebend. Die Dritte RiL hat die mitgliedstaatlichen Rechte in der Frage der Methode der Unternehmensbewertung nicht harmonisiert. Wegen der nicht Halt machenden Entwicklung der betriebswirtschaftlichen Bewertungsmethoden hielt es der Gemeinschaftsgesetzgeber bei Erlass der Dritten RiL für nicht angebracht, sich auf eine bestimmte Methode festzulegen. Statt dessen beließ man es dabei, von den Sachverständigen die Offenlegung der im Einzelfall angewandten Methode zu verlangen (Art. 10 Abs. 2 Buchst. a Dritte RiL).[129] Auch das deutsche Recht schreibt keine bestimmte Methode der Unternehmensbewertung vor (argumentum e contrario § 12 Abs. 2 Nr. 1 UmwG). Anzutreffen sind vor allem die Ertragswertmethode und das sich im Vordringen begreifende Discounted Cash Flow-Verfahren.[130] Die in Deutschland anerkannten Methoden der Unternehmensbewertung können daher grundsätzlich auch bei einer SE-Verschmelzung angewandt werden.

Allerdings stellen sich bei der Bewertung der Unternehmen infolge der Internationalität des Verschmelzungsvorgangs besondere Probleme.[131] Die Schwierigkeiten beginnen bei der Bestimmung des Kapitalisierungszinssatzes, von dem die Höhe der Verschmelzungswertrelation maßgeblich abhängt.[132] Der Kapitalisierungszinssatz wird auf Grundlage des „landesüblichen" (risikofreien) Zinssatzes ermittelt. Bei einer grenzüberschreitenden Verschmelzung stellt sich die

---

[125] Dazu unten C.II.6.c), S. 183.

[126] Dazu unten C.IV.5, S. 201.

[127] Dazu unten C.VI.2, S. 229.

[128] Anders dagegen noch Art. 22 Abs. 1 Buchst. c SE-VOV 1970.

[129] Dazu *Ganske*, DB 1981, 1551, 1553 Fn. 25.

[130] Siehe dazu *Streyl*, in: Semler/Volhard, Hdb. Unternehmensübernahmen, § 12 Rn. 53 ff.

[131] Dazu *Großfeld*, NZG 2002, 353, 356 ff.; *Neun*, in: Theisen/Wenz, S. 76 ff. Siehe auch schon *Sagasser/Swienty*, DStR 1991, 1188, 1192 f.

[132] Dazu *Lutter*, in: ders., UmwG, § 5 Rn. 24e.

Frage, auf welchen „landesüblichen" Zinssatz abgestellt wird.[133] Probleme ergeben sich weiterhin bei der Festsetzung des Risikozuschlags. Wird dieser Zuschlag auf Grundlage des sog. Kapitalmarktpreisbildungsmodells („capital asset pricing model", CAPM) gewonnen werden, stellt sich die Frage, welchem Marktausschnitt (repräsentiert durch einen Index) man die erwartete Durchschnittsrendite entnimmt (DAX, EuroStoxx usw.). Geklärt werden muss ferner, ob man bei der Unternehmensbewertung auf die Einkünfte der Anteilsinhaber vor oder nach Steuern abstellt. Abstimmungsbedarf ist schließlich auch hinsichtlich des maßgeblichen Stichtags der Unternehmensbewertung (Bewertungsstichtag) gegeben.[134] Positiv zu bewerten ist, dass die deutsche Rechtsprechung mittlerweile davon ausgeht, dass die Börsenkurse bei der Bestimmung des Unternehmenswerts nicht grundsätzlich unberücksichtigt bleiben dürfen.[135] Damit werden Komplikationen bei Verschmelzungen mit Gesellschaften aus solchen Staaten, in denen prinzipiell auf die Börsenbewertung abgestellt wird, vermieden.[136]

Über die eigentliche Unternehmensbewertung, die das Wertverhältnis der beteiligten Gesellschaften zueinander gewinnt, muss auch das Verhältnis der jeweiligen Anteilseigner an der SE untereinander bestimmt werden. Hier ist zu prüfen, ob sich durch die Umwandlung der Aktien in solche der SE die Rechte der verschiedenen Aktiengattungen verändern. Durch die Gründung der SE wird zumindest ein Teil der Aktionäre einer neuen Rechtsordnung unterstellt. Die Mitgliedschaftsrechte der Aktionäre in der SE hängen weitgehend vom nationalen Recht des Sitzstaats ab (Art. 9 Abs. 1 Buchst. c).[137] Die daraus resultierenden Anteilsunterschiede sind beim relativen Verhältnis der Anteile zueinander zu beachten.[138]

Die sich im Zusammenhang mit der Bestimmung des Umtauschverhältnisses stellenden Probleme können hier nur angerissen werden. Klar ist aber, dass die Unternehmensbewertung für jede Gründungsgesellschaft von vornherein auf denselben Prämissen basieren muss, weil nur so ein korrektes Umtauschverhältnis ermittelt werden kann. Hier ist ein entsprechender Koordinierungsbedarf bei den Gründungsgesellschaften vorhanden, die sich schon vor Aufstellung des

---

[133] *Großfeld*, NZG 2002, 353, 356 schlägt vor, auf den landesüblichen Zinssatz von „Euroland" abzustellen.

[134] Dieser muss auf jeden Fall vor der Beschlussfassung liegen; vgl. *Lutter*, in: ders., UmwG, § 5 Rn. 21 m.w.N. Dagegen dürfte sich die Bestimmung eines bestimmten Stichtags für die Festlegung des Wechselkurses zumindest bei Verschmelzungen innerhalb von „Euroland" erübrigen. Vgl. zu diesem Problemfeld im Übrigen *Bessenich*, S. 83, der vorschlägt, den Wechselkurs am Stichtag der Verschmelzungsbilanz zugrunde zu legen.

[135] BVerfGE 100, 289 („DAT/Altana").

[136] *Schiessl*, AG 1999, 442, 447.

[137] *Hirte*, NZG 2002, 1, 9.

[138] *Großfeld*, NZG 2002, 353, 358.

Verschmelzungsplans, also in der Planungsphase, auf gemeinsame Grundlinien bei der Unternehmensbewertung einigen müssen.

(2) Ausgleichsleistung

Ausgleichsleistungen sind dann zu gewähren, wenn bei der Berechnung des Umtauschverhältnisses Spitzenbeträge verbleiben, auf die keine Anteile entfallen.[139]

Es fragt sich, worin diese Ausgleichsleistungen zu bestehen haben und bis zu welcher Höhe sie gewährt werden dürfen. Art. 20 Abs. 1 Buchst. b gibt hierüber keine Auskunft. Anders als in den Vorgängervorschlägen, in denen noch von „baren Zuzahlungen" die Rede war,[140] spricht Art. 20 Abs. 1 Buchst. b allgemein von „Ausgleichleistungen".[141] Auch eine höhenmäßige Begrenzung der Ausgleichleistungen, die noch in den Verordnungsvorschlägen von 1970 und 1975 enthalten war,[142] ist nicht mehr vorgesehen. Man könnte daher zum Schluss gelangen, dass nun grundsätzlich auch ein Ausgleich durch Sachleistungen oder in Anteilen möglich ist[143] oder dass Ausgleich auch über die 10 %-Grenze hinaus gewährt werden kann.

Nach deutschem Recht kann Ausgleich nur durch Geldleistungen gewährt werden, die nicht mehr als 10 % des auf die gewährten Aktien entfallenden anteiligen Betrags ihres Grundkapitals betragen (§ 68 Abs. 3 UmwG). Diese Begrenzung bezweckt den Schutz der Anteilsinhaber vor einem Auskauf aus der Gesellschaft.[144] Im Schrifttum wird die Ansicht vertreten, dass diese Beschränkungen des nationalen Rechts auch auf SE Verschmelzungen Anwendung finden.[145] Ein Rückgriff auf nationales Rechts ist jedoch überflüssig, weil die Verordnung die Zulässigkeit von Ausgleichsleistungen an anderer Stelle selbst regelt. Aus der Definition der Verschmelzung gemäß Art. 17 Abs. 2 Unterabs. 1 Buchst. a

---

[139] Dies ist der Fall bei „krummen" Umtauschverhältnissen (z.B. 1:2,1); vgl. *Mayer*, in: Widmann/Mayer, UmwG, § 5 Rn. 64 (Stand: November 1999).

[140] Art. 21 S. 2 SE-VOV 1970 und 1975 sowie Art. 18 Abs. 1 Buchst. b SE-VOV 1989 und 1991.

[141] Vgl. auch die französische („la soulte") und die englische Fassung („any compensation"). In Art. 23 Abs. 1 der EUGEN-RatsE Mai und Dezember 2001 sowie April und Mai 2002 ist erstaunlicherweise wieder von „baren Zuzahlungen" die Rede.

[142] Art. 21 S. 2 SE-VOV 1970 und 1975 begrenzten die Höhe der zulässigen Barzuzahlungen auf „10% des Nennwertes der Aktien der S.E.". Diese Begrenzung war aus „Gründen des Gläubigerschutzes" vorgesehen (SE-VOV 1970, Begründung zu den Art. 21 bis 28, S. 15).

[143] So wäre denkbar, dass Aktien, die unter dem gesetzlichen Mindestbetrag liegen, gebildet werden. Diese Möglichkeit besteht nach deutschem Recht nicht; vgl. *Marsch-Barner*, in: Kallmeyer, UmwG, § 5 Rn. 9.

[144] *Rieger*, in: Widmann/Mayer, UmwG, § 68 Rn. 40 (Stand: September 1996). Vgl. auch *Mayer*, in: Widmann/Mayer, UmwG, § 5 Rn. 64 ff. (Stand: November 1999).

[145] *Neun*, in: Theisen/Wenz, S. 82, der hier auf Art. 15 Abs. 1 abstellt, weil die Gewährung der Ausgleichsleistung bereits der SE und nicht mehr den Gründungsgesellschaften zuzurechnen sei.

i.V.m. Art. 3 Abs. 1 Dritte RiL bzw. Art. 17 Abs. 2 Unterabs. 1 Buchst. b i.V.m. Art. 4 Abs. 1 Dritte RiL folgt unmittelbar, dass Ausgleich nur durch bare Zuzahlungen geleistet werden darf, die den zehnten Teil des Nennbetrags oder, wenn ein Nennbetrag nicht vorhanden ist, des rechnerischen Werts der gewährten Aktien nicht übersteigen. Ausgleich kann daher nur in Form von Geldleistungen und der Höhe nach begrenzt auf 10 % der gewährten Aktien gewährt werden.

cc) Einzelheiten der Übertragung der SE-Aktien

Der Verschmelzungsplan muss weiterhin Einzelheiten hinsichtlich der Übertragung der Aktien der SE enthalten (Art. 20 Abs. 1 S. 2 Buchst. c). Aus deutscher Sicht stellt sich die Frage nach der Anwendbarkeit des § 71 UmwG. Danach hat jeder übertragende Rechtsträger einen Treuhänder zu bestellen, der den Aktienumtausch durchführt. Dieser hat die den Aktionären der übertragenden Gesellschaften zu gewährenden Aktien und die geschuldeten baren Zuzahlungen in Empfang zu nehmen, zu verwahren und an die neuen Aktionäre weiterzugeben. Außerdem hat er dem zuständigen Registergericht anzuzeigen, dass er im Besitz der zu gewährenden Aktien und ggf. baren Zuzahlungen ist.[146] Die Einzelheiten der Übertragung der Aktien der SE betreffen grundsätzlich die entstehende SE, sodass die diesbezüglichen Rechtsfragen grundsätzlich dem Anwendungsbereich des Art. 15 Abs. 1 zugerechnet werden können.[147] Allerdings wendet sich § 71 UmwG ausdrücklich an die Adresse der übertragenden Gesellschaften und verpflichtet diese zur Bestellung eines Treuhänders. Die Vorschrift bezweckt überdies den Schutz der Gesellschafter.[148] Es wäre daher nicht sachgerecht, die in § 71 UmwG geregelte Materie als eine die entstehende SE betreffende Rechtsfrage zu verstehen. Es handelt sich vielmehr um einen Vorgang, der sich auf Ebene der Gründungsgesellschaften abspielt und damit in den Anwendungsbereich des Art. 18 fällt.[149] Dementsprechend muss eine übertragende Gründungsgesellschaft, die deutschem Recht unterliegt, gemäß Art. 18 i.V.m. § 71 UmwG einen Treuhänder zur Entgegennahme und Weitergabe der Aktien der SE bestellen.[150] Die Treuhänderbestellung muss gemäß Art. 20 Abs. 1 Buchst. c in den Verschmelzungsplan aufgenommen werden.

---

[146] Dabei handelt es sich um eine Eintragungsvoraussetzung; siehe unten C.VIII.2.c)cc), S. 263.

[147] So *Sagasser/Swienty*, DStR 1991, 1188, 1193.

[148] *Grunewald*, in: Lutter, UmwG, § 71 Rn. 2.

[149] Ebenso *Neun*, in: Theisen/Wenz, S. 83. Siehe auch Art. 32 Int.VerschmelzÜE 1972, nach dem die Verteilung der Aktien der übernehmenden Gesellschaft nach dem für die übertragende Gesellschaft geltenden Recht vorzunehmen ist.

[150] So schon *Clement/Fortdran/Müller/Wanske*, AG 1972, 343, 344; *Barz/Lutter*, in: Lutter: Europäische Aktiengesellschaft, S. 35 f.

dd) Zeitpunkt der Gewinnberechtigung

Der Verschmelzungsplan muss den Zeitpunkt nennen, von dem an die SE-Aktien das Recht auf Beteiligung am Gewinn gewähren, sowie alle Besonderheiten in Bezug auf dieses Recht (Art. 20 Abs. 1 S. 2 Buchst. d). Die Aktionäre der Gründungsgesellschaften werden mit Eintragung der SE Aktionäre derselben (Art. 29 Abs. 1 Buchst. b und d, Abs. 2 Buchst. b). Von diesem Zeitpunkt an sind sie gewinnberechtigt. Weil dieser Zeitpunkt in der Regel nicht genau vorhersehbar ist, steht es den Gründungsgesellschaften frei, einen anderen Termin festzulegen.[151] Die Verlegung des Zeitpunkts muss aber entsprechend bei der Bestimmung des Umtauschverhältnisses berücksichtigt werden.[152] Ist mit Verzögerungen und Komplikationen bei der Eintragung zu rechnen (z.B. wegen Anfechtungsklagen), empfiehlt sich die Festsetzung eines variablen Stichtags.[153] Dafür dürfte gerade bei SE-Verschmelzungen ein Bedürfnis bestehen, weil hier die Festlegung eines festen Termins bedingt durch die zweistufige Rechtmäßigkeitskontrolle sowie bedingt durch das Verfahren der Bestimmung des Mitbestimmungsmodells kaum möglich sein dürfte.[154]

ee) Verschmelzungsstichtag

Im Verschmelzungsplan muss ferner der Zeitpunkt angegeben werden, „von dem an die Handlungen der sich verschmelzenden Gesellschaften unter dem Gesichtspunkt der Rechnungslegung als für die SE vorgenommen gelten" (Art. 20 Abs. 1 S. 2 Buchst. e). Dieser sog. Verschmelzungsstichtag bestimmt – wie schon im Wortlaut zum Ausdruck kommt – den Termin für den Wechsel der Rechnungslegung von den übertragenden Gesellschaften auf die SE. Er ist daher maßgebend für die handels- und steuerrechtliche Gewinnermittlung.[155] Art. 20 Abs. 1 Buchst. e ist mithin als Rechnungslegungsvorschrift zu qualifizieren.

Der Verschmelzungsstichtag kann von den Gründungsgesellschaften frei bestimmt werden.[156] Der Stichtag der Schlussbilanz der übertragenden Gesellschaften[157] muss aber unmittelbar vor dem Verschmelzungsstichtag liegen.[158]

---

151 Vgl. Dritte RiL-V 1970, Begründung zu Art. 3, S. 11: „Mit den Angaben, die eine Festlegung des Zeitpunktes verlangen, von dem ab die von der übernehmenden Gesellschaft gewährten Aktien zum Bezug von Dividenden berechtigen (Buchstabe c), und von dem ab die von der übertragenden Gesellschaft vorgenommenen Rechtsgeschäfte als solche der übernehmenden gelten (Buchstabe d), sollen den Bedürfnissen der Praxis Rechnung getragen werden. Es ist vielfach üblich, in den beiden genannten Fragen eine Anpassung an den Ablauf des Geschäftsjahres vorzunehmen."

152 *Lutter*, in: ders., UmwG, § 5 Rn. 30.

153 Siehe den Formulierungsvorschlag bei *Lutter*, in: ders., UmwG, § 5 Rn. 30 Fn. 132.

154 Vgl. *Neun*, in: Theisen/Wenz, S. 84 f.

155 *Lutter*, in: ders., UmwG, § 5 Rn. 31 unter ausdrücklicher Berufung auf den mit Art. 20 Abs. Buchst. e identischen Wortlaut des § 5 Abs. 3 Buchst. e Dritte RiL.

156 Dritte RiL-V 1970, Begründung zu Art. 3, S. 11.

157 Die Schlussbilanz ist der Anmeldung zur Rechtmäßigkeitskontrolle als Anlage beizufügen

Aus der getrennten Nennung der beiden Zeitpunkte im Verordnungstext kann geschlossen werden, dass der Verschmelzungsstichtag nicht zwingend mit dem Zeitpunkt der Gewinnberechtigung (Art. 20 Abs. 1 Buchst. d) zusammenfallen muss, auch wenn eine Übereinstimmung ratsam erscheint.[159] Auch hier können sich infolge der Unwägbarkeiten des Verschmelzungsverfahrens Schwierigkeiten hinsichtlich der präzisen Terminierung des Verschmelzungsstichtags ergeben, sodass sich eine variable Stichtagsregelung empfiehlt.[160]

Fraglich ist, ob für die übertragenden Gründungsgesellschaften unterschiedliche Verschmelzungsstichtage festgelegt werden können. Der Wortlaut des Art. 20 Abs. 1 Buchst. d („den Zeitpunkt") deutet darauf hin, dass zwingend ein einheitlicher Termin gewählt werden muss. Bei § 5 Abs. 1 Nr. 6 UmwG ist es dagegen herrschende Meinung, dass auch abweichende Verschmelzungsstichtage vereinbart werden können.[161] Begründet wird dies mit dem praktischen Bedürfnis der beteiligten Rechtsträger, die vorhandene Jahresbilanz auch dann als Schlussbilanz i.S. des § 17 Abs. 2 UmwG verwenden zu können, wenn die übertragenden Rechtsträger abweichende Geschäftsjahre gewählt haben.[162] Ein entsprechendes Bedürfnis dürfte gerade auch bei grenzüberschreitenden Verschmelzungen bestehen. Es ist im Übrigen kein Grund erkennbar, weshalb bei einer SE-Verschmelzung zwingend ein einheitlicher Verschmelzungsstichtag festgelegt werden müsste.[163]

ff) Sonderrechte

Der Verschmelzungsplan muss die Rechte nennen, „welche die SE den mit Sonderrechten ausgestatteten Aktionären der Gründungsgesellschaften und den Inhabern anderer Wertpapiere als Aktien gewährt, oder die für diese Personen vorgeschlagenen Maßnahmen" (Art. 20 Abs. 1 S. 2 Buchst. f).

(1) Mit Sonderrechten ausgestattete Aktionäre und Inhaber anderer Wertpapiere als Aktien

Genannt werden müssen nur solche Rechte, die „mit Sonderrechten ausgestatteten Aktionären" und „Inhabern anderer Wertpapiere als Aktien" gewährt werden. Die Verordnung trifft keine Aussage darüber, was unter Sonderrechten oder Wertpapieren zu verstehen ist. Dies ist auch nicht zu erwarten, weil sich die

---

(Art. 25 Abs. 1 i.V.m. § 17 Abs. 2 UmwG); siehe dazu unten C.VIII.2.c)bb)(3), S. 261.

158 *Lutter*, in: ders., UmwG, § 5 Rn. 31.

159 Dazu *Müller*, in: Kallmeyer, UmwG, § 5 Rn. 35.

160 *Neun*, in: Theisen/Wenz, S. 85 f. Formulierungsvorschlag bei *Lutter*, in: ders., UmwG, § 5 Rn. 32 Fn. 140.

161 *Mayer*, in: Widmann/Mayer, UmwG, § 5 Rn. 166; *Stratz*, in: Schmitt/Hörtnagl/Stratz, UmwG, § 5 Rn. 37; *Müller*, in: Kallmeyer, UmwG, § 5 Rn. 37. Wohl auch *Lutter*, in: ders., UmwG, § 5 Rn. 31 Fn. 133.

162 *Stratz*, in: Schmitt/Hörtnagl/Stratz, UmwG, § 5 Rn. 37.

163 So auch *Neun*, in: Theisen/Wenz, S. 86.

Sonderrechte und Wertpapiere auf die Gründungsgesellschaften beziehen und damit dem nationalen Recht entspringen. Im *Goldman*-Bericht heißt es zur Parallelvorschrift des Art. 8 Abs. 1 Buchst. e Int.VerschmelzÜE 1972[164], dass der Text angesichts der vor allem von der deutschen Delegation unterstrichenen Verschiedenartigkeit der in Betracht kommenden Aktien und Wertpapiere und der damit möglicherweise verbundenen Rechte nach Maßgabe der Rechtsordnungen absichtlich sehr allgemein gehalten wurde. *Goldman* fährt fort:[165]

> „Meist wird es sich um Aktien, die einen Anspruch auf eine satzungsmäßige Vergünstigung, auf eine erste Dividende oder eine Zusatzdividende begründen, um Zwei- oder Mehrstimmrechtsaktien, um Gründeranteile oder Anteilsscheine oder um Wandelschuldverschreibungen handeln. Diese Aufzählung nennt aber nur Beispiele, da der Text ganz allgemein alle anderen Aktien als „gewöhnliche" Aktien oder alle Wertpapiere erfasst, die Rechte verleihen, die bei einer Verschmelzung eine Sonderbehandlung nötig machen können ..."

Der Begriff der Sonderrechte und Wertpapiere ist daher in einem weiten Sinne zu verstehen. Ausgenommen sind nur gewöhnliche Aktien. Sonderrechte können sich im Hinblick auf die Ausübung des Stimmrechts und die Gewinnverteilung ergeben.[166] Dazu gehören insbesondere stimmrechtslose Vorzugsaktien, Mehrfachstimmrechte und Höchststimmrechte. Wertpapiere, die bei einer Verschmelzung eine Sonderbehandlung nötig machen können, sind vor allem Schuldverschreibungen und Genussrechte.

Die Vorschrift des Art. 20 Abs. 1 S. 2 Buchst. f unterscheidet sich ihrem Anwendungsbereich nach von § 5 Abs. 1 Nr. 7 UmwG. Nach § 5 Abs. 1 Nr. 7 UmwG müssen auch die Rechte, die „gewöhnlichen" Anteilsinhabern gewährt werden, angegeben werden. Hierdurch sollen die nicht begünstigen Anteilsinhaber in die Lage versetzt werden, die Einhaltung des Gleichbehandlungsgrundsatzes (vgl. § 53a AktG) zu überprüfen. Die Vorschrift geht damit über die Anforderungen der Dritten RiL hinaus. Dafür müssen aber auch nur die „einzelnen", nicht aber allen Anteilsinhabern eingeräumten Vorteile genannt werden.[167] Nach Art. 20 Abs. 1 S. 2 Buchst f müssen dagegen nur die Rechte angegeben werden,

---

164 Art. 8 Abs. 1 Buchst. e Int.VerschmelzÜE 1972: „... die Rechte, welche die übernehmende Gesellschaft den Aktionären mit Sonderrechten und den Inhabern anderer Wertpapiere als Aktien gewährt, oder die für diese Personen vorgeschlagenen Maßnahmen."

165 *Goldman*, Bericht zum Int.VerschmelzÜE 1972, S. 51.

166 Vgl. Dritte RiL-V 1970, Begründung zu 3, S. 11: „Die Angaben ... sind nur zu machen, wenn von der übertragenden Gesellschaft Aktien mit besonderen Rechten (z.B. für die Ausübung des Stimmrechts oder bei der Verteilung des Gewinns) oder andere Wertpapiere als Aktien (sie werden im einzelnen in den Artikeln 13 und 14 aufgeführt) ausgegeben worden sind. Für diese Fälle muss der Fusionsplan erkennen lassen, welche Rechte den Inhabern dieser Titel von der übernehmenden Gesellschaft eingeräumt werden."

167 *Mayer*, in: Widmann/Mayer, UmwG, § 5 Rn. 167 f. (Stand: November 1999).

die Aktionären mit Sonderrechten gewährt werden. Dafür enthält die Vorschrift aber keine Einschränkung auf die Rechte, die *einzelnen* Aktionären mit Sonderrechten eingeräumt werden.[168] Daher müssen auch solche Rechte im Verschmelzungsplan aufgeführt werden, die *allen* mit Sonderrechten ausgestatteten Aktionären im gleichen Umfang gewährt werden.[169]

(2) Gewährte Rechte und vorgeschlagene Maßnahmen

Der Verschmelzungsplan muss die diesen Personen gewährten Rechte bzw. die für diese Personen vorgeschlagenen Maßnahmen bezeichnen. Der Wortlaut („Rechte", „Maßnahmen") deutet auf ein weites Begriffsverständnis hin. Es muss sich dabei nicht um Rechte und Maßnahmen handeln, die aus Anlass der Verschmelzung gewährt bzw. vorgeschlagen werden. Die Vorschrift verlangt vielmehr die Angabe sämtlicher Rechte und Maßnahmen, die den oben genannten Personengruppen gewährt werden.[170] Entsprechend der Weite des Begriffs kann es sich sowohl um gesellschaftsrechtliche Sonderrechte (z.B. Vorzugsrechte auf Gewinn, Sonderstimmrechte, Bestellungsrechte) als auch um schuldrechtliche Sonderstellungen (z.B. Optionsrechte auf Aktien, Wandelschuldverschreibungen) handeln. Zu erwähnen ist auch die Gewährung von Vorzugsaktien an Aktionäre, die bereits in der Gründungsgesellschaft Vorzugsaktionäre waren.[171]

gg) Vorteile für sonstige Beteiligte

Im Verschmelzungsplan ist jeder besondere Vorteil aufzuführen, der „den Sachverständigen, die den Verschmelzungsplan prüfen, oder den Mitgliedern der Verwaltungs-, Aufsichts-, Leitungs- oder Kontrollorgane der sich verschmelzenden Gesellschaften gewährt wird" (Art. 20 Abs. 1 S. 2 Buchst. g). Die Vorschrift dient dem Schutz der Anteilsinhaber. Diese sollen beurteilen können, ob den an der Verschmelzung maßgeblich beteiligten Personen Vorteile gewährt wurden, die Zweifel an deren Objektivität begründen.[172]

Die umfassende Aufzählung von Verwaltungs- Aufsichts-, Leitungs- und Kontrollorganen weist darauf hin, dass nicht nur die obligatorische, sondern auch fakultative Organe der Gründungsgesellschaften (z.B. Beiräte, Ausschüsse) von der Vorschrift erfasst sein sollen. Angesichts des Wortlauts („Aufsichts"-, „Kontroll"-organ) wird man aber verlangen müssen, dass sie eine überwachende und nicht nur beratende Funktion einnehmen.[173] Besondere Probleme bereitet der Begriff des „Kontrollorgans". Im Hinblick auf die entsprechende Vorschrift im

---

[168] Siehe auch *Sagasser/Swienty*, DStR 1991, 1188, 1193.

[169] Unzutreffend daher *Neun*, in: Theisen/Wenz, S. 86, der meint, dass nur die einzelnen (also nicht allen) Anteilsinhabern eingeräumten Vorteile genannt werden müssten.

[170] *Neun*, in: Theisen/Wenz, S. 86.

[171] *Lutter*, in: ders., UmwG, § 5 Rn. 34.

[172] *Lutter*, in: ders., UmwG, § 5 Rn. 36; *Mayer*, in: Widmann/Mayer, UmwG, § 5 Rn. 171 (Stand: November 1999).

[173] Vgl. *Lutter*, in: ders., UmwG, § 5 Rn. 36.

deutschen Umwandlungsrecht (§ 5 Abs. 1 Nr. 8 UmwG) könnte man der Ansicht sein, dass hierunter auch die Abschlussprüfer der Gründungsgesellschaften fallen. Bei Art. 20 Abs. 1 S. 2 Buchst. g ist dies anzuzweifeln. So wird im Ratsprotokoll für die Parallelvorschrift des Art. 5 Abs. 2 Buchst. g Dritte RiL ausdrücklich klar gestellt, dass der Abschlussprüfer nicht zu den erwähnten Aufsichts- oder Kontrollorganen zählt.[174]

Der Begriff des „besonderen Vorteils" umfasst vor allem Abfindungszahlungen an ausscheidende Mitglieder der genannten Organe. Keinen besonderen Vorteil stellen dagegen die Sachverständigenhonorare dar.[175]

hh) Satzung der SE

Die Satzung der SE muss im Verschmelzungsplan enthalten sein (Art. 20 Abs. 1 S. 2 Buchst. h). Unter Satzung der SE ist die Gründungsurkunde und, falls sie Gegenstand einer getrennten Urkunde ist, die eigentliche Satzung zu verstehen (Art. 6). Die Unterscheidung zwischen Gründungsurkunde und eigentlicher Satzung ist auf die Rechtslage im Vereinigten Königreich zurückzuführen, wo die Satzung der Gesellschaft aus zwei Einzeldokumenten, dem memorandum of association und den articles of association, besteht.[176] Während im memorandum die Außenbeziehungen der Gesellschaft geregelt sind, widmen sich die articles der Regelung der internen Organisation der Gesellschaft.[177]

(1) Satzungsfeststellung

Die Verordnung äußert sich nicht zum Vorgang der Satzungsfeststellung. Art. 13 SE-VOV 1989 bestimmte noch, dass die Gründungsgesellschaften den Gründungsakt nach den für die Gründung von AG geltenden Rechtsvorschriften des SE-Sitzstaats errichten.[178] An die Stelle des Art. 13 SE-VOV 1989 trat ausweislich der Gesetzesmaterialien der Art. 15 Abs. 1 (= Art. 11a SE-VOV 1991).[179] Die Satzungsfeststellung richtet sich daher nach dem für AG geltenden Recht des SE-Sitzstaats.[180] Sofern die SE ihren Sitz in Deutschland haben soll, ist die Satzung daher durch notarielle Beurkundung festzustellen (§ 23 Abs. 1 AktG).[181] Die Satzung wird anders als bei der normalen Gründung einer AG nicht durch die Erstaktionäre, sondern durch die Gründungsgesellschaften, ver-

---

174 Ratsprotokoll zur Dritten RiL, Dok. R 2337/78 v. 5.10.1978; zit. nach *Ganske*, DB 1981, 1551, 1552 Fn. 21.

175 Ratsprotokoll zur Dritten RiL, Dok. R 2337/78 v. 5.10.1978; zit. nach *Ganske*, DB 1981, 1551, 1552 Fn. 21. Ebenso *Sagasser/Swienty*, DStR 1991, 1188, 1193.

176 Vgl. Companies Act 1985, Section 1 und Section 7.

177 *Charlesworth/Morse*, Company Law, S. 51-89.

178 Der Gründungsakt entsprach nach der Terminologie des SE-VOV 1989 der Satzung.

179 SE-VOV 1991, Begründung zu Art. 13 und 14, S. 3.

180 Vgl. auch Art. 5 Abs. 2 SCE-VO.

181 Zur Form der Satzung siehe unten C.I.3.a)hh)(3), S. 168.

treten durch die Leitungsorgane, im Verschmelzungsplan festgestellt.[182] Die Notwendigkeit, eine neue Satzung festzustellen, besteht nicht nur bei der Verschmelzung durch Neugründung (Art. 15 Abs. 1 i.V.m. § 37 UmwG), sondern auch bei der Verschmelzung durch Aufnahme. Art. 20 Abs. 1 S. 2 Buchst. h, der nicht zwischen den Verschmelzungsarten unterscheidet, setzt dies implizit voraus.[183] Außerdem ist die Aufnahmeverschmelzung wegen des Formwechsels der aufnehmenden Gesellschaft (Art. 17 Abs. 2 Unterabs. 2 S. 2, Art. 29 Abs. 1 Buchst. d) wie eine Sachgründung zu behandeln (vgl. § 243 Abs. 1 S. 1 i.V.m. § 218 Abs. 1 UmwG).[184]

(2) Inhalt der Satzung

Auch wenn sich der Akt der Satzungsfeststellung gemäß Art. 15 Abs. 1 nach nationalem Recht richtet, gelten für den Inhalt der Satzung vorrangig die Bestimmungen der SE-VO. Der Grundsatz der gemeinschaftsrechtlichen Satzungsstrenge (Art. 9 Abs. 1 Buchst. b) schränkt die Gestaltungsfreiheit des Satzungsgebers in erheblichem Maße ein. Die Verordnung erteilt dem Satzungsgeber ein umfassendes Regelungsverbot. Er darf nur dann regelnd tätig werden, wenn ihn die Verordnung dazu ausdrücklich verpflichtet oder ermächtigt.[185]

Die SE-VO enthält – anders als die SCE-VO[186] – keinen Katalog, in dem zwingende oder fakultative Satzungsbestandteile enumerativ aufgezählt werden.[187] Statt dessen finden sich über die Verordnung verstreut Regelungsverpflichtungen oder -ermächtigungen, die sich ausschließlich mit der Organisationsverfassung der SE beschäftigen.[188]

---

[182] Vgl. *Rieger*, in: Widmann/Mayer, UmwG, § 36 Rn. 174 (Stand: Juli 1996); a.A. *Kersting*, DB 2001, 2079, 2081, für den die Satzungsfeststellung im Zustimmungsbeschluss der Hauptversammlung liegt.

[183] Ebenso *Neun*, in: Theisen/Wenz, S. 88; a.A. *Grundmann*, in: v. Rosen, Studien des Deutschen Aktieninstituts, Heft 21, 2003, S. 59.

[184] Siehe oben A.V.2.a), S. 134.

[185] Krit. dazu *Hommelhoff*, AG 2001, 279, 287; *ders.*, in: FS für Ulmer, 2003, S. 267, 272.

[186] Art. 5 Abs. 4 SCE-VO.

[187] Anders noch die SE-VOV 1970 und 1975. Dort bestimmte Art. 13, dass die Satzung der SE mindestens folgende Angaben enthalten musste: die Firma und den Sitz der Gesellschaft; den Gegenstand des Unternehmens; die Höhe des Kapitals, den Nennwert und die Zahl und Art der Aktien (Inhaber- und Namensaktien) sowie die Gattungen der Aktien; die Dauer der Gesellschaft, soweit sie begrenzt ist; die Namen der Mitglieder des ersten Vorstands sowie die der Mitglieder des ersten Aufsichtsrats (die von den Aktionären zu bestellen waren).

[188] SE-Mustersatzungen für das dualistische und das monistische System finden sich bei *Korts*, S. 13 ff.

(a) Zwingende Satzungsbestandteile nach der Verordnung

Die SE-Satzung muss auf jeden Fall folgende Fragen regeln:[189]

- Entscheidung für dualistisches oder monistisches System (Art. 38 Buchst. b);
- Anzahl der Mitglieder des Leitungs- und Aufsichtsorgans (im dualistischen System) bzw. des Verwaltungsorgans (im monistischen System) oder die Regeln für ihre Festlegung (Art. 39 Abs. 4, 40 Abs. 3; Art. 43 Abs. 2);
- Sitzungsperiode des Verwaltungsrats (Art. 44 Abs. 1);[190]
- Amtsperiode der Organmitglieder (Art. 46 Abs. 1);
- Arten von Geschäften, die von der Zustimmung des Aufsichtsorgans (dualistisches System) bzw. von einem ausdrücklichen Beschluss des Verwaltungsorgans (monistisches System) abhängen (Art. 48 Abs. 1 Unterabs. 1);
- Verfahren und Fristen für einen Antrag auf Ergänzung der Tagesordnung der Hauptversammlung, sofern das Sitzstaatrecht der SE keine Regelungen bereit hält (Art. 56 S. 2).[191]

(b) Fakultative Satzungsbestandteile nach der Verordnung

Dem Satzungsgeber steht es frei, darüber hinaus folgende Punkte zu regeln:

- Bestimmung der Mitglieder des ersten Aufsichtsorgans (im dualistischen System) bzw. des ersten Verwaltungsorgans (im monistischen System) (Art. 40 Abs. 2 S. 2; Art. 43 Abs. 3 S. 2);[192]
- Wiederwahl der Organmitglieder (Art. 46 Abs. 2);
- Organfähigkeit von Gesellschaften und juristischen Person (Art. 47 Abs. 1 Unterabs. 1);[193]

---

189 Nach Ansicht von *Sagasser/Swienty*, DStR 1991, 1222 f. enthalten diese Vorschriften keine zwingenden Satzungsbestandteile, weil ihr Fehlen kein Eintragungshindernis begründe und auch nicht die Nichtigkeit bzw. Auflösung der SE nach sich ziehe. Die SE könne nach ihrer Eintragung nur wegen unterbliebener Rechtmäßigkeitskontrolle aufgelöst werden (Art. 30 Unterabs. 2). Dem kann nicht beigepflichtet werden, weil im Rahmen der Rechtmäßigkeitskontrolle auch die Vollständigkeit der Satzung überprüft wird. Fehlen zwingende Satzungsbestandteile, muss das Registergericht die Eintragung versagen, auch wenn die Eintragung den Mangel heilen würde; vgl. *Röhricht*, in: Großkomm. zum AktG, § 38 Rn. 18, 21.

190 Hier könnte es sich dem Wortlaut nach auch um einen bloßen fakultativen Satzungsbestandteil handeln, wenn man die Dreimonatsfrist in Halbsatz 2 als dispositive gesetzliche Vorgabe versteht. Es könnte sich aber auch – wie hier angenommen – um eine Pflichtangabe handeln, die Mindestvorgaben für die Satzung enthält.

191 Für SE mit Sitz in Deutschland ist dies der Fall (vgl. § 122 Abs. 2 AktG); siehe dazu *Semler*, in: MünchHdb. GesR, Band 4, § 35 Rn. 39 ff.

192 Zur Bestellung des ersten Aufsichtsorgans siehe unten C.VII.1.b), S. 253.

193 Das deutsche Aktienrecht lässt nur natürliche Personen als Vorstands- bzw. Aufsichts-

- besondere persönliche Voraussetzungen für Aktionärsvertreter im Aufsichtsrat (Art. 47 Abs. 3);
- Modalitäten der Beschlussfähigkeit und Beschlussfassung der Organe der SE (Art. 50 Abs. 1);
- Entscheidungsrecht des Organvorsitzenden bei Stimmengleichheit (Art. 50 Abs. 2);
- Beteiligungsschwelle für die Einberufung der Hauptversammlung durch eine Aktionärsminderheit (Art. 55 Abs. 1 Halbs. 2);
- Beteiligungsschwelle für einen Antrag auf Ergänzung der Tagesordnung der Hauptversammlung (Art. 56 S. 3).

(c) Satzungsbestandteile nach mitgliedstaatlichem Recht

Der weitere Satzungsinhalt bestimmt sich gemäß Art. 15 Abs. 1 nach dem für AG geltenden Recht des künftigen SE-Sitzstaats. Art. 18 findet hinsichtlich der inhaltlichen Ausgestaltung der Satzung keine Anwendung, auch wenn die Satzung während der vorbereitenden Gründungsphase zu erstellen ist. Die Satzung betrifft als körperschaftliche Verfassung die entstehende SE und nicht die Gründungsgesellschaften. Hier kann es nicht auf die Gesellschaftsstatute der Gründungsgesellschaften ankommen. Der Inhalt der Gründungssatzung unterfällt den von Art. 15 Abs. 1 erfassten Gründungsfragen.[194]

Art. 9 Abs. 1 Buchst. c Ziffer iii stellt ausdrücklich klar, dass sich die aktienrechtliche Satzungsstrenge nach § 23 Abs. 5 AktG auch auf die SE erstreckt.[195] Die Satzungsstrenge nach § 23 Abs. 5 AktG steht allerdings unter dem Vorbehalt anderslautender Bestimmungen der Verordnung. Lässt das deutsche Aktienrecht also eine Abweichung von einer gesetzlichen Regelung zu, muss das nicht bedeuten, dass eine solche auch für die SE zulässig ist und umgekehrt.

Die Satzung einer SE mit Sitz in Deutschland muss gemäß Art. 15 Abs. 1 i.V.m. § 23 Abs. 3 AktG zwingend folgende Angaben enthalten:

- Firma und Sitz der Gesellschaft;
- Gegenstand des Unternehmens;
- Höhe des Grundkapitals;
- Zerlegung des Grundkapitals in Nennbetragsaktien oder in Stückaktien (bei Nennbetragsaktien deren Nennbeträge und die Zahl der Aktien jeden

---

ratsmitglieder zu (§§ 76 Abs. 3 S. 1, 100 Abs. 1 S. 1 AktG), sodass eine Organfähigkeit von Gesellschaften und juristischen Personen bei einer SE mit Sitz in Deutschland ausscheidet.

194 So auch *Jaeger*, S. 26, der im Hinblick auf den Inhalt der SE-Satzung von der Anwendbarkeit des Art. 11a SE-VOV 1991 ausgeht. Ebenso *Sagasser/Swienty*, DStR 1991, 1222, 1223; *Bungert/Beier*, EWS 2002, 1, 2 f. Offensichtlich auch *Neun*, in: Theisen/Wenz, S. 88.

195 *Hommelhoff*, AG 2001, 279, 287; *Hirte*, NZG 2002, 1, 5.

Nennbetrags, bei Stückaktien deren Zahl) sowie, wenn mehrere Gattungen bestehen, die Gattung der Aktien und die Zahl der Aktien jeder Gattung;
- Inhaber- oder Namensaktien.

Gemäß Art. 15 Abs. 1 i.V.m. §§ 26, 27 AktG müssen in der Satzung ggf. auch aufgeführt werden:
- Sondervorteile;
- Gründungsaufwand;
- Sacheinlagen und Sachübernahmen[196].

Bei der Verschmelzung durch Neugründung müssen auch alle Festsetzungen über Sondervorteile, Gründungsaufwand, Sacheinlagen und Sachübernahmen, die in der Satzung der übertragenden Gründungsgesellschaft enthalten waren, in die Satzung der SE übernommen werden (Art. 15 Abs. 1 i.V.m. § 74 UmwG). Nach Auffassung von *Neun* sind diese zusätzlichen Angaben auch bei der Verschmelzung durch Aufnahme erforderlich. Er begründet dies mit Art. 20, der hinsichtlich der Satzung nicht zwischen den beiden Verschmelzungsarten unterscheidet. In beiden Fällen käme es zur Gründung einer SE, was auch bei der Verweisungswirkung des Art. 15 nicht unberücksichtigt bleiben könne.[197] Dieser Auffassung ist im Ergebnis beizupflichten. Auch wenn bei der Verschmelzung durch Aufnahme streng genommen kein neuer Rechtsträger entsteht, ist der Vorgang wegen des Formwechsels der aufnehmenden Gesellschaft wie eine Sachgründung zu behandeln.[198] Dies rechtfertigt eine analoge Anwendung des § 74 UmwG auf die SE-Verschmelzung durch Aufnahme.[199] Dabei ist über den Wortlaut des § 74 UmwG hinaus zu verlangen, dass nicht nur die Festsetzungen bezüglich der übertragenden Gründungsgesellschaft, sondern auch bezüglich der aufnehmenden Gesellschaft in die Satzung zu übernehmen sind.

Es bleibt noch zu erwähnen, dass die Verordnung die nationalen Gesetzgeber an zwei Stellen ermächtigt, ihrerseits statutarische Regelungsermächtigungen bzw. -verpflichtungen vorzusehen. Demnach kann im mitgliedstaatlichen Recht bestimmt werden, dass folgende Fragen von der Satzung geregelt werden können bzw. müssen:
- Bestellung und Abberufung des Leitungsorgans durch die Hauptversammlung (Art. 39 Abs. 2 Unterabs. 2);
- Arten zustimmungspflichtiger Geschäfte (Art. 48 Abs. 2).

---

196 Die Verschmelzung durch Neugründung stellt eine Sachgründung dar. Es ist jedoch str., ob deshalb die entsprechenden Sacheinlagen in der Satzung festzusetzen sind; bejahend *Marsch-Barner*, in: Kallmeyer, UmwG, § 74 Rn. 1; ablehnend *Grunewald*, in: Lutter, UmwG, § 74 Rn. 6.

197 *Neun*, in: Theisen/Wenz, S. 88.

198 Siehe oben A.V.2.a), S. 134.

199 Vgl. § 243 Abs. 1 S. 2 UmwG.

Der SEAG-RegE hat von einer Umsetzung dieser Ermächtigungen zu Recht abgesehen. Art. 39 Abs. 2 Unterabs. 2 ermöglicht die Regelung einer Satzungsautonomie nur „unter den Bedingungen, die für Aktiengesellschaften mit Sitz in ihrem Hoheitsgebiet gelten". Sofern das mitgliedstaatliche Recht – wie das deutsche – die Möglichkeit der Bestellung des Leitungsorgans durch die Hauptversammlung nicht kennt, kann von der Ermächtigung auch kein Gebrauch gemacht werden.[200] Das deutsche Recht kennt auch keinen gesetzlichen Katalog zustimmungspflichtiger Geschäfte, sodass sich eine Umsetzung des Art. 48 Abs. 2 erübrigt.[201]

(d) Vereinbarkeit mit Mitbestimmungsmodell

Schließlich ist zu beachten, dass die Satzung zu keinem Zeitpunkt in Widerspruch zur „ausgehandelten Vereinbarung" über die Arbeitnehmermitbestimmung stehen darf (Art. 12 Abs. 4). Anders als es die Formulierung „ausgehandelte Vereinbarung" zunächst vermuten lässt, ist damit auch eine Mitbestimmungsregelung gemeint, die bei einem Scheitern der Verhandlungen zum Tragen kommt. Im Zeitpunkt des erstmaligen Aufstellens der Satzung können diese Vorgaben freilich noch nicht berücksichtigt werden, weil die Verhandlungen über die Arbeitnehmerbeteiligung erst nach Offenlegung des Verschmelzungsplans eingeleitet werden (Art. 3 Abs. 1 SE-ErgRiL).

(3) Form der Satzung

(a) Notarielle Beurkundung

Die Verordnung äußert sich nicht zur Form der Satzung.[202] *Kersting* vertritt die Auffassung, dass die Satzung nur dann besonderen Formerfordernissen unterliegt, wenn die Gründung der SE keiner gerichtlichen oder behördlichen Kontrolle unterworfen ist.[203] Für die Verschmelzungsgründung würde dies bedeuten, dass die Satzung keiner notariellen Beurkundung bedarf, weil hier eine Rechtmäßigkeitskontrolle (Art. 25, 26) vorgesehen ist. Zur Begründung verweist *Kersting* auf Art. 10 Erste RiL, der die öffentliche Beurkundung als Mindeststandard der Gründungsprüfung ausreichen lässt.

Der Ansicht von *Kersting* kann nicht gefolgt werden. Art. 10 Erste RiL schreibt nicht vor, dass die Gründungsprüfung entweder durch eine gerichtliche bzw. behördliche Kontrolle oder durch öffentliche Beurkundung erfolgen muss, sondern stellt eine Mindestnorm dar, die es den Mitgliedstaaten frei stellt, auch beides zu verlangen.[204] Außerdem zeigt die Entstehungsgeschichte der SE-VO, dass die Satzungsfeststellung nach dem Willen des Verordnungsgebers dem nationalen

---

[200] *Ch. Teichmann*, ZIP 2002, 1109, 1113; *Brandt*, NZG 2002, 991, 993 f.

[201] *Ch. Teichmann*, ZIP 2002, 1109, 1115.

[202] Nach Art. 12 Abs. 3 SE-VOV 1970 und Art. 13 Abs. 1 SE-VOV 1975 bedurfte die Satzung der SE der notariellen Beurkundung.

[203] *Kersting*, DB 2001, 2079, 2080.

[204] *Schwarz*, Rn. 359.

Recht des künftigen SE-Sitzstaats überlassen sein soll.[205] Die Form der Satzung bestimmt sich daher gemäß Art. 15 Abs. 1 nach dem Sitzstaatrecht der künftigen SE.[206] Die Satzung einer SE mit Sitz in Deutschland muss demzufolge in einer notariellen Urkunde festgestellt werden (§ 23 Abs. 1 AktG). Eine separate notarielle Beurkundung der Satzung erübrigt sich aber, weil die Satzung als Bestandteil des Verschmelzungsplans, der nach der hier vertretenen Auffassung der notariellen Beurkundung bedarf,[207] mitbeurkundet wird.

(b) Auslandsbeurkundung

Was das Problem der Auslandsbeurkundung betrifft, so stellt Art. 15 Abs. 1 klar, dass die Form der Satzung dem Gesellschaftsstatut zuzuordnen ist. Damit richtet sich die Form der Satzung nach dem Recht am Sitz der Gesellschaft. Die Ortsform (vgl. Art. 11 Abs. 1 EGBGB) ist unbeachtlich.[208]

(c) Nachbeurkundung

Im Zeitpunkt der Satzungsfeststellung stehen einige Angaben in der Satzung noch nicht endgültig fest (z.B. Form der Arbeitnehmermitbestimmung). Damit stellt sich das Problem der Nachbeurkundung. Nach der hier vertretenen Auffassung bedarf der Verschmelzungsplan, sofern eine deutsche Gründungsgesellschaft beteiligt ist, der notariellen Beurkundung. Diese Beurkundung umschließt auch die Satzung (vgl. § 9 Abs. 1 S. 2 BeurkG). Da eine Beurkundung des Verschmelzungsplans auch nach der Beschlussfassung in den Hauptversammlungen möglich ist,[209] empfiehlt sich von vornherein eine Nachbeurkundung des Verschmelzungsplans, um unnötige Kosten infolge eines späteren Korrekturbedarfs zu vermeiden.

ii) Verfahren zur Bestimmung des Mitbestimmungsmodells

Im Verschmelzungsplan müssen schließlich „Angaben zu dem Verfahren, nach dem die Vereinbarung über die Beteiligung der Arbeitnehmer gemäß der Richtlinie 2001/86/EG geschlossen wird“, enthalten sein (Art. 20 Abs. 1 S. 2 Buchst. i). Hält man sich streng an den Wortlaut („Vereinbarung ... geschlossen“), entsteht der Eindruck, dass die Vorschrift nur Angaben zu einer möglichen Vereinbarung i.S. des Art. 4 SE-ErgRiL, nicht jedoch zu der im Falle eines Scheiterns der Verhandlungen einschlägigen Auffangregelung verlangt. Es ist jedoch davon auszugehen, dass Art. 20 Abs. 1 S. 2 Buchst. i nicht nur einvernehmlich gefundene Lösungen zur Arbeitnehmermitbestimmung meint. Die Verordnung verwendet den Begriff „Vereinbarung“ auch an anderer Stelle (Art. 12 Abs. 4, Art. 23 Abs. 2 S. 2, Art. 26 Abs. 3), ohne dass damit eine Einschränkung auf eine

---

[205] SE-VOV 1991, Begründung zu Art. 13 und 14, S. 3.

[206] Ebenso *Bungert/Beier*, EWS 2002, 1, 2 f. Unzutreffend dagegen *C.P. Schindler*, S. 42, der Art. 18 anwendet.

[207] Siehe unten C.I.4, S. 171 ff.

[208] Zu dieser Problematik vgl. *Hüffer*, AktG, § 23 Rn. 10.

[209] Siehe unten C.I.4.b), S. 175.

einvernehmliche Beteiligungslösung verbunden wäre.[210] Wenn die SE, wie Art. 12 Abs. 2 klarstellt, sogar dann eingetragen werden kann, wenn keine einvernehmliche Lösung gefunden wurde, dann muss der Verschmelzungsplan erst recht Angaben zu den möglichen Konsequenzen des Scheiterns der Verhandlungen (d.h. über die Auffangregelung i.S. des Art. 7 SE-ErgRiL) enthalten. Die Auffanglösung kommt im Übrigen nur bei einer entsprechenden Willensäußerung der Verhandlungspartner zum Tragen (Art. 7 Abs. 1 SE-ErgRiL),[211] sodass auch die Auffanglösung im weiteren Sinne eine Vereinbarung voraussetzt. Deshalb ist davon auszugehen, dass im Verschmelzungsplan auch Angaben zu den anwendbaren Auffangregelungen enthalten sein müssen.[212]

Weil die Verhandlungen über die Arbeitnehmermitbestimmung erst nach Offenlegung des Verschmelzungsplans beginnen und die Arbeitnehmervertreter nicht vorher zu informieren sind (Art. 3 Abs. 1 SE-ErgRiL), kann im Zeitpunkt der Aufstellung des Verschmelzungsplans von den Leitungs- und Verwaltungsorganen redlicherweise nicht mehr erwartet werden, als dass sie den von ihnen erwarteten Verlauf der Verhandlungen über die Arbeitnehmermitbestimmung skizzieren und auf die eventuell zum Tragen kommenden Auffangregelungen hinweisen. Die Beurteilung erfolgt dabei gezwungenermaßen aus der ex-ante Perspektive. Detaillierte Hinweise sind also nicht möglich und im Übrigen auch nicht erforderlich, weil die entsprechenden Erläuterungen im Rahmen des Verschmelzungsberichts nachgereicht werden.[213]

b) Zusätzliche Pflichtangaben aus nationalem Recht

aa) Abschließende Regelung

Der Katalog der gesetzlichen Mindestanforderungen an den Verschmelzungsplan nach Art. 20 Abs. 1 ist abschließend. Aus dem mitgliedstaatlichen Recht können sich keine zusätzlichen Pflichtangaben für den Verschmelzungsplan ergeben.[214] Dies zeigt der Wortlaut, die Entstehungsgeschichte und die Systematik der Verordnung. In Art. 20 Abs. 1 S. 2 heißt es schlicht: „Dieser Verschmelzungsplan enthält ...“. Es findet sich keine Formulierung, die auf eine nicht erschöpfende Aufzählung hindeutet (z.B. „insbesondere“, „zumindest“). Für eine abschließende Regelung spricht auch eine systematische Erwägung. Während in Art. 20 Abs. 2 den Gesellschaften das Recht gegeben wird, dem Verschmelzungsplan weitere Punkte hinzuzufügen, fehlt es an einer entsprechenden Er-

---

210 Siehe unten C.V.2.b)bb)(1), S. 215.

211 Danach findet die Auffangregelung nur Anwendung, wenn die Parteien dies „vereinbaren“ oder – für den Fall, dass es im Verhandlungszeitraum zu keiner Einigung gekommen ist – wenn das zuständige Organ in jeder Gründungsgesellschaft zustimmt und das besondere Verhandlungsgremium keinen Nichtanwendbarkeitsbeschluss gefasst hat.

212 Zu Recht *Neun*, in: Theisen/Wenz, S. 89 f.

213 Dazu unten C.II.6.b), S. 183.

214 Ebenso *Sagasser/Swienty*, DStR 1991, 1188, 1193.

mächtigung der Mitgliedstaaten. Ausschlaggebend ist letztlich aber, dass der Verordnungsgeber den abschließenden Charakter des Art. 20 Abs. 1 in den Begründungen zum SE-VOV 1989 und 1991 ausdrücklich hervorgehoben hat. Während in der Begründung zum SE-VOV 1989 betont wird, dass die Angaben des Verschmelzungsplans „erschöpfend aufgeführt" sind,[215] heißt es in der Begründung zum SE-VOV 1991, dass die Mitgliedstaaten keine zusätzlichen Auflagen verlangen können[216].
Zusätzliche Angaben, die das mitgliedstaatliche Recht verlangt, sind also grundsätzlich unbeachtlich. Art. 18 findet keine Anwendung. Dies betrifft aus deutscher Sicht die in § 5 Abs. 1 Nr. 9 UmwG geforderten Angaben zu den Folgen der Verschmelzung für die Arbeitnehmer und ihre Vertretungen sowie die insoweit vorgesehenen Maßnahmen, die folglich nicht in den Verschmelzungsplan aufgenommen werden müssen.

bb) Abfindungsangebot
Nach § 7 Abs. 1 S. 1 SEAG-RegE muss eine Gründungsgesellschaft deutschen Rechts im Verschmelzungsplan oder seinem Entwurf jedem Aktionär, der gegen den Verschmelzungsbeschluss Widerspruch zur Niederschrift erklärt, den Erwerb seiner Anteile gegen eine angemessene Barabfindung anbieten. Insofern wird der Pflichtinhalt des Verschmelzungsplans durch nationales Recht erweitert. Eine solche Erweiterung ist zulässig, weil sich der nationale Gesetzgeber auf die Ermächtigung des Art. 24 Abs. 2 berufen kann.[217]

c) Fakultativer Inhalt (Art. 20 Abs. 2)
Nach Art. 20 Abs. 2 steht es den Gründungsgesellschaften frei, dem Verschmelzungsplan weitere Punkte hinzuzufügen. In der Literatur ist die Idee angeklungen, dass man über Art. 20 Abs. 2 auch schuldrechtliche Abreden zwischen den Gründungsgesellschaften in den Verschmelzungsplan aufnehmen könnte.[218] Dadurch ließe sich dem Verschmelzungsplan, der grundsätzlich einen bloßen gesellschaftsrechtlichen Organisationsakt darstellt, die Wirkung eines schuldrechtlichen Vertrags geben. Da Art. 20 Abs. 2 als Ausfluss der Privatautonomie zu verstehen ist, ist nicht ersichtlich, was gegen eine Einbeziehung schuldrechtlicher Elemente sprechen könnte. Sie ist daher für zulässig zu halten.

4. Form
Die SE-VO enthält keine ausdrücklichen Anforderungen an die Form des Verschmelzungsplans. Schriftform ist jedoch zwingend. Dies zeigt der Vergleich mit Art. 5 Abs. 1 Dritte RiL, der ausdrücklich vom „schriftlichen" Verschmel-

---

[215] SE-VOV 1989, Begründung zu Art. 18 und 19, S. 7.
[216] SE-VOV 1991, Begründung zu Art. 18, S. 4.
[217] Dazu unten C.VI.2, S. 229 ff.
[218] *Neun*, in: Theisen/Wenz, S. 80.

zungsplan spricht.[219] Es ist nicht anzunehmen, dass die SE-Verschmelzung insofern weniger strengen Anforderungen unterliegt als innerstaatliche Fusionen. Das ergibt sich aber auch aus der SE-VO selbst, wenn in Art. 26 Abs. 2 die Vorlage einer „Ausfertigung des Verschmelzungsplans" verlangt wird.[220]

a) Notarielle Beurkundung

Fraglich ist indessen, ob der Verschmelzungsplan notariell zu beurkunden ist. Die frühen Vorgängervorschläge setzten die notarielle Beurkundung zwingend voraus.[221] Die SE-VOV 1989 und 1991 verlangten eine öffentliche Beurkundung nur noch, wenn die auf eine oder mehrere Gründungsgesellschaften anzuwendenden Rechtsvorschriften dies vorsehen.[222] Eine solche Spezialverweisung war auch in Art. 5 Abs. 2 Zehnte RiL-V 1985 enthalten.

Es fragt sich nun, wie das Fehlen einer Formvorschrift in der Verordnung zu deuten ist. Wollte der Verordnungsgeber mit dem Verzicht auf eine Regelung die Formfreiheit des Verschmelzungsplans zum Ausdruck bringen oder wollte er die Entscheidung dem nationalen Recht überlassen (Art. 18)?

aa) Keine abschließende Regelung

Ohne weitere Begründung wird in der Literatur die Auffassung vertreten, dass Art. 20 Abs. 1 als abschließende Regelung zu begreifen ist, die ein Formerfordernis nicht nur nicht vorsieht, sondern eben ausschließt.[223] Dies sei auch zu begrüßen, da der Verschmelzungsplan vor dem Zusammentreten der Hauptversammlungen zu erstellen ist. Nach anderer Ansicht ist die Beibehaltung des nationalen Beurkundungserfordernisses über Art. 18 „jedenfalls zulässig".[224]

Angesichts des auf Rechtsergänzung angelegten Regelungskonzepts der SE-VO stellt die Annahme einer abschließenden Regelung die Ausnahme dar und bedarf der besonderen Begründung. Dies zeigt der Wortlaut des Art. 18. Demzufolge findet die Verweisung auch „bei den nicht erfassten Teilbereichen" oder „nur teilweise abgedeckten" Bereichen Anwendung.[225]

Die notarielle Beurkundung des Verschmelzungsplans sollte nach der Begründung des SE-VOV 1975 dazu dienen, die Fehlerhaftigkeit dieses Dokuments und die hieraus herrührenden Gefahren für die Gründungsbeteiligten auszuschließen.[226] Danach liegt der Hauptzweck der notariellen Form in der Gewähr der materiellen Richtigkeit. In Bezug auf die Beurkundungspflicht nach § 6

---

[219] Vgl. auch Zehnte-RiL-V 1985, Begründung zu Art. 5, S. 9.
[220] Im Erg. ebenso *C.P. Schindler*, S. 25.
[221] Siehe Art. 12 Abs. 3 SE-VOV 1970 und Art. 12 S. 2 SE-VOV 1975.
[222] Art. 18 Abs. 2 SE-VOV 1989 und 1991.
[223] *Schulz/Geismar*, DStR 2001, 1078, 1080.
[224] *Hirte*, NZG 2002, 1, 3.
[225] Siehe oben Teil 2 B.IV.2.a)cc)(2), S. 41.
[226] SE-VOV 1975, Begründung zu Art. 12, S. 196.

UmwG wird vorgebracht, dass Verträge über die Übertragung des gesamten Vermögens notariell beurkundet werden müssen, damit den Beteiligten die Tragweite der Entscheidung bewusst wird (vgl. § 311 BGB).[227] Neben dieser Warn- und Belehrungsfunktion werden aber auch hier die Aspekte der Richtigkeitsgewähr und der Beweissicherung betont.[228]

Überträgt man diese Begründungsansätze auf die SE-VO, so könnte man ein zwingendes Bedürfnis für eine notarielle Beurkundung des Verschmelzungsplans anzweifeln. Gegen den Aspekt der Richtigkeitsgewähr lässt sich vorbringen, dass die Fehlerfreiheit des Verschmelzungsplans bereits durch die Rechtmäßigkeitskontrolle nach Art. 25 und 26 gewährleistet wird. Im Schrifttum wird ferner behauptet, dass die Bedeutung und Tragweite der Entscheidung allein durch die Befassung der Hauptversammlung erkennbar würden.[229] Der Verschmelzungsplan würde danach auch keine Warnfunktion erfüllen. Schließlich verfängt auch nicht der Hinweis auf die Besonderheiten von Verträgen zur Übertragung des gesamten Vermögens, weil es sich beim Verschmelzungsplan mangels schuldrechtlicher Wirkung nicht um einen solchen handelt.[230]

Das Alles vermag jedoch nur den Verzicht auf eine einheitlich durch die Verordnung angeordnete Beurkundungspflicht erklären. Es ist aber keineswegs erkennbar, dass die Verordnung weitergehende Formerfordernisse des nationalen Rechts schlechterdings ausschließen will. Der Wegfall der Spezialverweisung des Art. 18 Abs. 2 SE-VOV 1991 lässt sich vielmehr damit erklären, dass der Verordnungsgeber diese nach Einführung der partiellen Generalverweisung des Art. 18 für nicht mehr erforderlich gehalten hat.[231] Es ist daher kein Grund dafür ersichtlich, die Verordnung hinsichtlich der Form des Verschmelzungsplans als abschließend anzusehen. Vielmehr ist davon auszugehen, dass die Formbedürftigkeit des Verschmelzungsplans vom mitgliedstaatlichen Recht abhängt.[232]

Das deutsche Recht sieht in Umsetzung des Art. 16 Dritte RiL eine kombinierte Rechtmäßigkeitskontrolle bestehend aus einer notariellen und einer richterlichen Kontrolle vor. Die notarielle Beurkundung bezweckt insofern eine der eigentlichen Rechtmäßigkeitskontrolle vorgeschaltete Gründungskontrolle zur Nichtigkeitsprävention. *Ch. Teichmann* schließt daraus, dass diese Vorgaben des nationalen Rechts konsequenterweise auch auf die SE-Gründung angewandt werden müssen.[233] Die Beurkundung des Verschmelzungsvertrags nach deutschem Recht gemäß § 6 UmwG soll außerdem gewährleisten, dass dessen Inhalt nach

---

[227] *Lutter*, in: ders. UmwG, § 6 Rn. 2.
[228] *Heckschen*, in: Widmann/Mayer, UmwG, § 6 Rn. 3 (Stand: Oktober 2001).
[229] *Ch. Teichmann*, ZGR 2002, 383, 421.
[230] Siehe oben C.I.2, S. 142 ff.
[231] Ebenso *Ch. Teichmann*, ZGR 2002, 383, 420.
[232] Im Erg. ebenso *Neun*, in: Theisen/Wenz, S. 91; *C.P. Schindler*, S. 25; *Heckschen*, DNotZ 2003, 251, 258; *Kalss*, ZGR 2003, 593, 618.
[233] *Ch. Teichmann*, ZGR 2002, 383, 421. Zust. *Heckschen*, DNotZ 2003, 251, 258 f.

außen beweiskräftig festgehalten wird[234] und den Beteiligten der Umfang ihrer Entscheidung aufgezeigt wird[235]. Ein entsprechendes Interesse an einem beweiskräftigen Festhalten des Inhalts sowie einer umfassenden Belehrung der Beteiligten ist auch bei der Aufstellung eines Verschmelzungsplans i.S. des Art. 20 vorhanden.[236] Außerdem ist die notarielle Beurkundung für die Erteilung einer Rechtmäßigkeitsbescheinigung nach Art. 25 Abs. 2 und für die Prüfung nach Art. 26 Abs. 3 „aus Beweisgründen" ohnehin nahezu zwingend erforderlich.[237] Die Verfasser des Regierungsentwurfs zum deutschen Ausführungsgesetz (SEAG-RegE) sind daher zu Recht von der Formbedürftigkeit des Verschmelzungsplans ausgegangen.[238]

bb) Kumulative Rechtsanwendung

Die Erstellung des Verschmelzungsplans ist den Gründungsgesellschaften zuzurechnen, sodass hier auf Art. 18 als Verweisungsnorm abzustellen ist. Damit steht fest, dass bezüglich der Form des Verschmelzungsplans auf die Gesellschaftsstatute der Gründungsgesellschaften abzustellen ist. Die Ortsform (Art. 11 Abs. 1 EGBGB) ist damit unbeachtlich.[239]

Bei Beteiligung einer deutschen Gründungsgesellschaft könnte also gemäß § 6 UmwG die notarielle Beurkundung des Verschmelzungsplans erforderlich sein. Problematisch ist allerdings, dass Art. 18 die distributive Anwendung verschiedener Rechtsordnungen anordnet, während die Erstellung des Verschmelzungsplans ein gemeinsames Vorgehen der Gründungsgesellschaften erforderlich macht. Dies könnte dazu führen, dass der Plan nach dem Gesellschaftsstatut der einen Gründungsgesellschaft zu beurkunden ist (z.B. bei einer deutschen Gründungsgesellschaft gemäß § 6 UmwG), während das Gesellschaftsstatut der anderen Gründungsgesellschaft kein solches Formerfordernis vorsieht (z.B. bei einer französischen Gründungsgesellschaft[240]). Art. 18 Abs. 2 SE-VOV 1989 ordnete in diesem Fall noch explizit den Vorrang der strengeren Rechtsordnung an.[241] In obigem Beispiel wäre also § 6 UmwG zum Zuge gekommen mit der Folge, dass der Gründungsplan zu beurkunden gewesen wäre. Es ist bereits oben dargelegt worden, dass Art. 18 eine kumulative Anwendung der Gesellschaftsstatute zulässt, wenn ein gemeinsames Tätigwerden der Gründungsgesellschaften im Verschmelzungsverfahren erforderlich ist. Bei einer Kollision der nationalen

---

234 BGHZ 82, 188, 194 f., 105, 324, 338 f.

235 *Heckschen*, in: Widmann/Mayer, § 6 UmwG Rn. 3 (Stand: Juni 2002).

236 *Heckschen*, DNotZ 2003, 251, 258.

237 *Vossius*, in: Widmann/Mayer, § 20 UmwG Rn. 426 (S. 12 Fn. 3) (Stand: Juni 2002).

238 SEAG-RegE, Begründung zu § 7, S. 82.

239 Siehe oben Teil 2 B.IV.2.a)dd)(1)(d), S. 44. A.A. noch *Leupold*, S. 45. Eingehend zu dieser Problematik bei internationalen Verschmelzungen *Lennerz*, S. 265 ff., 270 ff.

240 Das französische Recht schreibt keine notarielle Beurkundung des „projet de fusion" vor, es sei denn, dass Immobilien übertragen werden sollen; siehe dazu *Reik*, S. 270.

241 Ebenso Art. 7 Abs. 2 Int.VerschmelzÜE 1973 und Art. 5 Abs. 2 Zehnte RiL-V 1985.

Rechtsordnungen setzt sich die strengere Rechtsordnung durch.[242] Dementsprechend ist der Verschmelzungsplan bei Beteiligung einer Gründungsgesellschaft deutschen Rechts gemäß Art. 18 i.V.m. § 6 UmwG notariell zu beurkunden.

b) Nachbeurkundung

Das deutsche Recht lässt es zu, dass den Hauptversammlungen lediglich der Entwurf des Verschmelzungsvertrags zur Abstimmung vorgelegt wird (§ 4 Abs. 2 UmwG). Dies ermöglicht die Nachbeurkundung des Verschmelzungsplans, um unnötige Beurkundungskosten zu sparen, wenn die Hauptversammlungen noch Änderungen verlangen oder die Zustimmung verweigern.[243]

Es bestehen keine Bedenken, die Möglichkeit der nachträglichen Beurkundung auch beim Verschmelzungsplan zuzulassen.[244] Hier ist vielmehr ein gesteigertes Bedürfnis für eine solche Nachbeurkundung anzuerkennen. Dies zeigt sich am Beispiel der SE-Satzung, die von der Beurkundung des Verschmelzungsplans umfasst wird (§ 9 Abs. 1 S. 2 BeurkG). Die SE-Satzung darf nicht in Widerspruch zur Mitbestimmungsregelung der SE stehen (Art. 12 Abs. 4). Diese wird aber erst nach der Aufstellung des Verschmelzungsplans ausgehandelt (vgl. Art. 3 Abs. 1 SE-ErgRiL) und steht damit erst später fest.[245] Hier würde es unnötige Kosten verursachen, wenn der Verschmelzungsplan gleichzeitig mit seiner Aufstellung beurkundet werden müsste. Im Übrigen erkennt der SEAG-RegE die Möglichkeit der Nachbeurkundung ausdrücklich an. § 7 Abs. 1 SEAG-RegE spricht vom Verschmelzungsplan oder „seinem Entwurf" und bestätigt damit ausdrücklich, dass der Verschmelzungsplan auch nach der Beschlussfassung beurkundet werden kann.[246] Die Nachbeurkundung des Verschmelzungsplans ist also zulässig.

---

242 Siehe oben Teil 2 B.IV.2.a)dd)(1)(c), S. 44.

243 *Lutter*, in: ders., UmwG, § 4 Rn. 14 f.

244 Ebenso *Neun*, in: Theisen/Wenz, S. 92; *Ch. Teichmann*, ZGR 2003, 367, 374 Fn. 29.

245 Nach Art. 12 Abs. 4 Unterabs. 2 können die Mitgliedstaaten vorsehen, dass das Leitungs- bzw. Verwaltungsorgan der SE im Falle eines Widerspruchs zwischen Mitbestimmungsregime und Satzung letztere ohne Einschaltung der Hauptversammlung ändern können. Str. war, ob der deutsche Gesetzgeber von dieser Ermächtigung Gebrauch machen sollte (befürwortend zunächst *Ch. Teichmann*, ZGR 2002, 383, 430; ihm folgend *Neun*, in: Theisen/Wenz, S. 123; mittlerweile ablehnend *Ch. Teichmann*, ZIP 2002, 1109; *ders.*, in: Theisen/Wenz, S. 591 f.). Der SEAG-RegE sieht keine Umsetzung vor. Unabhängig davon ist aber fraglich, ob die Vorschrift des Art. 12 Abs. 4 bereits für den Zeitraum vor Eintragung der SE Geltung beansprucht (so offensichtlich *Neun* a.a.O.). Dies kann indessen nicht angenommen werden. Art. 12 Abs. 4 Unterabs. 1 S. 1 spricht zwar davon, dass der Widerspruch zu „keinem Zeitpunkt" gegeben sein darf. In S. 2 ist aber von der „geltenden Satzung" die Rede. Dass die Ermächtigung des Art. 12 Abs. 4 Unterabs. 2 die bestehende SE im Auge hat, wird auch darin deutlich, dass nur diese über eine Hauptversammlung verfügt. Ebenso *Ch. Teichmann*, ZIP 2002, 1109, 1112; *ders.*, in: Theisen/Wenz, S. 591 f.

246 Mit dem Entwurf des Verschmelzungsplans ist der im Zeitpunkt der Hauptversammlung noch nicht notariell beurkundete Verschmelzungsplan gemeint; vgl. SEAG-RegE, Be-

c) Zulässigkeit der Auslandsbeurkundung

Fraglich ist schließlich, ob auch eine Auslandsbeurkundung des Verschmelzungsplans in Betracht kommt. In Art. 18 Abs. 3 S. 2 SE-VOV 1989 wurde noch bestimmt, dass die öffentliche Beurkundung durch eine zuständige Stelle ausreicht, wenn die Beurkundung nach den Rechtsvorschriften mehrerer Mitgliedstaaten, denen die Gründungsgesellschaften unterliegen, vorgeschrieben ist. Darin kam inzident die Zulässigkeit einer Beurkundung durch einen ausländischen Notar zum Ausdruck.[247] Die SE-VO enthält keine Vorschriften zur Form des Verschmelzungsplans und trifft dementsprechend auch keine Aussage über die Zulässigkeit der Auslandsbeurkundung. Die Frage hängt damit, sofern eine deutsche Gründungsgesellschaft beteiligt ist, von der Auslegung des § 6 UmwG ab. In Deutschland handelt es sich dabei um ein ebenso vieldiskutiertes wie ungeklärtes Problem. Rechtsprechung und Literatur sind uneinheitlich. Dem Grundsatz nach ist davon auszugehen, dass eine Auslandsbeurkundung nur dann zulässig ist, wenn sie hinsichtlich der Anforderungen an die Urkundsperson und an das Verfahren gleichwertig ist.[248]

Neun geht davon aus, dass diese Voraussetzungen im Hinblick auf einen SE-Verschmelzungsplan immer dann erfüllt sind, wenn die Beurkundung in einem der Mitgliedstaaten von einer entsprechend ausgebildeten und befugten Person vorgenommen wird. Da die Gründung einer SE auf gemeinschaftsrechtlichen Grundlagen beruht, könne man hier nämlich nicht den Einwand der mangelnden Kenntnis des materiellen Rechts erheben.[249]

Die Lösung lässt sich auch in einer SE-spezifischen Auslegung des § 6 UmwG finden. Die Vorschrift ist SE-spezifisch auszulegen, weil sie nicht aus eigenem Geltungsgrund, sondern nur aufgrund eines gemeinschaftsrechtlichen Rechtsanwendungsbefehls Anwendung findet.[250] Eine solche SE-spezifische Auslegung ergibt, dass man die Beurkundung durch einen Notar aus einem anderen EG-Mitgliedstaat als grundsätzlich gleichwertig anerkennen muss.[251] Wie *Neun* zu Recht anführt, kann bei einer supranationalen Rechtsform nicht länger das Argument der fehlenden Sachkenntnis ausländischer Notare gelten. Daher ist von der grundsätzlichen Zulässigkeit der Auslandsbeurkundung auszugehen, sofern sie durch eine befugte und befähigte Urkundsperson in einem EG-Mitgliedstaat vorgenommen wird.

---

gründung zu § 7, S. 82.

247 *Leupold*, S. 46.

248 *Lutter*, in: ders., UmwG, § 6 Rn. 8 m.w.N.

249 *Neun*, in: Theisen/Wenz, S. 93.

250 Zur SE-spezifischen Auslegung siehe oben Teil 2 D.II, S. 65.

251 *Brandt/Scheifele*, DStR 2002, 547, 554.

d) Sprache

Die Verordnung trifft keine Aussage, in welcher Sprache der Verschmelzungsplan verfasst sein muss. Es liegt aber in der Natur der Sache, dass der Verschmelzungsplan in allen Sprachen abzufassen ist, die in den von der Verschmelzung betroffenen Mitgliedstaaten Verfahrens- und Gerichtssprache sind.[252] Von der Verschmelzung sind die Mitgliedstaaten betroffen, deren Recht eine der Gründungsgesellschaften unterliegt und in dem die SE ihren Sitz begründet. Der Verschmelzungsplan ist in allen Sprachfassungen verbindlich. Deshalb ist von der für die Rechtmäßigkeitskontrolle im Sitzstaat zuständigen Stelle zu prüfen, ob die Hauptversammlungen einem „gleich lautenden" Verschmelzungsplan zugestimmt haben.

5. Zeitpunkt der Planaufstellung und Nachgründungsrecht

Hinsichtlich des Zeitpunkts der Aufstellung des Verschmelzungsplans ist die Frist des § 67 UmwG zu beachten. Danach finden im Rahmen einer Verschmelzung durch Aufnahme bestimmte Vorschriften des Nachgründungsrechts (§ 52 Abs. 3, 4, 7 bis 9 AktG) Anwendung, wenn die aufnehmende AG im Zeitpunkt des Abschlusses des Verschmelzungsvertrags noch keine zwei Jahre im Register eingetragen war. Die Verschmelzung durch Aufnahme stellt eine Kapitalerhöhung gegen Sacheinlage dar, weil Aktien der übernehmenden Gesellschaft gegen Übertragung des Vermögens des übertragenden Rechtsträgers gewährt werden. Zweck des § 67 UmwG ist es, die Umgehung der Regeln über Nachgründungen und damit indirekt die Umgehung der §§ 27, 32 ff. AktG zu verhindern.[253] Die Vorschrift zielt damit auf die Sicherung der Kapitalaufbringung ab.[254]

Die Kapitalaufbringung anlässlich der Gründung einer SE fällt in den Regelungsbereich der Verordnung. Die Verordnung enthält allerdings keine eigenen Sachregelungen zur Kapitalaufbringung. Daher findet gemäß Art. 15 Abs. 1 das Recht des künftigen Sitzstaats der SE Anwendung, weil die Kapitalaufbringung bereits der SE in Entstehung zuzurechnen ist.[255] Allerdings wendet sich § 67 UmwG an die Adresse der aufnehmenden Gründungsgesellschaft und verpflichtet diese zur Einhaltung bestimmter Vorschriften des Nachgründungsrechts. Hierdurch soll die Aufbringung des Kapitals in der aufnehmenden Gesellschaft gesichert werden, die nicht gewährleistet wäre, wenn diese Aktien ausgäbe, ohne einen entsprechenden Gegenwert in Form des Vermögens der übertragenden Gesellschaft zu erhalten. Deshalb findet hier Art. 18 Anwendung, weil die ge-

---

[252] Zum Problem der Sprachunterschiede bei transnationalen Verschmelzungen *Dorr/Stukenborg*, DB 2003, 647, 650.

[253] *Grunewald*, in: Lutter, UmwG, § 67 Rn. 2.

[254] *Hüffer*, AktG, § 52 Rn. 1.

[255] Siehe oben B.IV.3.c)aa), S. 51.

mäß § 67 UmwG einzuhaltenden Verfahrensschritte den Gründungsgesellschaften und noch nicht der SE in Entstehung zuzurechnen sind.

Eine übernehmende Gründungsgesellschaft, die deutschem Recht unterliegt und noch keine zwei Jahre im Register eingetragen ist, hat demnach bestimmte Vorschriften des Nachgründungsrechts einzuhalten (Art. 18 i.V.m. § 67 UmwG).[256] Maßgebender Zeitpunkt für die Zweijahresfrist ist in SE-spezifischer Auslegung des § 67 UmwG nicht der Vertragsabschluss, sondern die notarielle Beurkundung des Verschmelzungsplans.[257]

II. Verschmelzungsbericht

Während die früheren Verordnungsvorschläge von den Gründungsgesellschaften noch ausdrücklich die Erstellung eines Verschmelzungsberichts verlangt haben (vgl. Art. 20 SE-VOV 1991), enthält die SE-VO keine entsprechende Vorschrift. Dennoch ist die Erstattung eines Verschmelzungsberichts zwingende Voraussetzung der SE-Gründung. Dies zeigt Art. 31 Abs. 2 Unterabs. 1, der bei einer Mutter-Tochter-Verschmelzung unter bestimmten Voraussetzungen die Entbehrlichkeit des Verschmelzungsberichts vorsieht. Die Verordnung geht also im Grundsatz von der Pflicht zur Erstattung eines Verschmelzungsberichts aus. Der Verzicht auf eine ausdrückliche Regelung erklärt sich mit der Harmonisierung der mitgliedstaatlichen Rechte durch die Dritte RiL. Bei Art. 20 SE-VOV 1991 handelte es sich um eine „wörtliche Kopie" des Art. 9 Dritte RiL.[258] Der Verordnungsgeber konnte daher auf eine eigenständige Regelung in der SE-VO verzichten und stattdessen über Art. 18 auf das angeglichene mitgliedstaatliche Recht verweisen.[259] Sofern eine deutsche Gesellschaft an einer Verschmelzungsgründung teilnimmt, findet § 8 UmwG Anwendung.[260]

1. Sinn und Zweck

Der Verschmelzungsbericht dient der Vorabinformation der Aktionäre.[261] Er stellt ein Mittel des Minderheitenschutzes dar,[262] weil der Stimmanteil von Minderheitsgesellschaftern bei der Beschlussfassung für gewöhnlich keine Rolle spielt. Der Verschmelzungsplan allein kann dem Informationsbedürfnis der Aktionäre nicht genügen, da er nur die Rahmendaten der Verschmelzung festlegt,

---

256 Siehe unten C.V.1.d)dd), S. 210.

257 Ebenso *Neun*, in: Theisen/Wenz, S. 112 f.

258 *Merkt*, BB 1992, 652, 657.

259 Demgegenüber musste er bei der Europäischen Genossenschaft mangels harmonisierten nationalen Rechts die Berichtspflicht ausdrücklich anordnen (Art. 23 SCE-VO).

260 Ebenso *Ch. Teichmann*, ZGR 2002, 383, 423; *Vossius*, in Widmann/Mayer, § 20 UmwG Rn. 426 (S. 12 Fn. 3) (Stand: Juni 2002); *Neun*, in: Theisen/Wenz, S. 93 f.; *Kalss*, ZGR 2003, 593, 618. Im Hinblick auf das österreichische Recht *C.P. Schindler*, S. 25.

261 *Hommelhoff*, AG 1990, 422, 426.

262 *Kalss*, ZGR 2003, 593, 619.

jedoch keine Zusammenhänge und Hintergründe aufzeigt.[263] Diese Lücke soll der Verschmelzungsbericht schließen. In ihm werden die Zahlen und Fakten aus dem Verschmelzungsplan rechtlich und wirtschaftlich erläutert und begründet. Gesteigerte Aufmerksamkeit ist dabei dem für die Aktionäre besonders relevanten Umtauschverhältnis zu widmen. Der Verschmelzungsbericht soll ihnen eine Beurteilung des geplanten Konzentrationsvorganges schon vor der Beschlussfassung ermöglichen.[264] Deshalb ist der Bericht den Aktionären bereits im Vorfeld der Hauptversammlung zugänglich zu machen.[265] Der Verschmelzungsbericht dient allein der Information der Anteilsinhaber. Er ist nicht zur Information der Arbeitnehmer gedacht.[266]

2. Schuldner der Berichtspflicht

Schuldner der Berichtspflicht ist bei einer deutschen Gründungsgesellschaft nach Art. 18 i.V.m. § 8 Abs. 1 S. 1 UmwG deren Vertretungsorgan, also der Vorstand (§ 78 Abs. 1 AktG).[267]

3. Getrennter oder gemeinsamer Bericht

Grundsätzlich muss jede Gründungsgesellschaft für sich gesondert einen Verschmelzungsbericht erstellen. § 8 Abs. 1 S. 1 Halbs. 2 UmwG eröffnet den Gründungsgesellschaften aber die Möglichkeit, einen gemeinsamen Bericht abzufassen.

Fraglich ist, ob diese Möglichkeit auch bei einer SE-Gründung besteht. Im Hinblick auf Art. 20 SE-VOV 1991 war dies noch unklar. Der Wortlaut der Vorschrift und der Vergleich mit Art. 21 Abs. 4 SE-VOV 1989, der für die Sachverständigenprüfung ausdrücklich die Möglichkeit einer gemeinsamen Prüfung vorgesehen hat (Art. 21 Abs. 4), deutete in Richtung einer getrennten Berichtspflicht.[268] Mit dem Wegfall einer eigenständigen Regelung zur Berichtspflicht hat der Verordnungsgeber die Frage nach der Möglichkeit einer gemeinsamen Berichterstattung dem nationalen Recht überlassen.[269] Eine gemeinsame Berichterstattung kommt also dann in Betracht, wenn die auf die Gründungsgesellschaften anwendbaren Rechtsordnungen eine solche übereinstimmend zulassen. Das muss betont werden, weil die Dritte RiL nicht einheitlich die Möglichkeit

---

[263] Vgl. Dritte RiL-V 1970, Begründung zu Art. 5, S. 11.

[264] *Ganske*, DB 1981, 1551, 1553 zu Art. 9 Dritte RiL. Siehe auch *Schwarz*, Rn. 646.

[265] Siehe unten C.V.1.d)bb), S. 209.

[266] Siehe unten C.II.6, S. 181.

[267] Einzelheiten siehe bei *Stratz*, in: Schmitt/Hörtnagl/Stratz, UmwG, § 8 Rn. 5.

[268] Die Spitzenverbände der deutschen Wirtschaft forderten daher eine Klarstellung, welche die Möglichkeit der Erstattung eines gemeinsamen Berichts ausdrücklich vorsehen sollte, da es nahe läge, dass sich die Berichte inhaltlich decken; vgl. *Gemeinsamer Arbeitsausschuss 1991*, S. 6.

[269] Art. 23 SCE-VO ordnet dagegen offensichtlich eine getrennte Berichtspflicht an.

einer gemeinsamen Berichterstattung vorsieht (vgl. Art. 9 Dritte RiL). Entscheiden sich die Gründungsgesellschaften für eine gemeinsame Berichterstattung und ist diese nach der jeweiligen nationalen Rechtsordnung möglich, dann kommt es hinsichtlich der inhaltlichen Anforderungen zu einer kumulativen Anwendung der verschiedenen Rechte. Bei unterschiedlichen Anforderungen setzt sich das strengere Recht durch.[270] Das deutsche Umwandlungsrecht steht einer gemeinsamen Berichterstattung jedenfalls nicht entgegen.

4. Verzicht

Weiterhin ist fraglich, ob die Aktionäre auf die Berichterstattung durch die Leitungs- und Verwaltungsorgane verzichten können. Die Vorgängervorschläge, in welchen die Berichtspflicht noch eigenständig geregelt war, enthielten dazu keine Regelung.[271] Das deutsche Umwandlungsrecht sieht dagegen vor, dass der Bericht nicht erforderlich ist, wenn „alle Anteilsinhaber aller beteiligten Rechtsträger auf seine Erstattung verzichten" (§ 8 Abs. 3 S. 1 UmwG). Es fragt sich, ob diese Regelung in das Verweisungsobjekt des Art. 18 fällt. Dann müsste es sich um eine mit der Dritten RiL in Einklang stehende Rechtsvorschrift handeln. Dies könnte bezweifelt werden, weil Art. 9 Dritte RiL keine Verzichtsmöglichkeit vorsieht. Dennoch ist von der Europarechtskonformität der Vorschrift auszugehen. Zum einen dient der Verschmelzungsbericht dem Schutz der Aktionäre. Es muss den Aktionären also auch frei stehen, auf diesen Schutz zu verzichten. Für einen aufgedrängten Schutz besteht keine Veranlassung. Zum anderen sieht die Dritte RiL die Entbehrlichkeit des Verschmelzungsberichts bei einer Mutter-Tochter-Verschmelzung vor, wenn die Muttergesellschaft mehr als 90 % der Anteile der Tochter hält (Art. 27 Buchst. b i.V.m. Art. 11 Abs. 1 Buchst. a bis c Dritte RiL). Wenn also schon bei einer 10%igen Minderheit kein Verschmelzungsbericht erforderlich ist, dann muss der einvernehmliche Verzicht erst recht möglich sein.[272]

§ 8 Abs. 3 UmwG findet daher über Art. 18 auf die SE-Verschmelzung Anwendung. Der Verzicht muss dabei nicht – wie es in § 8 Abs. 3 UmwG verlangt wird – von den Anteilsinhabern „aller beteiligten Rechtsträger" erklärt werden. Da § 8 UmwG nur auf eine Gründungsgesellschaft deutschen Rechts Anwendung findet, reicht es aus, wenn bezogen auf diese die Voraussetzungen des Verzichts erfüllt sind. § 8 Abs. 3 UmwG ist daher SE-spezifisch so zu lesen, dass der Verzicht dann wirksam ist, wenn „alle" Anteilsinhaber der deutschen Gründungsgesellschaft auf die Einhaltung der Berichtspflicht verzichtet haben. Damit beschränkt sich die Wirkung des Verzichts auf diese Gründungsgesellschaft. Verzichten die Anteilsinhaber nur einer Gründungsgesellschaft auf die Erstellung

---

[270] Siehe oben Teil 2 B.IV.2.a)dd)(1)(c), S. 44.

[271] Vgl. Art. 23a SE-VOV 1975 und Art. 20 SE-VOV 1989 und 1991.

[272] So zu Recht *Lutter*, in: ders., UmwG, § 8 Rn. 49; *Schwarz*, Rn. 645 Fn. 787. Zweifelnd *Habersack*, EuGesR, Rn. 230.

eines Berichts, so ändert dies nichts an der Berichtspflicht der anderen Gründungsgesellschaft. Diese bleibt grundsätzlich bestehen.[273]

5. Form

Der Verschmelzungsbericht bedarf gemäß Art. 18 i.V.m. § 8 Abs. 1 S. 1 UmwG der Schriftform. Der Verschmelzungsbericht ist von allen Mitgliedern des Vertretungsorgans zu unterzeichnen (§ 126 Abs. 1 BGB). Eine Vertretung ist unzulässig, weil es sich beim Verschmelzungsbericht um eine bloße Wissenserklärung handelt.[274]

6. Inhalt des Berichts

Der Inhalt des Verschmelzungsberichts richtet sich mangels sachrechtlicher Regelungen in der Verordnung über Art. 18 nach mitgliedstaatlichem Recht. Der deutsche Gesetzgeber hat Art. 9 Dritte RiL in § 8 UmwG richtlinienkonform umgesetzt. Die Vorschrift geht in ihren inhaltlichen Anforderungen im Wesentlichen nicht über die Vorgaben der Dritten RiL hinaus. Der Bericht muss aber keine Angaben zu den Auswirkungen der Verschmelzung auf die Arbeitnehmer enthalten.[275] Die Berichtspflicht dient damit allein dem Schutz der Anteilsinhaber, nicht aber der Arbeitnehmer oder sonstiger Betroffener (z.B. Gläubiger).[276]

Nach § 8 Abs. 1 UmwG ist im Verschmelzungsbericht „die Verschmelzung, der Verschmelzungsvertrag oder sein Entwurf im einzelnen und insbesondere das Umtauschverhältnis der Anteile oder die Angaben über die Mitgliedschaft bei dem übernehmenden Rechtsträger sowie die Höhe einer anzubietenden Barabfindung“ rechtlich und wirtschaftlich zu erläutern und zu begründen (Satz 1). Ferner ist auf „besondere Schwierigkeiten bei der Bewertung der Rechtsträger sowie auf die Folgen für die Beteiligung der Anteilsinhaber“ hinzuweisen (Satz 2). Sofern ein verbundenes Unternehmen i.S. des § 15 AktG an der Verschmelzung beteiligt ist, müssen auch alle für die Verschmelzung wesentlichen Angelegenheiten der anderen verbundenen Unternehmen angegeben werden (Satz 3).

---

273 Für *Neun*, in: Theisen/Wenz, S. 94 ergibt sich diese Einschränkung des § 8 Abs. 3 UmwG aus dem Charakter des § 1 Abs. 1 UmwG, der den Anwendungsbereich des UmwG auf Rechtsträger mit Sitz im Inland eingrenzt. *Neun* verkennt indessen, dass es auf den Anwendungsbereich des UmwG gar nicht ankommt, weil dessen Vorschriften aufgrund eines gemeinschaftsrechtlichen Rechtsanwendungsbefehls (hier: Art. 18) zur Anwendung berufen werden. Die Anwendung der Vorschriften des UmwG hängt damit nicht mehr davon ab, ob die Voraussetzungen des § 1 Abs. 1 UmwG vorliegen. Der Gemeinschaftsgesetzgeber hätte sogar die Anwendbarkeit des UmwG auf den ausländischen Rechtsträger anordnen können.

274 *Stratz*, in: Schmitt/Hörtnagl/Stratz, UmwG, § 8 Rn. 5.

275 Dagegen sind im Bericht zur Holdinggründung (Art. 32 Abs. 2 S. 2) und zur Umwandlung (Art. 37 Abs. 4) die Folgen für die Arbeitnehmer darzulegen.

276 *Lutter*, in: ders., UmwG, § 8 Rn. 5 m.w.N.

Übertragen auf die SE bedeutet dies, dass

- die Verschmelzung,
- der Verschmelzungsplan,
- das Umtauschverhältnis der Anteile,
- die Höhe einer anzubietenden Barabfindung[277]

rechtlich und wirtschaftlich zu erläutern und zu begründen sind.

Die Berichterstattung muss „ausführlich" sein (vgl. Art. 8 Abs. 1 S. 1). Was genau unter einer ausführlichen rechtlichen und wirtschaftlichen Erläuterung und Begründung zu verstehen ist, ist vor dem Hintergrund einer Abwägung von Gesellschafts- und Gesellschafterinteressen zu sehen. Dem Anteilsinhaber muss die Möglichkeit gegeben werden, sich über die bevorstehende Verschmelzung so genau wie möglich zu informieren. Weil ein fehlerhafter Verschmelzungsbericht jedoch die Anfechtbarkeit des nachfolgenden Verschmelzungsbeschlusses nach sich zieht,[278] darf die Gefahr von Anfechtungsklagen nicht zu einer grundsätzlichen Blockade von Verschmelzungen führen. Dem Aktionär ist daher zwar einerseits eine Plausibilitätskontrolle zu ermöglichen, andererseits muss er aber nicht in die Lage versetzt werden, alle Einzelheiten nachzuvollziehen.[279]

Eine Darstellung der einzelnen Inhalte des Verschmelzungsberichts ist an dieser Stelle nicht erforderlich. Insofern kann auf die Kommentierungen zu § 8 UmwG verwiesen werden. Der Erwähnung bedürfen allerdings einige Besonderheiten, die sich möglicherweise im Rahmen einer SE-Verschmelzung ergeben.

a) Verschmelzung

Die in § 8 Abs. 1 S. 1 UmwG geforderte gesonderte Erläuterung der „Verschmelzung" ist in Art. 9 Dritte RiL nicht vorgesehen. Es ist damit zu rechnen, dass andere Rechtsordnungen eine solche allgemeine Darstellung des Verschmelzungsprojekts nicht verlangen. Für den Fall, dass eine gemeinsame Berichterstattung stattfinden soll, ist dieses Spezifikum des deutschen Umwandlungsrechts dennoch zu beachten, weil es dann zu einer kumulativen Anwendung der nationalen Rechtsordnungen kommt, bei der sich die strengere durchsetzt.[280]

Die Leitungs- und Verwaltungsorgane haben darzulegen, warum eine Umstrukturierung im Allgemeinen und eine Verschmelzung im Besonderen das geeignete Mittel zur Verfolgung des Unternehmenszwecks der jeweils beteiligten Gründungsgesellschaft ist.[281] Die Anteilsinhaber müssen daher in jedem Fall auf die Besonderheiten einer SE-Verschmelzung hingewiesen werden. Ihnen sind die

---

277 Vgl. § 7 SEAG-RegE.
278 *Marsch-Barner*, in: Kallmeyer, UmwG, § 8 Rn. 33 ff.
279 *Lutter*, in: ders. UmwG, § 8 Rn. 14 m.w.N.
280 Siehe oben C.II.3, S. 179.
281 *Stratz*, in: Schmitt/Hörtnagl/Stratz, UmwG, § 8 Rn. 11.

Konsequenzen darzulegen, die sich daraus ergeben, dass ihre Anlage in eine andere Rechtsordnung – nämlich eine supranationale – transferiert wird.[282] Es wird dabei nicht ausreichen, wenn die Aktionäre nur auf die Möglichkeit von Änderungen ihrer Mitgliedschaftsrechte aufmerksam gemacht werden. Unter Bezugnahme auf die Regelungen der SE-VO (Art. 38 ff.) und der SE-Satzung sowie unter Berücksichtigung des künftigen Sitzstaatrechts der SE (vgl. Art. 9 Abs. 1 Buchst. c) sind die konkreten qualitativen Veränderungen der mitgliedschaftlichen Rechte darzustellen und zu erläutern.[283]

b) Verschmelzungsplan

Auf die Unterschiede in der Rechtsnatur des Verschmelzungsplans und des Verschmelzungsvertrags ist bereits hingewiesen worden.[284] Die mangelnde Verbindlichkeit des Verschmelzungsplans, der keinen schuldrechtlichen Vertrag zwischen den Gründungsgesellschaften darstellt, wird in aller Regel dazu führen, dass sich die Gesellschaften in einem Zusammenschlussvertrag wechselseitig binden. Es ist deshalb im Sinne eines umfassenden Aktionärsschutzes angebracht, auch diesen Zusammenschlussvertrag in die Berichtspflicht einzuschließen.

Vor dem Hintergrund des Art. 20 Abs. 1 Buchst. i und des Art. 23 Abs. 2 S. 2 ist den Anteilsinhabern Gelegenheit zu geben, sich über die Hintergründe der Arbeitnehmermitbestimmung in der SE zu informieren.[285] Dafür sind die in den Gründungsgesellschaften geltenden Mitbestimmungsregeln, der aktuelle Stand der Verhandlungen sowie die möglichen Auffangregelungen im Falle eines Scheiterns der Verhandlungen darzustellen und zu erläutern.

c) Umtauschverhältnis

Die Erläuterung und Begründung des Umtauschverhältnisses wird auch bei der SE-Verschmelzung den Schwerpunkt des Verschmelzungsberichts bilden. Sie ist in Art. 9 Dritte RiL explizit hervorgehoben („insbesondere") und ist daher nach allen mitgliedstaatlichen Rechten gleichermaßen zu beachten. Die besondere Bedeutung der Erläuterung des Umtauschverhältnisses erklärt sich damit, dass hier unmittelbar die Vermögensinteressen der Anteilsinhaber betroffen sind. Der Bericht zu einer SE-Verschmelzung wird – zusätzlich zu den in den mitgliedstaatlichen Rechtsordnungen üblicherweise gestellten Anforderungen[286] – die

---

[282] Vgl. Art. 20 Unterabs. 1 SE-RatsE 1990, der ausdrücklich verlangte, dass die grenzüberschreitenden Aspekte der geplanten Verschmelzung zu erläutern sind. Dazu *Hommelhoff*, AG 1990, 422, 426.

[283] Im deutschen Recht wird dies nur dann für erforderlich gehalten, wenn die inhaltliche Ausgestaltung der Mitgliedschaftsrechte in der Satzung vom gesetzlichen Regelfall abweicht; so *Mayer*, in: Widmann/Mayer, UmwG, § 8 Rn. 40 (Stand: November 1999).

[284] Siehe oben C.I.2, S. 142.

[285] Ebenso *Neun*, in: Theisen/Wenz, S. 99.

[286] Vgl. dazu *Lutter*, in: ders., UmwG, § 8 Rn. 20 ff.

Besonderheiten zu erläutern haben, die sich aus der Bestimmung der Verschmelzungswertrelation von Unternehmen aus verschiedenen Mitgliedstaaten ergeben.[287] Dieses Erfordernis dürfte sich schon aus Art. 9 Unterabs. 2 Dritte RiL bzw. der entsprechenden Durchführungsbestimmung (vgl. § 8 Abs. 1 S. 2 UmwG) herleiten lassen, wonach „auf besondere Schwierigkeiten bei der Bewertung, soweit solche aufgetreten sind", hinzuweisen ist.

Fraglich ist, ob Aktionärsklagen, die sich auf die Verletzung von Berichtspflichten hinsichtlich des Umtauschverhältnisses stützen, durch § 14 Abs. 2 UmwG bzw. § 6 Abs. 1 SEAG-RegE ausgeschlossen werden. *Neun* nimmt dies unter Berufung auf BGHZ 146, 179 offensichtlich an.[288] Allerdings hat der BGH klar gestellt, dass sich der Klageausschluss bei Informationsmängeln nicht daraus ergibt, dass es sich um ein „zu niedrig bemessenes" Angebot handelt, sondern um ein nicht ordnungsgemäßes Angebot i.S. des § 210 UmwG.[289] Dies legt den Schluss nahe, dass § 14 Abs. 2 UmwG bei Informationsmängeln keine Anwendung findet. Entsprechendes muss für § 6 Abs. 1 SEAG-RegE gelten, der nur solche Klagen ausschließt, in denen gerügt wird, dass das Umtauschverhältnis nicht angemessen ist.[290] Dies zeigt im Übrigen auch der Vergleich mit § 7 Abs. 5 SEAG-RegE, der den Fall des nicht ordnungsgemäßen Angebots ausdrücklich erfasst.

d) Höhe der anzubietenden Barabfindung

Die gemäß § 7 Abs. 1 SEAG-RegE anzubietende Barabfindung ist ebenfalls zu erläutern. Auch hier stellt sich die Frage, ob Mängel der Berichterstattung im Wege der Anfechtungsklage geltend gemacht werden können oder ob insofern der Klageausschluss nach § 7 Abs. 5 SEAG-RegE greift. Nach dem eindeutigen Wortlaut des § 7 Abs. 5 SEAG-RegE, der auch nicht ordnungsgemäße Angebote erfasst, kann der Verschmelzungsbeschluss nicht wegen Informationsmängel hinsichtlich des Angebots auf Barabfindung angefochten werden.[291]

III. Publizitätspflichten der Gründungsgesellschaften

Art. 21 verlangt von den Gründungsgesellschaften die Bekanntmachung bestimmter Angaben. Diese werden in den Buchstaben a bis e katalogartig aufgeführt (dazu 2). Die Vorschrift verpflichtet die Gesellschaften nicht ausdrücklich zur Offenlegung des Verschmelzungsplans. Es stellt sich daher die Frage, ob die Gründungsgesellschaften überhaupt zur Veröffentlichung des Verschmelzungsplans verpflichtet sind (dazu 1). Ferner ist der Frage nachzugehen, ob eine Gründungsgesellschaft deutschen Rechts den Verschmelzungsplan an den Be-

---

[287] Siehe dazu oben C.I.3.a)bb)(1), S. 154.
[288] *Neun*, in: Theisen/Wenz, S. 99.
[289] BGHZ 146, 179, 183 ff.
[290] Siehe unten C.VI.2.e)aa)(1), S. 246.
[291] Vgl. BGHZ 146, 179.

triebsrat weiterleiten muss gemäß § 5 Abs. 3 UmwG (dazu 3). Weiterhin ist zu klären, ob Art. 21 die Mitgliedstaaten zum Erlass zusätzlicher Publizitätspflichten ermächtigt (dazu 4). Schließlich wird kurz auf kapitalmarktrechtliche Publizitätspflichten eingegangen, die sich im Rahmen der SE-Verschmelzung stellen können (dazu 5).

1. Offenlegung des Verschmelzungsplans

Art. 21 spricht von der Bekanntmachung bestimmter „Angaben", die in den Buchstaben a bis e aufgezählt werden. Der Verschmelzungsplan wird nicht erwähnt.[292] Dennoch wird im Schrifttum bisweilen der Eindruck erweckt, als ordne Art. 21 die Offenlegung des Verschmelzungsplans an.[293] Dies ist nicht der Fall. Die in Art. 21 ausdrücklich verlangten Angaben entsprechen auch nicht dem Inhalt des Verschmelzungsplans. Elementare Bestandteile des Verschmelzungsplans – beginnend beim Umtauschverhältnis der Aktien über die Satzung der SE bis zu den Angaben im Hinblick auf die Arbeitnehmermitbestimmung – werden nicht erfasst.

Während die Vorgängervorschläge noch ausdrücklich die Offenlegung des Verschmelzungsplans verlangten,[294] enthält die SE-VO keine solche Vorschrift mehr. Dies bedeutet aber keineswegs, dass der Verschmelzungsplan nicht offen zu legen ist. Dies zeigt schon Art. 3 Abs. 1 SE-ErgRiL, nach dem die Leitungs- oder Verwaltungsorgane in den Gründungsgesellschaften verpflichtet sind, „nach Offenlegung des Verschmelzungsplans" so rasch wie möglich das Verhandlungsverfahren über die Mitbestimmung einzuleiten. Zudem wäre es kaum einzusehen, weshalb bei der Holding-SE (Art. 32 Abs. 3) und der Umwandlung (Art. 37 Abs. 5) die Offenlegung des Gründungsplans verlangt wird, nicht aber bei der Verschmelzung. Es ist auch nicht anzunehmen, dass die Publizitätspflichten bei einer SE-Verschmelzung hinter denen bei rein innerstaatlichen Verschmelzungen zurückbleiben sollen (vgl. Art. 6 Dritte RiL).[295] Dies zeigt im Übrigen der Vergleich mit Art. 24 SCE-VO, der hinsichtlich der Bekanntmachung des Verschmelzungsplans auf das für AG maßgebende nationale Recht verweist.

Die Verpflichtung zur Offenlegung des Verschmelzungsplans folgt daher aus der jeweiligen nationalen Durchführungsbestimmung zu Art. 6 Dritte RiL. Art. 21 steht dem nicht entgegen. Die Vorschrift regelt die Publizitätspflichten der Gründungsgesellschaften, wie sich ihrem Wortlaut entnehmen lässt („vorbehalt-

---

[292] Die Offenlegung des Verschmelzungsplans ist im Hinblick auf die Festsetzung der Arbeitnehmermitbestimmung von Bedeutung.

[293] So *Vossius*, in: Widmann/Mayer, § 20 UmwG Rn. 409 und 426 (Stand: Juni 2002). Ebenso *Buchheim*, S. 197 ff.

[294] Vgl. Art. 19 SE-VOV 1989 und 1991.

[295] Siehe auch Art. 6 Abs. 1 Zehnte RiL-V 1985, der für grenzüberschreitende Verschmelzungen die Bekanntmachung des Verschmelzungsplans verlangt.

lich weiterer Auflagen"), nicht abschließend.[296] Damit erklärt sich auch die Entbehrlichkeit einer sachrechtlichen Regelung in der SE-VO. Allein über die zutreffende Verweisungsvorschrift lässt sich streiten. Einerseits lässt sich hier auf Art. 18 abstellen, weil sich die Offenlegungspflicht an die Adresse der Gründungsgesellschaften richtet.[297] Andererseits könnte man auch der Meinung sein, dass Art. 21 in der Formulierung „vorbehaltlich weiterer Auflagen seitens des Mitgliedstaats" selbst eine Spezialverweisung enthält, die bezüglich der Offenlegung des Verschmelzungsplans das anwendbare Recht bestimmt.[298] So ist nicht auszuschließen, dass der Verordnungsgeber, wenn von den „weiteren Auflagen" des mitgliedstaatlichen Rechts die Rede ist, gerade die Offenlegung des Verschmelzungsplans meint, weil diese in allen Mitgliedstaaten wegen Art. 6 Dritte RiL einheitlich vorausgesetzt wird. Der enge sprachliche und inhaltliche Zusammenhang mit den in Art. 21 ausdrücklich angeordneten Bekanntmachungspflichten lässt es aber wahrscheinlicher erscheinen, dass sich der Vorbehalt weiterer Auflagen des mitgliedstaatlichen Rechts gerade auf diese beziehen soll. Nach vorzugswürdiger Auffassung bestimmt daher Art. 18 das auf die Offenlegung des Verschmelzungsplans anwendbare Recht.[299]

Eine Gründungsgesellschaft deutschen Rechts muss den Verschmelzungsplan daher gemäß Art. 18 i.V.m. § 61 UmwG offen legen. Der Verschmelzungsplan ist vor der Einberufung der Hauptversammlung zum Register einzureichen. Daraus folgt, dass die Hauptversammlung erst nach Einreichung des Verschmelzungsplans zum Handelsregister einberufen werden kann.[300] Die Hauptversammlung einer deutschen Aktiengesellschaft ist gemäß § 123 Abs. 1 AktG mindestens einen Monat vor dem Tage der Hauptversammlung einzuberufen. Demnach ist auch der Verschmelzungsplan mindestens einen Monat vor dem Tag der Hauptversammlung einzureichen. Zuständiges Register ist das Handelsregister am Sitz der AG (§§ 14, 36 ff. AktG).

2. Bekanntmachungspflicht nach Art. 21

a) Sinn und Zweck

Die Offenlegung des Verschmelzungsplans dient der Information der von der Verschmelzung Betroffenen.[301] Daneben müssen die Gründungsgesellschaften noch weitere Angaben bekannt machen (Art. 21). In der Begründung zum SE-VOV 1989 heißt es, dass diese zusätzlichen Publizitätspflichten wegen des

---

[296] Ebenso *Ch. Teichmann*, in: Theisen/Wenz, S. 583.
[297] So *Neun*, in: Theisen/Wenz, S. 114.
[298] So *C.P. Schindler*, S. 27.
[299] So auch SEAG-RegE, Begründung zu § 5, S. 79.
[300] Dazu unten C.V.1.d)cc), S. 210.
[301] *Rieger*, in: Widmann/Mayer, UmwG, § 61 Rn. 1 (Stand: September 1996).

grenzüberschreitenden Charakters der Verschmelzung erforderlich sind.[302] Eine entsprechende Begründung findet sich zur Parallelvorschrift des Art. 6 Zehnte RiL-V 1985.[303] Dort heißt es, dass die Bekanntmachung des Verschmelzungsplans, die möglicherweise nur durch Hinweis auf die Hinterlegung erfolgt (vgl. Art. 3 Abs. 4 Erste RiL), für grenzüberschreitende Verschmelzungen nicht ausreicht. Hier sei es wünschenswert, dass zur besseren Unterrichtung Dritter vollständige Angaben erscheinen, und zwar insbesondere über die wesentlichen Umstände zur Bestimmung der sich verschmelzenden Gesellschaften, aus denen der grenzüberschreitende Charakter der Verschmelzung hervorgeht, sowie über das Register, in dem jede Gesellschaft eingetragen ist. Im Übrigen bestehe ein besonderes Bedürfnis an einer gesonderten Information der Gläubiger, weil diese ihre Ansprüche womöglich in einer anderen Rechtsordnung geltend machen müssten. Aus Sicht des Gemeinschaftsgesetzgebers besteht bei grenzüberschreitenden Verschmelzungen also ein besonderes Informationsbedürfnis der Aktionäre und Dritter (vor allem Gläubiger), dem durch zusätzliche Bekanntmachungspflichten Rechnung zu tragen ist. Die Bekanntmachung nach Art. 21 dient mithin vor allem der Information der Aktionäre[304] und Gläubiger der Gründungsgesellschaften.[305]

b) Schuldner

Schuldner der Bekanntmachungspflicht nach Art. 21 ist „jede der sich verschmelzenden Gesellschaften". Jede der beteiligten Gründungsgesellschaft muss also für sich die Bekanntmachungspflicht erfüllen.

c) Bekanntmachungspflichtige Angaben

Art. 21 verlangt die Bekanntmachung folgender Angaben:

- Rechtsform, Firma und Sitz der sich verschmelzenden Gesellschaften (Buchst. a).
- Register, bei dem die in Art. 3 Abs. 2 der Ersten RiL genannten Urkunden für jede Gründungsgesellschaft hinterlegt worden sind (Buchst. b).
- Hinweis auf die Modalitäten für die Ausübung der Gläubigerrechte gemäß Art. 24 (Buchst. c) und Hinweis auf die Modalitäten für die Ausübung der Minderheitsaktionärsrechte gemäß Art. 24 (Buchst. d);
- für die SE vorgesehene Firma und ihr künftiger Sitz (Buchst. e).

Der Katalog der bekanntmachungspflichtigen Angaben in Art. 21 ist nicht abschließend. Wie aus der Vorschrift selbst hervorgeht („vorbehaltlich weiterer

---

302 SE-VOV 1989, Begründung zu Art. 18 und 19, S. 7.

303 Zehnte RiL-V 1985, Begründung zu Art. 6, S. 9.

304 So auch *Kalss*, ZGR 2003, 593, 618.

305 Im Erg. auch *Ch. Teichmann*, ZGR 2002, 383, 422.

Auflagen seitens des Mitgliedstaats“), kann das nationale Recht die Bekanntmachung zusätzlicher Angaben verlangen.[306]

aa) Rechtsform, Firma und Sitz der sich verschmelzenden Gesellschaften

Die Firma und der Sitz der sich verschmelzenden Gesellschaften lassen sich auch dem Verschmelzungsplan entnehmen (Art. 20 Abs. 1 Buchst. a). Die Rechtsform ist dagegen nicht zwingend aus dem Verschmelzungsplan ersichtlich. Die Hinweise nach Buchstabe a dienen der Bestimmung der sich verschmelzenden Gesellschaften und damit der Erkennbarkeit des grenzüberschreitenden Charakters der Verschmelzung.[307]

bb) Register der Gründungsgesellschaften

Die Angabe des Registers der Gründungsgesellschaften erleichtert es Interessierten, genauere Informationen über die an der Verschmelzung beteiligten Gesellschaften einzuholen.

cc) Modalitäten für die Ausübung der Gläubigerrechte bzw. der Rechte der Minderheitsaktionäre

Die Hinweise nach Buchst. c und d müssen nur für die Gläubiger und Minderheitsaktionäre der „betreffenden Gesellschaft“ bekannt gemacht werden. D.h. die Gründungsgesellschaft A ist nicht verpflichtet, die entsprechenden Hinweise für die Gläubiger oder Minderheitsaktionäre der Gründungsgesellschaft B offen zu legen.[308] Für einen effektiven Gläubigerschutz genügt es, wenn die jeweilige Gründungsgesellschaft nur bezüglich ihrer eigenen Gläubiger entsprechende Informationen veröffentlichen muss.[309]

Eine Gründungsgesellschaft deutschen Rechts muss deshalb auf die aus Art. 24 Abs. 1 Buchst. a i.V.m. § 22 UmwG bzw. § 8 SEAG-RegE folgenden Gläubigerrechte hinweisen.[310] Auch wenn Art. 21 Buchst. c nur von den „Gläubigern“ spricht, erstreckt sich die Bekanntmachungspflicht überdies auch auf die Anleihegläubiger und Sonderrechtsinhaber. Dies ergibt sich daraus, dass Art. 21 Buchst. c allgemein auf die Gläubigerrechte „gemäß Artikel 24“ verweist. Dieser regelt nicht nur den Schutz der Gläubiger, sondern auch den der Anleihegläubiger und Sonderrechtsinhaber (Art. 24 Abs. 1 Buchst. b und c). Außerdem bedürfen Anleihegläubiger und Sonderrechtsinhaber ebenso der Information über die Verschmelzung wie die Gläubiger. Schließlich zeigt der Vergleich mit der Parallelvorschrift des Art. 6 Abs. 3 Zehnte RiL-V 1985, dass der Begriff „Gläubiger“ auch Anleihegläubiger und Sonderrechtsinhaber einschließt. Daher muss die Bekanntmachung Hinweise auf die Rechte der Sonderrechtsinhaber

---

[306] Siehe unten C.III.3, S. 190.
[307] Zehnte-RiL-V 1975, Begründung zu Art. 6, S. 9.
[308] Anders noch Art. 19 Abs. 3 SE-VOV 1991.
[309] *Sagasser/Swienty*, DStR 1991, 1188, 1194.
[310] Siehe unten C.VI.1.c), S. 226.

i.S. des Art. 24 Abs. 1 Buchst. c i.V.m. § 23 UmwG enthalten. In Bezug auf die Minderheitsaktionäre ist ggf. auf die auf Art. 24 Abs. 2 beruhenden Schutzbestimmungen des nationalen Rechts hinzuweisen (§§ 6 und 7 SEAG-RegE).[311]

Unter Berücksichtigung des Wortlauts des Art. 21 Buchst. c und d („... Modalitäten für die Ausübung der Rechte ...") reicht es nicht aus, wenn sich die Auskunft auf die Wiedergabe der einschlägigen Vorschriften beschränkt. Den Gläubigern ist zu verdeutlichen, was sie tun müssen, um ihre Rechte geltend zu machen. Dabei muss es sich jedoch nicht um erschöpfende Auskünfte handeln, wie sich im Umkehrschluss dem jeweils letzten Halbsatz der Buchstaben c und d entnehmen lässt. Danach muss die Gründungsgesellschaft eine Anschrift angeben, unter der „erschöpfende Auskünfte" kostenlos eingeholt werden können.

Aus diesem letzten Halbsatz der Buchstaben c und d folgt außerdem ein subjektiver Auskunftsanspruch gegenüber den Gründungsgesellschaften. Die Gründungsgesellschaften sind demzufolge verpflichtet, erschöpfend und kostenlos über die Modalitäten für die Ausübung der Rechte der Gläubiger und Minderheitsaktionäre Auskunft zu geben. Anspruchsinhaber sind die Gläubiger oder Minderheitsaktionäre der jeweiligen Gründungsgesellschaft.

d) Verfahren und Zeitpunkt

Die in Art. 21 aufgeführten Angaben sind im Amtsblatt des Mitgliedstaats bekannt zu machen, dessen Recht die jeweilige Gründungsgesellschaft unterliegt. Weitere Hinweise auf das Verfahren der Bekanntmachung fehlen.[312] Art. 13 findet keine Anwendung, weil dieser nur hinsichtlich der „die SE betreffenden Urkunden und Angaben" das anwendbare Recht bestimmt und insofern eine bestehende SE voraussetzt.

aa) Ermächtigung des Art. 21

Im Schrifttum wird deshalb gefordert, dass sich die nationalen Ausführungsgesetze ausdrücklich zum Verfahren der Bekanntmachung äußern.[313] Eine entsprechende Ermächtigung der nationalen Gesetzgeber lässt sich der Vorbehaltsklausel des Art. 21 („vorbehaltlich weiterer Auflagen seitens des Mitgliedstaates") entnehmen. Der nationale Gesetzgeber ist damit berechtigt, das Verfahren der Bekanntmachung nach Art. 21 zu regeln. Er muss dabei nach den Vorgaben des Art. 21 die Veröffentlichung im nationalen Amtsblatt verlangen. Nicht ausreichend ist die schlichte Einreichung beim Register mit entsprechendem Hinweis darauf im Amtsblatt.[314]

---

311 Siehe unten C.VI.2.e), S. 246.

312 Die Art. 19 Abs. 1 SE-VOV 1989 und 1991 haben noch auf das in den Mitgliedstaaten zur Durchführung des Art. 3 Erste RiL vorgesehene Verfahren verwiesen.

313 *Ch. Teichmann*, ZGR 2002, 383, 422; *ders.*, ZIP 2002, 1109, 1112; *Neun*, in: Theisen/Wenz, S. 115.

314 *Kalss*, ZGR 2003, 593, 618.

Fraglich ist, wann die Angaben bekannt zu machen ist. Art. 21 legt den Zeitpunkt nicht ausdrücklich fest. Die systematische Stellung der Vorschrift nach Art. 20 und der Inhalt der Bekanntmachungspflicht lassen nur den Schluss zu, dass die Bekanntmachung erst nach Aufstellung des Verschmelzungsplans erfolgen kann. Die Angaben sind aber vor der beschließenden Hauptversammlung bekannt zu machen. Der Hinweis auf die Rechte der Minderheitsaktionäre (Art. 21 Buchst. d) erfüllt nur dann seinen Zweck, wenn die Aktionäre bereits vor dem Verschmelzungsbeschluss informiert sind, welche Rechte ihnen zur Verfügung stehen, wenn sie die Verschmelzung ablehnen.[315] Damit steht fest, dass die Bekanntmachung zwischen der Aufstellung des Verschmelzungsplans und dem Verschmelzungsbeschluss erfolgen muss.

Damit ist noch nicht geklärt, welche Zeitspanne mindestens zwischen der Bekanntmachung und dem Termin der Hauptversammlung liegen muss. Weil die Bekanntmachung der in Art. 21 aufgeführten Daten unter anderem der Vorbereitung auf die Hauptversammlung dient, ist es naheliegend, im deutschen Ausführungsgesetz die Einmonatsfrist des § 61 UmwG für anwendbar zu erklären.[316] Entsprechend dazu sollte sich das auch das Bekanntmachungsverfahren selbst nach § 61 UmwG richten. Dementsprechend wären die in Art. 21 aufgeführten Angaben zum Handelsregister einzureichen. Das Registergericht hätte die Einreichung sodann gemäß § 10 HGB bekannt zu machen.

bb) § 5 SEAG-RegE

Die Regelung im Regierungsentwurf für ein deutsches Ausführungsgesetz (§ 5 SEAG-RegE) entspricht genau diesen Vorgaben. § 5 SEAG-RegE soll den Gesellschaften Klarheit über das anzuwendende Verfahren geben.[317] Danach sind die nach Art. 21 bekannt zu machenden Angaben dem Register bei Einreichung des Verschmelzungsplans mitzuteilen. Das Registergericht hat die Angaben zusammen mit dem nach § 61 S. 2 UmwG vorgeschriebenen Hinweis, dass der Verschmelzungsplan beim Handelsregister eingereicht worden ist, im Bundesanzeiger und einem weiteren Blatt (§ 10 Abs. 1 HGB) bekannt zu machen.

3. Ermächtigung zu weitergehenden Publizitätspflichten

Die Ermächtigung des Art. 21 könnte von den nationalen Gesetzgebern auch dazu genutzt werden, die Publizitätspflichten inhaltlich um weitere Angaben zu erweitern. Allerdings ist zu Recht angemerkt worden, dass keine Veranlassung für eine derartige Erweiterung der Publizitätspflichten besteht.[318] Art. 21 ge-

---

[315] *Ch. Teichmann*, ZGR 2002, 383, 422; *Neun*, in: Theisen/Wenz, S. 115.

[316] *Ch. Teichmann*, ZGR 2002, 383, 422; *ders.*, ZIP 2002, 1109, 1112; *Neun*, in: Theisen/Wenz, S. 115.

[317] Vgl. *Neye/Ch. Teichmann*, AG 2003, 169, 173 zum identischen § 5 SEAG-DiskE.

[318] *Ch. Teichmann*, ZGR 2002, 383, 422; *ders.*, ZIP 2002, 1109, 1112; *ders.*, in: Theisen/Wenz, S. 583.

währleistet in hinreichender Weise den Schutz von Gläubigern und Minderheitsgesellschaftern.[319] Der SEAG-RegE verlangt daher zu Recht keine weiteren Angaben.

4. Zuleitung des Verschmelzungsplans an den Betriebsrat

Gründungsgesellschaften deutschen Rechts sind verpflichtet, den Verschmelzungsplan spätestens einen Monat vor der Hauptversammlung dem Betriebsrat zuzuleiten (Art. 18 i.V.m. § 5 Abs. 3 UmwG).[320] Entgegen einer anderslautenden Meinung im Schrifttum[321] kann hier nicht auf Art. 15 Abs. 1 als Verweisungsnorm abgestellt werden, weil sich die Zuleitungspflicht an die Adresse der Gründungsgesellschaften richtet.

5. Kapitalmarktrechtliche Publizitätspflichten

Sofern die Aktien einer deutschen Gründungsgesellschaft an einer Börse notiert werden, greift hinsichtlich der Planung der SE-Verschmelzung die ad hoc-Meldepflicht gemäß § 15 Abs. 6 WpHG. Außerdem ist die Beteiligungspublizität nach § 21 WpHG zu beachten, nach der die Erwerber und Veräußerer von Aktien zur Offenlegung ihrer Beteiligungen verpflichtet sind. Da sich bei einer Verschmelzung die Quoten der Beteiligungen im Regelfall ändern, sind diese ggf. offen zu legen.[322]

IV. Prüfung der Verschmelzung

Sachverständige haben den Verschmelzungsplan zu prüfen und hierüber einen schriftlichen Bericht zu erstellen.

1. Erforderlichkeit

Die Verordnung regelt die Prüfung der Verschmelzung in Art. 22. Es ist nicht ganz klar, ob die Vorschrift selbst den Rechtsbefehl zur Prüfung enthält oder ob sich dieser gemäß Art. 18 aus dem mitgliedstaatlichen Recht herleitet. Im Schrifttum findet sich die Auffassung, dass sich der Regelungsgehalt des Art. 22 darin erschöpft, zwei alternative Arten der Verschmelzungsprüfung anzubieten.[323] Dem ist nicht zu folgen. Art. 22 Unterabs. 1 spricht in seinem letzten

---

[319] *Neun*, in: Theisen/Wenz, S. 115.

[320] Im Erg. ebenso *Ch. Teichmann*, ZGR 2002, 383, 421; *Buchheim*, S. 198. Art. 18 spricht nicht von den „aufgrund" der Dritten RiL ergangenen Rechtsvorschriften, sondern nur von den mit der Dritten RiL „in Einklang stehenden" Rechtsvorschriften. Damit findet auch § 5 Abs. 3 UmwG auf Gründungsgesellschaften mit Sitz in Deutschland Anwendung.

[321] *Neun*, in: Theisen/Wenz, S. 113 f. Dieser befürwortet außerdem, dass die Regelung des § 5 Abs. 3 UmwG im Ausführungsgesetz für unanwendbar erklärt wird, weil die Rechte der Arbeitnehmer bereits durch die Verhandlungen gemäß der SE-ErgRiL hinreichend gewahrt würden.

[322] *Kalss*, ZGR 2003, 593, 637.

[323] *Neun*, in: Theisen/Wenz, S. 103; wohl auch *Ch. Teichmann*, ZGR 2003, 367, 374.

Halbsatz ausdrücklich davon, dass die Sachverständigen den Verschmelzungsplan prüfen und einen für alle Aktionäre bestimmten einheitlichen Bericht zu erstellen haben. Dies kann als implizite Anordnung des Gemeinschaftsgesetzgebers interpretiert werden.[324] Dafür spricht auch Art. 31 Abs. 1 S. 1. Die Vorschrift sieht ein erleichtertes Verfahren bei Mutter-Tochter-Verschmelzungen vor. Unter anderem wird bestimmt, dass Art. 22 keine Anwendung findet. Mit der Nichtanwendbarkeit des Art. 22 kann nur gemeint sein, dass in diesem Fall keine Verschmelzungsprüfung durchzuführen ist.[325] Der Verordnungsgeber geht also davon aus, dass Art. 22 selbst den Rechtsbefehl zur Verschmelzungsprüfung enthält.

Es kommt jedoch letztlich nicht darauf an, ob man die gesetzliche Anordnung zur Durchführung der Verschmelzungsprüfung dem Art. 22 Unterabs. 1 selbst entnimmt oder über Art. 18 auf mitgliedstaatliches Recht Rückgriff nimmt, weil die nationalen Rechte in dieser Frage durch Art. 10 Dritte RiL harmonisiert sind und übereinstimmend die Prüfung des Verschmelzungsplans vorschreiben. Eine deutsche Gründungsgesellschaft ist also gemäß Art. 22 Unterabs. 1 bzw. gemäß Art. 18 i.V.m. §§ 60 Abs. 1, 9 ff. UmwG zur Prüfung des Verschmelzungsplans verpflichtet.

2. Sinn und Zweck

Die Prüfung des Verschmelzungsplans und der dazugehörige Bericht sind Teil des a priori-Schutzes der Aktionäre (vgl. Art. 22 Unterabs. 1 a.E.: „... einen für alle Aktionäre bestimmten einheitlichen Bericht ...").[326] Die Verordnung setzt hinsichtlich des Aktionärsschutzes auf ein System mehrgliedriger Vorabinformation (Verschmelzungsplan, Verschmelzungsbericht, Prüfungsbericht), durch das die Aktionäre in die Lage versetzt werden sollen, sachgerecht über die Verschmelzung zu entscheiden. Auch hier spielt der Aspekt des Minderheitenschutzes eine Rolle:[327] den Minderheitsgesellschaftern sollen – da ihr Mitwirkungsrecht gemäß Art. 23 Abs. 1 gegen die Mehrheit nichts bewirken kann – zum Ausgleich umfassende Informationsrechte zugebilligt werden. Dem Prüfungsbericht kommt dabei eine ganz entscheidende Bedeutung zu, weil in ihm die Angemessenheit des für die Aktionäre besonders relevanten Umtauschverhältnisses beurteilt wird. Der Prüferbericht und die anderen Gründungsunterlagen sind den

---

[324] So offensichtlich auch *Kalss*, ZGR 2003, 593, 618.

[325] Dazu unten D.II.2.c), S. 283.

[326] *Ganske*, DB 1981, 1551, 1553 spricht im Hinblick auf die Parallelvorschrift des Art. 10 Dritte RiL vom „Kernstück des Gesellschafterschutzes." Siehe auch Art. 26 Abs. 1 SCE-VO, in dem es heißt, dass die Sachverständigen einen schriftlichen Bericht „an die Mitglieder" erstellen.

[327] *Kalss*, ZGR 2003, 593, 618.

Aktionären dementsprechend rechtzeitig vor der Hauptversammlung zur Verfügung zu stellen.[328]

3. Getrennte oder gemeinsame Prüfung

Art. 20 Unterabs.1 besteht aus zwei Alternativen. Neben der Heranziehung von Sachverständigen, die für Rechnung jeder der sich verschmelzenden Gesellschaften tätig sind (Alt. 1), können ein oder mehrere unabhängige Sachverständige auf gemeinsamen Antrag der Gesellschaften von einem Gericht oder einer Verwaltungsbehörde eines Mitgliedstaats zur Prüfung des Verschmelzungsplans bestellt werden (Alt. 2).

Der Wortlaut der Vorschrift ist wenig geglückt. Es wird nicht hinreichend deutlich, wie die Alternativen zu verstehen sind. Auf den ersten Blick könnte man meinen, dass Alternative 2 die Verschmelzungsprüfung durch unabhängige Sachverständige beschreibt, während Alternative 1 eine Prüfung durch abhängige Sachverständige erlaubt („Als Alternative zur ... können ... *unabhängige* Sachverständige ...").[329] Für eine solche Auslegung könnte auch sprechen, dass in der Alternative 1 von Sachverständigen die Rede ist, „die für Rechnung jeder der sich verschmelzenden Gesellschaften tätig sind". Man könnte das für Rechnung Tätigwerden insofern als Umschreibung eines Abhängigkeitsverhältnisses verstehen.

Trotz dieses wenig klaren Wortlauts ist nicht davon auszugehen, dass der Verordnungsgeber eine Prüfung durch abhängige Sachverständige ermöglichen wollte. Art. 20 Unterabs. 1 beschreibt in seiner Alternative 1 vielmehr den Regelfall einer für jede Gründungsgesellschaft getrennten Prüfung, während Alternative 2 auch eine gemeinsame Prüfung zulässt. Die Prüfung des Verschmelzungsplans dient dem Schutz der Aktionäre. Die Unabhängigkeit des Prüfers von den Gründungsgesellschaften ist zur Wahrung der Interessen der Aktionäre von elementarer Bedeutung. Nur bei Unabhängigkeit der Prüfer dürfen die Aktionäre der Gründungsgesellschaften redlicherweise erwarten, dass die Prüfungsergebnisse – insbesondere die zum Umtauschverhältnis – auf objektiver Grundlage gewonnen wurden und eine Einflussnahme seitens des Managements der Gründungsgesellschaften unterblieben ist. Die Zulassung von abhängigen Prüfern stünde auch in Widerspruch zu Art. 10 Dritte RiL, auf den Art. 22 Unterabs. 1 ausdrücklich verweist. Art. 10 Abs. 1 Dritte RiL lässt den Gründungsgesellschaften die Wahl zwischen einer getrennten (S. 1) und einer gemeinsamen Verschmelzungsprüfung (S. 2), verlangt aber für beide Prüfungsarten die Unabhängigkeit des Verschmelzungsprüfers.[330] Die Verordnung selbst stellt in Art. 31

---

[328] Siehe unten C.V.1.d)bb), S. 209.

[329] Siehe *Schwarz*, ZIP 2001, 1847, 1851.

[330] Siehe Dritte RiL-V 1970, Begründung zu Art. 5, S. 11: „Entscheidend kommt es neben der Sachkunde vor allem auf die Unabhängigkeit des Sachverständigen an." Ebenso Art. 12 Abs. 2 Int.VerschmelzÜE 1973.

Abs. 2 klar, dass nur unabhängige Prüfer bestellt werden dürfen. Es wäre außerdem unverständlich, wenn bei der Verschmelzung abhängige Prüfer tätig werden könnten, während bei den anderen Gründungsformen ausdrücklich die Unabhängigkeit des Prüfers verlangt wird (vgl. Art. 32 Abs. 4 und Art. 37 Abs. 6). Ein Grund für eine solche Sonderbehandlung der Verschmelzung ist nicht ersichtlich.[331] Art. 20 Unterabs. 1 ist daher so zu verstehen, dass er die Alternativen einer getrennten oder einer gemeinsamen Verschmelzungsprüfung enthält, nicht jedoch die einer Prüfung durch abhängige oder unabhängige Sachverständige.[332] Dies entspricht im Übrigen der Rechtslage nach der SCE-VO (vgl. Art. 26 Abs. 1 und 2). Die Formulierung „für Rechnung jeder der sich verschmelzenden Gesellschaft tätig" beschreibt also nicht das Abhängigsein des Prüfers, sondern die getrennte Prüfung. Die Prüfer werden für „ihre" Gesellschaft tätig.[333]

Die Möglichkeit einer gemeinsamen Prüfung war insbesondere von den deutschen Wirtschaftsverbänden gefordert worden.[334] Der SE-VOV 1975 enthielt noch ein ausdrückliches Verbot der gemeinsamen Prüfung.[335] Die Ermöglichung der gemeinsamen Prüfung bedurfte der besonderen Verankerung in der SE-VO, weil Art. 10 Abs. 1 S. 2 Dritte RiL den Mitgliedstaaten ein Wahlrecht einräumt, ob sie eine gemeinsame Prüfung in ihren nationalen Rechten zulassen oder nicht.[336] Die gemeinsame Prüfung dürfte in der Praxis eine wichtige Rolle spielen, weil sie das Verfahren erleichtert, Kosten spart und zum Aktionärsschutz beiträgt, indem die Transaktion umfassender beurteilt werden kann.[337] Dies dürfte gerade auf grenzüberschreitende Sachverhalte wie die SE-Verschmelzung zutreffen, weil so die womöglich unterschiedlichen Methoden der Unternehmensbewertung bei der Bestimmung der Umtauschverhältnisse von vornherein berücksichtigt werden können.[338]

4. Bestellung der Prüfer

Die unklare Diktion des Art. 22 Unterabs. 1 verursacht noch weitere Auslegungsprobleme. Dies gilt besonders im Hinblick auf das Verfahren der Bestellung der Prüfer.

---

331 So zu Recht *Ch. Teichmann*, ZGR 2002, 423 f.

332 Ebenso *Neun*, in: Theisen/Wenz, S. 108.

333 Krit. zur Möglichkeit der getrennten Prüfung *Ganske*, DB 1981, 1551, 1553: „..., bedauerlicherweise ein Einfluss der romanischen Vorstellung vom Parteigutachter."

334 Gemeinsamer Arbeitsausschuss 1991, S. 6.

335 Art. 15 Abs. 1 S. 2 SE-VOV 1975.

336 Das dürfte den Hintergrund für die Bemerkung in der Fußnote 91 zum EUGEN-RatsE April 2001 darstellen, in der es heißt, dass Art. 22 SE-VO als Ausnahme von der Bestimmung in der Dritte RiL formuliert sei.

337 *Tauchert-Nosko*, S. 153.

338 *Buchheim*, S. 139 Fn. 184.

a) Zuständigkeit

In Art. 22 Unterabs. 1 heißt es, dass der oder die Prüfer „von einem Gericht oder einer Verwaltungsbehörde" bestellt werden. Die Bestellungskompetenz liegt demnach auf staatlicher Seite und nicht bei den Gesellschaften selbst. Damit weicht die SE-VO von den frühen Vorschlagstexten ab, die noch die Gründungsgesellschaften für zuständig erklärt haben.[339] Die Zuweisung der Bestellungskompetenz an die Gründungsgesellschaften wurde damals kritisiert, weil damit die Unabhängigkeit und Glaubwürdigkeit der Prüfer von vornherein in Zweifel stünde. Deshalb ist gefordert worden, die Prüfer durch die Gerichte bestellen zu lassen, um so der Gefahr von Abhängigkeiten zu begegnen.[340]

Unklar ist indessen, ob sich die staatliche Bestellungskompetenz nur auf die Alternative der gemeinsamen Prüfung (Alt. 2) oder auch auf die der getrennten Prüfung (Alt. 1) bezieht. Folgende Erwägungen sprechen dafür, dass Art. 22 Unterabs. 1 die staatliche Bestellungskompetenz nur für den Fall der gemeinsamen Prüfung anordnet:

Der sprachliche und inhaltliche Zusammenhang legt es nahe, die Formulierung zur Bestellung des Prüfers nur auf die zweite Alternative zu beziehen. Die getrennte Prüfung wird von Art. 22 Unterabs. 1 an sich nicht geregelt. Sie wird im ersten Halbsatz zwar angesprochen, aber nur um den Gegensatz zur gemeinsamen Prüfung herauszustreichen. Weitere Hinweise zur Durchführung der getrennten Prüfung, insbesondere zur Bestellung der Prüfer, fehlen.

Auch die Vorgänger- und Parallelvorschriften zu Art. 22 deuten darauf hin, dass bei der Prüferbestellung zwischen getrennter und gemeinsamer Prüfung zu unterscheiden ist. Nach Art. 21 SE-VOV 1989 sollte es bei der getrennten Prüfung ausreichen, wenn der Prüfer durch ein Gericht oder eine Verwaltungsbehörde „zugelassen" ist (Abs. 1), während der Prüfer bei einer gemeinsamen Prüfung zwingend von einem Gericht oder einer Verwaltungsbehörde bestellt werden musste (Abs. 4). Art. 10 Abs. 1 Dritte RiL lässt es bei der getrennten Prüfung ebenfalls genügen, wenn der Prüfer durch ein Gericht oder eine Verwaltungsbehörde „bestellt oder zugelassen" ist (S. 1), während die Bestellung bei einer gemeinsamen Prüfung zwingend vom Gericht oder der Verwaltungsbehörde vorzunehmen ist (S. 2). Bestellung und Zulassung unterscheiden sich darin, dass der Begriff „Bestellung" die Berufung zur Prüfung im konkreten Einzelfall meint, wohingegen unter „Zulassung" die allgemeine Erlaubnis zur Prüfung von Ver-

---

[339] Vgl. Art. 21 Abs. 1 und 4 SE-VOV 1991, nach denen die Verschmelzungsprüfer von einem Gericht oder einer Verwaltungsbehörde „bestellt oder zugelassen" sein mussten. In der Formulierung „zugelassen" kommt implizit die Möglichkeit einer Bestellung durch die Gründungsgesellschaften zum Ausdruck; so auch *Sagasser/Swienty*, DStR 1991, 1222, 1224; unzutreffend dagegen *Leupold*, S. 47. Noch weiter gingen die Art. 15 Abs. 1 SE-VOV 1970 und 1975, die nur eine Bestellung durch die Gründungsgesellschaften vorsahen.

[340] *Barz/Lutter*, in: Lutter: Europäische Aktiengesellschaft, S. 28 a.E.

schmelzungsplänen zu verstehen ist.[341] Daraus folgt, dass der Prüfer bei einer gemeinsamen Prüfung stets vom Gericht im konkreten Fall zu berufen ist. Dagegen bleibt es dem nationalen Gesetzgeber nach der Dritten RiL im Fall der getrennten Prüfung überlassen, entweder die Bestellung durch die Gerichte zu verlangen oder es den Gesellschaften zu erlauben, den Prüfer selbst auszuwählen, vorausgesetzt dieser besitzt die allgemeine Erlaubnis zur Prüfung.[342]

Bei der getrennten Prüfung besteht auch nicht dasselbe Bedürfnis für eine staatliche Prüferbestellung wie bei einer gemeinsamen Prüfung. So erklärt sich das Gebot der staatlichen Prüferbestellung bei einer gemeinsamen Prüfung mit der Vorstellung, dass die Aktionäre hier besonders schutzbedürftig sind.[343]

Daher ist nicht anzunehmen, dass Art. 22 Unterabs. 1 für den Fall der getrennten Prüfung eine (ausschließlich) staatliche Bestellungskompetenz anordnet. Die Verordnung enthält sich vielmehr einer Aussage zu dieser Frage, sodass mitgliedstaatliches Recht zur Anwendung gelangt. Es ist demnach wie folgt zu unterscheiden:

- Getrennte Prüfung: Bei einer deutschen Gründungsgesellschaft ist der Prüfer gemäß Art. 18 i.V.m. § 60 Abs. 2 S. 2 UmwG[344] durch den Vorstand zu bestellen. Voraussetzung ist nur, dass der ausgewählte Prüfer allgemein zur Prüfung von Verschmelzung zugelassen ist. Der Vorstand kann jedoch freiwillig auf seine Bestellungskompetenz verzichten und eine gerichtliche Bestellung beantragen, um Bedenken hinsichtlich der Unabhängigkeit des Prüfers von vornherein auszuschließen.[345]

---

341 *Ganske*, DB 1981, 1551, 1553.

342 Der deutsche Gesetzgeber ist diesem Harmonisierungsauftrag in § 60 Abs. 2 i.V.m. §§ 60 Abs. 1, 11 Abs. 1 UmwG für die getrennte Prüfung und in § 60 Abs. 3 UmwG für die gemeinsame Prüfung richtlinienkonform nachgekommen. Danach liegt die Bestellungskompetenz im Fall der getrennten Prüfung beim Vorstand der jeweiligen Gesellschaft (§ 60 Abs. 2 S. 2 UmwG). Hier reicht es aus, dass der Prüfer durch staatlichen Akt allgemein zur Verschmelzungsprüfung zugelassen ist (§§ 60 Abs.1, 11 Abs. 1 UmwG i.V.m. § 319 Abs. 1 HGB i.V.m. § 1 WPO). Die Zuständigkeit für die allgemeine Zulassung liegt bei einem Ausschuss, der bei der für die Wirtschaft zuständigen obersten Landesbehörde gebildet wird (§ 5 Abs. 1 WPO), in der Regel also beim jeweiligen Wirtschaftsministerium. Bei der gemeinsamen Prüfung ist das Gericht zuständig. Im französischen Recht werden die Prüfer dagegen stets durch Gerichtsentscheidung eingesetzt (Art. L 236-10 Abs. 1 C.Com).

343 Vgl. *Grunewald*, in: Lutter, UmwG, § 60 Rn. 4 a.E.

344 *Neun*, in Theisen/Wenz, S. 104, der allerdings unzutreffend auf § 10 Abs. 1 S. 1 UmwG abstellt. Siehe auch die Parallelvorschrift des Art. 26 Abs. 1 SCE-VO, die hinsichtlich der Prüferbestellung auf Art. 4 Abs. 6 SCE-VO und damit auf das Recht des SCE-„Sitz"-staats verweist. Hierbei muss es sich um ein gesetzgeberisches Versehen handeln. Denn die Verweisung auf das Sitzstaatrecht entspricht nicht dem zweigeilten Aufbau der Verschmelzungsgründung, der zwischen Gründungsgesellschaften und Gesellschaft in Entstehung unterscheidet.

345 § 60 Abs. 2 S. 2 UmwG schließt § 10 Abs. 1 S. 1 Alt. 2 UmwG nicht aus; vgl. *Grunewald*,

- Gemeinsame Prüfung: Der Prüfer muss von einem Gericht oder einer Verwaltungsbehörde des Mitgliedstaats, dessen Recht eine der sich verschmelzenden Gesellschaften oder die künftige SE unterliegt, bestellt werden (Art. 22 Unterabs. 1).

b) Besonderheiten der gemeinsamen Prüfung

aa) Wahlrecht

Bei der gemeinsamen Prüfung liegt die Zuständigkeit für die Prüferbestellung beim Gericht bzw. der Verwaltungsbehörde des Mitgliedstaats, dessen Recht eine der sich verschmelzenden Gesellschaften oder die künftige SE unterliegt (Art. 22 Unterabs. 1). Die SE-VO gesteht den Gründungsgesellschaften also das Recht zu, hinsichtlich der Prüferbestellung zwischen verschiedenen Mitgliedstaaten zu wählen. Art. 22 Unterabs. 1 ist insofern als Spezialverweisung zu verstehen, die den Gründungsgesellschaften – anders als Art. 18 – eine Wahlmöglichkeit bezüglich verschiedener nationaler Rechtsordnungen einräumt. Die zuständige Stelle bestimmt sich je nachdem, in welchem Mitgliedstaat die Gründungsgesellschaften ihren Antrag stellen, nach den Regeln dieses Mitgliedstaats. Sofern sich die Gründungsgesellschaften dabei für Deutschland entscheiden, obliegt die Bestellung des Verschmelzungsprüfers dem Landgericht, in dessen Bezirk eine Gründungsgesellschaft oder die künftige SE ihren Sitz hat (Art. 22 Unterabs. 1 i.V.m. § 10 Abs. 2 UmwG). Es muss sich also nicht zwingend um den Sitz der übertragenden Gesellschaft handeln (vgl. § 10 Abs. 2 S. 1 UmwG), weil Art. 22 Unterabs. 1 allgemein von den sich verschmelzenden Gesellschaften oder der künftigen SE spricht.

bb) Gemeinsamer Antrag der Gründungsgesellschaften

Um eine gemeinsame Prüfung durchführen zu können, müssen die Gründungsgesellschaften einen hierauf gerichteten „gemeinsamen Antrag“ stellen (Art. 22 Unterabs. 1). Es muss also Einvernehmen zwischen den Gründungsgesellschaften darüber bestehen, dass eine gemeinsame Prüfung durchgeführt werden soll. Sofern der Antrag bei einem deutschen Landgericht gestellt wird, ist der Antrag durch die Vertretungsorgane der Gründungsgesellschaften zu stellen (Art. 22 Unterabs. 1 i.V.m. §§ 60 Abs. 1, 10 Abs. 1 S. 1 Alt. 2 UmwG). Es genügt Schriftform oder Erklärung zu Protokoll der Geschäftsstelle des zuständigen Gerichts (§ 11 FGG).

cc) Anwendbares Recht

(1) Rechtsfragen im Zusammenhang mit der Bestellung

Der Antrag auf Durchführung einer gemeinsamen Prüfung hat zur Konsequenz, dass der Prüfer durch die staatliche Stelle (Gericht oder Behörde) eines be-

---

in: Lutter, UmwG, § 60 Rn. 3 und *Stratz*, in: Schmitt/Hörtnagl/Stratz, UmwG, § 60 Rn. 3.

stimmten Mitgliedstaats bestellt wird. Die Gründungsgesellschaften unterwerfen sich damit einer bestimmten Rechtsordnung. Auf alle Rechtsfragen, die sich in unmittelbarem Zusammenhang mit diesem Antrag und der Bestellung als solcher stellen (z.B. Auswahl, Qualifikation und Verantwortlichkeit des Prüfers), findet nur das Recht des gewählten Mitgliedstaats Anwendung.[346] Soll beispielsweise gegen die Entscheidung des Gerichts über die Bestellung des Prüfers vorgegangen werden, so findet § 60 Abs. 3 S. 2 UmwG (sofortige Beschwerde) Anwendung, falls der Antrag auf gemeinsame Prüfung bei einem deutschen Gericht gestellt worden ist. Art. 22 Unterabs. 1 ist insofern als Spezialverweisung zu verstehen, die Art. 18 verdrängt.

(2) Gegenstand und Inhalt der Prüfung

Fraglich ist indes, ob in diesem Fall auch die materiellen Anforderungen an die Prüfung (Gegenstand und Inhalt) ausschließlich nach dem Recht des Mitgliedstaats zu beurteilen sind, bei dessen Gericht oder Behörde der Antrag auf Durchführung einer gemeinsamen Prüfung gestellt worden ist, oder ob auch die Rechte der übrigen beteiligten Mitgliedstaaten zu berücksichtigen sind. Die Vorschrift enthält sich insofern einer Aussage. In Art. 21 Abs. 4 S. 2 SE-VOV 1989 wurde für diesen Fall angeordnet, dass sich der Inhalt des Prüferberichts allein nach dem Recht des Staats richtet, dessen Gericht oder Behörde den Prüfer bestellt hat.[347] Dies ist auf den ersten Blick verständlich, weil vom gemeinsamen Prüfer sonst die Kenntnis verschiedener Rechtsordnungen und deren Abstimmung aufeinander abverlangt werden würde. Im Übrigen geben die Gründungsgesellschaften durch ihren gemeinsamen Antrag zu erkennen, dass sie sich ausschließlich dem Recht eines Mitgliedstaats unterwerfen. Allerdings birgt das Abstellen auf das Recht des Staates, in dem der Antrag auf gemeinsame Prüfung gestellt wurde, auch Umgehungsgefahren in sich. Die Entscheidung, eine gemeinsame Prüfung durchzuführen, könnte wesentlich dadurch motiviert sein, den besonders strengen Prüfungsvorgaben eines bestimmten Mitgliedstaats aus dem Weg zu gehen. Relevant könnte dies insbesondere im Hinblick auf die verschiedenen Bewertungstechniken werden, die in den Mitgliedstaaten Anwendung finden.[348] Die Umgehungsgefahr ist deshalb besonders groß, weil die Entscheidung zur Durchführung einer gemeinsamen Prüfung bei den Vertretungsorganen und nicht bei den Hauptversammlungen liegt. Es könnte also entgegen den Interessen der Aktionäre über deren Köpfe hinweg eine gemeinsame Prüfung nach dem Recht eines anderen Mitgliedstaats beschlossen werden. Dies entspricht nicht dem aktionärsschützenden Charakter der Verschmelzungsprüfung. Daher sind die Gesellschaftsstatute der Gründungsgesellschaften – wie immer, wenn diese

---

346 Ebenso ohne nähere Begründung *Neun*, in: Theisen/Wenz, S. 108.

347 Ebenso Art. 8 Abs. 3 S. 2 Zehnte RiL-V 1985.

348 Siehe dazu *Großfeld*, NZG 2002, 353 ff., der für eine einheitliche europäische Unternehmensbewertung eintritt.

gemeinsam tätig werden – kumulativ anzuwenden.[349] Dadurch wird auch die Rechtmäßigkeitskontrolle auf Ebene der Gründungsgesellschaften (Art. 25) erleichtert, weil die für die Kontrolle zuständige Stelle sonst prüfen müsste, ob die Verschmelzungsprüfung entsprechend dem Recht eines fremden Mitgliedstaats durchgeführt wurde.

> *Beispiel*: Eine deutsche AG und eine französische SA beantragen eine gemeinsame Verschmelzungsprüfung beim zuständigen deutschen Landgericht. Der bestellte Prüfer muss, was die Prüfungsinhalte betrifft, sowohl die Vorgaben des deutschen Umwandlungsrechts (§§ 60 Abs. 1, 12 UmwG) als auch des französischen Verschmelzungsrechts (Art. L-236-10 C.Com) beachten.

c) Person des Prüfers

In Art. 22 Unterabs. 1 ist von unabhängigen Sachverständigen i.S. des Art. 10 Dritte RiL die Rede. Ferner wird klar gestellt, dass „ein oder mehrere" Sachverständige bestellt werden können. Die Verordnung setzt also die Unabhängigkeit der Sachverständigen voraus (dazu aa). Art. 10 Dritte RiL enthält keine weiteren Anforderungen an die Person des Sachverständigen außer der überflüssigen Feststellung, dass die Sachverständigen „entsprechend den Rechtsvorschriften jedes Mitgliedstaats" natürliche oder juristische Personen oder Gesellschaften sein können (Art. 10 Abs. 1 S. 3 Dritte RiL).[350] Die Anforderungen an die Qualifikation des Sachverständigen ergeben sich daher aus dem mitgliedstaatlichen Recht (dazu bb).

aa) Unabhängigkeit

Der Sachverständige muss von den Gründungsgesellschaften unabhängig sein. Das gilt gleichermaßen für die getrennte wie für die gemeinsame Prüfung.[351] Der Begriff der Unabhängigkeit wird in der Verordnung nicht definiert. Vorstandsmitglieder, Geschäftsführer und Arbeitnehmer der Gründungsgesellschaften scheiden als Prüfer zweifelsfrei aus.[352] Im Übrigen ist davon auszugehen, dass über Art. 18 die mit Art. 10 Dritte RiL konform gehenden Definitionen des mitgliedstaatlichen Rechts anwendbar sind. Soweit sich die Prüferbestellung nach deutschem Recht richtet, sind die Ausschlussgründe in § 319 Abs. 2 und Abs. 3 HGB zu beachten (§ 60 Abs. 1 i.V.m. § 11 Abs. 1 UmwG). Wegen der in § 11 Abs. 1 UmwG angeordneten „entsprechenden" Anwendung greift der Ausschlussgrund des § 319 Abs. 2 Nr. 5 HGB auch dann, wenn der Prüfer an der Aufstellung des Verschmelzungsplans über die Prüfertätigkeit hinaus mitgewirkt

---

[349] Vgl. *Kindler*, in: MüKo zum BGB, IntGesR Rn. 670 a.E. Siehe auch oben Teil 2 B.IV.2.a)dd)(1)(c), S. 44.

[350] Siehe auch die entfallene Regelung des Art. 21a SE-VOV 1991.

[351] Siehe oben C.IV.3, S. 193.

[352] Vgl. auch *Goldman*, Bericht zum Int.VerschmelzÜE 1972, S. 53.

hat.[353] Unschädlich ist, wenn der Prüfer zugleich Abschlussprüfer bei den beteiligten Gesellschaften ist.[354]

bb) Qualifikation

Die SE-VOV 1970 und 1975 legten die Mindestanforderungen an die Prüferbefähigung noch einheitlich fest.[355] Die Verordnung enthält keine einheitlichen Anforderungen an die Qualifikation des Prüfers mehr. Dementsprechend ist über Art. 18 (bei der getrennten Prüfung) bzw. über Art. 22 Unterabs. 1 (bei der gemeinsamen Prüfung) auf die maßgebende mitgliedstaatliche Rechtsordnung abzustellen. Sofern deutsches Recht zur Anwendung berufen ist, gelten die Anforderungen gemäß §§ 60 Abs. 1, 11 Abs. 1 UmwG i.V.m. § 319 Abs. 1 HGB. Prüfer kann demnach nur ein Wirtschaftsprüfer oder eine Wirtschaftsprüfungsgesellschaft sein.

cc) Rechtsordnung des Prüfers bei gemeinsamer Prüfung

In den SE-VOV 1970 und 1975 wurde verlangt, dass der Prüfer „in einem der Mitgliedstaaten" zur Prüfung zugelassen ist.[356] In der Begründung zum SE-VOV 1970 hieß es, dass die Nationalität der Gründungsprüfer und das Recht der Gründungsgesellschaften oder der Sitz der SE nicht identisch sein müssen.[357] In diese Richtung deutete auch Art. 21 Abs. 4 SE-VOV 1991. Dieser setzte voraus, dass der Sachverständige „von einem Gericht oder einer Verwaltungsbehörde, dessen Recht eine der Gründungsgesellschaften oder die künftige SE unterliegt, bestellt oder zugelassen" ist. Damit hätte sich die Möglichkeit eröffnet, auch Sachverständige aus anderen Rechtsordnungen zu bestellen.[358]

Die Verordnung trifft keine Aussage, ob auch Prüfer, die nach anderen Rechtsordnungen prüfungsbefugt sind, bestellt werden können. Bei der getrennten Prüfung spricht nichts für eine solche Möglichkeit, sodass davon auszugehen ist, dass hier nur solche Prüfer bestellt werden dürfen, die nach der eigenen Rechtsordnung die Befugnis zur Prüfung besitzen. Bei der gemeinsamen Prüfung kann dagegen durchaus ein praktisches Bedürfnis dafür bestehen, dass Prüfer aus verschiedenen Mitgliedstaaten zusammenarbeiten und einen einheitlichen Bericht erstellen. Der Verschmelzungsplan lässt sich womöglich nur so mit der nötigen

---

353 *Müller*, in: Kallmeyer, UmwG, § 11 Rn. 4.

354 *Lutter*, in: ders., UmwG, § 11 Rn. 6. Siehe auch Art. 15 Abs. 2 S. 3 SE-VOV 1975 und Art. 12 Abs. 3 S. 2 Int.VerschmelzÜE 1972. Krit. dazu *Barz/Lutter*, in: Lutter: Europäische Aktiengesellschaft, S. 27, die verlangen, dass die Prüfer in keinem laufenden Beratungsverhältnis zu einer der Gründungsgesellschaften stehen.

355 Vgl. Art. 15 Abs. 2 S. 1 SE-VOV 1970 und 1975.

356 Art. 15 Abs. 2 S. 1 SE-VOV 1970 und 1975.

357 SE-VOV 1970, Begründung zu Art. 11 bis 16, S. 11.

358 SE-VOV 1991, Begründung zu Art. 21: „Absatz 4 wird im Sinne einer Vereinfachung und einer Klärung des grenzüberschreitenden Aspekts der Sachverständigentätigkeit neu formuliert."

Sachkenntnis prüfen. Es entspräche daher durchaus dem grenzüberschreitenden Charakter des Vorgangs sowie dem Interesse an einer effektiven Verschmelzungsprüfung, dass bei gemeinsamen Prüfungen auch Sachverständige aus anderen Mitgliedstaaten zu Prüfern bestellt werden können.[359] Eine solche Bestellung lässt sich mit Hinweis auf eine SE-spezifische Auslegung des jeweiligen nationalen Verweisungsobjekts (§ 60 Abs. 1 i.V.m. § 11 Abs. 1 UmwG i.V.m. § 319 Abs. 1 HGB) durchaus begründen.

5. Prüfungsgegenstand und Prüfungsbericht

Die Sachverständigen prüfen den Verschmelzungsplan und erstellen einen „für alle Aktionäre bestimmten einheitlichen Bericht" (Art. 22 Unterabs. 1 letzter Halbs.). Diese Aussage bezieht sich erkennbar nur auf die Alternative der gemeinsamen Prüfung (Alt. 2). Sie kann aber auch auf die getrennte Prüfung (Alt. 1) übertragen werden, wie Art. 10 Abs. 1 Dritte RiL verdeutlicht. Für die getrennte Prüfung ergibt sich die Verpflichtung zur Prüfung des Verschmelzungsplans und zur Erstellung eines Berichts, wenn schon nicht aus dem Sinn des Art. 22 Unterabs. 1, dann über Art. 18 jedenfalls aus dem angeglichenen mitgliedstaatlichen Recht (§§ 60 Abs. 1, 9 Abs. 1, 12 UmwG).

Weitergehende Hinweise auf den Inhalt der Prüfung und des Prüfungsberichts sind nicht in der Verordnung enthalten.[360] Der Prüfungsinhalt richtet sich folglich gemäß Art. 18 nach nationalem Recht. Bei einer gemeinsamen Prüfung i.S. des Art. 22 Unterabs. 1 Alt. 2 müssen die Prüfung und der Prüfungsbericht kumulativ die gesetzlichen Anforderungen jedes Mitgliedstaats erfüllen, dem eine der Gründungsgesellschaften unterliegt.[361]

Auf eine Gründungsgesellschaft deutschen Rechts findet § 12 UmwG Anwendung. Gegenstand der Prüfung ist demnach der Verschmelzungsplan i.S. des Art. 20 Abs. 1, nicht jedoch der Verschmelzungsbericht.[362] Prüfungsziel ist die Feststellung der Vollständigkeit und Richtigkeit des Verschmelzungsplans.[363]

---

[359] *Ziegler*, S. 50, 115.

[360] Die Verordnungsvorschläge legten dagegen noch einheitliche Mindeststandards fest. Danach mussten die Sachverständigen im Bericht „in jedem Fall erklären, ob das Umtauschverhältnis nach ihrer Ansicht angemessen ist" (Art. 21 Abs. 2 SE-VOV 1989 und 1991). In dieser Erklärung waren Angaben zu den Methoden der Bestimmung des Umtauschverhältnisses, deren Angemessenheit sowie deren relative Bedeutung bei der Bestimmung des Wertes zu machen. Außerdem war auf konkrete Bewertungsschwierigkeiten hinzuweisen.

[361] Siehe oben C.IV.4.b)cc)(2), S. 198.

[362] Unklar insofern SE-VOV 1989, Begründung zu Art. 20 und 21, S. 7: „Dieser Bericht [der Verschmelzungsbericht; Anm. des Verf.] wird von Sachverständigen geprüft, die insbesondere eine Kontrolle des Umtauschverhältnisses der für die Aktionäre bestimmten Aktien vornehmen müssen." Im deutschen Recht wird die Einbeziehung des Verschmelzungsberichts in den Prüfungsumfang überwiegend abgelehnt; vermittelnd *Lutter*, in: ders., UmwG, § 9 Rn. 12 f. m.w.N.

[363] BGH ZIP 1989, 980, 982.

Schwerpunktmäßig sind dabei das nach Art. 20 Abs. 1 Buchst. c anzugebende Umtauschverhältnis und die angebotene Ausgleichsleistung auf ihre Angemessenheit zu überprüfen (§§ 12 Abs. 2, 30 Abs. 2 UmwG).[364] Dabei sind die der Ermittlung des Umtauschverhältnisses zugrunde liegenden Methoden anzugeben (§ 12 Abs. 2 S. 2 Nr. 1 UmwG). Falls verschiedene Methoden zur Anwendung gekommen sind, sind weitere Angaben erforderlich (§ 12 Abs. 2 S. 2 Nr. 3 UmwG). Schließlich ist auf tatsächlich aufgetretene besondere Schwierigkeiten der Unternehmensbewertung besonders hinzuweisen (§ 12 Abs. 2 S. 2 Nr. 3 a.E. UmwG).

Im Fall der gemeinsamen Prüfung ist zu verlangen, dass der Prüferbericht in den Sprachen der Mitgliedstaaten, denen eine der Gründungsgesellschaften unterliegt, sowie in der Sprache des künftigen Sitzstaats abzufassen ist. Dies geht zwar nicht aus dem Wortlaut des Art. 22 Unterabs. 1 hervor, dürfte sich aber im Hinblick auf den grenzüberschreitenden Charakter der SE und den Besonderheiten einer gemeinsamen Prüfung aus dem Sinn und Zweck der Vorschrift ergeben. Anderenfalls wäre der durch die Verschmelzungsprüfung bezweckte Aktionärsschutz in Frage gestellt.[365]

6. Verzicht

Die Aktionäre einer Gründungsgesellschaft deutschen Rechts können nach Art. 18 i.V.m. §§ 9 Abs. 3, 8 Abs. 3 UmwG auf die Verschmelzungsprüfung verzichten. Der Verzicht lässt die Verpflichtung der anderen Gründungsgesellschaft zur Durchführung der Verschmelzungsprüfung unberührt.

7. Auskunftsrecht (Art. 22 Unterabs. 2)

Art. 22 Unterabs. 2 gewährt den Sachverständigen einen materiellrechtlichen Anspruch auf Auskunft. Weil dieses Auskunftsrecht (z.B. bei einer gemeinsamen Prüfung) auch gegenüber ausländischen Rechtspersonen geltend zu machen ist, musste der Verordnungsgeber das Auskunftsrecht einheitlich in der Verordnung regeln.[366]

a) Umfang

Die Sachverständigen haben das Recht, von jeder der sich verschmelzenden Gesellschaften „alle Auskünfte zu verlangen, die sie zur Erfüllung ihrer Aufgabe für erforderlich halten" (Art. 22 Unterabs. 2). Die Vorgängervorschrift des Art. 21 Abs. 3 SE-VOV 1991 sprach demgegenüber noch von „zweckdienlichen

---

[364] Nach Art. 21 Abs. 2 Unterabs. 1 SE-VOV 1989 und 1991 musste der Prüferbericht eine Erklärung der Sachverständigen enthalten, ob das Umtauschverhältnis der Aktien nach ihrer Ansicht „angemessen" ist. Über den Begriff der „Angemessenheit" herrschte Unklarheit. Dazu *Sagasser/Swienty*, DStR 1991, 1188, 1192 f.

[365] *Sagasser/Swienty*, DStR 1991, 1222, 1224.

[366] *Ch. Teichmann*, ZGR 2002, 383, 424.

Auskünfte(n) und Unterlage(n)" und gab den Sachverständigen darüber hinaus das Recht „alle erforderlichen Nachprüfungen zu unternehmen". Es fragt sich, ob der Verordnungsgeber durch die Verwendung des Begriffs „erforderlich" statt „zweckdienlich", durch die Nichterwähnung von „Unterlagen" als Gegenstand des Auskunftsbegehrens sowie durch den Wegfall des ausdrücklichen Rechts, Nachprüfungen zu unternehmen, die Informationsrechte der Sachverständigen gegenüber dem SE-VOV 1991 einschränken wollte.

Für eine Einschränkung des Auskunftsrechts könnte folgende Erwägung sprechen: Der Verordnungsgeber hat in der Entwicklungsgeschichte der SE-VO kontinuierlich solche Vorschriften aus dem Verordnungstext gestrichen, die sich wortwörtlich in der Dritten RiL wiederfinden. In diesen Bereichen sah er kein Bedürfnis für eine Rechtsvereinheitlichung, da er die durch die Richtlinie erreichte Harmonisierung der mitgliedstaatlichen Rechte für ausreichend erachtet hat. In diesem Zusammenhang ist zu beachten, dass Art. 21 Abs. 3 SE-VOV 1991 dem Art. 10 Abs. 3 Dritte RiL beinahe wörtlich entsprach. Hätte es der Verordnungsgeber also bei dem ursprünglichen Umfang der Informationsrechte der Prüfer belassen wollen, hätte er entweder den Wortlaut des SE-VOV 1991 beibehalten können oder – wie er es sonst regelmäßig getan hat[367] – auf eine eigenständige Regelung des Auskunftsrechts in der SE-VO verzichten können, um dem über Art. 10 Abs. 3 Dritte RiL harmonisierten mitgliedstaatlichen Recht zur Anwendung zu verhelfen. Statt dessen beließ er es bei einer eigenständigen Regelung des Auskunftsrechts in der SE-VO, änderte aber deren Wortlaut. Dies legt den Schluss nahe, dass dieser Wortlautänderung durchaus Bedeutung zukommt.[368]

Zu Recht wird allerdings vorgebracht, dass der Begriff „Auskunft" sinnvollerweise nur so verstanden werden kann, dass er auch das (früher ausdrücklich vorgesehene) Recht, Unterlagen zu verlangen und Nachprüfungen vorzunehmen, einschließt. Eine Prüfung kann sich zweckmäßigerweise nicht auf Auskünfte im Sinne bloßer Mitteilungen ohne entsprechende Belege beschränken.[369] Vor dem Hintergrund des aktionärsschützenden Charakters der Verschmelzungsprüfung muss das Auskunftsrecht so ausgelegt werden, dass es ein wirksames Instrument der Informationsbeschaffung darstellt. Daher ist anzunehmen, dass das Kriterium der Erforderlichkeit dem Auskunftsanspruch keine engeren Grenzen steckt als das der Zweckdienlichkeit i.S. des SE-VOV 1991. Jede Information, die dem Zweck der Prüfung des Verschmelzungsplans dienlich ist, ist letztlich auch erforderlich. Es sind keine Gründe ersichtlich, weshalb das Auskunftsrecht bei einer SE-Verschmelzung im Vergleich zu innerstaatlichen Fu-

---

[367] So verzichtete der Verordnungsgeber z.B. auf die noch in Art. 20 SE-VOV 1991 enthaltene eigenständige Regelung des Verschmelzungsberichts, die Art. 9 Dritte RiL entsprach.

[368] Ebenso *Schwarz*, ZIP 2001, 1847, 1851; *C.P. Schindler*, S. 26.

[369] *Ch. Teichmann*, ZGR 2002, 383, 424.

sionen eingeschränkt sein sollte. Der veränderten Wortwahl des Art. 22 Unterabs. 2 kann daher keine Einschränkung des Auskunftsrechts entnommen werden.[370]

b) Schuldner

Art. 22 Unterabs. 2 spricht von „jeder der sich verschmelzenden Gesellschaften". Damit stellt die Vorschrift klar, dass sich das Auskunftsrecht des Prüfers selbst bei einer getrennten Verschmelzungsprüfung nicht auf die Gründungsgesellschaft, für die er bestellt wurde, beschränkt, sondern sich auch auf die anderen Gründungsgesellschaften erstreckt.[371] Dies ist uneingeschränkt zu begrüßen, weil für die Prüfung – und dies gilt vor allem für die Beurteilung der Angemessenheit des Umtauschverhältnisses – Kenntnisse über die anderen Gründungsgesellschaften und damit Zugriffsrechte auf deren Daten unerlässlich sind.[372]

8. Verantwortlichkeit der Prüfer

a) Zivilrechtliche Haftung

Die Vorschlagstexte für eine SE-VO enthielten noch Regelungen zur zivilrechtlichen Haftung der Sachverständigen. Art. 20 Abs. 3 SE-VOV 1970 und Art. 15 Abs. 3 SE-VOV 1975 waren eigenständige gesetzliche Haftungstatbestände. Die Art. 28 SE-VOV 1989 und 1991 haben diesbezüglich auf das gemäß Art. 21 Dritte RiL angeglichene mitgliedstaatliche Recht verwiesen, dem die Gründungsgesellschaft unterliegt. Diese Regelungen wurden nicht in die SE-VO aufgenommen. Es ist demnach über Art. 18 nationales Recht anwendbar. Sofern deutsches Recht zur Anwendung gelangt, richtet sich die Haftung also nach § 11 Abs. 2 UmwG.

Nach Art. 21 Dritte RiL müssen die nationalen Gesetzgeber nur die Haftung des Prüfers der „übertragenden Gesellschaft ... gegenüber den Aktionären dieser Gesellschaft" regeln.[373] Die deutsche Durchführungsbestimmung geht insofern über die Anforderungen der Dritten RiL hinaus und erweitert die Haftung der Verschmelzungsprüfer. Deren Verantwortlichkeit besteht gegenüber allen an der Verschmelzung beteiligten Rechtsträgern und deren Anteilsinhabern (§ 11 Abs. 2 S. 2 UmwG).[374] Wörtlich genommen könnte das bei einer SE-Verschmelzung dazu führen, dass z.B. der Prüfer einer deutschen Gründungsgesellschaft einer spanischen Gründungsgesellschaft und deren Aktionären für ein schuldhaftes Verhalten verantwortlich ist, während eine Haftung des Prüfers der spanischen

---

370 Zu Recht *Ch. Teichmann*, ZGR 2002, 383, 424 f.; *Neun*, in: Theisen/Wenz, S. 110.

371 In Art. 21 Abs. 3 SE-RatsE 1990 wurde das Auskunftsrecht dagegen auf die Gründungsgesellschaft beschränkt, für die der Prüfer ausgewählt wurde.

372 *Leupold*, S. 49.

373 Krit. *Ganske*, DB 1981, 1551, 1553.

374 Die Haftung richtet sich gemäß § 11 Abs. 2 S. 1 UmwG nach § 323 HGB

Gründungsgesellschaft im umgekehrten Fall ausscheidet. Wegen der distributiven Rechtsanwendung des Art. 18[375] ist die Regelung § 11 Abs. 2 S. 2 UmwG bei einer getrennten Prüfung allerdings so zu verstehen, dass sie nur bezogen auf eine Gründungsgesellschaft deutschen Rechts und deren Aktionäre Anwendung findet.[376] Der Prüfer einer deutschen Gründungsgesellschaft ist daher nur dieser und ihren Aktionären verantwortlich.

Etwas anderes gilt indes bei einer gemeinsamen Prüfung i.S. des Art. 22 Unterabs. 1 Alt. 2. Sofern ein gemeinsamer Prüfer bestellt worden ist, bestimmt sich dessen Haftung nach dem Recht des Mitgliedstaats, dessen Gericht oder Behörde ihn bestellt hat.[377] Wird der Antrag auf gemeinsame Prüfung bei einem deutschen Gericht gestellt, das daraufhin den Prüfer bestellt, erstreckt sich die Verantwortlichkeit des Prüfers daher auch auf die ausländische Gesellschaft und deren Aktionäre (Art. 22 Unterabs. 1 i.V.m. § 11 Abs. 2 S. 2 UmwG).[378]

b) Strafbarkeit

Strafrechtliche Konsequenzen ergeben sich möglicherweise aus §§ 314, 315 UmwG. Fraglich ist, ob diese Strafvorschriften aus eigenem Geltungsgrund Anwendung finden oder ob es hierfür der Verweisung durch Art. 18 bedarf.[379] Dies hängt davon ab, ob das Strafrecht in den Regelungsbereich der Verordnung fällt. In den Verordnungsvorschlägen wurde auf die einzelstaatlichen Strafvorschriften verwiesen (Art. 134 SE-VOV 1989) oder die Mitgliedstaaten wurden aufgefordert, geeignete Maßregeln für Verstöße gegen diese Verordnung vorzusehen (Art. 134 SE-VOV 1991). Das Strafrecht fällt jedoch nicht in die Kompetenz des Gemeinschaftsgesetzgebers. Daher ist hier auch nicht der Regelungsbereich der Verordnung eröffnet. Die §§ 314, 315 UmwG finden daher nur dann Anwendung, wenn die SE-Verschmelzung in den Anwendungsbereich des UmwG fällt. Dies hängt von der Auslegung des § 1 Abs. 1 UmwG ab („Rechtsträger mit Sitz im Inland"). Nach vorzugswürdiger Auffassung beschränkt die Vorschrift die Anwendbarkeit des UmwG auf Rechtsträger mit satzungsmäßigem Sitz in Deutschland.[380] Danach finden die §§ 314, 315 UmwG bei einer SE-Verschmelzung auf die deutsche Gründungsgesellschaft und deren Prüfer Anwendung.

---

375 Siehe oben Teil 2 B.IV.2.a)dd)(1)(b), S. 43.

376 *Neun*, in: Theisen/Wenz, S. 111 gelangt zu diesem Ergebnis, indem er auf die sachliche Selbstbeschränkung des § 1 Abs. 1 UmwG abstellt. Diese spielt im Anwendungsbereich des Art. 18 jedoch keine Rolle, weil das nationale Verweisungsobjekt (= § 11 Abs. 2 UmwG) nicht aus eigenem Geltungsgrund Anwendung findet.

377 So auch Art. 28 Unterabs. 2 SE-VOV 1989.

378 Siehe oben C.IV.4.b)cc)(1), S. 197.

379 So *Neun*, in: Theisen/Wenz, S. 110.

380 *Lutter*, in: ders., UmwG, § 1 Rn. 8.

V. Zustimmung der Hauptversammlungen

Art. 23 behandelt die Mitwirkung der Hauptversammlungen der Gründungsgesellschaften bei der Gründung einer SE. Obwohl die SE-Gründung nach der Systematik der Verordnung im Wesentlichen von den Leitungs- bzw. Verwaltungsorganen der Gründungsgesellschaften geplant und betrieben wird, liegt die Entscheidung für oder gegen die SE-Gründung letztlich in der Hand der Hauptversammlungen. Diese müssen dem Verschmelzungsplan zustimmen (Art. 23 Abs. 1) (dazu 1) und, sofern sie sich dieses Recht vorbehalten, die Vereinbarung über die Arbeitnehmermitbestimmung genehmigen (Art. 23 Abs. 2) (dazu 2). Sie müssen darüber hinaus entscheiden, ob sie die Durchführung von Spruchverfahren bei anderen Gründungsgesellschaften akzeptieren, sofern bezogen auf ihre eigene Gründungsgesellschaft kein solches Verfahren möglich ist (Art. 25 Abs. 2 S. 1 i.V.m. Art. 23 Abs. 1) (dazu 3).

1. Zustimmung zum Verschmelzungsplan (Art. 23 Abs. 1)

Die Hauptversammlung jeder einzelnen der sich verschmelzenden Gesellschaften muss dem Verschmelzungsplan zustimmen (Art. 23 Abs. 1).

a) Sinn und Zweck

Art. 23 Abs. 1 stellt klar, dass ausschließlich die Aktionäre über die Durchführung der Verschmelzung entscheiden. Die Entscheidungsbefugnis der Hauptversammlungen ist gerechtfertigt, weil die Verschmelzung die Übertragung des Vermögens durch Gesamtrechtsnachfolge, das Erlöschen der übertragenden Gesellschaften, den Formwechsel der aufnehmenden Gesellschaft sowie den Anteilstausch zur Folge hat. Damit werden die originären Interessen der Aktionäre berührt. Es handelt sich um eine Grundlagenentscheidung, die nicht den Vertretungsorganen überlassen bleiben kann.

b) Rechtsnatur

Art. 23 Abs. 1 normiert die Zuständigkeit der Hauptversammlung bei der Gründung einer SE durch Verschmelzung und ist demnach als Kompetenzzuweisungsnorm zu qualifizieren. Darin erschöpft sich der Regelungsgehalt der Vorschrift. Hinweise auf die Vorbereitung und die Durchführung der Hauptversammlung sowie auf das eigentliche Beschlussverfahren sind in Art. 23 Abs. 1 nicht enthalten.

c) Zuständigkeit

aa) Zwingende Kompetenzzuweisung

Die Zuständigkeit für die Beschlussfassung liegt allein bei der Hauptversammlung der jeweiligen Gründungsgesellschaft. Art. 23 Abs. 1 ist insofern als zwingende Regelung zu begreifen, die abweichende Regelungen im nationalen Recht ausschließt. Die Zuständigkeit kann auch nicht durch die Satzung übertragen werden. Der Grundlagencharakter der Entscheidung für die Gesellschaft und die Aktionäre steht einer solchen Übertragung entgegen.[381]

bb) Sonderbeschlüsse

Art. 7 Abs. 2 Dritte RiL verpflichtet die nationalen Gesetzgeber dazu, eine gesonderte Abstimmung jeder Gattung derjenigen Aktionäre zu verlangen, deren Rechte durch die Maßnahmen beeinträchtigt werden.[382] Die entsprechenden Durchführungsbestimmungen des nationalen Rechts finden über Art. 18 auch bei der Beschlussfassung über eine SE-Verschmelzung Anwendung.[383] Bei einer deutschen Gründungsgesellschaft sind daher neben dem Gesamtbeschluss auch Sonderbeschlüsse der Aktionäre jeder Gattung notwendig, und zwar selbst dann, wenn die Rechte dieser Aktionärsgattung nicht beeinträchtigt werden (§ 65 Abs. 2 UmwG).[384]

cc) Zusätzliche Zustimmungskompetenzen nach mitgliedstaatlichem Recht

Fraglich ist, ob das mitgliedstaatliche Recht oder die Satzung daneben (nicht anstelle) die Zustimmung anderer Organe verlangen kann oder ob Art. 23 Abs. 1 insofern abschließend ist. Der systematische Vergleich mit Art. 37 Abs. 8 spricht dafür, dass die Verordnung die Kompetenzzuweisungen erschöpfend regelt und keine weiteren Zuständigkeiten, die sich aus dem mitgliedstaatlichen Recht oder der Satzung ergeben, duldet. Es ist daher anzunehmen, dass es sich bei der Entscheidung über die SE-Verschmelzung um eine alleinige und ausschließliche Kompetenz der Hauptversammlung handelt.

Allerdings können sich zusätzliche Zustimmungserfordernisse über Art. 24 Abs. 1 (Gläubiger, Anleihegläubiger und Sonderrechtsinhaber) aus dem mitgliedstaatlichen Recht ergeben. In manchen Mitgliedstaaten wird diesen Personengruppen tatsächlich das Recht eingeräumt, über die Verschmelzung abzustimmen, sodass insofern die Zustimmung weiterer „Organe" einzuholen ist.[385]

d) Vorbereitung, Einberufung und Durchführung der Hauptversammlung

aa) Regelungsbereich der Verordnung

Die Verordnung trifft keine Aussagen zur Vorbereitung, Einberufung und Durchführung der Hauptversammlung. Dies ist nicht verwunderlich. Die damit zusammenhängenden Rechtsfragen haben prinzipiell nichts mit der Gründung

---

[381] Vgl. *Lutter*, in: ders., UmwG, § 13 Rn. 4; *Grunewald*, a.a.O., § 65 Rn. 4.

[382] Vgl. auch Art. 16 Abs. 3 Int.VerschmelzÜE 1972.

[383] So auch *Sanders*, Vorentwurf, S. 34. Dazu *Clement/Fortdran/Müller/Wanske*, AG 1972, 343, 344.

[384] Ebenso *Kalss*, ZGR 2003, 593, 619.

[385] So z.B. im französischen Gesellschaftsrecht. Siehe unten C.VI.1.e), S. 228.

einer SE zu tun.[386] Es handelt sich um eine Materie des allgemeinen Gesellschaftsrechts. In den Regelungsbereich der Verordnung fallen dagegen nur solche Rechtsfragen, die einen spezifischen Zusammenhang mit der Gründung der SE aufweisen und deren Regelung zur Ermöglichung grenzüberschreitender Strukturmaßnahmen erforderlich erscheint.[387] Hier fehlt es schon am gründungsspezifischen Zusammenhang, weil Hauptversammlungen unabhängig von einer SE-Gründung vorzubereiten und durchzuführen sind. Ebenso wenig hängt die Ermöglichung einer grenzüberschreitenden Unternehmenszusammenführung davon ab, dass die Vorbereitung, Einberufung und Durchführung der Hauptversammlung in den Gründungsgesellschaften einheitlich geregelt ist. Für den Verordnungsgeber bestand daher keine Veranlassung, diese Punkte in der SE-VO zu regeln. In die Rechtsverhältnisse der Gründungsrechtsträger konnte und wollte der Gemeinschaftsgesetzgeber nur punktuell regelnd eingreifen. Der Regelungsbereich der SE-VO ist daher nicht eröffnet. Die Vorbereitung, Einberufung und Durchführung der Hauptversammlung richten sich daher für jede Gründungsgesellschaft nach ihrem Personalstatut. Auf eine Gründungsgesellschaft deutschen Rechts finden somit die §§ 121 ff. AktG Anwendung.

Der Regelungsbereich der Verordnung ist jedoch ausnahmsweise dann eröffnet, wenn die konkrete Rechtsfrage einen spezifischen Zusammenhang mit der SE-Gründung aufweist. Das jeweilige Problem darf sich also nicht generell bei Hauptversammlungen stellen, sondern gerade im Zusammenhang mit solchen Hauptversammlungen, die über eine SE-Verschmelzung abstimmen. Bei einer SE-Verschmelzung besteht ein besonderes Informationsbedürfnis der Aktionäre. Die Hauptversammlung kann nur dann sinnvoll von ihrer Zustimmungskompetenz Gebrauch machen, wenn den Aktionären rechtzeitig die für ihre Information bestimmten Dokumente Verschmelzungsplan, Verschmelzungsbericht und Prüfungsbericht zur Verfügung gestellt werden.[388] Die entsprechenden Informationsrechte der Aktionäre fallen demnach in den Regelungsbereich der Verordnung. Das Gleiche gilt für die Frage nach der erforderlichen Beschlussmehrheit, weil diese in einem spezifischen Zusammenhang mit dem Beschlussgegenstand SE-Verschmelzung steht. Es handelt sich um annexe Sachprobleme der SE-Verschmelzung, die der Verordnungsgeber hätte einheitlich regeln können.

---

[386] Vgl. schon *Sanders*, Vorentwurf, S. 34: „Es ist also keine in die Einzelheiten gehende eigene Regelung über die Beschlussfassung im Fall der Gründung einer S.E. durch Fusion vorgesehen worden. Eine solche Regelung würde dieses Statut stark belasten."

[387] Siehe oben Teil 2 B.II.2.b), S. 34.

[388] Vgl. SE-VOV 1970, Begründung zu den Art. 21 bis 28, S. 15: „Den Aktionären ist in weitgehendem Maße Auskunft über die geplante Fusion zu geben. Dieses Erfordernis ist Korrelat zu einer relativen Beschränkung des Rechts zur Anfechtung der Genehmigungsbeschlüsse. Die Aktionäre sollen durch die Pläne der Geschäftsleitung nicht überrascht werden. Sie sollen Gelegenheit haben, diese in allen Einzelheiten zu studieren, um sich auf die Hauptversammlung vorzubereiten, in der die Gründung zu genehmigen ist."

Dementsprechend ist bezüglich dieser Fragen der Regelungsbereich der Verordnung eröffnet. Nationales Recht, das entsprechende Sonderregelungen für Verschmelzungen enthält, findet daher nur über den Rechtsanwendungsbefehl des Art. 18 Anwendung.[389]

bb) Vorabinformation der Aktionäre

Die Verordnung schreibt die Aufstellung eines Verschmelzungsplans sowie die Erstattung eines Verschmelzungs- und Prüfungsberichts vor. Sie bestimmt aber nicht, ob und wie diese Unterlagen den Aktionären zugänglich zu machen sind.[390] Die Bekanntmachung nach Art. 21 und die Offenlegung des Verschmelzungsplans nach Art. 18 i.V.m. § 61 UmwG richten sich nicht unmittelbar an die Adresse der Aktionäre, sondern an die allgemeine Öffentlichkeit (Handelsregister, Bundesanzeiger). Sie genügen auch sonst nicht dem Informationsbedürfnis der Aktionäre, weil sie nicht die für die Aktionärsinformation bestimmten Unterlagen (Verschmelzungsbericht und Prüfungsbericht) enthalten. Wenn Art. 22 Unterabs. 1 davon spricht, dass die Sachverständigen einen „für alle Aktionäre bestimmten" Prüfungsbericht anzufertigen haben, zeigt dies zumindest, dass die Vorabinformation der Aktionäre notwendiges Element eines ordnungsgemäßen Verschmelzungsverfahrens ist.

In den Vorgängervorschlägen waren die Informationsrechte der Aktionäre noch explizit geregelt.[391] Nach den SE-VOV 1970 und 1975 hatte jeder Interessierte das Recht auf Erteilung einer Abschrift des Fusionsplans bzw. des Gründungsakts.[392] Die SE-VOV 1989 und 1991 verwiesen auf das gemäß Art. 11 Dritte RiL harmonisierte mitgliedstaatliche Recht.[393] An die Stelle dieser Spezialverweisungen ist in der SE-VO die partielle Generalverweisung des Art. 18 getreten. Eine deutsche Gründungsgesellschaft ist ihren Aktionären daher zur Vorabinformation gemäß Art. 18 i.V.m. § 63 UmwG verpflichtet. Sie muss mindestens einen Monat vor der Hauptversammlung (§ 123 Abs. 1 AktG) in ihren Geschäftsräumen folgende Unterlagen zur Einsicht der Aktionäre auslegen:

---

389 Art. 15 Abs. 1 findet in dieser Gründungsphase keine Anwendung, weil die Beschlussfassung noch der Sphäre der Gründungsgesellschaften und nicht der SE in Entstehung zuzuordnen ist. Art. 53 ist ebenso wenig einschlägig, weil die Vorschrift die Hauptversammlung der (entstandenen) SE und nicht der Gründungsgesellschaften behandelt. Vgl. *Ch. Teichmann*, ZGR 2002, 383, 425 Fn. 179.

390 Vgl. dagegen Art. 25 SCE-VO.

391 Siehe auch Art. II-2-3 Abs. 2 Sanders-Vorentwurf.

392 Art. 24 Abs. 2 SE-VOV 1970 und Art. 23b SE-VOV 1975. Vgl. SE-VOV 1970, Begründung zu Art. 21 bis 28, S. 15: „Als Interessierte sind alle diejenigen Personen anzusehen, die ein wirtschaftliches Interesse an der Einsichtnahme nachweisen können." Unzutreffend daher *Barz/Lutter*, in: Lutter: Europäische Aktiengesellschaft, S. 30, die das Informationsrecht kritisierten, weil es nicht einmal die Betroffenheit der jeweiligen Person verlange.

393 Art. 22 Abs. 2 SE-VOV 1989 und 1991. Siehe dazu *Sagasser/Swienty*, DStR 1991, 1222, 1224.

- den Verschmelzungsplan;
- die Jahresabschlüsse und Lageberichte der an der Verschmelzung beteiligten Rechtsträger für die letzten drei Geschäftsjahre[394] und unter Umständen auch eine Zwischenbilanz[395];
- die Verschmelzungsberichte;
- die Prüfungsberichte.

Jeder Aktionär hat überdies Anspruch darauf, dass ihm die Gesellschaft auf Verlangen unverzüglich und kostenlos eine Abschrift der o.g. Unterlagen erteilt (§ 63 Abs. 3 UmwG). Verstößt die Gesellschaft gegen ihre Pflichten betreffend die Vorabinformation ihrer Aktionäre, so ist ein darauf beruhender Verschmelzungsbeschluss anfechtbar.[396]

cc) Einberufung

Die Einberufung der Hauptversammlung weist keine SE-spezifischen Besonderheiten auf, sodass diesbezüglich auch nicht der Regelungsbereich der Verordnung eröffnet ist. Die Einberufung unterliegt dem Personalstatut der jeweiligen Gründungsgesellschaft, ohne dass es auf Art. 18 ankommt.[397]

dd) Nachgründungsbericht und gesonderte Gründungsprüfung

Ist ein Fall des § 67 UmwG gegeben,[398] dann muss der Aufsichtsrat der übernehmenden Gründungsgesellschaft „vor der Beschlussfassung der Hauptversammlung" einen Nachgründungsbericht erstatten (§ 52 Abs. 3 AktG). Außer-

---

[394] Problematisch ist, dass sich die Abschlüsse und Bilanzen der jeweiligen Gründungsgesellschaften nicht nach einheitlichen Rechnungslegungsstandards, sondern nach dem jeweiligen Gesellschaftsstatut richten. Die für die Entscheidungsfindung der Aktionäre insbesondere im Hinblick auf das Umtauschverhältnis wichtige Vergleichbarkeit der Abschlüsse und Bilanzen der beteiligten Unternehmen ist damit nicht gegeben, weil die Angleichung der mitgliedstaatlichen Bilanzrechte durch die Vierte und die Siebente RiL infolge der vielen Mitgliedstaatenwahlrechte recht bescheiden ausgefallen ist; dazu *Schwarz*, Rn. 384 ff., 406 f. Bei grenzüberschreitenden Verschmelzungen wird deshalb eine kumulative Anwendung der unterschiedlichen Bilanzierungsgrundsätze gefordert (*Bruhn*, S. 283 ff.). Nach Art. II-2-2 Abs. 2 Sanders-Vorentwurf mussten die Schlussbilanzen den damals im SE-Statut vorgesehenen Bilanzvorschriften entsprechen. Das Problem dürfte sich allerdings mit der IAS-VO (ABl. L 243 v. 11.9.2002, S. 1 ff.), die für Geschäftsjahre ab dem 1.1.2005 gilt, erledigen.

[395] Eine Zwischenbilanz ist zu erstellen, wenn zwischen dem Stichtag des letzten Jahresabschlusses und dem Zeitpunkt des Abschlusses des Verschmelzungsvertrags mehr als sechs Monate verstrichen sind. Der Stichtag der Zwischenbilanz darf nicht vor dem ersten Tag des dritten Monats liegen, welcher dem Abschluss vorausgeht. Für die SE-Verschmelzung ist auf den Tag der Aufstellung des Verschmelzungsplans abzustellen; zu Recht *Neun*, in: Theisen/Wenz, S. 112.

[396] *Marsch-Barner*, in: Kallmeyer, UmwG, § 63 Rn. 9.

[397] Siehe oben C.V.1.d)aa), S. 207. A.A. *Neun*, in: Theisen/Wenz, S. 117 f.

[398] Siehe oben B.I, S. 137.

dem ist eine gesonderte Prüfung durch externe Prüfer durchzuführen (§ 52 Abs. 4 AktG).

ee) Durchführung der Hauptversammlung

Die Durchführung der Hauptversammlung fällt nicht in den Regelungsbereich der Verordnung, weil es sich nicht um eine SE-spezifische Frage handelt. Art. 18 ist nicht anwendbar.[399] Auf eine deutsche Gründungsgesellschaft finden somit ohne weiteres die §§ 129 ff. AktG Anwendung.

Etwas anderes gilt für die Informationsrechte der Aktionäre, die einen spezifischen Zusammenhang mit dem Beschlussgegenstand Verschmelzung aufweisen. Der Sanders-Vorentwurf und die Verordnungsvorschläge von 1970 und 1975 räumten den Aktionären auf der Hauptversammlung ein spezielles Auskunftsrecht ein, sofern das nationale Recht keine weitergehenden Rechte vorsah.[400] Der Regelungsbereich der Verordnung ist daher eröffnet. Das deutsche Recht sieht bei Hauptversammlungen, die über eine Verschmelzung entscheiden, erweiterte Informationsrechte vor (§ 64 UmwG). Die Vorschrift findet gemäß Art. 18 auch bei einer SE-Verschmelzung Anwendung.[401] Daher sind der Verschmelzungsplan, die Jahresabschlüsse und Lageberichte, ggf. die Zwischenbilanzen, die Verschmelzungsberichte sowie Prüfungsberichte auch während der Hauptversammlung auszulegen (§ 64 Abs. 1 S. 1 UmwG). Der Vorstand ist zudem verpflichtet, den Verschmelzungsplan unter Darlegung der aktuellen wirtschaftlichen und rechtlichen Hintergründe der Verschmelzung mündlich zu erläutern (§ 64 Abs. 1 S. 2 UmwG). Darüber hinaus können sich die Aktionäre über die für die Verschmelzung wesentlichen Angelegenheiten der anderen Gesellschaft informieren (§ 64 Abs. 2 UmwG).[402]

ff) Beschlussfassung der Hauptversammlung

(1) Erforderliche Mehrheit

Der Verschmelzungsbeschluss einer deutschen Gründungsgesellschaft bedarf einer Mehrheit von mindestens drei Viertel des bei der Beschlussfassung vertretenen Grundkapitals (Art. 18 i.V.m. § 65 Abs. 1 S. 1 UmwG).

---

[399] Siehe oben C.V.1.d)aa), S. 207. A.A. offensichtlich *Neun*, in: Theisen/Wenz, S. 119.

[400] Art. II-2-3 Abs. 3 Sanders-Vorentwurf, Art. 24 Abs. 4 SE-VOV 1970 und Art. 24 Abs. 2 SE-VOV 1975.

[401] Bei der Gründungsform Verschmelzung mag es im Ergebnis dahinstehen, ob die Informationsrechte, welche das nationale Recht den Aktionären zuerkennt, innerhalb oder außerhalb des Regelungsbereichs der Verordnung liegen, weil es in jedem Fall zur Anwendung dieser Vorschriften kommt; siehe auch *Kalss*, ZGR 2003, 593, 618 f. Relevant wird die Unterscheidung aber bei den Gründungsformen Holding-SE (siehe unten Teil 5 C.VI.1.b)bb), S. 340) und Umwandlung (siehe unten Teil 7 C.VI.3.b), S. 418).

[402] Hierdurch wird das Auskunftsrecht des § 131 AktG auf die wesentlichen Angelegenheiten der anderen Gründungsgesellschaften erweitert. Vgl. *Stratz*, in: Schmitt/Hörtnagl/Stratz, UmwG, § 64 Rn. 5.

(2) Beschlussverbot des § 76 Abs. 1 UmwG bei Verschmelzung durch Neugründung

Das deutsche Umwandlungsrecht sieht bei der Verschmelzung durch Neugründung eine zweijährige Sperrfrist vor. Danach darf eine übertragende Gesellschaft die Verschmelzung erst dann beschließen, wenn sie und jede andere übertragende AG bereits seit zwei Jahren im Handelsregister eingetragen sind (§ 76 Abs. 1 UmwG). Hierdurch soll eine Umgehung der Nachgründungsvorschriften und damit letztlich die Kapitalaufbringung gesichert werden.[403] Ein Verschmelzungsbeschluss, der von einer AG gefasst wird, die noch keine zwei Jahre in das Handelsregister eingetragen war, ist anfechtbar.[404]

Auch wenn die Kapitalaufbringung bei der Gründung einer SE grundsätzlich in den Anwendungsbereich des Art. 15 Abs. 1 fällt und damit nach dem Recht des künftigen Sitzstaats zu beurteilen ist,[405] ist bezüglich des Beschlussverbots des § 76 Abs. 1 UmwG auf Art. 18 als Rechtsanwendungsvorschrift abzustellen. Das ergibt sich daraus, dass sich das Beschlussverbot an die Adresse der übertragenden Gründungsgesellschaften richtet und damit nicht der SE in Entstehung zugerechnet werden kann. Wegen der grundsätzlich distributiven Verweisungswirkung des Art. 18 erfasst das Beschlussverbot des § 76 Abs. 1 UmwG nur übertragende Gründungsgesellschaften, die deutschem Recht unterliegen. Problematisch ist allerdings, dass § 76 Abs. 1 UmwG seinem Tatbestand nach auch dann eingreift, wenn eine andere übertragende Gesellschaft noch keine zwei Jahre im Register eingetragen ist. Fraglich ist daher, ob das Beschlussverbot auch dann zur Anwendung kommt, wenn eine ausländische Gesellschaft die Zweijahresfrist nicht erfüllt. Hier bezieht sich das Tatbestandsmerkmal einer deutschen Sachnorm auf einen Vorgang, der sich in einer anderen Rechtsordnung ereignet. Es ist daher zu prüfen, ob dieser ausländische Vorgang im Wege der Substitution unter § 76 Abs. 1 UmwG subsumiert werden kann.[406] Voraussetzung ist, dass die ausländische Gesellschaft ihrerseits noch keine zwei Jahre in das dortige Register eingetragen war, sodass Gleichwertigkeit mit einem entsprechenden inländischen Sachverhalt gegeben ist. Ist dies der Fall, darf die deutsche Gründungsgesellschaft keinen Verschmelzungsbeschluss fassen (Art. 18 i.V.m. § 76 Abs. 1 UmwG).

e) Form

Der Zustimmungsbeschluss einer deutschen Gründungsgesellschaft muss notariell beurkundet werden (Art. 18 i.V.m. § 13 Abs. 3 S. 1 UmwG).[407] Es handelt

---

403 *Rieger*, in: Widmann/Mayer, UmwG, § 76 Rn. 5 (Stand: September 1996).

404 *Stratz*, in: Schmitt/Hörtnagl/Stratz, UmwG, § 73 Rn. 17.

405 Siehe oben Teil 2 B.IV.3.c)aa), S. 51.

406 Zur Substitution vgl. *Kropholler*, IPR, § 33, S. 225 ff.

407 Ebenso *Heckschen*, DNotZ 2003, 251, 259. Nach Art. 24 Abs. 5 SE-VOV 1970 bzw. Art. 24 Abs. 3 SE-VOV 1975 war über die Hauptversammlung jeder Gründungsgesellschaft

sich dabei um eine Wirksamkeitsvoraussetzung des Beschlusses.[408] Dem Verschmelzungsplan ist der Beschluss als Anlage beizufügen (§ 13 Abs. 3 S. 2 UmwG). Schließlich ist jedem Aktionär auf dessen Verlangen eine Abschrift des Verschmelzungsplans und der Niederschrift des Beschlusses zu erteilen (§ 13 Abs. 3 S. 3 UmwG).

f) Wirkung

Der Zustimmungsbeschluss erzeugt interne Bindungswirkung. D.h. der Beschluss ist für die Anteilsinhaber der jeweiligen Gründungsgesellschaft untereinander bindend. Alle Aktionäre sind danach zum Umtausch ihrer Aktien gegen Aktien der SE verpflichtet Für die Leitungs- und Verwaltungsorgane enthält der Beschluss die Weisung, die Verschmelzung gemäß den Vorgaben des Verschmelzungsplans durchzuführen. Mangels Vertragscharakters des Verschmelzungsplans vermag der Zustimmungsbeschluss dagegen keine externe Bindungswirkung gegenüber der anderen Gründungsgesellschaft herbeizuführen.[409] Der Zustimmungsbeschluss ist auch nicht gleichbedeutend mit der Satzungsfeststellung.[410] Die Hauptversammlung stimmt zwar dem gesamten Verschmelzungsplan und damit auch der Satzung zu. Die Satzung wird aber bereits mit der Aufstellung des Verschmelzungsplans durch die Leitungs- oder Verwaltungsorgane der Gründungsgesellschaften festgestellt.[411]

2. Genehmigungsvorbehalt (Art. 23 Abs. 2 S. 2)

Die Hauptversammlung kann sich das Recht vorbehalten, die Eintragung der SE davon abhängig zu machen, dass die Mitbestimmungsvereinbarung von ihr genehmigt wird (Art. 23 Abs. 2 S. 2).[412] Der Genehmigungsvorbehalt des Art. 23 Abs. 2 S. 2 ist neu und war in den Vorgängervorschlägen nicht vorgesehen.

a) Sinn und Zweck

Die Arbeitnehmermitbestimmung in der SE wird im Wege freier Verhandlungen zwischen dem jeweils zuständigen Organ der Gründungsgesellschaften und einem besonderen Verhandlungsgremium auf Arbeitnehmerseite festgelegt (sog. Verhandlungslösung i.S. der Art. 3 ff. SE-ErgRiL). Als Verhandlungspartner auf Unternehmerseite[413] kommen praktisch nur die Leitungs- bzw. Verwaltungsor-

---

ein notarielles Protokoll zu errichten.

[408] *Lutter*, in: ders., UmwG, § 13 Rn. 12.

[409] Zur Wirkung des Verschmelzungsbeschlusses i.S. des § 13 UmwG vgl. *Stratz*, in: Schmitt/Hörtnagl/Stratz, UmwG, § 13 Rn. 7 ff.

[410] A.A. *Kersting*, DB 2001, 2079, 2081.

[411] Siehe oben C.I.3.a)(1), S. 163.

[412] Die Ermächtigung des Art. 12 Abs. 4 betrifft dagegen den Fall, dass in einer bestehenden SE die Vereinbarung mit den Arbeitnehmern neu ausgehandelt wird; *Ch. Teichmann*, ZIP 2002, 1109, 1112

[413] Vgl. Art. 3 Abs. 3 Unterabs. 1 SE-ErgRiL („... das jeweils zuständige Organ der beteiligten Gesellschaften ...“).

gane der Gründungsgesellschaften in Betracht, da nur diese die Gesellschaften nach außen vertreten (vgl. § 78 Abs. 1 AktG) und somit die am Ende der Verhandlungen stehende Vereinbarung mit der Arbeitnehmerseite eingehen können.[414] Dagegen haben die Aktionäre der Gründungsgesellschaften grundsätzlich keinen Einfluss auf die Gestaltung der Mitbestimmung in der künftigen SE.[415] Art. 23 Abs. 2 S. 1 stellt dies nochmals klar, wenn er davon spricht, dass die Arbeitnehmermitbestimmung in der SE gemäß der SE-ErgRiL festgelegt wird. Die Hauptversammlung kann aber beschließen, dass die bei den Verhandlungen getroffene Vereinbarung über die Mitbestimmung von ihr genehmigt wird (Art. 23 Abs. 2 S. 2).

Es mag bezweifelt werden, dass die Mitgliedschaftsrechte der Aktionäre von der Art der Mitbestimmung so stark berührt werden, dass ein Bedürfnis für einen solchen Genehmigungsvorbehalt besteht. Für die Aktionäre solcher Gründungsgesellschaften, in denen eine Arbeitnehmermitbestimmung auf Unternehmensebene nicht vorgesehen ist, wird es sich bei dieser Frage aber oftmals um den neuralgischen Punkt handeln. Ferner ist zu berücksichtigen, dass das Mitbestimmungsmodell im Zeitpunkt der Beschlussfassung über den Verschmelzungsplan noch nicht feststehen muss und oftmals nicht feststehen wird.[416] Die Festlegung eines Mitbestimmungsmodells ist Eintragungs-, nicht aber Beschlussvoraussetzung.[417] Die Hauptversammlungen können daher nach ihrer Zustimmung zum Verschmelzungsplan keinen Einfluss mehr auf die Mitbestimmung in der SE nehmen, es sei denn, sie haben vom Genehmigungsvorbehalt des Art. 23 Abs. 2 S. 2 Gebrauch gemacht. Der Verordnungsgeber hat insofern einen interessengerechten Kompromiss gefunden, weil er das Mitbestimmungsmodell nicht kategorisch von der Zustimmung der Hauptversammlungen abhängig macht, den Hauptversammlungen aber einen entsprechenden Genehmigungsvorbehalt einräumt. Durch ihn wird die Stellung der Aktionäre im Grün-

---

ten Gesellschaften ...").

[414] Im Erg. auch *Herfs-Röttgen*, NZA 2001, 424, 426; *Pluskat*, EuZW 2001, 524, 527.

[415] Die Satzung der SE ist im Verschmelzungsplan enthalten (Art. 20 Abs. 1 Buchst. h); sie muss also von den Hauptversammlungen genehmigt werden (Art. 23 Abs. 1). Die SE-VO geht implizit davon aus, dass in der Satzung Regelungen zur Mitbestimmung enthalten sein können (Art. 12 Abs. 4). Sofern diese im Widerspruch zur Mitbestimmungsvereinbarung stehen, ist die Satzung zu ändern. Die Mitbestimmungsvereinbarung geht der Satzung also insoweit vor. D.h. die in der Satzung getroffenen Regelungen, denen die Hauptversammlungen zustimmen müssen, binden die Parteien im Verhandlungsverfahren der Art. 3 ff. SE-ErgRiL in keiner Weise. Die Zustimmung der Hauptversammlungen zum Verschmelzungsplan und damit zu einer bestimmten Satzung hat also keinen rechtlich relevanten Einfluss auf die Festlegung eines bestimmten Mitbestimmungsregimes durch die Verhandlungsparteien.

[416] *Ch. Teichmann*, in: Theisen/Wenz, S. 591 rät deshalb dazu, die Hauptversammlung erst dann einzuberufen, wenn das Mitbestimmungsmodell feststeht.

[417] Art. 12 Abs. 2. Dazu unten C.VIII.2.d)bb)(2), S. 274.

dungsverfahren weiter gestärkt. Sie können die Verschmelzung im Falle einer für sie unbefriedigenden Mitbestimmungsregelung scheitern lassen.

Der Genehmigungsvorbehalt nach Art. 23 Abs. 2 S. 2 wird von entsprechenden Informationsrechten der Aktionäre flankiert. Die Leitungs- oder Verwaltungsorgane sind verpflichtet, im Verschmelzungsplan Angaben zu dem Verfahren zu machen, nach dem die Vereinbarung über die Arbeitnehmermitbestimmung geschlossen wird (Art. 20 Abs. 1 Buchst. i). Im Verschmelzungsbericht sind die Hintergründe der Arbeitnehmerbeteiligung darzustellen.

b) Genehmigungsverfahren

Das Genehmigungsverfahren besteht aus zwei Schritten: Zunächst muss die Hauptversammlung erklären, dass sie die Mitbestimmung überhaupt von ihrer Genehmigung abhängig macht (aa). Hat sie dies getan, muss sie in einem nächsten Schritt über die Genehmigung entscheiden (bb).

aa) Erklärung des Genehmigungsvorbehalts

Die SE-VO bestimmt nicht, welche Mehrheit für die Erklärung des Genehmigungsvorbehalts erforderlich ist. Fraglich ist, ob über Art. 18 ergänzend mitgliedstaatliches Recht zur Anwendung gelangt. Der Rückgriff auf nationales Recht ist problematisch, weil die mitgliedstaatlichen Rechtsordnungen einen entsprechenden Genehmigungsvorbehalt nicht kennen. Es könnte sich daher um eine SE-spezifische Regelungslücke handeln, die durch Rechtsfortbildung auf europäischer Ebene zu schließen ist.[418] Aber auch das ist nicht ohne weiteres möglich, weil das europäische Recht ebenfalls keine vergleichbaren Vorschriften kennt. Im Grundsatz ist davon auszugehen, dass die einfache Mehrheit der Stimmen ausreicht. Der Erklärung des Genehmigungsvorbehalts kommt noch kein Grundlagencharakter zu, weil die eigentliche Entscheidung über das Mitbestimmungsmodell erst mit dem Genehmigungsbeschluss getroffen wird.

bb) Genehmigung der Mitbestimmungsvereinbarung

Erklärt die Hauptversammlung, dass sie vom Genehmigungsvorbehalt i.S. des Art. 23 Abs. 2 S. 2 Gebrauch macht, so ist die Mitbestimmungsvereinbarung von ihr ausdrücklich zu genehmigen.

(1) Gegenstand der Genehmigung

Gegenstand der Genehmigung ist die „geschlossene Vereinbarung". Darunter fällt sicherlich die Vereinbarung eines individuellen Mitbestimmungsmodells nach Art. 3 Abs. 3 i.V.m. Art. 4 SE-ErgRiL. Die Verhandlungen über die Mitbestimmung in der SE können aber auch auf andere Weise beendet werden. So kann das besondere Verhandlungsgremium der Arbeitnehmer einen Nichtverhandlungsbeschluss fassen (Art. 3 Abs. 6 SE-ErgRiL). Ferner kann die Geltung

---

[418] Siehe oben Teil 2 C.II.2, S. 58.

der Auffangregelung vereinbart werden (Art. 7 Abs. 1 Unterabs. 2 Buchst. a SE-ErgRiL). Zur Anwendung der Auffangregelung kommt es schließlich auch dann, wenn der Verhandlungszeitraum gemäß Art. 5 SE-ErgRiL abgelaufen ist (sechs Monate bis zu einem Jahr), das zuständige Organ der Gründungsgesellschaften dem zustimmt und kein Beschluss i.S. des Art. 3 Abs. 6 SE-ErgRiL vorliegt (Art. 7 Abs. 1 Unterabs. 2 Buchst. b SE-ErgRiL).[419]

Hält man sich streng an den Wortlaut, so kann lediglich im Fall des Art. 7 Abs. 1 Unterabs. 2 Buchst. a SE-ErgRiL davon gesprochen werden, dass eine Vereinbarung geschlossen wurde. Allerdings sprechen systematische Erwägungen dafür, dass auch die Verhandlungsergebnisse i.S. der Art. 3 Abs. 6 und Art. 7 Abs. 1 Unterabs. 2 Buchst. b SE-ErgRiL vom Genehmigungsvorbehalt des Art. 23 Abs. 2 S. 2 umfasst werden. Nach Art. 12 Abs. 2 kann eine SE auch dann eingetragen werden, wenn ein Beschluss nach Art. 3 Abs. 6 SE-ErgRiL gefasst worden ist oder die Frist des Art. 5 SE-ErgRiL ohne Abschluss einer Vereinbarung abgelaufen ist. Hintergedanke dieser Regelung ist, dass die Arbeitnehmer – wäre der Abschluss einer Vereinbarung zwingende Voraussetzung der Eintragung der SE – mit dem Scheiternlassen der Verhandlungen die Gründung der SE blockieren und damit den Eigentümern der Gründungsgesellschaften die Rechtsformwahl verwehren könnten.[420] Wenn aber die Eintragung trotz Scheiterns der Verhandlungen möglich ist, dann muss es den Hauptversammlungen auch möglich sein, das im Falle eines Scheitern der Verhandlungen eingreifende Mitbestimmungsmodell zu genehmigen. Anderenfalls befände sich eine Hauptversammlung, die den Genehmigungsvorbehalt ausgesprochen hat, in der Zwickmühle einer selbst geschaffenen Eintragungssperre. Die Arbeitnehmer könnten das Verschmelzungsprojekt zum Scheitern verurteilen, indem sie abwarten, bis eine der beteiligten Hauptversammlungen den Genehmigungsvorbehalt ausspricht, und anschließend die Verhandlungen ergebnislos abbrechen. Die Formulierung „geschlossene Vereinbarung" ist daher über den engen Wortsinn hinaus so zu verstehen, dass die Hauptversammlungen auch das nach einem ergebnislosen Abbruch der Verhandlungen oder nach Fristablauf geltende Mitbestimmungsmodell genehmigen können.

(2) Ausdrückliche Genehmigung

Art. 23 Abs. 2 spricht von einer „ausdrücklichen" Genehmigung und stellt damit klar, dass die Genehmigung durch bloßes Nichttätigwerden der Hauptversammlungen nicht herbeigeführt werden kann. Nur eine ausdrückliche Genehmigung beendet die Eintragungssperre. Nur so kann die für die Rechtmäßigkeitskontrol-

---

419 Eingehend zur SE-ErgRiL *Heinze*, ZGR 2002, 66 ff.; *Pluskat*, DStR 2001, 1483 ff.; *Herfs-Röttgen*, NZA 2001, 424 ff.

420 Davignon-Bericht, Nr. 46; *Buchheim*, S. 156.

le zuständige Stelle zweifelsfrei das Vorliegen der Eintragungsvoraussetzungen – und eine solche ist die Genehmigung i.S. des Art. 23 Abs. 2 – nachprüfen.[421]

(3) Mehrheitserfordernis

Die Verordnung klärt nicht, welche Mehrheit für den Genehmigungsbeschluss erforderlich ist. *Oplustil* vertritt die Auffassung, dass für die Genehmigung des Mitbestimmungsmodells dieselben Mehrheitserfordernisse wie für die Zustimmung zum Verschmelzungsplan gelten müssen. Das Mitbestimmungsregime habe grundlegende Bedeutung für die künftige SE und sei deshalb als Teil des Verschmelzungsplans anzusehen.[422] Gegen eine solche Gleichstellung spricht indessen der Ausnahmecharakter des Genehmigungsvorbehalts. Die Mitbestimmungsregelung wird von der Verordnung grundsätzlich nicht als Teil des Verschmelzungsplans angesehen. Es ist vielmehr Sache der Leitungsorgane, die Mitbestimmung in der SE auszuhandeln. Trotz der Tatsache, dass die Hauptversammlung die Entscheidungsgewalt an sich zieht, bleibt es dabei, dass es sich um eine Maßnahme der Geschäftsführung handelt. Dementsprechend genügt die einfache Stimmenmehrheit.

cc) Folgen der Ablehnung der Genehmigung

Fraglich ist, welche Rechtsfolgen sich aus einer Ablehnung der Genehmigung durch die Hauptversammlung ergeben. Art. 23 Abs. 2 S. 2 spricht davon, dass die Eintragung der SE von der Genehmigung abhängig gemacht werden kann. Das zeigt, dass die Ablehnung der Genehmigung die Wirksamkeit des Verschmelzungsbeschlusses als solchen unberührt lässt.[423] Dieser wird nicht beseitigt und besteht folglich als interne Handlungsanweisung an den Vorstand fort. Nach dem Wortlaut der Vorschrift verhindert die Ablehnung der Genehmigung nur die Eintragung der SE. Es ist demnach anzunehmen, dass es sich um ein gesetzliches Eintragungshindernis handelt, das von den zur Rechtmäßigkeitskontrolle berufenen Stellen von Amts wegen zu überprüfen ist.[424] Im gesellschaftsinternen Verhältnis begründet die Ablehnung der Genehmigung durch die Hauptversammlung die negative Anweisung an den Vorstand, die SE nicht zur Eintragung beim Register anzumelden.

c) Nachteile des Genehmigungsvorbehalts und alternative Mitwirkungsmöglichkeiten

Auch wenn die Erklärung des Genehmigungsvorbehalts vordergründig dazu angetan ist, die Rechtsposition der Aktionäre im Gründungsprozess zu stärken, sollte ein solcher Schritt wohlüberlegt sein. Hierdurch würde sich das Verfahren der Gründung erheblich verzögern. Sieht man von der Einberufung einer außer-

---

421 Zu den Folgen der Ablehnung der Genehmigung siehe unten C.V.2.b)cc), S. 217.
422 *Oplustil*, GLJ Vol. 4 No. 2 (1 February 2003), Nr. 18.
423 So wohl auch *Neun*, in: Theisen/Wenz, S. 120.
424 Siehe unten C.VIII.2.c)cc), S. 263.

ordentlichen Hauptversammlung ab, die bei Publikumsgesellschaften mit großem Streubesitz erhebliche organisatorische Probleme aufwirft, finden Hauptversammlungen grundsätzlich nur im Einjahresrhythmus statt. Den Aktionären ist deshalb im Zweifel von einer Inanspruchnahme des Genehmigungsvorbehalts abzuraten, wenn das Verschmelzungsvorhaben nicht grundsätzlich gefährdet werden soll.

Es stellt sich daher die Frage, wie die Aktionäre auf die Gestaltung der Mitbestimmung der SE Einfluss nehmen können, ohne vom Genehmigungsvorbehalt nach Art. 23 Abs. 2 S. 2 Gebrauch machen zu müssen. *Ch. Teichmann* hat den Vorschlag unterbreitet, dass die Hauptversammlung mit Dreiviertelmehrheit eine Satzungsänderung beschließen könnte (§ 179 AktG), nach der die Vereinbarung eines Mitbestimmungsmodells zusätzlich der Zustimmung des Aufsichtsrats bedarf (§ 111 Abs. 4 S. 2 AktG).[425] Die Aktionäre könnten dann über den Aufsichtsrat zumindest mittelbar Einfluss nehmen. Gegen diesen Vorschlag sind Bedenken geäußert worden. Es wird angezweifelt, ob eine solche Verlagerung der Entscheidungskompetenz im Hinblick auf Art. 23 Abs. 2 S. 2 zulässig ist. Zudem wird befürchtet, dass widersprechende Minderheitsaktionäre einen solchen satzungsändernden Beschluss anfechten und das Verschmelzungsverfahren damit erst recht blockieren könnten.[426]

Diese Bedenken schlagen nicht durch. Anders als bei Art. 23 Abs. 1, der eine zwingende Kompetenzzuweisung enthält,[427] kann die Hauptverwaltung ihre Zuständigkeit nach Art. 23 Abs. 2 S. 2 auch übertragen. Der Hauptverwaltung steht es frei, von ihrem Genehmigungsvorbehalt Gebrauch zu machen. Sie kann also auch völlig auf ihre Entscheidungsbefugnis verzichten. Dann muss es ihr aber erst recht möglich sein, ihre Kompetenz auf ein anderes Organ zu delegieren. Die Übertragung der Entscheidungsbefugnis auf den Aufsichtsrat stellt also eine mögliche und im Zweifel vorzugswürdige Alternative zum Genehmigungsverfahren nach Art. 23 Abs. 2 S. 2 dar.

3. Anerkennung von Spruchverfahren (Art. 25 Abs. 3)

Die Aktionäre von Gründungsgesellschaften aus Mitgliedstaaten, deren Recht kein Spruchverfahren zur Kontrolle und Änderung des Umtauschverhältnisses und zur Abfindung von Minderheitsaktionären vorsieht, haben auch darüber zu entscheiden, ob den Aktionären der anderen Gründungsgesellschaften ggf. ein solches Verfahren zur Verfügung steht (Art. 25 Abs. 3 S. 1). Sie können also die Durchführung von Spruchverfahren bei anderen Gründungsgesellschaften blokkieren. Diese Kompetenz ist als Reflex auf die Ermächtigungsvorschrift des Art.

---

425 *Ch. Teichmann*, ZGR 2002, 383, 430.
426 *Neun*, in: Theisen/Wenz, S. 120.
427 Siehe oben C.V.1.c)aa), S. 206.

24 Abs. 2 zu verstehen.[428] Danach können die Mitgliedstaaten Schutzvorschriften zugunsten der dissentierenden Minderheitsaktionäre erlassen. Der Minderheitenschutz, den ein Mitgliedstaat auf dieser Grundlage vorsieht, soll in seinen Wirkungen grundsätzlich auf die Gesellschaften beschränkt bleiben, die seinem Recht unterliegen. Um eine Ungleichbehandlung der Aktionäre in den verschiedenen Gründungsgesellschaften infolge unterschiedlicher nationaler Schutzstandards zu verhindern, sollen die Aktionäre, denen kein Spruchverfahren zur Verfügung steht, darüber entscheiden dürfen, ob die Aktionäre der anderen Gründungsgesellschaften auf ein solches zurückgreifen können.

Die Zuweisung einer solchen Anerkennungskompetenz ist vor dem Hintergrund schutzwürdiger Interessen derjenigen Aktionäre, denen die Möglichkeit zur Durchführung eines Spruchverfahrens nicht zur Verfügung steht, durchaus verständlich. Ihr eigener Anteil an der SE droht zu verwässern, wenn das Umtauschverhältnis oder Abfindungsangebot für andere Aktionäre nachträglich zu deren Gunsten revidiert wird. Eine solche Ungleichbehandlung der Aktionäre der SE wäre nicht gerechtfertigt. Für die SE erwächst aus der Durchführung des Spruchverfahrens das Risiko einer künftigen Zahlung aus dem Eigenkapital in nicht vorhersehbarer Höhe. Ein anhängiges Spruchverfahren stellt damit eine erhebliche Belastung für die junge SE dar, die sich auch im Aktienkurs niederschlagen dürfte.[429]

Problematisch ist indes, dass das Anerkennungserfordernis faktisch eine Sperre des Spruchverfahrens nach sich ziehen wird. Der Aktionär einer ausländischen Gründungsgesellschaft wird für gewöhnlich keine Veranlassung sehen, einer Sonderbehandlung der Aktionäre der deutschen Gründungsgesellschaft zuzustimmen, die diesen nur Vorteile, ihm selbst aber nur Nachteile bescheren kann.[430] Dies wiederum wird die Aktionäre einer deutschen Gründungsgesellschaft zu einer gewissen Zurückhaltung veranlassen, wenn sie über die Verschmelzung zu entscheiden haben.[431]

Die Aktionäre einer deutschen Gründungsgesellschaft können nicht über die Durchführung eines Spruchverfahrens bei einer ausländischen Gründungsgesellschaft entscheiden. Die Anerkennungskompetenz nach Art. 25 Abs. 3 S. 1 ist Gründungsgesellschaften in den Mitgliedstaaten vorbehalten, in denen kein Verfahren zur Kontrolle und Änderung des Umtauschverhältnisses bzw. des Abfindungsangebots vorgesehen ist, während den Aktionären einer deutschen AG ein solches Spruchverfahren voraussichtlich zur Verfügung stehen wird.[432] Im Ge-

---

428 *Neun*, in: Theisen/Wenz, S. 121.

429 Vgl. *Schiessl*, AG 1999, 442, 446 f.; *Decher*, in: FS für Lutter, 2000, S. 1209, 1217.

430 So zu Recht *Ch. Teichmann*, ZGR 2002, 383, 428.

431 Dazu eingehend unten C.VI.2.d)cc)(3), S. 243.

432 Zur Relevanz des Anerkennungserfordernisses für die Rechte der Minderheitsaktionäre deutscher Gründungsgesellschaften siehe unten C.VI.2.d)cc), S. 241.

gensatz zu Art. 23 Abs. 2 S. 2, der einen bloßen Genehmigungsvorbehalt enthält, hängt die Durchführung eines Spruchverfahrens stets von der Zustimmung der Hauptversammlung der anderen Gründungsgesellschaft ab, sofern deren Gesellschaftsstatut nicht selbst ein solches Verfahren ermöglicht („... ausdrücklich akzeptieren ...").

Art. 25 Abs. 3 S. 1 äußert sich nicht zur erforderlichen Beschlussmehrheit. Der Wortlaut der Vorschrift deutet an, dass die Abstimmung über die Anerkennung eines Spruchverfahrens zusammen mit dem Zustimmungsbeschluss statt findet („bei der Zustimmung zu dem Verschmelzungsplan gemäß Artikel 23 Absatz 1"). Fraglich ist, ob dies so zu verstehen ist, dass der Verschmelzungsplan und die Anerkennungsentscheidung zwingend als gemeinsamer Antrag zur Abstimmung vorzulegen sind und dementsprechend demselben Mehrheitserfordernis unterliegen. Das ist nicht anzunehmen. Wer die Verschmelzung befürwortet, kann durchaus gegen die Durchführung des Spruchverfahrens bei der anderen Gründungsgesellschaft sein. Der Wortlaut des Art. 25 Abs. 3 S. 1 ist vielmehr so zu verstehen, dass das Leitungs- oder Verwaltungsorgan der betreffenden Gründungsgesellschaft verpflichtet ist, bei der Hauptversammlung, die über die Verschmelzung zu beschließen hat, auch über die Durchführung des Spruchverfahrens bei einer anderen Gründungsgesellschaft abstimmen zu lassen. Es muss ein entsprechender Antrag zur Abstimmung gestellt werden, und zwar getrennt vom eigentlichen Verschmelzungsbeschluss i.S. des Art. 23 Abs. 1,[433] da für den Anerkennungsbeschluss i.S. des Art. 25 Abs. 3 S. 1 grundsätzlich die einfache Mehrheit der Stimmen ausreicht.

4. Fehlerhaftigkeit des Verschmelzungsbeschlusses

Die Verschmelzungsbeschlüsse können aus formellen oder materiellen Gründen rechtsfehlerhaft sein. Aus der Verordnung ergibt sich nur, dass Mängel des Verschmelzungsbeschlusses nach Eintragung der SE nicht mehr zur Nichtigkeit der Verschmelzung führen können (Art. 30 Unterabs. 1).[434] Ansonsten enthält die SE-VO keine Regelungen zur Mangelhaftigkeit der Verschmelzungsbeschlüsse. Dies war auch nicht zu erwarten, weil es sich nicht um ein spezifisch mit der SE-Gründung zusammenhängendes Problemfeld handelt. Die Folgen von Beschlussmängeln in den Gründungsgesellschaften nationalen Rechts sind ein Problem des allgemeinen Gesellschaftsrechts und fallen prinzipiell nicht in den Regelungsbereich der Verordnung. Ihre Regelung bleibt den nationalen Gesetzgebern überlassen.[435] Bei einer Gründungsgesellschaft, die deutschem Recht unter-

[433] A.A. *Kalss*, ZGR 2003, 593, 623, die eine in den allgemeinen Verschmelzungsbeschluss integrierte Formulierung, die die Zustimmung klar erkennen lässt, für zulässig hält.

[434] Siehe unten E.II.1, S. 300.

[435] Zur Bestimmung des Regelungsbereichs bei Rechtsfragen, die sich auf die Gründungsgesellschaften beziehen siehe oben Teil 2 B.II.2.b), S. 34.

liegt, richten sich die Nichtigkeit und Anfechtbarkeit der Verschmelzungsbeschlüsse daher nach den §§ 241 ff. AktG.

Etwas anderes gilt für Beschränkungen des Klagerechts, die das nationale Recht speziell für Verschmelzungsbeschlüsse vorsieht (vgl. §§ 14 Abs. 2, 32 UmwG). Die Verordnungsvorschläge enthielten solche Einschränkungen noch selbst, um „im Interesse des Vorhabens die Periode der Unsicherheit" abzukürzen.[436] Beschränkungen des Anfechtungsrechts, die eine rasche und zeitnahe Durchführung der Transaktion bezwecken, stehen in einem spezifischen Zusammenhang mit der SE-Gründung. Der Regelungsbereich der Verordnung ist damit punktuell eröffnet. Nationales Recht findet daher nur aufgrund eines gemeinschaftsrechtlichen Rechtsanwendungsbefehls Anwendung. Weil die Anfechtung des Verschmelzungsbeschlusses einer Gründungsgesellschaft deren Rechtsposition im Gründungsverfahren betrifft, ist insoweit Art. 18 – und nicht Art. 15 Abs. 1 – einschlägig.[437]

Der Entwurf für ein deutsches Ausführungsgesetz (SEAG-RegE) schließt in § 6 Abs. 1 und § 7 Abs. 5 Klagen aus, die sich darauf stützen, dass das Umtauschverhältnis nicht angemessen ist oder dass das Abfindungsangebot zu niedrig bemessen bzw. nicht oder nicht ordnungsgemäß angeboten worden ist. Die Aktionäre können ihre Bewertungsrügen statt dessen in einem Spruchverfahren geltend machen, das der Durchführung der Verschmelzung nicht entgegensteht (§§ 6 Abs. 4 und 7 Abs. 7 SEAG-RegE jeweils i.V.m. SpruchG). Die Verfasser sehen die Grundlage für eine solche Regelung in Art. 24 Abs. 2. Mit Blick auf das in Art. 25 Abs. 3 enthaltene Vetorecht stellt sich jedoch die Frage, ob der generelle Klageausschluss nach §§ 6 Abs. 1 und 7 Abs. 5 SEAG-RegE und die Verweisung auf das Spruchverfahren bei einer SE-Verschmelzung zu sachgerechten Ergebnissen führt.[438]

VI. Schutz bestimmter Personengruppen

Die Verordnung verweist hinsichtlich des Schutzes von Gläubigern, Anleihegläubigern und Sonderrechtsinhabern auf das mitgliedstaatliche Recht (Art. 24

---

[436] SE-VOV 1970, Begründung zu Art. 21 bis 28, S. 15. Vgl. Art. II-2-4 Sanders-Vorentwurf sowie Art. 25 SE-VOV 1970 und 1975. Danach durften nur diejenigen Aktionäre den Hauptversammlungsbeschluss anfechten, die diesen zuvor auch abgelehnt hatten. Die Klage musste binnen eines Monats bzw. 45 Tage nach der Beschlussfassung erhoben werden. Die SE konnte nicht vor Ablauf der Anfechtungsfrist eingetragen werden. Dazu *Clement/Fortdran/Müller/Wanske*, AG 1972, 343, 344. Krit. zur Beschränkung des Anfechtungsrechts im SE-VOV 1975 *Barz/Lutter*, in: Lutter: Europäische Aktiengesellschaft, S. 31 f.

[437] Für die Verschmelzung hat diese Abgrenzung keine praktische Bedeutung, weil hier in jedem Fall – über eine Verweisungsnorm oder unmittelbar – nationales Recht zur Anwendung gelangt. Sie ist allerdings für die Holdinggründung von Relevanz; siehe unten Teil 5 C.VI.4, S. 346.

[438] Zu den §§ 6 und 7 SEAG-RegE siehe unten C.VI.2.e), S. 246 ff.

Abs. 1). Die nationalen Gesetzgeber werden außerdem zum Erlass von Schutzvorschriften zugunsten der widersprechenden Minderheitsaktionäre ermächtigt (Art. 24 Abs. 2). Der Schutz dieser Personengruppen wird durch entsprechende Publizitätspflichten der Gründungsgesellschaften flankiert (Art. 21 Buchst. c und d).

1. Schutz von Gläubigern, Anleihegläubigern und Sonderrechtsinhabern (Art. 24 Abs. 1)

a) Sinn und Zweck

Für die Gläubiger, Anleihegläubiger und Sonderrechtsinhaber der sich verschmelzenden Gesellschaften sind mit der Verschmelzung mannigfaltige Risiken verbunden. Einem Teil von ihnen wird ein neuer Schuldner aufgezwungen, dessen Zahlungsfähigkeit unsicher ist. Andere behalten zwar ihren Schuldner, der sich in eine SE umgewandelt hat (Art. 29 Abs. 1 Buchst. d); dieser nimmt aber die Verbindlichkeiten der übertragenden Gesellschaft auf, ohne dass damit eine entsprechende Mehrung des Vermögens einhergehen muss. Außerdem besteht die Gefahr eines Rangrücktritts, wenn eingetragene Sicherheiten hinter bestehenden Belastungen eingetragen werden. Zu diesen gewöhnlichen Risiken einer Verschmelzung tritt im Falle der SE wegen der grenzüberschreitenden Dimension des Vorgangs stets noch das Problem der räumlichen Zuordnung des neuen Schuldners zu einer anderen Rechtsordnung. In der Folge erwarten die Gläubiger Probleme in der Rechtsverfolgung, weil sie ihre Forderung womöglich im Ausland einklagen[439] oder die aufnehmende Gesellschaft im Ausland liquidieren lassen müssen.

Die Verordnung trägt dieser Gefährdungslage Rechnung, in dem sie die Anwendung der Schutzvorschriften des nationalen Rechts anordnet (Art. 24 Abs. 1). Eigene sachrechtliche Regelungen zum Schutz der Gläubiger usw., wie sie noch die Verordnungsvorschläge von 1970 und 1975 enthalten haben,[440] sieht die Verordnung nicht vor. Der Verordnungsgeber hat sie offenbar für nicht erforderlich gehalten, weil die mitgliedstaatlichen Rechte diesbezüglich durch die Art.

---

[439] *Beitzke*, in: FS für Hallstein, 1966, S. 14, 30. In der Regel wird den Gläubigern der übertragenden Gesellschaften aber der ursprüngliche Gerichtsstand erhalten bleiben, wenn die Fusion nicht mit der Verlagerung des gesamten Betriebs ins Ausland verbunden ist, sondern an Stelle der übertragenden Gesellschaft zumindest eine Niederlassung der SE zurückbleibt (vgl. Art. 5 Nr. 5 EuGVVO; ABl. L 12 v. 16.1.2001, 1 ff.).

[440] Art. 27 SE-VOV 1970 sah einen a priori-Schutz vor. Danach konnten die Gläubiger den EuGH anrufen, der die Eintragung der SE von der Leistung hinreichender Sicherheiten abhängig machen konnte. Es bestand also die Möglichkeit der Aufschiebung der Verschmelzung bis zur Gewährung von Sicherheiten. Im geänderten Art. 27 SE-VOV 1975 entfiel diese aufschiebende Wirkung. Statt dessen konnte nur mehr von der bereits entstandenen SE Sicherheit verlangt werden (a posteriori-Schutz). Dazu *Barz/Lutter*, in: Lutter: Europäische Aktiengesellschaft, S. 32.

13 bis 15 Dritte RiL harmonisiert worden sind. Der Angleichungserfolg über die Art. 13 ff. Dritte RiL ist allerdings recht bescheiden ausgefallen, weil diese den nationalen Gesetzgebern einen weiten Umsetzungsspielraum lassen.[441]

b) Verweisungsobjekt

Art. 24 Abs. 1 verweist auf das „Recht des Mitgliedstaats, das jeweils für die sich verschmelzenden Gesellschaften gilt".

aa) Distributive Anknüpfung

Im Schrifttum wird unter Hinweis auf die Formulierung „unter Berücksichtigung des grenzüberschreitenden Charakters" die Auffassung vertreten, dass Art. 24 Abs. 1 die kumulative Anwendung der mitgliedstaatlichen Rechtsordnungen anordnet, bei der sich die strengere Vorschrift durchsetzt.[442] Dem kann nicht beigepflichtet werden. Der Wortlaut („jeweils") gibt vielmehr zu erkennen, dass nach der Verordnung verschiedene Rechtsordnungen distributiv Anwendung finden.[443] Der Gläubigerschutz richtet sich also für jede Gründungsgesellschaft gesondert nach ihrem Personalstatut. Der Schutz der Gläubiger der Gesellschaft A richtet sich also nach dem Personalstatut der A, während die Gläubiger der Gesellschaft B nach dem Personalstatut der B behandelt werden.[444] Dies ist interessengerecht, weil die Gläubiger nur die Vorteile genießen bzw. nur den Risiken ausgesetzt sein sollten, die ihnen aus dem Personalstatut ihres Schuldners erkennbar waren. Die Gläubiger werden damit durch die SE-Gründung nicht des Schutzes beraubt, den ihnen das Recht ihres bisherigen Schuldners bietet. Missbräuchliche Gestaltungen zu Lasten des Gläubigerschutzes werden ausgeschlossen.[445]

Die parallele Anwendung verschiedener nationaler Rechte bringt allerdings erhebliche Risiken für den Erfolg der Verschmelzung mit sich, weil der Gläubigerschutz in manchen Mitgliedstaaten präventiv ausgestaltet ist, sodass die Gläubiger die Verschmelzung sogar aufhalten können.[446] Es fragt sich insofern,

---

[441] *Schwarz*, Rn. 659 f.

[442] C.P. Schindler, S. 28.

[443] Zur distributiven Rechtsanwendung vgl. *Kropholler*, IPR, § 20 V, S. 140 f.

[444] Anders dagegen Art. 10 Abs. 3 Zehnte RiL-V 1985, der hinsichtlich der Rechte der Sonderrechtsinhaber zwischen dem Recht, dem die übertragende Gesellschaft unterliegt, und dem Recht, dem die übernehmende Gesellschaft unterliegt, unterschieden hat.

[445] *Ziegler*, S. 31 f.; *Lennerz*, S. 208 ff., 211 f.

[446] Nach italienischem (Art. 2503 c.c.), spanischem (Art. 243 Abs. 1 LSA) und portugiesischem Recht (Art. 107 Abs. 2 C.S.C.) steht den Gläubigern ein Widerspruchsrecht zu, das hemmende Wirkung hat (vgl. *Bruhn*, S. 302 ff.; *Dorr/Stukenborg*, DB 2003, 647, 650; *Steiger*, S. 130 ff. und 246 ff.). In Frankreich haben die Gläubiger ein Widerspruchsrecht, das die Fusion allerdings nicht suspendieren kann (Art. 261 Abs. 1 des Dekrets 67-236) (dazu *Ziegler*, S. 25 f. und 40 ff.). Zum komplizierten Gläubigerschutzverfahren im Vereinigten Königreich, das u.U. sogar die Einberufung einer Gläubigerversammlung und deren Zustimmung zur Fusion vorschreibt (Sec. 427 CA 1985), siehe *Gillessen*, S. 359 f.

ob man den Gläubigerschutz nicht besser hätte einheitlich regeln sollen, um die Interessen von Gläubigern und gründungswilligen Gesellschaften in einen angemessenen Ausgleich zu bringen.[447]

bb) Anwendbares Sachrecht

Weiter heißt es, dass das nationale Sachrecht „wie bei einer Verschmelzung von Aktiengesellschaften" Anwendung findet. Damit wird implizit auf die Durchführungsbestimmungen zu den Art. 13 ff. Dritte RiL verwiesen.[448] Anzumerken ist, dass Art. 24 keinen Unterschied zwischen der übertragenden und der aufnehmenden Gesellschaft macht. Die Verweisung erfasst also den Schutz aller Gläubiger, also auch der Gläubiger der aufnehmenden Gesellschaft.[449] Allerdings darf das mitgliedstaatliche Recht, wie sich aus Art. 13 Abs. 3 Dritte RiL ergibt, insofern differenzieren und unterschiedliche Schutzniveaus vorsehen.

cc) Materiellrechtliche Anpassung

Schließlich soll – und das stellt eine bemerkenswerte Besonderheit der Spezialverweisung des Art. 24 Abs. 1 dar – das mitgliedstaatliche Recht „unter Berücksichtigung des grenzüberschreitenden Charakters der Verschmelzung" Anwendung finden. Es fragt sich, ob diesem Hinweis ein tieferer Sinn zukommt oder ob hier nur eine Selbstverständlichkeit zum Ausdruck gebracht wird. Tatsächlich wird man der Bezugnahme auf die grenzüberschreitende Dimension des Vorgangs praktische Relevanz einräumen müssen. Schon hinsichtlich der Vorgängervorschrift des Art. 23 SE-VOV 1991 war bemängelt worden, dass diese keine Regelung zur Koordinierung der unterschiedlichen Schutzsysteme in den Mitgliedstaaten für die Zeit nach Wirksamkeit der Verschmelzung enthält.[450] Dies ist problematisch, wenn die Gläubigerschutzvorschriften eines Mitgliedstaats einen a posteriori-Schutz vorsehen, der sich gegen die bereits entstandene SE richtet, die ihren Sitz in einem anderen Mitgliedstaat hat. Verschmelzen sich beispielsweise eine deutsche AG und eine französische SA zu einer SE mit Sitz in Frankreich, steht den Gläubigern der deutschen AG ein Anspruch auf Sicherheitsleistung gegen eine SE zu, die französischem Recht unterliegt (§ 22 UmwG). Anspruchsgegner ist also eine Gesellschaft mit Sitz im Ausland.

Wenn Art. 24 Abs. 1 in diesem konkreten Fall die Anwendung von § 22 UmwG „unter Berücksichtigung des grenzüberschreitenden Charakters der Verschmelzung" anordnet, so ist damit keine Angleichung im internationalprivatrechtlichen Sinn gemeint.[451] Denn eine solche käme nur in Betracht, wenn das IPR zur

---

[447] Siehe SE-VOV 1975, Begründung zu Art. 27, S. 200.

[448] So *Wenz*, S. 56 Fn. 63.

[449] Die Art. 18 bis 20 Int.VerschmelzÜE 1972 regelten dagegen nur der Schutz der Gläubiger der übertragenden Gesellschaft; siehe aber Art. 21 Buchst. b Int.VerschmelzÜE 1972.

[450] *Trojan-Limmer*, RIW 1991, 1010, 1014; *Bühler*, S. 202; *Schwarz/Lösler*, NotBZ 2001, 117, 120.

[451] Zum Begriff der Angleichung *Kropholler*, IPR, § 34, S. 228 ff.

Anwendung widersprüchlicher Rechtssätze verschiedener Rechtsordnungen führt, die aufeinander abgestimmt werden müssten. Wegen der distributiven Rechtsanwendung gemäß Art. 24 Abs. 1 ist dies gerade nicht der Fall. Die Vorschrift stellt klar, dass auf eine deutschem Recht unterliegende Gründungsgesellschaft deutsches Gläubigerschutzrecht Anwendung findet, auch wenn die SE als Anspruchsgegner in einem anderen Staat ansässig ist. Es kommt nicht zu einer kumulativen Anwendung der Gesellschaftsstatute und damit nicht zu einer Normenhäufung.[452] Eine internationalprivatrechtliche Kollision ist also nicht gegeben. Durch die Berücksichtigung des grenzüberschreitenden Charakters der Verschmelzung soll vielmehr sichergestellt werden, dass das Gesellschaftsstatut der SE, falls dieses entsprechende Regelungen nicht kennt, dem Gläubigerschutzrecht der jeweiligen Gründungsgesellschaft materiellrechtlich angepasst wird.[453]

> *Beispiel*: Eine deutsche AG und eine spanische S.A. verschmelzen zu einer SE mit Sitz in Spanien. Den Gläubigern der (erloschenen) deutschen AG steht gegen die SE mit Sitz in Spanien ein Anspruch auf Leistung von Sicherheit gemäß Art. 24 Abs. 1 Buchst. a i.V.m. § 22 UmwG zu. Das spanische Recht bietet den Gläubigern – anders als das deutsche – einen präventiven Schutz in Form eines Widerspruchsrechts (Art. 243 Abs. 1 LSA), der innerhalb eines Monats nach Veröffentlichung des Verschmelzungsbeschlusses erklärt werden muss. Die Anwendung des § 22 UmwG auf die spanische SE bedeutet insofern einen Eingriff in deren Gesellschaftsstatut. Dennoch ordnet Art. 24 Abs. 1 Buchst. a die Anwendung des § 22 UmwG auf eine SE mit Sitz im Ausland an. Rechtstechnisch geschieht dies – wie der Formulierung „unter Berücksichtigung des grenzüberschreitenden Charakters der Verschmelzung“ entnommen werden kann – durch Anpassung des spanischen Rechts an die deutsche Rechtsordnung.
>
> *Beispiel*: Eine deutsche AG und eine französische SA verschmelzen zu einer SE mit Sitz in Deutschland. Gläubiger der französischen SA haben fristgemäß nach Offenlegung des Verschmelzungsplans im Handelsregister ihren Widerspruch erklärt (Art. 24 Abs. 1 Buchst. a i.V.m. Art. L 236-14 Abs. 2 C.Com i.V.m. Art. 261 des Dekrets 67-236), woraufhin das zuständige Gericht in Frankreich die sofortige Rückzahlung der Schulden angeordnet hat. Kommt die SA ihrer Verpflichtung nicht nach, steht den Gläubigern ein Recht auf vorzugsweise Befriedigung aus dem Gesellschaftsvermögen des bisherigen Schuldners zu. Daher bleiben die Vermögensmassen der sich verschmelzenden Gesellschaften insofern auch nach der Verschmelzung getrennt.

---

452 Vgl. *Lennerz*, S. 212 f.

453 Zu den Problemen einer Anwendung des § 22 UmwG auf grenzüberschreitende Sachverhalte siehe *Ziegler*, S. 35 ff. Ebenso *Bühler*, S. 53 f.; *Lennerz*, S. 219 ff.

> Eine solche Trennung ist dem deutschen Recht allerdings unbekannt. Es kommt damit zu einer Anpassung des deutschen Rechts.[454]

Die Berücksichtigung des grenzüberschreitenden Charakters der Verschmelzung, die Art. 24 Abs. 1 verlangt, wirkt sich also dahin aus, dass es zu einer materiellrechtlichen Anpassung des mitgliedstaatlichen Sachrechts kommt.

c) Gläubigerschutz

aa) Nachgeschalteter Anspruch auf Sicherheitsleistung (Art. 24 Abs. 1 Buchst. a i.V.m. § 22 UmwG)

Art. 24 Abs. 1 Buchst. a verweist auf die Durchführungsbestimmungen zu Art. 13 Dritte RiL. Das deutsche Recht gewährt den Gläubigern nur einen a posteriori-Schutz, der den Übergang der Verbindlichkeit auf die SE im Wege der Gesamtrechtsnachfolge (Art. 29 Abs. 1 Buchst. a und Abs. 2 Buchst. a) nicht verhindern kann. Den Gläubigern steht das Recht zu, von der übernehmenden Gesellschaft Sicherheitsleistung zu verlangen, wenn sie ihren Anspruch binnen sechs Monaten nach Bekanntmachung der Eintragung der SE (vgl. Art. 15 Abs. 2) anmelden und soweit sie nicht schon Befriedigung verlangen können (§ 22 Abs. 1 UmwG). Der Anspruch auf Sicherheitsleistung setzt allerdings voraus, dass die Gläubiger glaubhaft machen, dass die Erfüllung ihrer Forderung durch die Verschmelzung gefährdet wird (§ 22 Abs. 1 S. 2 UmwG).

bb) Vorgeschalteter Anspruch auf Sicherheitsleistung (§ 8 SEAG-RegE)

Etwas überraschend findet sich im SEAG-RegE eine Regelung zum Gläubigerschutz bei der Verschmelzung. Überraschend deshalb, weil Art. 24 Abs. 1 als einfache Verweisung auf das bestehende nationale Recht und nicht als Verpflichtungs- oder Ermächtigungsnorm ausgestaltet ist. Nach Ansicht von *Neye* und *Ch. Teichmann* ergibt sich jedoch aus dem Hinweis auf den grenzüberschreitenden Charakter der Verschmelzung in „verklausulierter Form“, dass letztlich die Mitgliedstaaten entscheiden dürfen, wie sie den grenzüberschreitenden Charakter regelungstechnisch bewältigen.[455]

§ 8 S. 1 SEAG-RegE bestimmt, dass die Gläubigerschutzvorschriften bei der Sitzverlegung (§ 13 Abs. 1 und Abs. 2 SEAG-RegE) auch bei der Verschmelzung Anwendung finden, wenn der künftige Sitz der SE im Ausland liegt. Der Gläubigerschutz nach § 13 SEAG-RegE ist in Anlehnung an den § 22 UmwG geregelt. Danach haben die Gläubiger einen Anspruch auf die Leistung von Sicherheiten, dies jedoch nur, wenn sie glaubhaft machen, dass durch die Verschmelzung die Erfüllung ihrer Forderungen gefährdet wird (§ 13 Abs. 1 S. 2 SEAG-RegE).[456]

---

[454] *Reik*, S. 283 f.

[455] *Neye/Ch. Teichmann*, AG 2003, 169, 175.

[456] Unklar ist schon, wann ein solche Gefährdung anzunehmen ist (so auch *Waclawik*, DB

Im Gegensatz zu § 22 UmwG, der einen a posteriori-Schutz vorsieht, ist die Sicherheitsleistung nach § 13 SEAG-RegE bereits vor Vollzug der Sitzverlegung zu erbringen.[457] Durch die Anwendung der Vorschrift auf die SE-Verschmelzung soll gewährleistet werden, dass präventiv Sicherheiten geleistet werden, also noch bevor die Verschmelzung wirksam wird. Dadurch soll den Besonderheiten des grenzüberschreitenden Sachverhalts Rechnung getragen werden. Ein nachgeordneter Schutz werde den Interessen der Gläubiger nicht gerecht, wenn die SE ihren Sitz im Ausland hat, heißt es in der Begründung zum Regierungsentwurf.[458] Die Interessenlage entspräche der bei der Sitzverlegung, sodass eine Anwendung der dort vorgesehenen Gläubigerrechte interessengerecht sei. Der Regelungsauftrag, der aus Art. 24 Abs. 1 nicht unmittelbar ersichtlich wird, wird der Formulierung „unter Berücksichtigung des grenzüberschreitenden Charakters der Verschmelzung" entnommen.[459]

§ 8 SEAG-RegE findet entgegen der Ansicht der Verfasser des Entwurfs keine tragfähige Rechtsgrundlage in der SE-VO. Art. 24 Abs. 1 enthält keine Regelungsermächtigung der nationalen Gesetzgeber, sondern verweist auf das geltende nationale Recht zum Gläubigerschutz.[460] Auch dem Hinweis auf den grenzüberschreitenden Charakter der Verschmelzung kann keine versteckte Ermächtigung entnommen werden. Der Hinweis gilt – wie oben dargestellt – allein der Anwendung materiellrechtlicher Normen des nationalen Rechts auf einen grenzüberschreitenden Sachverhalt und ordnet die Anpassung des materiellen Rechts der anderen Rechtsordnung an. Zuzugeben ist, dass ein präventiver Anspruch auf Sicherheitsleistung mehr Schutz bietet als nachgelagerte Ansprüche. Dies dürfte aber auch auf rein innerstaatliche Verschmelzungen zutreffen. Den nationalen Gesetzgebern ist es auf Grundlage des Art. 24 Abs. 1 nicht gestattet, einen speziellen Gläubigerschutz für die SE-Verschmelzung vorzusehen, der vom Standard bei innerstaatlichen Verschmelzungen abweicht. Art. 24 Abs. 1 verlangt lediglich, dass bei der Anwendung und Auslegung der geltenden Gläubigerschutzvorschriften des nationalen Rechts die Besonderheiten des grenzüberschreitenden Charakters Beachtung finden. Demnach ist bei der systematischen und teleologischen Auslegung des § 22 UmwG dem Umstand der Trans-

---

2004, 1191, 1193). Nach *Neye/Teichmann*, AG 2003, 169, 175 ist dies der Fall, wenn „bedeutende Vermögensverlagerungen ins Ausland" erfolgen.

457 Daher kann das Registergericht nur dann eine Rechtmäßigkeitsbescheinigung i.S. des Art. 25 Abs. 2 erteilen, wenn allen Gläubigern, die nach Satz 1 einen Anspruch auf Sicherheitsleistung haben, eine angemessene Sicherheitsleistung geleistet wurde (§ 8 S. 2 SEAG-RegE).

458 SEAG-RegE, Begründung zu § 8, S. 84. Ebenso *Neye/Ch. Teichmann*, AG 2003, 169, 175.

459 SEAG-RegE, Begründung zu § 8, S. 84.

460 Ebenso *Ihrig/Wagner*, BB 2003, 969, 973 und der *Handelsrechtsausschuss des DAV*, NZG 2004, 75, 78, der vorgeschlagen hat, den identischen § 8 S. 1 SEAG-DiskE ersatzlos zu streichen.

nationalität des Vorgangs Rechnung zu tragen. Art. 24 Abs. 1 enthält insoweit eine gesetzliche Verankerung des Prinzips der verordnungskonformen Auslegung.[461] Die Vorschrift gibt dem nationalen Gesetzgeber jedoch nicht die Kompetenz, Sonderrecht für den Gläubigerschutz bei einer SE-Verschmelzung zu schaffen. Adressat der Vorschrift ist der EU-Bürger, nicht die mitgliedstaatliche Legislative. Sofern der deutsche Gesetzgeber den nachgelagerten Schutz des § 22 UmwG für die SE-Verschmelzung als unzureichend erachtet, kommt also nur eine Neufassung dieser Vorschrift in Betracht.

d) Schutz der Anleihegläubiger

Für Anleihegläubiger gilt Art. 13 Dritte RiL entsprechend (Art. 14 Dritte RiL). Für Anleihegläubiger einer Gründungsgesellschaft deutschen Rechts besteht demnach ein Anspruch auf Sicherheitsleistung gemäß Art. 24 Abs. 1 Buchst. b i.V.m. § 22 UmwG.

e) Schutz der Sonderrechtsinhaber: Gewährung gleichwertiger Rechte im übernehmenden Rechtsträger

Die Sonderrechtsinhaber einer Gründungsgesellschaft deutschen Rechts können von der übernehmenden Gesellschaft die Gewährung gleichwertiger Rechte verlangen (Art. 23 Abs. 1 Buchst. c i.V.m. § 23 UmwG).[462] § 23 UmwG sieht einen a posteriori-Schutz vor, der die Verschmelzung als solche nicht aufhalten kann.[463] Auch hier wird oftmals eine materiellrechtliche Anpassung erforderlich sein, weil der Anspruchsgegner, sprich die entstandene SE, regelmäßig in einem anderen Mitgliedstaat mit anderen Schutzvorschriften für Sonderrechtsinhaber ansässig sein wird.[464]

Der Wortlaut des Art. 23 Abs. 1 Buchst. c stellt ausdrücklich klar, dass Aktien keine sonderrechtsgewährenden Wertpapiere i.S. des darstellen und damit vom

---

[461] Siehe oben Teil 2 D.II, S. 65.

[462] In § 23 UmwG findet sich eine beispielhafte („insbesondere") Aufzählung von Sonderrechtsinhabern, zu denen die Inhaber von Anteilen ohne Stimmrecht, von Wandelschuldverschreibungen, von Gewinnschuldverschreibungen und von Genussrechten zählen. Allgemein werden alle Rechte in einem übertragenden Rechtsträger erfasst, die kein Stimmrecht gewähren mit Ausnahme rein schuldrechtlicher Gläubigerrechte; vgl. *Marsch-Barner*, in: Kallmeyer, UmwG, § 23 Rn. 2 und 3.

[463] Anders z.B. in Frankreich, wo der Schutz der Sonderrechtsinhaber präventiv ausgestaltet ist. Dort müssen die Inhaber von Sonderrechten in der übertragenden Gesellschaft der Verschmelzung grundsätzlich zustimmen (Art. L 236-9 Abs. 2 und Abs. 3 C.Com sowie Art. L 236-13 Abs. 1 C.Com) (dazu *Reik*, S. 284 ff.). Den Sonderrechtsinhaber in der aufnehmenden Gesellschaften steht u.U. ein Widerspruchsrecht zu (Art. L 236-15 C.Com) (dazu *Reik*, S. 280).

[464] *Ziegler*, S. 44 ff.

Tatbestand der Verweisung ausgeschlossen sind. Die Vorschrift gilt also insbesondere nicht für stimmrechtslose Vorzugsaktien (§§ 139 ff. AktG).[465]

2. Schutz von Minderheitsaktionären

Die Mitgliedstaaten sind dazu ermächtigt, spezielle Vorschriften zum Schutz der Minderheitsaktionäre zu erlassen, die sich gegen die Verschmelzung ausgesprochen haben (Art. 24 Abs. 2).

a) Minderheitenschutz in der SE-VO

Grundlage des Gesellschafterschutzes bei der Verschmelzung ist das Zustimmungserfordernis der Hauptversammlung (Art. 23). Die Hauptversammlungskompetenz stellt jedoch kein spezifisches Minderheitenrecht dar, weil das Stimmpotenzial einer Minderheit in aller Regel nichts bewirken kann.[466] Den Interessen der Minderheitsaktionäre wird vielmehr durch umfassende Informationsrechte im Vorfeld der Hauptversammlung Rechnung getragen.[467] Der europäische Gesetzgeber geht aber offenbar davon aus, dass dem Schutzbedürfnis von Minderheitsaktionären mit bloßen Informationsrechten nicht in jedem Fall gedient ist. Er räumt den nationalen Gesetzgebern daher die Möglichkeit ein, zusätzliche Instrumente des Minderheitenschutzes vorzusehen, ohne konkrete Vorgaben zu machen, wie diese auszugestalten sind. Der Verzicht auf einheitliche europäische Mindeststandards ist bedauerlich, da in der Folge mit einem Regelungsgefälle und höchst unterschiedlichen Schutzniveaus in den Mitgliedstaaten zu rechnen ist. Diese Befürchtung ist nicht unbegründet, wie die gegenwärtige Rechtslage in den Mitgliedstaaten zeigt: Dort fällt der Minderheitenschutz mangels Angleichung durch die Dritte RiL höchst unterschiedlich aus.[468] Unerwünschter Effekt könnte das Entstehen einer race to the bottom-Situation sein, bei dem sich die nationalen Gesetzgeber in der Frage des Minderheitenschutzes gegenseitig unterbieten.[469] Hinzu kommt, dass abweichende Systeme des Minderheitenschutzes bei rein innerstaatlichen Verschmelzungen noch hingenommen werden können. Bei grenzüberschreitenden Unternehmenszusammenführungen müssen die nationalen Schutzvorkehrungen aber in Einklang gebracht werden, damit Ungleichbehandlungen der jeweiligen Gesellschaftergrup-

[465] Im deutschen Umwandlungsrecht ist dagegen unklar, ob stimmrechtslose Vorzugsaktien als Sonderrechte i.S. des § 23 UmwG anzusehen sind; dazu *Marsch-Barner*, in: Kallmeyer, UmwG, § 23 Rn. 4. Im Hinblick auf den Wortlaut des Art. 15 Dritte RiL ist dies zu verneinen.

[466] *Hommelhoff*, ZGR 1993, 452, 453.

[467] Vgl. oben C.V.1.d)bb), S. 209.

[468] Art. 28 Dritte RiL spricht den Minderheitenschutz nur indirekt im Rahmen der Konzernverschmelzung an. Zum Aktionärsschutz in anderen Mitgliedstaaten siehe z.B. *Reik*, S. 282 f. und *Tauchert-Nosko*, S. 131 und *H. Schindler*, S. 317 ff. (Frankreich); *Steiger*, S. 114 ff. (Spanien) und S. 236 ff. (Portugal); *Bruhn*, S. 298 ff. (Italien).

[469] *Brandt*, DStR 2003, 1208, 1214.

pen vermieden werden. Es bleibt zu hoffen, dass die nationalen Gesetzgeber den Minderheitenschutz auf Grundlage des Art. 24 Abs. 2 möglichst gleichwertig ausgestalten, damit kein zu großes Regelungsgefälle entsteht.[470]

b) Tatbestandsvoraussetzungen des Art. 24 Abs. 2

Der nationale Gesetzgeber ist beim Erlass von Schutzvorschriften zugunsten der Minderheitsaktionäre an die tatbestandlichen Vorgaben des Art. 24 Abs. 2 gebunden.

aa) Minderheitsaktionäre

Zunächst ist zu klären, wer Minderheitsaktionär i.S. von Art. 24 Abs. 2 ist. Formal betrachtet könnte man auf das gemäß Art. 18 i.V.m. § 65 Abs. 1 S. 1 UmwG erforderliche Beschlussquorum abstellen (= drei Viertel des bei der Beschlussfassung vertretenen Grundkapitals), sodass die Minderheit maximal die Größe von einem Viertel erreichen könnte. Dies würde allerdings voraussetzen, dass sich der von Art. 24 Abs. 2 vorausgesetzte Widerspruch zur SE-Gründung in einer Ablehnung des Verschmelzungsplans bei der Beschlussfassung nach Art. 23 Abs. 1 äußert. Da dies nach der hier vertretenen Auffassung nicht der Fall ist (dazu unten bb), erfasst der Begriff Minderheitsaktionär alle Aktionäre, die sich i.S. des Art. 24 Abs. 2 „gegen die Verschmelzung ausgesprochen haben", auch wenn sie dem Verschmelzungsplan zugestimmt haben. Dementsprechend ist es denkbar, dass die „Minderheitsaktionäre" i.S. des Art. 24 Abs. 2 die Mehrheit des Grundkapitals halten. Damit können die nationalen Gesetzgeber auch der zustimmenden Mehrheit „Minderheiten"-Rechte einräumen.[471]

bb) Widerspruch der Aktionäre

Schutzvorschriften können nur für solche Aktionäre erlassen werden, die sich gegen die Verschmelzung ausgesprochen haben. Entsprechend dem allgemeinen Rechtsgrundsatz „volenti non fit iniuria" könnte man daher der Auffassung sein, dass die nationalen Gesetzgeber auf Grundlage des Art. 24 Abs. 2 nur für solche Minderheitsaktionäre Schutzvorschriften erlassen können, die auf der Hauptversammlung den Verschmelzungsplan ausdrücklich abgelehnt haben.[472]

Das Widerspruchserfordernis hat allerdings eine zweischneidige Wirkung. Es kann dazu führen, dass Anteilsinhaber, welche die Verschmelzung an sich befürworten, nur deshalb gegen sie stimmen, um sich ihre Minderheitenrechte zu sichern.[473] Hierdurch würden die Chancen der Realisierbarkeit des Verschmel-

[470] Zur kollisionsrechtlich problematischen Situation bei Fehlen einer Ermächtigung i.S. des Art. 24 Abs. 2 vgl. *Ch. Teichmann*, ZGR 2003, 367, 376. Dann käme es über Art. 18 zur Anwendung verschiedener nationaler Minderheitenrechte.

[471] Siehe auch die Parallelvorschrift des Art. 28 Abs. 2 SCE-VO, die nicht von der „Minderheit", sondern allgemein von den „Mitgliedern" spricht.

[472] So auch *Ihrig/Wagner*, BB 2003, 969, 972.

[473] Das deutsche Umwandlungsrecht macht den Nachbesserungsanspruch nach § 15 UmwG

zungsvorhabens erheblich sinken. Dies entspricht nicht dem Sinn und Zweck der Ermächtigung des Art. 24 Abs. 2. Man würde den Minderheitsaktionären einen Schutz aufzwingen, den sie gar nicht wollen. Die Vorschrift ist daher so zu verstehen, dass sie auch das fehlende Einverständnis mit einzelnen Punkten des Verschmelzungsplans (z.B. Umtauschverhältnis) umschließt. Dieser „Widerspruch" muss sich nicht notwendigerweise in einer Ablehnung des gesamten Verschmelzungsplans äußern. Eine solche Auslegung lässt sich durchaus mit dem Wortlaut des Art. 24 Abs. 2 vereinbaren. Die Norm verlangt nicht, dass die Aktionäre gegen den Verschmelzungsplan „gestimmt" haben. Die Gesellschafter müssen sich lediglich „gegen die Verschmelzung aussprechen". Terminologisch ist dies nicht gleich bedeutend.[474] Auch setzt Art. 24 Abs. 2 selbst voraus, dass die nationalen Ausführungsgesetzen einen „angemessenen Schutz" gewähren. An der Verhältnismäßigkeit fehlt es indes, wenn die von den nationalen Gesetzgebern zur Verfügung gestellten Minderheitenrechte zu einer faktischen Blockade des Verschmelzungsvorhabens führen.[475] Überdies lässt sich aus Art. 25 Abs. 3 ersehen, dass die Verordnung implizit ein Verfahren zur Kontrolle des Umtauschverhältnisses anerkennt, was bedeutet, dass auch für grundsätzlich zustimmende Gesellschafter Schutzinstrumentarien zur Verfügung gestellt werden können. Denn hierbei handelt es sich um Schutzinstrumente, die sich nicht gegen die Maßnahme als solche, sondern nur gegen einzelne Bedingungen (z.B. die Höhe der Gegenleistung) richten.[476]

Es ist daher m.E. anzunehmen, dass der Widerspruch gegen die Verschmelzung i.S. des Art. 24 Abs. 2 nicht gleichbedeutend ist mit der Ablehnung des Verschmelzungsplans im Rahmen der Beschlussfassung nach Art. 23 Abs. 1. Der betroffene Minderheitsaktionär begibt sich nicht zwingend seiner besonderen Schutzrechte, wenn er dem Verschmelzungsplan zustimmt. Die nationalen Gesetzgeber müssen die Gewährung von Minderheitenrechte also nicht an die Voraussetzung der Ablehnung des Verschmelzungsplans knüpfen.[477]

Aufgrund des Wortlauts von Art. 24 Abs. 2 und aus teleologischen Gründen ist jedoch zu verlangen, dass die Aktionäre in einer bestimmten qualifizierten Form ihr fehlendes Einverständnis mit der Tauschquote zum Ausdruck bringen. Der Aktionär muss – damit er seine Minderheitenrechte behält – in einer näher zu regelnden Art und Weise aktiv werden (z.B. Widerspruch zur Niederschrift des

---

deshalb nicht vom Widerspruch des betroffenen Anteilsinhabers abhängig. Anderenfalls wäre zu befürchten, dass die Verschmelzung nur deshalb scheitert, weil die Aktionäre nicht ihren Zuzahlungsanspruch verlieren wollen; vgl. RegE BR-Drs. 75/94, S. 88. Siehe auch *Hoffmann-Becking*, ZGR 1990, 482, 484.

474 Zutreffend *Ch. Teichmann*, ZGR 2003, 367, 384.

475 Siehe unten C.VI.2.b)cc), S. 232.

476 Zu Recht *Ch. Teichmann*, ZGR 2003, 367, 384 f.; *Kalss*, ZGR 2003, 593, 603. Zweifelnd dagegen der *Handelsrechtsausschuss des DAV*, NZG 2004, 75, 76 f.

477 Ebenso *Kalss*, ZGR 2003, 593, 603.

Notars). Sonst könnten die Gründungsgesellschaften nicht das Ausmaß der Geltendnachung von Minderheitenrechten und damit den möglichen Liquiditätsabfluss abschätzen.

cc) Gesellschaften der eigenen Rechtsordnung

Der nationale Gesetzgeber kann Schutzvorschriften nur „in Bezug auf die sich verschmelzenden Gesellschaften, die seinem Recht unterliegen" erlassen. Dies legt den Schluss nahe, dass der deutsche Gesetzgeber nur den Aktionären deutscher Gesellschaften Minderheitenrechte zur Verfügung stellen kann. Im Schrifttum wird indes die Auffassung vertreten, dass der Art. 24 Abs. 2 auch nationale Regelungen zulässt, die den Aktionären der ausländischen Gesellschaft Minderheitenrechte einräumen, solange sich diese gegen die inländische Gesellschaft richten.[478] Dem kann nicht beigepflichtet werden. Art. 24 Abs. 2 beschränkt die Regelungskompetenz der Mitgliedstaaten auf die Gesellschaften, die ihrem Gesellschaftsstatut unterliegen. Das Gesellschaftsstatut umfasst selbstverständlich auch die Rechtsbeziehungen der Gesellschafter zur Gesellschaft. Dazu zählen auch die Minderheitenrechte bei einer Verschmelzung.[479] Eine deutsche Ausführungsregelung kann daher den Aktionären einer fremden Gesellschaft keine Rechte gewähren, weil deren Rechtsverhältnisse nicht der Regelungskompetenz des deutschen Gesetzgebers unterliegen.[480]

Aus demselben Grund ist es dem nationalen Gesetzgeber verwehrt, Schutzrechte zu gewähren, die sich gegen die ausländische Gründungsgesellschaft richten und diese verpflichten. Anspruchsgegner der Minderheitenrechte muss stets die inländische Gründungsgesellschaft sein. Mit Eintragung der SE gehen die Verpflichtungen jedoch auf die SE über, auch wenn diese ihren Sitz im Ausland hat (Art. 29 Abs. 1 Buchst. a bzw. Abs. 2 Buchst. a).[481]

Aus der Formulierung „sich verschmelzende Gesellschaften" geht ferner hervor, dass ein auf Art. 24 Abs. 2 beruhender Minderheitenschutz nicht auf die Aktionäre der übertragenden Gesellschaft beschränkt sein muss, sondern auch die Gesellschafter der übernehmenden Gesellschaft erfassen kann.[482]

dd) Angemessener Schutz

Die nationalen Gesetzgeber sind angehalten, einen „angemessenen Schutz" der Minderheitsaktionäre zu gewährleisten. Der Begriff „Schutz" lässt sich sachlich kaum einschränken und dürfte alle Maßnahmen einschließen, die den Interessen

---

478 *Ch. Teichmann*, ZGR 2002, 383, 429.

479 *Großfeld*, AG 1996, 302, 303.

480 Im Erg. ebenso *Ihrig/Wagner*, BB 2003, 969, 971. Siehe auch unten C.VI.2.d)dd)(4), S. 244.

481 Vgl. die Probleme bei der Anwendbarkeit des § 29 UmwG auf internationale Sachverhalte; dazu *Lennerz*, S. 181 ff.

482 Siehe unten C.VI.2.d)aa)(2), S. 235 und C.VI.2.d)bb)(2), S. 239.

der Aktionäre dienen. Danach ist prinzipiell die ganze Bandbreite möglicher Schutzregelungen zulässig. Zu denken ist an spezielle Informationsrechte, die Mitwirkung bei der Entscheidungsfindung (z.B. besondere Zustimmungs- und Mehrheitserfordernisse), das Recht auf finanziellen Ausgleich (Vermögensschutz) und schließlich Rechtsbehelfe gegen unrechtmäßiges Vorgehen bei der Entscheidungsfindung.[483] Die SE-VO macht insoweit kein Vorgaben. In Art. 25 Abs. 3 wird ein Verfahren zur Kontrolle und Änderung des Umtauschverhältnisses der Aktien oder zur Abfindung der Minderheitsaktionäre lediglich als mögliche Form des Minderheitenschutzes angesprochen.

Bei den von den Mitgliedstaaten vorgesehenen Maßnahmen zum Schutz der Minderheitsaktionäre ist darauf zu achten, dass diese „angemessen" sind. Sie müssen also einer Verhältnismäßigkeitsprüfung stand halten. Sie dürfen keinesfalls über das für einen wirksamen Minderheitenschutz erforderliche Maß hinausgehen. Die Interessen der Minderheitsaktionäre müssen dabei mit den unternehmerischen Interessen und den Interessen der Gesellschaftermehrheit in einen gerechten Ausgleich gebracht werden. Die Angemessenheitsklausel des Art. 24 Abs. 2 steht insbesondere einer mitgliedstaatlichen Regelung entgegen, die für die Beschlussfassung der Aktionäre Einstimmigkeit voraussetzt.[484] Art. 24 Abs. 2 räumt den nationalen Gesetzgebern zwar die Möglichkeit ein, Sonderrecht für die SE-Verschmelzung zu schaffen.[485] Abweichungen von den Anforderungen bei rein innerstaatlichen Fusionen verstoßen daher nicht per se gegen die Niederlassungsfreiheit (Art. 43, 48 EG).[486] Eine Abweichung von den Mehrheitserfordernissen bei rein innerstaatlichen Fusion ist aber nur dann gerechtfertigt, wenn sie „angemessen" ist. Der Minderheitenschutz darf nur als steuerndes Korrelat des im Verbandsrecht grundsätzlich geltenden Mehrheitsprinzips ausgestaltet werden, dieses aber nicht ausschließen.[487] Ein Einstimmigkeitserfordernis würde die Aktionsfähigkeit der Gesellschaft unerträglich einschränken. Publikumsgesellschaften wären faktisch verschmelzungsunfähig, weil sich kaum jemals eine 100%ige Zustimmung erreichen ließe.[488] Die Verankerung eines Einstimmigkeitserfordernisses wäre mithin unangemessen i.S. des Art. 24 Abs. 2 und damit europarechtswidrig.

---

483 Vgl. *Kalss*, ZGR 2003, 593, 597.

484 Im Hinblick auf internationale Verschmelzungsvorgänge ist immer wieder die Einstimmigkeit des Verschmelzungsbeschlusses gefordert worden; vgl. *Beitzke*, in: FS für Hallstein, 1966, S. 14, 25; *Koppensteiner*, S. 259.

485 Anders Art. 7 S. 2 Zehnte RiL-V 1985, der größere Mehrheiten für internationale Verschmelzungen ausdrücklich untersagt. Ebenso Art. 17 Abs. 2 Int.VerschmelzÜE 1972.

486 Es ist ohnehin str., ob ein Einstimmigkeitserfordernis bei grenzüberschreitenden Verschmelzungen gegen die Niederlassungsfreiheit verstößt. Bejahend *Beitzke*, in: FS für Hallstein, 1966, S. 14, S. 25 f.; *Ziegler*, S. 72 ff. A.A. *Lennerz*, S. 174 f.

487 *Kalss*, ZGR 2003, 593, 596 f.

488 *Tauchert-Nosko*, S. 285 f.; *Steiger*, S. 112 ff.; *Lennerz*, S. 177.

c) Regelungsbedarf des deutschen Gesetzgebers

Im deutschen Umwandlungsrecht wird den Minderheitsaktionären Schutz durch finanzielle Kompensationsmöglichkeiten gewährt (Vermögensschutz). Dieser Schutz beschränkt sich auf die Anteilsinhaber der übertragenden Gesellschaften. Für die Anteilsinhaber in den übernehmenden Gesellschaften sind keine besonderen Schutzrechte vorgesehen. Hinsichtlich der Schutzrechte der Anteilsinhaber der übertragenden Gesellschaften ist zu unterscheiden:

- Die Anteilsinhaber, die in der Gesellschaft verbleiben wollen, haben einen Anspruch auf Verbesserung des Umtauschverhältnisses durch bare Zuzahlungen, wenn das Umtauschverhältnis zu niedrig bemessen ist (§ 15 UmwG).
- Den Anteilsinhabern, die aus der Gesellschaft ausscheiden wollen, steht ein Austritts- und Abfindungsrecht zu (§ 29 UmwG). Dieses besteht nur bei Mischverschmelzungen und beschränkt sich auf die Anteilsinhaber, die der Verschmelzung widersprochen haben.

Die Besonderheit dieses Minderheitenschutzes liegt darin, dass er mit einem weitgehenden Ausschluss der Anfechtungsmöglichkeiten der Anteilsinhaber verbunden ist. Diese können den Verschmelzungsbeschluss nicht mit der Begründung angreifen, dass das Umtauschverhältnis (§ 14 Abs. 2 UmwG) oder das Angebot über die Barabfindung zu niedrig bemessen sei (§ 32 UmwG). Eine solche Bewertungsrüge kann allein im Spruchverfahren nach § 15 Abs. 1 S. 2 bzw. § 34 S. 1 UmwG i.V.m. SpruchG geltend gemacht werden.

Der deutsche Gesetzgeber sollte von der Ermächtigung des Art. 24 Abs. 2 Gebrauch machen. Regelungsbedarf ist schon deshalb gegeben, weil der Schutz der widersprechenden Minderheitsaktionäre ansonsten hinter dem Niveau bei innerstaatlichen Verschmelzungen zurückbliebe.[489] Eine Anwendung der nationalen Vorschriften über den Minderheitenschutz ergibt sich im Falle des Untätigbleibens des nationalen Gesetzgebers auch nicht aus dem Rechtsanwendungsbefehl des Art. 18,[490] weil Art. 24 Abs. 2 als lex specialis Vorrang beansprucht.

d) Vorschläge für eine Regelung im deutschen Ausführungsgesetz

Aus Sicht des deutschen Gesetzgebers liegt es natürlich nahe, die im UmwG vorgesehenen Minderheitenrechte auf die SE-Verschmelzung zu übertragen, um einen Gleichlauf von innerstaatlichen Verschmelzungen und SE-Verschmelzungen herzustellen. Ob allerdings tatsächlich ein Bedürfnis besteht, bei einer SE-Verschmelzung einen Nachbesserungsanspruch (dazu aa) und/oder einen Austritts- und Abfindungsanspruch (dazu bb) zu gewähren, und – falls ja – wie diese im Einzelnen ausgestaltet sein könnten, ist Gegenstand der nachfol-

---

[489] *Ch. Teichmann*, ZGR 2002, 383, 426; *ders.*, ZIP 2002, 1109, 1112.

[490] So zu Unrecht *Ihrig/Wagner*, BB 2003, 969, 972; *Handelsrechtsausschuss des DAV*, NZG 2004, 75, 76.

genden Untersuchungen. Schließlich ist zu klären, wie sich etwaige Minderheitenrechte des nationalen Rechts mit den Besonderheiten einer grenzüberschreitenden Verschmelzung in Einklang bringen lassen (dazu cc).

aa) Nachbesserungsanspruch

Im deutschen Ausführungsgesetz sollte jedenfalls ein Nachbesserungsanspruch vorgesehen werden. Durch die in der Regel einseitige Festlegung des Umtauschverhältnisses werden die Vermögensinteressen der Gesellschafter derart gravierend berührt, dass es eines Mittels bedarf, diese Interessen wirksam zu schützen.

Bei der Regelung eines Nachbesserungsanspruchs nach Vorbild des § 15 UmwG sind allerdings folgende Punkte zu beachten:

(1) Widerspruch der Aktionäre

Der Nachbesserungsanspruch nach § 15 UmwG hängt nicht davon ab, dass sich der betreffende Anteilsinhaber der Verschmelzung widersetzt hat. Dadurch soll verhindert werden, dass Anteilsinhaber, welche die Verschmelzung an sich befürworten, diese nur deshalb ablehnen, um sich ihren Nachbesserungsanspruch zu sichern. Art. 24 Abs. 2 setzt dagegen voraus, dass sich die Aktionäre gegen die Verschmelzung ausgesprochen haben. Damit ist jedoch nicht zwingend die Ablehnung des Verschmelzungsplans auf der Hauptversammlung gemeint.[491] Nach der hier vertretenen Auffassung reicht es aus, wenn der Aktionär nur mit dem Umtauschverhältnis unzufrieden ist und dies in einer qualifizierten, näher zu regelnden Weise (z.B. auf der Hauptversammlung zur Niederschrift des Notars) zum Ausdruck bringt. Eine Regelung im deutschen Ausführungsgesetz, die einen Nachbesserungsanspruch vorsieht, muss diesen daher nicht vom Widerspruch gegen die Verschmelzung als solche abhängig machen.

(2) Aktionäre der übertragenden und aufnehmenden Gesellschaften

Im Gegensatz zu § 15 UmwG sollte der Nachbesserungsanspruch nicht nur den Aktionären der übertragenden, sondern auch der aufnehmenden Gesellschaft zustehen.[492] Die Beschränkung des § 15 UmwG auf die Anteilsinhaber des übertragenden Rechtsträgers ist bereits seit längerem Gegenstand berechtigter Kritik.[493] Auch die Aktionäre der aufnehmenden Gesellschaft sind schutzwürdig. Ihre Interessen werden durch ein zu hohes Umtauschverhältnis beeinträchtigt,

---

[491] Siehe oben C.VI.2.b)aa), S. 230.

[492] Dafür auch *Neye*, in: v. Rosen, Studien des Deutschen Aktieninstituts, Heft 21, 2003, S. 72. Ebenso *Ch. Teichmann*, ZGR 2003, 367, 380 f., der in der Barzuzahlung an die Aktionäre der aufnehmenden Gesellschaft auch keinen Verstoß gegen Verbot der Einlagenrückgewähr (§ 57 AktG) sieht. Grenze des Anspruchs auf bare Zuzahlung muss aber in jedem Fall das freie Vermögen sein (h.M.; vgl. *Bork*, in: Lutter, UmwG, § 15 Rn. 5 m.w.N.).

[493] Vgl. *Heckschen*, in: Widmann/Mayer, UmwG, § 15 Rn. 7 m.w.N. (Stand: März 2002).

weil es zu einer Verwässerung des Werts ihrer Anteile kommt.[494] Ein genereller Nachbesserungsanspruch aller Aktionäre kommt schließlich den Gründungsgesellschaften selbst gelegen. Dann müsste man allerdings den in § 14 Abs. 2 UmwG verankerten Klageausschluss mit der Maßgabe anwenden, dass Aktionärsklagen, die sich auf ein zu niedrig oder zu hoch bemessenes Umtauschverhältnis stützen, generell ausscheiden.[495] Dadurch würde sich das Problem erledigen, dass der Klageausschluss des § 14 Abs. 2 UmwG nur Klagen gegen den Zustimmungsbeschluss des übertragenden Rechtsträgers erfasst.[496] Die Anteilsinhaber könnten ihren Zuzahlungsanspruch dann im Rahmen eines Spruchverfahrens (§ 15 Abs. 1 S. 2 UmwG i.V.m. SpruchG) verfolgen.

Der *Handelsrechtsausschusses des DAV* vertritt demgegenüber die Auffassung, dass von einer Ausweitung des Nachbesserungsanspruchs auf die übernehmende Gesellschaft abgesehen werden sollte. Denn es mache wenig Sinn, eine punktuelle Regelung für die SE zu treffen, ohne das Problem auch im UmwG und im AktG zu lösen.[497] Dieser Standpunkt kann m.E. nicht überzeugen. Der rechtspolitisch verfehlte Ausschluss der Aktionäre der übernehmenden Gesellschaft sollte nicht auch noch auf die SE übertragen werden, nur weil sich der Gesetzgeber bislang nicht dazu entscheiden konnte, § 15 UmwG zu ändern. Ein auf die übernehmende Gesellschaft ausgedehnter Nachbesserungsanspruch im SEAG könnte vielmehr Vorbildfunktion für eine Neufassung des UmwG oder des AktG haben.

bb) Abfindungs- und Austrittsrecht

Umstritten ist, ob darüber hinaus ein genereller Austritts- und Abfindungsanspruch gewährt werden soll.[498] Gegen einen solchen Anspruch wird vorgebracht, dass ein zwingendes Abfindungsangebot die Durchführung von SE-Verschmelzungsvorhaben unverhältnismäßig erschwere. Dabei ist insbesondere an die kaum abschätzbaren Kosten und den in den Gründungsgesellschaften und damit letztlich in der SE entstehenden Liquiditätsabfluss zu denken.[499] Zudem

---

[494] *Hoffmann-Becking*, ZGR 1990, 482. 484 f.

[495] So zu Recht *Ch. Teichmann*, ZGR 2002, 383, 425 ff.

[496] Dazu *Stratz*, in: Schmitt/Hörtnagl/Stratz, UmwG, § 14 Rn. 20 m.w.N.

[497] *Handelsrechtsausschuss des DAV*, NZG 2004, 75, 76.

[498] Dafür *Hommelhoff/Ch. Teichmann*, SZW 2002, 1, 8. Dagegen *Vossius*, in: Widmann/Mayer, UmwG, § 20 Rn. 449 (Stand: Juni 2002); *Ihrig/Wagner*, BB 2003, 969, 972; *Kalss*, ZGR 2003, 593, 624 ff., 644; *Kübler*, ZHR 167 (2003), 627 ff.; *Handelsrechtsausschuss des DAV*, NZG 2004, 75, 77 f. Gegen einen Barabfindungsanspruch haben sich auch die Spitzenverbände der deutschen Industrie ausgesprochen; vgl. FAZ v. 17.6.2003 (Nr. 138), S. 18. Ein Abfindungs- und Austrittsrecht der überstimmten Minderheitsaktionäre war bereits in Art. 15 des Vorentwurfs für ein Übereinkommen über die internationale Verschmelzung von 1969 vorgesehen (Kommission, Dok. 5873/XIV/69-F); dazu *Sonnenberger*, AG 1969, 381, 384; *Bärmann*, in: FS für Kaufmann, 1972, S. 13, 26 ff; *Lennerz*, S. 180.

[499] *Kalss*, ZGR 2003, 593, 627; *Kübler*, ZHR 167 (2003), 627, 630.

nehme der Bedarf für einen solchen Minderheitenschutz angesichts der fortschreitenden Harmonisierung des Kapitalmarktrechts ab.[500] Weiterhin wird auf die deutsche Rechtslage hingewiesen. Die §§ 29 ff. UmwG sehen nur bei einer Mischverschmelzung – also der fehlenden Kongruenz von übertragender und aufnehmender Gesellschaft – oder im Falle, dass die Anteile am übernehmenden bzw. neuen Rechtsträger Verfügungsbeschränkungen unterliegen, ein Austritts- und Abfindungsrecht vor. Eine fehlende Kongruenz sei aber jedenfalls dann nicht gegeben, wenn sowohl die Gründungsgesellschaft als auch die spätere SE ihren Sitz in Deutschland haben, da in diesem Fall das deutsche Aktienrecht immerhin „subsidiäre Anwendung" auf die SE fände.[501] Ein Austritts- und Abfindungsrecht sei deshalb allenfalls in den Fällen zu gewähren, in denen mit der Verschmelzung zugleich eine Sitzverlegung i.S. des Art. 8 verbunden ist, d.h. wenn sich eine deutsche AG an einer Verschmelzung zu einer SE mit Sitz im Ausland beteiligt. Denn nur der länderbezogene Rechtsformwechsel sei als tragender Grund für ein Austrittsrecht anzuerkennen.[502]

Im SEAG-Diskussionsentwurf wurde das Bedürfnis für ein Austritts- und Abfindungsrecht dagegen damit begründet, dass die SE eine neue Rechtsform sei und niemand dazu gezwungen werden solle, sich dem Wechsel in diese Rechtsform anzuschließen. Darüber hinaus wirke die Barabfindung als Konzerneingangsschutz. Schließlich werde hierdurch die Verschmelzungsgründung erleichtert, da widersprechende Aktionäre auf das Spruchverfahren verwiesen und Anfechtungsklagen ausgeschlossen werden.[503]

Grundsätzlich ist davon auszugehen, dass den Anteilsinhabern bei wesentlichen Strukturmaßnahmen, die mit einer nachhaltigen Veränderung oder Beeinträchtigung ihrer mitgliedschaftlichen Rechte verbunden sind, ein Austrittsrecht aus wichtigem Grund zusteht.[504] Die Veränderung der Geschäftsgrundlage soll nicht durch den Widerspruch des Kleinaktionärs unmöglich gemacht werden, dafür soll er aber die Freiheit erlangen, über sein Investment neu zu verfügen. Dem

---

500 *Vossius*, in: Widmann/Mayer, UmwG, § 20 Rn. 449 (Stand: Juni 2002).

501 *Ihrig/Wagner*, BB 2003, 969, 972; *Kalss*, ZGR 2003, 593, 625; *Handelsrechtsausschuss des DAV*, NZG 2004, 75, 77.

502 *Kalss*, ZGR 2003, 593, 625 f. mit Hinweis auf entsprechende Pläne des österreichischen Gesetzgebers; *Handelsrechtsausschuss des DAV*, NZG 2004, 75, 77 f.

503 SEAG-DiskE, Begründung zu § 7, S. 28. Siehe auch *Ch. Teichmann*, ZGR 2003, 367, 383. Krit. *Kalss*, ZGR 2003, 593, 626 f., die im Ausschluss des Anfechtungsrechts eine rein wirtschaftspolitische und nicht dogmatische Begründung des Austritts- und Abfindungsrecht sieht *Kübler*, ZHR 167 (2003), 627, 628 ist der Ansicht, dass sich unliebsame „Blockaden" von SE-Verschmelzungen stattdessen durch eine konsequente Anwendung des § 16 Abs. 3 UmwG verhindern ließen; dies dürfte allerdings wegen der geringen Praktikabilität der Vorschrift nur ein „frommer Wunsch" sein (so auch der *Handelsrechtsausschuss des DAV*, NZG 2004, 75, 77)..

504 *Grunewald*, in: Lutter, UmwG, § 29 Rn. 32; *Decher*, a.a.O., § 207 Rn. 3. Allgemein *Wiedemann*, GesR, § 7 IV 2, S. 396 ff.; *ders.*, ZGR 1978, 477 ff.; *H. Schindler*, S. 88 ff.

betroffenen Aktionär darf also nicht gegen seinen Willen der Wechsel in die neue Rechtsform aufgezwungen werden.[505]

Es fragt sich, ob dies der Interessenlage der Aktionäre beim Übergang in eine SE entspricht.[506] Die aufnehmende Gründungsgesellschaft bleibt bei der SE-Verschmelzung nicht in ihrer angestammten Rechtsform bestehen, sondern wandelt sich in eine SE um (Art. 17 Abs. 2 Unterabs. 2 S. 1, Art. 29 Abs. 1 Buchst. d). Die Anlage der Aktionäre der aufnehmenden Gesellschaft wird in eine supranationale Rechtsordnung transferiert.[507] Damit geht womöglich eine qualitative Veränderung der mitgliedschaftlichen Rechte einher. Denn die SE-VO begründet ein eigenständiges Recht der Unternehmensverfassung (Art. 38 ff.), das mit dem der Gründungsgesellschaft nicht mehr viel gemein haben muss, selbst wenn die SE im selben Mitgliedstaat ansässig ist.[508] So unterliegt das nationale Aktienrecht, das auf eine SE Anwendung findet, eigenen – nämlich verordnungskonformen – Auslegungsgrundsätzen.[509] Die SE stellt damit eine von AG nationalen Rechts verschiedene und eigenständige Rechtsform dar, die nicht ohne weiteres dem nationalen Aktienrecht unterworfen ist, sondern nur sofern und soweit dies die SE-VO zulässt.[510] Die Einführung eines generellen Austritts- und Abfindungsrechts ist unter diesem Blickwinkel zumindest erwägenswert.

Ein prinzipielles Bedürfnis lässt sich gleichwohl nicht erkennen. Denn tatsächtlich dürften die Rechtsformunterschiede infolge des Verweisungskonzepts der Verordnung in der Regel nicht besonders ausgeprägt sein.[511] Auch der Verordnungsgeber selbst sieht den bloßen Wechsel in die Rechtsform SE nicht als schutzwürdig an; darauf deutet das Fehlen einer Regelung zum Minderheitenschutz bei der Umwandlung in eine SE- hin (vgl. Art. 37).[512] Überdies bleibt es den dissentierenden Mindeheitsaktionären einer (börsennotierten) Gesellschaft unbenommen, ihre Anteile auf dem freien Markt zu veräußern. Auf ein Barabfindungsrecht sind sie nicht unbedingt angewiesen.

Anders stellt sich die Lage nur für den Fall des grenzüberschreitenden „Wegzugs" der deutschen Gesellschaft durch Verschmelzung auf eine ausländische

---

505 Allgemein zu grenzüberschreitenden Verschmelzungen *Wiedemann*, GesR, § 15 III 2 b, S. 876. Speziell für die SE-VO *Neun*, in: Theisen/Wenz, S. 121.

506 So *Ch. Teichmann*, in: Theisen/Wenz, S. 585.

507 Es handelt sich um einen Fall der mitgliedstaatlich-gemeinschaftsrechtlichen Statut-Mobilität; siehe oben Teil 1 B, S. 9.

508 Vgl. etwa *Brandt*, Die Hauptversammlung der Europäischen Aktiengesellschaft (SE), 2004, der die Auffassung vertritt, dass die Grundsätze der *Holzmüller*-Rspr. auf eine SE mit Sitz in Deutschland keine Anwendung finden (S. 123 ff.).

509 Siehe oben Teil 2 D.II, S. 65.

510 Siehe oben Teil 2 B.I.1.b), S. 25.

511 *Ihrig/Wagner*, BB 2003, 969, 972 Fn. 65 schlagen daher vor, dass die Entscheidung über ein Abfindungsangebot den Gesellschaften überlassen bleiben sollte, wobei sich das Ermessen des zustimmungspflichtigen Organs im Einzelfall auf Null reduzieren könnte.

512 *Ch. Teichmann*, ZGR 2003, 367, 383.

Gesellschaft dar. Hier besteht ein anzuerkennendes Schutzbedürfnis der Aktionäre, da sich die Durchsetzung ihrer mitgliedschaftlichen Rechte – sei es aus sprachlichen, geografischen oder sonstigen Gründen – schon faktisch erschwert.[513] Noch schwerer wiegt, dass mit dem Wechsel in ein anderes mitgliedstaatliches Rechtsregime eine qualitative Veränderung der Rechte und Pflichten der Aktionäre einhergeht. So ist gerade die Binnenstruktur von AG in Europa kaum harmonisiert, wie das Scheitern der Fünften Richtlinie belegt. Auch der Verordnungsgeber selbst erkennt die besondere Schutzwürdigkeit im Falle des grenzüberschreitenden Transfers des Gesellschaftsanteils an. Dies zeigt die dem Art. 24 Abs. 2 entsprechende Ermächtigung für Sitzverlegungen in Art. 8 Abs. 5.[514] Es spricht daher Vieles dafür, den Abfindungsanspruch auf die Fälle zu beschränken, in denen die künftige SE ihren Sitz nicht in Deutschland hat.[515]

Bei der Einführung eines Austritts- und Abfindungsrechts sind im Einzelnen folgende Punkte zu berücksichtigen:

(1) Mischverschmelzungen

§ 29 UmwG gewährt einen Abfindungsanspruch, wenn im Zuge der Verschmelzung die Rechtsform wechselt, d.h. Ziel- und Ausgangsrechtsform müssen sich unterscheiden (Mischverschmelzung). Im Schrifttum wird die Anwendbarkeit des § 29 UmwG auf die Gründung einer SE deshalb bezweifelt.[516] Denn die SE wird gemäß Art. 10 einer AG nationalen Rechts gleichgestellt, sodass zwischen übertragender und aufnehmender Gesellschaft an sich keine Unterschiede hinsichtlich der Rechtsform bestehen. Eine SE-spezifische Auslegung des § 29 UmwG, welche diese tatbestandlichen Schwierigkeiten (z.B. durch eine teleologische Reduktion) ausräumt, kommt nicht in Betracht, da der Verordnungsgeber den nationalen Gesetzgeber mit Art. 24 Abs. 2 ausdrücklich dazu anhält, zur Frage des Schutzes der Minderheitsaktionäre Stellung zu beziehen.

(2) Aktionäre der übertragenden und der übernehmenden Gesellschaft

Das deutsche Umwandlungsrecht sieht ein Abfindungsangebot nur für die Aktionäre der übertragenden Gesellschaft vor (§ 29 UmwG). *Ch. Teichmann* befürwortet bei der SE-Verschmelzung eine Ausweitung auf die Aktionäre der aufnehmenden Gründungsgesellschaft.[517] Er begründet dies damit, dass ein ge-

---

513 *Lennerz*, S. 170 ff.

514 So auch *Ch. Teichmann*, AG 2004, 67, 69.

515 So der Vorschlag von *Kalss*, ZGR 2003, 593, 625 f. Ebenso *Handelsrechtsausschuss des DAV*, NZG 2004, 75, 77 f. A.A. offensichtlich *Waclawik*, DB 2004, 1191, 1193. Abl. auch *Ch. Teichmann*, ZGR 2003, 367, 383, der befürchtet, dass die deutschen Unternehmen bei sitzverlegenden Verschmelzungen wegen der drohenden Registersperre (§ 16 Abs. 2 UmwG) erheblich ins Hintertreffen gerieten. Er befürwortet deshalb ein generelles Austrittsrecht.

516 *Ch. Teichmann*, ZGR 2002, 383, 426.

517 *Ch. Teichmann*, ZGR 2002, 383, 426; *ders.*, ZIP 2002, 1109, 1112; *ders.*, in: Thei-

nerelles Austritts- und Abfindungsrecht auch den Interessen der Gründungsgesellschaften diene. Bewertungsrügen könnten dann von vornherein nur im Spruchverfahren geltend gemacht werden (vgl. § 34 S. 1 UmwG i.V.m. SpruchG), sodass die Verschmelzung unabhängig von einem Streit über die Höhe der Barabfindung ohne zeitliche Verzögerung vollzogen werden kann.

Kübler hält dem entgegen, dass die SE-VO diesen Vorgang nicht für schutzwürdig halte, da Art. 37 für die Umwandlung einer nationalen AG in eine SE keine Ermächtigung zum Erlass von Schutzvorschriften für die Minderheit vorsieht.[518] Daher sei eine Einbeziehung der Aktionäre der aufnehmenden Gesellschaft abzulehnen.

M.E. sollte der Barabfindungsanspruch – im Gegensatz zum Nachbesserungsanspruch – den Aktionären der übertragenden Gesellschaft vorbehalten bleiben. Gegen die Einführung eines Abfindungsanspruchs bestehen bereits prinzipielle Bedenken. Das Bedürfnis für eine zusätzliche Ausweitung des Anspruchs – über das im deutsche Recht bekannte Maß hinaus – ist damit erst recht zweifelhaft.

(3) Beschränkung auf sitzverlegende Verschmelzungen

Wie oben bereits dargestellt, sollte das Austrittsrecht auf die Fälle beschränkt werden, in denen die künftige SE ihren Sitz im Ausland hat. Es stellt sich indes die Frage, ob eine solche Differenzierung mit der Niederlassungsfreiheit nach Art. 43, 48 EG vereinbar ist. Betroffene Gesellschaften könnten sich auf den Standpunkt stellen, dass ihr Recht auf freie Sitzwahl unzulässig beschränkt wird, weil sie bei sitzverlegenden Verschmelzungen stärker belastet werden. Der Anwendungsbereich der Grundfreiheit ist eröffnet, weil es sich wegen der Anknüpfung an einen grenzüberschreitenden Sachverhalt nicht um eine bloße Inländerdiskriminierung handelt. Die unterschiedliche Behandlung sitzverlegender und sitzbewahrender Verschmelzungen lässt sich aber wohl durch zwingende Apekte des Gesellschafterschutzes rechtfertigen. Sie ist insoweit auch verhältnismäßig, weil die Gewährung eines Austritts- und Abfindungsrechts die sitzverlegende Verschmelzung nicht gänzlich unmöglich macht, sondern Gesellschafter- und Gesellschaftsinteressen in einen angemessenen (finanziellen) Ausgleich bringt.

(4) Beschränkung auf quotenändernde Verschmelzungen

Einem anderen Vorschlag zufolge könnte das Austritts- und Abfindungsrecht auf die Fälle beschränkt werden, in denen es im Zuge der Verschmelzung zu Quotenänderungen bei der Beteiligungsstruktur kommt und damit Sonderrechte verloren gehen (z.B. Recht auf Sonderprüfung oder Sperrminorität bei Abrutschen des Stimmanteils von 11 % auf 8 %).[519] In diesem Bereich einzuordnen ist auch der Vorschlag des *Handelsrechtsausschusses des DAV*, ein Austrittsrecht

---

sen/Wenz, S. 585.

518 *Kübler*, ZHR 167 (2003), 627, 628.

519 *Kalss*, ZGR 2003, 593, 627 ff.

nach Vorbild des § 29 UmwG dann vorzusehen, wenn die Anteile an der SE – im Gegensatz zu den Anteilen an der Gründungsgesellschaft – vinkuliert sind.[520] Diese Vorschläge sind jedoch gesetzestechnisch nur schwierig umzusetzen.

(5) Beschränkung bei Mutter-Tochter-Verschmelzung
Schließlich wurde vorgeschlagen, den Abfindungsanspruch auszuschließen, wenn eine ausländische Tochtergesellschaft auf ihre deutsche Mutter-AG zu einer SE verschmolzen wird.[521] Hier handle es sich dem wirtschaftlichen Ergebnis nach um eine Umwandlungsgründung, für die es mangels Schutzwürdigkeit der Aktionäre keines Austrittsrechts bedarf, wie das Fehlen einer entsprechenden Regelung in Art. 37 unter Beweis stellt.[522] Dies ist durchaus zutreffend. Jedoch besteht für eine gesonderte Ausnahmeregelung dieser Art kein Bedarf, wenn der Austrittsanspruch – wie hier befürwortet – nur bei sitzverlegenden Verschmelzungen gewährt wird.

cc) Anwendbarkeit auf grenzüberschreitende Sachverhalte (Art. 25 Abs. 3)
Die im deutschen Recht bekannten Minderheitenrechte (Zuzahlungs- und Abfindungsanspruch) und die damit verbundene Durchführung eines Spruchverfahrens lassen sich nicht ohne weiteres auf eine SE-Verschmelzung übertragen. Der grenzüberschreitende Charakter der Verschmelzung führt hier zu einer Reihe von Rechtsproblemen.

(1) Problemstellung
(a) Anspruchs- und Antragsgegner
Der Zuzahlungs- und Barabfindungsanspruch richtet sich nach deutschem Recht gegen den „übernehmenden Rechtsträger" (§§ 15 Abs. 1 und 29 Abs. 1 UmwG). An einer SE-Verschmelzung ist stets auch eine ausländische AG beteiligt. Handelt es sich bei der ausländischen AG um den übernehmenden Rechtsträger, stellt sich die Frage, ob diese durch ein deutsches Ausführungsgesetz zur Entrichtung von Barabfindungen oder baren Zuzahlungen verpflichtet werden kann.[523] Der Wortlaut des Art. 24 Abs. 2 scheint dies auszuschließen, weil der deutsche Gesetzgeber nur in Bezug auf Gesellschaften, die seinem Recht unterliegen, Schutzvorschriften erlassen kann.[524]

---

520 *Handelsrechtsausschuss des DAV*, NZG 2004, 75, 78.
521 *Handelsrechtsausschuss des DAV*, NZG 2004, 75, 78.
522 Siehe unten Teil 7 C.VIII.1, S. 422.
523 Ist die ausländische Gesellschaft aufnehmender Rechtsträger, so wäre sie gemäß § 29 Abs. 1 UmwG zur Abgabe eines Abfindungsangebots verpflichtet und in einem etwaigen Spruchstellenverfahren Antragsgegner gemäß § 307 Abs. 2 UmwG. Die Zuständigkeit für das Verfahren läge indessen beim Landgericht am Sitz der übertragenden Gesellschaft (§ 306 Abs. 1 UmwG).
524 Siehe oben C.VI.2.b)bb), S. 232.

Zweifelhaft ist auch, ob sich der Schutz des Aktionärs einer deutschen AG gegenüber einer ausländischen Gesellschaft effektiv durchsetzen lässt.[525] Kennt das mitgliedstaatliche Recht, dem die ausländische Gesellschaft unterliegt, keine vergleichbaren Schutzbestimmungen, wird die Lage erst recht verworren. Hier wäre zu prüfen, ob und wie sich die Vorschriften der anderen Rechtsordnung materiellrechtlich anpassen lassen. In Art. 24 Abs. 2 fehlt jedoch eine Anpassungsklausel, wie sie in Absatz 1 enthalten ist und in der die Berücksichtigung des „grenzüberschreitenden Charakters" bei der Anwendung des mitgliedstaatlichen Rechts verlangt wird.[526]

Um diese Probleme zu vermeiden, sollte das deutsche Ausführungsgesetz vorsehen, dass sich die Ansprüche der Minderheitsaktionäre immer gegen die deutsche Gesellschaft richten, auch wenn diese nicht übernehmender Rechtsträger ist. Dasselbe gilt für das Spruchverfahren. Auch hier muss die deutsche Gesellschaft Antragsgegner sein, auch wenn sie nicht übernehmender Rechtsträger ist.[527] Die Verpflichtungen der deutschen Gesellschaft gehen dann mit Vollzug der Verschmelzung auf die SE über (Art. 29 Abs. 1 Buchst. a bzw. Abs. 2 Buchst. a).

(b) Ungleichbehandlung

Ab dem Zeitpunkt der Eintragung richten sich die Ansprüche der deutschen Minderheitsaktionäre nicht mehr gegen die Gründungsgesellschaft deutschen Rechts, sondern gegen die SE. Dadurch werden auch die Vermögensinteressen der anderen Aktionäre berührt, insbesondere dann, wenn ihnen keine vergleichbaren Minderheitenrechte zur Verfügung stehen. Steht dem Aktionär nach dem deutschen Ausführungsgesetz beispielsweise ein Zuzahlungsanspruch zu, belastet dieser das Vermögen der SE und verwässert letztlich den Wert der Beteiligung der anderen Aktionäre. Das Ergebnis wäre eine Diskriminierung der Anteilsinhaber, die keine gleichwertigen materiellen Ansprüche geltend machen können.

(c) Anerkennung

Schließlich stellt sich das prozessuale Problem der Anerkennung des deutschen Spruchverfahrens im Ausland. Nach § 13 S. 2 SpruchG wirkt die Entscheidung im Spruchverfahren für und gegen alle (inter omnes-Wirkung). Ob sich die materielle Rechtskraft auch auf die ausländischen Gründungsgesellschaften und deren Aktionären erstreckt, ist eine Frage des internationalen Zivilverfahrensrechts.

(2) Regelungsgehalt des Art. 25 Abs. 3

Der Verordnungsgeber hat sich den beiden letzten Problemen in Art. 25 Abs. 3 gewidmet. Die Vorschrift behandelt die Frage, unter welchen Voraussetzungen

[525] *Ch. Teichmann*, ZGR 2002, 383, 427.
[526] Siehe oben C.VI.1.b)dd), S. 224.
[527] Zu Recht *Ch. Teichmann*, in Theisen/Wenz, S. 585.

mitgliedstaatliches Recht Anwendung findet, das „ein Verfahren zur Kontrolle und Änderung des Umtauschverhältnisses der Aktien oder zur Abfindung von Minderheitsaktionären" vorsieht, welches der Eintragung der Verschmelzung nicht entgegensteht.[528] Diese Umschreibung trifft auf das Spruchverfahren nach deutschem Recht zu (vgl. § 1 Nr. 4 SpruchG). Art. 25 Abs. 3 erkennt also nationale Verfahren zur Überprüfung der Angemessenheit des Umtauschverhältnisses oder der Barabfindung grundsätzlich an.

Art. 25 Abs. 3 S. 1 macht die Durchführung eines Spruchverfahrens aber von der Zustimmung der anderen Gründungsgesellschaft(en) abhängig. Danach findet ein Spruchverfahren nur dann Anwendung, wenn dem die Hauptversammlungen der Gründungsgesellschaften zustimmen, deren Rechtsordnungen kein solches Verfahren vorsehen. Die Anwendbarkeit von § 15 Abs. 1 S. 2 bzw. § 34 S. 1 UmwG i.V.m. SpruchG hängt also von der Entscheidung der Aktionäre der anderen Gründungsgesellschaften ab, deren Gesellschaftsstatut kein Spruchverfahren enthält. Damit beseitigt der Verordnungsgeber das Problem einer Ungleichbehandlung der Aktionäre der verschiedenen Gründungsgesellschaften.

Art. 25 Abs. 3 S. 2 und S. 3 stellt klar, dass die Durchführung eines Spruchverfahrens nicht die Eintragung der SE hindert.[529]

Art. 25 Abs. 3 S. 4 bestimmt, dass die gerichtliche Entscheidung im Spruchverfahren auch die übernehmende Gesellschaft und ihre Aktionäre bindet. Die Vorschrift erstreckt die materielle Rechtskraft auf diese Personen unabhängig davon, ob diese am Verfahren beteiligt waren oder nicht. Sie stellt eine Kollisionsnorm des Internationalen Zivilverfahrensrechts dar, weil sie die gemeinschaftsweite Anerkennung der materiellen Rechtskraft der Entscheidung anordnet.

(3) Der Anerkennungsvorbehalt als faktische Sperre eines Spruchverfahrens

Die Regelungen des Art. 25 Abs. 3 lösen die Probleme des Minderheitenschutzes bei grenzüberschreitenden Verschmelzungen nur vordergründig. Das Erfordernis des Anerkennungsbeschlusses erweist sich als „Pferdefuß" des Minderheitenschutzes bei einer SE-Verschmelzung.[530] Das Problem liegt darin, dass die Aktionäre einer ausländischen Gründungsgesellschaft keine Veranlassung verspüren werden, der Durchführung eines Spruchverfahrens, wie es das deutsche Recht vorsieht, zuzustimmen. Während die Entscheidung im Spruchverfahren zu keiner Verschlechterung der Rechtsposition der Aktionäre der deutschen Gründungsgesellschaft führen kann,[531] wären die nicht beteiligten Aktionäre der ausländischen Gesellschaft die eigentlichen Verlierer, weil das Spruchverfahren in jedem Fall zu einer Verringerung des Vermögens der SE führt, da diese letztlich

---

[528] Art. 25 Abs. 3 wurde auf Anregung Österreichs in den Verordnungstext aufgenommen; vgl. *Kalss*, ZGR 2003, 593, 603 Fn. 36.

[529] Siehe unten C.VIII.2.c)dd), S. 264.

[530] *Ch. Teichmann*, ZGR 2002, 383, 428; *ders.*, in: Theisen/Wenz, S. 586.

[531] *Stratz*, in: Schmitt/Hörtnagl/Stratz, UmwG, § 307 Rn. 53.

die Kosten des Verfahrens zu tragen hat.[532] Die Wahrscheinlichkeit, dass die Aktionäre einer ausländischen Gründungsgesellschaft der Durchführung des Spruchverfahrens zustimmen, ist daher äußerst gering. Zu einem Spruchverfahren wird es in der Regel nur noch in den Fällen kommen, in denen alle beteiligten Rechtsordnungen ein Verfahren zur Kontrolle des Umtauschverhältnisses bzw. zur Abfindung von Minderheitsaktionären vorsehen.

Die faktische Sperre von Spruchverfahren durch den Anerkennungsvorbehalt nach Art. 25 Abs. 3 S. 1 führt aber zu einem weiteren Folgeproblem. Die Unzulässigkeit von Anfechtungsklagen, die sich darauf stützen, dass das Umtauschverhältnis oder die Barabfindung der Höhe nach unangemessen ist, kann nur dann gerechtfertigt sein, wenn die klagenden Aktionäre ihre Ansprüche in einem Spruchverfahren geltend machen können. Die §§ 14 Abs. 2 und 32 UmwG setzen implizit das „Korrelat des Spruchstellenverfahrens" voraus.[533] Ist diese Beziehung unterbrochen, weil das Spruchverfahren nicht zur Verfügung steht, kann auch der Ausschluss der Anfechtungsklage nicht aufrechterhalten werden, weil die Minderheitsaktionäre sonst ihres Schutzes beraubt wären. In diesem Fall müsste man Anfechtungsklagen gegen den SE-Verschmelzungsbeschluss, die sich auf eine zu niedrige Barabfindung bzw. ein zu niedriges Umtauschverhältnis stützen, zulassen. Über § 16 Abs. 2 UmwG käme es dann zu einer Registersperre mit den bekannten Effekten. Aktionäre könnten den Verschmelzungsprozess durch die Erhebung von Anfechtungsklagen wegen der Behauptung eines zu niedrig bemessenen Umtauschverhältnisses bzw. einer zu niedrig bemessenen Barabfindung in die Länge ziehen und die Verschmelzung damit faktisch unmöglich machen.

(4) Lösungsansätze

Ch. Teichmann hat zwei Vorschläge zur Lösung des Problems unterbreitet.[534] Diese zielen darauf ab, den Aktionären der ausländischen Gründungsgesellschaften Anreize zu bieten, der Durchführung eines Spruchverfahrens auf Seiten der deutschen Gesellschaft zuzustimmen. Danach soll das Spruchverfahren so ausgestaltet werden, dass es möglicherweise auch Vorteile für die Aktionäre der ausländischen Gesellschaft enthält. Der Zustimmungsvorbehalt des Art. 25 Abs. 3 S. 1 wäre dann nicht von vornherein eine verkappte Sperre des Spruchverfahrens, weil für die Aktionäre der ausländischen Gesellschaft tatsächlich ein An-

---

532 In Deutschland hat die Gesellschaft als Antragsgegner die Gerichtskosten zu tragen (§ 15 Abs. 2 SpruchG), die außergerichtlichen Kosten des Antragstellers nur, soweit dies zur „zweckentsprechenden Erledigung der Angelegenheit" notwendig war (§ 15 Abs. 4 SpruchG). Dadurch sollen missbräuchliche Anträge verhindert werden; vgl. *Lamb/Schluck-Amend*, DB 2003, 1259, 1263.

533 *Ch. Teichmann*, ZGR 2002, 383, 428.

534 *Ch. Teichmann*, ZGR 2002, 383, 429; *ders.*, in: Theisen/Wenz, S. 586 f.; *ders.*, ZGR 2003, 367, 385 f.

lass bestünde, die Zustimmung zur Durchführung eines Spruchverfahrens ernsthaft in Erwägung zu ziehen.

(a) Materiellrechtliche Ansprüche der Aktionäre der ausländischen Gesellschaft

Zum einen schlägt *Ch. Teichmann* vor, den Aktionären der ausländischen Gesellschaft von Seiten des deutschen Gesetzgebers selbst materiellrechtliche Ansprüche auf Nachbesserung und Barabfindung einzuräumen. Dadurch ließe sich eine völlige Gleichstellung der Aktionärsgruppen herstellen, die es den Aktionären der ausländischen Gesellschaften erleichtert, der Durchführung eines Spruchverfahrens zuzustimmen.

(b) Prozessuale Beteiligung der Aktionäre der ausländischen Gesellschaft

Weniger weit geht die Überlegung, die Aktionäre der ausländischen Gesellschaft wenigstens prozessual am deutschen Spruchverfahren zu beteiligen. In Frage käme die Bestellung eines gemeinsamen Vertreters, wie er gemäß § 6 Abs. 1 SpruchG für die außenstehenden Anteilsinhaber der deutschen Gesellschaft zu bestellen ist. Dieser könnte die Interessen der Aktionäre der ausländischen Gründungsgesellschaften im Spruchverfahren wahrnehmen und artikulieren.[535]

(5) Stellungnahme

Die Analyse von *Ch. Teichmann* trifft im Kern zu: Die Aktionäre einer ausländischen Gründungsgesellschaft werden der Durchführung eines Spruchverfahrens nur dann zustimmen, wenn ihnen daraus selbst Vorteile und nicht nur Nachteile entstehen können. Ob es dazu ausreicht, den Aktionären die Möglichkeit einer prozessualen Beteiligung einzuräumen, erscheint zweifelhaft.[536] Der aussichtsreichste Weg, die zu erwartende Ablehnungshaltung der Aktionäre der ausländischen Gesellschaft aufzuweichen, liegt darin, ihnen eigene materielle Ansprüche gegen die deutsche Gründungsgesellschaft einzuräumen, die dann mit Eintragung der SE auf diese übergehen.[537] Eine Ausweitung der Minderheitenrechte auf die Aktionäre der ausländischen Gesellschaft scheidet jedoch aus kompetenzrechtlichen Gründen aus. Die Ermächtigung des Art. 24 Abs. 2 gestattet es einem Mitgliedstaat lediglich, Vorschriften in Bezug „auf die sich verschmelzenden Gesellschaften, die seinem Recht unterliegen" zu erlassen. Nach Meinung von *Ch. Teichmann* schließt dies nicht aus, den Aktionären ausländischer Gründungsgesellschaften Rechte zu gewähren, sofern sich diese gegen die deutsche Gründungsgesellschaft richten.[538] Das trifft nicht zu. Wenn Art. 24 Abs. 2 die Regelungskompetenz eines Mitgliedstaats auf die Gesellschaften beschränkt, die seinem Recht unterliegen, schließt dies zwangsläufig auch die Rechte der

---

535 Dafür spricht sich auch *Neye*, in: v. Rosen, Studien des Deutschen Aktieninstituts, Heft 21, 2003, S. 72 aus; ebenso *Kalss*, ZGR 2003, 593, 623.

536 Ebenso *Neun*, in: Theisen/Wenz, S. 126 f.

537 Ebenso *Brandt*, DStR 2003, 1208, 1214.

538 *Ch. Teichmann*, ZGR 2002, 383, 429. Ähnlich *Brandt*, DStR 2003, 1208, 1214.

Aktionäre dieser Gesellschaft ein.[539] Es ist daher nach anderen Lösungsmöglichkeiten Ausschau zu halten. Man könnte das Spruchverfahren beispielsweise so gestalten, dass es auch zu einer Verschlechterung der Rechtsposition der Antragsteller führen kann.[540] Dies wird für sich allein genommen aber kaum genügen, die andere Gründungsgesellschaft zu einer Zustimmung zu bewegen. Man wird sich deshalb darauf einstellen müssen, dass die ausländische Gesellschaft im Zweifel von ihrem Vetorecht Gebrauch macht. An dieser Stelle hat der deutsche Gesetzgeber anzusetzen. Er könnte die Gefahr einer Blockade der Verschmelzung durch Anfechtungsklagen vor allem dadurch verringern, dass er ein grundsätzlich an § 16 Abs. 3 UmwG angelehntes, jedoch praktikabler gestaltetes Freigabeverfahren für die SE-Verschmelzung einführt.[541]

e) Regelung im SEAG-RegE

Auf Grundlage von Art. 24 Abs. 2 gewährt der Regierungsentwurf für ein deutsches Ausführungsgesetz den Aktionären einen Anspruch auf Verbesserung des Umtauschverhältnisses (§ 6) sowie ein Austritts- und Abfindungsrecht (§ 7).

aa) Nachbesserungsanspruch (§ 6 SEAG-RegE)

§ 6 SEAG-RegE orientiert sich am Vorbild der §§ 14 Abs. 2 und 15 UmwG.

(1) Klageausschluss

Absatz 1 schließt Anfechtungsklagen gegen den Verschmelzungsbeschluss aus, die sich darauf stützen, dass das Umtauschverhältnis nicht angemessen ist. Der Klageausschluss gilt jedoch nur „unter den Voraussetzungen des Artikels 25 Abs. 3 S. 1 der Verordnung". Damit wird klargestellt, dass die Anfechtungsmöglichkeit erhalten bleibt, wenn die Aktionäre der ausländischen Gründungsgesellschaft der Möglichkeit eines Spruchverfahrens auf Seiten der deutschen Gründungsgesellschaft widersprochen haben.[542] Die Einräumung eines Klagerechts ist in diesem Fall ein Gebot der Rechtsstaatlichkeit, auch wenn dies im Regelfall die Nichteintragung der SE und damit die Blockade der Verschmelzung bedeutet.[543]

Während der Diskussionsentwurf den Ausschluss auch auf den Verschmelzungsbeschluss der aufnehmenden Gesellschaft ausdehnen wollte – § 6 Abs. 1 SEAG-DiskE sprach von der „sich verschmelzenden Gesellschaft" und unter-

---

[539] Siehe oben C.VI.2.b)bb), S. 232.

[540] Vgl. *Martens*, AG 2000, 301, 308, der dies für das nationale Spruchverfahren gefordert hat. Ebenso für eine kontradiktorische Ausgestaltung des Spruchverfahrens *Ch. Teichmann*, ZGR 2003, 367, 387.

[541] Siehe unten C.VI.2.e)cc), S. 251.

[542] SEAG-RegE, Begründung zu § 6, S. 79. Diese Klarstellung, die in § 6 Abs. 1 DiskE noch fehlte, war wiederholt gefordert worden (vgl. *Ihrig/Wagner*, BB 2003, 969, 972; *Handelsrechtsausschuss des DAV*, NZG 2004, 75, 77).

[543] *Kalss*, ZGR 2003, 593, 624.

schied demnach nicht zwischen übertragender und aufnehmender Gesellschaft –, gilt der Klageausschluss nach dem Regierungsentwurf nur für die übertragende Gesellschaft. Dieser Rückschritt ist bedauerlich. Offensichtlich wollte der Gesetzgeber aber einen Gleichlauf mit § 14 Abs. 2 UmwG erreichen.[544]

Nach dem eindeutigen Wortlaut („nicht angemessen") sind jedoch solche Klagen nicht ausgeschlossen, die sich auf die Verletzung von Informationsmängeln im Zusammenhang mit dem Umtauschverhältnis[545] stützen.[546] Dies zeigt auch der Umkehrschluss aus § 7 Abs. 5 SEAG-RegE.

(2) Nachbesserungsanspruch

Absatz 2 gewährt den Aktionären der übertragenden Gesellschaft einen Anspruch auf Ausgleich durch bare Zuzahlung, wenn das Umtauschverhältnis nicht angemessen ist. Auch hier ging der Diskussionsentwurf weiter, weil er auch den Aktionären der aufnehmenden Gesellschaft einen Nachbesserungsanspruch zubilligen wollte (§ 6 Abs. 2 SEAG-DiskE).[547]

Der Anspruch hängt nicht von einem Widerspruch gegen den Verschmelzungsbeschluss ab. Im Regierungsentwurf wird dies damit begründet, dass die Gesellschafter sonst gezwungen sein könnten, dem Verschmelzungsbeschluss nur deshalb nicht zuzustimmen, um das Umtauschverhältnis angreifen zu können. Außerdem liefe ein Widerspruchserfordernis dem Grundsatz zuwider, dass die Entscheidung im Spruchverfahren inter omnes-Wirkung hat (§ 13 S. 2 SpruchG).[548] Der Verzicht auf ein Widerspruchserfordernis lässt sich mit den Vorgaben des Art. 24 Abs. 2 vereinbaren.[549] Art. 24 Abs. 2 setzt zwar voraus, dass sich die Aktionäre gegen die Verschmelzung ausgesprochen haben. Dies ist jedoch nicht gleichbedeutend mit der Ablehnung des Verschmelzungsplans. Es genügt, wenn die Aktionäre durch die Einleitung eines Spruchverfahrens zu erkennen geben, dass sie mit dem Umtauschverhältnis nicht einverstanden sind.[550]

In der Begründung zum Diskussionsentwurf wurde noch explizit hervorgehoben, dass der Anspruch nur den Aktionären einer „deutschem Recht unterliegenden" Gesellschaft zusteht.[551] Die Begründung zum Regierungsentwurf enthält hierzu keine Ausführungen. Die Nichtanwendbarkeit der Regelung auf ausländische Gesellschaften ergibt sich bereits aus § 1 SEAG-RegE. Die im Schrifttum gemachten Vorschläge zur Einbeziehung der Aktionäre der ausländischen

---

544 *Waclawik*, DB 2004, 1191, 1194. Siehe oben C.VI.2.d)aa)(2), S. 235

545 Vgl. BGHZ 146, 179.

546 A.A. *Kalss*, ZGR 2003, 593, 622.

547 Vgl. *Neye/Ch. Teichmann*, AG 2003, 169, 171; *Kalss*, ZGR 2003, 593, 621.

548 SEAG-RegE, Begründung zu § 6, S. 80.

549 A.A. *Ihrig/Wagner*, BB 2003, 969, 972.

550 Siehe oben C.VI.2.b)aa), S. 230.

551 SEAG-DiskE, Begründung zu § 6, S. 27. Der *Handelsrechtsausschuss des DAV* forderte darüber hinaus die ausdrückliche Klarstellung im Gesetzestext, dass eine Anwendung auf ausländische Gründungsgesellschaften nicht gewollt ist (NZG 2004, 75, 76).

Gesellschaft in den deutschen Minderheitenschutz sind also nicht berücksichtigt worden.[552] Dies ist verständlich, weil der deutsche Gesetzgeber hierdurch die Grenzen seiner Regelungsbefugnis überschritten hätte.

(3) Verzinsungspflicht

Der Absatz 3 entspricht dem § 15 Abs. 2 UmwG. Die Vorschrift übernimmt allerdings nicht die Bekanntmachungsfiktion des § 19 Abs. 3 S. 2 UmwG, weil bei einer SE mit Sitz im Ausland nicht vorhergesehen werden kann, nach welchen Vorschriften dort die Eintragung erfolgt.[553] Statt dessen ist vorgesehen, dass die Verzinsungspflicht nach Ablauf des Tages beginnt, an dem die Verschmelzung im Sitzstaat der SE nach den dort geltenden Vorschriften eingetragen und bekannt gemacht worden ist. Die Formulierung ist ungenau, weil nicht die Verschmelzung, sondern die SE eingetragen (Art. 12 Abs. 1) und ihre Eintragung offen gelegt (Art. 15 Abs. 2 i.V.m. Art. 13) wird. Die Verzinsung beginnt also nach Ablauf des Tages zu laufen, an dem die Eintragung der SE gemäß Art. 15 Abs. 2 i.V.m. Art. 13 offen gelegt worden ist. Unbeachtlich ist dagegen der Termin der Veröffentlichung der Eintragung im Amtsblatt der EG gemäß Art. 14 Abs. 1, da diese nur informatorischen Charakter hat und nicht mit Rechtsfolgen verbunden ist.[554]

(4) Spruchverfahren

Absatz 4 S. 1 stellt die Verbindung zwischen dem Nachbesserungsanspruch und der gerichtlichen Überprüfung im Spruchverfahren her. Die Vorschrift lehnt sich an § 34 UmwG an. Dadurch wird klar gestellt, dass das Spruchverfahren auf eine SE-Verschmelzung Anwendung finden. Auf eigene Verfahrensregelungen zum Spruchverfahren wurde verzichtet, um zunächst den Abschluss des Gesetzgebungsverfahren zur Neuordnung des Spruchverfahrens abzuwarten. Das neue Spruchverfahrensgesetz (SpruchG) soll dann später in Bezug auf die SE-Gründung ergänzt werden.[555]

Die Antragsfrist nach § 4 SpruchG beträgt drei Monate und beginnt mit dem Tag, an dem die Eintragung der Verschmelzung als bekannt gemacht gilt. Damit kann für die SE-Verschmelzung nur die Offenlegung der Durchführung der Verschmelzung nach Art. 28 – und nicht die Offenlegung der Eintragung der SE gemäß Art. 15 Abs. 2 i.V.m. Art. 13 – gemeint sein, weil nur so die erforderliche

[552] Siehe oben C.VI.2.d)cc)(4), S. 244.

[553] SEAG-RegE, Begründung, S. 80. Siehe auch *Neye/Ch. Teichmann*, AG 2003, 169, 171.

[554] SEAG-RegE, Begründung, S. 80.

[555] *Neye/Ch. Teichmann*, AG 2003, 169, 172. Eine entsprechende Ergänzung wird im Schrifttum gefordert (*Brandt*, DStR 2003, 1208, 1210; *Handelsrechtsausschuss des DAV*, NZG 2004, 75, 77). Nach dem Regierungsentwurf eines Gesetzes zur Einführung der Europäischen Gesellschaft (SEEG) soll § 1 SpruchG eine neue Nummer 5 beigefügt werden, welche die Anwendbarkeit auf die SE-Gründung ausdrücklich festlegt.

Publizität in den Mitgliedstaaten, in denen die Gründungsgesellschaften ansässig waren, hergestellt wird.[556]

Eine interessante Neuerung im Vergleich zum Diskussionsentwurf enthält Absatz 4 S. 2. Darin wird klargestellt, dass auch Aktionäre einer ausländischen Gründungsgesellschaft berechtigt sind, ein Spruchverfahren vor einem deutschen Gericht einzuleiten, wenn ihr nationales Recht ebenfalls ein solches Verfahren kennt. Voraussetzung ist aber die internationale Zuständigkeit des deutschen Gerichts, die sich aus einer Gerichtsstandsvereinbarung oder dem EuGVÜ ergeben kann. Zweck der Regelung ist es Doppelarbeit und sich widersprechende Entscheidungen deutscher und ausländischer Gerichte zu vermeiden, wenn bei der SE-Gründung sowohl von den Aktionären einer deutschen Gründungsgesellschaft als auch von den Aktionären einer ausländischen Gründungsgesellschaft jeweils die Überprüfung des Umtauschverhältnisses begehrt wird.[557]

bb) Austritts- und Abfindungsrecht (§ 7 SEAG-RegE)

§ 7 SEAG-RegE orientiert sich an den §§ 29 bis 34 UmwG.

Absatz 1 lehnt sich an § 29 UmwG an. Nur § 29 Abs. 1 S. 2 und S. 3 UmwG sind nicht in die Verordnung übernommen worden, da sie bei der SE-Gründung keinen Anwendungsbereich hätten.[558] Die übertragenden Gesellschaften werden verpflichtet, den widersprechenden Aktionären im Verschmelzungsplan oder dessen Entwurf den Erwerb ihrer Aktien gegen eine angemessene Barabfindung anzubieten (S. 1). Die Vorschrift räumt den widersprechenden Aktionären also ein Austrittsrecht ein. Anders als dies zunächst im Diskussionsentwurf (vgl. § 7 Abs. 1 SEAG-DiskE) vorgesehen war,[559] ist das Austrittsrecht auf die Aktionäre der übertragenden Gesellschaft beschränkt. Die Erweiterung des Austrittsrechts auf die Aktionäre der aufnehmenden Gesellschaft hätte der SE-Gründung im Hinblick auf § 29 UmwG eine Sonderrolle eingeräumt.

Eine weitere bedeutende Einschränkung erfährt das Austrittsrecht im Regierungsentwurf insoweit, als dieses nur in den Fällen der sitzverlegenden Verschmelzung besteht. Während der Diskussionsentwurf grundsätzlich bei jeder SE-Verschmelzung die Möglichkeit zum Austritt bereithalten wollte, kommt ein solcher nach dem Regierungsentwurf nur noch dann in Betracht, wenn die SE ihren Sitz im Ausland haben soll. Diese Differenzierung wird damit begründet, dass kein Aktionär gezwungen werden soll, die mit dem Wechsel in die Rechtsform der SE verbundene Änderung seiner Rechte und Pflichten hinzunehmen. Wegen des auf Ergänzung durch nationales Recht angelegten Regelungskonzepts ergäben sich deshalb bei einem Wechsel des Rechtsregimes zwangsläufig Unterschiede, während sich bei einer SE mit Sitz in Deutschland das anwendba-

---

[556] Ebenso *Handelsrechtsausschuss des DAV*, NZG 2004, 75, 77.

[557] SEAG-RegE, Begründung zu § 6, S. 81.

[558] SEAG-RegE, Begründung zu § 7, S. 81 f.

[559] Dazu *Neye/Ch. Teichmann*, AG 2003, 169, 172.

re Recht nicht grundlegend ändere. Daher bestehe in letzterem Fall auch keine Veranlassung für ein Austrittsrecht. Außerdem werde mit dieser Differenzierung auch dem Interesse der Wirtschaft Rechnung getragen, im Hinblick auf dadurch ausgelöste Kostenrisiken die Möglichkeit zum Austritt gegen Abfindung sachgerecht zu begrenzen.[560] Diese vom Gesetzgeber vorgenommene Eingrenzung des Austrittsrechts ist in jedem Falle zu begrüßen.[561]

Im Gegensatz zum Nachbesserungsanspruch nach § 6 SEAG-RegE setzt das Austritts- und Abfindungsrecht voraus, dass der Aktionär dem Verschmelzungsbeschluss widersprochen hat. Dieser Unterschied rechtfertigt sich nach der Begründung dadurch, dass ein Anspruch auf Barabfindung notwendig mit dem Ausscheiden aus der Gesellschaft verbunden ist und für einen Gesellschafter, der der Verschmelzung nicht zugestimmt hat, daher nicht in Betracht kommt.[562]

Die Vorschriften des AktG über den Erwerb eigener Aktien gelten mit Ausnahme des § 71 Abs. 4 S. 2 AktG (S. 2). Sie finden, wie in der Begründung zu Recht hervorgehoben wird, auch dann Anwendung, wenn die SE ihren Sitz nicht in Deutschland hat.[563] Dies ordnet Art. 25 Abs. 3 S. 4 ausdrücklich an.[564] Damit wird verhindert, dass der in Deutschland mögliche Erwerb eigener Aktien bei der Abfindung von Aktionären (§ 71 Abs. 1 Nr. 3 AktG) daran scheitert, dass das Aktienrecht im Sitzstaat der SE einen solchen Erwerb nicht zulässt. Dies ist durchaus möglich, weil es den Mitgliedstaaten frei steht, ob sie die in Art. 20 Zweite RiL vorgesehenen Ausnahmen vom Erwerbsverbot in nationales Recht umsetzen. Es kann also vorkommen, dass eine SE mit Sitz im Ausland zur Befriedigung des Barabfindungsgebots mehr als 10 % der eigenen Aktien erwirbt, obwohl dies das anwendbare nationale Recht an sich nicht zulässt. Die praktische Umsetzung dieser Rechtsfolge dürfte allerdings problematisch sein. Es bleibt abzuwarten, ob ausländische Gerichte die Außerkraftsetzung ihres nationalen Kapitalerhaltungsrechts durch das deutsche SEAG ohne weiteres akzeptieren.[565]

Der Wortlaut des Angebots muss in der Bekanntmachung als Gegenstand der Beschlussfassung enthalten sein (S. 3). Damit ist die Bekanntmachung zur Vorbereitung der Hauptversammlung i.S. des § 124 Abs. 2 S. 2 AktG gemeint, die von der Bekanntmachung nach Art. 21 Buchst. d zu unterscheiden ist. Letztere umfasst die „Modalitäten für die Ausübung der Rechte der Minderheitsaktionäre“. Sie muss also nicht zwingend eine Wiederholung des Wortlauts enthalten.

---

560 SEAG-RegE, Begründung zu § 7, S. 81.
561 Siehe oben C.VI.2.d)bb)(3), S. 240.
562 SEAG-RegE, Begründung zu § 7, S. 82.
563 SEAG-RegE, Begründung zu § 7, S. 83.
564 So auch *Neye/Ch. Teichmann*, AG 2003, 169, 172.
565 Zu diesem Problem *Ch. Teichmann*, ZGR 2003, 367, 378.

In der Praxis können die beiden Bekanntmachungen aber miteinander verbunden werden.[566]

Die Absätze 2 bis 7 des § 7 SEAG-RegE entsprechen den §§ 30 bis 34 UmwG:

- Absatz 2 entspricht dem § 30 Abs. 1 UmwG.
- Absatz 3 entspricht dem § 30 Abs. 2 UmwG.
- Absatz 4 entspricht dem § 31 UmwG.[567]
- Absatz 5 entspricht dem § 32 UmwG.[568]
- Absatz 6 entspricht dem § 33 UmwG.
- Absatz 7 entspricht dem § 34 UmwG.[569]

cc) Stellungnahme

Der Regierungsentwurf hat einige Schwächen des Diskussionsentwurfs behoben. Inbesondere die Beschränkung des Austrittsrechts auf die Fälle der sitzverlegenden Verschmelzung (vgl. § 7 Abs. 1 SEAG-DiskE) ist zu begrüßen, weil sie einen übertriebenen Gesellschafterschutz verhindert. Demgegenüber ist zu bemängeln, dass die sachlich gerechtfertigte Erweiterung des Minderheitenschutzes auf die Aktionäre der aufnehmenden Gesellschaft zurückgenommen wurde. Hauptkritikpunkt ist, dass der Regierungsentwurf keinen Weg weist, wie der drohenden Blockade des Spruchverfahrens durch ein Veto der Aktionäre der ausländischen Gesellschaft gemäß Art. 25 Abs. 3 begegnet werden kann. Dem deutschen Gesetzgeber war keine leichte Aufgabe gestellt, dieses Dilemma aufzulösen. Die Beschränkung der Regelungskompetenz auf die Gesellschaften, die seinem Recht unterliegen, hindert ihn daran, materielle Minderheitenrechte für die Aktionäre ausländischer Gesellschaften vorzusehen. Die diskutierten – im SEAG-RegE jedoch nicht umgesetzten – Lösungsansätze (Möglichkeit einer prozessualen Beteiligung der Aktionären der ausländischen Gesellschaft am Spruchverfahren[570] sowie Möglichkeit der Verschlechterung der Umtausch-

---

566 SEAG-RegE, Begründung zu § 7, S. 82.

567 Mit der Bekanntmachung der Eintragung im Sitzstaat der SE beginnt auch die Frist für die Annahme des Abfindungsangebots zu laufen (§ 7 Abs. 4 SEAG-RegE). Besser wäre es, auf die Offenlegung nach Art. 28 abzustellen, weil sich diese auf die Heimatrechtsordnungen der Gründungsgesellschaften erstreckt.

568 Der Klageausschluss nach § 7 Abs. 5 SEAG-RegE erfasst nach seinem klaren Wortlaut auch die Fälle, in denen die Verletzung von Berichts- und Auskunftspflichten bezüglich des Abfindungsangebots geltend gemacht wird (vgl. BGHZ 146, 179). Durch die Bezugnahme auf die Voraussetzungen des Art. 25 Abs. 3 S. 1 wird klargestellt, dass die Anfechtungsmöglichkeit erhalten bleibt, wenn die Aktionäre der ausländischen Gründungsgesellschaft die Durchführung eines Spruchverfahrens abgelehnt haben (vgl. SEAG-RegE, Begründung zu § 7, S. 83).

569 Damit kann das Barabfindungsangebot im Spruchverfahren gerichtlich überprüft werden; vgl. *Neye/Ch. Teichmann*, AG 2003, 169, 172. Absatz 7 S. 3 entspricht § 6 Abs. 4 S. 2 SEAG-RegE.

570 *Neye/Ch. Teichmann*, AG 2003, 169, 172.

bzw. Abfindungsquote der Antragsteller) dürften den Aktionären der ausländischen Gesellschaft jedenfalls nicht genügend Anreiz bieten, der Durchführung des deutschen Spruchverfahrens zuzustimmen.

Die Praxis wird sich deshalb darauf einstellen müssen, dass die ausländische Gründungsgesellschaft im Zweifel von ihrem Vetorecht gemäß Art. 25 Abs. 3 Gebrauch macht. Um jedenfalls missbräuchliche Anfechtungsklagen auszuschließen, sollte der deutsche Gesetzgeber im SEAG ein an § 16 Abs. 3 UmwG angelehntes, aber wesentlich vereinfachtes[571] Freigabeverfahren vorsehen. Zu begrüßen ist insoweit der Vorschlag des *Handelsrechtsausschusses des DAV*, in § 16 Abs. 3 UmwG für den Fall der SE-Verschmelzung Beweiserleichterungen zugunsten der Gesellschaft vorzusehen, soweit es um die Unbegründetheit von Bewertungsrügen geht.[572]

VII. Nationales Gründungsrecht für AG

Art. 15 Abs. 1 verweist auf das Recht im Sitzstaat der SE, das für die Gründung von AG gilt.[573] Damit kommt das nationale Aktiengründungsrecht zur Anwendung. Soll eine SE mit Sitz in Deutschland gegründet werden, sind dementsprechend die §§ 23 ff. AktG zu beachten. Für die Verschmelzung durch Neugründung ergibt sich dies aus Art. 15 Abs. 1 i.V.m. § 36 Abs. 2 UmwG. Für die Verschmelzung durch Aufnahme kann nichts anderes gelten, obschon es bei dieser Variante nicht zu einer Neugründung kommt. Denn Art. 26 Abs. 4 setzt voraus, dass die Gründung der SE den gesetzlichen Anforderungen des Sitzstaats gemäß Art. 15 Abs. 1 genügt. Der Vorgang ist außerdem wegen des mit ihm verbundenen Formwechsels (Art. 17 Abs. 2 Unterabs. 2 S. 1, Art. 29 Abs. 1 Buchst. d) wie eine Sachgründung zu behandeln (Art. 13 Zweite RiL). Die Sachgründungsvorschriften des nationalen Rechts sind daher grundsätzlich zu beachten.

Als Gründer i.S. der Vorschriften des nationalen Gründungsrechts sind die Gründungsgesellschaften und nicht etwa deren Aktionäre anzusehen. Die erforderlichen Gründungsmaßnahmen können sinnvollerweise nicht von den Aktionären der Gesellschaft vorgenommen werden.[574] Gründer und Erstaktionäre sind also nicht personenidentisch.

1. Verschmelzung durch Aufnahme

Die Anwendung der Gründungsvorschriften des nationalen Aktienrechts auf eine Verschmelzung durch Aufnahme verursacht eine Reihe von Problemen. Der Grund hierfür liegt darin, dass die Verschmelzung durch Aufnahme aus zwei

---

[571] Vgl. die dahingehenden Vorschläge zur Reform des UmwG des *Handelsrechtsausschusses des DAV*, NZG 2000, 802, 803.

[572] *Handelsrechtsausschuss des DAV*, NZG 2004, 75, 77.

[573] Siehe oben Teil 2 B.IV.3.d)bb), S. 53.

[574] Vgl. auch § 36 Abs. 2 S. 2 UmwG, der der „Verfahrenserleichterung“ dient; so RegE BR-Drs. 75/94, S. 96.

Einzelvorgängen besteht, die zeitlich zusammenfallen: der Vermögensübertragung auf die aufnehmende Gesellschaft und dem Formwechsel der aufnehmenden Gesellschaft. Es stellt sich daher immer die Frage, ob man den Gesamtvorgang wie eine Verschmelzung oder wie einen Formwechsel behandelt.

a) Satzung

Fraglich ist, ob das Vermögen der Gründungsgesellschaften in der Satzung als Sacheinlage zu deklarieren ist (§ 27 AktG).[575] Im deutschen Recht ist strittig, ob das Vermögen eines formwechselnden Rechtsträgers in der Satzung des Rechtsträgers neuer Rechtsform als Sacheinlage anzugeben ist.[576] In der Praxis wird es als ausreichend erachtet, wenn aus der Satzung ersichtlich wird, dass die Sacheinlage durch Formwechsel der bisherigen AG erbracht wird. Eine Auflistung der einzelnen Vermögensgegenstände ist nicht erforderlich.[577]

Bei der Verschmelzung durch Aufnahme ist in der Satzung insoweit der Hinweis erforderlich, dass die Sacheinlage aus dem Vermögen der aufnehmenden (= formwechselnden) Gesellschaft unter Einschluss des Vermögens der übertragenden Gesellschaft erbracht wird. Dies erklärt sich damit, dass der Vermögensübergang auf die aufnehmende Gesellschaft (Art. 29 Abs. 1 Buchst. a) und deren Rechtsformwechsel (Art. 29 Abs. 1 Buchst. d) ipso iure gleichzeitig stattfinden. Formwechsel und Verschmelzung fallen also zeitlich zusammen. Anderenfalls könnte man zum Schluss gelangen, das Vermögen der SE bestehe nur aus dem Vermögen der aufnehmenden Gesellschaft in der Zeit vor der Verschmelzung. Darüber hinaus ist zu fordern, dass die bei der historischen Sachgründung der Gründungsgesellschaften erfolgten Festsetzungen (Sondervorteile, Gründungsaufwand, Sacheinlagen) in die SE-Satzung aufzunehmen sind (§ 74 und § 243 Abs. 1 S. 2 UmwG analog), weil ansonsten die Vorschriften über die Offenlegung (§ 27 AktG) umgangen werden könnten.[578]

b) Bestellung des ersten Aufsichts- oder Verwaltungsorgans

Die Mitglieder des ersten Aufsichts- bzw. Verwaltungsorgans können in der Satzung bestellt werden (Art. 40 Abs. 2 S. 2 bzw. Art. 43 Abs. 3 S. 2).[579] Daraus ergibt sich im Umkehrschluss, dass bei einer SE-Gründung die Organstellungen

---

575 Zur Notwendigkeit der Satzungsfeststellung bei der Verschmelzung durch Aufnahme siehe oben C.I.3.a)hh)(1), S. 163.

576 Bejahend *Rieger*, in: Widmann/Mayer, UmwG, § 197 Rn. 146 (Stand: März 1997). A.A. *Happ*, in: Lutter, UmwG, § 245 Rn. 28.

577 *Schmidt-Diemitz/Moszka*, in: Münch.VertragsHdb., GesR, XII. 48 Anm. 7 unter Berufung auf das Gutachten Nr. 48 des Deutschen Notarinstituts.

578 Vgl. *Stratz*, in: Schmitt/Hörtnagl/Stratz, UmwG, § 243 Rn. 3. Siehe oben C.I.3.a)hh)(2)(c), S. 166.

579 Die Aufnahme in die Satzung empfiehlt sich allerdings nicht, weil die Satzung sonst durch Regelungen vorübergehender Natur belastet wird; vgl. auch *Barz/Lutter*, in: Lutter: Europäische Aktiengesellschaft, S. 27.

in den Gründungsgesellschaften in jedem Fall entfallen.[580] Wie sich schon dem Wortlaut („können“) entnehmen lässt, regeln die beiden Vorschriften die Bestellung des ersten Aufsichts-/Verwaltungsorgans nicht abschließend. Ergänzend kommt das Recht des Sitzstaats zur Anwendung. Verweisungsvorschrift ist Art. 15 Abs. 1, weil die Bestellung vor Eintragung der SE erfolgt und die Rechtsfrage damit die entstehende und nicht die entstandene SE betrifft. Die Bestellung kann bei einer SE mit Sitz in Deutschland daher auch in gesonderter notarieller Urkunde erfolgen (§ 30 Abs. 1 AktG).[581] Das Aufsichtsorgan bestellt sodann das erste Leitungsorgan (Art. 15 Abs. 1 i.V.m. § 30 Abs. 4 AktG).[582]

Im Hinblick auf die Zusammensetzung des ersten Aufsichtsorgans, stellt sich die Frage, ob die §§ 30 Abs. 2, 31 AktG Anwendung finden. Daran könnten Zweifel bestehen, weil die Anwendung dieser Vorschriften bei einem Formwechsel durch § 197 S. 2 UmwG ausgeschlossen wird. Dadurch soll erreicht werden, dass schon zum Zeitpunkt des Wirksamwerdens des Formwechsels ein mitbestimmter Aufsichtsrat im Amt ist.[583] Auf die Gründung einer SE im Wege der Verschmelzung durch Aufnahme kann der § 197 S. 2 UmwG jedoch nicht angewandt werden. Die Form der Mitbestimmung in der SE wird erst im Verhandlungsverfahren nach der SE-ErgRiL festgelegt. Damit besteht die – zumindest theoretische – Möglichkeit, dass überhaupt keine organbezogene Mitbestimmung vereinbart wird. Die Zusammensetzung des ersten Aufsichtsorgans bei einer durch Aufnahmeverschmelzung gegründeten SE bestimmt sich daher nach § 30 Abs. 2 bzw. § 31 AktG.[584]

c) Bestellung des ersten Abschlussprüfers

Die Gründungsgesellschaften müssen einen Abschlussprüfer für das erste Voll- oder Rumpfgeschäftsjahr bestellen (Art. 15 Abs. 1 i.V.m. § 30 Abs. 1 AktG). Da auch diese Bestellung der notariellen Beurkundung bedarf, bietet sich eine Aufnahme in den Verschmelzungsplan an (Art. 20 Abs. 2).[585]

d) Gründungsbericht und Gründungsprüfung

Grundsätzlich wäre ein Gründungsbericht zu erstatten (Art. 15 Abs. 1 i.V.m. § 32 AktG) und eine Gründungsprüfung durchzuführen (Art. 15 Abs. 1 i.V.m. §§

---

580 Eine Anwendung des § 203 UmwG auf die aufnehmende (= formwechselnde) Gesellschaft kommt damit nicht in Betracht.

581 Insofern können Beurkundungskosten durch eine Aufnahme in den Verschmelzungsplan gespart werden (Art. 20 Abs. 2).

582 A.A. *Neun*, in: Theisen/Wenz, S. 122 Fn. 7, der Art. 39 Abs. 2 Unterabs. 1 für anwendbar hält. Die Vorschrift gilt aber wohl nur für die bereits entstandene SE, nicht aber für die Bestellung des ersten Leitungsorgans.

583 *Decher*, in: Lutter, UmwG, § 197 Rn. 47.

584 § 31 AktG ist einschlägig, wenn das Unternehmen der übertragenden Rechtsträger fortgeführt wird; vgl. dazu *Stratz*, in: Schmitt/Hörtnagl/Stratz, UmwG, § 73 Rn. 13.

585 Ebenso *Neun*, in: Theisen/Wenz, S. 122.

33, 34 AktG).[586] Auf diese Verfahrensschritte kann jedoch m.E. verzichtet werden. Bei der Verschmelzung durch Neugründung sind der Gründungsbericht und die Gründungsprüfung entbehrlich, wenn eine Kapitalgesellschaft übertragender Rechtsträger ist (§ 75 Abs. 2 UmwG). In diesem Fall ist die Kapitalsicherung nämlich bereits durch das Organisationsrecht des übertragenden Rechtsträgers gewährleistet.[587] Entsprechendes gilt auch bei der Gründung einer SE im Wege der Verschmelzung durch Aufnahme, weil als übertragende Gesellschaften nur AG in Betracht kommen. Dies rechtfertigt eine analoge Anwendung des § 75 Abs. 2 UmwG. Die Erstattung eines Gründungsberichts und die Durchführung einer Gründungsprüfung sind bei der SE-Verschmelzung durch Aufnahme daher entbehrlich.

e) Kapitalaufbringung

Fraglich ist, wie bei der Verschmelzung durch Aufnahme die Kapitalaufbringung der SE (Art. 4 Abs. 2) festgestellt wird.[588] Dies ist problematisch, weil die SE durch einen Formwechsel der aufnehmenden Gesellschaft entsteht. Es ist daher zweifelhaft, ob man auf die §§ 36a, 36 Abs. 2 AktG mit der Maßgabe abstellen kann, dass die im Rahmen eines Formwechsels erfolgende fiktive „Einlage" in vollem Umfang zu leisten ist. Beim Formwechsel wird die Sacheinlage, die ohnehin nur für die Anwendung der Gründungsvorschriften fingiert wird, bereits dadurch vollständig erbracht, dass das Vermögen des formwechselnden Rechtsträgers automatisch zum Vermögen des Rechtsträgers neuer Rechtsform wird. Den Anforderungen des § 36a Abs. 2 AktG ist daher in jedem Fall Genüge getan.[589]

Entscheidend ist jedoch, ob das Vermögen des formwechselnden Rechtsträgers zur Kapitaldeckung beim Rechtsträger neuer Rechtsform ausreicht. Man könnte deshalb daran denken, das Gebot der Reinvermögensdeckung (§ 220 Abs. 1 UmwG) analog auf die Verschmelzung durch Aufnahme anzuwenden. Danach muss das Vermögen des formwechselnden Rechtsträgers abzüglich der Schulden das Grundkapital der Zielrechtsform abdecken. M.E. ist wegen des Formwechsels der aufnehmenden Gesellschaft eine analoge Anwendung des § 220 UmwG gerechtfertigt. Für eine analoge Anwendung des § 220 UmwG spricht auch, dass die Bestimmung den Art. 13 Zweite RiL ausführt.[590] Damit scheidet eine Verschmelzung durch Aufnahme bei einer Unterbilanz der aufnehmenden (= form-

---

[586] Die Spezialverweisung des Art. 14 SE-VOV 1989, die bestimmte, dass auf die Prüfung von Sacheinlagen die nationalen Durchführungsbestimmungen zu Art. 10 Zweite RiL des Sitzstaats der SE Anwendung finden, ist mit der Einführung des Art. 11a SE-VOV 1991 (= Art. 15 Abs. 1) überflüssig geworden; vgl. SE-VOV, Begründung zu 13 und 14, S. 3.

[587] RegE BR-Drs. 75/94, S. 102.

[588] Zum Problem der Kapitaldeckung beim Formwechsel siehe unten Teil 7 C.V.1.a), S. 411.

[589] *Rieger*, in: Widmann/Mayer, UmwG, § 245 Rn. 100 (Stand: März 1997).

[590] *Joost*, in: Lutter, UmwG, § 220 Rn. 4.

wechselnden) Gesellschaft aus (Art. 15 Abs. 1 i.V.m. § 220 Abs. 1 UmwG analog).

2. Verschmelzung durch Neugründung

Bei der Verschmelzung durch Neugründung handelt es sich der Sache nach um eine Sachgründung. Das Grundkapital der SE wird durch das Vermögen der Gründungsgesellschaften erbracht, das im Wege der Gesamtrechtsnachfolge übergeht.[591] Daher sind die Sachgründungsvorschriften des nationalen Aktienrechts zu beachten.[592]

a) Satzung

Das Vermögen der Gründungsgesellschaften ist in der Satzung als Sacheinlage festzusetzen (§ 27 AktG). Festsetzungen über Sondervorteile, Gründungsaufwand, Sacheinlagen und -übernahmen aus den Satzungen der übertragenden Gesellschaften sind in die SE-Satzung aufzunehmen (§ 74 UmwG).[593]

b) Bestellung des ersten Aufsichts- oder Verwaltungsorgans

Die Bestellung des ersten Aufsichts- oder Verwaltungsorgans vollzieht sich wie bei der Verschmelzung durch Aufnahme.[594]

c) Bestellung des ersten Abschlussprüfers

Gemäß § 30 Abs. 1 S. 1 AktG ist der erste Abschlussprüfer zu bestellen.

d) Entbehrlichkeit von Gründungsbericht und Gründungsprüfung

Die Erstattung eines Gründungsberichts und eine gesonderte Gründungsprüfung sind bei der Verschmelzung durch Neugründung entbehrlich (Art. 15 Abs. 1 i.V.m. § 75 Abs. 2 UmwG).

e) Kapitalaufbringung

Das Kapital der SE wird bei der Verschmelzung durch Neugründung aus dem Vermögen der Gründungsgesellschaften erbracht, das im Wege der Gesamtrechtsnachfolge übergeht. Das Vermögen stellt eine Sacheinlage dar. Gemäß Art. 15 Abs. 1 i.V.m. § 36 Abs. 2 UmwG ist die Sacheinlageverpflichtung vollständig zu erfüllen (§ 36a Abs. 2 AktG). Eine nur teilweise Erfüllung der Sacheinlagepflicht, wie sie § 36a Abs. 2 S. 2 AktG ermöglicht, kommt im Zusammenhang mit einer Verschmelzung durch Neugründung nicht in Betracht.[595]

---

[591] *Stratz*, in: Schmitt/Hörtnagl/Stratz, UmwG, § 73 Rn. 6.
[592] *Marsch-Barner*, in: Kallmeyer, UmwG, § 36 Rn. 10.
[593] Siehe oben C.I.3.a)hh)(2)(c), S. 166.
[594] Siehe oben C.VII.1.b), S. 253.
[595] *Rieger*, in: Widmann/Mayer, UmwG, § 36 Rn. 152 (Stand: Juli 1996).

VIII. Eintragung

1. Überblick

Die SE erwirbt Rechtspersönlichkeit am Tag ihrer Registereintragung (Art. 16 Abs. 1). Die Art. 25 bis 28 enthalten Sondervorschriften für das Eintragungsverfahren bei einer SE-Verschmelzung. Kernvorschrift ist Art. 27, der die Voraussetzungen und Wirkungen der Eintragung festlegt. Die SE kann erst dann eingetragen werden, wenn die in Art. 25 und 26 vorgesehenen Formalitäten erfüllt sind (Art. 27 Abs. 2). Gleichzeitig mit der Eintragung werden die Verschmelzung und die Gründung der SE wirksam (Art. 27 Abs. 1).

Der Eintragung der SE geht daher zwingend eine Rechtmäßigkeitskontrolle nach Maßgabe der Art. 25 und 26 voran. Die beiden Vorschriften sehen ein zweistufiges Verfahren zur Kontrolle der Rechtmäßigkeit der Verschmelzung vor (dazu 2). Ist die Rechtmäßigkeit der Verschmelzung festgestellt, kann die SE in das Register eingetragen werden. Die Eintragung wird offen gelegt (Art. 15 Abs. 2 i.V.m. Art. 13) und im Amtsblatt der EG bekannt gemacht (Art. 14 Abs. 1) (dazu 3). Schließlich muss die Durchführung der Verschmelzung in den Heimatrechtsordnungen offen gelegt werden (Art. 28) (dazu 4).

2. Zweistufige Rechtmäßigkeitskontrolle

Die Rechtmäßigkeitskontrolle verläuft in einem zweistufigen Verfahren, das sowohl die Mitgliedstaaten, deren Recht die Gründungsgesellschaften unterliegen, als auch den künftigen Sitzstaat der SE einbezieht. Zunächst findet für jede Gründungsgesellschaft eine gesonderte Prüfung in dem Mitgliedstaat statt, dessen Recht sie unterliegt (Art. 25 Abs. 1). Ergeben sich dabei keine Beanstandungen, erteilt die zuständige Kontrollstelle eine Rechtmäßigkeitsbescheinigung (Art. 25 Abs. 2). Im Anschluss daran kommt es zur Rechtmäßigkeitskontrolle im künftigen Sitzstaat der SE (Art. 26 Abs. 1). Zu diesem Zweck legen die Gründungsgesellschaften bei der im Sitzstaat zuständigen Kontrollstelle die Rechtmäßigkeitsbescheinigung vor (Art. 26 Abs. 2). Die Rechtmäßigkeitskontrolle findet demnach sowohl auf Ebene der Gründungsgesellschaften als auch auf Ebene der künftigen SE statt. Die früheren Überlegungen, eine einheitliche Rechtmäßigkeitskontrolle auf europäischer Ebene einzuführen und diese beim EuGH anzusiedeln,[596] sind also zugunsten einer zweistufigen Kontrolle auf nationaler Ebene aufgegeben worden.

a) Sinn und Zweck

Nach Darstellung von *Blanquet* sollte die Zweistufigkeit des Kontrollverfahrens all jene beruhigen, die befürchteten, dass die Kontrolle nicht in allen Mitgliedstaaten mit der gleichen Sorgfalt vorgenommen würde. Dadurch soll beispiels-

---

[596] Vgl. Art. II-1-1 und Art. II-1-6 Sanders-Vorentwurf bzw. Art. 11, Art. 17 und Art. 18 SE-VOV 1970 und 1975.

weise verhindert werden, dass die Verschmelzung wegen eines Formfehlers, z.B. weil nicht alle Aktionäre ordnungsgemäß zur Hauptversammlung geladen worden sind, in Frage gestellt werden könnte.[597] Im Schrifttum ist kritisch angemerkt worden, dass sich das Verfahren der Rechtmäßigkeitskontrolle durch die Zweiteilung möglicherweise verkompliziere.[598] Dies trifft sicherlich zu. Dennoch stellt die zweistufige Rechtmäßigkeitskontrolle ein zweckmäßiges und sinnvolles Mittel dar, um die unterschiedlichen Verschmelzungsrechte der Mitgliedstaaten in Einklang zu bringen.[599]

Die Zweistufigkeit des Kontrollverfahrens gewährleistet zunächst, dass die gesetzlichen Anforderungen aller betroffenen mitgliedstaatlichen Rechtsordnungen mit der nötigen Sachkenntnis geprüft werden. Für die zuständige Kontrollstelle im künftigen Sitzstaat der SE hätte es einen unzumutbaren Aufwand bedeutet, die eintragungsrechtlichen Voraussetzungen der anderen Mitgliedstaaten, deren Recht eine der Gründungsgesellschaften unterliegt, mit zu überprüfen. Die hierfür erforderliche Kenntnis fremder Gesellschaftsrechte hätte die nationalen Kontrollstellen überfordert. Insofern wird der Mehrstaatlichkeit des Gründerkreises durch die Mehrstaatlichkeit der Kontrollebenen Rechnung getragen.

Die Zweiteilung der Rechtmäßigkeitskontrolle entspricht auch dem Charakter der Verschmelzung als zweistufigem Verfahren. Mit Blick auf das Verhältnis von Art. 15 Abs. 1 und Art. 18 ist oben dargelegt worden, dass eine Verschmelzung in zwei Stufen verläuft.[600] Während Art. 18 das auf die Gründungsgesellschaften anwendbare Recht in der Vorbereitungs- und Beschlussphase bestimmt, bestimmt Art. 15 Abs. 1 das auf die SE in Entstehung in der Vollzugsphase anwendbare Recht. Mit dieser Zweistufigkeit korrespondiert die Rechtmäßigkeitskontrolle.[601] Soweit das Verschmelzungsverfahren in den Gründungsgesellschaften betroffen ist, richtet sich die Rechtmäßigkeitskontrolle nach dem mitgliedstaatlichen Recht, dem die jeweilige Gründungsgesellschaft unterliegt (Art. 25 Abs. 1). Soweit es um die „Durchführung der Verschmelzung" und die „Gründung der SE" geht, bestimmt sich die Rechtmäßigkeitskontrolle nach dem Sitzstaatrecht der künftigen SE (Art. 26 Abs. 1). Art. 26 Abs. 4 bringt diesen Zusammenhang klar zum Ausdruck, wenn er der Sitzstaatbehörde aufgibt, die Einhaltung der gemäß Art. 15 bestehenden Anforderungen an die Gründung zu kontrollieren.

---

597 *Blanquet*, ZGR 2002, 20, 44 spricht vom „Brückenschlag" der Art. 25 und 26, durch den die politische Einigung über die Modalitäten der grenzüberschreitenden Verschmelzung ermöglicht worden sei.

598 *Bungert/Beier*, EWS 2002, 1, 7.

599 *Trojan-Limmer*, RIW 1991, 1010, 1014; *Hemmelrath*, in: Schwappach: EU-Rechtshandbuch Wirtschaft, § 35 Rn. 68 („Koordinierung der verschiedenen Verschmelzungssysteme der Gründungsstaaten"); *Bühler*, S. 202.

600 Siehe oben Teil 2 B.IV.1, S. 37.

601 So zu Recht *Ch. Teichmann*, ZGR 2002, 383, 431 f.; *ders.*, ZGR 2003, 367, 375 Fn. 34.

Wegen der einschneidenden Rechtsfolgen, welche die Verschmelzung für die Gründungsgesellschaften mit sich bringt, besteht auch ein besonderes Bedürfnis dafür, eine Kontrollstufe auf Ebene der Gründungsgesellschaften vorzuschalten. Die Verschmelzung setzt der rechtlichen Existenz der Gründungsgesellschaften ein Ende (Art. 29 Abs. 1 Buchst. c bzw. Abs. 2 Buchst. c) oder ändert deren Rechtsform (Art. 29 Abs. 1 Buchst. d). Es ist deshalb sachgerecht, eine vorgelagerte Kontrolle in den Mitgliedstaaten zu verlangen, die von diesen Vorgängen betroffen werden.

Schließlich dient die Zweistufigkeit des Verfahrens der zeitlichen Abstimmung der Kontrollen in den verschiedenen Mitgliedstaaten.[602] Hierdurch wird gewährleistet, dass die Verschmelzung nicht wirksam wird, bevor für jede Gründungsgesellschaft die vorgeschriebenen Prüfungen vorgenommen worden sind.[603] Zu diesem Zweck trägt insbesondere die Verpflichtung zur Vorlage der Rechtmäßigkeitsbescheinigung bei (Art. 25 Abs. 2, Art. 26 Abs. 2).

b) Zuständigkeit

Die Verordnung bestimmt weder, wer für die Rechtmäßigkeitskontrolle in den Mitgliedstaaten zuständig ist, noch klärt sie, in welches Register die SE einzutragen ist.

aa) Rechtmäßigkeitskontrolle

Die nationalen Gesetzgeber sind dazu ermächtigt, die zuständigen Behörden i.S. der Art. 25 und 26 zu bestimmen (Art. 68 Abs. 2).[604] Der beispielhaften Aufzählung „Gericht, Notar oder sonstige Behörde“ in Art. 25 Abs. 2 und Art. 26 Abs. 1[605] kann entnommen werden, dass der Verordnungsgeber kein bestimmtes System der Rechtmäßigkeitskontrolle voraussetzt. Den nationalen Gesetzgebern steht es daher frei, eine gerichtliche bzw. behördliche Kontrolle oder eine öffentliche Beurkundung durch einen Notar vorzuschreiben. Beide Kontrollsysteme sind gemeinschaftsrechtskonform (Art. 10 Erste RiL, Art. 16 Dritte RiL).

bb) Register

Die SE ist im Sitzstaat in ein nach dem Recht dieses Staates bestimmtes Register einzutragen (Art. 12 Abs. 1). Trotz des unklaren Wortlauts – die Rede ist von

---

602 In der Begründung zu Art. 24 SE-VOV 1991 heißt es, die Vorschrift sei „zwecks verbesserter Kohärenz und einer besseren zeitlichen Abfolge des vorgesehen Verfahrens völlig neu formuliert“ worden (SE-VOV 1991, Begründung zu Art. 24, S. 4). Siehe auch Zehnte-RiL-V 1985, Begründung zu Art. 10, S. 10.

603 *Goldman*, Bericht zum Int.VerschmelzÜE 1972, S. 72.

604 Dies übersehen offensichtlich *Bungert/Beier*, EWS 2002, 1, 7, die für Deutschland ohne weiteres die Zuständigkeit des Registergerichts annehmen.

605 Art. 24 Abs. 2 SE-VOV 1991 sprach nur von „Behörden“. Hier wurde zu Recht eine Klarstellung gefordert, dass zuständige Behörde in diesem Sinne auch ein Gericht (Registergericht) sein kann; vgl. *Gemeinsamer Arbeitsausschuss 1991*, S. 7.

einem „bestimmten“ und nicht von einem „zu bestimmenden“ Register – ist davon auszugehen, dass die Verordnung den nationalen Gesetzgeber dazu ermächtigt, das zuständige Register zu bestimmen.[606] Das ergibt sich bereits daraus, dass die SE für die nationalen Rechtsordnungen neu ist und die Zuständigkeiten dementsprechend erst festgelegt werden müssen.

cc) Regelung im SEAG-RegE

Eine SE mit Sitz in Deutschland ist gemäß den für AG geltenden Vorschriften in das Handelsregister einzutragen (§ 3 SEAG-RegE). Die Vorschrift stützt sich auf die in Art. 12 Abs. 1 enthaltene Ermächtigung („nach dem Recht dieses Staates bestimmtes Register“) und ist damit keineswegs überflüssig.[607]

Für die Erteilung der Rechtmäßigkeitsbescheinigung nach Art. 25 Abs. 2 und die Rechtmäßigkeitskontrolle im SE-Sitzstaat nach Art. 26 ist das nach § 125 Abs. 1 und Abs. 2 FGG bestimmte Gericht sachlich zuständig (§ 4 S. 1 SEAG-RegE). Die Ausstellung der Bescheinigung und die Rechtmäßigkeitskontrolle im SE-Sitzstaat ist daher Handelsregistersache. Für das deutsche Recht läuft das Verfahren nach dem FGG und der Handelsregisterverordnung ab.[608] In Ermangelung einer Regelung der örtlichen Zuständigkeit wäre im SEAG außerdem eine Verweisung auf § 14 AktG wünschenswert.[609]

Der SEAG-RegE benennt nicht die für die Rechtmäßigkeitskontrolle nach Art. 25 Abs. 1 zuständige Stelle. Offensichtlich gehen die Verfasser davon aus, dass Art. 68 Abs. 2 diese Frage nicht erfasst und sich die zuständige Stelle nach der Spezialverweisung des Art. 25 Abs. 1 selbst bestimmt. Für die Rechtmäßigkeitskontrolle einer Gründungsgesellschaft deutschen Rechts ist daher das Handelsregister an ihrem Sitz zuständig (Art. 25 Abs. 1 i.V.m. § 16 Abs. 1 UmwG).

c) Rechtmäßigkeitskontrolle auf Ebene der Gründungsgesellschaften (Art. 25)

Zunächst findet eine für jede Gründungsgesellschaft gesonderte Rechtmäßigkeitskontrolle statt. Diese richtet sich nach „den für die Verschmelzung von Aktiengesellschaften geltenden Rechtsvorschriften des Mitgliedstaats ..., dessen Recht die jeweilige verschmelzende Gesellschaft unterliegt“ (Art. 25 Abs. 1). Ergeben sich bei der Rechtmäßigkeitskontrolle keine Beanstandungen, so hat die zuständige Stelle der jeweiligen Gründungsgesellschaft darüber eine Bescheinigung auszustellen (Art. 25 Abs. 2).

---

[606] So auch *Ch. Teichmann*, ZIP 2002, 1109, 1111 f. und 1116; *ders.*, in: Theisen/Wenz, S. 581 f.; *Neye/Ch. Teichmann*, AG 2003, 169, 173.

[607] So aber der *Handelsrechtsausschuss des DAV*, NZG 2004, 75, 76.

[608] SEAG-RegE, Begründung zu § 4, S. 78.

[609] *Handelsrechtsausschuss des DAV*, NZG 2004, 75, 76.

aa) Übertragende und übernehmende Gesellschaft

Die Rechtmäßigkeitskontrolle ist für jede sich verschmelzende Gesellschaften durchzuführen. Art. 25 Abs. 1 unterscheidet nicht zwischen übertragender und aufnehmender Gründungsgesellschaft. Eine bestimmte Kontrollreihenfolge ist nicht einzuhalten.[610]

bb) Verfahren

Art. 25 Abs. 1 enthält eine Spezialverweisung, die das auf das Verfahren der Rechtmäßigkeitskontrolle anwendbare Recht bestimmt. Danach finden die für die Verschmelzung von AG geltenden Rechtsvorschriften des Mitgliedstaats, dessen Recht die jeweilige verschmelzende Gesellschaft unterliegt, Anwendung.

(1) Distributive Rechtsanwendung

Wie dem Wortlaut entnommen werden kann („jeweilige verschmelzende Gesellschaft"), ordnet Art. 25 Abs. 1 die distributive Anwendung verschiedener Rechtsordnungen an. Das Verfahren der Rechtmäßigkeitskontrolle auf der ersten Stufe richtet sich daher für jede Gründungsgesellschaft ausschließlich nach ihrem Gesellschaftsstatut.[611]

(2) Anwendbares Sachrecht

Art. 25 Abs. 1 verweist auf die für die Verschmelzung von AG geltenden Rechtsvorschriften des nationalen Rechts. Damit finden die Durchführungsbestimmungen zu Art. 16 Dritte RiL Anwendung.[612] Den Mitgliedstaaten bleibt es daher auch bei einer SE-Verschmelzung freigestellt, ob sie eine vorbeugende gerichtliche oder behördliche Kontrolle verlangen oder ob sie die öffentliche Beurkundung genügen lassen.[613]

(3) Verfahren bei einer deutschen Gründungsgesellschaft

Das deutsche Recht enthält in den §§ 16 und 17 UmwG (Anmeldung der Eintragung) sowie in § 19 UmwG (Eintragung und Bekanntmachung der Eintragung) Sondervorschriften zum registerrechtlichen Eintragungsverfahren bei Verschmelzungen. Während sich die §§ 16, 17 UmwG mit dem Teil des Registerverfahrens befassen, der die Mitwirkung der sich verschmelzenden Rechtsträger am Registerverfahren betrifft, regelt § 19 UmwG den Teil des Verfahrens, bei dem allein die Registergerichte tätig sind.[614] Die Rechtmäßigkeitskontrolle nimmt danach folgenden Verlauf:

---

610 Anders dagegen Art. 10 Abs. 3 Zehnte RiL-V 1985. Krit. dazu *Ziegler*, S. 123.

611 Unzutreffend *Bühler*, S. 202, der stets auf das Sitzrecht der jeweiligen Gesellschaft abstellt.

612 Dazu *Schwarz*, Rn. 652.

613 Siehe oben C.VIII.2.b), S. 259.

614 *Schwarz*, in: Widmann/Mayer, UmwG, § 16 Rn. 1 (Stand: Juli 1996)

Die Rechtmäßigkeitskontrolle wird durch Anmeldung beim zuständigen Registergericht eingeleitet (§ 16 Abs. 1 UmwG)[615]. Die Anlagen der Anmeldung ergeben sich aus § 17 UmwG. Der Anmeldung ist eine Negativerklärung i.S. des § 16 Abs. 2 UmwG beizufügen. Es muss erklärt werden, dass der Verschmelzungsbeschluss nicht oder nicht rechtzeitig angefochten wurde oder dass der Prozess bereits beendet ist.[616]

§ 19 Abs. 1 UmwG setzt die Reihenfolge der Eintragungen fest. Die Verschmelzung ist zunächst in das Register des übertragenden Rechtsträgers einzutragen und erst anschließend in das Register des übernehmenden Rechtsträgers. Danach sind die Eintragungen bekannt zu machen (Abs. 3).

Von der Verweisung des Art. 25 Abs. 1 wird nur der Teil des Registerverfahrens erfasst, der die Mitwirkung der Gründungsgesellschaft betrifft. Den eigentlichen Eintragungs- und Offenlegungsvorgang regelt die SE-VO in den Art. 27 und 28 selbst. Art. 25 Abs. 1 spricht nur von der Kontrolle der Rechtmäßigkeit der Verschmelzung, nicht aber von der Eintragung der SE oder der Offenlegung der Verschmelzung. In das Verweisungsobjekt des Art. 25 Abs. 1 fallen demnach nur die §§ 16, 17 UmwG, während die Anwendbarkeit des § 19 UmwG von Art. 27 bzw. Art. 28 abhängt.[617]

Das Verfahren der Rechtmäßigkeitskontrolle bei einer Gründungsgesellschaft deutschen Rechts richtet sich demzufolge nach Art. 25 Abs. 1 i.V.m. §§ 16, 17 UmwG. Die AG hat die SE-Verschmelzung vertreten durch ihren Vorstand zur Rechtmäßigkeitskontrolle beim Register ihres Sitzes anzumelden (Art. 25 Abs. 1 i.V.m. § 16 Abs. 1 UmwG bzw. § 38 Abs. 1 UmwG).[618] Die Anmeldung muss die nach § 16 Abs. 2 UmwG erforderliche Negativerklärung und die in § 17 UmwG aufgeführten Anlagen enthalten. Das Registergericht prüft daraufhin die formellen und materiellen Voraussetzungen für die Erteilung der Rechtmäßigkeitsbescheinigung i.S. des Art. 25 Abs. 2. Zu den formellen Voraussetzungen zählen:[619]

- die Zuständigkeit des Registergerichts;
- die Anmeldeberechtigung der Anmeldenden (vgl. § 16 Abs. 1 UmwG);
- die Form der Anmeldung (§ 12 HGB);

---

615 § 38 Abs. 1 UmwG bei der Verschmelzung durch Neugründung.

616 Es handelt sich hierbei um eine formale Eintragungsvoraussetzung; vgl. *Bork*, in: Lutter, § 16 UmwG Rn. 9.

617 Siehe unten C.VIII.2.c)ee)(2)(a), S. 267.

618 Bei der SE-Verschmelzung tritt an die Stelle der Anmeldung zur Eintragung die Anmeldung zur Rechtmäßigkeitskontrolle nach Art. 25; so zu Recht *Neun*, in: Theisen/Wenz, S. 74 Fn. 1.

619 Vgl. *Zimmermann*, in: Kallmeyer, UmwG, § 19 Rn. 4.

- die Vollständigkeit der Unterlagen (§ 16 Abs. 2[620] und § 17 UmwG); der Anmeldung ist insbesondere eine Schlussbilanz der Gründungsgesellschaft beizufügen (§ 17 Abs. 2 UmwG).[621]

cc) Prüfungsumfang

Art. 25 Abs. 1 ist nicht nur Spezialverweisung, sondern auch Sachnorm. Die Vorschrift verweist nur für die Art und Weise der Kontrolle („Wie") auf nationales Recht. Die Anordnung zur Rechtmäßigkeitskontrolle („Ob") ist dagegen in der Vorschrift selbst enthalten („wird ... kontrolliert"). Art. 25 Abs. 1 bestimmt auch eigenständig den Gegenstand der Kontrolle („Was"). Danach umfasst die Rechtmäßigkeitskontrolle „die die einzelnen sich verschmelzenden Gesellschaften betreffenden Verfahrensabschnitte". Dies wird in der Literatur bisweilen übersehen, wenn pauschal behauptet wird, dass sich der Prüfungsumfang nach nationalem Recht richtet.[622] Es ist vielmehr zwischen den formellen und den materiellen Voraussetzungen, die im Rahmen der Rechtmäßigkeitskontrolle geprüft werden, zu unterscheiden. Weil sich das Verfahren der Rechtmäßigkeitskontrolle gemäß Art. 25 Abs. 1 nach nationalem Recht richtet, gilt dies entsprechend auch für die formellen Voraussetzungen, die im Rahmen der Rechtmäßigkeitskontrolle geprüft werden.[623] Die materiellen Voraussetzungen der Rechtmäßigkeit der Verschmelzung ergeben sich dagegen unmittelbar aus der Verordnung (vgl. Art. 20 bis 24). Dementsprechend bestimmt Art. 25 Abs. 1 den materiellen Prüfungsumfang eigenständig, wenn er von den die einzelnen Gesellschaften betreffenden Verfahrensabschnitten spricht. Damit sind die Schritte des Verschmelzungsverfahrens gemeint, die den Gründungsgesellschaften und nicht der SE in Entstehung zuzurechnen sind.[624] Es besteht daher ein Gleichlauf des materiellen Prüfungsumfangs i.S. des Art. 25 Abs. 1 mit dem Anwendungsbereich der Verweisungsnorm des Art. 18. Die Rechtmäßigkeitskontrolle bei einer deutschen Gründungsgesellschaft umfasst folgende Punkte:

---

620 Für die SE-Verschmelzung bedeutet das Fehlen der Negativerklärung, dass keine Rechtmäßigkeitsbescheinigung i.S. des Art. 25 Abs. 2 erteilt werden darf (Art. 25 Abs. 1 i.V.m. § 16 Abs. 2 S. 2 UmwG); ebenso *Ch. Teichmann*, ZGR 2003, 367, 375. Die „Erteilungs"-Sperre kann jedoch durch das Unbedenklichkeitsverfahren nach § 16 Abs. 3 UmwG überwunden werden.

621 Hinsichtlich der Schlussbilanz ist zu beachten, dass diese auf einen höchstens acht Monate vor der Anmeldung liegenden Stichtag aufgestellt worden ist (§ 17 Abs. 2 S. 4 UmwG). Diese Achtmonatsfrist ist auch bei SE-Verschmelzungen zu beachten (vgl. *Neun*, in: Theisen/Wenz, S. 72 f. und 74 f.). Die Rechtmäßigkeitsbescheinigung darf ansonsten nicht erteilt werden (Art. 25 Abs. 1 i.V.m. § 17 Abs. 2 S. 4 UmwG).

622 So *Neun*, in: Theisen/Wenz, S. 124. Ähnlich *Bungert/Beier*, EWS 2002, 1, 7, die davon sprechen, dass „sich die Rechtmäßigkeit des Verschmelzungsverfahrens nach dem Verschmelzungsrecht für Aktiengesellschaften des Sitzstaates" richtet.

623 Siehe oben C.VIII.2.c)bb)(3), S. 261.

624 Vgl. *Sagasser/Swienty*, DStR 1991, 1222, 1225.

- Gründungsberechtigung der Gründungsgesellschaft i.S. des Art. 2;[625]
- Verschmelzungsplan i.S. des Art. 20;
- Offenlegung des Verschmelzungsplans (Art. 21 i.V.m. § 61 UmwG) und der Angaben i.S. des Art. 21;
- Verschmelzungsbericht (Art. 18 i.V.m. § 8 UmwG);
- Verschmelzungsprüfung nach Art. 22 bzw. Art. 18 i.V.m. §§ 9 ff. UmwG;
- Zustimmungsbeschluss i.S. des Art. 23;
- ggf. Genehmigung des Mitbestimmungsmodells (Art. 23 Abs. 2 S. 2);
- ggf. Anzeige des Treuhänders über den Empfang der den Aktionären der übertragenden Gesellschaft zu gewährenden Aktien und baren Zuzahlungen (Art. 18 i.V.m. § 71 UmwG);[626]
- ggf. das Vorliegen eines Behördeneinspruchs i.S. des Art. 19;[627]
- ggf. die Leistung einer angemessenen Sicherheit an die Gläubiger gemäß § 8 S. 2 SEAG-RegE[628].

Bei einer Verschmelzung durch Aufnahme ist die Erfüllung folgender Sonderbestimmungen zu überprüfen:

- Eintragung der Kapitalerhöhung bei einer aufnehmenden deutschen Gründungsgesellschaft (Art. 18 i.V.m. § 66 UmwG);
- Eintragung des Verschmelzungsplans im Falle des Art. 18 i.V.m. § 67 UmwG.[629]

dd) Keine Kontrolle der Zweckmäßigkeit und des Umtauschverhältnisses

Art. 25 Abs. 1 (sowie Art. 26 Abs. 1) sprechen von der „Rechtmäßigkeit der Verschmelzung". Die wirtschaftliche Zweckmäßigkeit der Verschmelzung ist damit expressis verbis aus dem Prüfungsumfang ausgenommen.[630] Ebenso wenig findet eine Überprüfung des Umtauschverhältnisses oder etwaiger Barabfindungen statt. Art. 25 Abs. 3 S. 2 stellt klar, dass die Durchführung eines Verfahrens zur Kontrolle und Änderung des Umtauschverhältnisses bzw. zur Abfindung von Minderheitsaktionären, das nach dem Recht eines Mitgliedstaats vorgesehen ist und keine eintragungshindernde Wirkung hat,[631] der Erteilung der Rechtmäßigkeitsbescheinigung nach Art. 25 Abs. 2 nicht entgegensteht. Die Bescheinigung muss allerdings einen Hinweis auf das anhängige Verfahren enthalten (Art. 25 Abs. 3 S. 3).

---

[625] Das Vorliegen von Mehrstaatlichkeit kann erst auf der zweiten Stufe der Rechtmäßigkeitskontrolle festgestellt werden; siehe unten C.VIII.2.d)bb), S. 273.
[626] Siehe oben C.I.3.a)cc), S. 158.
[627] Siehe unten ee)(1)(c), S. 266.
[628] Siehe unten ee)(1)(d), S. 266.
[629] Siehe oben C.I.5, S. 177.
[630] Vgl. auch *Sanders*, Vorentwurf, S. 31.
[631] Zu Art. 25 Abs. 3 siehe oben C.VI.2.d)cc), S. 241 ff.

ee) Rechtsfolgen

Ist die Rechtmäßigkeit gemäß Art. 25 Abs. 1 festgestellt worden, so ist der Gründungsgesellschaft darüber eine Rechtmäßigkeitsbescheinigung zu erteilen (Art. 25 Abs. 2) (dazu 1). Ob das Registergericht zugleich die Verschmelzung eintragen muss, beurteilt sich nicht nach Art. 25 Abs. 1, sondern nach Art. 28 (dazu 2).

(1) Rechtmäßigkeitsbescheinigung i.S. des Art. 25 Abs. 2

Art. 25 Abs. 2 bestimmt, dass in jedem der betreffenden Mitgliedstaaten das zuständige Gericht, der Notar oder eine andere zuständige Behörde eine Bescheinigung ausstellt, „aus der zweifelsfrei hervorgeht, dass die der Verschmelzung vorangehenden Rechtshandlungen und Formalitäten durchgeführt wurden".

(a) Inhalt

Nach Absatz 2 bezieht sich die Bescheinigung auf die Durchführung der der Verschmelzung vorangehenden Rechtshandlungen und Formalitäten. Diese Formulierung ist zu weit. Sie umfasst streng genommen alle der Eintragung der SE vorangehenden Verfahrensschritte (Art. 27 Abs. 1) und damit auch die gemäß Art. 15 Abs. 1 einzuhaltenden Verfahrensschritte. Es ist aber nicht Gegenstand der Rechtmäßigkeitskontrolle auf Ebene der Gründungsgesellschaften, über die Einhaltung der Anforderungen des Sitzstaatrechts der SE zu wachen. Dies ist vielmehr Aufgabe der Kontrollstelle im Sitzstaat der SE (Art. 26 Abs. 4).

Die Bescheinigung gibt daher nicht über die Durchführung sämtlicher der Verschmelzung vorangehenden Verfahrensschritte Auskunft, sondern nur über solche, die den Gründungsgesellschaften zugerechnet werden können. Die Rechtshandlungen und Formalitäten i.S. des Art. 25 Abs. 2 stimmen mit den die einzelnen sich verschmelzenden Gesellschaften betreffenden Verfahrensabschnitten i.S. des Art. 25 Abs. 1 überein. Mit anderen Worten: Die Bescheinigung nach Absatz 2 gibt das Ergebnis der Rechtmäßigkeitskontrolle nach Absatz 1 wieder. Durch ihre Erteilung wird das Verfahren der Rechtmäßigkeitskontrolle auf der ersten Stufe abgeschlossen. Die Bescheinigung zeigt der zuständigen Kontrollstelle im künftigen SE-Sitzstaat, dass die Voraussetzungen der Rechtmäßigkeitskontrolle in der Heimatrechtsordnung der jeweiligen Gründungsgesellschaft erfüllt worden sind (Art. 26 Abs. 2).

Die Bescheinigung muss ggf. einen Hinweis enthalten, dass ein Verfahren zur Kontrolle und Änderung des Umtauschverhältnisses der Aktien oder zur Abfindung der Minderheitsaktionäre anhängig ist, das der Eintragung der Verschmelzung nicht entgegensteht (Art. 25 Abs. 3 S. 3).

(b) Form

Nach der deutschen Sprachfassung muss aus der Bescheinigung „zweifelsfrei hervorgehen", dass die der Verschmelzung vorangehenden Rechtshandlungen und Formalitäten durchgeführt worden sind. Danach dürfte es ausreichen, wenn die Bescheinigung im schlichten Urteilstenor die Rechtmäßigkeit der Verschmelzung nach dem jeweiligen Recht feststellt. Nach der französischen Version („un certificant attestant d´une manière concluante l´accomplissement des actes et des formalités préalables à la fusion") wäre dagegen eine Darstellung des Tatbestands einschließlich gutachterlicher Schlussfolgerung zu verlangen.[632] Wegen der Bindungswirkung der Rechtmäßigkeitsbescheinigung für die Kontrollstelle im SE-Sitzstaat[633] wird man es jedoch für ausreichend halten dürfen, wenn die Bescheinigung im schlichten Urteilstenor abgefasst wird.

(c) Kein Behördeneinspruch (Art. 19)

Soweit der nationale Gesetzgeber ein Einspruchsrecht i.S. des Art. 19 vorgesehen hat, ist vor Erteilung der Bescheinigung zu überprüfen, ob die zuständige Behörde Einspruch erhoben hat.[634] Ist dies der Fall, kann keine Rechtmäßigkeitsbescheinigung erteilt werden.

(d) Leistung einer angemessenen Sicherheit (§ 8 S. 2 SEAG-RegE)

Der Entwurf für ein deutsches Ausführungsgesetz macht die Erteilung der Rechtmäßigkeitsbescheinigung davon abhängig, dass den Gläubigern der Gründungsgesellschaft, denen ein solcher Anspruch zusteht, eine angemessene Sicherheit geleistet wurde (§ 8 S. 2 SEAG-RegE). Es darf allerdings bezweifelt werden, ob sich die Regelung des § 8 SEAG-RegE mit Art. 24 Abs. 1 Buchst. a vereinbaren lässt.[635] Sofern der Gesetzgeber entgegen der geäußerten Kritik an § 8 S. 1 SEAG-RegE festhält, sollte § 8 S. 2 SEAG-RegE präzisiert werden. Wie § 13 SEAG-RegE zeigt, reicht es nicht, dass die Gläubiger einen Anspruch auf Sicherheitsleistung „haben", sie müssen diesen darüber hinaus geltend machen, um Sicherheitsleistung beanspruchen zu können.[636]

Unabhängig davon ist angezweifelt gestellt worden, ob der Gläubigerschutz überhaupt als „Formalität" i.S. des Art. 25 Abs. 2 angesehen werden kann, deren Nichterfüllung der Ausstellung der Bescheinigung und damit der Eintragung der SE entgegenstehen kann.[637] Dies ist indes zu bejahen, weil – wie oben gesehen – insoweit der Prüfungsumfang des Art. 25 Abs. 1 („die die einzelnen sich verschmelzenden Gesellschaften betreffenden Verfahrensabschnitte") maßgebend ist. Dieser umfasst auch die über Art. 24 Abs. 1 anwendbaren nationalen Regelungen zum Gläubigerschutz, soweit diese der Erteilung der Rechtmäßigkeitsbescheinigung entgegenstehen.[638]

---

632 *Vossius*, in: Widmann/Mayer, UmwG, § 20 Rn. 426 (S. 13 Fn. 2).
633 Siehe unten C.VIII.2.d)aa)(2)(a), S. 272.
634 Siehe oben B.IV, S. 139.
635 Siehe oben C.VI.1.c)bb), S. 226.
636 *Handelsrechtsausschuss des DAV*, NZG 2004, 75, 78.
637 *Handelsrechtsausschuss des DAV*, NZG 2004, 75, 78.
638 Siehe oben C.VIII.2.c)cc), S. 263.

(2) Keine Eintragung der Verschmelzung

Das deutsche Registergericht muss, nachdem es die Rechtmäßigkeit der Verschmelzung festgestellt hat, die Bescheinigung i.S. des Art. 25 Abs. 2 erteilen. Fraglich ist, ob es daneben auch zur Eintragung der Verschmelzung verpflichtet ist.[639] Im deutschen Umwandlungsrecht ist dies der Fall. Hier besteht ein öffentlich-rechtlicher Anspruch auf Eintragung.[640]

In diesem Zusammenhang wurde vorgeschlagen, dass das Gericht an Stelle der Erteilung einer Bescheinigung i.S. des Art. 25 Abs. 2 die Verschmelzung – versehen mit einem Vorläufigkeitsvermerk – in das Register einträgt.[641] Die nach Art. 26 Abs. 2 erforderliche Vorlage der Bescheinigung bei der Kontrollstelle im Sitzstaat der SE könnte dann dadurch erreicht werden, dass ein beglaubigter Registerauszug vorgelegt wird. Es ist indes zweifelhaft, ob ein solcher Registerauszug den an eine Bescheinigung i.S. des Art. 25 Abs. 2 zu stellenden formellen und inhaltlichen Anforderungen genügt. Fraglich ist aber schon, ob eine Eintragung der Verschmelzung auf der ersten Stufe der Rechtmäßigkeitskontrolle überhaupt zulässig ist.

(a) Verhältnis zur SE-Eintragung

Nach einer im Schrifttum anzutreffenden Ansicht ist dies zu bejahen.[642] Nach dieser Auffassung kommt über Art. 27 i.V.m. Art. 12 das Eintragungsverfahren gemäß § 19 UmwG mit der darin vorgesehenen Eintragungsreihenfolge zur Anwendung. Danach müsste die Verschmelzung zunächst im Handelsregister der übertragenden AG eingetragen werden, die hierüber eine Bescheinigung ausstellt. Die Eintragung ist mit einem Vorläufigkeitsvermerk zu versehen. Gestützt auf die Bescheinigung i.S. des Art. 25 Abs. 2 könnte das für die künftige SE zuständige Register anschließend die Eintragung der übernehmenden nunmehrigen bzw. neu gegründeten SE verfügen. Schließlich sei in den Ausführungsgesetzen vorzusehen, dass die Register der übertragenden Rechtsträger von der Wirksamkeit der Verschmelzung zu unterrichten sind, um den Vorläufigkeitsvermerk streichen zu können.

Es ist indessen zweifelhaft, ob sich diese Lösung mit den Bestimmungen der Verordnung und der grenzüberschreitenden Dimension des Vorgangs vereinbaren lässt. Die Verordnung trennt zwischen der Eintragung der SE (Art. 27 i.V.m.

---

[639] *Neun*, in: Theisen/Wenz, S. 73 geht offensichtlich davon aus, dass die Rechtmäßigkeitskontrolle allein durch Ausstellung der Bescheinigung abgeschlossen wird.

[640] *Zimmermann*, in: Kallmeyer, UmwG, § 19 Rn. 7 m.w.N.

[641] *Buchheim*, S. 202 in Anlehnung an den von *Priester*, ZGR 1999, 36, 44 zur Verlegungsbescheinigung i.S. des Art. 9 Vierzehnte RiL-V 1997 geäußerten Vorschlag. Ähnlich *Heckschen*, DNotZ 2003, 251, 259, der davon ausgeht, dass unter der „Bescheinigung" i.S. von Art. 25 Abs. 2 und 26 Abs. 2 die Eintragungsnachricht des Handelsregisters zu verstehen ist.

[642] *Vossius*, in: Widmann/Mayer, § 20 UmwG Rn. 426 (S. 14 Fn. 1) (Stand: Juni 2002).

Art. 12) und der Offenlegung der Durchführung der Verschmelzung (Art. 28). Es handelt sich um verschiedene Vorgänge. Demnach gilt für die Publizität bei der Verschmelzungsgründung Folgendes:

- Die SE wird gemäß Art. 3 Erste RiL im Sitzstaat in ein nach dem Recht dieses Staates bestimmtes Register eingetragen (Art. 27 Abs. 1 i.V.m. Art. 12 Abs. 1).
- Die Durchführung der Verschmelzung wird für jede sich verschmelzende Gesellschaft nach dem in den Rechtsvorschriften des jeweiligen Mitgliedstaats vorgesehenen Verfahren in Übereinstimmung mit Art. 3 Erste RiL offen gelegt (Art. 28).

Funktional unterscheiden sich die beiden Publizitätsvorgänge darin, dass die Eintragung der SE wegen Art. 27 Abs. 1 und Art. 16 Abs. 1 konstitutiv wirkt, während die Offenlegung der Durchführung der Verschmelzung bloß deklaratorischen Charakter hat. Insofern zeigen sich Parallelen zur Rechtslage nach dem UmwG. Dort wird zwischen der Eintragung der Verschmelzung in das Register des übertragenden Rechtsträgers und der Eintragung in das Register des übernehmenden Rechtsträgers differenziert (§ 19 Abs. 1 UmwG).[643] Nur die Eintragung der Verschmelzung im Register des übernehmenden Rechtsträgers hat konstitutive Wirkung.[644] Hinsichtlich ihrer Wirkungen entspricht die Eintragung der Verschmelzung beim übernehmenden Rechtsträger damit der Eintragung der SE, während die Eintragung beim übertragenden Rechtsträger der Offenlegung der Verschmelzung gleichkommt.

Die Möglichkeit einer Eintragung der Verschmelzung im Register der Gründungsgesellschaften bereits vor der Eintragung der SE – und damit vor der zweiten Stufe der Rechtmäßigkeitskontrolle – hängt damit von Art. 28 ab. Art. 27 Abs. 1 i.V.m. Art. 12 regelt demgegenüber nur die Eintragung im „Sitzstaat" der SE, sagt also über die Publizität der Verschmelzung in den Rechtsordnungen, denen die Gründungsgesellschaften unterliegen, nichts aus.

Art. 28 ist sowohl Sachnorm als auch Spezialverweisung. Die Vorschrift ordnet die Offenlegung der Durchführung der Verschmelzung an („Ob"), verweist aber für das „Wie" auf mitgliedstaatliches Recht. Es ist daher denkbar, dass § 19 Abs. 1 UmwG in das Verweisungsobjekt der Vorschrift fällt. Systematik, Wortlaut und Telos der Vorschrift weisen jedoch darauf hin, dass Art. 28 die Frage der Reihenfolge der Publizität abschließend regelt und keinen Raum für die in § 19 Abs. 1 UmwG angeordnete Eintragungsreihenfolge lässt. Die räumliche Stellung des Art. 28 im Anschluss an Art. 27 darf als Beleg dafür angesehen werden, dass zuerst die SE einzutragen ist, bevor es zur (deklaratorischen) Offenlegung der

[643] Bei der Verschmelzung durch Neugründung tritt an die Stelle der Eintragung in das Register des übernehmenden Rechtsträgers die Eintragung des neuen Rechtsträgers (§ 36 Abs. 1 S. 2 i.V.m. § 19 Abs. 1 UmwG).

[644] Vgl. § 20 Abs. 1 UmwG.

Verschmelzung kommt. Auch der Wortlaut der Vorschrift deutet in diese Richtung. Nach Art. 28 ist die „Durchführung" der Verschmelzung offen zu legen. Die Verwendung des Begriffs Durchführung lässt erkennen, dass Gegenstand der Offenlegung nach Art. 28 die vollendete, also die wirksam gewordene Verschmelzung sein soll.[645] Wirksam wird die Verschmelzung aber erst mit der Eintragung (vgl. Art. 27 Abs. 1). Auch Sinn und Zweck der Publizität nach Art. 28 geben keinen Anlass zu einer anderen Beurteilung. Die Offenlegung der Verschmelzung dient allein dem Schutz des Rechtsverkehrs, sie ist jedoch keine Voraussetzung der Eintragung der SE. Nach Art. 27 Abs. 2 hängt diese allein von der Erfüllung der Formalitäten i.S. der Art. 25 und 26 ab. Es wäre auch publizitätsrechtlich fragwürdig, wenn die Verschmelzung für die jeweilige Gründungsgesellschaft vor Eintragung der SE offen zu legen wäre. Die Registerbehörde würde hier sehenden Auges eine Falscheintragung vornehmen, weil die Verschmelzung als solche überhaupt noch nicht statt gefunden hat. Dem Verkehrsschutz und der Rechtssicherheit wäre damit kaum gedient. Während die in § 19 Abs. 1 UmwG vorgesehene Reihenfolge sicherstellen soll, dass die konstitutive Wirkung nur herbeigeführt werden kann, wenn die Verschmelzung ordnungsgemäß vorbereitet und beschlossen ist,[646] wird bei der Gründung einer SE bereits durch die Rechtmäßigkeitsbescheinigung i.S. des Art. 25 Abs. 2 gewährleistet, dass die Verschmelzung sorgfältig und gewissenhaft vorbereitet wurde.

Die Anwendung der Eintragungsreihenfolge des § 19 Abs. 1 UmwG auf grenzüberschreitende Verschmelzungen wäre außerdem mit beachtlichen internationalprivatrechtlichen Problemen verbunden. Man müsste prüfen, ob sich die Registrierung nach ausländischem Recht im Wege der Substitution unter § 19 Abs. 1 UmwG subsumieren lässt.[647] Dieser scheitert indessen dann, wenn das ausländische Recht überhaupt keine Voreintragung kennt.[648] Verschmelzt sich beispielsweise eine französische SA auf eine deutsche AG, müsste die Verschmelzung zunächst in das französische Handelsregister (registre de commerce et des sociétés)[649] eingetragen werden, bevor das deutsche Handelsregister seinerseits die Eintragung der SE verfügen könnte. Das französische Gesellschaftsrecht sieht jedoch keine Voreintragung vor.[650] Dementsprechend kann eine solche auch nicht verlangt werden.[651] Außerdem wäre fraglich, wie der Nachweis der

---

645 Noch eindeutiger ist die englische Sprachfassung, in der von „completion of the merger" die Rede ist.

646 *Bork*, in: Lutter, UmwG, § 19 Rn. 2.

647 Zur Substitution siehe *Kropholler*, IPR, § 33, S. 225 ff.

648 *Tauchert-Nosko*, S. 281 f.; *Lennerz*, S. 259.

649 Zum Handelsregister in Frankreich und anderen europäischen Staaten vgl. *Knechtel/Reichelt/Zib*, Europäisches Handelsregister, Wien 2000.

650 Vgl. *Tillmanns*, in: Widmann/Mayer, Anh. 3: Frankreich Rn. F 75 (Stand: Juni 2002).

651 Vgl. den bei *Dorr/Stukenborg*, DB 2003, 647, 652 f. geschilderten Fall einer französisch-deutschen Verschmelzung.

Voreintragung beim übertragenden Rechtsträger erbracht wird.[652] Eine gesetzliche Verpflichtung der ausländischen Register zur Übersendung einer Eintragungsbenachrichtigung an die deutschen Kollegen existiert nicht.[653] Die aufnehmende Gesellschaft müsste demnach zweckmäßigerweise die entsprechenden Registerauszüge der übertragenden Gesellschaft in beglaubigter Form beim deutschen Registergericht vorlegen.[654]

Darauf kommt es de lege lata aber gar nicht an. Der Verordnungsgeber hat Art. 28 als Sonderregelung für die Publizität der Verschmelzung bezüglich der jeweiligen Gründungsgesellschaft konzipiert. Diese ordnet die Offenlegung der Verschmelzung nicht nur für die übertragende Gesellschaft, sondern auch für die übernehmende Gesellschaft an („Für jede sich verschmelzende Gesellschaft ...“).[655] Die Verschmelzung ist dabei grundsätzlich nach Eintragung der SE offen zu legen. Soweit mitgliedstaatliches Recht eine abweichende Publizitätsreihenfolge vorsieht, ist dies unbeachtlich. Nach alledem legt Art. 28 einheitlich fest, dass die Verschmelzung für *jede* sich verschmelzende Gesellschaft und erst *nach* Eintragung der SE offen zu legen ist.[656]

Eintragung der SE (Art. 27 i.V.m. Art. 12)	Offenlegung der Durchführung der Verschmelzung (Art. 28)
Konstitutive Wirkung (vgl. Art. 27 Abs. 1, 16 Abs. 1)	Deklaratorische Wirkung (nur Publizitätswirkung)
Vergleich zur deutschen Rechtslage: Entspricht Eintragung der Verschmelzung im Register des *übernehmenden* Rechtsträgers bzw. Eintragung des *neuen* Rechtsträgers (vgl. §§ 19 Abs. 1, 36 Abs. 1 S. 2 UmwG).	Vergleich zur deutschen Rechtslage: Entspricht Eintragung der Verschmelzung im Register des *übertragenden* Rechtsträgers (vgl. § 19 Abs. 1 UmwG).

652 Vgl. *Schädler*, S. 255 f. für den Fall der Verschmelzung zwischen einer deutschen und einer spanischen Gesellschaft.

653 Es fehlt eine dem Art. 8 Abs. 11 vergleichbare Meldeverpflichtung der Registerbehörden.

654 Vgl. *Schwarz*, in: Widmann/Mayer, UmwG, § 19 Rn. 13.3 (Stand: Juli 1996).

655 Dies ist auch sinnvoll, weil die Eintragung der SE nicht zwingend im Register des Sitzes der übernehmenden Gesellschaft und nicht einmal in deren Sitzstaat erfolgen muss. Die SE kann ihren Sitz anlässlich der Verschmelzung nämlich auch anderswo nehmen (Art. 20 Abs. 1 Buchst. a und Art. 37 Abs. 3 e contrario).

656 Im Erg. ebenso *Neun*, in: Theisen/Wenz, S. 123 f. Dies entspricht im Übrigen der alten deutschen Rechtslage vor Einführung des UmwG (vgl. § 353 Abs. 8 AktG a.F.). Siehe auch *Sagasser/Swienty*, DStR 1991, 1222, 1226.

Voraussetzung: Rechtmäßigkeitskontrolle nach Art. 25, 26 (Art. 27 Abs. 2).	Voraussetzung: „Durchführung der Verschmelzung" (= wirksame Verschmelzung i.S. des Art. 27 Abs. 1). Offenlegung daher erst nach Eintragung der SE.

(b) Eintragung mit Vorläufigkeitsvermerk

Fraglich ist aber, ob die Verschmelzung ausnahmsweise dann vor der Eintragung der SE offen gelegt werden kann, wenn die Offenlegung mit einem Vorläufigkeitsvermerk versehen wird. Im deutschen Umwandlungsrecht ist ein solcher Vorläufigkeitsvermerk bei der Eintragung im Register des übertragenden Rechtsträgers vorgeschrieben (§ 19 Abs. 1 S. 2 UmwG). Hierdurch ließe sich der Rechtsverkehr vor dem falschen Eindruck schützen, dass die Eintragung der Verschmelzung bei den Gründungsgesellschaften bereits konstitutiv wirkt. Ob sich eine Eintragung mit Vorläufigkeitsvermerk mit Art. 28 vereinbaren lässt, kann letztlich nicht eindeutig beantwortet werden. Der Vorteil eines solchen Vorgehens liegt darin, dass die Übergangszeit zwischen der Eintragung der SE und der Offenlegung der Verschmelzung überbrückt und damit der Rechtsverkehr geschützt werden könnte. Dieser Effekt ließe sich aber auch dadurch erzielen, dass man einfach die Erteilung der Rechtmäßigkeitsbescheinigung in das Handelsregister einträgt. Dazu müsste man die Eintragung der Rechtmäßigkeitsbescheinigung im deutschen Ausführungsgesetz anordnen.

(c) Keine Eintragungsreihenfolge

Weil Art. 28 die Offenlegung der Verschmelzung für alle Gründungsgesellschaften, also auch die aufnehmende, anordnet, könnte fraglich sein, ob zumindest insofern die Reihenfolge des § 19 Abs. 1 UmwG eingehalten werden muss. Dies ist nicht der Fall. Art. 28 schreibt die Einhaltung einer solchen Reihenfolge nicht vor. Die Vorschrift differenziert nicht zwischen übertragendem und aufnehmendem Rechtsträger, sondern behandelt beide gleich. Die Einhaltung einer solchen Reihenfolge hätte auch keinen Sinn, weil sie die ihr zugedachte Warnfunktion nicht mehr erfüllen könnte.[657]

d) Rechtmäßigkeitskontrolle im künftigen Sitzstaat der SE (Art. 26)

An die für jede Gründungsgesellschaft gesondert statt findende Rechtmäßigkeitskontrolle nach Art. 25 schließt sich die Rechtmäßigkeitskontrolle im Sitzstaat der künftigen SE nach Art. 26 an. Die Rechtmäßigkeit der Verschmelzung wird, was den Verfahrensabschnitt der Durchführung der Verschmelzung und der Gründung der SE anbelangt, von der im künftigen Sitzstaat für die Kontrolle dieses Aspekts der Rechtmäßigkeit der Verschmelzung von AG zuständigen

[657] Vgl. *Stratz*, in: Schmitt/Hörtnagl/Stratz, UmwG, § 19 Rn. 3.

Stelle kontrolliert (Art. 26 Abs. 1). Bei einer SE mit Sitz in Deutschland ist das Handelsregister zuständig (Art. 68 Abs. 2 i.V.m. § 4 S. 1 SEAG-RegE).

aa) Verfahren

Die Verordnung bestimmt lediglich, dass die Gründungsgesellschaften der zuständigen Kontrollstelle die Rechtmäßigkeitsbescheinigung i.S. des Art. 25 Abs. 2 binnen sechs Monaten nach ihrer Ausstellung sowie eine Ausfertigung des Verschmelzungsplans vorlegen müssen (Art. 26 Abs. 2). Weitere sachrechtliche Regelungen zum Kontrollverfahren enthält die Verordnung nicht. Für die Rechtmäßigkeitskontrolle auf der zweiten Stufe existiert auch keine dem Art. 25 Abs. 1 vergleichbare Spezialverweisung. Das Verfahren der Rechtmäßigkeitskontrolle richtet sich daher gemäß Art. 15 Abs. 1 nach dem für die Gründung von AG geltenden Recht des künftigen Sitzstaats der SE.[658]

(1) Anmeldung

Sofern die SE ihren Sitz in Deutschland haben soll, ist die SE gemäß Art. 15 Abs. 1 i.V.m. § 36 AktG zur Eintragung in das Handelsregister anzumelden. Dabei müssen alle Gründer – also die Gründungsgesellschaften – und die Mitglieder des ersten Leitungs-/Verwaltungsorgans und ggf. Aufsichtsorgans mitwirken. Der Inhalt der Anmeldung ergibt sich aus § 37 AktG. Entspricht die Anmeldung nicht den gesetzlichen Anforderungen, so begründet dies ein Eintragungshindernis.[659]

(2) Vorlagepflichten nach Art. 26 Abs. 2

Bei der Anmeldung zur Rechtmäßigkeitskontrolle im Sitzstaat der SE sind außerdem die in Art. 26 Abs. 2 geforderten Unterlagen vorzulegen.

(a) Rechtmäßigkeitsbescheinigung

Die Pflicht zur Vorlage der Rechtmäßigkeitsbescheinigung trägt zur Koordinierung der beiden Kontrollstufen bei. Ansonsten bestünde die Gefahr einer vorzeitigen Eintragung der SE, bevor die Rechtmäßigkeitskontrolle auf der ersten Stufe abgeschlossen ist. Außerdem wird vermieden, dass die Kontrollstelle im SE-Sitzstaat ausländischer Verschmelzungsvorschriften überprüfen muss.[660] Dies bedeutet aber umgekehrt, dass die Kontrollstelle im SE-Sitzstaat nicht befugt ist, zu überprüfen, ob die Bescheinigung zu Recht erteilt worden ist. Der Bescheinigung kommt daher bindende Wirkung zu.[661]

---

[658] Missverständlich *Ihrig/Wagner*, BB 2003, 969, 971, welche offenbar die Auffassung vertreten, dass sich die Anwendbarkeit des nationalen Aktienrechts hinsichtlich der einzureichenden Unterlagen und der Offenlegungspflichten im Rahmen der Eintragung aus Art. 12 Abs. 1 und Art. 13 ergibt. Art. 12 Abs. 1 betrifft aber nur den eigentlichen Eintragungsvorgang, nicht aber dessen Voraussetzungen und Rechtsfolgen.

[659] *Hüffer*, AktG, § 37 Rn. 19.

[660] Ebenso *Bühler*, S. 202.

[661] So zu Recht *Trojan-Limmer*, RIW 1991, 1010, 1014. Siehe auch *Blanquet*, ZGR 2002, 20,

Die Bescheinigung muss binnen sechs Monaten nach ihrer Ausstellung vorgelegt werden. Die Verordnung regelt nicht die Berechnung der Frist. Weil die zuständige Kontrollstelle im Sitzstaat der SE über die Einhaltung dieser Frist wacht und die Frist der zweiten Stufe der Rechtmäßigkeitskontrolle im Sitzstaat zuzurechnen ist, bestimmt sich die Berechnung der Frist über Art. 15 Abs. 1 nach dem Sitzstaatrecht. Bei einer SE mit Sitz in Deutschland ist mangels eigener Fristbestimmungen im Aktiengesetz auf die §§ 186 ff. BGB zurückzugreifen. Ereignis i.S. des § 187 Abs. 1 BGB ist die Ausstellung der Bescheinigung.

(b) Ausfertigung des Verschmelzungsplans

Des Weiteren haben die Gründungsgesellschaften bei der zur Kontrolle berufenen Stelle eine Ausfertigung des Verschmelzungsplans vorzulegen, dem sie zugestimmt haben. Diese Vorlagepflicht erklärt sich damit, dass die Kontrollstelle verpflichtet ist, zu überprüfen, ob die Gründungsgesellschaften einem „gleich lautenden" Verschmelzungsplan zugestimmt haben (Art. 26 Abs. 3).

(c) Sonstige vorlagepflichtige Unterlagen

Die Rechtmäßigkeitskontrolle erstreckt sich auch auf die ausgehandelte Vereinbarung über die Arbeitnehmerbeteiligung (Art. 26 Abs. 3 Halbs. 2). Dementsprechend ist diese der Anmeldung beizufügen. Dagegen ist nicht Nachweis über eine Genehmigung i.S. des Art. 23 Abs. 2 S. 2 zu erbringen. Diese ist bereits Gegenstand der Rechtmäßigkeitskontrolle nach Art. 25 Abs. 1.[662]

bb) Prüfungsumfang

Die Rechtmäßigkeitskontrolle bezieht sich auf den Verfahrensabschnitt der Durchführung der Verschmelzung und der Gründung der SE (Art. 26 Abs. 1). Es muss „insbesondere" kontrolliert werden, ob die Gründungsgesellschaften einem gleich lautenden Verschmelzungsplan zugestimmt haben und ob sie eine Vereinbarung über die Arbeitnehmerbeteiligung i.S. der SE-ErgRiL geschlossen haben (Art. 26 Abs. 3). Ferner ist zu kontrollieren, ob die Gründung der SE den gesetzlichen Anforderungen des Sitzstaats gemäß Art. 15 genügt (Art. 26 Abs. 4).

Die Prüfung erstreckt sich also in jedem Fall auf folgende Punkte:

- Zustimmung zu einem gleich lautenden Verschmelzungsplan (dazu 1);
- Abschluss einer Vereinbarung über die Arbeitnehmerbeteiligung i.S. der SE-ErgRiL (dazu 2);
- Erfüllung der gesetzlichen Anforderungen des Sitzstaats gemäß Art. 15 (dazu 3).

---

44 („unwiderlegbar"). Eine Bindungswirkung dergestalt, dass die Kontrollstelle im Sitzstaat der SE nun zur Eintragung verpflichtet ist, ist damit freilich nicht gemeint; vgl. zur ähnlichen Problematik im deutschen Umwandlungsrecht *Grunewald*, in: Lutter, UmwG; § 19 Rn. 3.

662 A.A. *Neun*, in: Theisen/Wenz, S. 128.

Fraglich ist allerdings, ob der Prüfungsumfang bei der Kontrolle im künftigen SE-Sitzstaat darüber hinausgeht und auch die Teile des Verschmelzungsverfahrens erfasst, welche den Gründungsgesellschaften zuzurechnen sind und bereits Gegenstand der Kontrolle nach Art. 25 Abs. 1 waren. Der Wortlaut des Art. 26 Abs. 3 („insbesondere“) zeigt an, dass die Vorschrift die prüfungspflichtigen Gegenstände nicht erschöpfend aufzählt. Entscheidend für die Bestimmung des Prüfungsumfangs ist also die Bedeutung der Formulierung „Verfahrensabschnitt der Durchführung und der Gründung der SE“ (Art. 26 Abs. 1) (dazu 4).

(1) Zustimmung zu einem gleichlautenden Verschmelzungsplan (Art. 26 Abs. 3 Halbs. 1)

Der Verschmelzungsplan ist ein einheitliches, von den Gründungsgesellschaften gemeinsam zu erstellendes Dokument.[663] Dennoch kann es zu Abweichungen zwischen verschiedenen Ausfertigungen des Verschmelzungsplans kommen, weil dieser regelmäßig mehrsprachig abzufassen ist.[664] Daher ist die Kontrollstelle im künftigen SE-Sitzstaat als zentrale Prüfungsinstanz aufgerufen, zu prüfen, ob sich die verschiedenen Sprachfassungen inhaltlich gleichen. Ist dies der Fall, liegt ein „gleich lautender“ Verschmelzungsplan i.S. des Art. 26 Abs. 3 vor. Geringe sprachliche Abweichungen ohne erkennbare inhaltliche Auswirkungen sind dabei unerheblich. Maßgebend ist die jeweilige Fassung des Verschmelzungsplans, die den Hauptversammlungen zur Zustimmung vorgelegt wurde.

Die Prüfung nach Art. 26 Abs. 3 erstreckt sich nur auf die inhaltliche Übereinstimmung verschiedener Ausfertigungen des Verschmelzungsplans. Der Verschmelzungsplan ist nicht noch einmal auf seine Rechtmäßigkeit zu überprüfen. Diese ist bereits auf der ersten Stufe der Rechtmäßigkeitskontrolle nach Art. 25 Abs. 1 festgestellt worden. Außerdem gilt hier die Bindungswirkung der Rechtmäßigkeitsbescheinigung (Art. 25 Abs. 2, Art. 26 Abs. 2).

(2) Abschluss einer Vereinbarung über die Arbeitnehmerbeteiligung i.S. der SE-ErgRiL (Art. 26 Abs. 3 Halbs. 2)

Die Kontrollbehörde überprüft, ob eine „Vereinbarung über die Beteiligung der Arbeitnehmer gemäß der Richtlinie 2001/86/EG geschlossen wurde“. Nach dem bloßen Wortlaut („Vereinbarung“) könnte man den Eindruck gewinnen, dass die Eintragung das Vorhandensein einer Vereinbarung i.S. des Art. 4 SE-ErgRiL, zumindest aber einer Vereinbarung über die Geltung der Auffangregelung nach Art. 7 Abs. 1 Buchst. a SE-ErgRiL voraussetzt. Genau so wie beim Genehmigungsvorbehalt nach Art. 23 Abs. 2 darf bei Art. 26 Abs. 3 Halbs. 2 jedoch nicht streng am Wortsinn festgehalten werden.[665] Art. 12 Abs. 2 ordnet ausdrücklich

---

[663] Zur Rechtsnatur des Verschmelzungsplans siehe oben C.I.1, S. 141.
[664] Siehe oben C.I.4.d), S. 177.
[665] Dazu siehe oben C.V.2.b)bb)(1), S. 215.

an, dass eine SE auch dann eingetragen werden kann, wenn ein Beschluss, die Verhandlungen abzubrechen, gefasst worden ist (Art. 3 Abs. 6 SE-ErgRiL) oder die Frist des Art. 5 SE-ErgRiL ohne Abschluss einer Vereinbarung abgelaufen ist. Art. 26 Abs. 3 Halbs. 2 ist daher so zu verstehen, dass die Kontrollbehörde festzustellen hat, ob das Verfahren zur Festlegung des Mitbestimmungsmodells in einer der in Art. 12 Abs. 2 genannten Weisen zum Abschluss gebracht worden ist. Eine Vereinbarung im eigentlichen Sinne muss nicht vorliegen.

(3) Gesetzliche Anforderungen des SE-Sitzstaats (Art. 26 Abs. 4)

Ferner ist zu kontrollieren, ob „gemäß Art. 15 die Gründung der SE den gesetzlichen Anforderungen des Sitzstaates genügt". Die Bezugnahme auf Art. 15 ist ungenau, weil nur die Verweisungsnorm des Art. 15 Abs. 1 gemeint sein kann. Was unter den „gesetzlichen Anforderungen des Sitzstaates" zu verstehen ist, ergibt sich also aus der partiellen Generalverweisung des Art. 15 Abs. 1. Demnach überprüft die Kontrollstelle im Sitzstaat der SE die Einhaltung der Vorschriften über die Gründung von AG nationalen Rechts.[666] Der Prüfungsumfang richtet sich grundsätzlich nach § 38 Abs. 1 AktG. D.h. das Gericht hat die Ordnungsmäßigkeit der Errichtung und Anmeldung der Gesellschaft zu prüfen. Zur ordnungsmäßigen Errichtung gehört vor allem die formelle und materielle Gesetzmäßigkeit der Satzung,[667] wobei die besonderen Anforderungen bei einer SE-Verschmelzung zu beachten sind.[668] Soweit Satzungsmängel festgestellt werden, sind diese auch bei einer SE-Verschmelzung nur unter den Voraussetzungen des § 38 Abs. 3 AktG (i.V.m. Art. 15 Abs. 1) beachtlich. Schließlich sind im Rahmen der Prüfung auch die Erleichterungen bei den anderen Gründungsvoraussetzungen zu berücksichtigen, die sich aus der Natur der SE-Verschmelzung ergeben, so z.B. die Entbehrlichkeit des Gründungsberichts oder der Gründungsprüfung.[669]

(4) Verfahrensabschnitt der Durchführung der Verschmelzung und der Gründung der SE

Im Schrifttum ist der Prüfungsumfang auf Grundlage dieser Formulierung weit gezogen worden. *Neun* ist der Ansicht, dass Prüfungsgegenstand zum einen das gesamte Verschmelzungsverfahren, bestehend aus den Regelungen im SE-Statut selbst, den über Art. 15 und 18 anwendbaren nationalen Normen und den durch Rechtsfortbildung gewonnenen Verfahrensbestandteilen, und zum anderen das über Art. 15 anwendbare Gründungsrecht für Aktiengesellschaften des jeweiligen Sitzstaats der SE ist.[670] *Bungert* und *Beier* meinen, dass die Rechtmäßigkeit

---

[666] Siehe oben C.VII, S. 252.
[667] Vgl. *Röhricht*, in: Großkomm. zum AktG, § 38 Rn. 15 ff.
[668] Siehe oben C.VII.1.a), S. 253 und C.VII.2.a), S. 256.
[669] Siehe oben C.VII.1.d), S. 254.
[670] *Neun*, in: Theisen/Wenz, S. 127.

der Verschmelzung im Hinblick „auf die Erfüllung der Gründungsvorschriften und Verschmelzungsvorschriften nach der SE-VO“ überprüft werden.[671]

Grammatische, systematische und teleologische Erwägungen sprechen allerdings dafür, den Prüfungsumfang eher restriktiv auszulegen. Bereits der unterschiedliche Wortlaut des Art. 25 Abs. 1 („was die die einzelnen sich verschmelzenden Gesellschaften betreffenden Verfahrensabschnitte anbelangt“) und des Art. 26 Abs. 1 („was den Verfahrensabschnitt der Durchführung der Verschmelzung und der Gründung der SE anbelangt“) legt es nahe, die Prüfungsgegenstände auf den beiden Stufen der Rechtmäßigkeitskontrolle auseinander zu halten.[672] Die Prüfungsgegenstände von Art. 25 und Art. 26 korrespondieren in ihrem jeweiligen Umfang mit den unterschiedlichen Anwendungsbereichen der Verweisungsnormen des Art. 18 und des Art. 15 Abs. 1.[673] Die für die Kontrolle nach Art. 25 zuständigen Stellen überprüfen die den Gründungsgesellschaften zurechenbaren Verfahrensschritte, während im Rahmen der Rechtmäßigkeitskontrolle nach Art. 26 der Teil des Gründungsverfahrens zu überprüfen ist, der bereits der SE in Entstehung zugerechnet werden kann. Es wäre auch unzumutbar, von der Kontrollstelle im Sitzstaat die Überprüfung des über Art. 18 anwendbaren ausländischen Verschmelzungsrechts zu verlangen.[674] Diese Überprüfung hat ohnehin bereits im jeweiligen Mitgliedstaat stattgefunden, worüber die Rechtmäßigkeitsbescheinigung, der nach der hier vertretenen Auffassung bindende Wirkung zukommt,[675] Zeugnis ablegt.

Im Ergebnis ist deshalb festzustellen, dass sich der Prüfungsumfang bei Art. 26 auf die Teile des Gründungsverfahrens beschränkt, die der SE in Entstehung und nicht mehr den Gründungsgesellschaften zuzurechnen sind. Es handelt sich um dieselben Fragen, die von der Verweisung des Art. 15 Abs. 1 erfasst werden.

Zu den prüfungsrelevanten Fragen i.S. des Art. 26 Abs. 1 zählt die Satzung der SE.[676] Diese ist zwar von den Gründungsgesellschaften aufzustellen, ihre formellen und inhaltlichen Voraussetzungen richten sich aber nach dem Recht des künftigen Sitzstaats (Art. 15 Abs. 1).[677] Die zuständige Kontrollstelle muss da-

---

671 *Bungert/Beier*, EWS 2002, 1, 7.

672 Nach Auffassung von *Trojan-Limmer*, RIW 1991, 1010, 1014 lässt sich das die Gründungsgesellschaften betreffende Verfahren in der Praxis von der eigentlichen Fusion und der Gründung der SE kaum trennen. Zust. *Bühler*, S. 202. Demgegenüber legte bereits Art. 24 Int.VerschmelzÜE 1972 unterschiedliche Prüfungsgegenstände für die Kontrolle bei der übertragenden und bei der übernehmenden Gesellschaft fest; vgl. dazu *Goldman*, Bericht zum Int.VerschmelzÜE 1972, S. 70 ff.

673 Ebenso *Ch. Teichmann*, ZGR 2002, 383, 431 f.

674 Dies gesteht auch *Neun*, in: Theisen/Wenz, S. 127 ein. Allerdings geht er davon aus, dass sich der Prüfungsumfang insofern lediglich „de facto“ einschränkt.

675 Siehe oben C.VIII.2.d)aa)(2)(a), S. 272.

676 Im SE-VOV 1991 ist die Satzung noch ausdrücklich zu den prüfungspflichtigen Gegenständen gezählt worden (Art. 24a Abs. 3 SE-VOV 1991).

677 Siehe oben C.I.3.a)hh), S. 163 ff.

her auch die Vollständigkeit und Rechtmäßigkeit der Satzung überprüfen. Dabei ist auch auf die Übereinstimmung und Vereinbarkeit mit der ausgehandelten Mitbestimmungsvereinbarung zu achten (Art. 12 Abs. 4).

Die Kontrollstelle im Sitzstaat der SE muss weiterhin prüfen, ob überhaupt die Voraussetzungen der Mehrstaatlichkeit i.S. des Art. 2 Abs. 1 erfüllt sind. Sie muss daher feststellen, ob mindestens zwei der beteiligten Gesellschaften dem Recht verschiedener Mitgliedstaaten unterliegen.

3. Eintragung

Ergeben sich bei der Rechtmäßigkeitskontrolle nach Art. 25 und 26 keine Beanstandungen, kommt es zur Eintragung der SE (Art. 27 i.V.m. Art. 12). Anschließend wird die Eintragung offen gelegt (Art. 15 Abs. 2 i.V.m. Art. 13) und bekannt gemacht (Art. 14 Abs. 1).

a) Eintragung der SE

Die Eintragung der SE hat konstitutiven Charakter. Durch sie werden die Verschmelzung und die Gründung der SE wirksam (Art. 27 Abs. 1)[678] und die SE erwirbt Rechtspersönlichkeit (Art. 16 Abs. 1). Damit ist sichergestellt, dass die Wirkungen der Verschmelzung und der Erwerb der Rechtspersönlichkeit der SE zeitlich zusammenfallen. Der SE-VOV 1989 hat den Erwerb der Rechtspersönlichkeit und die Wirksamkeit von Verschmelzung und Gründung der SE noch vom Recht des Sitzstaats der SE abhängig gemacht.[679] Angesichts der großen Unterschiede zwischen den nationalen Rechtsordnungen hat sich aber die Auffassung durchgesetzt, dass aus Gründen der Rechtssicherheit – gerade im Hinblick auf den Gläubiger- und Aktionärsschutz – eine einheitliche und verordnungsautonome Regelung vorzuziehen ist.[680] Die mitgliedstaatlichen Rechte weichen stark voneinander ab, wenn es darum geht, den Zeitpunkt zu bestimmen, in dem die Verschmelzung zustande kommt.[681] Einige Mitgliedstaaten stellen auf den Beschluss der Hauptversammlung ab, die als letzte beschließt.[682] Andere Mitgliedstaaten halten die Registereintragung für maßgeblich.[683] Die Dritte RiL beseitigte diese Unterschiede nicht, sondern trägt den Mitgliedstaaten

---

678 Es treten also die Rechtsfolgen des Art. 29 ein. Dazu unten E, S. 290 ff.

679 Vgl. Art. 16 und Art. 25 SE-VOV 1989.

680 SE-VOV 1991, Begründung zu Art. 16, S. 3 und Begründung zu Art. 25, S. 5. Siehe auch SE-VOV 1989, Stellungnahme des WSA, S. 38 und SE-VOV 1989, Stellungnahme des EP, S. 80 und 82.

681 Siehe den Überblick bei *Lennerz*, S. 260 ff. Nach deutschem Recht wird die Verschmelzung mit Eintragung im Handelsregister des übernehmenden Rechtsträgers wirksam (§ 20 Abs. 1 UmwG), während eine Aufnahmefusion nach französischem Recht bereits mit Zustimmung der letzten Hauptversammlung wirksam wird (Art. 236-4 C.Com).

682 So z.B. das französische Recht (Art. L 236-4 Nr. 2 C.Com).

683 Z.B. Deutschland (§ 20 Abs. 1 UmwG), Spanien (Art. 245 Abs. 1 LSA), Portugal (Art. 112 CSC).

auf, einen eindeutigen Zeitpunkt für die Wirksamkeit der Verschmelzung festzulegen (Art. 17 Dritte RiL). Ohne eine klarstellende Regelung, die das zeitliche Zusammenfallen der Rechtswirkungen der Verschmelzung und der Gründung mit dem Erwerb der Rechtspersönlichkeit statuiert, wäre es denkbar gewesen, dass „die rechtliche Existenz der verschmolzenen Gesellschaften endet, ohne daß die neue juristische Person in Form der SE an ihre Stelle getreten ist, oder daß ihre rechtliche Existenz fortdauert, obgleich die SE bereits Rechtspersönlichkeit besitzt“.[684]

Der Eintragungsvorgang selbst richtet sich nach Art. 12 Abs. 1. Eine SE mit Sitz in Deutschland ist in das Handelsregister einzutragen (§ 3 SEAG-RegE). Der zuständige Registerrichter kann also, nachdem er die Rechtmäßigkeit der SE-Verschmelzung festgestellt hat, sogleich die Eintragung verfügen.

b) Offenlegung der Eintragung

Die Eintragung der SE ist in deren Sitzstaat offen zu legen (Art. 15 Abs. 2 i.V.m. Art. 13). Die Offenlegung richtet sich nach den nationalen Durchführungsbestimmungen zur Ersten RiL. Mit Offenlegung i.S. des Art. 15 Abs. 2 i.V.m. Art. 13 ist die Bekanntmachung i.S. des Art. 3 Abs. 4 Erste RiL gemeint. Die Eintragung einer SE mit Sitz in Deutschland ist deshalb gemäß § 10 HGB bekannt zu machen. Das Registergericht muss die Eintragung im Bundesanzeiger und einem weiteren Blatt bekannt machen. In die Bekanntmachung sind außerdem die in § 40 AktG aufgeführten Angaben aufzunehmen.

c) Bekanntmachung der Eintragung im Amtsblatt der EG

Die Eintragung der SE ist überdies mittels einer Bekanntmachung im Amtsblatt der EG zu veröffentlichen, nachdem die Offenlegung gemäß Art. 13 erfolgt ist (Art. 14 Abs. 1). Hierdurch wird eine gemeinschaftsweite Publizität der Gründung der SE hergestellt. Eine Publizitätswirkung i.S. des § 15 HGB kommt der Bekanntmachung aber nicht zu. Diese ergibt sich ausschließlich aus der Offenlegung i.S. des Art. 15 Abs. 2 i.V.m. Art. 13.[685]

Die Bekanntmachung enthält die Firma der SE, Nummer, Datum und Ort der Eintragung der SE, Datum, Ort und Titel der Veröffentlichung[686] sowie den Sitz und den Geschäftszweig der SE (Art. 14 Abs. 1 S. 2). Diese Angaben müssen dem Amt für amtliche Veröffentlichungen der EG innerhalb eines Monats nach der Offenlegung i.S. des Art. 13 übermittelt werden (Art. 14 Abs. 3). Für die Übermittlung dürfte in Deutschland das Registergericht zuständig sein, auch wenn sich das nicht unmittelbar aus der Verordnung ergibt. In der EWIV-VO bestimmt Art. 39 Abs. 2, dass die Mitgliedstaaten dafür sorgen, dass die bekannt

---

684 SE-VOV 1991, Begründung zu Art. 25, S. 5.

685 Vgl. zur Parallelvorschrift des Art. 11 EWIV-VO *v. Rechenberg*, in: von der Heydt/v. Rechenberg, S. 36.

686 Damit ist wohl die Offenlegung i.S. des Art. 15 Abs. 2 i.V.m. Art. 13 gemeint.

zu machenden Angaben binnen eines Monats dem Amt für amtliche Veröffentlichungen der EG mitgeteilt werden. Das deutsche Ausführungsgesetz sieht auf dieser Grundlage vor, dass das Registergericht zur Mitteilung der Angaben verpflichtet ist (§ 4 Abs. 2 EWIV-AG). Die SE-VO enthält keine solche Ermächtigung. Eine Befugnis für eine klarstellende Regelung in den nationalen Ausführungsgesetzen lässt sich jedoch aus Art. 68 Abs. 1 ableiten. Der deutsche Gesetzgeber sollte daher im SEAG eine dem § 4 Abs. 2 EWIV-AG entsprechende Regelung vorsehen.

4. Offenlegung der Durchführung der Verschmelzung (Art. 28)

Die Durchführung der Verschmelzung ist für jede Gründungsgesellschaft nach den in den Rechtsvorschriften des jeweiligen Mitgliedstaats vorgesehenen Verfahren in Übereinstimmung mit Art. 3 Erste RiL offen zu legen (Art. 28).

a) Sinn und Zweck

Die Offenlegung nach Art. 28 hat lediglich deklaratorischen Charakter. Sie ist weder Voraussetzung für die Wirksamkeit der SE-Gründung (Art. 27 Abs. 1) noch für den Erwerb der Rechtspersönlichkeit (Art. 16 Abs. 1). Der Sinn und Zweck der Offenlegung liegt in ihrer Publizitätswirkung.[687] Die Eintragung der SE ist in ihrer Öffentlichkeitswirkung räumlich auf den Sitzstaat beschränkt und erreicht damit nicht alle Mitgliedstaaten, in denen die Gründungsgesellschaften ansässig waren. Somit erklärt sich das Bedürfnis, auf der Ebene der bereits erloschenen bzw. umgewandelten Gründungsgesellschaften eine zusätzliche Publizitätspflicht vorzuschreiben, mit dem Wunsch, den gutgläubigen Rechtsverkehr in deren Heimatrechtsordnungen zu schützen. Hierdurch wird das durch Erlöschen bzw. durch Umwandlung der Gründungsgesellschaften unrichtig gewordene Register richtig gestellt. Mit der Offenlegung der Verschmelzung beginnen außerdem die Fristen für den Minderheiten- (vgl. § 4 SpruchG) und Gläubigerschutz (Art. 24 Abs. 1 Buchst. a i.V.m. § 22 UmwG)[688] sowie für Schadensersatzansprüche gegen die Verwaltungsträger der übertragenden Gesellschaften (Art. 18 i.V.m. § 25 Abs. 3 UmwG) zu laufen.

b) Schuldner und Gegenstand der Offenlegungspflicht

Die Offenlegungspflicht nach Art. 28 betrifft „jede Gründungsgesellschaft". Träger der Offenlegungspflicht ist allerdings die SE als Rechtsnachfolger der übertragenden Gesellschaften bzw. (im Falle der Verschmelzung zur Aufnahme)

---

687 Vgl. SE-VOV 1989, Begründung zu Art. 26 und 27, S. 7: „Die Verschmelzung ist offenzulegen, damit sie ihre Wirkungen gegenüber Dritten entfaltet." Ebenso *Neun*, in: Theisen/Wenz, S. 124.

688 A.A. offensichtlich *Vossius*, in: Widmann/Mayer, UmwG, § 20 Rn. 448 (Stand: Juni 2002), der die „letzte Veröffentlichung des Hinweises an die Gläubiger im Bekanntmachungsblatt für die Verschmelzung" für maßgeblich hält. Damit ist wohl die Bekanntmachung i.S. des Art. 21 Buchst. c gemeint. Siehe aber § 8 SEAG-RegE.

als neue Rechtsform der aufnehmenden Gesellschaft.[689] Bei der Offenlegung hat die SE keine Reihenfolge einzuhalten.[690]

Mit „Durchführung der Verschmelzung" ist die wirksam gewordene Verschmelzung gemeint. Die Verschmelzung kann daher erst nach Eintragung der SE in das Register im Sitzstaat offen gelegt werden.[691]

c) Verfahren

Für die Offenlegung gilt das in Übereinstimmung mit Art. 3 Erste RiL in den Rechtsvorschriften des jeweiligen Mitgliedstaats vorgesehene Verfahren. Art. 13 findet hinsichtlich der Offenlegung der Durchführung der Verschmelzung keine Anwendung, weil es sich nicht um eine die SE, sondern die Gründungsgesellschaften betreffende Angabe handelt.[692]

Bei einer deutschen Gründungsgesellschaft ist die Durchführung der Verschmelzung gemäß Art. 28 i.V.m. §§ 8 ff. HGB in das Handelsregister einzutragen.[693] Dazu muss die SE die Offenlegung der Durchführung der Verschmelzung beim Registergericht anmelden. Der Anmeldung ist eine Registerauszug über die Eintragung der SE beizufügen. Die Eintragung der Durchführung der Verschmelzung ist durch das Registergericht bekannt zu machen (Art. 28 i.V.m. § 10 HGB).

D. Vereinfachtes Verfahren bei Mutter-Tochter-Verschmelzungen (Art. 31)

Art. 31 sieht bei der Verschmelzung einer Mutter- und Tochtergesellschaft Erleichterungen des Gründungsverfahrens vor, sofern eine bestimmte Anteils- bzw. Stimmrechtsquote erreicht wird.

I. Überblick

Mutter-Tochter-Verschmelzungen werden ab einer Anteils- bzw. Stimmrechtsquote von mindestens 90 % privilegiert. Die Verordnung unterscheidet zwischen der Verschmelzung mit einer 100%igen Tochtergesellschaft (Art. 31 Abs. 1) und der Verschmelzung mit einer Tochtergesellschaft, an der eine Beteiligung in Höhe von mindestens 90 % der Anteile bzw. Stimmrechte besteht (Art. 31 Abs. 2), und sieht entsprechend unterschiedliche Verfahrenserleichterungen vor. Art.

---

[689] Vgl. Art. 27 Abs. 3 Int.VerschmelzÜE 1972, der dies ausdrücklich regelte.

[690] Sofern Art. 12 Zehnte RiL-V 1985 vorsah, dass die Offenlegung zunächst für die übertragende Gesellschaft erfolgen muss, hatte dies den Grund, dass das Risiko der Auslassung der Offenlegung für die übertragende Gesellschaft beseitigt werden sollte.

[691] Siehe oben C.VIII.2.c)ee)(2)(a), S. 267.

[692] A.A. offensichtlich *Vossius*, in: Widmann/Mayer, UmwG, § 20 Rn. 426 (Stand: Juni 2002).

[693] Die in § 19 Abs. 1 UmwG statuierte Eintragungsreihenfolge ist allerdings unbeachtlich; siehe oben C.VIII.2.c)ee)(2)(c), S. 271.

31 orientiert sich damit an der Unterscheidung, die in den Art. 24 bis 26 und Art. 27 bis 29 Dritte RiL getroffen wird.[694]

Für die Verschmelzung von Schwestergesellschaften, also für Gesellschaften, die mehrheitlich im Besitz derselben Muttergesellschaft stehen, sind demgegenüber keine Erleichterungen vorgesehen. Eine dahin gehende Regelung im Verordnungsvorschlag von 1991 wurde nicht in die SE-VOV übernommen.[695]

II. Verschmelzung mit einer 100%igen Tochtergesellschaft (Art. 31 Abs. 1)

Bei der Verschmelzung einer Muttergesellschaft mit einer 100%igen Tochtergesellschaft ergeben sich Erleichterungen im Verschmelzungsverfahren aus Art. 31 Abs. 1. Zunächst werden die tatbestandlichen Voraussetzungen des Art. 31 Abs. 1 untersucht (dazu 1), um sodann auf die Rechtsfolgen und Erleichterungen einer solchen Mutter-Tochter-Verschmelzung einzugehen (dazu 2).

1. Voraussetzungen

a) Verschmelzung durch Aufnahme

Der Privilegierungstatbestand des Art. 31 Abs. 1 gilt nur für die Verschmelzung durch Aufnahme i.S. des Art. 17 Abs. 2 Unterabs. 1 Buchst. a.

b) Upstream-Verschmelzung

Art. 31 Abs. 1 erfasst nur „Upstream"-Verschmelzungen, also Fälle, in denen die Muttergesellschaft aufnehmende Gesellschaft ist. Die Verfahrenserleichterungen gelten nicht für den umgekehrten Fall („Downstream"-Verschmelzung).[696] Dies ergibt sich aus dem Wortlaut der Vorschrift („Wird eine Verschmelzung ... durch eine Gesellschaft vollzogen, die ...").[697]

c) Qualifizierte Anteilsquote von 100 %

Art. 31 Abs. 1 S. 1 setzt voraus, dass die aufnehmende Gesellschaft „Inhaberin sämtlicher Aktien und sonstiger Wertpapiere ist, die Stimmrechte in der Hauptversammlung einer anderen Gesellschaft gewähren". Der Muttergesellschaft müssen also alle stimmrechtsgewährenden Anteile der Tochtergesellschaft gehören. Art. 31 Abs. 1 macht die Gewährung der Verfahrenserleichterungen demzufolge von einer Anteilsquote, nicht von einer Stimmrechtsquote abhängig. Es

---

694 Dazu *Schwarz*, Rn. 662 ff.

695 Nach Art. 30a Abs. 2 SE-VOV 1991 sollte das vereinfachte Konzernverschmelzungsverfahren auch dann Anwendung finden, wenn sich „mindestens 90 % der Aktien der Gründungsgesellschaften im Besitz ein und derselben Gesellschaft oder im Besitz der von ihr ... kontrollierten Gesellschaften befinden".

696 Zu den Begriffen *Semler*, in: Semler/Volhard, Hdb. Unternehmensübernahmen, § 1 Rn. 31.

697 Ebenso *C.P. Schindler*, S. 29.

handelt sich allerdings um eine qualifizierte Anteilsquote, weil nur stimmrechtsgewährende Anteile und Wertpapiere[698] gezählt werden. Stimmrechtslose Vorzugsaktien (§§ 139 ff. AktG) bleiben außer Betracht. Die Kapitalbeteiligung kann daher durchaus unter 100 % liegen.[699] Unerheblich ist, wie viele Stimmrechte auf die einzelne Aktie entfallen. Deshalb werden auch solche Anteile, die Mehrfachstimmrechte gewähren, nur jeweils einfach gezählt. Ebenso unbeachtlich sind Stimmrechtsbegrenzungen wie Höchststimmrechte (vgl. § 134 Abs. 1 S. 2 AktG). Entscheidend ist nur die Zahl der stimmrechtsgewährenden Anteile, nicht die Zahl der Stimmrechte. Es kommt also weder darauf an, dass die Muttergesellschaft über 100 % der Anteile gemessen am Grundkapital der Tochtergesellschaft verfügt, noch dass sie 100 % der Stimmrechte ausübt.[700]

Die Gesellschaft muss selbst „Inhaberin" der stimmrechtsgewährenden Anteile sein. Mittelbarer Anteilsbesitz genügt nicht. Die Privilegierung greift daher nicht, wenn ein Dritter die Anteile im eigenen Namen, aber für Rechnung der Gründungsgesellschaft hält.

Die Vorschrift bestimmt nicht den Zeitpunkt, in dem die aufnehmende Gesellschaft Inhaber der Anteile sein muss. In der deutschen Rechtsliteratur ist diese Frage im Hinblick auf § 5 Abs. 2 UmwG umstritten. Denkbar ist der Zeitpunkt des Abschlusses des Verschmelzungsvertrags, der Verschmelzungsbeschluss der übertragenden Gesellschaft,[701] der Zeitpunkt der Anmeldung zur Eintragung[702] oder der Zeitpunkt der Eintragung[703]. Nach vorzugswürdiger Auffassung ist es ausreichend, wenn der Anteilsbesitz im Zeitpunkt der Anmeldung vorliegt, weil erst dann die Eintragungsvoraussetzungen gegeben sein müssen. Dies gilt entsprechend für die SE-Verschmelzung. Demnach muss die 100%ige Anteilsquote zu dem Zeitpunkt gegeben sein, zu dem die jeweilige Gründungsgesellschaft die Rechtmäßigkeitskontrolle nach Art. 25 Abs. 1 anmeldet.

---

[698] Die gesonderte Erwähnung der stimmrechtsgewährenden „Wertpapiere" ist für deutsche Gründungsgesellschaften ohne Relevanz, weil das Stimmrecht an der Aktie haftet und nicht durch andere Berechtigungen (z.B. Genussscheine) eingeräumt werden kann (BGHZ 119, 305). Anders z.B. im belgischen Recht, wo Genussscheine von der Satzung mit Stimmrecht ausgestattet werden können (Art. 483 Code des Soc.).

[699] Die Vorgängervorschriften des Art. 30 SE-VOV 1989 und Art. 30a SE-VOV 1991 stellten dagegen unterschiedslos auf alle Aktien der anderen Gründungsgesellschaft ab. Es wurden also auch die stimmrechtslosen Anteile mitgezählt. Entscheidend war die Kapitalbeteiligung. Siehe SE-VOV 1989, Begründung zu Art. 30, S. 7: „Dieser Artikel sieht die Regeln für die Gründung einer SE durch Verschmelzung von zwei Gesellschaften vor, von denen eine das Kapital der anderen kontrolliert."

[700] Art. 30 Abs. 1 S. 1 stimmt also mit Art. 24 Dritte RiL überein, der ebenfalls nur auf stimmrechtsgewährende Anteile abstellt.

[701] So LG Mannheim, ZIP 1990, 992; *Lutter*, in: ders., UmwG, § 5 Rn. 83

[702] So *Mayer*, in: Widmann/Mayer, UmwG, § 5 Rn. 213 (Stand: November 1999).

[703] So *Marsch-Barner*, in: Kallmeyer, UmwG, § 5 Rn. 70.

2. Rechtsfolgen und Erleichterungen

Die Verordnung sieht unter den o.g. Voraussetzungen bestimmte Erleichterungen des Gründungsverfahrens vor. Diese Erleichterungen werden von der SE-VO entweder selbst angeordnet (Art. 31 Abs. 1 S. 1) (dazu a, b und c) oder ergeben sich über die Spezialverweisung des Art. 31 Abs. 1 S. 2 aus dem mitgliedstaatlichen Recht (dazu d).

a) Kein Aktienerwerb der Muttergesellschaft

Die aufnehmende Muttergesellschaft erwirbt keine Aktien der Tochtergesellschaft. Die Rechtsfolge des Art. 29 Abs. 1 Buchst. b wird ausgeschlossen. Damit wird der unerwünschte Erwerb eigener Aktien vermieden.

b) Reduzierter Pflichtinhalt des Verschmelzungsplans

Im Verschmelzungsplan fallen einige Pflichtangaben aus Art. 20 Abs. 1 weg, deren Erwähnung überflüssig ist, weil es nicht zu einem Aktientausch kommt. Die Angabe des Umtauschverhältnisses (Buchst. b), der Einzelheiten der Aktienübertragung (Buchst. c) und des Zeitpunkts der Gewinngewährung (Buchst. d) entfällt.

c) Entbehrlichkeit der Verschmelzungsprüfung

Art. 31 Abs. 1 S. 1 erklärt Art. 22 für nicht anwendbar. Nach einer im Schrifttum anzutreffenden Auffassung ist dies so zu verstehen, dass bei einer Verschmelzung mit einer 100%igen Tochtergesellschaft keine Möglichkeit zu einer gemeinsamen Verschmelzungsprüfung besteht. Die Entbehrlichkeit der Verschmelzungsprüfung folge dagegen aus Art. 31 Abs. 1 S. 2 i.V.m. §§ 9 Abs. 2 und Abs. 3, 8 Abs. 3 UmwG.[704] Diese Auffassung beruht offensichtlich auf der Annahme, dass Art. 22 seinem Regelungsgehalt nach nur die Alternativen einer getrennten und einer gemeinsamen Verschmelzungsprüfung aufzählt, aber nicht den Gesetzesbefehl zur Durchführung einer Verschmelzungsprüfung enthält.

Dem ist nicht zu folgen. Die in Art. 31 Abs. 1 S. 1 angeordnete Nichtanwendbarkeit des Art. 22 kann sinnvollerweise nur so verstanden werden, dass bei der Verschmelzung mit einer 100%igen Tochtergesellschaft überhaupt keine Verschmelzungsprüfung durchzuführen ist. Es sprechen gute Gründe für die Annahme, dass Art. 22 selbst den Rechtsbefehl zur Durchführung der Verschmelzungsprüfung enthält.[705] Es liegt auch nicht in der Natur des Art. 31 als Privilegierungstatbestand, dass den Gründungsgesellschaften das Recht auf eine gemeinsame Verschmelzungsprüfung genommen und ihre Rechtsposition damit verschlechtert wird. Eine solche Auslegung steht schließlich in Widerspruch zu Art. 24 Dritte RiL, der festlegt, dass keine Verschmelzungsprüfung nach Art. 10

---

[704] *Ch. Teichmann*, ZGR 2002, 383, 431.

[705] Siehe oben C.IV.1, S. 191.

Dritte RiL durchzuführen ist. Die Entbehrlichkeit der Verschmelzungsprüfung ergibt sich mithin bereits aus Art. 31 Abs. 1 S. 1.

d) Erleichterungen nach dem mitgliedstaatlichen Recht (Art. 31 Abs. 1 S. 2)

aa) Verweisungsobjekt

Art. 31 Abs. 1 S. 2 verweist auf die „jeweiligen einzelstaatlichen Vorschriften, denen die einzelnen sich verschmelzenden Gesellschaften unterliegen und die für die Verschmelzung von Aktiengesellschaften nach Artikel 24 der Richtlinie 78/855/EWG maßgeblich sind". Verweisungsobjekt ist das Recht, dem die jeweilige Gründungsgesellschaft unterliegt, unabhängig davon, ob es sich um die aufnehmende (Mutter) oder die übertragende (Tochter) Gründungsgesellschaft handelt. Art. 31 Abs. 1 S. 2 ordnet eine distributive Anwendung der nationalen Rechtsordnungen an. Die Erleichterungen gelten also nur für die Gründungsgesellschaft, deren Gesellschaftsstatut sie vorsieht.

Art. 31 Abs. 1 S. 2 ordnet die Anwendung der nationalen Durchführungsbestimmungen zu Art. 24 Dritte RiL an, im deutschen Recht also die §§ 5 Abs. 2, 8 Abs. 3 und 9 Abs. 2 UmwG.[706] Relevant ist allein die Verweisung auf § 8 Abs. 3 UmwG (dazu bb), weil die Angaben über den Umtausch der Anteile (§ 5 Abs. 2 UmwG) und die Verschmelzungsprüfung (§ 9 Abs. 2 UmwG) bereits gemäß Art. 31 Abs. 1 S. 1 entbehrlich sind. Sofern eine deutsche Gründungsgesellschaft aufnehmender Rechtsträger ist, stellt sich ferner die Frage, ob § 63 UmwG Anwendung findet, sodass auf die Zustimmung der Hauptversammlung verzichtet werden kann (dazu cc).

bb) Entbehrlichkeit des Verschmelzungsberichts

Die Erstellung eines Verschmelzungsberichts kann unterbleiben, wenn die aufnehmende Muttergesellschaft alle stimmrechtsgewährenden Anteile an der Tochtergesellschaft hält (Art. 31 Abs. 1 S. 2 i.V.m. § 8 Abs. 3 S. 1 Alt. 2 UmwG).

Problematisch ist, dass sich nach § 8 Abs. 3 Alt. 2 UmwG „alle Anteile" in der Hand des übernehmenden Rechtsträgers befinden müssen, während es nach Art. 31 Abs. 1 S. 1 ausreicht, wenn die Muttergesellschaft alle stimmrechtsgewährenden Anteile hält. Es stellt sich mithin die Frage, ob auf die strengeren Anforderungen des § 8 Abs. 3 Alt. 2 UmwG (alle Anteile, also auch die stimmrechtslosen) abzustellen ist oder ob die Anforderungen des Art. 31 Abs. 1 S. 1 (alle stimmrechtsgewährenden Anteile) genügen. Dies hängt davon ab, ob Art. 31 Abs. 1 S. 2 eine Rechtsgrund- oder eine Rechtsfolgenverweisung darstellt. Der Wortlaut der Vorschrift spricht für eine Rechtsgrundverweisung. Es heißt, dass

---

[706] Art. 31 Abs. 1 S. 2 verdrängt als Spezialverweisung Art. 18. Unzutreffend daher *Kallmeyer*, AG 2003, 197, 203, der auf Art. 18 abstellt.

die einzelstaatlichen Vorschriften „anzuwenden" sind. Das deutet darauf hin, dass auch ihre Tatbestandsvoraussetzungen erfüllt sein müssen. Daher ist anzunehmen, dass der Verschmelzungsbericht nur dann entbehrlich ist gemäß Art. 31 Abs. 1 S. 2 i.V.m. § 8 Abs. 3 Alt. 2 UmwG, wenn die Muttergesellschaft sämtliche Anteile an der Tochtergesellschaft einschließlich der stimmrechtslosen hält.

cc) Keine Entbehrlichkeit des Hauptversammlungsbeschlusses der aufnehmenden Gesellschaft

Fraglich ist, ob bei Vorliegen der Voraussetzungen des Art. 31 Abs. 1 S. 1 auf die Zustimmung der Hauptversammlung in der aufnehmenden Muttergesellschaft verzichtet werden kann. Im deutschen Umwandlungsrecht ist ein Verschmelzungsbeschluss der aufnehmenden AG nicht erforderlich, wenn diese mindestens 90 % des Grundkapitals der übertragenden Gesellschaft hält (§ 62 Abs. 1 UmwG). Zweifelhaft ist, ob § 62 UmwG in das Verweisungsobjekt des Art. 31 Abs. 1 S. 2 fällt. § 62 UmwG beruht nicht, wie es Art. 31 Abs. 1 S. 2 verlangt, auf Art. 24 Dritte RiL, sondern auf Art. 25 bzw. Art. 27 Dritte RiL.[707] Hält man sich demnach streng an den Wortlaut des Art. 31 Abs. 1 S. 2, so ist bei einer Verschmelzung mit einer 100%igen Tochtergesellschaft die Zustimmung der Hauptversammlung zwingend erforderlich.

Nach Auffassung von *Ch. Teichmann* ist die Bezugnahme auf Art. 24 Dritte RiL jedoch so zu verstehen, dass für die in der Vorschrift beschriebenen Fälle der Konzernverschmelzung das richtlinienkonforme nationale Recht gelten soll, wozu im deutschen Recht auch § 62 UmwG zählt.[708] Danach kommen auch alle anderen im mitgliedstaatlichen Recht aufgrund richtlinienkonformer Umsetzung der Dritten RiL vorgesehenen Erleichterungen zur Anwendung, sofern diese bei einer 100%igen Beteiligung einer Tochtergesellschaft i.S. des Art. 24 Dritte RiL gelten. Das trifft auf die Entbehrlichkeit des Hauptversammlungsbeschlusses nach Art. 25 Dritte RiL zu, weil dieser den Tatbestand des Art. 24 Dritte RiL voraussetzt. Somit wäre die Zustimmung der Hauptversammlung der aufnehmenden Gesellschaft entbehrlich, wenn sich mindestens 90 % der Anteile an der übertragenden Gesellschaft in ihrer Hand befinden (Art. 31 Abs. 1 S. 2 i.V.m. § 62 UmwG).

Folgende Erwägungen sprechen indessen dafür, dass auch bei der Verschmelzung mit einer 100%igen Tochtergesellschaft die Zustimmung der Hauptversammlung in der übernehmenden Gesellschaft einzuholen ist. Durch die Verschmelzung übernimmt die aufnehmende Gesellschaft die wirtschaftlichen Risiken der übertragenden Gesellschaft.[709] Entscheidend aber ist, dass die aufnehmende Gesellschaft mit der Verschmelzung zugleich ihre Rechtsform wechselt und sich zur SE umwandelt (Art. 17 Abs. 2 Unterabs. 2 S. 1, Art. 29 Abs. 1

---

[707] Vgl. *Schwarz*, Rn. 664 f.

[708] So *Ch. Teichmann*, ZGR 2002, 383, 431.

[709] Vgl. *Grunewald*, in: Lutter, UmwG, § 62 Rn. 1.

Buchst. d). Das Investment der Aktionäre wird von der nationalen in die supranationale Rechtsebene transferiert. Dieser Wechsel des maßgeblichen Rechts bedarf der Zustimmung der Aktionäre.[710] Eine Nichtbefassung der Hauptversammlung wäre auch deshalb problematisch, weil bei der Umwandlung ein Hauptversammlungsbeschluss zwingend erforderlich ist (vgl. Art. 37 Abs. 5). Es stände zu befürchten, dass die Zuständigkeitszuweisung des Art. 37 Abs. 5 dadurch umgangen wird, dass sich die Verwaltungs- und Leitungsorgane statt für eine Umwandlung für eine Verschmelzungsgründung entscheiden.[711] Es ist deshalb davon auszugehen, dass die Nichterwähnung des Art. 25 oder Art. 27 Dritte RiL in Art. 31 Abs. 1 S. 2 durchaus beabsichtigt war. Daher ist auch bei der Verschmelzung mit einer 100%igen Tochtergesellschaft stets die Zustimmung der Hauptversammlung der Muttergesellschaft einzuholen.[712]

III. Verschmelzung mit einer mindestens 90%igen Tochtergesellschaft (Art. 31 Abs. 2)

Art. 31 Abs. 2 regelt Konzernverschmelzungen, bei denen die Muttergesellschaft Inhaber von mindestens 90 %, nicht aber aller stimmrechtsgewährenden Anteile bzw. Stimmrechte ist. Im Einzelnen ist zu unterscheiden:

Unterabsatz 1 sieht Erleichterungen des Verschmelzungsverfahrens vor, wenn die übernehmende Gesellschaft Inhaber von mindestens 90 %, nicht aber aller der in der Hauptversammlung einer anderen Gesellschaft Stimmrecht verleihenden Anteile ist.

Unterabsatz 2 ermächtigt die Mitgliedstaaten, die Erleichterungen des Unterabsatz 1 auch auf solche Gesellschaften anzuwenden, die Inhaber von Aktien sind, die mindestens 90 % der Stimmrechte, nicht aber alle verleihen. Der Unterschied zum Unterabsatz 1 liegt darin, dass solche Fallkonstellationen abgedeckt werden sollen, in denen eine Gesellschaft mindestens 90 % der Stimmrechte in ihrer Hand hält, ohne über 90 % der stimmberechtigten Papiere zu verfügen. Ein solches Abweichen der Anzahl der Stimmrechte von der auf das Grundkapital bezogenen Beteiligungsquote setzt die Zulässigkeit von Mehrstimmrechten im nationalen Aktienrecht voraus, dem die Tochtergesellschaft unterliegt.[713]

1. Inhaber von mindestens 90 % der Stimmrecht verleihenden Anteile (Unterabs. 1)

Art. 31 Abs. 2 Unterabs. 1 folgt einem Regel-Ausnahme-Prinzip. Die Vorschrift bestimmt, dass der Verschmelzungsbericht, der Prüfungsbericht sowie die zur

---

[710] Zu Recht *Buchheim*, S. 200.

[711] *Kalss*, ZGR 2003, 593, 619.

[712] Im Erg. ebenso *Kallmeyer*, AG 2003, 197, 203. Siehe aber noch Art. 30a Abs. 1 SE-VOV 1991, der auf die nationalen Durchführungsbestimmungen zu Art. 24 bis 29 Dritte RiL und damit auch auf § 62 UmwG verwiesen hat; dazu *Leupold*, S. 52.

[713] *Ch. Teichmann*, ZIP 2002, 1109, 1113.

Kontrolle notwendigen Unterlagen grundsätzlich entbehrlich sind. Die Verfahrensschritte sind allerdings ausnahmsweise einzuhalten, wenn dies „entweder in den einzelstaatlichen Rechtsvorschriften, denen die übernehmende Gesellschaft unterliegt, oder in den für die übertragende Gesellschaft maßgeblichen einzelstaatlichen Rechtsvorschriften vorgesehen ist". Die Vorschrift ordnet also verordnungsautonom die Entbehrlichkeit bestimmter Verfahrensschritte an, stellt die Entbehrlichkeit aber unter den Vorbehalt des mitgliedstaatlichen Rechts. Es handelt sich um keine Verweisung im eigentlichen Sinn, weil es beim gemeinschaftsrechtlichen Gebot des Art. 31 Abs. 2 Unterabs. 1 bleibt, sofern das einschlägige nationale Recht nichts anderes vorsieht. Der Verordnungsgeber stellt seine eigene Regelung unter den Vorbehalt des nationalen Rechts. Damit enthält Art. 31 Abs. 2 Unterabs. 1 eine rangkollisionsrechtliche Regelung, die den Vorrang des Gemeinschaftsrechts aufhebt.

a) Voraussetzungen

aa) Verschmelzung durch Aufnahme

Die Privilegierung nach Art. 31 Abs. 2 Unterabs. 1 gilt nur für die Verschmelzung durch Aufnahme.

bb) Upstream-Verschmelzung

Art. 31 Abs. 2 Unterabs. 1 erfasst nur Upstream-Verschmelzungen („Vollzieht eine Gesellschaft ...").

cc) Qualifizierte Anteilsquote von 90 %

Art. 31 Abs. 2 Unterabs. 1 setzt – wie Absatz 1[714] – eine qualifizierte Anteilsquote voraus, bei der nur die stimmrechtsgewährenden Aktien und Wertpapieren gezählt werden. Stimmrechtslose Vorzugsaktien bleiben außer Betracht. Unbeachtlich ist, wie viele Stimmrechte der jeweilige Anteil verkörpert, weil jeder Anteil nur einfach gezählt wird. Im Gegensatz zu Unterabsatz 2, der eine reine Stimmrechtsquote enthält („... mindestens 90 % der Stimmrechte ..."), werden deshalb auch Anteile, die Mehrstimmrechte gewähren, nur einfach gezählt. Ebenso unbeachtlich sind Höchststimmrechte. Die Muttergesellschaft kann also wegen der Existenz von Mehrfachstimmrechten anderer Aktionäre oder wegen der Existenz von Höchststimmrechten weniger als 90 % der Stimmrechte ausüben, solange ihr mindestens 90 % der stimmrechtsgewährenden Anteile gehören.[715]

Die Vorschrift stellt ausdrücklich klar, dass sie nicht für die Verschmelzung mit einer 100%igen Tochtergesellschaft gilt („nicht aber aller"). Art. 31 Abs. 1 und

---

[714] Siehe oben D.II.1.c), S. 281.

[715] Unzutreffend daher *Ch. Teichmann*, ZIP 2002, 1109, 1113, der meint, dass die Vorschrift den Regelfall beschreibt, dass der Besitz von mindestens 90% der stimmberechtigten Papiere auch 90% der Stimmrechte verleiht.

Art. 31 Abs. 2 schließen sich gegenseitig aus und stehen damit im Verhältnis der Alternativität.

b) Rechtsfolgen und Erleichterungen

Die Erleichterungen, die Art. 32 Abs. 2 Unterabs. 1 vorsieht (Entbehrlichkeit des Verschmelzungsberichts, des Prüfungsberichts sowie der „zur Kontrolle notwendigen Unterlagen"), stehen unter dem Vorbehalt des nationalen Rechts.

aa) Vorbehalt des nationalen Rechts

Wegen des Vorbehalts des nationalen Rechts gelten die in Art. 31 Abs. 2 Unterabs. 1 vorgesehenen Privilegierungen nur dann, wenn das nationale Recht entsprechende Erleichterungen vorsieht.[716] Dazu müsste Art. 28 Dritte RiL in nationales Recht umgesetzt worden sein. Art. 31 Abs. 2 Unterabs. 1 verweist distributiv auf verschiedene Rechtsordnungen. Die Erleichterungen gelten daher nur für die Gründungsgesellschaft, deren Gesellschaftsstatut eine entsprechende Erleichterung vorsieht („nur insoweit erforderlich").

Für eine Gründungsgesellschaft deutschen Rechts bedeutet dies, dass für sie keine der Erleichterungen des Art. 31 Abs. 2 Unterabs. 1 in Betracht kommt. Sie kann weder auf die Erstellung eines Verschmelzungsberichts noch auf die Durchführung einer Verschmelzungsprüfung verzichten. Das deutsche Umwandlungsrecht sieht diese Erleichterungen nur im Falle der Verschmelzung mit einer 100%igen Tochtergesellschaft vor (vgl. §§ 8 Abs. 3, 9 Abs. 2 UmwG). Die in Art. 28 Dritte RiL fakultativ vorgesehenen Erleichterungen bei Vorliegen einer mindestens 90%igen Anteilsquote hat der deutsche Gesetzgeber nicht umgesetzt.[717]

Eine andere Frage ist, ob auf eine deutschen Gründungsgesellschaft § 62 UmwG Anwendung findet, sodass die Zustimmung ihrer Hauptversammlung entbehrlich ist, sofern sie aufnehmender Rechtsträger ist und sich mindestens neun Zehntel des Grundkapitals in ihrer Hand befinden. Aus den o.g. Gründen ist dies zu verneinen.[718] Außerdem ist Art. 31, was die Privilegierungen des Verschmelzungsverfahrens anbelangt, als abschließende Regelung zu verstehen.

bb) Kein Verschmelzungsbericht

Art. 31 Abs. 2 Unterabs. 1 ordnet die Entbehrlichkeit der „Berichte des Leitungs- oder Verwaltungsorgans" an, obwohl die Verordnung selbst keine Berichtspflicht dieser Organe statuiert. Darin zeigt sich, dass der Verordnungsgeber die Erstattung eines Verschmelzungsberichts als zwingenden Verfahrens-

---

716 *C.P. Schindler*, S. 29 geht davon aus, dass Art. 31 Abs. 2 Unterabs. 1 die Mitgliedstaaten dazu ermächtigt, Ausnahmebestimmungen für die SE zu erlassen, die eine Anwendbarkeit der Privilegierungen vorsehen.

717 Vgl. *Schwarz*, Rn. 667 a.E.

718 Siehe oben D.II.2.d)cc), S. 285.

schritt der SE-Gründung ansieht und nur deshalb auf eine eigenständige Regelung verzichtet hat, weil sich die Berichtspflicht über Art. 18 aus dem mitgliedstaatlichen Recht herleitet.[719]

cc) Kein Prüfungsbericht

Die Entbehrlichkeit der „Berichte eines oder mehrerer unabhängiger Sachverständiger" meint den Prüferbericht i.S. des Art. 22. Obwohl es der Wortlaut des Art. 31 Abs. 2 Unterabs. 1 nicht eindeutig ausdrückt, ist damit die Entbehrlichkeit des gesamten Prüfungsvorgangs gemeint (vgl. Art. 28 Dritte RiL).

dd) Entbehrlichkeit der „zur Kontrolle notwendigen Unterlagen"

Nicht ganz klar ist, was unter den „zur Kontrolle notwendigen Unterlagen" zu verstehen ist. Offensichtlich ist damit die in Art. 25 und Art. 26 vorgesehene Rechtmäßigkeitskontrolle gemeint. Dies ist jedoch bedenklich, weil damit nicht nur der Verschmelzungs- und Prüfungsbericht, sondern auch alle anderen bei der Rechtmäßigkeitskontrolle vorzulegenden Unterlagen (Verschmelzungsplan, Ausfertigung des Zustimmungsbeschlusses usw.) entbehrlich sind. Dies spielt aber keine Rolle, weil die nationalen Verschmelzungsrechte auf Grundlage des Art. 28 Dritte RiL ohnehin keine so weit gehende Erleichterung des Verfahrens vorsehen dürfen. Für die Entbehrlichkeit der zur Kontrolle notwendigen Unterlagen verbleibt daher kein Anwendungsbereich.

2. Ermächtigung des Art. 31 Abs. 2 Unterabs. 2

Die Ermächtigung des Art. 31 Abs. 2 Unterabs. 2 zielt darauf ab, auch solche Gesellschaften in den Genuss der Erleichterung des Unterabsatzes 1 kommen zu lassen, die zwar nicht mindestens 90 % der Anteile an der Tochtergesellschaft halten, denen aber mindestens 90 % der Stimmrechte zukommen. Es handelt sich also um eine reine Stimmrechtsquote. Einzige Voraussetzung ist, dass die Stimmrechte durch Aktien verliehen werden.

Diese Vorschrift wurde dem Vernehmen nach auf Drängen der schwedischen Verhandlungsdelegation in die Verordnung aufgenommen, um den Bedürfnissen der Industriellenfamilie *Wallenberg* entgegenzukommen.[720] Ein Abweichen der Stimmgewichtung von der Beteiligungsquote setzt Satzungsgestaltungen voraus, die dem Inhaber einer Aktie mehr Stimmrechte geben, als ihm aufgrund seiner Kapitalbeteiligung zustehen.[721] Im deutschen Aktienrecht sind Mehrstimmrechte verboten (§ 12 Abs. 2 AktG).[722] Dementsprechend wird zu Recht davon ausgegangen, dass eine Umsetzung dieser Ermächtigung in deutsches Recht unter-

---

[719] Siehe oben C.II, S. 178.

[720] Siehe auch *Ch. Teichmann*, ZIP 2002, 1109, 1113; *ders.*, in: Theisen/Wenz, S. 584 Fn. 2.

[721] Da es sich um eine Stimmrechtsquote handelt, wären umgekehrt allerdings auch Höchststimmrechte (§ 134 Abs. 1 S. 2 AktG) zu berücksichtigen.

[722] Siehe aber § 5 Abs. 1 EGAktG.

bleiben kann und soll.[723] Der SEAG-RegE enthält folglich auch keine Ausführungsvorschrift zu Art. 31 Abs. 2 Unterabs. 2.

Man darf gespannt sein, ob Schweden und andere Mitgliedstaaten, in denen Mehrstimmrechte zulässig sind, von der Ermächtigung des Art. 31 Abs. 2 Unterabs. 2 Gebrauch machen. Dies wird nicht zuletzt davon abhängen, ob und inwieweit sich Mehrstimmrechte mit der Kapitalverkehrsfreiheit vereinbaren lassen (Art. 56 EG). Der EuGH hat kurz nach Verabschiedung der SE-VO entschieden, dass staatliche Sonderstimmrechte in Unternehmen (sog. goldene Aktien) grundsätzlich die Freiheit des Kapitalverkehrs einschränken und damit gegen Art. 56 EG verstoßen, wenn sie nicht durch zwingende Gründe des Allgemeininteresses gerechtfertigt und zudem verhältnismäßig sind.[724] Die Urteile des EuGH treffen keine Aussage über die Zulässigkeit von Mehr- oder Höchststimmrechten in privater Hand. Allerdings gibt es bereits Stimmen, welche die Europarechtswidrigkeit satzungsmäßiger Stimmrechtsmodifikationen jedenfalls für den Fall annehmen, dass es zur Verabschiedung der Dreizehnten RiL für die Angleichung des Übernahmerechts kommt. Spätestens dann hätten aktienrechtlichen Schutzvorkehrungen als Abwehrinstrument gegen Konzernierungen ausgedient.[725]

E. Rechtsfolgen

Die Art. 29 und 30 beschäftigen sich mit den Rechtsfolgen der Verschmelzung. Während Art. 29 die Wirkungen der Verschmelzung regelt, behandelt Art. 30 die Folgen eines mit Mängeln behafteten Verschmelzungsverfahrens.

I. Wirkungen der Verschmelzung (Art. 29)

Art. 29 regelt die Wirkungen der Verschmelzung durch Aufnahme (Abs. 1) und der Verschmelzung durch Neugründung (Abs. 2) getrennt. Die einzelnen Rechtsfolgen stimmen aber im Wesentlichen überein. Es handelt sich dabei um die Gesamtrechtsnachfolge der aufnehmenden Gesellschaft (Abs. 1 Buchst a und Abs. 2 Buchst. a), den Anteilserwerb durch die Aktionäre (Abs. 1 Buchst. b und Abs. 2 Buchst. b) und das Erlöschen der übertragenden Gesellschaften (Abs. 1 Buchst. c und Abs. 2 Buchst. c). Bei der Verschmelzung durch Aufnahme kommt der Formwechsel der aufnehmenden Gesellschaft hinzu (Abs. 1 Buchst.

---

723 *Ch. Teichmann*, ZIP 2002, 1109, 1113; *ders.*, in: Theisen/Wenz, S. 584 Fn. 2.

724 EuGH, Urteil v. 4.6.2002, Rs. C-367/98 (Kommission/Portugiesische Republik), BB 2002, 1282; EuGH, Urteil v. 4.6.2002, Rs. C-483/99, (Kommission/Französische Republik), BB 2002, 1284; DB 2002, 1257; NZG 2002, 624; EuGH, Urteil v. 4.6.2002, Rs. C-503/99 (Kommission/Königreich Belgien), BB 2002, 1286.

725 *Bayer*, BB 2002, 2289, 2290 f. Der jüngste Vorschlag für eine Dreizehnte RiL hat die Zulässigkeit von Mehrstimmrechten jedoch unberührt gelassen (vgl. Art. 11 Dreizehnte RiL-V 2002); krit. dazu *Krause*, BB 2002, 2341, 2342 f; *Dauner-Lieb/Lamandini*, BB 2003, 265, 267.

d). Absatz 3 regelt die Drittwirkung der Übertragung bestimmter von den Gründungsgesellschaften eingebrachter Vermögensgegenstände, Rechte und Verbindlichkeiten. Absatz 4 schließlich ordnet den Übergang der arbeitsrechtlichen Rechte und Pflichten der Gründungsgesellschaften auf die SE an.

Die Wirkungen der Verschmelzung treten mit dem Vollzug der Verschmelzung ein.[726] Damit ist das Wirksamwerden der Verschmelzung i.S. des Art. 27 Abs. 1 gemeint. Die Verschmelzung entfaltet daher im Zeitpunkt der Eintragung der SE ihre Wirkungen.

1. Gesamtrechtsnachfolge

a) Grundsatz

Bei der Verschmelzung durch Aufnahme geht das gesamte Aktiv- und Passivvermögen jeder übertragenden Gesellschaft auf die übernehmende Gesellschaft über (Art. 29 Abs. 1 Buchst. a). Bei der Verschmelzung durch Neugründung geht das gesamte Aktiv- und Passivvermögen der sich verschmelzenden Gesellschaften auf die SE über (Art. 29 Abs. 2 Buchst. a). In beiden Fällen tritt Gesamtrechtsnachfolge kraft Gesetzes ein. Damit ist der materielle Rechtsübergang, nicht aber die Publizitätswirkung i.S. des § 15 HGB gemeint (Art. 29 Abs. 3 e contrario).[727]

Hinsichtlich des Wesens der Gesamtrechtsnachfolge kann auf die Kommentierungen der durch Art. 19 Abs. 1 Dritte RiL angeglichenen Vorschriften des nationalen Rechts (z.B. § 20 Abs. 1 Nr. 1 UmwG) verwiesen werden.[728] Art. 29 sieht allerdings Sonderregelungen zur Drittwirkung der Rechtsnachfolge (Abs. 3) und dem Übergang der arbeitsrechtlichen Rechte und Pflichten vor (Abs. 4), die nachfolgend dargestellt werden (dazu b und c). Außerdem wird erörtert, welche Folgen das Zusammentreffen unvereinbarer Verpflichtungen in der SE hat (dazu d).

b) Drittwirkung der Übertragung (Abs. 3)

Art. 29 Abs. 3 behandelt die Drittwirkung der Übertragung in die SE eingebrachter Vermögensgegenstände, Rechte und Verbindlichkeiten. Die Vorschrift schreibt vor, dass die „besonderen Formalitäten für die Rechtswirksamkeit der Übertragung bestimmter von den sich verschmelzenden Gesellschaften eingebrachter Vermögensgegenstände, Rechte und Verbindlichkeiten gegenüber Dritten", die ein Mitgliedstaat im Falle einer Verschmelzung von AG vorsieht, zu

---

[726] Vgl. Art. 29 Abs. 1 („die nach Artikel 17 Absatz 2 Buchstabe a vollzogene Verschmelzung") oder Art. 29 Abs. 1 („die nach Artikel 17 Absatz 2 Buchstabe b vollzogene Verschmelzung").

[727] Zur Drittwirkung der Übertragung siehe unten E.I.1.b), S. 291.

[728] Z.B. bei *Stratz*, in: Schmitt/Hörtnagl/Stratz, UmwG, § 20 Rn. 18 ff.

erfüllen sind. Es handelt sich also um eine Spezialverweisung auf mitgliedstaatliches Recht.

Obwohl es der deutsche Wortlaut („besondere Formalitäten für die Rechtswirksamkeit") vermuten lässt, verweist Art. 29 Abs. 3 nicht auf rechtliche Hindernisse, die der dinglichen Übertragbarkeit des Gegenstands entgegenstehen (z.B. absolute Verfügungsverbote). Die Vorschrift hat ihr Vorbild in Art. 19 Abs. 3 Dritte RiL. Mit „Rechtswirksamkeit ... gegenüber Dritten" ist daher nur die Entgegenhaltbarkeit des Rechtsübergangs im Rechtsverkehr gemeint. Darunter fällt z.B. der öffentliche Glauben des Grundbuchs (§ 892 BGB), nicht aber die materielle Berechtigung selbst.[729] Art. 29 Abs. 3 enthält also keine dem § 132 UmwG entsprechende Regelung. Dies zeigt der Vergleich mit den anderen Sprachfassungen[730] sowie mit dem Int.VerschmelzÜE 1973, in dem eine entsprechende Vorschrift enthalten war.[731] Im *Goldman*-Bericht heißt es zu dieser Vorschrift, dass sie nicht den Vermögensübergang als solchen infrage stellt – dieser wird allein durch die Verschmelzung bewirkt –, sondern die Wirksamkeit gegenüber Dritten betrifft.[732]

Wenn Art. 29 Abs. 3 von „besonderen Formalitäten" spricht, ist damit der Nachweis der materiellen Berechtigung als Voraussetzung für die Berichtigung öffentlicher Register gemeint.[733] Der Gemeinschaftsgesetzgeber hatte dabei offensichtlich vor allem die zur Herstellung der inter omnes-Wirkung speziell von Grundstücken erforderlichen Formvorschriften der publicité foncière französischen Rechts im Blickfeld, also z.B. die Inkorporierung des Rechtsakts in die Urkundensammlung eines französischen Notars („ranger au rang des minutes de notaire").[734] In Deutschland fällt das Erfordernis der Grundbuchberichtigung (§ 894 BGB, § 22 GBO) sowie das Erfordernis der Vorlage einer steuerlichen Unbedenklichkeitsbescheinigung beim Grundbuchamt nach § 22 GrEStG unter die Formalitäten i.S. des Art. 29 Abs. 3.[735]

> *Beispiel:*[736] Eine deutsche AG und eine französische SA verschmelzen zu einer SE mit Sitz in Deutschland. Die Gesellschaften verfügen über Grundbesitz in Deutschland. Mit Wirksamwerden der Verschmelzung (Art. 27 Abs. 1) gehen die Liegenschaften im Wege der Gesamtrechtsnachfolge auf die SE über (Art. 29 Abs. 2 Buchst. a). Das Grundbuch ist jedoch unrichtig geworden. Bis zur Offenlegung der Verschmelzung (Art.

[729] *Ganske*, DB 1981, 1551, 1556 zu Art. 19 Abs. 3 Dritte RiL.
[730] Die französische Fassung spricht von „l'opposabilité aux tiers", die englische von „effective against third parties".
[731] Art. 31 Int.VerschmelzÜE 1972.
[732] *Goldman*, Bericht zum Int.VerschmelzÜE 1972, S. 83.
[733] *Ganske*, DB 1981, 1551, 1556.
[734] So *Vossius*, in: Widmann/Mayer, § 20 UmwG Rn. 400 (S. 4 Fn. 1) (Stand: Juni 2002).
[735] A.A. offensichtlich *Ganske*, DB 1981, 1551, 1556.
[736] Nach *Vossius*, in: Widmann/Mayer, § 20 UmwG Rn. 430 (Stand: Juni 2002).

> 28) könnte der Vorstand der übertragenden deutschen AG noch als Nichtberechtigter über das Grundstück verfügen, sodass das Grundstück gutgläubig erworben werden könnte (§ 892 BGB). Unter Vorlage beglaubigter Registerauszüge, aus denen die Wirksamkeit der Verschmelzung hervorgeht, und einer steuerlichen Unbedenklichkeitsbescheinigung nach § 20 GrEStG kann die Berichtigung des Grundbuchs zugunsten der SE beantragt werden.

Art. 29 Abs. 3 stellt klar, dass die SE nach ihrer Eintragung diese Formalitäten erfüllen kann. Damit wird verhindert, dass durch den Untergang der Gründungsgesellschaften und durch mögliche Versäumnisse ihrer Leitungs- und Verwaltungsorgane das Wirksamwerden der Übertragung der betreffenden Vermögensgegenstände gegenüber Dritten ausgeschlossen ist.[737]

c) Betriebsübergang (Abs. 4)

Art. 29 Abs. 4 ordnet den Übergang der zum Zeitpunkt der Eintragung bestehenden Rechte und Pflichten der beteiligten Gesellschaften hinsichtlich der Beschäftigungsbedingungen auf die SE an. Die Vorschrift wurde erst ganz am Ende des Gesetzgebungsverfahren in die Verordnung aufgenommen und hat daher kein Vorbild in den Verordnungsvorschlägen.

aa) Sinn und Zweck

Die Vorschrift stellt ausdrücklich klar, dass es sich bei der Verschmelzung um einen Betriebsübergang handelt. Art. 29 Abs. 4 ist damit das „europarechtliche Spiegelbild" zu § 324 UmwG i.V.m. § 613a Abs. 1 und Abs. 4 bis 6 BGB.[738] Die Vorschrift hat durchaus eigenständige Bedeutung. Zwar gehen die vertraglichen Rechtsverhältnisse zwischen dem einzelnen Arbeitnehmer und dem übertragenden Arbeitgeber bereits kraft Gesamtrechtsnachfolge nach Art. 29 Abs. 1 Buchst. a bzw. Abs. 2 Buchst. a über. Die Gesamtrechtsnachfolge erfasst aber nicht zwingend bestehende kollektivrechtliche Vereinbarungen wie Tarifverträge, weil diese die Tarifgebundenheit des Arbeitgebers voraussetzen.[739] Diese gesetzliche Lücke schließt Art. 29 Abs. 4, der auch den Übergang kollektivrechtlicher Vereinbarungen anordnet.

bb) Voraussetzungen

Der Übergang gemäß Art. 29 Abs. 4 erfasst alle im Zeitpunkt der Eintragung der SE bestehenden Rechte und Pflichten der Gründungsgesellschaften, die den Beschäftigungsbedingungen gelten und die auf einzelstaatlichen Rechtsvorschriften

---

737 *Goldman*, Bericht zum Int.VerschmelzÜE 1972, S. 83.
738 *Vossius*, in: Widmann/Mayer, UmwG, § 20 Rn. 431 (Stand: Juni 2002).
739 *Stratz*, in: Schmitt/Hörtnagl/Stratz, UmwG, § 20 Rn. 83.

und Gepflogenheiten sowie auf individuellen Arbeitsverträgen oder Arbeitsverhältnissen beruhen.[740]

(1) Rechte und Pflichten hinsichtlich der Beschäftigungsbedingungen
Unter den Begriff der Beschäftigungsbedingungen können sämtliche arbeitsrechtlichen Rechtsbeziehungen in der jeweiligen Gründungsgesellschaft subsumiert werden.

(2) Aufgrund einzelstaatlicher Rechtsvorschriften
Unter den Begriff einzelstaatliche Rechtsvorschriften fallen die einschlägigen gesetzlichen Bestimmungen des nationalen Rechts (z.B. GG, BGB, KSchG, MuSchG, LFZG). Ebenfalls einzelstaatliche Rechtsvorschriften stellen Tarifverträge und Betriebsvereinbarungen dar, soweit ihr normativer Teil betroffen ist (§ 4 Abs. 1 TVG und § 77 Abs. 4 BetrVG). Aus dem Begriff „einzelstaatlich" folgt, dass die maßgebende Rechtsordnung, aus der sich diese Vorschriften ergeben, nach Maßgabe des nationalen IPR zu ermitteln ist.

(3) Aufgrund einzelstaatlicher Gepflogenheiten
Hierunter dürften vor allem Ansprüche aus betrieblicher Übung oder ähnlicher arbeitsrechtlicher Formen des Gewohnheitsrechts fallen.[741]

(4) Aufgrund individueller Arbeitsverträge oder Arbeitsverhältnisse
Dazu gehören die Rechte und Pflichten, die sich aus dem Einzelarbeitsvertrag ableiten.[742] Soweit die Vorschrift den Übergang der vertraglichen Rechtsverhältnisse zwischen den einzelnen Arbeitnehmern und dem übertragenden Arbeitgeber anordnet, ist die Vorschrift allerdings überflüssig, weil sich diese Rechtsfolge bereits aus Abs. 1 Buchst. a bzw. Abs. 2 Buchst. a ergibt.

cc) Rechtsfolge
Art. 29 Abs. 4 ordnet an, dass die arbeitsrechtlichen Rechtsbeziehungen, die zu den Gründungsgesellschaften im Zeitpunkt der Eintragung der SE bestanden, auch für die SE weiter bestehen und auf diese übergehen. Dies hat zur Folge, dass sich die Beschäftigungsbedingungen in der supranationalen Rechtsform SE weiterhin nach den für die jeweilige Gründungsgesellschaft geltenden nationalen Vorschriften richten. Die SE unterliegt damit verschiedenen Arbeitsrechten.

---

[740] Die Formulierung „hinsichtlich der Beschäftigungsbedingungen" bezieht sich auf alle davor aufgezählten Rechtsquellen, wie der Vergleich mit der französischen Fassung verdeutlicht.

[741] *Vossius*, in: Widmann/Mayer, UmwG, § 20 Rn. 433 (Stand: Juni 2002).

[742] Zum Begriff „Arbeitsverhältnis" *Goldman*, Bericht zum Int.VerschmelzÜE 1972, S. 80: „Ferner ist bei Bestehen eines Tarifvertrags eher von Arbeitsverhältnis als von Arbeitsvertrag zu sprechen, da die Einigung der Parteien in vielen Fällen nur noch die Annahme der vom Arbeitgeber angebotenen Arbeit durch den Arbeitnehmer zum Gegenstand hat."

> *Beispiel:*[743] Die deutsche A-AG und die deutsche B-AG verschmelzen mit einer französischen und einer belgischen SA zu einer SE mit Sitz in Belgien. In den deutschen AG bestehen unterschiedliche Betriebsvereinbarungen, für sie gelten unterschiedliche Tarifverträge. Für die nunmehrigen Niederlassungen der SE in Deutschland gelten jeweils die bisherigen Vorschriften kollektivrechtlich weiter, ohne dass es zur Anwendung von § 613a Abs. 1 und Abs. 4 bis 6 BGB kommt.

Dieses Ergebnis trägt zwar kaum zur Rechtsvereinheitlichung bei, ist aber dennoch zwingend, wenn man bedenkt, dass das Arbeitsrecht grundsätzlich nicht in den Regelungsbereich der Verordnung fällt, sondern weiterhin einzelstaatlichem Recht unterliegt.[744]

d) Zusammentreffen unvereinbarer Verpflichtungen

Die Verordnung enthält keine dem § 21 UmwG entsprechende Vorschrift, die das Zusammentreffen miteinander unvereinbarer Verpflichtungen aus gegenseitigen Verträgen regelt. Gemeint ist der Fall, bei dem die Gründungsgesellschaften jeweils mit Dritten gegenseitige Verträge geschlossen haben, deren Erfüllung nach Vollzug der Verschmelzung unzumutbar ist. Das deutsche Recht sieht in diesem Fall die Möglichkeit einer Vertragsaufhebung oder -anpassung vor.[745]

Es fragt sich, ob die Vorschrift des § 21 UmwG auch bei SE-Verschmelzungen Anwendung findet.[746] Maßgebende Verweisungsnorm wäre Art. 9 Abs. 1 Buchst. c Ziffer ii, weil die Rechtsfrage die entstandene SE betrifft. Die Rechtsfrage fällt allerdings nicht in den Regelungsbereich der SE-VO. Mit dem Gläubigerschutz wäre es nicht zu vereinbaren, wenn sich das Schicksal schuldrechtlicher Beziehungen zu Dritten nach dem Gesellschaftsstatut der SE bestimmt. Im Int.VerschmelzÜE 1972 hat man bewusst davon abgesehen, diese Frage einheitlich zu regeln. Man war der Auffassung, dass die Lösung in jedem Mitgliedstaat weiterhin dem Recht zu entnehmen sei, das nach dem IPR des angerufenen Gerichts anwendbar ist.[747] Das Vorliegen eines Rücktritts- oder Kündigungsrechts hängt daher von dem für das betreffende Rechtsverhältnis geltenden allgemeinen Zivilrecht ab. Dabei ist auf das Schuldrechtsstatut abzustellen. Kommt deut-

---

[743] Nach *Vossius*, in: Widmann/Mayer, UmwG, § 20 Rn. 435 (Stand: Juni 2002).

[744] Erwägungsgründe 19 bis 21, insbesondere Erwägungsgrund 21, S. 2.

[745] *Stratz*, in: Schmitt/Hörtnagl/Stratz, UmwG, § 21 Rn. 10.

[746] Vgl. schon *Barz/Lutter*, in: Lutter, Europäische Aktiengesellschaft, S. 35: „Eine Regelung dieses Tatbestands scheint aber unbedingt erforderlich, zumal mit einem Fortfall der Geschäftsgrundlage nicht in allen zur EG gehörenden nationalen Rechten weiterzukommen ist. Gerade die deutsche Regelung dürfte hier eine allen berechtigten Belangen gerecht werdende Lösungsmöglichkeit bieten.“

[747] *Goldman*, Bericht zum Int.VerschmelzÜE 1972, S. 78.

sches Recht zur Anwendung, kann man über die Grundsätze vom Wegfall der Geschäftsgrundlage zu einer Vertragsanpassung bzw. -aufhebung gelangen.[748]

2. Aktienerwerb

a) Grundsatz

Bei der Verschmelzung durch Aufnahme werden die Aktionäre der übertragenden Gesellschaft Aktionäre „der übernehmenden Gesellschaft" (Art. 29 Abs. 1 Buchst. b). Bei der Verschmelzung durch Neugründung werden die Aktionäre der verschmelzenden Gesellschaften Aktionäre „der SE" (Art. 29 Abs. 2 Buchst. b).[749] Damit ist aber kein Unterschied in der Sache verbunden. Denn bei der Verschmelzung durch Aufnahme nimmt die übernehmende Gesellschaft gleichzeitig mit dem Erwerb ihrer Anteile durch die Aktionäre der übertragenden Gesellschaft die Rechtsform der SE an (Art. 29 Abs. 1 Buchst. d), sodass die Aktionäre sogleich Aktionäre der SE werden. Die Aktionäre der übertragenden Gesellschaft werden daher unmittelbar und sofort Aktionäre der SE („ipso jure gleichzeitig") und nicht – auch nicht für eine logische Sekunde – der übernehmenden AG nationalen Rechts.

Der Erwerb der Aktien erfolgt kraft Gesetzes. Die Übergabe von Aktienzertifikaten ist ebenso wenig erforderlich wie die Abgabe von Willenserklärungen. Die Mitgliedschaft der Aktionäre an den übertragenden bzw. verschmelzenden AG endet mit deren Erlöschen (Art. 29 Abs. 1 Buchst. c und Abs. 2 Buchst. c) und wird automatisch durch die Mitgliedschaft in der SE ersetzt.[750] Die Verordnung regelt nicht, wie sich die Gewährung der Aktien an die Aktionäre im Einzelnen vollzieht. Die Einzelheiten der Übertragung der Aktien der SE sind gemäß Art. 20 Abs. 1 Buchst. c im Verschmelzungsplan festzulegen.[751]

---

[748] *Vossius*, in: Widmann/Mayer, § 20 UmwG Rn. 443 bis 445 (Stand: Juni 2002).

[749] Ein sog. triangular merger, bei dem die Aktionäre der übertragenden Gesellschaften nicht Aktionäre der übernehmenden Gesellschaft, sondern Aktionäre einer dritten Gesellschaft (z.B. der Mutter der übernehmenden Gesellschaft) werden (dazu *Baums*, in: FS für Zöllner, Band 1, 1998, S. 65, 70 ff.), scheidet damit aus. Durch diese Verschmelzungsvariante, die z.B. im niederländischen Recht vorgesehen ist (B.W. art. 2:334), kann die Muttergesellschaft das Zurückbleiben von Minderheitsaktionären in der sich verschmelzenden Tochtergesellschaft vermeiden; vgl. *Schuit/Janssen*, M & A in the Netherlands, 1996, S. 67.

[750] Gemäß Art. 18 i.V.m. § 72 Abs. 1 und Abs. 2 UmwG gelten für Gründungsgesellschaften deutschen Rechts die Vorschriften über die Kraftloserklärung von Aktien nach § 73 Abs. 1 bis Abs. 3 AktG. Deshalb muss der gemäß Art. 18 i.V.m. § 71 UmwG bestellte Treuhänder Zug um Zug gegen Ausgabe der SE-Aktien die alten Aktienurkunden einziehen und an die SE übergeben; vgl. *Grunewald*, in: Lutter, UmwG, § 72 Rn. 4.

[751] Siehe oben C.I.3.a)cc), S. 158.

b) Ausnahmen von der Anteilsgewährung

Fraglich ist, ob es vom Grundsatz der Anteilsgewährung auch Ausnahmen gibt. Im deutschen Verschmelzungsrecht scheidet ein Anteilserwerb aus, sofern und soweit die übernehmende Gesellschaft Anteile an der übertragenden Gesellschaft hält oder die übertragende Gesellschaft eigene Anteile hält (§ 20 Abs. 1 Nr. 3 S. 1 Halbs. 2 UmwG). Dem steht es gleich, wenn die Anteile durch eine dritte Person treuhänderisch gehalten werden. Die Vorschrift geht auf Art. 19 Abs. 2 Dritte RiL zurück und soll das Entstehen eigener Anteile verhindern.[752]

aa) Mutter-Tochter-Verschmelzungen

Der erste der oben genannten Fälle betrifft Mutter-Tochter-Verschmelzungen. Das Problem des Erwerbs eigener Aktien bei Mutter-Tochter-Verschmelzungen wurde auch bei der SE frühzeitig erkannt.[753] Der Verordnungsgeber reagierte im SE-VOV 1975 und ordnete das Erlöschen der Aktien an, die einer SE als Rechtsnachfolgerin einer anderen Gründungsgesellschaft zufallen würden.[754] Das Erlöschen der Aktien sollte verhindern, dass die Aktien und das Vermögen, auf das sie sich beziehen, zusammenfallen.[755] Nach Art. 30 S. 2 SE-VOV 1989 sollten die Aktien in diesem Fall für kraftlos erklärt werden.

In der SE-VO findet sich keine Regelung mehr zum Schicksal der Aktien der Gründungsgesellschaften im Falle einer Mutter-Tochter-Verschmelzung. Lediglich für die Verschmelzung durch Aufnahme traf der Verordnungsgeber eine Regelung. Diese betrifft allerdings nur den Fall, dass es sich um eine 100%ige Tochtergesellschaft handelt. Hier wird von dem Grundsatz, dass die Aktionäre der übertragenden Gesellschaft zu Aktionären der übernehmenden Gesellschaft werden, eine Ausnahme gemacht, indem Art. 29 Abs. 1 Buchst. b für unanwendbar erklärt wird (Art. 31 Abs. 1 S. 1).[756] Keine Regelung ist jedoch für den Fall vorgesehen, dass die Beteiligung an der Tochtergesellschaft unter 100 % liegt. Die Enthaltsamkeit der SE-VO an dieser Stelle erklärt sich mit der zwischenzeitlichen Angleichung der nationalen Verschmelzungsrechte durch Art. 19 Abs. 2 Dritte RiL. Der Verordnungsgeber sah daher offensichtlich keine Veranlassung mehr für eine einheitliche Regelung. Es ist deshalb anzunehmen, dass der Erwerb eigener Aktien bei SE-Verschmelzungen nach Maßgabe der nationalen Durchführungsbestimmungen zu Art. 19 Abs. 2 Dritte RiL ausgeschlossen

---

752 *Schwarz*, Rn. 655.

753 *Clement/Fortdran/Müller/Wanske*, AG 1972, 343, 346.

754 Art. 28 Abs. 1 S. 2 SE-VOV 1975.

755 Vgl. SE-VOV 1975, Begründung zu Art. 28, S. 200. Eine Gesellschaft, die ihr eigener Aktionär ist, ist zugleich Schuldner und Gläubiger der Einlageverpflichtung. Wenn aber Forderung und Leistungspflicht zusammenfallen, ist das Erlöschen der Aktien anzuordnen. Siehe auch *Barz/Lutter*, in: Lutter: Europäische Aktiengesellschaft, S. 32.

756 Siehe oben D.II.2.a), S. 283.

ist.[757] Bei Upstream-Verschmelzungen besteht daher keine Anteilsgewährungspflicht (vgl. Art. 19 Abs. 2 Buchst. a Dritte RiL). Maßgebend ist gemäß Art. 15 Abs. 1 das nationale Recht am SE-Sitzstaat, weil die Gewährung von SE-Aktien der entstehenden SE und nicht mehr den Gründungsgesellschaften zuzurechnen ist.

bb) Eigene Aktien der übertragenden Gesellschaft

Ein Anteilserwerb ist auch dann ausgeschlossen, wenn die übertragende Gesellschaft eigene Aktien hält, die im Zuge der Verschmelzung auf die SE übergehen (vgl. Art. 19 Abs. 2 Buchst. b Dritte RiL).

c) Surrogation bei Rechten Dritter

Nach deutschem Recht bestehen Rechte Dritter an den ursprünglichen Anteilen kraft dinglicher Surrogation an den neuen Anteilen fort (§ 20 Abs. 1 Nr. 3 S. 2 UmwG). Art. 29 enthält keine entsprechende Vorschrift. Es stellt sich daher die Frage, ob auch hier aus belasteten Anteilen an den Gründungsgesellschaften belastete Anteile an der SE werden. Im Schrifttum wird unter Berufung auf den Grundsatz „nemo plus iuris ad alium transferre potest quam ipse habet" die Auffassung vertreten, dass eine dingliche Surrogation auch bei der SE-Verschmelzung stattfindet. Für eine dingliche Surrogation spräche außerdem der Wortlaut des Art. 29 Abs. 1 Buchst. b und Abs. 2 Buchst. b. Danach „werden" die Aktionäre der Gründungsgesellschaften Aktionäre der SE, was nur bedeuten könne, dass Belastungen ihrer Aktien von der Verschmelzung unberührt bleiben. Ansonsten hätte der Verordnungsgeber vom „Erhalt der Aktien" gesprochen, mithin einen Tatbestand der Ausgabe von Aktien geschaffen.[758]

Es sprechen daher gewichtige Gründe dafür, dass die Rechte Dritter an den SE-Aktien fortbestehen. Problematisch ist indes, dass die dingliche Surrogation die entstehende bzw. entstandene SE betrifft, sodass es hier auf das Sitzstaatrecht der SE ankommt (Art. 15 Abs. 1 bzw. Art. 9 Abs. 1 Buchst. c Ziffer ii). Demzufolge kann bei einer SE mit Sitz in Deutschland eine dingliche Surrogation stattfinden, während der Fortbestand der Rechte Dritter bei einer SE mit Sitz im Ausland nicht gesichert ist. Im Schrifttum wird deshalb vom deutschen Gesetzgeber eine Klarstellung gefordert, nach der § 20 Abs. 1 Nr. 3 S. 2 UmwG bei SE-Verschmelzungen nur dann anwendbar sein soll, wenn das für die übertragende Gesellschaft geltende Recht ebenfalls eine solche Surrogation anordnet. Dann wäre für einen Gleichlauf zwischen deutschem und ausländischem Recht gesorgt.[759]

---

[757] Ebenso *Vossius*, in: Widmann/Mayer, UmwG, § 20 Rn. 436 ff. (Stand: Juni 2002).

[758] *Vossius*, in: Widmann/Mayer, UmwG, § 20 Rn. 439 ff. (Stand: Juni 2002).

[759] *Vossius*, in: Widmann/Mayer, UmwG, § 20 Rn. 442 (Stand: Juni 2002).

3. Erlöschen der übertragenden Gesellschaften

Mit Eintragung der SE erlöschen die übertragenden Gründungsgesellschaften (Art. 29 Abs. 1 Buchst. c und Abs. 2 Buchst. c). Eine Abwicklung findet nicht statt (Art. 17 Abs. 2 Unterabs. 1 Buchst. a i.V.m. Art. 3 Abs. 1 Dritte RiL bzw. Art. 17 Abs. 2 Unterabs. 1 Buchst. b i.V.m. Art. 4 Abs. 1 Dritte RiL). Bei der Verschmelzung durch Aufnahme bleibt die aufnehmende Gründungsgesellschaft bestehen und wechselt nur ihre Rechtsform (Art. 29 Abs. 1 Buchst. d).[760]

4. Formwechsel der übernehmenden Gesellschaft bei Verschmelzung durch Aufnahme

Der Formwechsel nach Art. 29 Abs. 1 Buchst. d vollzieht sich unter Wahrung der rechtlichen und wirtschaftlichen Identität der aufnehmenden Gesellschaft. Es kommt also weder zur Auflösung der aufnehmenden Gesellschaft noch zur Entstehung einer neuen juristischen Person. Es findet auch keine Vermögensübertragung von der aufnehmenden Gesellschaft auf die SE statt.

II. Gründungsmängel

Die Rückgängigmachung von Verschmelzungen durch Rückübertragung jedes einzelnen Vermögensgegenstands (sog. Entschmelzung) stößt auf erhebliche rechtliche und tatsächliche Hindernisse.[761] Der Gemeinschaftsgesetzgeber hat die möglichen Nichtigkeitsgründe von Verschmelzungen daher durch Art. 22 Dritte RiL stark eingeschränkt, um für Rechtssicherheit zwischen den Beteiligten zu sorgen.[762] Nach Art. 22 Abs. 1 Dritte RiL kann die Nichtigkeit einer Verschmelzung nur auf zwei Gründen beruhen:

- dem Fehlen einer vorbeugenden gerichtlichen oder behördlichen Rechtmäßigkeitskontrolle bzw. dem Fehlen der öffentlichen Beurkundung;
- der Nichtigkeit oder Anfechtbarkeit des Hauptversammlungsbeschlusses nach mitgliedstaatlichem Recht.

Die Rückabwicklung grenzüberschreitender Verschmelzungen dürfte sich im Vergleich zu rein innerstaatlichen Sachverhalten noch schwieriger gestalten.[763] Es ist anzunehmen, dass es der Verordnungsgeber nicht zuletzt deshalb für geboten hielt, die Nichtigkeit einer SE-Verschmelzung nach Eintragung völlig auszuschließen (Art. 30 Unterabs. 1). Dadurch soll vor allem verhindert werden, dass die Nichtigkeit auf Gründen beruht, die im Sitzstaat der SE nicht vorgesehen sind, zumal nach der Verschmelzung nur diese Gesellschaft fortbesteht.[764] Die SE-VO schränkt die Nichtigkeit der Verschmelzung also noch weiter ein als

---

[760] Siehe unten E.I.4, S. 299.
[761] Vgl. RegE BR-Drs. 75/94, S. 91.
[762] Dritte RiL, Erwägungsgrund 9.
[763] Vgl. *Goldman*, Bericht zum Int.VerschmelzÜE 1972, S. 84.
[764] SE-VOV 1989, Begründung zu Art. 29, S. 7.

Art. 22 Dritte RiL. Das Fehlen einer Rechtmäßigkeitskontrolle i.S. der Art. 25 und 26 „kann" allerdings einen Grund für die Auflösung der SE darstellen (Art. 30 Unterabs. 2).

1. Keine Nichtigkeit nach Eintragung (Art. 30 Unterabs. 1)

a) Keine Heilungsvorschrift

Es fragt sich, ob der Art. 30 Unterabs. 1 nur die Rechtsfolge der Nichtigkeit ausschließt und die Mängel des Verschmelzungsverfahrens damit als solche bestehen bleiben und weiter geltend gemacht werden können oder ob die Mängel mit der Eintragung der SE geheilt werden.[765] Der Wortlaut des Art. 30 Unterabs. 1 spricht eindeutig gegen die Einordnung als Heilungsvorschrift. Die Vorschrift bestimmt, dass die Verschmelzung nach der Eintragung der SE nicht mehr „für nichtig erklärt" werden kann. Die Mängel des Verschmelzungsverfahrens bleiben von der Eintragung unberührt und können weiterhin geltend gemacht werden. Sie können jedoch nicht die Rechtsfolge der Nichtigkeit auslösen. Damit stellt die Vorschrift klar, dass die Wirkungen der Verschmelzung nach Art. 29 trotz Mängel des Verschmelzungsverfahrens eintreten und nicht rückwirkend beseitigt werden können. Art. 30 Unterabs. 1 ist demnach keine Heilungsvorschrift.[766]

Daran knüpft die Frage an, ob wenigstens eine Entschmelzung mit ex nunc-Wirkung in Betracht kommt. Dagegen spricht, dass auch eine ex nunc-Entschmelzung erhebliche praktische und rechtliche Problemen verursacht und daher grundsätzlich nicht wünschenswert ist.[767] Sie entspricht auch nicht der Intention des europäischen Gesetzgebers, Rechtssicherheit zu schaffen, indem die Entschmelzung möglichst umfassend ausgeschlossen wird. Man wird daher im Grundsatz davon auszugehen haben, dass Mängel des Verschmelzungsverfahrens nach Eintragung der SE nicht zu einer Entschmelzung führen können. Denkbar sind indessen Schadensersatzansprüche gegen die verantwortlichen Organmitglieder (Art. 18 i.V.m. §§ 25 ff. UmwG)[768] oder schuldrechtliche Ansprüche im Innenverhältnis der Gesellschafter auf Rückgängigmachung der Verschmelzung.[769]

---

[765] Diese Frage ist auch bei § 20 Abs. 2 UmwG umstritten; zum Meinungsstand siehe *Grunewald*, in: Lutter, UmwG, § 20 Rn. 69 ff. m.w.N. Dem französischen Recht ist eine derartige Bestimmung völlig fremd; vgl. *Ziegler*, S. 28. Das italienische Recht sieht die heilende Wirkung der Eintragung vor (Art. 2504-quater c.c.); dazu *Bruhn*, S. 328 ff.

[766] Ebenso *Vossius*, in: Widmann/Mayer, UmwG, § 20 Rn. 450 (Stand: Juni 2002).

[767] *Grunewald*, in: Lutter, UmwG, § 20 Rn. 69.

[768] Siehe unten E.III, S. 303.

[769] Vgl. *Stratz*, in: Schmitt/Hörtnagl/Stratz, UmwG, § 20 Rn. 97.

b) Anwendbarkeit der Heilungsvorschriften des nationalen Rechts

Im Schrifttum wird angeregt, dass der deutsche Gesetzgeber im Ausführungsgesetz § 20 Abs. 1 Nr. 4 und Abs. 2 UmwG auch bei SE-Verschmelzungen für anwendbar erklärt.[770] Dadurch wäre sichergestellt, dass Formmängel des Verschmelzungsplans und der Zustimmungsbeschlüsse durch Eintragung der SE geheilt würden. Die Verordnung sieht jedoch keine spezielle Ermächtigung der nationalen Gesetzgeber vor. Eine Anwendung des § 20 Abs. 1 Nr. 4 und Abs. 2 UmwG kommt daher nur über die Verweisungsnorm des Art. 15 Abs. 1 in Betracht, weil die Rechtsfrage die entstehende SE betrifft. Dann dürfte die Behandlung von Gründungsmängeln nicht abschließend durch Art. 30 geregelt sein. Davon ist nicht auszugehen. Art. 30 geht in seinen Konsequenzen über den Art. 22 Dritte RiL hinaus. Er schließt damit Regelungen des nationalen Rechts aus, die unter bestimmten Umständen eine Nichtigkeit der Verschmelzung zulassen. Es ist jedoch nicht anzunehmen, dass Art. 30 Vorschriften des nationalen Rechts verdrängt, welche die Heilung von Gründungsmängeln vorsehen und die Bestandskraft der Verschmelzung damit besonders sichern. Die Anwendbarkeit des § 20 Abs. 1 Nr. 4 und Abs. 2 UmwG auf die SE-Verschmelzung ergibt sich daher bereits aus Art. 15 Abs. 1. Bei einer SE mit Sitz in Deutschland können daher nach deren Eintragung keine Formmängel bezüglich des Verschmelzungsplans und der Zustimmungsbeschlüsse mehr geltend gemacht werden.

2. Auflösung bei fehlender Kontrolle i.S. der Art. 25 f. (Art. 30 Unterabs. 2)

Art. 30 Unterabs. 2 bestimmt, dass das Fehlen einer Kontrolle i.S. der Art. 25 und 26 einen Grund für die Auflösung der SE darstellen kann. Der europäische Gesetzgeber hat den Begriff Auflösung bewusst gewählt.[771] Während die Vorgängervorschläge von 1989 und 1991 noch ausdrücklich von einem möglichen Nichtigkeitsgrund gesprochen haben,[772] wird nunmehr klargestellt, dass das Fehlen einer Rechtmäßigkeitskontrolle nicht die Beseitigung der SE mit ex tunc-Wirkung zur Folge haben kann.[773] Das Fehlen der Rechtmäßigkeitskontrolle ist daher kein Nichtigkeitsgrund, der das Entstehen der SE ipso iure ungültig macht. Der Forderung der Wirtschaftsverbände, die Geltendmachung der Nich-

---

770 *Vossius*, in: Widmann/Mayer, UmwG, § 20 Rn. 450 (Stand: Juni 2002).

771 *Blanquet*, ZGR 2002, 20, 44: „Wurde die Rechtmäßigkeit der Verschmelzung nicht überprüft, so ist dies kein Nichtigkeitsgrund, sondern ein Auflösungsgrund." Siehe auch die Parallelvorschriften Art. 35 Abs. 2 EUGEN-RatsE Dezember 2001 und April und Mai 2002, die auf das Auflösungsverfahren nach Art. 76 verweisen.

772 Art. 29 S. 1 SE-VOV 1989 und Art. 29 Abs. 1 SE-VOV 1991.

773 Ebenso *C.P. Schindler*, S. 31 f.

tigkeit nach dem Wirksamwerden der Verschmelzung völlig auszuschließen, ist damit offensichtlich entsprochen worden.[774]

a) Rechtsnatur

Nach Art. 30 Unterabs. 2 „kann“ das Fehlen der Rechtmäßigkeitskontrolle einen Auflösungsgrund darstellen. Es ist nicht ohne weiteres ersichtlich, wie die „Kann“-Formulierung der Vorschrift zu verstehen ist.[775] Grundsätzlich sind drei Auslegungsmöglichkeiten denkbar:

Der Begriff „kann“ könnte darauf hindeuten, dass das Fehlen einer Rechtmäßigkeitskontrolle nur dann einen Auflösungsgrund darstellt, wenn das nationale Recht einen solchen vorsieht. Es könnte sich damit entweder um eine Ermächtigung der Mitgliedstaaten handeln, einen entsprechenden Auflösungsgrund vorzusehen, oder um eine einfache Verweisung auf das mitgliedstaatliche Recht.

Das „kann“ lässt sich auch so interpretieren, dass die Einleitung eines Auflösungs- oder Löschungsverfahrens in das Ermessen der Registerbehörde gelegt wird.[776]

Schließlich ist denkbar, dass der Verordnungsgeber das Eintreten dieser Rechtsfolge davon abhängig machen wollte, dass ein Beteiligter (Aktionäre, Mitglieder des Leitungs- oder Verwaltungsorgans) Klage auf Auflösung der Gesellschaft erhebt und der Klage stattgegeben wird.[777]

Der Vergleich mit den Vorgängervorschriften spricht dafür, dass die „Kann“-Formulierung des Art. 30 Unterabs. 2 den Verweisungscharakter der Vorschrift zum Ausdruck bringt. Nach Art. 29 SE-VOV 1989 und 1991 stellte das Fehlen einer Rechtmäßigkeitskontrolle nur dann einen Nichtigkeitsgrund dar, wenn das mitgliedstaatliche Recht einen solchen Nichtigkeitsgrund vorsieht. Für die Einräumung eines Behördenermessens oder die Festsetzung eines Klage- bzw. Antragserfordernisses fehlt es auch an der hierfür notwendigen Bestimmtheit der Regelung. Die daraus resultierende Rechtsunsicherheit kann in einer für den Bestand der SE elementaren Frage nicht hingenommen werden.

Aufschluss bietet auch der Blick auf die Parallelvorschrift des Art. 34 Abs. 2 SCE-VO. Während Art. 35 Abs. 2 SCE-RatsE April 2001 in Anlehnung an Art. 30 noch davon sprach, dass das Fehlen einer Rechtmäßigkeitskontrolle einen Grund für die Auflösung darstellen „kann“, heißt es dort, dass das Fehlen der Rechtmäßigkeitskontrolle ein Grund für die Auflösung gemäß Art. 74 SCE-VO[778] „ist“. Aus dieser Abweichung kann übertragen auf die SE-VO gefolgert

---

[774] Gemeinsamer Arbeitsausschuss 1991, S. 7.

[775] Ebenso *Bungert/Beier*, EWS 2002, 1, 7.

[776] Vgl. § 144 Abs. 1 FGG, nach dem die Einleitung und Durchführung eines Löschungsverfahrens im pflichtgemäßen Ermessen des Registergerichts liegt.

[777] Vgl. die Nichtigkeitsklage gemäß § 275 AktG.

[778] Dieser entspricht Art. 64.

werden, dass das Fehlen der Rechtmäßigkeitskontrolle einen Auflösungsgrund darstellt, wenn das gemäß Art. 63 anwendbare nationale Recht des Sitzstaats einen solchen vorsieht. Es kommt dagegen nicht – wie in der SCE-VO vorgesehen – automatisch zum Auflösungsverfahren nach Art. 64.

Art. 30 Unterabs. 2 stellt nach alledem klar, dass das Fehlen einer Rechtmäßigkeitskontrolle einen Auflösungsgrund darstellt, wenn das nationale Recht einen solchen vorsieht. Gemäß Art. 63 sind dabei die Rechtsvorschriften maßgebend, die für eine AG gelten würden, die nach dem Recht des Sitzstaats der SE gegründet worden ist. Eine Ermächtigung des nationalen Gesetzgebers, einen solchen Auflösungsgrund vorzusehen, enthält Art. 30 Unterabs. 2 nicht.

b) Verweisungsobjekt

Das deutsche Recht sieht keine Auflösung bei unterbliebener Rechtmäßigkeitskontrolle vor (vgl. § 262 Abs. 1 AktG). Die Verschmelzung unterliegt bei Eintragung in das Handelsregister automatisch einer gerichtlichen Kontrolle. Daher ist das Fehlen der Rechtmäßigkeitskontrolle von vornherein ausgeschlossen.[779] Eine SE mit Sitz in Deutschland kann daher nach Eintragung nicht wegen des Fehlens der Rechtmäßigkeitskontrolle aufgelöst werden.

III. Haftungsfragen

Die SE-VOV 1989 und 1991 enthielten Spezialverweisungen zur Haftung der Sachverständigen, welche die Verschmelzung prüfen, und der Mitglieder der Leitungs- und Verwaltungsorgane der Gründungsgesellschaften. Diesbezüglich wurde das gemäß Art. 20 und 21 Dritte RiL angeglichene Recht des Mitgliedstaats für anwendbar erklärt, dem die jeweilige Gründungsgesellschaft unterliegt.[780] Diese Spezialverweisung wurde mit der Einführung der partiellen Generalverweisung des Art. 18 überflüssig. Die Haftung der Vorstands- und Aufsichtsratsmitglieder einer deutschen AG richtet sich daher über Art. 18 nach den §§ 25 ff. UmwG.[781]

---

[779] Vgl. *Ganske*, DB 1981, 1551, 1557.
[780] Art. 28 SE-VOV 1989 und 1991.
[781] Zur Haftung der Sachverständigen siehe oben C.IV.8.a), S. 204.

Teil 5: Holding-SE

A. Allgemeines

Die Gründung einer Holding-SE ist in Art. 2 Abs. 2 und in den Art. 32 bis 34 geregelt.

I. Rechtsnatur und Wesen

Die Gründungsform Holding-SE ist ohne Vorbild in den nationalen Gesellschaftsrechten. Dort existiert die Holding zwar in der Praxis als Erscheinungsform der Unternehmensorganisation,[1] nicht jedoch als gesetzlich geregelte Strukturmaßnahme.[2] Die Holding-SE stellt daher eine genuin europarechtliche Gründungsform dar.[3] Auch im Kontext des europäischen Gesellschaftsrechts wird mit dieser Gründungsvariante Neuland betreten, wie sich an der EWIV zeigt. Dieser ist das Halten von Anteilen an ihren Mitgliedsunternehmen sogar untersagt, weshalb sie als Holding nicht in Betracht kommt (sog. Holdingverbot nach Art. 3 Abs. 2 Buchst. b Halbs. 1 EWIV-VO).

Die Verordnung enthält keine Definition der Gründung einer Holding-SE. Kennzeichnend für die Holding-SE als Strukturmaßnahme ist, dass sich mehrere Gesellschaften gemeinsam eine neue Muttergesellschaft in Form einer SE beschaffen. Dies geschieht durch einen Anteilstausch, bei dem die Anteilsinhaber der Gründungsgesellschaften ihre Anteile in die SE einbringen und im Gegenzug Aktien der SE erhalten. Die Unternehmenszusammenführung beruht also nicht auf einer Vereinigung der Vermögensmassen der Gründungsgesellschaften, sondern auf einer Vereinigung der Aktionärskreise in der Holding-SE.[4] Durch die Vereinigung der Aktienmehrheiten in der Holding-SE erlangt diese die Beteiligungsherrschaft und damit die wirtschaftliche Führungsmacht über die Gründungsgesellschaften.[5] Es handelt sich mithin um eine Fusion im wirtschaftlichen, nicht aber im rechtlichen Sinne.[6]

Der Errichtung der Holding-SE liegt ein einstufiges Einbringungsmodell zugrunde. Die Holding-SE wird unmittelbar durch die Einbringung der Anteile

---

1 Unter einer Holding wird demnach ein Unternehmen verstanden, dessen Hauptzweck im Halten einer auf Dauer angelegten Beteiligung an einem oder mehreren anderen rechtlich selbständigen Unternehmen besteht. Vgl. *Lutter*, in: ders., Holding-Hdb., Rn. A 11 ff.

2 Eine Ausnahme bildet allein das luxemburgische Recht, das ein Gesetz betreffend die Holdinggesellschaft kennt. Siehe dazu *Hohloch/Schultheiß*, Luxemburg, in: Hohloch, EU-Handbuch Gesellschaftsrecht, Rn. 10 und 357.

3 Siehe oben Teil 1 F.VII, S. 17.

4 Vgl. *Ficker*, NJW 1970, 1569, 1570.

5 Vgl. SE-VOV 1991, Begründung zu Art. 31 und 32, S. 5.

6 *Sanders*, Vorentwurf, S. 37; *von der Groeben*, AG 1967, 95, 101 f.; *Zawischa*, ZfRV 1976, 125, 127 f. Zu den verschiedenen Fusionsmodellen vgl. *Martens*, in: FS für Peltzer, 2001, S. 279 ff.

gegründet. Das Grundkapital der Holding-SE wird also nicht von den Gründungsgesellschaften, sondern von deren Anteilsinhabern erbracht, die sogleich Aktionäre der SE werden. Die Holding-SE wird daher zwingend im Wege der Sachgründung errichtet.[7] Davon zu unterscheiden ist das zweistufige Einbringungsmodell, bei dem die Gründungsgesellschaften oder ein Treuhänder zunächst eine dritte Gesellschaft gründen, die sodann eine Kapitalerhöhung gegen Sacheinlagen durchführt, deren Gegenstand die von den bisherigen Gesellschaftern gehaltenen Anteile sind.[8] Der Vorteil des einstufigen Einbringungsmodells liegt darin, dass es nicht zum Problem des Erwerbs eigener Aktien kommen kann, weil die Holding-SE schon im Zeitpunkt der Entstehung Muttergesellschaft ist.

Die Gründungsgesellschaften bewahren ihre rechtliche Selbständigkeit (Art. 32 Abs. 1 Unterabs. 2) und werden zu Tochtergesellschaften der SE. Die Holding-SE gehört damit zu den primären Gründungsformen, die weder auf die Existenz noch auf die Rechtsform der Gründungsgesellschaften Einfluss haben.[9] In Abgrenzung zur gemeinsamen Tochter-SE wird die Gründung einer Holding-SE – einem untechnischen Sprachgebrauch folgend – als „Ausgliederung nach oben" bezeichnet.[10] Untechnisch deshalb, weil die Ausgliederung im rechtlichen Sinne als ein Vorgang verstanden wird, bei dem ein Teil oder Teile des Gesellschaftsvermögens von einem Ausgangsrechtsträger auf einen Zielrechtsträger übertragen werden.[11] Bei der Holding-SE wird dagegen kein Gesellschaftsvermögen übertragen.[12]

Die Charakteristika der Holding-SE lassen sich wie folgt zusammenfassen:

- Fusion im wirtschaftlichen Sinne;
- NewCo-Structure;
- Vereinigung der Aktionärskreise in einer Muttergesellschaft („Fusion durch Anteilstausch");
- Vergemeinschaftung der Leitungsmacht;
- keine Vergemeinschaftung der Gesellschaftsvermögen;

---

7 *Vossius*, in: Widmann/Mayer, UmwG, § 20 Rn. 404 (Stand: Juni 2002); *Handelsrechtsausschuss des DAV*, NZG 2004, 75, 78.

8 Vgl. *Kraft*, in: Lutter, Holding-Hdb., Rn. B 72 f. Es handelt sich um eine NewCo-Structure, wie sie z.B. beim Zusammenschluss *Daimler/Chrysler* Anwendung fand; siehe oben Teil 4 A.II, S. 130.

9 SE-VOV 1970, Begründung zu den Art. 29 bis 34, S. 18: „Wie es für die Institution einer Holdinggesellschaft erforderlich ist, bestehen die Gründungsgesellschaften in ihrer nationalen Rechtsform fort."

10 *Hommelhoff*, AG 1990, 422.

11 Zum Begriff der Ausgliederung außerhalb des UmwG *v. Riegen*, S. 8 ff.

12 Missverständlich *Heckschen*, DNotZ 2003, 251, 260, der die Gründung der Holding-SE mit einer „verschmelzenden Ausgliederung" vergleicht.

- Kapitalaufbringung durch Gesellschafter (einstufiges Einbringungsmodell);
- Sachgründung;
- Fortbestand der Gründungsgesellschaften.

Die Verordnung sieht im Übrigen keine Einschränkung auf bestimmte Holdingtypen vor. Es bleibt dem Willen der Gründer überlassen, ob sie eine reine Finanzholding ohne Beteiligung an der Unternehmensführung, eine Führungsholding oder eine Mischholding[13] errichten wollen.[14]

II. Regelungskonzept

Art. 2 Abs. 2 regelt die Zulässigkeit der Gründung einer Holding-SE.[15] Das Verfahren der Gründung ist in Art. 32 bis 34 geregelt. Der darin vorgesehene Gründungsablauf orientiert sich an der Verschmelzungsgründung.[16] Die sachrechtlichen Regelungen zum Gründungsverfahren sind in den Art. 32 und 33 komprimiert und im Vergleich zur Verschmelzung noch dürftiger ausgefallen. Sie sind auf die Ergänzung durch nationales Recht angewiesen. Als besonderes Manko erweist sich das Fehlen einer dem Art. 18 entsprechenden Verweisung, die das auf die Gründungsgesellschaften anwendbare Recht bestimmt.[17] Was die SE in Entstehung betrifft, findet über Art. 15 Abs. 1 ergänzend das für AG geltende Recht des Sitzstaats Anwendung.

III. Gründer der Holding-SE

Fraglich ist, wer im rechtlichen Sinne Gründer der Holding-SE ist: die Gründungsgesellschaften oder deren Gesellschafter? Die Frage ist im Hinblick auf das nationale Aktiengründungsrecht, das über Art. 15 Abs. 1 zur Anwendung gelangt, zu beantworten.[18] Stellt man auf die Zustimmung der Hauptversammlungen nach Art. 32 Abs. 6 ab, könnte man die Gründungsgesellschaften als Gründer ansehen. Denn insofern beschließen nicht die einzelnen gründungswilligen Anteilseigner, sondern die Hauptversammlung als Organ der Gründungsgesellschaft.[19] Allerdings erbringen nicht die Gründungsgesellschaften, sondern deren Anteilsinhaber das Grundkapital der SE. Dies wiederum spricht dafür,

---

13 Vgl. *Lutter*, in: ders., Holding-Hdb., Rn. A 14 ff.

14 *Blanquet*, ZGR 2002, 20, 45.

15 Art. 32 Abs. 1 Unterabs. 1 dient daneben allein der besseren Verständlichkeit, indem er die Verbindung zwischen Art. 2 Abs. 2 und den Verfahrensregeln in den Art. 32 ff. herstellt.

16 Siehe unten C.I, S. 311.

17 Siehe unten C.II, S. 311.

18 Siehe unten C.IX, S. 367.

19 *Trojan-Limmer*, RIW 1990, 1010, 1015; *Hemmelrath*, in: Schwappach, EU-Rechtshandbuch Wirtschaft, § 35 Rn. 69; *Körner*, in: Paschke, Europäisches Privatrecht, S. 540; *Neun*, in: Theisen/Wenz, S. 144 f.

dass die einbringenden Anteilsinhaber als Gründer der Holding-SE anzusehen sind.[20]

Die Verordnungsgeber hat sich um eine eindeutige Stellungnahme gewunden. Statt dessen spricht er von den die Gründung einer Holding-SE „anstrebenden" Gesellschaften (Art. 2 Abs. 2 , Art. 32 Abs. 1 Unterabs. 2, Abs. 2 S. 1 und S. 3, Abs. 3 usw.). Bei der Verschmelzung oder der gemeinsamen Tochter-SE heißt es dagegen, dass die SE von den Gründungsgesellschaften gegründet wird. Der Verordnungsgeber hat also offensichtlich keine Entscheidung treffen wollen. Der Begriff „anstreben" bringt jedoch zum Ausdruck, dass auch bei der Holding-SE die Gesellschaften die treibenden Kräfte des Gründungsverfahrens sind. Sie leiten das Verfahren durch die Aufstellung des Gründungsplans ein und legen damit die Rahmendaten fest, während den Gesellschaftern trotz ihres Einbringungswahlrechts eine bloße passive Rolle verbleibt.[21] Die Gründungsgesellschaften trifft daneben die Verpflichtung zur Offenlegung des Gründungsplans (Art. 32 Abs. 3) und zur Einleitung der Gründungsprüfung (Art. 32 Abs. 4). Bezeichnend ist auch der Wortlaut des Art. 33 Abs. 3 Unterabs. 2, nach dem die Gesellschafter den Gesellschaften ihre Anteile im Hinblick auf die Gründung der künftigen SE „zur Verfügung ... stellen". Hier deutet der Verordnungsgeber an, wie er sich die Aufgabenverteilung zwischen Gesellschaften und Gesellschaftern im Gründungsprozess vorstellt. Die Gesellschafter sollen demzufolge nur ihren Teil dazu beizutragen, damit die Gesellschaften den Gründungsprozess weiter vorantreiben können. Dieser untergeordneten Rolle im Gründungsverfahren entspräche es in keiner Weise, wenn die Gesellschafter die mit dem Gründerbegriff verbundenen erheblichen rechtlichen Konsequenzen tragen müssten.[22] Besonders anschaulich wird dies an folgendem Beispiel:

> *Beispiel*: Die SE kann unter bestimmten Voraussetzungen bereits vor Ablauf der Einbringungsfrist eingetragen werden, wenn der erforderliche Mindestprozentsatz an Anteilen erreicht worden ist.[23] Dies würde genau genommen bedeuten, dass die Anteilsinhaber, die ihre Anteile vor der Eintragung der SE eingebracht haben, als Gründer zu behandeln wären, während den anderen Anteilsinhabern, die sich mehr Zeit genommen haben, dieses „Schicksal" erspart bliebe.[24] Die Willkür dieses Ergeb-

---

[20] So wohl *Thoma/Leuering*, NJW 2002, 1449, 1453.

[21] Die Gesellschafter sind insbesondere nicht an der Feststellung der Satzung beteiligt (Art. 32 Abs. 2 S. 3 i.V.m. Art. 20 Abs. 1 Buchst. h).

[22] Mit der Rechtsposition des Gründers sind diverse Handlungspflichten (vgl. §§ 30 Abs. 1, 32 Abs. 1, 35 Abs. 1, 36 Abs. 1 AktG), aber auch die zivil- oder strafrechtliche Verantwortlichkeit verbunden (z.B. §§ 46, 50, 51 oder § 399 Abs. 1 AktG).

[23] Zum Problem der Eintragung vor Ablauf der Einbringungsfrist unten C.XI.4, S. 378.

[24] So tatsächlich *Neun*, in: Theisen/Wenz, S. 147, der davon spricht, dass hier die „Gründungshaftung" entfällt.

> nisses zeigt, zu welch absurden Folgen es führt, wenn man die einbringenden Anteilsinhaber als Gründer der SE qualifiziert.

Behandelte man die einbringenden Anteilsinhaber als Gründer, würde dies auch der Realisierbarkeit der Holdinggründung schaden. Die Aktionäre würden sich im Zweifel gegen die Holdinggründung aussprechen, um nicht die mit der Gründerstellung verbundene Verantwortung tragen zu müssen. Es wäre außerdem kaum praktikabel, die voraussichtlich sehr zahlreichen Anteilsinhaber mit den Gründerpflichten zu betrauen (vgl. §§ 30 ff. AktG),

Die besseren Argumente sprechen deshalb dafür, die Gründungsgesellschaften als Gründer der Holding-SE anzusehen, auch wenn sie nicht selbst Aktionäre der SE werden.[25] Sie treffen damit alle Rechtspflichten, die sich aus der Stellung als Gründer ergeben.[26] Zu unterstützen ist insoweit ein Vorschlag des *Handelsrechtsausschusses des DAV*, wonach im SEAG klar gestellt werden sollte, dass die Gründungsgesellschaften für die Anwendung der Gründungsvorschriften als Gründer der Holding-SE gelten.[27] Eine solche Regelung würde der Rechtssicherheit dienen und ließe sich damit auf die Ermächtigungsgrundlage des Art. 68 Abs. 1 stützen.

IV. Konzernbildende Gründungsform

Die Gründung einer Holding-SE schafft eine Konzernstruktur, an deren Spitze als herrschendes Unternehmen die SE steht.[28] Die SE-VO berücksichtigt dies und gewährt den Anteilsinhabern weitgehende Informations- und Mitwirkungsrechte.[29] Der obligatorische Gründungsplan und -bericht, der Prüferbericht sowie die Hauptversammlungszuständigkeit bieten einen umfassenden Konzern-

---

25 Davon zu trennen ist die Frage der Handelndenhaftung nach Art. 16 Abs. 2. *Kersting*, DB 2001, 2079, 2083 f. ist der Auffassung, dass diese sowohl die gründenden Gesellschaften als auch die einbringenden Aktionäre treffen kann. Dem kann, was die einbringenden Aktionäre angeht, nicht beigepflichtet werden. Würde man die Handelndenhaftung grundsätzlich auch auf die einbringenden Aktionäre erstrecken, würde dies viele Aktionäre von der Einbringung ihrer Anteile abhalten und die Gründung einer Holding-SE unnötig erschweren. Außerdem handeln die einbringenden Aktionäre im eigenen Namen und nicht, wie es Art. 16 Abs. 1 voraussetzt, im Namen der SE; zu Recht *Oplustil*, GLJ Vol. 4 No. 2 (1 February 2003), Nr. 23. Schließlich käme die These *Kerstings*, nach der die Aktionäre, die ihre Anteile erst nach Eintragung der SE während der einmonatigen Zusatzfrist einbringen (Art. 33 Abs. 3 Unterabs. 2), haftungsmäßig besser stehen, reiner Willkür gleich.

26 Es wird überlegt, ob man eine klarstellende Regelung im SEAG vorsieht, in der die Gründungsgesellschaften ausdrücklich als „Gründer“ bezeichnet werden. Eine solche Regelung könnte sich auf Art. 68 Abs. 1 als Ermächtigung stützen; dazu *Neye/Ch. Teichmann*, AG 2003, 169, 173 f.

27 *Handelsrechtsausschuss des DAV*, NZG 2004, 75, 78.

28 *Habersack*, in: Emmerich/Sonnenschein/Habersack, Konzernrecht, § 1 VII 2, S. 28.

29 *Thoma/Leuering*, NJW 2002, 1449, 1453.

eingangsschutz. Der deutsche Gesetzgeber wird auf Grundlage des Art. 34 voraussichtlich noch weitere Schutzregelungen vorsehen.[30]

V. Steuerliche Auswirkungen

Steuerlich entstehen durch die Gründung der Holding-SE keine wesentlichen Nachteile. Zwar handelt es sich bei der Einbringung der Anteile gegen Gewährung von SE-Aktien (Art. 33 Abs. 4) um einen tauschähnlichen Vorgang, sodass grundsätzlich eine Gewinnrealisierung stattfindet. Die Aufdeckung stiller Reserven kann jedoch gemäß § 20 Abs. 1 S. 2 UmwStG vermieden werden, weil bei der Gründung mehr als 50 % der Anteile an den Gründungsgesellschaften eingebracht werden müssen.[31]

B. Gründungsberechtigung (Art. 2 Abs. 2)

Eine Holding-SE kann von AG und GmbH gegründet werden. Bezüglich der GmbH ist Art. 32 Abs. 7 zu beachten, der eine sinngemäße Anwendung der Bestimmungen des Art. 32 auf die GmbH anordnet.[32] Die Gesellschaften müssen nach dem Recht eines Mitgliedstaats gegründet worden sein und ihren Sitz und ihre Hauptverwaltung in der Gemeinschaft haben (Gemeinschaftszugehörigkeit).[33] Das Vorliegen beschränkter Mehrstaatlichkeit reicht aus.[34]

C. Verfahren

Das Verfahren beginnt mit der Aufstellung eines Gründungsplans (Art. 32 Abs. 2), der offen zu legen ist (Art. 32 Abs. 3). Der Gründungsplan ist einer Prüfung durch unabhängige Sachverständige zu unterziehen (Art. 32 Abs. 4 und 5). Die Hauptversammlungen der Gründungsgesellschaften müssen dem Gründungsplan schließlich zustimmen und, sofern sie sich dies vorbehalten, die Mitbestimmungsvereinbarung genehmigen (Art. 32 Abs. 6). Anschließend kommt es zur Einbringung der Anteile in die SE gemäß dem in Art. 33 Abs. 1 bis Abs. 4 geregelten Verfahren. Art. 33 Abs. 5 bestimmt den Prüfungsgegenstand bei der Rechtmäßigkeitskontrolle. Art. 34 ermächtigt die Mitgliedstaaten zum Erlass von Schutzvorschriften zugunsten von Minderheitsaktionären, Gläubigern und Arbeitnehmern.

---

30 Siehe unten C.VII.1.d)bb), S. 351.

31 Vgl. *Schulz/Geismar*, DStR 2002, 1078, 1083 f.; *Förster/Lange*, DB 2002, 288, 292.

32 Wegen Art. 32 Abs. 7 konnte auf detaillierte Sonderregelungen zur Gründung einer Holding-SE unter Beteiligung einer GmbH verzichtet werden; vgl. SE-VOV 1989, Bericht Rechtsausschuss, Teil B, S. 8, in dem eine entsprechende Vorschrift gefordert wird.

33 Dazu Teil 3 D, S. 92 ff.

34 Dazu oben Teil 3 E.II.3.b), S. 120.

I. Anlehnung an das Verschmelzungsverfahren

Der Gemeinschaftsgesetzgeber hat das Verfahren der Gründung der Holding-SE bewusst nach dem Vorbild der Verschmelzung geregelt. In der Begründung zum SE-VOV 1975 heißt es, dass die Interessenlage für die Aktionäre in beiden Gründungsformen gleich sei: Sie verlieren die Mitgliedschaft in ihren bisherigen Gesellschaften und werden Aktionäre einer neuen Gesellschaft.[35] Die bei der Verschmelzung vorgesehenen Schutzmechanismen (Plan, Bericht, Prüfung, Zustimmung) werden daher entsprechend bei der Holding-SE vorausgesetzt. Seit der Abkehr vom ursprünglich geplanten Zwangsumtausch der Anteile[36] besteht allerdings nur noch bedingt Ähnlichkeit zwischen den beiden Gründungsformen.[37] Es wird daher gelegentlich bezweifelt, dass bei der Holding-SE ein Bedürfnis für einen gleichwertigen Gesellschafterschutz besteht.[38]

II. Anwendbares Recht

Bei der Holdinggründung fehlt eine Verweisungsvorschrift, die das auf die Gründungsgesellschaften anwendbare Recht bestimmt. Art. 15 Abs. 1 bestimmt nur das auf die SE in Entstehung anwendbare Recht und ist damit nicht anwendbar.[39] Die Verordnung ist daher an dieser Stelle lückenhaft. Für eine Lückenfüllung bietet sich im Einzelfall eine Analogie zu Art. 18 an.[40]

III. Gründungsplan (Art. 32 Abs. 2)

Die Leitungs- oder Verwaltungsorgane der die Gründung anstrebenden Gesellschaften erstellen einen gleichlautenden Gründungsplan (Art. 32 Abs. 2 S. 1). Der Gründungsplan enthält die wesentlichen Bedingungen der Holdinggründung und ist Gegenstand der Beschlussfassung. Der Gründungsplan dient überdies der Information der Anteilsinhaber, denen er Gelegenheit bietet, sich im Vorfeld der Hauptversammlung mit den Bedingungen der Holdinggründung vertraut zu machen. Der Gründungsplan enthält im Unterschied zum Verschmelzungsplan

---

35 Vgl. SE-VOV 1975, Begründung zu Art. 30 bis 34, S. 201: „Die neuen Vorschriften ziehen aus dieser Interessenlage die Konsequenz und regeln die Gründung einer S.E.-Holdinggesellschaft hinsichtlich der Rechtsstellung der Aktionäre und der Arbeitnehmer auch optisch durch die stärkere Benutzung des Mittels der Verweisung parallel zur Gründung durch Verschmelzung."

36 Siehe unten C.VIII.1, S. 355.

37 Vgl. *Weitnauer*, EWS 1992, 165, 167 Fn. 19: „Hierbei handelt es sich im Unterschied zur vorangegangenen Fassung ... nicht mehr um eine Art der Verschmelzung, da nicht mehr alle, sondern nur mindestens 51 % der Stimmrechtsaktien oder Anteile jeder Gründungsgesellschaft in die Holding-SE eingebracht werden müssen, so daß Minderheitsaktionäre, die dies nicht wollen, nicht zur Einbringung ihrer Aktien gezwungen werden."

38 Siehe unten C.VI.1.a), S. 335.

39 Siehe dazu oben Teil 2 B.IV.1, S. 37.

40 Siehe oben Teil 2 B.IV.2.b), S. 46.

selbst den Bericht, in dem die Gründung erläutert und begründet wird (Art. 32 Abs. 2 S. 2).

1. Rechtsnatur

Die Gründung der Holding-SE lässt die Organisationsstruktur der Gründungsgesellschaften unverändert. Daraus kann aber nicht der Schluss gezogen werden, dass der Gründungsplan – anders als der Verschmelzungsplan[41] – keinen gesellschaftsrechtlichen Organisationsakt darstellt. Der Holdingplan legt das Umtauschverhältnis der Anteile fest und bestimmt damit, wie sich die mitgliedschaftliche Stellung der einbringenden Aktionäre in der SE darstellt. Er regelt ferner die Firma und den Sitz der SE und den Schutz von Sonderrechtsinhabern. In ihm ist außerdem die Satzung der Holding-SE enthalten, über die Hauptversammlungen abzustimmen haben. Der Gründungsplan ist damit organisationsrechtlicher Rechtsakt.[42]

Einen schuldrechtlichen Vertrag stellt der Gründungsplan nicht dar. Dagegen spricht schon, dass sich die Gründungsgesellschaften nicht zur Übertragung ihres Gesellschaftsvermögens verpflichten.[43] Sofern sich die Gründungsgesellschaften gegenseitig zur Gründung der Holding verpflichten wollen, müssen sie dafür einen Zusammenschlussvertrag schließen.[44]

2. Gemeinsamer Gründungsplan

Beim Gründungsplan handelt es sich – wie beim Verschmelzungsplan[45] – um ein von den Gründungsgesellschaften gemeinsam zu erstellendes Dokument. Es gibt also nur einen Gründungsplan,[46] der aber wegen der Mehrstaatlichkeit regelmäßig in verschiedenen Sprachen abzufassen ist. Daraus erschließt sich die Bedeutung der Formulierung „gleichlautend" (Art. 32 Abs. 2 S. 1). Weil jede Sprachfassung verbindlich ist, müssen sich die verschiedenen Sprachfassungen inhaltlich entsprechen. Die für die Rechtmäßigkeitskontrolle zuständige Stelle muss deshalb die inhaltliche Übereinstimmung überprüfen und, falls sich maßgebliche Abweichungen ergeben, die Eintragung der SE ablehnen.[47] Geringfügige Abweichungen des Wortlauts ohne inhaltliche Auswirkungen sind dabei unschädlich.[48]

---

41 Siehe oben Teil 4 C.I.2, S. 142 ff.

42 Zum Begriff des Organisationsrechts siehe *Würdinger*, Aktienrecht, § 4 IV, S. 21 ff.

43 *Theißen*, S. 61 f. Nach Meinung von *Theißen* hat der Gründungsplan den Charakter einer einseitigen, empfangsbedürftigen Willenserklärung jeder Gründungsgesellschaft an ihre Aktionäre mit dem Ziel, eine Holdinggründung durchzuführen.

44 Siehe oben Teil 4 C.I.2, S. 142.

45 Siehe oben Teil 4 C.I.1, S. 141.

46 A.A. *Ch. Teichmann*, ZGR 2002, 383, 417.

47 Siehe unten C.XI.2, S. 374.

48 *Oplustil*, GLJ Vol. 4 No. 2 (1 February 2003), Nr. 7.

3. Inhalt

Der Inhalt des Gründungsplans ist in Art. 32 Abs. 2 S. 2 bis S. 4 vorgegeben. Es fällt sogleich auf, dass der Gründungsplan – anders als der Verschmelzungs- oder Umwandlungsplan – den Gründungsbericht einschließt (Art. 32 Abs. 2 S. 2). Der Gründungsplan muss für jede Gesellschaft den Mindestprozentsatz der einzubringenden Anteilen festsetzen (Art. 32 Abs. 2 S. 3 a.E.). Im Übrigen richtet sich der Inhalt des Gründungsplans nach den Vorgaben zum Verschmelzungsplan (Art. 32 Abs. 2 S. 3).

a) Pflichtinhalt nach Art. 32 Abs. 2 S. 3

Art. 32 Abs. 2 S. 3 verweist auf die in Art. 20 Abs. 1 aufgezählten Mindestangaben. Lediglich Art. 20 Abs. 1 Buchst. d und e sind von der Verweisung ausgenommen. Der Gründungsplan muss daher nicht den Beginn der Gewinnberechtigung und den Zeitpunkt des Wechsels der Rechnungslegung vom übertragenden zum übernehmenden Rechtsträger (= Verschmelzungsstichtag) bestimmen. Die Angabe eines Verschmelzungsstichtags erübrigt sich, weil es bei der Holdinggründung nicht zu einer Übertragung des Vermögens der Gründungsgesellschaften und anschließend zu deren Auflösung kommt.[49] Deshalb muss die Rechnungslegung der Gründungsgesellschaften nicht von der Rechnungslegung der SE abgegrenzt werden.

Der Gründungsplan muss folgende Angaben enthalten:

- die Firma und den Sitz der Gründungsgesellschaften und der SE;[50]
- das Umtauschverhältnis der Aktien und ggf. die Höhe der Ausgleichsleistung;
- die Einzelheiten zur Übertragung der Aktien der SE;
- die gewährten Sonderrechte;
- die Vorteile für sonstige Beteiligte;
- die Satzung der SE;
- das Verfahren zur Bestimmung des Mitbestimmungsmodells.

Hinsichtlich der einzelnen Angaben kann auf die oben gemachten Ausführungen zur Verschmelzung verwiesen werden.[51] Bezüglich der Angaben zur Höhe möglicher Ausgleichszahlungen, zu den Einzelheiten bei der Übertragung der SE-Aktien sowie zur Satzung sind allerdings folgende Besonderheiten zu beachten:

---

[49] *Neun*, in: Theisen/Wenz, S. 131 Fn. 1.

[50] Die Holding-SE muss ihren Sitz nicht in einem der Mitgliedstaaten haben, in denen die Gründungsgesellschaften ansässig sind. Art. 32 Abs. 4 S. 2 kann entnommen werden, dass auch ein Drittstaat in Betracht kommt.

[51] Siehe oben Teil 4 C.I.3.a), S. 152 ff.

aa) Höhe möglicher Ausgleichsleistungen

Die Verordnung stellt weder an die Beschaffenheit noch an die Höhe der Ausgleichsleistungen bestimmte Anforderungen. Bei der Verschmelzung findet insofern über Art. 18 nationales Recht Anwendung, sodass bei einer deutschen Gründungsgesellschaft Ausgleich nur durch Barzahlungen geleistet werden darf, die nicht mehr als 10 % des auf die gewährten Aktien entfallenden anteiligen Betrags ihres Grundkapitals betragen dürfen (§ 68 Abs. 3 UmwG).[52] Bei der Holdinggründung fehlt eine entsprechende Verweisung, sodass die Ausgleichsleistungen keinen derartigen Beschränkungen unterliegen.[53]

Es fragt sich allerdings, ob es sich hierbei um eine Regelungslücke handelt, die durch eine Analogie zu Art. 18 geschlossen werden kann. Dann würden sich die Anforderungen an die Ausgleichsleistungen auch bei der Holdinggründung nach § 68 Abs. 3 UmwG richten. Dafür könnte sprechen, dass der Verordnungsgeber die Holdinggründung bewusst in Anlehnung an die Verschmelzungsgründung geregelt hat.[54] Bei Art. 32 Abs. 2 S. 3 wird dies besonders deutlich, weil die Vorschrift ausdrücklich auf Art. 20 Abs. 1 verweist. Es wäre merkwürdig, wenn der Gründungsplan zwar denselben Inhalt wie der Verschmelzungsplan aufweisen müsste, die einzelnen Angaben aber nicht den für die Verschmelzungsgründung geltenden gesetzlichen Vorgaben entsprechen müssten.

Es ist deshalb anzunehmen, dass durch die Bezugnahme auf Art. 20 Abs. 1 nicht nur erreicht werden soll, dass im Gründungsplan dieselben Punkte wie im Verschmelzungsplan geregelt werden, sondern dass an diese Punkte auch dieselben materiellrechtlichen Anforderungen zu stellen sind. Zwischen Holding- und Verschmelzungsgründung ist offensichtlich ein Gleichlauf angestrebt, der wegen der ähnlichen Interessenlage auch gerechtfertigt ist. Hier wie dort erhalten die Gesellschafter für ihre Anteile im Tausch SE-Aktien. Daher besteht auch bei der Holdinggründung die Gefahr, dass die Aktionäre der Gründungsgesellschaften als Gegenleistung keine oder zu wenige Aktien erhalten und anstelle dessen „ausgekauft" werden. Die gesetzlichen Beschränkungen der Ausgleichsleistungen wollen gerade dies verhindern. Verschmelzung und Holdinggründung stellen deshalb vergleichbare Sachverhalte dar. Das Fehlen einer dem Art. 18 entsprechenden Verweisung stellt insofern eine Ungleichbehandlung der Gesellschafter in den beiden Gründungsformen dar. Aus diesem Grund ist eine analoge Anwendung des Art. 18 gerechtfertigt. Daher unterliegen die Ausgleichsleistungen auch bei der Holdinggründung den Anforderungen des § 68 Abs. 3 UmwG, soweit die Aktionäre einer deutschen Gründungsgesellschaft betroffen sind.

---

52 Siehe oben Teil 4 C.I.3.a)bb)(2), S. 157.

53 So im Erg. *Neun*, in: Theisen/Wenz, S. 131.

54 Siehe oben C.I, S. 310.

Ausgleich kann deshalb nur in bar und nur bis zur Höhe von 10 % des Gesamtnennbetrags der gewährten Anteile geleistet werden.[55]

bb) Einzelheiten der Übertragung der Aktien der SE

Auch hier stellt sich die Frage, ob über Art. 18 analog die für innerstaatliche Fusionen geltenden Vorgaben des nationalen Rechts zu beachten sind. Aus deutscher Sicht geht es um die Anwendung des § 71 UmwG, der von den übertragenden Rechtsträgern die Bestellung eines Treuhänders verlangt, der die zu gewährenden Aktien und baren Zuzahlungen in Empfang nimmt.[56] Voraussetzung einer Analogiebildung ist das Vorliegen einer Regelungslücke. Die Verordnung regelt den Erwerb der SE-Aktien in Art. 33 Abs. 4, klärt aber nicht, wie dieser im Einzelnen vor sich zu gehen hat. Darin kann keine abschließende Regelung der Übertragung von SE-Aktien gesehen werden. Die Verordnung überlässt die Regelung der Einzelheiten vielmehr den Gründungsgesellschaften, die hierzu im Gründungsplan Stellung nehmen müssen. Nach einer im Schrifttum anzutreffenden Ansicht, müssen die Gründungsgesellschaften dabei nicht die für die Verschmelzung geltenden Vorschriften des nationalen Rechts beachten.[57]

Die Verweisung des Art. 32 Abs. 2 S. 3 auf bestimmte in Art. 20 Abs. 1 aufgezählte Angaben bewirkt jedoch nicht nur, dass im Gründungsplan weitgehend die gleichen Fragen geregelt werden müssen wie in einem Verschmelzungsplan. Die jeweiligen Angaben unterliegen grundsätzlich auch denselben rechtlichen Anforderungen (s.o.). Die Verschmelzung und die Holdinggründung sind sich ähnlich, was die Interessenlage der Anteilsinhaber betrifft. In beiden Fällen verlieren die (einbringenden) Anteilsinhaber ihre Mitgliedschaft in den Gründungsgesellschaften und werden dafür Aktionär der SE. Dementsprechend konnte der Verordnungsgeber in Art. 32 Abs. 2 S. 3 fast alle Pflichtangaben des Verschmelzungsplans übernehmen. Es würde eine Diskriminierung der Anteilsinhaber darstellen, wenn ihnen im Rahmen der Gründungsform Holding-SE nicht dieselben Schutzrechte zugebilligt würden wie bei einer Verschmelzung. Deshalb muss eine deutsche Gründungsgesellschaft auch bei der Errichtung einer Holding-SE einen Treuhänder bestellen, der die zu gewährenden SE-Aktien für die einbringenden Gesellschafter in Empfang nimmt (Art. 18 analog i.V.m. § 71 UmwG).

---

55 Problematisch ist, dass der Holding-SE als Vermögen nur die Aktien bzw. Anteile ihrer Gründungsgesellschaften zur Verfügung steht. Es ist also darauf zu achten, dass diese für die Finanzierung einer Ausgleichsleistung ausreichen; vgl. *Barz/Lutter*, in: Lutter, Europäische Aktiengesellschaft, S. 33.

56 Siehe oben Teil 4 C.I.3.a)cc), S. 158.

57 *Neun*, in: Theisen/Wenz, S. 131.

Zu den Einzelheiten der Aktienübertragung zählt im Übrigen auch die Bestimmung des Zeitpunkts, zu dem die Holdingaktien an die einbringenden Gesellschafter zu gewähren sind.[58]

cc) Satzung

Der Gründungsplan muss auch die Satzung der Holding-SE enthalten. Bezüglich der Feststellung, des Inhalts und der Form der Satzung kann grundsätzlich auf die Ausführungen zur Verschmelzung verwiesen werden.[59] Besonderheiten ergeben sich allerdings bei der Festsetzung des Grundkapitals sowie bei den Angaben zu den Sacheinlagen (dazu 1). Der gesonderten Erörterung bedarf auch das Problem der Nachbeurkundung (dazu 2).

(1) Inhalt

(a) Höhe des Grundkapitals

Das Grundkapital der SE wird durch das Einbringungsverfahren nach Art. 33 erbracht.[60] Somit lässt sich im Zeitpunkt der Satzungsfeststellung die Höhe des Grundkapitals normalerweise nicht eindeutig bestimmen.[61] Man könnte daran denken, ein Mindestkapital festzulegen, das dem im Verschmelzungsplan festzulegenden Mindestprozentsatz an einzubringenden Anteilen i.S. des Art. 32 Abs. 2 S. 4 entspricht. Das deutsche Aktienrecht lässt die Festsetzung eines beweglichen Grundkapitals jedoch nicht zu.[62] Zu denken wäre ferner an ein bedingtes Kapital gemäß § 192 AktG. Dann könnte in die Satzung bereits eine feste Grundkapitalziffer aufgenommen werden, während den später einbringenden Gesellschafter SE-Aktien aus dem bedingten Kapital zugewiesen werden. Die Möglichkeit des bedingten Kapitals scheitert jedoch daran, dass die bedingte Kapitalerhöhung eines Hauptversammlungsbeschlusses bedarf (§ 192 Abs. 1 AktG), den es im Gründungsstadium der SE noch nicht geben kann. Der *Handelsrechtsausschuss des DAV* schlägt daher vor, in das SEAG eine Bestimmung aufzunehmen, wonach abweichend von § 192 Abs. 1 AktG bereits die Gründungssatzung einer Holding-SE ein bedingtes Kapital vorsehen kann, das ausschließlich dem Zweck dient, Aktien an einbringende Anteilsinhaber der Gründungsgesellschaften auszugeben, und zwar ohne Beschränkung auf die Hälfte des Grundkapitals (vgl. § 192 Abs. 3 AktG).[63] Einen weiteren Ausweg bietet

---

58 *Theißen*, S. 58.

59 Siehe oben Teil 4 C.I.3.a)hh), S. 163 ff.

60 Siehe unten C.VIII.4.a), S. 359.

61 Die Satzung wird mit der Erstellung des Gründungsplans festgestellt; siehe oben Teil 4 C.I.3.a)hh)(1), S. 163.

62 *Hüffer*, AktG, § 23 Rn. 28.

63 *Handelsrechtsausschuss des DAV*, NZG 2004, 75, 79. Dann müsste in Abweichung des § 201 Abs. 1 AktG überdies gefordert werden, dass das Leitungsorgan unverzüglich nach Ablauf der Frist des Art. 33 Abs. 3 beim Handelsregister anzumelden hat, in welchem Umfang Bezugsaktien ausgegeben wurden.

möglicherweise die Festsetzung von genehmigtem Kapital in der Satzung. Danach könnte in der Satzung das Grundkapital in Höhe des einzubringenden Mindestprozentsatzes der Anteile angegeben werden. Werden dann mehr Anteile eingebracht als zur Gründung der SE erforderlich, könnte das Grundkapital durch die Ausgabe von Aktien bis zur Höhe des genehmigten Kapitals erhöht werden (§§ 202, 205 AktG). Einem solchen Verfahren steht allerdings entgegen, dass eine Kapitalerhöhung über genehmigtes Kapital erst nach Eintragung der AG in Betracht kommt (§ 39 Abs. 2 AktG).

Es zeigt sich also, dass sich die Gründung einer Holding-SE wegen der Besonderheiten des Einbringungsverfahrens nicht ohne weiteres in das Schema der Gründung einer AG nach deutschem Recht einfügen lässt. Im Zeitpunkt der Satzungsfeststellung lässt sich weder die genaue Höhe des Grundkapitals bestimmen noch ist es möglich, gleichzeitig die Übernahme der Aktien zu erklären. Die Gründung einer Holding-SE ähnelt damit der im deutschen Recht unzulässigen Stufengründung,[64] weil Satzungsfeststellung und Aktienübernahme auseinanderfallen. Den Zweck der Aktienübernahme erfüllt bei der Gründung der Holding-SE das Einbringungsverfahren, bei dem die Gesellschafter der Gründungsgesellschaften erklären müssen, ob sie ihre Anteile in die SE einbringen und damit Aktionäre der SE werden.

Diesen Besonderheiten der Gründung einer Holding-SE ist bei der Auslegung des Verweisungsobjekts Rechnung zu tragen. Da der § 23 Abs. 3 Nr. 3 AktG nur aufgrund eines gemeinschaftsrechtlichen Rechtsanwendungsbefehls Anwendung findet (Art. 15 Abs. 1), ist er SE-spezifisch auszulegen.[65] Deshalb reicht es bei der Gründung einer Holding-SE aus, wenn im Zeitpunkt der Satzungsfeststellung ein vorläufiges Grundkapital festgesetzt wird, das sich nach dem einzubringenden Mindestprozentsatz richtet. Der Nachteil daran ist, dass eine Berichtigung der Satzung erforderlich wird. Diese kann zwar in einer Nachtragsurkunde vorgenommen werden. Der vollständige Inhalt der Satzung ist aber anschließend in einer einheitlichen Urkunde festzustellen, deren Richtigkeit notariell bescheinigt werden muss.[66] Diese unnötigen Kosten lassen sich indessen vermeiden, wenn man davon ausgeht, dass eine Beurkundung der Satzung nach Abschluss des Einbringungsverfahrens zulässig ist.[67]

Das Problem lässt sich indes dann vermeiden, wenn man gemäß Art. 15 analog i.V.m. § 71 UmwG einen Treuhänder bestellt, der sogleich alle SE-Aktien übernimmt und diese anschließend an die einbringenden Anteilsinhaber überträgt.

---

[64] Ebenso *Handelsrechtsausschuss des DAV*, NZG 2004, 75, 78. Zur Stufengründung vgl. *Hüffer*, AktG, § 23 Rn. 16.

[65] Siehe oben Teil 2 D.II, S. 65.

[66] *Röhricht*, in: Großkomm. zum AktG, § 23 Rn. 40, 42.

[67] Dazu unten C.III.3.a)cc)(2), S. 318.

Dann lässt sich schon im Zeitpunkt der Satzungsfeststellung das Grundkapital genau beziffern.[68]

(b) Sacheinlage

Die Satzung muss den Gegenstand der Sacheinlage, die Person, von der die Gesellschaft den Gegenstand erwirbt, sowie den Nennbetrag bzw. bei Stückaktien die Zahl der bei der Sacheinlage zu gewährenden Aktien benennen (Art. 15 Abs. 1 i.V.m. § 27 Abs. 1 AktG). Auch diese Angaben stehen erst mit Abschluss des Einbringungsverfahrens fest. Für die Gründung einer Holding-SE reicht es also in verordnungskonformer Auslegung des § 27 Abs. 1 AktG aus, wenn aus der Satzung hervorgeht, dass die Einlage in die Gesellschaft durch Anteile an den Gründungsgesellschaften gegen Gewährung von entsprechenden Anteilen an der SE erbracht wird. Der mit § 27 AktG verfolgte Zweck, betroffene Verkehrskreise (künftige Aktionäre und Gläubiger der Gesellschaft) auf das Vorliegen einer Sachgründung und damit verbundene Risiken aufmerksam zu machen,[69] ist damit erfüllt.[70]

(2) Form

Die Satzung einer SE mit Sitz in Deutschland muss durch notarielle Beurkundung festgestellt werden (Art. 15 Abs. 1 i.V.m. § 23 Abs. 1 AktG). Wegen der fehlenden Bestimmbarkeit der Höhe des Grundkapitals sowie der Angaben zur Sacheinlage zum Zeitpunkt der Satzungsfeststellung stellt sich das Problem, dass die beurkundete Satzung hinsichtlich dieser Bestandteile regelmäßig fehlerhaft ist. Es besteht zwar die Möglichkeit, dass einzelne fehlerhafte Teile der Satzung in einer Nachtragsurkunde festgestellt werden. Dies ändert jedoch nichts daran, dass der vollständige Inhalt der Satzung vor der Anmeldung zur Eintragung in einer einheitlichen Urkunde festzustellen ist, deren Richtigkeit notariell bestätigt werden muss.[71]

Geht man davon aus, dass der Gründungsplan selbst der notariellen Form bedarf,[72] so lässt sich das Problem durch eine Nachbeurkundung des Gründungsplans lösen. Verneint man dagegen die Formbedürftigkeit des Gründungsplans, dann stellt sich die Frage, ob eine Nachbeurkundung der Satzung in Frage kommt. Angesichts der Unwägbarkeiten im Zeitpunkt der Satzungsfeststellung wäre es angemessen, eine Nachbeurkundung zuzulassen. Diese Möglichkeit dürfte wegen der vergleichbaren Interessenlage über eine analoge Anwendung der § 4 Abs. 2 i.V.m. § 6 UmwG offen stehen.

---

[68] Siehe unten C.XI.4.b)cc), S. 380.

[69] *Pentz*, in: MüKo zum AktG, § 27 Rn. 90.

[70] Der *Handelsrechtsausschuss des DAV* (NZG 2004, 75, 78) regt insoweit die Aufnahme folgender Regelung in das SEAG an: „Die Personen der Sacheinleger sind abweichend von § 27 I 1 AktG im Fall der Holding-Gründung nicht in der Satzung aufzuführen."

[71] *Röhricht*, in: Großkomm. zum AktG, § 23 Rn. 40, 42.

[72] Siehe unten C.III.4, S. 326.

dd) Einbringungsquote

Die Gesellschafter müssen einen bestimmten Mindestprozentsatz der Anteile an den Gründungsgesellschaften einbringen, damit die SE gegründet werden kann. Dieser Prozentsatz ist im Gründungsplan festzulegen (Art. 32 Abs. 2 S. 3 a.E.) und muss „mehr als 50 % der durch Aktien verliehenen ständigen Stimmrechte" betragen (Art. 32 Abs. 2 S. 4).

(1) Sinn und Zweck

Die Mindesteinbringungsquote garantiert die Konzernleitungsfunktion der Holding-SE. Mit der Festlegung einer Mindestquote, die über 50 % der Anteile an den Gründungsgesellschaften beträgt, verbindet sich dementsprechend die Erwartung der Kommission, dass die Holding-SE nicht nur eine Beteiligungsverwaltungsgesellschaft im klassischen Sinne, sondern gleichzeitig auch eine gewerblich tätige Gesellschaft sein wird, indem sie die Geschäftsführung der Tochtergesellschaften, deren Anteile ihr übertragen wurden, kontrolliert.[73]

Der in Art. 32 Abs. 2 S. 4 vorausgesetzte gesetzliche Mindestprozentsatz von mehr als 50 % der ständigen Stimmrechte garantiert noch keine umfassende Mehrheitsherrschaft über die Gründungsgesellschaften, weil nur die Stimmen-, nicht aber die Kapitalmehrheit verlangt wird. Es empfiehlt sich daher, im Gründungsplan einen über den gesetzlichen Mindestprozentsatz hinausgehenden Schwellenwert an einzubringenden Anteilen festzusetzen, damit die Holding-SE eine tragfähige Mehrheitsposition in den Gründungsgesellschaften erwirbt.

(2) Voraussetzungen

Es kommt nicht auf die prozentuale Beteiligung am gezeichneten Kapital, sondern nur auf die Mehrheit der Stimmrechte an (= Stimmrechtsquote). In der Berechnung werden daher nur die Anteile berücksichtigt, die Stimmrechte gewähren. Keine Beachtung finden stimmrechtslose Vorzugsaktien (§§ 139 ff. AktG). Mehrstimmrechte (vgl. § 12 Abs. 2 AktG) und Höchststimmrechte fließen entsprechend ihrer Stimmgewichtung in die Berechnung mit ein.

Berücksichtigung finden nur „ständige" Stimmrechte.[74] Damit sind wohl solche Stimmrechte gemeint, die unabhängig vom Beschlussgegenstand – also immer – gelten. Mehrstimmrechte, die satzungsmäßig auf bestimmte Beschlussgegenstände beschränkt sind (Besetzung des Aufsichtsrats, Satzungsänderungen usw.),[75] bleiben daher außer Betracht.

Fraglich ist, ob auch eigene Aktien der Gründungsgesellschaft, die von dieser in die Holding-SE eingebracht werden, bei der Berechnung der Mindestquote Berücksichtigung finden. Dies ist zweifelhaft, weil eigene Aktien keine Stimm-

---

[73] SE-VOV 1991, Begründung zu Art. 31 und 32, S. 5.

[74] Die Mindestquoten bei Mutter-Tochter-Verschmelzungen (Art. 31 Abs. 1 und Abs. 2 Unterabs. 1) sehen keine Beschränkung auf „ständige" Stimmrechte vor.

[75] Vgl. *Semler*, in: MünchHdb. GesR, Band 4, § 38 Rn. 5 a.E.

rechte verleihen (§ 71b AktG). Allerdings lebt das Stimmrecht mit Veräußerung der Aktien an Dritte wieder auf,[76] also auch bei Einbringung der Aktie in die Holding-SE. Dies ist für die Einbringungsquote i.S. des Art. 32 Abs. 2 S. 4 entscheidend. Denn die Vorschrift bezweckt, dass die Holding-SE die Kontrolle über die Gründungsgesellschaft ausüben kann. Demnach sind auch eigene Aktien der Gründungsgesellschaften entsprechend dem ihnen eigentlich innewohnenden Stimmrecht in die Berechnung einzubeziehen.[77]

Im Unterschied zu den Vorgängervorschlägen, die noch eine Mindestquote von 51 % verlangt haben,[78] genügt es, wenn „mehr als 50 %" der stimmrechtsgewährenden Anteile eingebracht werden. Es ist demnach ausreichend, wenn 50 % plus ein Stimmrecht eingebracht werden, selbst wenn der Schwellenwert von 51 % der Stimmrechte nicht erreicht wird.[79]

Der Mindestprozentsatz an einzubringenden Stimmrechten wird, wie sich dem Wortlaut entnehmen lässt („... von jeder die Gründung anstrebenden Gesellschaft ..."), für jede Gründungsgesellschaft gesondert festgesetzt. Die jeweils festgesetzten Quoten können daher voneinander abweichen. So ist es möglich, dass bei der Gründungsgesellschaft A nur mehr als 50 % der stimmrechtsgewährenden Anteile eingebracht werden müssen, während die Quote bei der Gründungsgesellschaft B bei 75 % liegt.[80]

(3) Zulässigkeit einer Höchstgrenze

Fraglich ist, ob die Gründungsgesellschaften eine Höchstgrenze festlegen dürfen, oberhalb derer keine Anteile mehr eingebracht werden können. Der Zweck einer solchen Höchstgrenze könnte darin liegen, übernahmerechtliche Bestimmungen zu umgehen, die ab einer bestimmten Beteiligungsquote eine Verpflichtung zur Abgabe eines öffentlichen Pflichtangebots vorsehen. Im aktuellen Vorschlag für eine Übernahmerichtlinie wird die Bestimmung dieser Beteiligungsquote dem nationalen Gesetzgeber überlassen (Art. 5 Abs. 3 Dreizehnte RiL-V 2002). Im Schrifttum wird angenommen, dass die Festlegung einer Höchstgrenze unzulässig ist, wenn damit die Verpflichtung zur Abgabe eines Zwangsangebots ausgeschlossen werden soll.[81] Ungeachtet dessen ist eine Begrenzung der Einbringung nach oben bereits deshalb unzulässig, weil sie sich nicht mit dem Einbringungswahlrecht der Aktionäre vereinbaren lässt.[82] Dieses darf nicht durch das Überschreiten einer bestimmten Einbringungsquote erlöschen.

---

76 *Hüffer*, AktG, § 71b Rn. 3.

77 Zu den Folgen der Einbringung eigener Aktien siehe unten D.II.2, S. 382.

78 Vgl. Art. 31 Abs. 2 Unterabs. 2 SE-VOV 1991.

79 *Schwarz*, ZIP 2001, 1847, 1852; *C.P. Schindler*, S. 34. Ungenau *Bungert/Beier*, EWS 2002, 1, 7 und *Jahn/Herfs-Röttgen*, DB 2001, 631, 633 („mindestens 50%").

80 Vgl. *Theißen*, S. 56 f.

81 *Theißen*, S. 53 f.

82 Dazu unten C.VIII.1, S. 355 ff.

b) Gründungsbericht

Die Leitungs- oder Verwaltungsorgane der Gründungsgesellschaften müssen einen Bericht erstatten, der die Gründung aus rechtlicher und wirtschaftlicher Sicht erläutert und begründet und die Auswirkungen des Übergangs zur Rechtsform SE für die Aktionäre und Arbeitnehmer darlegt (Art. 32 Abs. 2 S. 2). Im Gegensatz zum Verschmelzungsbericht, der ein gesondertes Gründungsdokument darstellt, ist der Gründungsbericht in den Gründungsplan inkorporiert.[83] Der Grund für diese Abweichung vom Konzept eines gesonderten Berichts ist nicht ersichtlich.[84] Die Einbeziehung des Berichts in den Gründungsplan hat jedenfalls Konsequenzen auf den Umfang der Publizitätspflichten (Art. 32 Abs. 3), der Gründungsprüfung (Art. 32 Abs. 4 und Abs. 5) und der Beschlussfassung (Art. 32 Abs. 6), weil sich diese auf den Gründungsplan und damit automatisch auch auf den Gründungsbericht erstrecken.[85]

aa) Gemeinsame Berichterstattung

Die Leitungs- und Verwaltungsorgane müssen einen gemeinsamen Gründungsbericht erstellen. Dies folgt daraus, dass es sich beim Gründungsbericht um einen zwingenden Bestandteil des Gründungsplans handelt und dieser ein von den Gründungsgesellschaften gemeinsam abzufassendes Dokument darstellt.[86]

bb) Inhalt

Die Verordnung stellt an den Inhalt des Berichts nur sehr unbestimmte Anforderungen. Nach Art. 32 Abs. 2 S. 2 muss dieser die Gründung „aus rechtlicher und wirtschaftlicher Sicht" erläutern und begründen sowie die Auswirkungen des Übergangs der Rechtsform auf die SE für Aktionäre und Arbeitnehmer darlegen. Im Unterschied zu Art. 9 Dritte RiL wird nicht explizit die Erläuterung und Begründung des Plans und des Umtauschverhältnisses verlangt. Im Schrifttum wurde deshalb angeregt, den Umfang der Berichtspflicht in den nationalen Ausführungsgesetzen zu konkretisieren.[87] Der deutsche Gesetzgeber könnte beispielsweise auf die Regelungen des UmwG verweisen. Dies setzt allerdings voraus, dass die Verordnung den nationalen Gesetzgeber zur Ausgestaltung des Inhalts des Gründungsberichts ermächtigt, was nicht der Fall ist. Ein Tätigwerden des nationalen Gesetzgebers kommt also mangels Ermächtigung nicht in Betracht. Aufschluss über die konkreten Anforderungen an den Inhalt des Gründungsberichts lässt sich nur durch Auslegung des Art. 32 Abs. 2 S. 2 gewinnen.

---

[83] Art. 32 Abs. 1 SE-VOV 1989 hat dagegen noch die Erstellung eines separaten Berichts verlangt.

[84] *Hommelhoff*, AG 1990, 422, 426 befürchtet, dass hierdurch die Informationsrechte der Aktionäre „im Dunst verschwimmen", und hält deshalb das Berichtskonzept bei der Verschmelzung für vorzugswürdig.

[85] Siehe dazu unten C.IV.1, S. 327, C.V.3.a), S. 332 und C.VI.1.b)dd), S. 343.

[86] Siehe oben C.III.2, S. 312.

[87] *Brandt*, NZG 2002, 991, 995.

(1) Erläuterung und Begründung der Gründung aus rechtlicher und wirtschaftlicher Sicht

Art. 32 Abs. 2 S. 2 spricht unspezifisch von der „Gründung“, die aus rechtlicher und wirtschaftlicher Sicht zu erläutern und zu begründen ist. Die Verordnung verlangt mithin Ausführungen allgemeiner Art zur Errichtung der Holding-SE und nicht nur die Erläuterung und Begründung der Festsetzungen im Gründungsplan. Dies entspricht den Anforderungen an den Verschmelzungsbericht in § 8 UmwG, der neben der Erläuterung und Begründung des Verschmelzungsvertrags auch Angaben zur Verschmelzung als solcher enthalten muss.

Das Gebot, die Errichtung der Holding-SE „wirtschaftlich“ zu begründen und zu erläutern, zeigt, dass die Zweckmäßigkeit der Holdinggründung Gegenstand der Berichtspflicht ist.[88] Den Aktionären und Gesellschaftern muss in verständlicher Weise dargelegt werden, aus welchen Gründen die Leitungs- oder Verwaltungsorgane die Gründung der Holding-SE anstreben.[89] Dazu gehört es, die Vor- und Nachteile der Maßnahme gegeneinander abzuwägen und zu erklären, weshalb die Vorteile nach Meinung der Leitungs- und Verwaltungsorgane überwiegen.[90] Die Leitungs- und Verwaltungsorgane haben darzustellen, warum es überhaupt einer Umstrukturierung bedarf und warum gerade die Errichtung einer gemeinsamen Muttergesellschaft in Form einer SE die für die Gründungsgesellschaften geeignete Umstrukturierungsmaßnahme ist.[91] Den Gesellschaftern ist ferner zu eröffnen, dass die Errichtung der Holding-SE zur Entstehung eines Unterordnungskonzerns führt, bei der die Gründungsgesellschaften als Töchter der Holding-SE fortbestehen. Auch das Einbringungswahlrecht der Gesellschafter (Art. 33 Abs. 1 bis Abs. 4) ist zu erläutern. Die Gesellschafter müssen unter anderem darauf hingewiesen werden, dass ihnen nach Ablauf der dreimonatigen Einbringungsfrist ein weiterer Monat zur Einbringung ihrer Anteile zur Verfügung steht, sofern der erforderliche Mindestprozentsatz erreicht worden ist.[92]

---

[88] Eine vergleichbare Passage fand sich schon im SE-VOV 1970, wo gefordert wurde, dass im Gründungsakt „die wirtschaftlichen Erwägungen dargelegt werden, die der Gründung der S.E. zugrunde liegen“ (Art. 12 Abs. 1 SE-VOV 1970). Nach dem SE-VOV 1975 mussten die wirtschaftlichen Erläuterungen in den Bericht aufgenommen werden (Art. 23a, 31a, 38 Abs. 1 Buchst. d SE-VOV 1975). Daran war kritisiert worden, dass unternehmenspolitische Gesichtspunkte einer rechtlichen Beurteilung nicht zugänglich seien und dementsprechend auf ihre Darlegung zu verzichten ist. Wenigstens dürften sie nicht Gegenstand einer Gründungskontrolle sein; so *Walther*, AG 1972, 99, 101. Krit. zu Art. 31 Abs. 2 SE-VOV 1991 *Gemeinsamer Arbeitsausschuss 1991*, S. 7.

[89] *Ch. Teichmann*, AG 2004, 67, 72 sieht die Begründungspflicht als Indiz, dass der Gesetzgeber für die Holdinggründung eine inhaltliche Rechtfertigung verlangt.

[90] *Neun*, in: Theisen/Wenz, S. 132 ff.

[91] Vgl. *Stratz*, in: Schmitt/Hörtnagl/Stratz, UmwG, § 8 Rn. 11.

[92] *Neun*, in: Theisen/Wenz, S. 135. Zum Einbringungsverfahren siehe unten C.VIII, S. 347 ff.

Die Erläuterung und Begründung der Gründung bezieht auch den Gründungsplan selbst mit ein. Dieser wird zwar in Art. 32 Abs. 2 S. 2 nicht ausdrücklich genannt, jedoch sprechen entstehungsgeschichtliche[93], systematische[94] und teleologische Erwägungen dafür, dass die Berichtspflicht auch den Gründungsplan erfasst. Die schriftliche Vorabinformation dient der Vorbereitung der Aktionäre bzw. Gesellschafter auf die Beschlussfassung und ist damit für die Entscheidungsfindung von maßgeblicher Bedeutung. Dementsprechend sind den Aktionären bzw. Gesellschaftern alle für eine sachgerechte Entscheidung erforderlichen Informationen zu erteilen. Unter diesem Gesichtspunkt ist es erforderlich, dass auch die Festsetzungen im Gründungsplan aus rechtlicher und wirtschaftlicher Sicht erläutert und begründet werden. Einen Schwerpunkt der Berichterstattung muss dabei das Umtauschverhältnis der Aktien darstellen, weil es sich hierbei um die wichtigste Information für die Aktionäre und Gesellschafter handelt.[95] Dabei sind auch die Mindesteinbringungsquoten, die für jede Gründungsgesellschaft festgelegt worden sind, zu erläutern.[96]

(2) Auswirkungen für Aktionäre und Arbeitnehmer

Der Bericht muss darlegen, welche Auswirkungen der Übergang zur Rechtsform der SE für die Aktionäre und die Arbeitnehmer hat. Daraus ergibt sich zunächst die Verpflichtung, den Aktionären die Veränderungen in ihren Mitgliedschaftsrechten zu erklären. Dazu gehört der Hinweis, dass die Mitgliedschaft in einer SE eigenen Regelungen unterliegt und daher qualitativ nicht der Mitgliedschaft in der Gründungsgesellschaft entspricht. Erforderlich sind Ausführungen zu den künftigen Rechten und Pflichten der Anteilsinhaber, wie sie sich aus der Verordnung, der Satzung und dem nationalen Recht im künftigen SE-Sitzstaat ableiten lassen.

Eine Besonderheit der Holdinggründung ist, dass im Bericht auch die Auswirkungen auf die Arbeitnehmer darzustellen sind. Dies ist weder in Art. 9 Dritte RiL noch in den Regelungen zur SE-Verschmelzung vorgesehen.[97] Im deutschen Recht findet sich eine vergleichbare Regelung in § 5 Abs. 1 Nr. 9 UmwG, der verlangt, dass die Folgen der Verschmelzung für die Arbeitnehmer sowie die insoweit vorgesehenen Maßnahmen in den Verschmelzungsvertrag aufzunehmen sind.[98] Bei Art. 32 Abs. 2 S. 2 stellt sich die Frage, ob die Vorschrift nur spezielle Informationen *über* die Arbeitnehmer verlangt oder ob diese Informationen

---

93 Vgl. Art. 32 Abs. 1 i.V.m. Art. 20 SE-VOV 1989. Danach waren der Gründungsplan und insbesondere das Umtauschverhältnis der Aktien Gegenstand der Erläuterung. Außerdem musste auf besondere Schwierigkeiten bei der Bewertung hingewiesen werden.

94 Vgl. Art. 9 Dritte RiL.

95 Vgl. Art. II-3-2 Sanders-Vorentwurf und Art. 31a Abs. 1 SE-VOV 1975.

96 *Theißen*, S. 60.

97 Siehe oben Teil 4 C.II.6, S. 181.

98 Krit. dazu *Lutter*, in: ders., UmwG, § 5 Rn. 39.

auch *für* die Arbeitnehmer gedacht sind. Dies hängt zunächst davon ab, ob der Gründungsplan und damit der Bericht den Arbeitnehmern überhaupt zugänglich zu machen ist. Die Verordnung schreibt vor, dass der Gründungsplan offen zu legen ist (Art. 32 Abs. 3). Damit steht der Holdingbericht im Gegensatz zum Verschmelzungsbericht der Allgemeinheit zur Einsicht zur Verfügung. Es ist daher anzunehmen, dass der Gründungsbericht – anders als der Verschmelzungsbericht – auch zur Information Dritter (z.B. der Arbeitnehmer) bestimmt ist. Ein Blick auf die Vorgängervorschrift des Art. 31a Abs. 2 SE-VOV 1975 bestätigt diese Einschätzung. Danach musste der Bericht die „rechtlichen, wirtschaftlichen und sozialen Auswirkungen der Gründung der Holding-S.E. auf die Arbeitnehmer für einen Zeitraum von mindestens zwei Jahren sowie ggf. die für die Arbeitnehmer zu treffenden Maßnahmen" bezeichnen. Begründet wurde dies mit dem Interesse der Arbeitnehmer, „über die Auswirkungen der Errichtung der Holdinggesellschaft und ggf. – etwa bei beabsichtigten Rationalisierungsvorhaben – über die für sie vorgesehenen Maßnahmen unterrichtet zu werden."[99] Man wird daher annehmen müssen, dass der Holdingbericht auch der Information der Arbeitnehmer dient.

Rechtspolitisch ist diese Berichtspflicht allerdings verfehlt. Die Gründung einer Holding-SE lässt die rechtliche Selbständigkeit der Gründungsgesellschaften unberührt. Somit kommt es anders als bei einer Verschmelzung zu keinen Veränderungen der individual- oder kollektivarbeitsrechtlichen Rechtsverhältnisse in den Gründungsgesellschaften. Ein Betriebsübergang (§ 613a BGB) findet nicht statt. Die Interessen der Arbeitnehmer werden durch die Errichtung der Holding-SE also nicht in dem Maße berührt, das eine solche zusätzliche Berichtspflicht rechtfertigen könnte. Eine spezielle Berichtspflicht zugunsten der Arbeitnehmer wäre, wenn überhaupt, bei der Verschmelzungsgründung angebracht, weil hier die Arbeitnehmerinteressen viel stärker berührt werden, fehlt dort aber. Was die Arbeitnehmer in der künftigen SE betrifft, so werden deren Belange durch das in der SE-ErgRiL vorgesehene Verhandlungsverfahren hinreichend geschützt.

Damit stellt sich die Frage nach dem Inhalt der Berichtspflicht. Weil die Holdinggründung keine unmittelbaren Auswirkungen auf die arbeitsrechtlichen Verhältnisse in den Gründungsgesellschaften hat, kommen allenfalls mittelbare Auswirkungen als Gegenstand der Berichtspflicht in Betracht. Bei § 5 Abs. 1 Nr. 9 UmwG ist umstritten, ob mittelbar mit der Verschmelzung verbundene Folgen (geplante Umstrukturierungs- oder Rationalisierungsmaßnahmen, Personalabbau usw.) in den Verschmelzungsplan aufzunehmen sind.[100] Will man der besonderen Erwähnung der Auswirkungen auf die Arbeitnehmer in Art. 32 Abs. 2 S. 2 eine eigenständige Bedeutung einräumen, wird man die Aufnahme sol-

---

[99] SE-VOV 1975, Begründung zu Art. 30 bis 34, S. 201.

[100] Vgl. *Lutter*, in: ders., UmwG, § 5 Rn. 53 ff. m.w.N.

cher möglichen mittelbaren Auswirkungen verlangen müssen. Dies ist möglicherweise auch sinnvoll, weil die Gründung einer Holding-SE dafür prädestiniert ist, dass die eigentlich arbeitnehmerrelevanten Strukturveränderungen erst nach Entstehen der Mutter-SE durchgeführt werden. So ist beispielsweise denkbar, dass unmittelbar nach Entstehung der Holding-SE Betriebsteile der nunmehrigen Tochtergesellschaften auf die SE übertragen werden. Im SE-VOV 1975 wurde daher verlangt, dass die Auswirkungen für einen Zeitraum von mindestens zwei Jahren darzustellen sind (Art. 31a Abs. 2 SE-VOV 1975). In der Praxis empfiehlt es sich daher, derartige mittelbare Auswirkungen in den Holdingbericht aufzunehmen.

(3) Ausführlichkeit des Berichts

Auffällig ist das Fehlen einer Ausführlichkeitsklausel, wie sie in Art. 9 Dritte RiL enthalten ist. Fraglich ist, ob sich daraus reduzierte Anforderungen an den Umfang der Berichtspflicht herleiten lassen. Im Schrifttum finden sich dahin gehende Überlegungen.[101] Das Fehlen des Begriffs „ausführlich" im Wortlaut des Art. 32 Abs. 2 S. 2 darf jedoch m.E. nicht überbewertet werden. Die in der Vorschrift angeordnete Berichtspflicht bietet keinen Anhaltspunkt für inhaltliche Einschränkungen. Der Gesellschafterschutz gebietet vielmehr eine umfassende Darstellung der relevanten Informationen, damit die Gesellschafter eine sachgerechte Entscheidung treffen können.[102] Entscheidend ist, ob der Gesellschafter durch den Bericht in die Lage versetzt wird, eine Plausibilitätskontrolle der Entscheidung über die Errichtung einer Holding-SE vorzunehmen.[103]

c) Abschließende Regelung

Es ist davon auszugehen, dass Art. 32 Abs. 2 den Inhalt des Gründungsplans abschließend regelt.[104] Das mitgliedstaatliche Recht kann daher grundsätzlich keine weiteren Angaben verlangen.[105] Soweit in § 9 Abs. 1 SEAG-RegE verlangt wird, dass in den Gründungsplan ein Abfindungsangebot für widersprechende Minderheitsaktionäre aufzunehmen ist, ist dies allerdings zulässig, weil sich der nationale Gesetzgeber auf die Ermächtigung des Art. 34 stützen kann.

d) Fakultativer Inhalt

Art. 32 Abs. 2 S. 3 verweist nur auf bestimmte in Art. 20 Abs. 1 vorgesehene Angaben, nicht jedoch auf Art. 20 Abs. 2. Dies könnte darauf hindeuten, dass die Gründungsgesellschaften dem Gründungsplan keine weiteren Angaben hinzufügen dürfen. Allerdings ist kein einleuchtender Grund erkennbar, weshalb der Gründungsplan nicht um zusätzliche Angaben erweitert werden darf, wenn

---

101 *Hommelhoff*, AG 1990, 422, 426.
102 Ebenso *Neun*, in: Theisen/Wenz, S. 132.
103 Vgl. *Lutter*, in: ders., UmwG, § 8 Rn. 14 m.w.N.
104 Zum Verschmelzungsplan siehe oben Teil 4 C.I.3.b), S. 170.
105 Im Erg. ebenso *Neun*, in: Theisen/Wenz, S. 131.

dies beim Verschmelzungsplan möglich ist. Der Gründungsplan dient der Information der Aktionäre. Zusätzliche Angaben im Gründungsplan bedeuten ein Mehr an Information für die Anteilsinhaber. Sie erweitern außerdem den Umfang der Berichtspflicht und der Gründungsprüfung, sodass auch aus diesem Grund den Interessen der Aktionäre entgegengekommen wird. Es ist deshalb davon auszugehen, dass Art. 32 Abs. 2 nur den Mindestinhalt eines Gründungsplans bestimmt, die Aufnahme zusätzlicher Angaben in den Gründungsplan aber nicht ausschließt.[106] M.E. ist daher Art. 20 Abs. 2 analog anzuwenden.

4. Form

Die Verordnung stellt an den Gründungsplan keine bestimmten Formerfordernisse. Fraglich ist, ob über eine Analogie zu Art. 18 die Formvorschriften des nationalen Rechts über Verschmelzungspläne zur Anwendung gelangen (z.B. § 6 UmwG). Zu beachten ist, dass die Verordnungsvorschläge von 1989 und 1991, die für die Holdinggründung in weitem Maße auf die Bestimmungen zum Verschmelzungsverfahren verwiesen haben, keine Verweisung auf die Formvorschriften der Art. 18 Abs. 2 SE-VOV 1989 und 1991 enthielten. Dies könnte für die fehlende Formbedürftigkeit des Gründungsplans und das Vorliegen einer abschließenden Regelung sprechen. Demgegenüber bedurfte der Entwurf des Gründungsakts bzw. der Gründungsakt nach den SE-VOV 1970 und 1975 der notariellen Beurkundung.[107]

Letztlich erscheint sowohl die Annahme einer abschließenden Regelung als auch die einer Regelungslücke vertretbar. Für die notarielle Beurkundungspflicht des Holdingplans sprechen dieselben Erwägungen wie beim Verschmelzungsplan: Beweissicherung sowie Schutz der Anteilseigner durch materielle Richtigkeitsgewähr.[108] Überdies sollte man sich für eine notarielle Beurkundung schon deshalb entscheiden, um von vornherein Anfechtungsrisiken oder Problemen bei der Rechtmäßigkeitskontrolle aus dem Weg zu gehen. Hinzu kommt, dass der Gründungsplan – soweit eine deutsche Gründungsgesellschaft beteiligt ist – ohnehin in öffentlich beglaubigter Form zur Offenlegung einzureichen ist (Art. 32 Abs. 3 i.V.m. § 12 Abs. 1 HGB). Schließlich bedeutet die Beurkundung des Holdingplans keinen Mehraufwand, weil die Satzung – als Bestandteil des Holdingplans – in jedem Fall der Beurkundung bedarf.

---

[106] Im Erg. ebenso *Neun*, in: Theisen/Wenz, S. 131.

[107] Art. 30 Abs. 1 Unterabs. 2 i.V.m. Art. 12 Abs. 3 SE-VOV 1970 bzw. Art. 12 S. 2 SE-VOV 1975.

[108] Siehe oben Teil 4 C.I.4.a), S. 172. Ebenso für die Beurkundungspflicht des Holdingplans *Heckschen*, DNotZ 2003, 251, 261.

IV. Publizitätspflichten

1. Offenlegung des Gründungsplans

Der Gründungsplan ist mindestens einen Monat vor der Hauptversammlung, die über die Gründung zu beschließen hat, gemäß dem in den nationalen Durchführungsbestimmungen zu Art. 3 Erste RiL vorgesehenen Verfahren offen zu legen (Art. 32 Abs. 3). Die Offenlegung erfolgt also entweder durch Hinterlegung oder durch Eintragung des Gründungsplans (Art. 3 Abs. 2 Erste RiL). Eine deutschem Recht unterliegende Gründungsgesellschaft muss die Offenlegung beim zuständigen Handelsregister anmelden und den Gründungsplan in öffentlich beglaubigter Form beifügen (§ 12 Abs. 1 HGB). Das Registergericht prüft die formellen und materiellen Eintragungsvoraussetzungen und trägt den Gründungsplan anschließend in das Register ein. Die Eintragung ist sodann bekannt zu machen (§ 10 Abs. 1 HGB).

Fraglich ist, ob – wie in § 61 UmwG – auch die einfachere Offenlegungsvariante in Betracht kommt, nach der der Gründungsplan beim Register lediglich hinterlegt wird, ohne in das Register eingetragen zu werden, und die Hinterlegung anschließend bekannt gemacht wird.[109] Die Spezialverweisung des Art. 32 Abs. 3 verweist für das Verfahren der Offenlegung jedoch nicht auf die Durchführungsbestimmungen zur Dritten RiL, sondern explizit auf Art. 3 Erste RiL. § 61 UmwG wird daher von der Verweisung nicht erfasst. Nach Ansicht von *Neun* bietet es sich für den deutschen Gesetzgeber an, eine dem § 61 UmwG entsprechende Regelung für die Holding zu schaffen.[110] Dies setzt indessen voraus, dass Art. 32 Abs. 3 eine entsprechende Ermächtigung enthält. Art. 32 Abs. 3 verweist lediglich auf die in den Rechtsvorschriften der Mitgliedstaaten gemäß Art. 3 Erste RiL vorgesehenen Verfahren, fordert die nationalen Gesetzgeber also nicht explizit zum Tätigwerden auf. Allerdings steht es den Mitgliedstaaten gemäß Art. 3 Abs. 2 Erste RiL frei, zwischen den Publizitätsmitteln Eintragung oder Hinterlegung zu wählen. Indem der Verordnungsgeber auf die Durchführungsbestimmungen zu Art. 3 Erste RiL verweist, ermöglicht er es den nationalen Gesetzgebern also zugleich, von den darin vorgesehenen Wahlrechten Gebrauch zu machen.[111] Der deutsche Gesetzgeber ist damit berechtigt, im Ausführungsgesetz die Hinterlegung des Gründungsplans beim Register genügen zu lassen. Er könnte insofern § 61 UmwG für anwendbar erklären. Der deutsche Gesetzgeber sollte daher im SEAG ausdrücklich klarstellen, dass der Gründungsplan bei der Holdinggründung durch Hinterlegung beim Handelsregister offen gelegt werden kann. Der Regierungsentwurf enthält keine entsprechende Regelung. Sollte dies so bleiben, wäre eine analoge Anwendung von Art. 18 i.V.m. § 61 UmwG ge-

---

[109] So ohne weiteres *Ch. Teichmann*, ZGR 2002, 383, 433. Vgl. *Rieger*, in: Widmann/Mayer, UmwG, § 61 Rn. 11 (Stand: September 1996).

[110] *Neun*, in: Theisen/Wenz, S. 138.

[111] Vgl. Art. 6 Dritte RiL, der ebenfalls auf Art. 3 Erste RiL verweist.

rechtfertigt, weil bei der Holding-SE kein größeres Publizitätsbedürfnis als bei der Verschmelzung besteht.
Nach zutreffender Meinung von *Kalss* ist es zulässig, den Gründungsplan ohne den gemäß Art. 32 Abs. 2 S. 2 integrierten Gründungsbericht offen zu legen.[112] Sie begründet dies mit dem Vergleich zum Verschmelzungsrecht: Hier muss der Verschmelzungsbericht nur bei der Gesellschaft ausliegen und nicht publiziert werden (Art. 18 i.V.m. § 63 UmwG). Da der Informationsbedarf bei der Holdinggründung nicht größer als bei einer Verschmelzung ist, erscheint eine teleologische Reduktion des Art. 32 Abs. 3 an dieser Stelle gerechtfertigt.

2. Zuleitung des Gründungsplans an den Betriebsrat

Fraglich ist, ob der Gründungsplan dem Betriebsrat wie bei der Verschmelzung (Art. 18 i.V.m. § 5 Abs. 3 UmwG) zuzuleiten ist. Die Verordnung enthält für die Holdinggründung keine Verweisung, welche diesbezüglich die nationalen Vorschriften zur Verschmelzung für anwendbar erklärt. Weil die Zuleitung an den Betriebsrat der Information der Arbeitnehmer dient und damit deren Schutz bezweckt, fällt die Rechtsfrage in den Anwendungsbereich des Art. 34. Der Gründungsplan muss daher nur dann dem Betriebsrat zugeleitet werden, wenn der deutsche Gesetzgeber im Ausführungsgesetz von seiner Ermächtigung aus Art. 34 entsprechend Gebrauch macht.[113] Dies ist aber, wie sich dem SEAG-RegE entnehmen lässt, nicht geplant.

3. Kapitalmarktrechtliche Publizitätspflichten

Im Falle der Beteiligung einer börsennotierten deutschen Gründungsgesellschaft ist bei der Planung der Holdinggründung die ad hoc-Meldepflicht gemäß § 15 Abs. 6 WpHG zu beachten. Bei entsprechenden Verschiebungen der Beteiligungen greift überdies die Offenlegungspflicht des § 21 WpHG.[114]

V. Prüfung (Art. 32 Abs. 4 und Abs. 5)

Der Gründungsplan ist durch Sachverständige zu prüfen, die hierüber schriftlich Bericht erstatten.[115] Art. 32 Abs. 4 ordnet die Prüfung des Gründungsplans und die Erstellung des Prüfungsberichts an und regelt die Modalitäten des Prüfungsverfahrens. Art. 32 Abs. 5 beschäftigt sich mit dem Inhalt des Prüfungsberichts. Der Prüfungsbericht ist neben dem Gründungsplan und dem Bericht zentrales Element des Gesellschafterschutzes durch Vorabinformation.[116]

---

112 *Kalss*, ZGR 2003, 593, 630.
113 Siehe unten C.VII.3, S. 354.
114 *Kalss*, ZGR 2003, 593, 637.
115 Im SE-VOV 1991 war keine Prüfung vorgesehen. Krit. dazu *Trojan-Limmer*, RIW 1991, 1010, 1015; *Theißen*, S. 62 ff.
116 So heißt es in Art. 32 Abs. 4, dass der Prüfungsbericht „für die Aktionäre" bestimmt ist.

1. Getrennte oder gemeinsame Prüfung

Art. 32 Abs. 4 lässt den Gründungsgesellschaften die Wahl zwischen einer getrennten (S. 1) und einer gemeinsamen Prüfung (S. 2).[117] Die getrennte Prüfung stellt den Normalfall dar. Für eine gemeinsame Prüfung ist das „Einvernehmen zwischen den die Gründung anstrebenden Gesellschaften“ erforderlich. Folglich muss ein gemeinsamer Antrag gestellt werden.

2. Bestellung der Prüfer

Die Bestellung der Prüfer ist in Art. 32 Abs. 4 für die getrennte (S. 1) und die gemeinsame Prüfung (S. 2) gesondert geregelt. Die jeweiligen Anforderungen stimmen aber inhaltlich überein und können daher gemeinsam dargestellt werden. Zu untersuchen ist, wer für die Bestellung des oder der Prüfer zuständig ist (dazu a) und welche Anforderungen an die Person des Prüfers zu stellen sind (dazu b).

a) Zuständigkeit

Für die getrennte und die gemeinsame Prüfung wird übereinstimmend gefordert, dass die Prüfer von einem Gericht oder einer Verwaltungsbehörde „bestellt oder zugelassen“ sind. Danach genügt es also, wenn der Prüfer zugelassen ist.[118] Dies könnte darauf hindeuten, dass die Prüfer sowohl bei der getrennten als auch bei der gemeinsamen Prüfung durch die Gesellschaften selbst bestellt werden können. Im Schrifttum findet sich dementsprechend die Auffassung, dass die Gesellschaften – anders als bei der Verschmelzung – auch im Falle der gemeinsamen Prüfung zur Bestellung des Prüfers befugt sind und nicht die Bestellung durch ein Gericht oder eine Behörde beantragen müssen.[119]

Mit Blick auf den weiteren Wortlaut des Art. 32 Abs. 4 entstehen allerdings Zweifel an dieser Auffassung. Art. 32 Abs. 4 S. 1 spricht davon, dass die Sachverständigen von einem Gericht oder einer Verwaltungsbehörde „des Mitgliedstaats, dessen Recht die einzelnen Gesellschaften gemäß den nach Maßgabe der Richtlinie 78/855/EWG [= Dritte RiL] erlassenen einzelstaatlichen Rechtsvorschriften unterliegen“, bestellt oder zugelassen sein müssen. Satz 2 enthält eine entsprechende Formulierung. Unklar ist, wie die Bezugnahme auf die Dritte RiL zu verstehen ist. Auf den ersten Blick gewinnt man den Eindruck, dass sich die Bestimmung des Rechts, dem die Gründungsgesellschaften unterliegen, nach den auf der Dritten RiL beruhenden einzelstaatlichen Rechtsvorschriften richtet.[120] Dies kann aber nicht gemeint sein, weil die Bestimmung der anwendbaren

---

[117] Siehe zur Verschmelzung oben Teil 4 C.IV.3, S. 193.

[118] Zur Bedeutung der Formulierung „zugelassen“ oben Teil 4 C.IV.4.a), S. 195.

[119] So *Neun*, in: Theisen/Wenz, S. 136.

[120] Siehe auch die französische („... de l'État membre dont relève chaque société selon les dispositions nationales en application de la directive 78/855/CEE, ...“) oder englische Version („... in the Member State to which each company is subject in accordance with

Rechtsordnung nach den Grundsätzen des IPR der Mitgliedstaaten erfolgt und nicht gemäß den „nach Maßgabe der Richtlinie 78/855/EWG erlassenen einzelstaatlichen Rechtsvorschriften". Letztere enthalten keine Kollisionsnormen zur Bestimmung der anwendbaren Rechtsordnung. Für die Beurteilung der Frage, welchem Recht die jeweilige Gesellschaft unterliegt, kann es daher nicht auf die Durchführungsbestimmungen zur Dritten RiL ankommen. Bei der Bezugnahme auf die Dritte RiL muss es sich daher um eine sprachliche Ungenauigkeit des Verordnungsgebers, mithin um ein redaktionelles Versehen handeln. Die Formulierung ist hinwegzudenken, wenn es darum geht, das auf die Gründungsgesellschaften anwendbare Recht zu bestimmen.

Daran schließt sich die Frage an, was mit der Bezugnahme auf die nationalen Durchführungsbestimmungen zur Dritten RiL tatsächlich ausgedrückt werden soll. Im Hinblick auf die Prüferbestellung bieten sich zwei Auslegungsvarianten an:

aa) Verweisungslösung

Der nächstliegende semantische Zusammenhang besteht mit dem Terminus „bestellt oder zugelassen sind". Es ist durchaus vorstellbar, dass die Vorschrift eigentlich folgendermaßen zu lesen ist:

> „... die von einem Gericht oder einer Verwaltungsbehörde des Mitgliedstaats, dessen Recht die einzelnen Gesellschaften unterliegen, gemäß den nach Maßgabe der Richtlinie 78/855/EWG erlassenen einzelstaatlichen Vorschriften bestellt oder zugelassen sind, ..."

Nach dieser Lesart ergibt die Vorschrift Sinn, weil die Bestellung oder Zulassung der Prüfer in den Durchführungsbestimmungen zur Dritten RiL geregelt wird (vgl. Art. 10 Abs. 1 Dritte RiL). Danach wäre Art. 32 Abs. 4 S. 1 und S. 2 als Spezialverweisung zu verstehen, die hinsichtlich der Prüferbestellung das angeglichene nationale Recht für anwendbar erklärt. Sofern deutsches Recht maßgebend ist, fände § 60 Abs. 2 i.V.m. §§ 60 Abs. 1, 11 Abs. 1 UmwG (getrennte Prüfung) und § 60 Abs. 3 UmwG (gemeinsame Prüfung) Anwendung. Die Bestellungskompetenz läge damit im Fall der getrennten Prüfung beim Vorstand der jeweiligen Gesellschaft (§ 60 Abs. 2 S. 2 UmwG),[121] während bei der gemeinsamen Prüfung das Gericht zuständig wäre (§ 60 Abs. 3 S. 1 UmwG).

---

national provisions adopted in implementation of Directive 78/855/EEC, ...").

[121] Hier reicht es aus, dass der Prüfer durch staatlichen Akt allgemein zur Verschmelzungsprüfung zugelassen ist (§§ 60 Abs.1, 11 Abs. 1 UmwG i.V.m. § 319 Abs. 1 HGB i.V.m. § 1 WPO). Die Zuständigkeit für die allgemeine Zulassung liegt bei einem Ausschuss, der bei der für die Wirtschaft zuständigen obersten Landesbehörde gebildet wird (§ 5 Abs. 1 WPO), in der Regel also beim jeweiligen Wirtschaftsministerium.

bb) Verordnungsautonome Lösung
Bezieht man die Verweisung auf die Durchführungsbestimmungen zur Dritten RiL hingegen nicht auf die Frage der Bestellung und Zulassung der Prüfer, stellt sich die Rechtslage etwas anders dar. Art. 32 Abs. 4 würde die Bestellung und Zulassung der Prüfer in diesem Fall abschließend und ohne Rückgriff auf nationales Verschmelzungsrecht regeln. Nach dem Wortlaut des Art. 32 Abs. 4 S. 1 und S. 2 („bestellt oder zugelassen") käme den Gründungsgesellschaften damit ein Wahlrecht zu, entweder die Bestellung durch ein Gericht oder eine Behörde zu beantragen oder den Prüfer – vorausgesetzt dieser ist zur Prüfungstätigkeit allgemein zugelassen – selbst zu bestellen. Im Unterschied zur obigen Auslegung könnten die Gesellschaften also auch bei der gemeinsamen Prüfung den Prüfer selbst bestellen. Nach dieser Auslegung verbliebe dem nationalen Recht nur die Entscheidung darüber, welches Gericht oder welche Behörde für die Bestellung oder Zulassung zuständig ist.

cc) Stellungnahme
Welche von den beiden Auslegungsvarianten (Spezialverweisung oder abschließende Regelung) die zutreffende ist, kann angesichts des uneindeutigen Wortlauts nicht mit Sicherheit beantwortet werden. Die besseren Argumente sprechen m.E. für die Annahme einer Spezialverweisung. Dadurch lässt sich ein Gleichlauf mit den Anforderungen der Verschmelzung (Art. 22) und der Dritten[122] und der Sechsten RiL[123] herstellen. Danach liegt die Bestellungskompetenz bei der gemeinsamen Prüfung allein bei den Gerichten bzw. Behörden. Außerdem gibt diese Auslegung der Verweisung auf die Durchführungsbestimmungen zur Dritten RiL erst einen Sinn.

b) Besonderheiten der gemeinsamen Prüfung
Bei der gemeinsamen Prüfung kann zwischen verschiedenen Rechtsordnungen gewählt werden. Die gemeinsame Prüfung kann in einem der Mitgliedstaaten, dessen Recht eine der Gründungsgesellschaften oder die künftige SE unterliegt, beantragt werden (Art. 32 Abs. 4 S. 2). Die Durchführung einer gemeinsamen Prüfung setzt einen gemeinsamen Antrag der Gründungsgesellschaften bei der zuständigen Stelle voraus. Dies wird zwar in Art. 34 Abs. 4 S. 2 – anders als in Art. 22 – nicht ausdrücklich gefordert, ergibt sich aber daraus, dass die Vorschrift das „Einvernehmen zwischen den die Gründung anstrebenden Gesellschaften" voraussetzt. Entschließen sich die Gesellschaften zu einer gemeinsamen Prüfung, nehmen sie damit in Kauf, dass sie sich im Hinblick auf die Rechtsfragen der Prüferbestellung völlig dem Recht des Mitgliedstaats unterwerfen, in dem sie den entsprechenden Antrag gestellt haben. Was den materiel-

---

[122] Vgl. Art. 10 Abs. 1 S. 1 und S. 2 Dritte RiL.
[123] Art. 8 Abs. 1 Sechste RiL.

len Prüfungsinhalt betrifft, muss jedoch auch die gemeinsame Prüfung den Anforderungen aller Rechtsordnungen entsprechen, denen eine der Gründungsgesellschaften unterliegt.[124]

c) Person des Prüfers

Beim Prüfer muss es sich um einen von den Gründungsgesellschaften unabhängigen Sachverständigen handeln (Art. 32 Abs. 4 S. 1 und S. 2). Die Verordnung definiert weder den Begriff Unabhängigkeit noch klärt sie, welche Anforderungen an die Qualifikation des Sachverständigen zu stellen sind. Art. 32 Abs. 4 verweist nach der hier vertretenen Auffassung hinsichtlich der Prüferbestellung auf nationales Recht.[125] Dementsprechend richtet sich auch die Anforderungen an die Person des Prüfers nach nationalem Recht.[126] Soweit deutsches Recht maßgebend ist, gilt § 60 Abs. 1 i.V.m. § 11 Abs. 1 UmwG.

3. Prüfungsgegenstand

Gegenstand der Prüfung ist der Gründungsplan (Art. 32 Abs. 4 S. 1). Konkretere Anforderungen an den Inhalt der Prüfung ergeben sich aus § 32 Abs. 5. Danach muss der Bericht auf besondere Bewertungsschwierigkeiten hinweisen und erklären, ob das Umtauschverhältnis angemessen ist, sowie angeben, nach welchen Methoden es bestimmt worden ist und ob diese Methoden im vorliegenden Fall angemessen sind.

a) Gründungsplan

Der Gründungsplan ist – wie der Verschmelzungsplan[127] – auf seine Vollständigkeit und Richtigkeit zu überprüfen. Es muss daher das Vorliegen der in Art. 32 Abs. 2 S. 2 und S. 3 vorgeschriebenen Mindestangaben überprüft werden.

Nach der im deutschen Umwandlungsrecht vorherrschenden Meinung erstreckt sich die Prüfung nicht auf die Feststellung der wirtschaftlichen Zweckmäßigkeit.[128] Es ist fraglich, ob dies auch auf die Holdinggründung zutrifft. Die Holdingprüfung schließt den Gründungsbericht als Bestandteil des Gründungsplans zwangsläufig ein, während der Bericht bei der Verschmelzung nur Erkenntnisquelle der Prüfer ist, aber kein eigenständiger Prüfungsgegenstand.[129] Weil sich der Bericht zur Zweckmäßigkeit der Holdinggründung äußern muss,[130] wäre diese automatisch Gegenstand der Prüfung. Damit müssten auch die Angaben im Gründungsbericht auf ihre Vollständigkeit und Richtigkeit überprüft werden.

---

[124] Siehe Teil 4 C.IV.4.b)cc), S. 197.
[125] Siehe oben C.V.2.a)cc), S. 331.
[126] Im Erg. ebenso *Neun*, in: Theisen/Wenz, S. 136.
[127] Siehe oben Teil 4 C.IV.5, S. 201.
[128] Vgl. *Stratz*, in: Schmitt/Hörtnagl/Stratz, UmwG, § 9 Rn. 5.
[129] Vgl. *Stratz*, in: Schmitt/Hörtnagl/Stratz, UmwG, § 9 Rn. 4.
[130] Siehe oben C.III.3.b)bb)(1), S. 322.

Dies ist aus zwei Gründen problematisch. Zum einen kann eine Vollständigkeitsprüfung angesichts der unbestimmten Anforderungen an den Inhalt des Berichts (vgl. Art. 32 Abs. 2 S. 2) und dem Fehlen eines dem Art. 32 Abs. 2 S. 3 vergleichbaren Katalogs an Mindestangaben von den Prüfern nicht verlangt werden. Sie müssten ansonsten die Rechtsbegriffe „rechtliche und wirtschaftliche Erläuterung und Begründung des Gründungsplans" sowie „Auswirkungen des Übergangs zur Rechtsform SE für Aktionäre und Arbeitnehmer" zunächst auslegen und anschließend feststellen, ob der Bericht diesen Tatbestandsmerkmalen genügt. Dies macht eine rechtliche Bewertung erforderlich, die nur von den für die Rechtmäßigkeitskontrolle zuständigen Stellen vorgenommen werden kann (vgl. Art. 33 Abs. 5). Zum anderen ist es nicht die Aufgabe der Prüfer, die Zweckmäßigkeit der Holdinggründung festzustellen. Es fällt in den alleinigen Verantwortungsbereich der Anteilsinhaber, anhand der ihnen vorliegenden, überprüften Daten für sich selbst zu entscheiden, ob sie die Holdinggründung für zweckmäßig erachten oder nicht.

Im Schrifttum ist deshalb zu Recht gefordert worden, für die Prüfung des Gründungsberichts eigenständige Prüfungsanforderungen zu entwickeln.[131] Man wird die Prüfung im Wesentlichen auf die Richtigkeit der im Gründungsbericht enthaltenen Angaben beschränken müssen. Dies befreit die Prüfer allerdings nicht davon, auf offensichtliche Unvollständigkeiten des Berichts hinzuweisen, die sich bei bloßer Lektüre des Gesetzeswortlauts aufdrängen, so z.B., wenn der Bericht überhaupt keine Angaben zu den Auswirkungen auf die Arbeitnehmer enthält.

b) Umtauschverhältnis

Schwerpunkt der Prüfung ist wie bei der Verschmelzung die Feststellung der Angemessenheit des Umtauschverhältnisses. Nach Art. 32 Abs. 5 muss der Prüfungsbericht folgende Angaben enthalten:

- einen Hinweis auf besondere Bewertungsschwierigkeiten;
- eine Erklärung zur Angemessenheit des Umtauschverhältnisses der Aktien oder Anteile;
- die Methoden der Bestimmung des Umtauschverhältnisses und deren Angemessenheit im vorliegenden Fall.

Art. 32 Abs. 5 orientiert sich damit an den Vorgaben des Art. 10 Abs. 2 Dritte RiL. Die Grundsätze, die sich diesbezüglich in richtlinienkonformer Auslegung der nationalen Durchführungsbestimmungen herausgebildet haben,[132] lassen sich auf die Gründung der Holding-SE übertragen.[133]

---

131 *Neun*, in: Theisen/Wenz, S. 137 f.
132 Vgl. *Stratz*, in: Schmitt/Hörtnagl/Stratz, UmwG, § 12 Rn. 6 ff.
133 Ebenso *Neun*, in: Theisen/Wenz, S. 138.

4. Prüfungsbericht

Der Prüfungsbericht ist in schriftlicher Form abzufassen (Art. 34 Abs. 4 S. 1 und S. 2). Er muss in den Verfahrens- und Gerichtssprachen sämtlicher Mitgliedstaaten verfasst werden, die von der Holdinggründung unmittelbar berührt werden, weil eine der Gründungsgesellschaft deren Recht unterliegt oder weil die künftige SE dort ansässig sein wird.

5. Auskunftsrecht

Eine dem Art. 22 Unterabs. 2 vergleichbare Regelung über das Auskunftsrecht des Prüfers fehlt. Es ist davon auszugehen, dass die Verordnung an dieser Stelle lückenhaft ist, weil kein Grund für eine Ungleichbehandlung von Verschmelzungs- und Holdinggründung in dieser Frage ersichtlich ist. Die Prüfer bedürfen bei der Gründung einer Holding-SE ebenso eines gesetzlichen Auskunftsrechts wie bei der Verschmelzung. Nur so können sie ihrem Prüfungsauftrag gerecht werden. Der Verordnungsgeber hat den Prüfern noch bis zum SE-VOV 1989 ausdrücklich Informationsansprüche eingeräumt.[134] Der Wegfall dieser Vorschriften stellt offensichtlich ein gesetzgeberisches Versehen dar. Es kann auch nicht ausgeschlossen werden, dass die gesetzgeberisch verunglückte Bezugnahme auf die „nach Maßgabe der Richtlinie 78/855/EWG erlassenen einzelstaatlichen Rechtsvorschriften" eigentlich als Verweisung für das gesamte Prüfungsverfahren zu verstehen ist und damit auch die Frage des Auskunftsrechts erfasst.[135] Dann wären auch die auf Art. 10 Abs. 3 Dritte RiL beruhenden nationalen Durchführungsbestimmungen von der Verweisung des Art. 32 Abs. 4 erfasst, sofern deutsches Recht maßgebend ist, also § 11 Abs. 1 UmwG i.V.m. § 320 Abs. 1 S. 2 und Abs. 2 S. 1 und S. 2 HGB. Geht man dagegen von der Lükkenhaftigkeit des Art. 32 Abs. 4 in dieser Frage aus, dann ist diese Lücke durch analoge Anwendung des Art. 22 Unterabs. 2 zu schließen.

VI. Zustimmung der Hauptversammlungen (Art. 32 Abs. 6)

Art. 32 Abs. 6 regelt die Zuständigkeiten der Hauptversammlung bei der Gründung einer Holding-SE. Die Vorschrift ist ein Ebenbild des Art. 23.[136] Danach müssen die Gründungsgesellschaften die Zustimmung der Hauptversammlung zum Gründungsplan einholen (Unterabs. 1).[137] Die Hauptversammlung kann sich außerdem das Recht vorbehalten, die Vereinbarung zur Mitbestimmung von ihrer Genehmigung abhängig zu machen (Unterabs. 2 S. 2).

---

134 Vgl. Art. 31 SE-VOV 1970 oder Art. 31 S. 2 i.V.m. Art. 23 Abs. 4 SE-VOV 1975 oder Art. 32 Abs. 2 i.V.m. Art. 21 Abs. 3 SE-VOV 1989.

135 Siehe oben C.V.2.a), S. 329.

136 Siehe oben Teil 4 C.V, S. 206 ff.

137 Soweit eine GmbH an der Gründung einer Holding-SE beteiligt ist, scheidet eine Zustimmung der „Hauptversammlung" freilich aus. Hier ist in sinngemäßer Anwendung des Art 32 Abs. 6 die Zustimmung der Gesellschafterversammlung zu fordern (Art. 32 Abs. 7).

1. Zustimmung zum Gründungsplan (Unterabs. 1)

Art. 32 Abs. 6 Unterabs. 1 enthält eine zwingende Kompetenzzuweisung. Abweichende Kompetenzzuweisungen, die sich aus nationalem Recht oder aus der Satzung ergeben, sind unbeachtlich.[138]

a) Sinn und Zweck

Mit der Begründung der Hauptversammlungszuständigkeit bei der Gründung der Holding-SE hat der Verordnungsgeber eine bemerkenswerte Entscheidung getroffen. Er schafft damit eine Form der Konzernbildungskontrolle, die dem deutschen Recht unbekannt ist. Im deutschen Recht ist die Befassung der Hauptversammlung bei Konzernierungsvorgängen nur auf Ebene des herrschenden Unternehmens unter den Voraussetzungen der *Holzmüller*-Entscheidung[139] anerkannt. Auf Ebene des abhängigen Unternehmens ist dagegen kein Hauptversammlungsbeschluss erforderlich.[140]

aa) Meinungsstand

Es nimmt insofern nicht wunder, dass im Schrifttum der Sinn einer Hauptversammlungskompetenz bei der Holding-SE in Frage gestellt wird.[141] Vereinzelt ist sogar gefordert worden, ganz auf das Zustimmungserfordernis zu verzichten. Es bestehe kein der Verschmelzungsgründung vergleichbares Schutzbedürfnis der Aktionäre, weil die Gründungsgesellschaften bei der Errichtung einer Holding-SE anders als bei der Verschmelzung fortbestehen.[142] Anderen gehen die Regelungen im Hinblick auf einen effektiven Konzernpräventivschutz hingegen nicht weit genug. Insbesondere das Fehlen eines qualifizierten Mehrheitserfordernisses wurde bemängelt.[143]

bb) Stellungnahme

Die Holdinggründung hat keine Auswirkungen auf die Struktur oder Existenz der Gründungsgesellschaften (Art. 32 Abs. 1 Unterabs. 2). Im Zuge der Holdinggründung werden auch keine Teile des Gesellschaftsvermögens auf die SE übertragen. Das Aktiv- und Passivvermögen der Gründungsgesellschaften verbleibt vollständig bei diesen. Durch die Gründung der Holding-SE verändert sich lediglich die Zusammensetzung der Aktionärskreise in den Gründungsgesellschaften. Die Gesellschafter werden dabei nicht, wie ursprünglich in den Verordnungsvorschlägen vorgesehen, zu einem zwangsweisen Aktientausch

---

138 Siehe oben Teil 4 C.V.1.c), S. 206.

139 BGHZ 83, 122.

140 *Habersack*, in: Emmerich/Sonnenschein/Habersack, Konzernrecht, § 8 II 1, S. 108 und § 8 III 1, S. 112 f.

141 *Thoma/Leuering*, NJW 2002, 1449, 1453.

142 *Leupold*, S. 60.

143 *Trojan-Limmer*, RIW 1991, 1010, 1015. Siehe auch *Raiser*, in: FS für Semler, 1993, S. 277, 286: „... Diskrepanz zur Verschmelzungsgründung unerträglich."

verpflichtet. Es steht jedem Aktionär frei, ob er seine Anteile an der Gründungsgesellschaft in die SE einbringt oder behält (vgl. Art. 33 Abs. 1 und Abs. 2).[144] Es handelt sich mithin um eine Maßnahme auf Aktionärsebene, über die jeder Aktionär für sich allein zu bestimmen hat, und nicht um eine Maßnahme auf Gesellschaftsebene. Ein Bedürfnis für die Zustimmung der Hauptversammlung ist daher an sich nicht gegeben.[145]

Auch der grenzüberschreitende Charakter der Transaktion führt zu keiner anderen Beurteilung. Zwar wechselt die Vermögensanlage mit der Einbringung der Anteile in die Holding-SE in eine andere Rechtsordnung, wodurch die mitgliedschaftlichen Rechte eine qualitative Veränderung erfahren. Die Wahrnehmung der Mitgliedschaftsrechte wird womöglich auch durch tatsächliche Faktoren, z.B. eine größere geografische Entfernung oder sprachliche Barrieren, erschwert. Die Gesellschafter sind aber nicht gezwungen, diese Veränderungen ihrer Rechtsposition hinzunehmen. Durch den Verzicht auf das Zwangsumtauschverfahren und die Einräumung eines Einbringungswahlrechts, steht es jedem Anteilsinhaber frei, in der Gründungsgesellschaft zu verbleiben. Die Notwendigkeit eines Hauptversammlungsbeschlusses lässt sich also auch nicht mit den Besonderheiten des grenzüberschreitenden Charakters der Holdinggründung begründen.

Nach alledem ist kein rechter Grund ersichtlich, der es zwingend erforderlich erscheinen lässt, die Hauptversammlung mit der Holdinggründung zu befassen. Die Anteilsinhaber wären auch ohne Hauptversammlungszuständigkeit hinlänglich durch ihr Einbringungswahlrecht geschützt.[146] Die Hauptversammlungszuständigkeit nach Art. 32 Abs. 6 ist mithin als gesetzliches Faktum hinzunehmen, die Zweifel an ihrem rechtspolitischen Sinn aber verbleiben. Für einen noch weitergehenden Minderheitenschutz in Form einer Inhaltskontrolle des Beschlusses auf seine sachliche Rechtfertigung verbleibt damit kein Raum.[147]

b) Vorbereitung, Einberufung und Durchführung der Hauptversammlung

Die Vorbereitung, Einberufung und Durchführung der Hauptversammlung fallen grundsätzlich nicht in den Regelungsbereich der Verordnung. Daher findet auf diesbezügliche Rechtsfragen unmittelbar nationales Recht Anwendung, ohne dass es auf einen gemeinschaftsrechtlichen Rechtsanwendungsbefehl an-

---

[144] Siehe dazu unten C.VIII.1, S. 355.

[145] *Thoma/Leuering*, NJW 2002, 1449, 1453. Zum vergleichbaren Fall der Fusion durch Aktientausch ebenso *Decher*, in: FS für Lutter, 2000, S. 1209, 1224; *Rosengarten*, in: FS für Buxbaum, 2000, S. 445, 458 f.; *Martens*, in: FS für Peltzer, 2001, S. 279, 281; *Reichert*, in: Semler/Volhard, Hdb. Unternehmensübernahmen, § 17 Rn. 62.

[146] A.A. *Hommelhoff*, AG 1990, 422, 424 f.

[147] Siehe aber *Ch. Teichmann*, AG 2004, 67, 70 ff.

kommt.[148] Für eine Gründungsgesellschaft deutschen Rechts gelten ohne weiteres die §§ 121 ff. AktG.[149]

Etwas anderes gilt für die Informationsrechte der Aktionäre im Zusammenhang mit der Gründung der Holding-SE sowie die erforderliche Beschlussmehrheit. Insoweit ist der Regelungsbereich punktuell eröffnet, weil es sich um spezifisch mit der SE-Gründung zusammenhängende Fragen handelt.[150] Dies zeigen auch die Vorgängervorschläge, in denen diese Punkte noch ausdrücklich geregelt wurden. Der SE-VOV 1970 sah ein umfassendes Auskunftsrecht vor, nach dem „jedem Interessierten" auf Verlangen unverzüglich eine Abschrift des Entwurfs des Gründungsakts neben allen Anlagen zu übermitteln war.[151] Der SE-VOV 1975 gab den Aktionären einen Anspruch auf kostenlose Gewährung von Informationen.[152] Im Hinblick auf die Beschlussmehrheit wurde auf die Anforderungen des mitgliedstaatlichen Rechts bei Verschmelzungen verwiesen.[153] Auch der SE-VOV 1989 enthielt noch besondere Vorgaben für die Zustimmung der Hauptversammlungen bei der Gründung einer Holding-SE. Insofern wurde auf die nationalen Durchführungsbestimmungen zur Dritten RiL verwiesen.[154]

aa) Vorabinformation der Aktionäre

Die Verordnung schreibt die Aufstellung eines Gründungsplans sowie die Erstattung eines Prüfungsberichts vor. Diese Unterlagen dienen erkennbar der Information der Aktionäre.[155] In der SE-VO finden sich aber keine Vorschriften, die bestimmen, ob und wann den Gesellschaftern diese Informationen zur Verfügung zu stellen sind.[156] Die Aktionäre können auf der Hauptversammlung nur dann eine sachgerechte Entscheidung treffen, wenn ihnen rechtzeitig die für ihre Entscheidung relevanten Daten zugänglich gemacht werden. Ein Blick auf die Dritte und Sechste RiL zeigt, dass der europäische Gesetzgeber die Vorabinfor-

---

148 Siehe oben Teil 4 C.V.1.d), S. 207.

149 Bei einer GmbH sind die §§ 47 ff. GmbHG zu beachten.

150 Siehe oben Teil 4 C.V.1.d)aa), S. 207.

151 Art. 32 Abs. 2 S. 1 SE-VOV 1970. Das Auskunftsrecht der Aktionäre während der Hauptversammlung war in Art. 32 Abs. 4 SE-VOV 1970 geregelt.

152 Art. 31b Abs. 1 SE-VOV 1975.

153 Art. 32 S. 2 i.V.m. Art. 24 SE-VOV 1975.

154 Art. 32 Abs. 3 i.V.m. Art. 22 Abs. 1 S. 2 und Abs. 2 SE-VOV 1989. Gemeint waren also die Durchführungsbestimmungen zu Art. 7 (insbesondere Beschlussmehrheit) und Art. 11 Dritte RiL (Informationsrechte).

155 Vgl. Art. 32 Abs. 2 S. 2 („Auswirkungen ... für die Aktionäre") und Art. 32 Abs. 4 („Bericht für die Aktionäre").

156 Die Informationsrechte der Aktionäre werden auch nicht von der Ermächtigung des Art. 34 erfasst. Zwar haben die Informationsrechte minderheitsschützenden Charakter, weil es sich um Individualrechte jedes einzelnen Anteilsinhabers handelt (vgl. *Hommelhoff*, ZGR 1993, 452, 453 f.). Art. 34 setzt jedoch die Ablehnung der Holdinggründung voraus. Die Ablehnung kann aber erst nach der Hauptversammlung verbindlich festgestellt werden. Die hier interessierenden Informationsrechte dienen dagegen dem a priori-Schutz.

mation der Aktionäre als elementaren Bestandteil des Verfahrens bei Strukturmaßnahmen ansieht.[157] Die Nichtberücksichtigung entsprechender Informationsrechte bei der Holdinggründung stellt deshalb eine Regelungslücke dar.[158]

Fraglich ist, wie diese Lücke der Verordnung zu schließen ist. In Betracht kommt eine Analogie zu Art. 18, sodass das durch die Dritte RiL angeglichene nationale Verschmelzungsrecht zur Anwendung gelangt. Ferner ist eine Analogie mit Art. 11 Dritte RiL und Art. 9 Dritte RiL denkbar. Der EuGH bedient sich bei der Lückenschließung schließlich der Methode des wertenden Vergleichs der nationalen Rechtsordnungen und der Entwicklung allgemeiner Grundsätze aus deren Reservoir.[159]

(1) Analogie zu Art. 18

Für eine solche Analogie spricht die gesetzgeberische Intention, die Gründung der Holding-SE nach dem Vorbild der Verschmelzung zu regeln.[160]

(2) Analogie zu Art. 11 Dritte RiL und Art. 9 Sechste RiL

Ch. Teichmann spricht sich für eine Analogie zu Art. 11 Dritte RiL und Art. 9 Dritte RiL aus.[161] Das üblicherweise gegen eine solche Analogie vorgebrachte Argument, Richtlinienbestimmungen eignen sich nicht zur unmittelbaren Anwendbarkeit, mag vorliegend nicht recht überzeugen. Es ist im Grundsatz zwar durchaus zutreffend, dass sich Richtlinienbestimmungen nur bedingt zu einer analogen Anwendung eignen, weil sie nur hinsichtlich ihrer Ziele, nicht aber bezüglich der Art und Weise der Zielerreichung verbindlich sind.[162] Etwas anderes muss aber gelten, wenn die Richtlinienbestimmungen konkrete Vorgaben enthalten und den nationalen Gesetzgebern kaum Spielräume eröffnen, die von den Unternehmensleitungen – wie vielfach befürchtet – zu ihren Gunsten ausgenutzt werden könnten. Es ist anerkannt, dass Richtlinienbestimmungen unmittelbare Wirkung entfalten können, wenn sie ihrem Inhalt nach unbedingt und hinreichend genau („self executing") sind.[163] Genau das trifft auf Art. 11 Dritte RiL und Art. 9 Sechste RiL zu. Beide Vorschriften regeln detailliert und bestimmt die Informationspflichten der Gründungsgesellschaften gegenüber ihren Aktio-

---

[157] Art. 11 Dritte RiL und Art. 9 Sechste RiL sehen ein Informationssystem vor, das den Anteilseigner im Vorfeld der Hauptversammlung in die Lage versetzt, von den entscheidungserheblichen Daten Kenntnis zu nehmen (a priori-Schutz). *Habersack*, EuGesR, Rn. 222 spricht insofern von der „Richtigkeitsgewähr" der Willensbildung in den beteiligten Gesellschaften und bezeichnet die Informationssicherung als „Funktionsvoraussetzung" des Beschlussverfahrens.

[158] Nach Meinung von *Ch. Teichmann*, ZGR 2002, 383, 435 Fn. 195 handelt es sich um ein redaktionelles Versehen.

[159] Siehe oben Teil 2 C.IV, S. 60.

[160] Siehe oben C.I, S. 311.

[161] *Ch. Teichmann*, ZGR 2002, 383, 434 Fn. 193.

[162] Siehe oben Teil 2 C.IV.1, S. 61.

[163] *Geiger*, Art. 249 EGV Rn. 15 m.w.N.

nären nach Zeitpunkt („Mindestens einen Monat vor dem Tag der Hauptversammlung ...“), nach Ort („... am Sitz der Gesellschaft ...“) und nach Inhalt (Verschmelzungsplan, Jahresabschlüsse und Geschäftsberichte der letzten drei Geschäftsjahre usw.). Im Schrifttum wird sogar angenommen, dass man über die analoge Anwendung der Richtlinienbestimmungen zur analogen Anwendung der jeweiligen nationalen Durchführungsbestimmung (hier: § 63 UmwG) gelangt.[164] Für eine solche Konstruktion besteht allerdings keine Veranlassung, wenn sich die Richtlinienvorschrift selbst zur unmittelbaren Anwendung eignet.

(3) Wertender Vergleich der nationalen Rechtsordnungen

Ein Rückgriff auf nationales Rechts begegnet dem Problem, dass die Holding in den meisten Mitgliedstaaten zwar als organisatorische Erscheinungsform von Unternehmen bekannt ist, aber keine eigenständige Gesellschaftsform darstellt und damit auch nicht gesetzlich geregelt ist.[165] Daher kommt allenfalls eine Analogie zu den Vorschriften über die Verschmelzung in Betracht (z.B. § 63 UmwG).[166]

(4) Stellungnahme

Die Schließung der Lücke auf europäischer Rechtsebene ist der Entwicklung allgemeiner Rechtsgrundsätze der nationalen Rechtsordnungen vorzuziehen. Ein Lückenschluss auf europäischer Ebene entspricht nicht nur dem Charakter des Gemeinschaftsrechts als autonomer Rechtsordnung und muss dementsprechend einem wertenden Vergleich der nationalen Rechtsordnungen vorgehen. Eine Analogie auf Ebene des Gemeinschaftsrechts ist hier überdies zweckmäßig, weil den meisten mitgliedstaatlichen Rechtsordnungen die Holding zwar als organisatorische Erscheinungsform bekannt ist, aber keine eigenständige Gesellschaftsform darstellt. Es ist daher grundsätzlich zu begrüßen, wenn die ersten Äußerungen im Schrifttum eine vom europäischen Recht getragene Lückenfüllung favorisieren.[167]

Fraglich ist nur, woran eine Lückenfüllung auf gemeinschaftsrechtlicher Ebene anknüpft. Eine Analogie zu Art. 11 Dritte und Art. 9 Sechste RiL erscheint zwar

---

164 So im Ergebnis *Ch. Teichmann*, ZGR 2002, 383, 434.

165 Siehe oben A.I, S. 305.

166 Problematisch ist aber insofern das aus § 1 Abs. 2 UmwG abgeleitete Analogieverbot; vgl. *Ch. Teichmann*, ZGR 2002, 383, 434. Über die Reichweite dieses Analogieverbots herrscht indessen Unklarheit. Ein beachtlicher Teil des Schrifttums geht davon aus, dass das Analogieverbot nur eine Ausdehnung des numerus clausus der Umwandlungsformen und der umwandlungsfähigen Rechtsträger verhindern soll, nicht jedoch eine analoge Anwendung einzelner Bestimmungen des Umwandlungsgesetzes auf Gestaltungen außerhalb des Umwandlungsgesetzes; vgl. *Kallmeyer*, in: ders., UmwG, § 1 Rn. 23 m.w.N. Zur Beschlussvorbereitung bei Ausgliederungen, die nicht unter das UmwG fallen, siehe *v. Riegen*, S. 134 ff.

167 *Ch. Teichmann*, ZGR 2002, 383, 434 f.; *Neun*, in: Theisen/Wenz, S. 139 f.; *Oplustil*, GLJ Vol. 4 No. 2 (1 February 2003), Nr. 16. Offensichtlich auch *Kalss*, ZGR 2003, 593, 631.

möglich, ihr ist aber eine verordnungsautonome Lösung vorzuziehen. Solange eine Analogie zu einer unmittelbar geltenden Verordnungsbestimmung gebildet werden kann, können die methodischen Probleme bei der Analogiebildung mit Richtlinienvorschriften vermieden werden. Die Lücke ist m.E. durch eine Analogie zu Art. 18 zu schließen. Eine Gründungsgesellschaft deutschen Rechts muss daher gemäß Art. 18 analog i.V.m. § 63 UmwG mindestens einen Monat vor der Hauptversammlung folgende Unterlagen in ihrem Geschäftsraum zur Einsicht der Aktionäre auslegen:

- den Gründungsplan (der den Gründungsbericht enthält),
- die Jahresabschlüsse und Lageberichte der Gründungsgesellschaften für die letzten drei Jahre,
- u.U. eine Zwischenbilanz,
- den bzw. die Prüfungsberichte.

Entsprechende Informationsrechte bestehen auch bei einer GmbH als Gründungsgesellschaft. Unterschiedliche Informationsstandards zwischen AG und GmbH wären nicht gerechtfertigt, auch wenn die Durchführungsbestimmungen zur Dritten RiL genau genommen nur für AG gelten.[168] Man könnte allenfalls daran denken, dass wegen Art. 32 Abs. 7 auf die Informationsrechte bei Verschmelzungen unter Beteiligung einer GmbH verwiesen wird (vgl. §§ 47, 49 UmwG). Problematisch daran ist, dass nicht alle nationalen Rechtsordnungen gleichwertige Informationsrechte bei Verschmelzungen unter Beteiligung einer GmbH vorsehen, weil sich die Harmonisierung der Dritten RiL auf AG beschränkt.

bb) Durchführung

Die Durchführung der Hauptversammlung fällt grundsätzlich nicht in den Regelungsbereich der Verordnung. Die damit zusammenhängenden Rechtsfragen unterliegen dem Personalstatut der jeweiligen Gründungsgesellschaft.

Bei einer Gründungsgesellschaft deutschen Rechts stellt sich allerdings die Frage, ob bei der Holding-SE die erweiterten Unterrichtungspflichten und Informationsrechte, die das deutsche Recht bei Verschmelzungen vorsieht (§ 64 UmwG), Anwendung finden. Diese Rechtsfrage ist dem Regelungsbereich der Verordnung zuzuordnen. Dies zeigen die Vorgängervorschläge, die noch ausdrücklich bestimmten, dass den Aktionären in der Hauptversammlung auf Verlangen über alle für die Gründung der Holding-SE wesentlichen Angelegenheiten Auskunft zu erteilen ist.[169] Die Anwendung nationalen Rechts kommt also nur dann in Betracht, wenn die Verordnung einen entsprechenden Rechtsanwendungsbefehl enthält. Dies ist nicht der Fall. Es fehlt auch eine entsprechende Ermächtigung der Mitgliedstaaten, besondere Informationsrechte für die Hol-

---

[168] Zu Recht *Neun*, in: Theisen/Wenz, S. 140.

[169] Art. 32 Abs. 4 SE-VOV 1970 und Art. 32 i.V.m. Art. 24 Abs. 2 SE-VOV 1975.

ding-SE vorzusehen. Der deutsche Gesetzgeber kann also nicht, wie es im Schrifttum verlangt wird, für die Gründung einer Holding-SE Informationsrechte und -pflichten wie in § 64 UmwG vorschreiben.[170] Eine Anwendung des § 64 UmwG kommt nur über eine Analogie zu Art. 18 in Betracht. Eine solche Analogie ist m.E. gerechtfertigt, weil keine Veranlassung besteht, den Aktionären bei der Gründung einer Holding-SE weniger Informationsrechte einzuräumen als bei einer Verschmelzung. Die enge regelungstechnische Anbindung der Holdinggründung an die Verschmelzung legt es nahe, dass bei der Holdinggründung dieselben Informationsrechte bestehen.[171] Auf eine deutsche Gründungsgesellschaft findet daher § 64 UmwG Anwendung (Art. 18 analog).

cc) Beschlußmehrheit

(1) Lückenhaftigkeit der SE-VO

Die Verordnung verlangt die Zustimmung der Hauptversammlung zum Gründungsplan, legt aber nicht die erforderliche Mehrheit fest. Der Verweis auf Art. 7 Dritte RiL, der noch im SE-VOV 1991 enthalten war, wurde nicht in die Verordnung aufgenommen.[172] Bei der Verschmelzung (Art. 18) und der Umwandlung (Art. 37 Abs. 7 S. 2) wird auf das gemäß Art. 7 Dritte RiL angeglichene nationale Recht verwiesen. Das Fehlen einer entsprechenden Verweisung bei der Holding-SE könnte eine Lücke der Verordnung darstellen. Die Regelungslücke wäre dann durch Analogie zu Art. 18 oder Art. 37 Abs. 7 S. 2 zu schließen. Damit wäre eine qualifizierte Mehrheit von mindestens zwei Dritteln der vertretenen Stimmen oder des vertretenen gezeichneten Kapitals erforderlich.

Die Frage nach der erforderlichen Beschlussmehrheit ist im Schrifttum umstritten. Einige Autoren verlangen für die Gründung einer Holding-SE – ebenso wie für die Verschmelzung oder Umwandlung – eine qualifizierte Mehrheit.[173] Dafür sprächen die Parallelgestaltung der Holding-Gründung zur Leitregelung der Verschmelzung sowie der Konzernierungsvorgang. In der Zuweisung der Kompetenz an die Hauptversammlung werde ersichtlich, dass der Verordnungsgeber in der Holdinggründung eine Strukturänderung sähe, für die es in Analogie zum Verschmelzungsrecht einer qualifizierten Mehrheit bedürfe. Die Konzernbil-

---

170 *Neun*, in: Theisen, Wenz, S. 140 f.

171 Vgl. *Theißen*, S. 67 f.

172 Vgl. Art. 31 Abs. 3 S. 2 SE-VOV 1991. Gemäß Art. 32 S. 2 i.V.m. Art. 24 SE-VOV 1975 musste die Beschlussfassung wenigstens den Voraussetzungen entsprechen, die nach dem mitgliedstaatlichen Recht einer der Gründungsgesellschaften für Verschmelzungen galten. Auch der SE-VOV 1989 enthielt noch besondere Vorgaben für die Zustimmung der Hauptversammlungen bei der Gründung einer Holding-SE. Art. 32 Abs. 3 SE-VOV 1989 verwies auf die Bestimmungen zur Verschmelzungsgründung (Art. 22 SE-VOV 1989), die ihrerseits auf Art. 7 Dritte RiL verwiesen.

173 *Ch. Teichmann*, ZGR 2002, 383, 435; *ders.*, ZGR 2003, 367, 391 f. *Kalss*, ZGR 2003, 593, 602, 632. Ohne Begründung auch *Schulz/Geismar*, DStR 2001, 1078, 1081; *C.P. Schindler*, S. 35; *Heckschen*, DNotZ 2003, 251, 262.

dung stelle eine „faktische Satzungsänderung“ dar, die entsprechend durch einen qualifizierten Mehrheitsbeschluss legitimiert werden müsse.[174] Die Verordnung sei daher bezüglich der Mehrheitserfordernisse bei der Gründung einer Holding-SE lückenhaft[175] und die Lücke durch Analogie zu Art. 7 Dritte RiL zu schließen.[176]

Nach anderer Ansicht genügt die einfache Stimmenmehrheit. Bei der Holding-SE sei eine qualifizierte Beschlussmehrheit nicht erforderlich, da die Gesellschafter wegen ihres Einbringungswahlrechts im Vergleich zur Verschmelzung und Umwandlung weniger schutzwürdig seien.[177] Gegen ein qualifiziertes Mehrheitserfordernis ließe sich außerdem anführen, dass die Gründung der Holding-SE keine Auswirkung auf den Fortbestand der Gründungsgesellschaften hat und auch nicht deren Satzung ändert.[178]

M.E. sprechen die besseren Argumente dafür, die einfache Stimmenmehrheit genügen zu lassen. Die Herausnahme der Verweisung auf Art. 7 Dritte RiL kann als bewusste gesetzgeberische Entscheidung gedeutet werden. Ein qualifiziertes Mehrheitserfordernis ist auch deshalb abzulehnen, weil bei der Holding-SE schon die Hauptversammlungskompetenz als solche rechtspolitisch verfehlt ist.[179] Sie stellt ein gesetzliches Relikt aus den Vorgängervorschlägen dar, als die Holdinggründung noch mit einem Zwangsumtausch verbunden war. Vor allem aber lässt sich mit einem Erst-recht-Schluss argumentieren. Wenn für die Gründung der Holding-SE eine Einbringungsquote von 50 % plus ein Stimmrecht ausreicht (Art. 32 Abs. 2 S. 4), kann für den Zustimmungsbeschluss keine höhere Quote verlangt werden.[180]

(2) § 10 Abs. 1 SEAG-RegE

Nicht wenig überraschend enthält der SEAG-RegE in § 10 Abs. 1 eine Regelung zum Mehrheitserfordernis beim Zustimmungsbeschluss gemäß Art. 32 Abs. 6. Danach sind bei einer AG mindestens drei Viertel des bei der Beschlussfassung vertretenen Grundkapitals und bei einer GmbH mindestens drei Viertel der abgegebenen Stimmen erforderlich.

Diese Regelung trägt zur Rechtssicherheit bei. Dennoch ist ihre Berechtigung zweifelhaft. Das qualifizierte Mehrheitserfordenis übersteigt die Schutzbedürftigkeit der Gesellschafter bei weitem. Bedenken ergeben sich aber vor allem im

---

174 *Theißen*, S. 71.

175 *Ch. Teichmann*, GLJ Vol. 4 No. 4 (1 April 2003), Nr. 49.

176 So offensichtlich *Ch. Teichmann*, GLJ Vol. 4 No. 4 (1 April 2003), Nr. 49.

177 Vgl. *Neun*, in: Theisen/Wenz, S. 142.

178 *Oplustil*, GLJ Vol. 4 No. 2 (1 February 2003), Nr. 17. So offensichtlich auch *Menjucq*, Revue des sociétés 2002, 225, 236, der davon ausgeht, dass die Hauptversammlung unter den Bedingungen und Voraussetzungen zustimmt, die für nicht satzungsändernde Beschlüsse gelten.

179 Siehe oben C.VI.1.a)bb), S. 335.

180 Ebenso *Handelsrechtsausschuss des DAV*, NZG 2004, 75, 79.

Hinblick auf die Regelungskompetenz des deutschen Gesetzgebers. Art. 32 Abs. 6 enthält keine Ermächtigung des nationalen Gesetzgebers, das Quorum festzulegen. Denkbar erscheint, die qualifzierte Mehrheit als Frage des Minderheitenschutzes unter Art. 34 zu subsumieren. Subsidiär käme ein Rückgriff auf Art. 68 Abs. 1 in Betracht, sofern man die Vorschrift überhaupt als Regelungsermächtigung verstehen darf.

Geht man jedoch – wie das die Verfasser des Regierungsentwurfs tun – davon aus, dass die SE-VO an dieser Stelle lückenhaft ist,[181] dann verbietet sich für den nationalen Gesetzgeber, eine Regelung im Ausführungsgesetz vorzusehen. In diesem Fall kann die Lücke nur durch richterliche Rechtsfortbildung auf Ebene des EuGH geschlossen werden.[182] Der im SEAG-RegE gewählte Ansatz ist in jedem Fall methodisch unsauber. Es steht zu befürchten, dass die mit § 10 Abs. 1 SEAG-RegE angestrebte Rechtssicherheit nur eine scheinbare ist, weil über der Vorschrift das Damoklesschwert der Europarechtswidrigekeit hängt.

dd) Beschlussgegenstand

Beschlussgegenstand ist gemäß Art. 32 Abs. 6 Unterabs. 1 der „Gründungsplan". Dieser umfasst auch den Bericht (Art. 32 Abs. 2 S. 2). Der Bericht dient aber nur der Vorabinformation der Gesellschafter. Im Schrifttum wird daher angenommen, dass sich die Beschlussfassung auf die in Art. 32 Abs. 3 S. 3 aufgeführten Angaben beschränkt.[183]

ee) Form

Im Schrifttum wird die Auffassung vertreten, dass der Zustimmungsbeschluss einer deutschen Gründungsgesellschaft keiner besonderen Form bedarf.[184] Wegen der engen Anlehnung an die Verschmelzungsgründung ist jedoch anzunehmen, dass über Art. 18 analog die Anforderungen des nationalen Rechts an Verschmelzungsbeschlüsse einzuhalten sind.[185] Der Zustimmungsbeschluss einer deutschen Gründungsgesellschaft bedarf daher der notariellen Beurkundung (Art. 18 analog i.V.m. § 13 Abs. 3 UmwG).

c) Wirkung

Der Zustimmungsbeschluss enthält eine Handlungsanweisung an die Leitungsorgane, die Gründung der Holding-SE gemäß den Vorgaben im Gründungsplan durchzuführen. Außerdem liegt im Beschluss eine Billigung der Holdinggrün-

---

181 SEAG-RegE, Begründung zu § 10, S. 85.

182 Vgl. oben Teil 2 C, S. 55 ff.

183 So zu Recht *Neun*, in: Theisen/Wenz, S. 141. A.A. *Theißen*, S. 60.

184 *Neun*, in: Theisen/Wenz, S. 141.

185 Im Erg. ebenso *Theißen*, S. 71 f.; *Heckschen*, DNotZ 2003, 251, 262. In den SE-VOV 1970 und 1975 wurde die notarielle Protokollierung der Hauptversammlung noch einheitlich angeordnet (Art. 32 Abs. 5 SE-VOV 1970 und Art. 32 S. 2 i.V.m. 24 Abs. 3 SE-VOV 1975).

dung und das Einverständnis, die Gesellschaft in ein Abhängigkeits- und Konzernverhältnis zu überführen.[186] Der Holdingbeschluss erzeugt keine interne Bindungswirkung in der Form, dass die zustimmenden Aktionäre zur Einbringung ihrer Anteile verpflichtet werden. Ihr Einbringungswahlrecht bleibt von der Entscheidung auf der Hauptversammlung unberührt.[187]

Der Zustimmungsbeschluss wird im Schrifttum auch als Aufforderung an die Aktionäre zur Abgabe eines Angebots zum Abschluss eines Tauschvertrags über die Einbringung ihrer Aktien gegen Aktien der künftigen Holding-SE verstanden („invitatio ad offerendum").[188] Dem kann nicht gefolgt werden, weil es sich bei der Einbringung der Anteile gegen die Gewährung von SE-Aktien nicht um einen Tausch im bürgerlichrechtlichen Sinn handelt.[189] Die die „Gegenleistung" bildenden SE-Aktien entstehen erst als Folge der Einbringung der Anteile. Das der Einbringung zugrunde liegende Rechtsgeschäft ist nicht schuldrechtlicher, sondern gesellschaftsrechtlicher Natur, weil der Einleger durch die Einbringung Aktionär der SE wird.[190] Der Zustimmungsbeschluss beinhaltet daher vielmehr ein Angebot auf Abschluss eines Einbringungsvertrags, das die Gesellschafter durch entsprechende Erklärung annehmen können.[191] Die Gründungsgesellschaften nehmen dieses Rechtsgeschäft stellvertretend für die Holding-SE in Gründung vor. Das Angebot steht unter der aufschiebenden Bedingung, dass der erforderliche Mindestprozentsatz an einzubringenden Anteilen erreicht wird. Ob durch den Zustimmungsbeschluss zugleich ein Angebot auf Zeichnung der jungen SE-Aktien abgegeben wird, ist durch Auslegung zu ermitteln.[192] In der Regel wird es sich um eine bloße Aufforderung zur Abgabe eines Angebots handeln („invitatio ad offerendum").

Durch den Zustimmungsbeschluss wird nicht die Satzung der SE festgestellt.[193] Die Satzung ist zwar als Bestandteil des Gründungsplans Gegenstand der Beschlussfassung. Sie wird aber bereits mit Erstellung des Gründungsplans durch die Leitungs- bzw. Verwaltungsorgane der Gründungsgesellschaften festgestellt.[194]

---

186 *Theißen*, S. 68 f.
187 Siehe unten C.VIII.1, S. 355.
188 *Theißen*, S. 69 f.
189 Siehe unten C.VIII.4.a)bb), S. 361.
190 BGHZ 45, 338, 345.
191 Zur Annahme dieses Angebots siehe unten C.VIII.4.a)aa), S. 360.
192 Der Erwerb der SE-Aktien erfolgt nicht kraft Gesetzes; siehe unten D.II, S. 382.
193 A.A. *Theißen*, S. 68; *Kersting*, DB 2001, 2079, 2081.
194 Siehe oben Teil 4 C.I.3.a)(1), S. 163.

2. Hauptversammlung und Arbeitnehmermitbestimmung (Unterabs. 2)

Art. 32 Abs. 6 Unterabs. 2 entspricht Art. 23 Abs. 2. Es kann daher auf die oben zur Verschmelzung gemachten Ausführungen verwiesen werden.[195]

3. Anerkennung von Spruchverfahren

Der deutsche Gesetzgeber wird von seiner Ermächtigung in Art. 34 Gebrauch machen und den Minderheitsaktionären einen Nachbesserungsanspruch sowie ein Austritts- und Abfindungsrecht mit korrespondierender Kontrolle im Spruchverfahren einräumen (vgl. § 11 bzw. § 9 SEAG-RegE).[196] Es überrascht daher, dass die Verordnung für die Aktionäre einer ausländischen Gründungsgesellschaft kein Vetorecht wie in Art. 25 Abs. 3 vorsieht.

Dies ist kaum sachgerecht, weil dieselbe Interessenlage wie bei einer Verschmelzung besteht. Auch hier wären die Aktionäre, denen kein Kontrollverfahren zur Verfügung steht, von der Durchführung eines solchen zugunsten anderer Aktionäre nachteilig betroffen.[197] Im Schrifttum wird angenommen, dass es sich hierbei um eine unbewusst entstandene Lücke in der SE-VO handelt, weil die Ermächtigung des Art. 34 erst zum Schluss des Gesetzgebungsverfahrens in den Verordnungstext eingefügt worden ist. Diese Lücke sei durch Analogie zu Art. 25 Abs. 3 zu schließen.[198]

Dieser Meinung ist beizupflichten. Es wäre eine Ungleichbehandlung von Verschmelzung und Holdinggründung, wenn die Aktionäre bei der einen Gründungsform die Durchführung eines Spruchverfahrens verhindern könnten, während sie bei der anderen Gründungsform ein solches Verfahren mit den entsprechenden Konsequenzen für den Wert ihrer Anlage hinnehmen müssten. Der systematische Zusammenhang zwischen Minderheitenschutz und Vetorecht, der in den Vorschriften zur Verschmelzungsgründung zum Vorschein kommt, ist zu deutlich, als dass man ihn bei der Holdinggründung übergehen könnte. Diese Ungleichbehandlung rechtfertigt einen Analogieschluss zu Art. 25 Abs. 3. Es ist daher davon auszugehen, dass die Aktionäre einer Gründungsgesellschaft, für die keine Möglichkeit zur Kontrolle oder Änderung ihres Umtauschverhältnisses in einem Spruchverfahren zur Verfügung steht, der Durchführung eines solchen Verfahrens bei einer anderen Gründungsgesellschaft gemäß Art. 25 Abs. 3 analog zustimmen müssen.

---

195 Siehe oben Teil 4 C.V.2, S. 213.

196 Siehe unten C.VII.1.d), S. 350.

197 Siehe oben Teil 4 C.V.3, S. 218.

198 *Ch. Teichmann*, ZGR 2002, 383, 437; *ders.*, in: Theisen/Wenz, S. 588; *Neun*, in: Theisen/Wenz, S. 143 f.; *Kalss*, ZGR 2003, 593, 633. Davon geht i.Ü. auch der SEAG-RegE aus (vgl. Begründung zu § 11, S. 86); dazu unten C.VII.1.d)aa), S. 350.

4. Fehlerhaftigkeit des Zustimmungsbeschlusses

Die Geltendmachung von Beschlussmängeln richtet sich prinzipiell nach dem Personalstatut der jeweiligen Gründungsgesellschaft. Der Regelungsbereich der Verordnung ist nicht eröffnet, weil es sich um Fragen des allgemeinen Gesellschaftsrechts der nationalen Gründungsgesellschaften handelt. Die Anfechtbarkeit des Zustimmungsbeschlusses einer deutschen Gründungsgesellschaft richtet sich daher unmittelbar nach den §§ 241 ff. AktG.

Etwas anderes gilt jedoch für Beschränkungen des Anfechtungsrechts, die eine rasche Durchführung der Holdinggründung ermöglichen sollen. Solche Beschränkungen waren im Sanders-Vorentwurf und den SE-VOV 1970 und 1975 enthalten.[199] Sie stehen in einem spezifischen Zusammenhang mit der SE-Gründung und sind damit dem Regelungsbereich der Verordnung zuzuordnen.[200] Die SE-VO enthält keine Sachregelungen zur Anfechtung der Zustimmungsbeschlüsse bei der Holdinggründung. Der Regierungsentwurf für ein deutsches Ausführungsgesetz sieht in den § 11 Abs. 2 i.V.m. § 6 Abs. 1 sowie in § 9 Abs. 2 i.V.m. § 7 Abs. 5 dagegen vor, dass sich Klagen gegen den Zustimmungsbeschluss nicht darauf stützen können, dass das Umtauschverhältnis unangemessen ist oder die Höhe der angebotenen Barabfindung zu niedrig bemessen ist. Bewertungsrügen werden damit präkludiert. Die Verfasser des SEAG-RegE stützen diesen Klageausschluss auf die Ermächtigung des Art. 34, die es den Mitgliedstaaten erlaubt, Vorschriften zum Schutz dissentierender Minderheitsgesellschafter zu erlassen. Zunächst erscheint es in sich widersprüchlich, Beschränkungen des Klagerechts unter den Begriff der Schutzvorschrift i.S. des Art. 34 zu subsumieren. Die Minderheitsaktionäre werden aber zur Geltendmachung der Bewertungsrügen auf das sie für kostengünstigere und weniger aufwändige Spruchverfahren verwiesen (§ 11 Abs. 2 i.V.m. § 6 Abs. 4 bzw. § 9 Abs. 2 i.V.m. § 7 Abs. 7 SEAG-RegE). Für die Gesellschafter, denen es lediglich um eine Aufbesserung ihres Umtauschverhältnisses geht, besteht keine Veranlassung, deshalb das gesamte Gründungsverfahren aufzuhalten. Es trägt daher durchaus zum Schutz der Minderheitsgesellschafter bei, wenn sie ihre Ansprüche auf Verbesserung des Umtauschverhältnisses nicht im Klagewege verfolgen müssen, sondern ihnen das Spruchverfahren zur Verfügung gestellt wird. Auf die Ermächtigungsvorschrift des Art. 34 wird gleich im Anschluss genauer zurückzukommen sein.

---

[199] Art. II-3-4 Sanders-Vorentwurf bzw. Art. 33 SE-VOV 1970 bzw. Art. 33 i.V.m. Art. 25 SE-VOV 1975. Danach konnten grundsätzlich nur solche Aktionäre, die der Holdinggründung nachweislich widersprochen haben, Anfechtungsklage erheben.

[200] Siehe oben Teil 4 C.V.4, S. 220.

VII. Schutz der Minderheitsgesellschafter, Gläubiger und Arbeitnehmer

Art. 34 ermächtigt die nationalen Gesetzgeber zum Erlass von Schutzvorschriften zugunsten der ablehnenden Minderheitsgesellschafter, der Gläubiger und der Arbeitnehmer.

1. Minderheitenschutz

a) Tatbestandsvoraussetzungen

Auf Grundlage des Art. 34 können nur für solche Gesellschafter Schutzvorschriften erlassen werden, welche die Gründung der Holding-SE ablehnen. Die Ablehnung muss sich aber nicht zwingend im Widerspruch zum Zustimmungsbeschluss i.S. des Art. 32 Abs. 6 äußern. Ansonsten würde man die Gesellschafter in den Widerspruch zum Zustimmungsbeschluss treiben, damit sie sich ihre Minderheitenrechte sichern. Dies würde die Realisierbarkeit der Holdinggründung faktisch erschweren. Dies entspricht nicht dem Sinn und Zweck des Art. 34.[201] Die nationalen Gesetzgeber müssen die Gewährung von Minderheitenrechte daher nicht unbedingt an die Voraussetzung der Ablehnung des Verschmelzungsplans knüpfen.[202] Zu fordern ist allerdings, dass der einzelne Aktionär in einer im Ausführungsgesetz näher zu bestimmenden Form (z.B. zur Niederschrift des Notars im Rahmen der Hauptversammlung) erklärt, dass er mit einzelnen Punkten der Transaktion, wie etwa dem Umtauschverhältnis, nicht einverstanden ist. Anderenfalls könnten sich die Gründungsgesellschaften nicht auf den drohenden Liquiditätsabfluss einstellen.

Art. 34 enthält nicht die in Art. 24 Abs. 2 vorgesehene Angemessenheitsklausel.[203] Dennoch ist auch hier zu verlangen, dass der Schutz der Minderheitsaktionäre nicht unverhältnismäßig ist im Vergleich zum unternehmerischen Interesse an der Durchführung der Transaktion.

b) Regelungsbedarf des deutschen Gesetzgebers

Grundsätzlich besteht keine Veranlassung, den Minderheitsaktionären bei der Holdinggründung besondere Schutzrechte einzuräumen. Denn es steht ihnen infolge ihres Einbringungswahlrechts frei, Aktionär der Gründungsgesellschaft zu bleiben.[204] Außerdem bedeutet die (systemwidrige) Zuständigkeit der Hauptversammlung an sich schon eine Verbesserung des Minderheitenschutzes, die nicht noch mit zusätzlichen Rechten flankiert werden muss.[205] Eine grundsätzliche Schutzwürdigkeit der Minderheitsaktionäre, die besondere Rechte rechtfertigen

---

[201] Siehe oben Teil 4 C.VI.2.b)aa), S. 230.

[202] So aber offensichtlich *Ihrig/Wagner*, BB 2003, 969, 973; *Handelsrechtsausschuss des DAV*, NZG 2004, 75, 79.

[203] Siehe oben Teil 4 C.VI.2.b)cc), S. 232.

[204] Siehe unten C.VIII.1, S. 355.

[205] *Kalss*, ZGR 2003, 593, 634.

könnte, ist damit nicht gegeben. Ein erwägenswertes Motiv, Minderheitenschutzrechte einzuführen, besteht allenfalls darin, die Gefahr von Anfechtungsklagen auszuschließen. Durch die Gewährung besonderer Schutzrechte lassen sich Bewertungsrügen in das Spruchverfahren verlagern. Rechtsmissbräuchlichen Anfechtungsklagen könnte der deutsche Gesetzgeber indessen auch durch ein an § 16 Abs. 3 UmwG angelehntes, aber praktikabler gestaltetes Freigabeverfahren begegnen.

c) Vorschlag für eine Regelung im deutschen Ausführungsgesetz

Sollte sich der deutsche Gesetzgeber zur Einführung von Schutzvorschriften zugunsten der Minderheitsgesellschafter entscheiden, stellt sich die Frage, wie diese auszugestalten sind. Dabei ist zu untersuchen, ob sich die Schutzinstrumentarien bei Verschmelzungen – Nachbesserungsanspruch sowie Austritts- und Abfindungsrecht – auf die Holding-SE übertragen lassen.

aa) Nachbesserungsanspruch

Für die Gesellschafter stellt der Gegenwert, den sie für ihre Anteile erhalten, den neuralgischen Punkt der Transaktion dar. Die Holding-SE unterscheidet sich insofern nicht von der Verschmelzung. Hier wie dort können Spannungen bei der Bemessung des Umtauschverhältnisses auftreten, die aus dem Gründungsverfahren ausgelagert werden sollten, um dessen Fortgang nicht aufzuhalten.[206] Die Höhe des Umtauschverhältnisses könnte daher in einem Spruchverfahren überprüft werden, das die Eintragung der SE nicht hindert. Die Gründungsgesellschaften müssten dann nicht befürchten, dass die Holdinggründung an einem möglicherweise zu niedrig bestimmten Umtauschverhältnis scheitert. Wegen der vergleichbaren Interessenlage mit der Verschmelzung sollte den Aktionären daher jedenfalls ein Anspruch auf Nachbesserung des Umtauschverhältnisses eingeräumt werden.[207]

Dieser Anspruch muss und sollte nicht vom Widerspruch der Aktionäre gegen den Zustimmungsbeschluss abhängig gemacht werden, weil sonst auch solche Aktionäre zum Widerspruch gedrängt würden, welche die Holdinggründung an sich befürworten.[208] Es wird allerdings vorgeschlagen, den Anspruch auf diejenigen Aktionäre zu beschränken, die ihre Anteile tatsächlich einbringen, die also die rechtsverbindliche Erklärung i.S. des Art. 33 Abs. 1 abgegeben haben. Denn nur sie hätten ein Interesse an einem angemessen Tauschverhältnis.[209] Eine sol-

---

[206] *Theißen*, S. 57.

[207] Ebenso *Ch. Teichmann*, ZGR 2002, 383, 437; *ders.*, ZIP 2002, 1109, 1113; *ders.*, in: Theisen/Wenz, S. 588; *ders.*, ZGR 2003, 367, 393 f.; *Kalss*, ZGR 2003, 593, 633; *Handelsrechtsausschuss des DAV*, NZG 2004, 75, 79. Dagegen zweifelnd *Ihrig/Wagner*, BB 2003, 969, 973.

[208] Siehe oben C.VII.1.a), S. 347.

[209] So *Brandt*, DStR 2003, 1208, 1213; *Handelsrechtsausschuss des DAV*, NZG 2004, 75, 79.

che gesetzliche Einschränkung ist aber nicht erforderlich, weil in diesem Fall ein Anspruch bereits mangels Aktivlegitimation ausscheidet. Einer gerichtlichen Nachprüfung des Umtauschverhältnisses würde überdies das fehlende Rechtsschutzbedürfnis entgegenstehen.

Ein Problem stellt allerdings das Fehlen einer dem Art. 25 Abs. 3 entsprechenden Vorschrift dar, welche die Durchführung eines Spruchverfahrens von der Anerkennung der anderen Gründungsgesellschaft abhängig macht. Man wird die Verordnung insoweit für lückenhaft halten müssen, weil die Interessenlage der Aktionäre einer ausländischen Gesellschaft der bei einer Verschmelzung gleicht.[210] Diese Lücke ist durch eine Analogie zu Art. 25 Abs. 3 zu schließen.[211] Allerdings entsteht dann auch bei der Holding-SE das Folgeproblem, wie man die Aktionäre einer ausländischen Gründungsgesellschaft zu einer Zustimmung bewegen kann.[212]

bb) Austritts- und Abfindungsrecht

Im Schrifttum gehen die Meinungen über das Pflichtangebot als Instrument der Konzerneingangskontrolle auseinander.[213]

Gegen ein Austritts- und Abfindungsrecht bei der Holding-SE spricht der Vergleich mit dem nationalen Recht. Das deutsche Recht sieht ein Pflichtangebot erst bei Abschluss eines Beherrschungsvertrags vor (§ 305 AktG), nicht jedoch schon bei Entstehung eines faktischen Konzerns. Ein generelles Austritts- und Abfindungsrecht bei der Holding-SE ginge daher deutlich über das geltende Recht hinaus.[214] Außerdem wird vorgebracht, dass es sich beim Austrittsrecht um ein kapitalmarktrechtliches Problem handle, dessen Lösung den übernahmerechtlichen Vorschriften vorbehalten sei. Der ökonomische Haupteinwand gegen das Pflichtangebot ist die Verteuerung und Erschwerung der Übernahme.

Für die Einführung eines Pflichtangebots wird indessen wiederum das Argument der Verringerung des Anfechtungsrisikos vorgebracht, das sich durch die Gewährung eines Austritts- und Abfindungsrechts reduzieren lässt.[215] Ferner wird

---

[210] Siehe oben C.VI.3, S. 345.

[211] Davon gehen auch die Verfasser des SEAG-RegE aus (vgl. Begründung zu § 11, S. 86). Ebenso *Ch. Teichmann*, ZGR 2002, 383, 437; *ders.*, in: Theisen/Wenz, S. 588; *Neun*, in: Theisen/Wenz, S. 143 f.; *Oplustil*, GLJ Vol. 4 No. 2 (1 February 2003), Nr. 25; *Kalss*, ZGR 2003, 593, 633.

[212] Dazu oben Teil 4 C.VI.2.d)cc)(4), S. 244.

[213] Vgl. zum Meinungsstand *Hopt*, in: FS für Buxbaum, 2000, S. 299, 307 ff.

[214] *Kalss*, ZGR 2003, 593, 634 f.; *Kübler*, ZHR 167 (2003), 627, 629; *Handelsrechtsausschuss des DAV*, NZG 2004, 75, 79 f. Dagegen mit beachtlichen Argumenten *Ch. Teichmann*, AG 2004, 67, 74-76.

[215] *Ch. Teichmann*, in: Theisen/Wenz, S. 588; *ders.*, ZGR 2003, 367, 394; *Oplustil*, GLJ Vol. 4 No. 2 (1 February 2003), Nr. 26. Ebenfalls für die Einführung eines Abfindungsanspruchs bei der Holding-SE *Ihrig/Wagner*, BB 2003, 969, 973. *Kloster*, EuZW 2003, 293, 296 geht dies noch nicht weit genug. Er tritt sogar für einen an §§ 304, 305 und 319 AktG

auf die vermeintliche Schwäche der §§ 311 ff. AktG verwiesen, die bei Begründung eines faktischen Konzerns nur einen unzureichenden Schutz vermittelten und daher der Ergänzung durch eine Konzerneingangskontrolle bedürften.[216] Bei der Gründung einer Holding-SE sei außerdem unklar, ob sie eine Übernahme i.S. der übernahmerechtlichen Vorschriften darstellt.[217] Daher stehe nicht fest, ob sich für die Gesellschafter ein Austritts- und Abfindungsrecht aus dem Kapitalmarktrecht herleiten lässt (z.B. § 35 WpÜG; Art. 5 Abs. 1 Dreizehnte RiL-V 2002).[218]

M.E. enspricht die Einführung eines Austritts- und Abfindungsrechts bei der Holding-SE keinem schutzwürdigen Bedürfnis der Anteilsinhaber, weil diese infolge ihres Einbringungswahlrechts in keine neue Rechtsform gezwungen werden. Bedenklich ist ebenso, den Aktionären als Reflex auf die gesetzgeberisch verfehlte Hauptversammlungszuständigkeit zusätzlich ein Austritts- und Abfindungsrecht zu gewähren, um sie von Anfechtungsklagen abzuhalten. Damit wird der bei der Holding-SE ohnehin übertriebene Gesellschafterschutz zu Lasten der Gesellschaften auf die Spitze getrieben.

d) Regelung im SEAG-RegE

Der SEAG-RegE sieht Regelungen zum Schutz der Minderheitsgesellschafter in den §§ 9 und 11 vor. Den Gesellschaftern steht ein Anspruch auf Verbesserung des Umtauschverhältnisses zu (§ 11 SEAG-RegE). Ihnen wird außerdem ein Austritts- und Abfindungsrecht eingeräumt (§ 9 SEAG-RegE).

aa) Anspruch auf Verbesserung des Umtauschverhältnisses (§ 11 SEAG-RegE)

§ 11 SEAG-RegE entspricht in seinem Regelungsgehalt § 6 SEAG-RegE. Klagen, die sich auf ein unangemessenes Umtauschverhältnis stützen, werden präkludiert (§ 11 Abs. 2 i.V.m. § 6 Abs. 1 SEAG-RegE). Die Gesellschafter können die Angemessenheit im Spruchverfahren gerichtlich nachprüfen lassen (§ 11 Abs. 2 i.V.m. § 6 Abs. 4 SEAG-RegE). Stellt sich dabei heraus, dass das Umtauschverhältnis unangemessen war, steht den Gesellschaftern ein Anspruch auf bare Zuzahlung gegenüber der SE zu (§ 11 Abs. 1 SEAG-RegE).

In § 11 Abs. 1 SEAG-RegE heißt es, dass „jeder Anteilsinhaber" Ausgleich verlangen kann. Damit steht fest, dass der Anspruch nicht von einem Widerspruch gegen den Zustimmungsbeschluss abhängt. Dies wird von der Ermächtigungsnorm des Art. 34 durchaus gedeckt.[219] In der Begründung heißt es, dass der An-

---

orientierten Minderheitenschutz ein, weil die Holding-SE eher mit einer Konzernierung als mit einer Verschmelzung zu vergleichen sei.

[216] *Ch. Teichmann*, AG 2004, 67, 72 f. m.w.N.

[217] Bei nicht börsennotierten Gründungsgesellschaften (z.B. GmbH) ist dies zugegebenermaßen nicht der Fall.

[218] Siehe unten C.VIII.5, S. 365.

[219] Siehe oben C.VII.1.a), S. 347; a.A. *Ihrig/Wagner*, BB 2003, 969, 973; *Handelsrechtsaus-*

spruch auch den Aktionären zusteht, die ihre Anteile nicht eintauschen und in der Gründungsgesellschaft verbleiben, damit Anfechtungsklagen von Anteilsinhabern verhindert werden, die mit der Gründung der Holding-SE im Grundsatz einverstanden sind und lediglich das Umtauschverhältnis angreifen wollen.[220] Dies ist so nicht richtig, weil zwischen der Entscheidung über die Zustimmung und der Einbringungsentscheidung zu unterscheiden ist.[221] Wer seine Anteile nicht in die SE einbringt, kann auch keinen Anspruch auf Nachbesserung des Umtauschverhältnisses haben.

Die Überprüfung des Umtauschverhältnisses in einem Spruchverfahren hängt jedoch bei der Holding-SE – ebenso wie bei der Verschmelzung – von der Zustimmung der Aktionäre der ausländischen Gründungsgesellschaft ab, sofern deren Heimatrechtsordnung kein solches Verfahren vorsieht.[222] Davon gehen auch die Verfasser des Regierungsentwurfs aus. So heißt es in der Begründung zu § 11 SEAG-RegE, dass die Bezugnahme des § 6 SEAG-RegE auf Art. 25 Abs. 3 hier analog zu verstehen sei. Denn auch bei der Holding-SE erscheine es angemessen, die Möglichkeit der Einleitung eines Spruchverfahrens von der Zustimmung der Gesellschafter der ausländischen Gründungsgesellschafter abhängig zu machen.[223] Dies bedeutet umgekehrt, dass der Klageausschluss gemäß § 11 Abs. 2 i.V.m. § 6 Abs. 1 SEAG-RegE nicht gilt, wenn die Aktionäre der ausländischen Gesellschaft von ihrem Vetorecht gemäß Art. 25 Abs. 3 analog Gebrauch machen.

bb) Austritts- und Abfindungsrecht (§ 9 SEAG-RegE)

Die die Gründung anstrebende Aktiengesellschaft hat im Gründungsplan jedem Anteilsinhaber, der gegen den Zustimmungsbeschluss dieser Gesellschaft Widerspruch zur Niederschrift erklärt, den Erwerb seiner Anteile gegen eine angemessene Barabfindung anzubieten (§ 9 Abs. 1 S. 1 SEAG-RegE).[224] Nach der Begründung zur Vorgängervorschrift des § 10 SEAG-DiskE soll das Abfindungsangebot vor allem dazu dienen, Anfechtungsklagen zu vermeiden und den Streit über die Höhe der Barabfindung in das Spruchverfahren zu verweisen.[225]

Im Gegensatz zum Diskussionsentwurf gewährt § 9 Abs. S. 1 SEAG-RegE nur in zwei Fallkonstellationen ein Austritts- und Abfindungsrecht. Danach muss die

---

schuss des DAV, NZG 2004, 75, 79.

220 SEAG-RegE, Begründung zu § 11, S. 86.

221 Siehe unten C.VIII.1.b)aa), S. 357.

222 Siehe

223 SEAG-RegE, Begründung zu § 11, S. 86.

224 Anders als in § 7 Abs. 1 SEAG-RegE wird nur vom Gründungsplan, nicht aber von dessen Entwurf gesprochen. Fraglich ist, ob damit zum Ausdruck gebracht werden soll, dass der Gründungsplan nicht formbedürftig ist. Es handelt sich aber wohl nur um ein redaktionelles Versehen; siehe oben C.III.4, S. 326.

225 SEAG-DiskE, Begründung zu § 10, S. 32. Siehe auch *Neye/Ch. Teichmann*, AG 2003, 169, 173.

Holding-SE entweder ihren Sitz im Ausland haben (Alt. 1) oder ihrerseits abhängig i.S. des § 17 AktG sein (Alt. 2). Diese Alternativen haben ihr gesetzliches Vorbild ganz offensichtlich in der vergleichbaren Regelung des § 305 Abs. 2 AktG.[226] Hinsichtlich des Zwecks der ersten Alternative verweist die Begründung des Regierungsentwurfs auf die Ausführungen zur sitzverlegenden Verschmelzung nach § 7 Abs. 1 SEAG-RegE.[227] Dies kann nicht restlos überzeugen. Denn es bleibt der wesentliche Unterschied, dass bei der Holding-SE kein Aktionär gezwungen wird, seinen Anteil in die SE einzubringen. Der Wechsel der Rechtsform ist für ihn nicht verpflichtend. Die Ermöglichung des Austritts bei einer abhängigen Holding-SE (Alt. 2) wird damit begründet, dass in diesem Fall allein der Umtausch der Anteile an der Gründungsgesellschaft gegen die Anteile an der Holding-SE keinen ausreichenden Minderheitenschutz darstelle.[228] Warum dies so sein soll, wird nicht erläutert. Zwar ist denkbar, dass die herrschende Konzernmutter ihren Einfluss in einer Weise geltend macht, die den Wert der Aktien beeinträchtigt.[229] Diese Gefahr besteht indes nicht nur bei der SE-Holdinggründung, sondern ist allen Formen von Gruppenbildungen eigentümlich. Bezeichnenderweise kennt das deutsche Recht bei rein faktischen Konzernierungsvorgängen kein solches Austrittsrecht der Aktionäre der beherrschten Gesellschaft. Das SEAG geht damit über das Schutzniveau des deutschen Aktienrechts hinaus, ohne dass eine unterschiedliche Schutzwürdigkeit gegeben wäre.

Der SEAG-RegE schränkt das Austritts- und Abfindungsrecht auf die Gesellschafter einer Gründungsgesellschaft in Form einer AG ein. GmbH-Gesellschafter bleiben ausgeschlossen. Die Ungleichbehandlung wird damit gerechtfertigt, dass sich GmbH-Gesellschafter durch eine entsprechende Ausgestaltung des Gesellschaftsvertrags – insbesondere durch Vinkulierung der Anteile – gegen eine unerwünschte Konzernierung schützen könnten.[230] Dies dürfte aber nur auf die Fälle zutreffen, in denen die Einbindung der GmbH in einen Konzern bereits bei Abfassung des Gesellschaftsvertrags bedacht wurde. Ist es hingegen so, dass der oder die Mehrheitsgesellschafter eine solche Konzernierung aufgrund eines später gefassten Beschlusses betreiben, trägt die offizielle Begründung nicht.[231]

Die Verpflichtung zum Erwerb der Aktien der widersprechenden Minderheitsaktionäre trifft im Unterschied zu § 7 SEAG-RegE nicht die neu entstandene SE, sondern die Gründungsgesellschaft. Dies ist möglich, weil die Gründungsgesell-

---

[226] Vgl. *Ch. Teichmann*, AG 2004, 67, 73 f.
[227] SEAG-RegE, Begründung zu § 9, S. 85.
[228] SEAG-RegE, Begründung zu § 9, S. 85.
[229] So *Waclawik*, DB 2004, 1191, 1193.
[230] SEAG-RegE, Begründung zu § 9, S. 85. Dazu auch *Ch. Teichmann*, AG 2004, 67, 76.
[231] *Waclawik*, DB 2004, 1191, 1193 f., der deshalb eine Einbeziehung der GmbH in den § 9 SEAG fordert.

schaft bestehen bleibt (Art. 32 Abs. 1 Unterabs. 2).[232] Dadurch kommt es bei der Gründungsgesellschaft zum Erwerb eigener Aktien. Die Vorschriften über den Erwerb eigener Aktien gelten entsprechend (§ 9 Abs. 1 S. 2 SEAG-RegE i.V.m. §§ 71 ff. AktG).

Anspruchsberechtigt sind nur die Anteilsinhaber, die dem Zustimmungsbeschluss widersprochen haben. Problematisch daran ist, dass der erfolgte Widerspruch die Anteilsinhaber nicht daran hindert, trotzdem ihre Anteile in die SE einzubringen.[233] In diesem Fall erwerben die Gründungsgesellschaften nach dem Austritt Aktien der SE (§ 9 Abs. 1 S. 2 SEAG-RegE i.V.m. § 71d S. 2 AktG).

cc) Stellungnahme

Die Verfasser des Regierungsentwurfs versuchen der verfehlten Entscheidung des Verordnungsgebers, den Hauptversammlungen die Entscheidungskompetenz über die Holdinggründung zuzuweisen, die Schärfe zu nehmen, indem sie den Aktionären bei der Gründung einer Holding-SE die gleichen Minderheitenrechte wie bei einer Verschmelzung einräumen. Ziel ist es, das aus der Hauptversammlungskompetenz resultierende Anfechtungsrisiko zu mindern, indem man die Aktionäre auf das Spruchverfahren verweist. Bedenklich ist allerdings, dass damit eine dem deutschen Recht unbekannte Form des Konzerneingangsschutz eingeführt wird, die zudem eine erhebliche Kostensteigerung zur Folge hat. Zugleich wird der im Bereich der Holdinggründung ohnehin nur bedingt notwendige Gesellschafterschutz noch weiter ausgedehnt. Während die Einführung eines Nachbesserungsanspruchs angesichts der vergleichbaren Interessenlage mit der Verschmelzung gerechtfertigt erscheint, stellt der in § 9 SEAG-RegE vorgesehene Abfindungsanspruch – selbst in seiner im Vergleich zu § 10 SEAG-DiskE eingeschränkten Form – eine systemwidrige und unnötige Form des Gesellschafterschutzes dar, auf die verzichtet werden sollte.[234]

Letztlich ist aber wie bei der Verschmelzung damit zu rechnen, dass die Minderheitenrechte durch ein ablehnendes Votum der ausländischen Gründungsgesellschaft gemäß Art. 25 Abs. 3 analog gesperrt werden und damit nur auf dem Papier bestehen.[235] Der SEAG-RegE erkennt dieses Problem,[236] löst es jedoch nicht. Hier besteht dringender Nachbesserungsbedarf.[237] Dem deutschen Gesetzgeber sei daher angeraten, im SEAG ein an § 16 Abs. 3 UmwG angelehntes Freigabeverfahren vorzusehen. Im Gegensatz zum Regelungsvorbild im UmwG sollten hierbei Beweiserleichterungen zugunsten der Gesellschaft vorgesehen werden, wie sie bereits der *Handelsrechtsausschuss des DAV* vorgeschlagen

---

232 SEAG-RegE, Begründung zu § 9, S. 85.

233 Siehe unten C.VIII.1.b)aa), S. 357.

234 Ebenso der *Handelsrechtsausschuss des DAV*, NZG 2004, 75, 79 f.

235 Siehe oben C.VI.3, S. 345.

236 SEAG-RegE, Begründung zu § 11, S. 86.

237 Siehe oben Teil 4 C.VI.2.d)cc)(4), S. 244.

hat.[238] Dann könnten zumindest offensichtlich unzulässige und unbegründete Anfechtungsklagen die Holding-Gründung nicht blockieren.

2. Gläubigerschutz

Es besteht keine Veranlassung, spezielle Schutzvorschriften für die Gläubiger der Gründungsgesellschaften zu erlassen. Die Gründungsgesellschaften bestehen als Tochtergesellschaften der Holding-SE fort und stehen als Schuldner weiterhin zur Verfügung. Insofern liegt der Fall anders als bei der Verschmelzung, sodass auf gleichwertige Garantien verzichtet werden kann.[239] Die einzige Gefahr, die sich für die Gläubiger aus der Gründung der Holding-SE ergeben könnte, besteht darin, dass die Holding-SE nach Aufnahme ihrer Geschäftstätigkeit nachteiligen Einfluss auf die Gründungsgesellschaften ausübt. Dies ist aber ein Problem des nationalen Konzernrechts[240] und nicht Regelungsgegenstand der SE-VO[241]. Der SEAG-RegE sieht daher zu Recht keinen besonderen Gläubigerschutz vor.

Was den Tatbestand des Art. 34 betrifft, fällt auf, dass dieser nur von den Gläubigern spricht. Keine Erwähnung finden dagegen die Anleihegläubiger und Sonderrechtsinhaber, die in Art. 24 Abs. 1 Buchst. b und c ausdrücklich berücksichtigt werden. Daraus kann geschlossen werden, dass Art. 34 keine Ermächtigung zum Erlass von Schutzvorschriften für diese Personengruppen enthält.

3. Arbeitnehmerschutz

Die frühen Verordnungsvorschläge verlangten zwingend die Konsultation der Arbeitnehmer und sogar die Durchführung eines Schiedsverfahrens, wenn die Arbeitnehmer der Ansicht waren, dass ihre Interessen durch die Errichtung der Holdinggesellschaft nachteilig berührt werden.[242] Begründet wurden diese weitgehenden Beteiligungsrechte mit dem unmittelbaren Interesse der Arbeitnehmer, über die Auswirkungen der Errichtung der Holdinggesellschaft und ggf. – etwa

---

238 Vgl. *Handelsrechtsausschuss des DAV*, NZG 2000, 802, 803.

239 So schon *Sanders*, Vorentwurf, S. 37. Siehe auch SE-VOV 1975, Begründung zu Art. 30 bis 34, S. 201: „Eine andere Interessenlage als bei der Verschmelzung besteht jedoch für die Gläubiger der Gründungsgesellschaften. Die Gründungsgesellschaften bleiben nach Errichtung der Holdinggesellschaft weiter bestehen, sodass sich aus der Gründung der S.E. keine unmittelbaren rechtlichen Folgen ergeben, die besonders geregelt werden müssten. Bei Errichtung einer reinen Finanzholding bleiben die Gründungsgesellschaften wirtschaftlich sogar weitgehend autonom."

240 Zu Recht *Ch. Teichmann*, in: Theisen/Wenz, S. 588. Zust. *Oplustil*, GLJ Vol. 4 No. 2 (1 February 2003), Nr. 28. A.A. *Theißen*, S. 88 f.

241 Erwägungsgründe 15 bis 17. Anders noch der SE-VOV 1975, der die Haftung der Holding-SE in Art. 239 regelte.

242 Art. 31c SE-VOV 1975. Im Art. 33 SE-VOV 1989 war nur noch ein Informationsanspruch vorgesehen.

bei beabsichtigten Rationalisierungsvorhaben – über die für sie vorgesehenen Maßnahmen informiert zu werden.[243]

In der Wissenschaft stieß diese Form der Arbeitnehmerbeteiligung auf Ablehnung. Man hielt sie für überzogen, weil die Gründungsgesellschaften nach Errichtung der Holding-SE bestehen bleiben und nicht durch die SE ersetzt werden. Unmittelbare Konsequenzen für die Arbeitnehmer, die einen besonderen Schutz erforderlich machten, seien daher nicht zu befürchten.[244]

Daran hat sich nichts geändert. Die Gründung der Holding-SE berührt die Arbeitnehmerinteressen allenfalls mittelbar. Es besteht daher kein Bedarf an zusätzlichen Schutzmaßnahmen des nationalen Gesetzgebers.[245] Das Informationsinteresse der Arbeitnehmer wird durch die Berichtspflicht nach Art. 32 Abs. 2 S. 2 befriedigt, der die Leitungs- und Verwaltungsorgane der Gründungsgesellschaften verpflichtet, auch die Auswirkungen für die Arbeitnehmer darzulegen. Die Arbeitnehmervertreter können diesen Bericht beim Handelsregister einsehen.[246] Ein weitergehender Schutz – beispielsweise in Form einer Pflicht zur Zuleitung des Gründungsplans an den Betriebsrat[247] – ist daher nicht erforderlich. Der SEAG-RegE enthält daher zu Recht keine besonderen Arbeitnehmerschutzbestimmungen..

VIII. Einbringung der Anteile

Das Besondere an der Holding-SE als Strukturmaßnahme ist das Verfahren der Anteilseinbringung. Die Gesellschafter der Gründungsgesellschaften bringen ihre Anteile als offene Sacheinlage in die Holding-SE ein und erhalten im Gegenzug SE-Aktien (Art. 33 Abs. 4). Die Einbringung der Anteile ist Voraussetzung für die Gründung der SE (Art. 33 Abs. 2). Es handelt sich demnach um eine Sachgründung. Das Grundkapital der Holding-SE wird nicht von den Gründungsgesellschaften, sondern von den Gesellschaftern erbracht.

1. Wahlrecht der Anteilsinhaber

Eines der zentralen Probleme der Entstehung der SE-VO war die Frage, ob man den Gesellschaftern der beteiligten Unternehmen den Umtausch ihrer Anteile zwingend vorschreibt oder ob man die Entscheidung über die Anteilseinbringung in der Privatautonomie der Gesellschafter belässt.[248]

---

243 SE-VOV 1975, Begründung zu Art. 30 bis 34, S. 201.

244 *Barz/Lutter*, in: Lutter, Europäische Aktiengesellschaft, S. 33 f.

245 Ebenso *Ch. Teichmann*, in: Theisen/Wenz, S. 588 f. Zust. *Oplustil*, GLJ Vol. 4 No. 2 (1 February 2003), Nr. 28.

246 Siehe oben C.III.3.b)bb)(2), S. 323.

247 Siehe oben C.IV.2, S. 328.

248 Vgl. *Ficker*, NJW 1970, 1569, 1570.

a) Der Weg vom Zwangsumtausch zum Einbringungswahlrecht

Die SE-VOV 1970, 1975 und 1989 sahen einen gesetzlichen Zwangsübergang aller Anteile an den Gründungsgesellschaften auf die SE vor.[249] Im Gegenzug sollten die Anteilsinhaber der Gründungsgesellschaften Aktien der Holding-SE erhalten. Die Errichtung einer Holding-SE wurde mithin als eine Art Verschmelzung durch Anteilstausch behandelt, bei der alle Aktien der Gründungsgesellschaften gegen Gewährung von Aktien der Holding-SE auf diese SE übergehen müssen.[250] Für die Aktionäre bedeutete dies, dass sie ihre gesamten Aktien abtreten mussten.[251] Die Kommission vertrat die Auffassung, dass der wirtschaftliche Sinn der Gründung einer Holdinggesellschaft darin liegt, die Anteilsinhaber der Gründungsgesellschaften nicht mehr an deren jeweiligen Einzelergebnissen, sondern an den Ergebnissen der Holdinggesellschaft teilhaben zu lassen. Ein Zwangsumtausch führe hier zu „klaren Verhältnissen".[252] Für einen gesetzlich vorgeschriebenen Zwangsumtausch wurde auch vorgebracht, dass die Vergemeinschaftung der Leitungsmacht wirtschaftlich nur dann sinnvoll sei, wenn auf die Rechte von Minderheitsaktionären keine Rücksicht mehr genommen werden müsse. Ein auf einem öffentlichen Angebot basierendes Umtauschverfahren berge überdies die Gefahr in sich, dass es zu Kurstreibereien komme und der Zusammenschluss damit erheblich verteuert werde. Die Rechtsstellung der Anteilsinhaber werde auch nicht wirtschaftlich beeinträchtigt, wenn die Rechte und Pflichten der Eigentümer aller beteiligten Unternehmen dadurch zusammengefasst werden, dass sie Eigentümer der Holdinggesellschaft werden.[253] Das Verbleiben einer größeren Zahl von Kleinaktionären in der nunmehrigen Tochtergesellschaft führt überdies zu mannigfaltigen Problemen in der Konzernleitung. Für den Schutz der außenstehenden Aktionäre in einer deutschen Untergesellschaft kommt deren Gesellschaftsstatut zur Anwendung.[254] Fehlt es an einem Beherrschungsvertrag, so gelten die Vorschriften über den faktischen Kon-

---

[249] Art. 29 Abs. 1 SE-VOV 1970 und 1975; Art. 31 Abs. 1 SE-VOV 1989.

[250] Das an die Verschmelzung angelehnte Verfahren zur Gründung einer Holding-SE fand in der Literatur auch Zustimmung. So *Barz/Lutter*, in: Lutter: Europäische Aktiengesellschaft, S. 17, 33: „Der Übergang sämtlicher Aktien macht gerade das Wesen der Holding-Verschmelzung aus, bei der die Verschmelzungswirkung nicht das Vermögen der Gründungsgesellschaften wie bei der Verschmelzungsgründung erfasst, sondern deren Aktienbeteiligung. Eine Verschmelzung kann aber immer nur umfassend sein." Siehe auch *Kallmeyer*, AG 1990, 527, 529, der in seinen eigenen Formulierungsvorschlag für das Gründungsrecht der Holding-SE sogar eine Verweisung auf das jeweilige nationale Recht über die Verschmelzung aufgenommen hat.

[251] Vgl. SE-VOV 1991, Begründung, S. 5.

[252] SE-VOV 1975, Begründung zu Art. 29, S. 201; SE-VOV 1989, Begründung zu Art. 31, S. 7.

[253] *Ficker*, NJW 1970, 1569, 1570 f.

[254] Vgl. Erwägungsgrund 15. Zum deutschen internationalen Konzernkollisionsrecht siehe *Kindler*, in: MüKo zum BGB, IntGesR Rn. 549 ff.

zern (§§ 311 ff. AktG). Insbesondere konzerninterne Umstrukturierungen werden dadurch erschwert. Im Übrigen verbleiben den Minderheitsaktionären ihre Auskunfts- und Anfechtungsrechte, was zur Verzögerung bei der Umsetzung der Hauptversammlungsbeschlüsse in der Untergesellschaft führen kann. Schließlich ist die Durchführung eines öffentlichen Umtauschverfahrens bei Publikumsgesellschaften ein nicht zu unterschätzender Kostenfaktor.[255]

Es gab aber auch Stimmen, die am Konzept des Zwangsumtauschs Kritik übten[256] und seine Abschaffung begrüßten[257]. Im SE-RatsE 1990 wurde den Anteilsinhabern erstmals ein Wahlrecht eingeräumt. Danach konnten sie entweder ihre Anteile an der Gründungsgesellschaft behalten oder gegen Barabfindung aus dieser ausscheiden.[258] Allerdings stand das Wahlrecht nur den Aktionären zur Verfügung, die gegen die Holdinggründung gestimmt haben. Hiergegen wurde zu Recht eingewandt, dass das Wahlrecht auch den Aktionären eingeräumt werden müsste, die sich für die Gründung ausgesprochen haben. Denn anderenfalls würde man den Aktionär, der nur ein Wahlrecht erhalten oder beibehalten will, dazu zwingen, der Gründung zu widersprechen.[259] Im SE-VOV 1991 wurde das Konzept des Zwangsumtauschs endgültig aufgegeben.[260] Die Kommission begründete ihr Umdenken mit dem Schutzbedürfnis der Minderheitsaktionäre, die sich nicht an der Operation beteiligen wollen. Deren zwangsweise Beteiligung widerspräche der Rechtstradition zahlreicher Mitgliedstaaten, die den Aktionären bei der Errichtung einer Holding gemäß dem Prinzip der Vertragsfreiheit die Entscheidung überlassen, ob sie ihre Anteile in die Holdinggesellschaft einbringen.[261]

b) Rechtslage nach der SE-VO

Die Anteilsinhaber haben die Wahl, ob sie ihre Anteile einbringen und damit Aktionär der SE werden oder ob sie in der Gründungsgesellschaft bleiben (Art. 33 Abs. 1).

aa) Wahlrecht und Abstimmungsverhalten

Fraglich ist, ob sich das Abstimmungsverhalten des einzelnen Anteilsinhabers in der Hauptversammlung auf sein Einbringungswahlrecht auswirkt. So könnte man der Ansicht sein, dass Anteilsinhaber, die dem Gründungsplan zugestimmt haben, auch zur Einbringung ihrer Anteile verpflichtet sind.[262] Dieses Ergebnis

---

[255] Vgl. *Hoffmann*, NZG 1999, 1077, 1081 f.

[256] SE-VOV 1989, Stellungnahme WSA, S. 38; *Walther*, AG 1972, 99, 101; *Gemeinsamer Arbeitsausschuss 1989*, S. 3 f.

[257] *Trojan-Limmer*, RIW 1991, 1010, 1014.

[258] Art. 31 Abs. 2 Unterabs. 2 SE-RatsE 1990.

[259] *Hommelhoff*, AG 1990, 422, 424.

[260] Art. 31a SE-VOV 1991.

[261] SE-VOV 1991, Begründung, S. 5.

[262] Vgl. Art. 31 Abs. 2 Unterabs. 2 SE-RatsE 1990, der nur widersprechenden Aktionären ein

könnte sich aus dem Gedanken der gesellschaftsrechtlichen Treuepflicht herleiten lassen. Die Nichteinbringung trotz Zustimmung könnte auch als widersprüchliches Verhalten gewertet werden („venire contra factum proprium"). Eine solche Verknüpfung der Abstimmungs- mit der Einbringungsentscheidung findet jedoch keine Stütze in der SE-VO. Art. 33 Abs. 1 unterscheidet nicht zwischen zustimmenden und ablehnenden Gesellschaftern. Außerdem ist zwischen den Vorgängen Zustimmung und Einbringung rechtlich scharf zu trennen. Während durch die Stimmabgabe in der Hauptversammlung der Wille der Gründungsgesellschaft gebildet wird, stellt die Einbringung eine autonome Entscheidung jedes einzelnen Gesellschafters dar. Das Wahlrecht besteht daher unabhängig von der Entscheidung des einzelnen Anteilsinhabers in der Beschlussfassung über die Holdinggründung.[263] Der Anteilsinhaber muss der Holdinggründung nicht widersprochen haben, um die Einbringung seiner Anteile verweigern zu dürfen. Umgekehrt kann ein Anteilsinhaber, der der Holdinggründung widersprochen hat, gleichwohl seine Anteile in die SE einbringen.

bb) Teilweise Einbringung

Die Gesellschafter können nur zwischen der Einbringung ihrer Anteile und dem Verbleib in der Gründungsgesellschaft wählen. Es spricht jedoch nichts dagegen, dass die Anteilsinhaber nur einen Teil ihrer Anteile an der Gründungsgesellschaft einbringen und damit deren Gesellschafter bleiben und zugleich Aktionär der SE werden. Weitere Optionen hält die Verordnung nicht bereit, sie ergeben sich aber möglicherweise über Art. 34 aus mitgliedstaatlichem Recht (z.B. Austritts- und Abfindungsrecht).[264] Ob den in den Gründungsgesellschaften verbleibenden Minderheitsaktionären ein Zwangsausschlussverfahren droht (sog. Squeeze-Out), hängt nicht spezifisch mit der SE-Gründung zusammen und ist daher eine Frage des jeweiligen Gesellschaftsstatuts. Die jeweiligen nationalen Vorschriften (z.B. §§ 327a ff. AktG) finden Anwendung, ohne dass es auf einen entsprechenden Rechtsanwendungsbefehl in der Verordnung ankommt.

2. Einbringungsfähige Gegenstände

In Art. 32 Abs. 2 S. 3 ist von den Aktien oder sonstigen Anteilen die Rede, die einzubringen sind.[265] In Art. 33 Abs. 1, Abs. 2 und Abs. 3 Unterabs. 2 wird von Gesellschaftsanteilen gesprochen. In Art. 33 Abs. 4 heißt es schließlich Wertpapiere.[266] Aus dem Begriff Wertpapier könnte geschlossen werden, dass auch Wandel- und Gewinnschuldverschreibungen sowie Genussrechte in die SE ein-

---

Wahlrecht einräumte.

263 *Theißen*, S. 73 ff. Ebenso *C.P. Schindler*, S.35.

264 Dazu oben C.VII.1.d)bb), S. 351.

265 Siehe auch Art. 32 Abs. 5

266 Die französische Fassung spricht von „titres", die englische von „securities", was sich beides als Wertpapiere übersetzen lässt.

gebracht werden können. Davon ist aber nicht auszugehen. Dem steht entgegen, dass die Gegenleistung in Aktien der SE besteht. Sonderrechtsinhaber könnten ansonsten ihren primär schuldrechtlichen Anspruch unmittelbar gegen ein Mitgliedschaftsrecht eintauschen. Die Verwendung des Begriffs Wertpapier in Art. 33 Abs. 4 dient nur als Oberbegriff für die in den vorhergehenden Vorschriften genannten Gesellschaftsanteile.

Demnach können entsprechend der auf AG und GmbH beschränkten Gründerfähigkeit nur Aktien und GmbH-Anteile in die SE eingebracht werden.[267] Fraglich ist, ob auch stimmrechtslose Aktien eingebracht werden können. Dies könnte zweifelhaft sein, weil der einzubringende Mindestprozentsatz in Art. 32 Abs. 1 S. 4 mit mehr als 50 % der durch Aktien „verliehenen ständigen Stimmrechte" quantifiziert wird. Damit ist jedoch kein Einbringungsverbot für stimmrechtslose Vorzugsaktien verbunden. Es wird lediglich klar gestellt, dass diese keine Rolle spielen, wenn festzustellen ist, ob die erforderliche Einbringungsquote erreicht wird.

3. Einbringungsquote

Art. 32 Abs. 2 S. 4 beziffert den Mindestprozentsatz der einzubringenden Anteile mit „mehr als 50 % der durch Aktien verliehenen ständigen Stimmrechte".[268] Es wurde bereits dargetan, dass es sich hierbei um eine Stimmrechtsquote („Stimmrechte") handelt. Stimmrechtslose Vorzugsaktien (§§ 139 ff. AktG) werden also nicht mitgezählt.[269]

4. Einbringungsverfahren

Das Einbringungsverfahren verläuft in zwei Etappen. Die Gesellschafter haben drei Monate Zeit, um den Gründungsgesellschaften mitzuteilen, ob sie ihre Anteile in die SE einbringen wollen (Art. 33 Abs. 1). Wird der erforderliche Mindestprozentsatz innerhalb dieser Frist erreicht, steht den übrigen Gesellschaftern ein weiterer Monat zur Verfügung, um ihre Anteile einzubringen (Art. 33 Abs. 3 Unterabs. 2). Die SE entsteht frühestens, wenn die erforderliche Anteilsquote eingebracht worden ist (Art. 33 Abs. 5).

a) Einbringungsvorgang

Zunächst ist zu untersuchen, wie der eigentliche Einbringungsvorgang verläuft. Nach Art. 33 Abs. 1 müssen die Gesellschafter innerhalb der Dreimonatsfrist den Gründungsgesellschaften mitteilen, ob sie beabsichtigen, ihre Anteile einzubringen. In Art. 33 Abs. 2 heißt es, dass die SE nur dann gegründet ist, wenn die Gesellschafter ihre Anteile fristgemäß „eingebracht haben". Art. 33 Abs. 3 Unterabs. 2 spricht schließlich davon, dass die Gesellschafter ihre Anteile den

---

[267] So auch *Sanna*, ELR 2002, 2, 5 f.

[268] Für GmbH ist der Begriff Aktien durch Geschäftsanteile zu ersetzen (Art. 32 Abs. 7).

[269] Siehe oben C.III.3.a)dd), S. 319.

Gründungsgesellschaften im Hinblick auf die SE-Gründung zur Verfügung stellen. Alle drei Vorschriften beschäftigen sich mit der Einbringung und enthalten dennoch unterschiedliche Aussagen. Art. 33 Abs. 1 verlangt nur eine Mitteilung, Art. 33 Abs. 2 die tatsächliche Einbringung und Art. 33 Abs. 3 Unterabs. 2 die Zurverfügungstellung der Anteile.

aa) Rechtsnatur der Einbringung

Ausgangspunkt der Überlegungen ist die Frage, welchem Zweck die Einbringung der Anteile an den Gründungsgesellschaften dient. Es ist anzunehmen, dass durch die Einbringung das Grundkapital der Holding-SE aufgebracht wird. Die SE-VO äußert sich zwar nicht ausdrücklich zur Kapitalaufbringung und überlässt deren Behandlung grundsätzlich dem mitgliedstaatlichen Recht (Art. 15 Abs. 1). Diese Zielsetzung lässt sich jedoch durch Auslegung ermitteln. In der Verordnung ist bestimmt, dass die Holding-SE erst dann wirksam gegründet ist, wenn Anteile in ausreichender Zahl eingebracht worden sind (Art. 33 Abs. 2). Das spricht dafür, dass die Einbringung der Anteile dazu dient, der SE eine ausreichende Kapitaldecke zu verschaffen. Da die SE ab dem Zeitpunkt der Satzungsfeststellung als Vorgesellschaft existiert, können ihr die Anteile an den Gründungsgesellschaften vor der Eintragung übertragen werden.[270]

Die einzubringenden Anteile der Gründungsgesellschaften stellen demnach Sacheinlagen dar, durch die das Grundkapital der Holding-SE aufgebracht wird. Sie müssen folglich in der Form an die Holding-SE übertragen werden, wie es das Sitzstaatrecht der künftigen SE für die Kapitalaufbringung bei einer AG vorschreibt (vgl. §§ 36 Abs. 1, 36a Abs. 2 AktG). Hierfür reicht es grundsätzlich aus, wenn die Anteile innerhalb von fünf Jahren nach der Eintragung dinglich auf die SE übertragen werden (vgl. Art. 9 Abs. 2 Zweite RiL und § 36a Abs. 2 S. 2 AktG).[271] Dementsprechend genügt es für die Einbringung i.S. des Art. 33 Abs. 2, wenn sich die Gesellschafter innerhalb der Dreimonatsfrist zur Einbringung ihrer Anteile in die SE verpflichten.

Die Aufbringung des Grundkapitals ist jedoch nicht der alleinige Zweck der Einbringung gemäß Art. 33. Durch die Einbringung soll vor allem sichergestellt werden, dass die Holding-SE die Geschäftsführung der Tochtergesellschaften, deren Anteile ihr übertragen wurden, kontrolliert.[272] Um eine Holdinggesellschaft im eigentlichen Sinn handelt es sich nur, wenn an diese die Mitgliedschaft in der AG übertragen wird. Die Holding-SE muss also von Anfang an über die Mehrheit der Stimmrechte in den Gründungsgesellschaften verfügen, um ihre

---

[270] Weil sich die Kapitalaufbringung gemäß Art. 15 Abs. 1 nach dem Recht des künftigen SE-Sitzstaats richtet, gilt dies jedenfalls in den Mitgliedstaaten, in denen das Kapital vor der Eintragung zumindest teilweise aufgebracht werden muss (z.B. Deutschland); vgl. *Kersting*, DB 2001, 2079, 2081 f.

[271] *Hüffer*, AktG, § 36a Rn. 4 m.w.N.

[272] SE-VOV 1991, Begründung zu Art. 31 und 32, S. 5.

Kontrollfunktion ausüben zu können. Damit lässt es sich nicht vereinbaren, dass die Anteilsinhaber bis zu fünf Jahre Zeit haben, um ihre Anteile dinglich zu übertragen. Ungeachtet der Vorgaben des nationalen Rechts über die Kapitalaufbringung ist daher bei der Holding-SE zu verlangen, dass die einbringenden Gesellschafter ihre Anteile bereits vor der Eintragung dinglich an die Holding-SE übertragen.[273] Der dingliche Vollzug muss nicht innerhalb der Einbringungsfrist, aber vor der Anmeldung zur Eintragung eingetreten sein.

bb) Rechtsnatur der Mitteilung i.S. des Art. 33 Abs. 1 oder Art. 33 Abs. 3 Unterabs. 2

Damit ist noch nicht die Rechtsnatur der Mitteilungen i.S. des Art. 33 Abs. 1 und Art. 33 Abs. 3 Unterabs. 2 geklärt. Die Vorschriften verlangen nicht die tatsächliche Einbringung der Anteile, sondern lediglich eine Erklärung über die Einbringung.[274] Klar ist, dass es sich um eine rechtsverbindliche Erklärung über die Einbringung der Anteile handeln muss, weil nur eine solche tragfähige Grundlage für die Rechtsfolge des Art. 33 Abs. 2 sein kann.[275] Denkbar ist, dass es sich um ein Angebot auf Abschluss eines Einbringungsvertrags handelt.[276] Problematisch daran ist, dass ein solches Angebot theoretisch abgelehnt werden könnte. Es ist deshalb davon auszugehen, dass in der Mitteilung bereits die Annahme eines entsprechenden Angebots auf Abschluss eines Einbringungsvertrags liegt.[277] Das Angebot ist in der Zustimmung der Hauptversammlung zum Gründungsplan zu sehen.[278] Durch die Mitteilung verpflichtet sich der Gesellschafter also zur Einbringung seiner Anteile. Der Einbringungsvertrag steht unter der aufschiebenden Bedingung, dass die für die SE-Gründung erforderliche Mindesteinbringungsquote erreicht wird und die Hauptversammlung ggf. dem Mitbestimmungsmodell zustimmt.[279] Zugleich liegt in der Mitteilung die Aktienübernahmeerklärung der einbringenden Gesellschafter bzw. deren Angebot auf Abschluss eines Zeichnungsvertrags.[280]

---

[273] Ebenso *Theißen*, S. 76 f.; a.A. *Kersting*, DB 2001, 2079, 2081 Fn. 44.

[274] Dagegen sprach Art. 31a Abs. 1 SE-VOV 1991 noch von der fristgemäßen Einbringung der Anteile.

[275] *Ch. Teichmann*, ZGR 2002, 383, 436; zust. *Neun*, in: Theisen/Wenz, S. 146 Fn. 1; Heckschen, DNotZ 2003, 251, 262.

[276] Zum Einbringungsvertrag vgl. *Hoffmann-Becking*, in: MünchHdb. GesR, Band 4, § 4 Rn. 4 ff.

[277] Sofern GmbH-Anteile eingebracht werden, ist die Mitteilung gemäß § 15 Abs. 3 GmbHG notariell zu beurkunden; so zu Recht *Heckschen*, DNotZ 2003, 251, 262.

[278] Siehe oben C.VI.1.c), S. 343.

[279] *Theißen*, S. 78 f.; *Oplustil*, GLJ Vol. 4 No. 2 (1 February 2003), Nr. 20.

[280] Diesbezüglich enthält der Zustimmungsbeschluss der Hauptversammlung in der Regel nur eine „invitatio ad offerendum“; siehe oben C.VI.1.c), S. 343. Zum Erwerb der SE-Aktien siehe unten D.II, S. 382.

Durch die Mitteilung entsteht dagegen kein Tauschvertrag im bürgerlichrechtlichen Sinn.[281] Die SE-Aktien, welche die „Gegenleistung“ bilden, entstehen erst durch die Einbringung der Anteile an den Gründungsgesellschaften. Sie beruhen daher auf einem Rechtsgeschäft, das nicht schuldrechtlicher, sondern gesellschaftsrechtlicher Natur ist. Die Regelungen des Schuldrechts gelten dafür nur sinngemäß und eingeschränkt.[282] Die Verpflichtung zur Einbringung der Anteile an den Gründungsgesellschaften steht in diesem Sinne nicht in einem Gegenseitigkeitsverhältnis zum Erwerb der SE-Aktien. Die Einbringung der Anteile an den Gründungsgesellschaften gegen Ausgabe junger Aktien der SE stellt folglich einen körperschaftsrechtlichen Akt sui generis, nicht jedoch einen Tausch im bürgerlichrechtlichen Sinne dar.[283]

cc) Ergebnis

Innerhalb der Dreimonatsfrist reicht es aus, wenn sich die Aktionäre schuldrechtlich zur Einbringung ihrer Anteile verpflichten. Die Mitteilung i.S. des Art. 33 Abs. 1 stellt insofern die Annahme eines auf Abschluss eines Einbringungsvertrags gerichteten Angebots dar, das im Gründungsplan liegt. Die Anteile müssen aber vor der Eintragung der SE dinglich übertragen werden. Nur so kann die Holding-SE ihre Holdingfunktion ausüben. Wenn also nach Ablauf der Dreimonatsfrist feststeht, dass die für die Gründung der SE erforderliche Schwelle an einzubringenden Anteile erreicht worden ist, muss auch das Verfügungsgeschäft vollzogen werden. Die SE darf nicht eingetragen werden, wenn sie nicht den Mindestprozentsatz an einzubringenden Anteilen hält.

b) Dreimonatsfrist

Die Mitteilungsfrist beginnt in dem Zeitpunkt zu laufen, in dem der Gründungsplan für die SE gemäß Artikel 32 „endgültig festgelegt“ worden ist (Art. 33 Abs. 1 S. 2). Es fragt sich, was mit der endgültigen Festlegung des Gründungsplans gemeint ist. Nach Art. 32 Abs. 6 Unterabs. 1 legt die Hauptversammlung den Gründungsplan nicht fest, sondern stimmt ihm zu.[284] Im SE-VOV 1991 wurde daher noch ausdrücklich auf die Zustimmung zum Gründungsplan abgestellt.[285] Damals gab es allerdings noch keine dem Art. 32 Abs. 6 Unterabs. 2 entsprechende Regelung, nach der sich die Hauptversammlung die Genehmigung der Vereinbarung über die Arbeitnehmerbeteiligung vorbehalten kann. Erklärt die Hauptversammlung diesen Zustimmungsvorbehalt, wird nach Abschluss der Verhandlungen über die Arbeitnehmermitbestimmung ein weiterer Hauptver-

---

281 A.A. *Theißen*, S. 77 ff.

282 BGHZ 45, 338, 345; *Hoffmann-Becking*, in: MünchHdb. GesR, Band 4, § 4, Rn. 4.

283 Vgl. *Versteegen*, in: KöKo zum WpÜG, § 2 Rn. 38.

284 In der französischen Sprachfassung heißt es in Art. 33 Abs. 1 S. 2 „a été établi“, während in Art. 32 Abs. 1 Unterabs. 2 von „approuve“ die Rede ist. Im englischen Text stehen sich die Begriffe „have been finally determined“ und „approve“ gegenüber.

285 Art. 31a Abs. 1 SE-VOV 1991.

sammlungsbeschluss notwendig. Es spricht daher einiges dafür, dass der Verordnungsgeber den Begriff „endgültige Festlegung" bewusst gewählt hat. Er wollte damit offensichtlich deutlich machen, dass die endgültige Festlegung des Gründungsplans nicht nur die Zustimmung nach Art. 32 Abs. 6 Unterabs. 1 voraussetzt, sondern ggf. auch die Genehmigung nach Art. 32 Abs. 6 Unterabs. 2. Sofern eine Gründungsgesellschaft also vom Genehmigungsvorbehalt nach Art. 32 Abs. 6 Unterabs. 2 Gebrauch macht, beginnt die Frist erst mit der erfolgten Genehmigung zu laufen. Ist ein solcher Genehmigungsvorbehalt dagegen nicht erklärt worden, bleibt die Zustimmung zum Gründungsplan der maßgebliche Zeitpunkt.[286]

Fraglich ist, ob die Gründungsgesellschaften die Frist verlängern oder verkürzen können. Die Verordnung sieht diese Möglichkeit nicht vor. Es ist deshalb davon auszugehen, dass die Dreimonatsfrist in Art. 33 Abs. 1 zwingend ist und nicht zur Disposition der Gründungsgesellschaften steht. Eine Verkürzung oder Verlängerung kommt daher nicht in Betracht.[287]

c) Einmonatsfrist

aa) Voraussetzungen

Diejenigen Aktionäre, die ihre Anteile nicht innerhalb der Dreimonatsfrist eingebracht haben, verfügen über einen weiteren Monat, um dies nachzuholen (Art. 33 Abs. 3 Unterabs. 2). Fraglich ist, unter welchen Voraussetzungen die Fristverlängerung des Art. 33 Abs. 3 Unterabs. 2 eingreift. Dem bloßen Wortlaut nach könnte man der Meinung sein, dass sich die Einbringungsfrist auch dann um einen Monat verlängert, wenn der Mindestprozentsatz innerhalb der Dreimonatsfrist nicht erreicht worden ist. Aus der systematischen Stellung der Vorschrift in Absatz 3 kann aber geschlossen werden, dass es nur dann zu einer Fristverlängerung kommt, wenn die Voraussetzungen des Unterabsatzes 1 erfüllt sind. Die für die SE-Gründung erforderlichen Anteile müssen also innerhalb der Dreimonatsfrist eingebracht und es müssen auch alle übrigen Bedingungen erfüllt sein. Die Fristverlängerung nach Unterabsatz 2 setzt also voraus, dass bereits alle Bedingungen für die SE-Gründung erfüllt sind. Art. 33 Abs. 3 Unterabs. 2 sieht dagegen keine Fristverlängerung für den Fall vor, dass der erforderliche Mindestprozentsatz innerhalb der Dreimonatsfrist nicht erreicht worden ist.

Art. 33 Abs. 3 Unterabs. 2 bestimmt nicht, wann die zusätzliche Einmonatsfrist zu laufen beginnt. Denkbar wäre, dass sich die Zusatzfrist unmittelbar an die Dreimonatsfrist anschließt. Demgegenüber finden sich im Schrifttum Äußerungen, die den Eindruck erwecken, dass die Einmonatsfrist erst mit Eintragung der SE zu laufen beginnt.[288] Nach überzeugender Auffassung ist jedoch die Offenle-

---

[286] So auch *Ch. Teichmann*, ZGR 2002, 383, 436; *Neun*, in: Theisen/Wenz, S. 146.
[287] *Oplustil*, GLJ Vol. 4 No. 2 (1 February 2003), Nr. 19.
[288] *Kersting*, DB 2001, 2079, 2084.

gung gemäß Art. 33 Abs. 3 Unterabs. 1 der maßgebliche Zeitpunkt. Dies zeigt schon der enge systematische Zusammenhang zwischen der Offenlegung und der Zusatzfrist, die beide in Art. 33 Abs. 3 geregelt sind. Dafür spricht aber auch der Sinn und Zweck der Offenlegung. Die bislang ablehnenden Anteilsinhaber wissen von diesem Zeitpunkt an mit Sicherheit, dass es zur SE-Gründung kommt, und können auf dieser Grundlage ihre Haltung überdenken.[289] Gegen die Eintragung als maßgebenden Zeitpunkt spricht auch der Umstand, dass Art. 33 Abs. 3 Unterabs. 1 von den „die Gründung anstrebenden" Gesellschaften spricht, denen die Anteile im Hinblick auf die Gründung der „künftigen" SE zur Verfügung zu stellen sind. Der Verordnungsgeber geht also davon aus, dass die SE während der Einmonatsfrist noch nicht existiert.[290]

bb) Sinn und Zweck

Die Regelung entspricht funktional der sog. „Zaunkönigsregel" in § 16 Abs. 2 WpÜG, nach der den Gesellschaftern der Zielgesellschaft, die das Übernahmeangebot noch nicht angenommen haben, weitere zwei Wochen zur Verfügung stehen, dies nachzuholen. Hierdurch soll den Minderheitsaktionären aus dem in der Verhaltensforschung bekannten „Prisoner's Dilemma" geholfen werden. Dieser Begriff kennzeichnet eine Situation, in der sich Personen befinden, die ein drohendes Übel gemeinsam abwenden oder eine Entscheidungssituation gemeinsam optimieren könnten, jedoch mangels Absprachemöglichkeiten sich jeweils zu einem geringeren Übel entschließen, um nicht das größtmögliche Übel auf sich zu ziehen.[291] Übertragen auf die Situation bei einer Holdinggründung könnten sich die Aktionäre möglicherweise nur deshalb für eine Einbringung entscheiden, weil sie befürchten, sich sonst als Minderheitsgesellschafter in einer abhängigen Gesellschaft wiederzufinden. Die Möglichkeit, sich mit einer ausreichenden Anzahl von Aktionären zu solidarisieren und gemeinsam die Einbringung abzulehnen, besteht bei Publikumsgesellschaften nur in der Theorie. Diese psychische Zwangslage soll durch die Zusatzfrist des Art. 33 Abs. 3 Unterabs. 2 ausgeschlossen werden.

Außerdem entspricht es in der Regel dem Interesse der übernehmenden Gesellschaft, in diesem Fall der Holding-SE, dass sie keine weiteren Aktionäre neben sich hat.[292] Es liegt daher auch in ihrem Interesse, dass den Aktionären ein weiterer Monat Zeit verbleibt, um die Einbringung nachzuholen.

---

[289] So auch *Ch. Teichmann*, ZGR 2002, 383, 437; *C.P. Schindler*, S. 36. Ohne nähere Begründung auch *Bungert/Beier*, EWS 2002, 1, 8; *Oplustil*, GLJ Vol. 4 No. 2 (1 February 2003), Nr. 22.

[290] Im Erg. ebenso *Neun*, in: Theisen/Wenz, S. 147. Eine andere Frage ist, ob die SE auch schon vor Ablauf der Einbringungsfrist eingetragen werden kann; siehe dazu unten C.XI.4, S. 378.

[291] *Geibel*, in: Geibel/Süßmann, WpÜG, § 16 Rn. 25.

[292] Der Verbleib von Aktionären in der Gründungsgesellschaft erschwert das „delisting" und

5. Übernahmerechtliche Folgen der Einbringung

Das Einbringungsverfahren zieht womöglich auch übernahmerechtliche Konsequenzen nach sich. Bei einer AG deutschen Rechts, deren Anteile zum Handel an einem organisierten Markt zugelassen sind, stellt sich die Frage nach der Anwendbarkeit des WpÜG.[293] Im Wesentlichen geht es um zwei Fragen:

Gelten die besonderen Regelungen für Übernahmeangebote nach den §§ 29 ff. WpÜG und muss der Bieter dementsprechend eine angemessene Gegenleistung i.S. des § 31 WpÜG anbieten?

Muss die Holding-SE – sofern es sich um kein Übernahmeangebot handelt – den Minderheitsaktionären in den Gründungsgesellschaften ein Pflichtangebot gemäß § 35 Abs. 2 WpÜG unterbreiten?

a) Übernahmeangebot (§§ 29 ff. WpÜG)

Fraglich ist, ob es sich bei der Gründung einer Holding-SE überhaupt um eine Übernahmesituation handelt. Dies setzt voraus, dass den Anteilsinhabern im Zuge des Einbringungsverfahrens ein Übernahmeangebot unterbreitet wird. Nach Art. 2 Abs. 1 Buchst. a Dreizehnte RiL-V 2002 ist ein Übernahmeangebot ein an die Inhaber der Wertpapiere einer Gesellschaft gerichtetes (und nicht von der Zielgesellschaft selbst gemachtes) öffentliches Angebot zum Erwerb eines Teils oder aller Wertpapiere, sofern es den Erwerb der Kontrolle über die Zielgesellschaft bezweckt. § 29 Abs. 1 WpÜG definiert Übernahmeangebote als öffentliche Angebote, die auf den Erwerb der Kontrolle der Zielgesellschaft gerichtet sind. Bei der Gründung der Holding-SE wird den Gesellschaftern der Gründungsgesellschaften der Tausch ihrer Anteile gegen SE-Aktien angeboten. Dies geschieht öffentlich, weil sich das Angebot an alle Gesellschafter richtet,[294] und zum Zwecke des Kontrollerwerbs, weil mehr als 50 % der Stimmrechte erlangt werden sollen.[295]

Dennoch findet sich im Schrifttum die Auffassung, dass der Erwerb der Stimmrechtsmehrheit der Holding-SE keine Übernahmesituation im rechtlichen Sinne darstellt, weil das Angebot nicht von einer Bietergesellschaft, sondern von den Gründungsgesellschaften gemeinsam ausgeht. Im Übrigen würde der Zweck, der

---

erhöht überdies im Vergleich zu einer Einpersonen-AG bzw. einer AG mit namentlich bekannten Aktionären den administrativen Aufwand (vgl. §§ 103 Abs. 1 S. 3, 121 Abs. 4 und Abs. 6 AktG, § 15 Abs. 1 WpHG); dazu *Schenk*, in: Semler/Volhard, Hdb. Unternehmensübernahmen, § 8 Rn. 62.

293 Zur Anwendung des WpÜG bei Übernahmen mit Auslandsbezug siehe *Hahn*, RIW 2002, 741 ff. Entscheidend ist dabei der Sitz der Zielgesellschaft. Daher kann das WpÜG bei einer deutschen Gründungsgesellschaft auch dann anwendbar sein, wenn die neu entstehende Holding-SE ihren Sitz im Ausland hat; *Ch. Teichmann*, AG 2004, 67, 78.

294 Zum Begriff der Öffentlichkeit *Versteegen*, in: KöKo zum WpÜG, § 2 Rn. 45 ff.

295 Ebenso *Kalss*, ZGR 2003, 593, 642. Der Kontrollerwerb entspricht auch den Motiven des Verordnungsgebers; siehe oben S. 319.

mit dem WpÜG verfolgt wird – nämlich den Minderheitsaktionären einen fairen Ausstiegspreis zu sichern –, bereits durch die Preiskontrolle in Form einer Überprüfung der Wertrelationen nach Art. 32 Abs. 4 und Abs. 5 erreicht, sodass die Vorschriften des WpÜG insofern verdrängt sind.[296]

Die Anwendbarkeit der kapitalmarktrechtlichen Vorschriften des WpÜG auf umwandlungsrechtliche Vorgänge ist allgemein umstritten. Der Gesetzgeber hat sich einer Klärung dieser Frage verweigert und will abwarten, welche Erfahrungen sich im Schnittbereich von Umwandlungs-, Aktien- und Übernahmerecht in der Praxis gewinnen lassen.[297] Im Schrifttum wird vertreten, dass eine Anwendung der Schutzvorschriften des WpÜG zugunsten von Minderheitsaktionären nicht erforderlich ist, weil diese wegen der differenzierten Schutzvorschriften des UmwG hinreichend abgesichert sind.[298] Nach anderer Auffassung ist wegen der im Einzelnen weitergehenden Schutzbestimmungen des WpÜG eine Anwendung auch auf Sachverhalte nach dem UmwG angezeigt.[299]

Im Hinblick auf die Gründung der Holding-SE ist von der Anwendbarkeit des WpÜG auszugehen.[300] Der Verordnungsgeber hat klar zum Ausdruck gebracht, dass er von der Anwendbarkeit der übernahmerechtlichen Vorschriften des nationalen Rechts ausgeht. So heißt es in Erwägungsgrund 12, dass „die für öffentlich zur Zeichnung auffordernde Aktiengesellschaften und für Wertpapiergeschäfte geltenden einzelstaatlichen Bestimmungen" auch dann gelten müssen, wenn „die Gründung der SE durch eine öffentliche Aufforderung zur Zeichnung erfolgt". Dies trifft jedenfalls auf die Gründung einer Holding-SE zu, weil die Gründung hier tatsächlich durch eine öffentliche Aufforderung zur Zeichnung erfolgt. Hierin liegt zugleich das Übernahmeangebot i.S. des § 29 WpÜG. Dabei kann es keinen Unterschied machen, ob das Angebot von der zu gründenden Gesellschaft (also z.B. vom ersten Aufsichts- oder Leitungsorgan), einem Treuhänder oder von den Gründungsgesellschaften unterbreitet wird, weil das Angebot in jedem Fall dem Kontrollerwerb durch die Holding-SE dient. Das Umtauschangebot, das den Aktionären der Gründungsgesellschaften gemacht wird, muss daher angemessen i.S. des § 31 WpÜG sein.

---

[296] *Brandt*, NZG 2002, 991, 995; *Oplustil*, GLJ Vol. 4 No. 2 (1 February 2003), Nr. 31; *Ihrig/Wagner*, BB 2003, 969, 973. Dagegen spricht sich *Ch. Teichmann*, AG 2004, 67, 78 ff. prinzipiell für eine kumulative Anwendung von gesellschafts- und kapitalmarktrechtlichem Minderheitenschutz aus, versucht die Verfahren aber im Wege der Befreiung gemäß § 37 WpÜG zu koordinieren.

[297] RegE eines Gesetzes zur Regelung von öffentlichen Angeboten zum Erwerb von Wertpapieren und von Unternehmensübernahmen vom 11.7.2001, BT-Drs. 14/7034, S.

[298] Z.B. *Angerer*, in: Geibel/Süßmann, WpÜG, § 1 Rn. 103 ff., 106.

[299] Z.B. *Hirte*, in: KöKo zum WpÜG, Einleitung Rn. 80.

[300] Der *Handelsrechtsausschuss des DAV* (NZG 2004, 75, 79) fordert insoweit vom Gesetzgeber, sich im SEAG eindeutig zur Anwendbarkeit des WpÜG im Fall der Holdinggründung zu äußern.

b) Pflichtangebot (§ 35 WpÜG)

Die Holding-SE ist nicht zur Abgabe eines Pflichtangebots an die Aktionäre der deutschen Gründungsgesellschaft verpflichtet, weil der Kontrollerwerb auf einem Übernahmeangebot beruht (§ 35 Abs. 3 WpÜG).[301]

IX. Nationales Gründungsrecht für Aktiengesellschaften

Art. 15 Abs. 1 verweist auf das für die Gründung von AG geltende Recht des künftigen SE-Sitzstaats.[302] Die Errichtung einer Holding-SE stellt eine Sachgründung dar, weil die Einlage in Form von Anteilen an den Gründungsgesellschaften geleistet wird. Die Sachgründungsvorschriften des nationalen Rechts sind also einzuhalten. Sofern sich die Vorschriften des nationalen Rechts an die Adresse des „Gründers" richten (vgl. §§ 30 Abs. 1, 32 Abs. 1, 35 Abs. 1, 36 Abs. 1 AktG), sind darunter die Gründungsgesellschaften und nicht deren Gesellschafter zu verstehen.[303] Im Verhältnis zu den Gründungsvoraussetzungen nach der SE-VO ist keine zwingende Reihenfolge vorgeschrieben. Die nationalen Gründungsvoraussetzungen müssen jedoch spätestens vor der Offenlegung gemäß Art. 33 Abs. 3 Unterabs. 1[304] sowie vor der Anmeldung zur Eintragung der SE erfüllt sein.

Bei der Gründung einer Holding-SE mit Sitz in Deutschland sind im Gründungsverfahren nach dem AktG folgende Besonderheiten zu beachten:

1. Satzung

Zu den Besonderheiten der Satzung einer Holding-SE wurde bereits oben Stellung genommen.[305]

2. Bestellung des ersten Aufsichts- bzw. Verwaltungsorgans

Das erste Aufsichts- bzw. Verwaltungsorgan ist in der Satzung (Art. 40 Abs. 2 S. 2, Art. 43 Abs. 3 S. 2) oder sonst in notariell beurkundeter Form zu bestellen (Art. 15 Abs. 1 i.V.m. § 30 Abs. 1 AktG). Die Zusammensetzung des ersten Aufsichtsorgans richtet sich nach § 30 Abs. 2 AktG. Eine Beteiligung von Arbeitnehmern im ersten Aufsichts- bzw. Verwaltungsorgan nach Maßgabe des § 31 AktG ist nicht erforderlich, weil die Sacheinlage nicht in der Einbringung

---

[301] Ebenso *Kalss*, ZGR 2003, 593, 643. A.A. *Oplustil*, GLJ Vol. 4 No. 2 (1 February 2003), Nr. 32; *Kloster*, EuZW 2003, 293, 294 Fn. 17. Unklar insoweit der *Handelsrechtsausschuss des DAV*, NZG 2004, 75, 79.

[302] Siehe oben B.IV.3.d), S. 53.

[303] Siehe oben A.III, S. 307. *Neun*, in: Theisen/Wenz, S. 148 f. fordert sogar eine dem § 36 Abs. 2 S. 2 UmwG vergleichbare Klarstellung des nationalen Gesetzgebers, dass die Gründungsgesellschaften als Gründer anzusehen sind.

[304] Die Anforderungen des Sitzstaats gemäß Art. 15 Abs. 1 zählen zu den Bedingungen für die Gründung der SE.

[305] Siehe oben C.III.3.a)cc), S. 316.

oder Übernahme eines Unternehmens besteht. Im Hinblick auf die einzubringenden Anteile an den Gründungsgesellschaften kann nicht von einem Unternehmen i.S. des § 31 AktG gesprochen werden, weil es schon an der hierfür erforderlichen personellen Ausstattung fehlt.[306] Das Aufsichtsorgan bestellt sodann das erste Leitungsorgan bzw. dessen Mitglieder (§ 30 Abs. 4 AktG).[307]

3. Bestellung des ersten Abschlussprüfers

Gemäß Art. 15 Abs. 1 i.V.m. § 30 Abs. 1 AktG ist auch der Abschlussprüfer für das erste Voll- oder Rumpfgeschäftsjahr zu bestellen.

4. Gründungsbericht und Gründungsprüfung

Die Gründungsgesellschaften als Gründer der Holding-SE müssen einen Gründungsbericht i.S. des § 32 AktG anfertigen. Außerdem ist der Hergang der Gründung einer Prüfung durch die Mitglieder des Leitungs- und Aufsichtsorgans bzw. des Verwaltungsorgans zu unterziehen (§ 33 Abs. 1 AktG). Im Hinblick auf die eingebrachten Anteile muss eine externe Prüfung stattfinden (§ 33 Abs. 2 Nr. 4 AktG). Der Inhalt der Gründungsprüfung, die insbesondere auf die Richtigkeit und Vollständigkeit der Angaben nach § 27 AktG abzielt (§ 34 Abs. 1 Nr. 1 AktG) macht es erforderlich, dass das Einbringungsverfahren bereits abgeschlossen ist und die entsprechenden Angaben in die Satzung aufgenommen worden sind, bevor es zur Prüfung kommt.

a) Verhältnis zum Holdingbericht und zur Holdingprüfung

Man könnte allerdings anzweifeln, dass es der Erstellung eines Gründungsberichts und der Durchführung einer Gründungsprüfung überhaupt noch bedarf, wenn die Gründungsgesellschaften ohnehin einen Bericht erstatten (Art. 32 Abs. 2 S. 2) und eine Sachverständigenprüfung durchführen lassen müssen (Art. 32 Abs. 4 und Abs. 5). Die jeweiligen Berichte und Prüfungen verfolgen allerdings unterschiedliche Schutzzwecke. Der Gründungsbericht und die Gründungsprüfung nach dem AktG sollen die Kapitalaufbringung sicherstellen und dienen damit dem Schutz der Gläubiger vor unsoliden Gründungen.[308] Der Bericht nach Art. 32 Abs. 2 S. 2 und die Sachverständigenprüfung nach Art. 33 Abs. 4 und Abs. 5 dienen dagegen vor allem der Vorabinformation der Aktionäre, damit sich diese auf die Hauptversammlung vorbereiten können.

Es könnte allenfalls zu überlegen sein, ob bei der Holdinggründung der Rechtsgedanke des § 75 Abs. 2 UmwG Anwendung findet. Danach kann bei einer Verschmelzung von Kapitalgesellschaften auf den Gründungsbericht und die Grün-

---

[306] Vgl. *Röhricht*, in: Großkomm. zum AktG, § 31 Rn. 2 f.

[307] Unzutreffend *Neun*, in: Theisen/Wenz, S. 144 Fn. 7, der hier auf Art. 39 Abs. 2 Unterabs. 1 abstellt. Die Vorschrift findet nur auf die bereits entstandene SE Anwendung.

[308] So zu Recht *Neun*, in: Theisen/Wenz, S. 148. Ebenso *C.P. Schindler*, S. 34; *Oplustil*, GLJ Vol. 4 No. 2 (1 February 2003), Nr. 15 und 22; *Kalss*, ZGR 2003, 593, 631.

dungsprüfung verzichtet werden, weil hier die Kapitalaufbringung und -erhaltung bereits durch die Einhaltung der entsprechenden Vorschriften bei den Ausgangsgesellschaften gesichert ist.[309] Zu Recht wird allerdings geltend gemacht, dass diese Überlegung bei der Holding-SE nicht trägt, weil es hier nicht auf das Kapital der Gründungsgesellschaften ankommt. Das Grundkapital der Holding-SE wird durch die Aktionäre der Gründungsgesellschaften erbracht, sodass die Kapitalaufbringung bei den Gründungsgesellschaften allenfalls mittelbare Bedeutung gewinnt.[310]

b) Gründungsbericht

Der Gründungsbericht muss sich mit dem Hergang der Gründung beschäftigen (§ 32 Abs. 1 AktG). Dazu gehören alle für die Entstehung der SE wesentlichen Umstände. Keine Rolle spielt, ob sich diese Umstände bereits aus dem Gründungsplan und dem dazu gehörenden Holdingbericht ergeben.[311]

Übertragen auf die Holding-SE bedeutet dies, dass der Gründungsbericht im Einzelnen folgende Angaben enthalten muss:

- Angaben zur Erstellung des Gründungsplans (Tag, Ort, Form);
- Angaben zu den Besonderheiten der Gründung einer Holding-SE (Hauptversammlungszuständigkeit, Einbringungsverfahren);
- Angaben zum Grundkapital (Erbringung durch Gesellschafter der Gründungsgesellschaften; Zerlegung in Nennbetrags- oder Stückaktien usw.);
- Mitglieder des ersten Aufsichtsorgans und/oder des ersten Leitungs- bzw. Verwaltungsorgans;
- gewährte Sondervorteile und Gründerlohn.

Da die Errichtung der Holding-SE im Wege einer Sachgründung erfolgt, sind im Gründungsbericht außerdem die wesentlichen Umstände darzulegen, von denen die Beurteilung der Angemessenheit der Leistung für die Sacheinlagen abhängt (§ 32 Abs. 2 S. 1 AktG). Unter Angemessenheit ist dabei die Gleichwertigkeit des Gegenstands der Sacheinlage und des Nennbetrags der von der SE zu gewährenden Anteile zu verstehen.[312] Anzugeben sind also der Ausgabebetrag der gewährten SE-Aktien und der durch die Unternehmensbewertung festgestellte Wert der einzubringenden Anteile an den Gründungsgesellschaften.[313] Hinsichtlich des Werts der einzubringenden Anteile kann von dem im Gründungsplan anzugebenden jeweiligen Mindestprozentsatz (Art. 32 Abs. 2 S. 3) ausgegangen werden.

---

[309] Vgl. *Rieger*, in: Widmann/Mayer, UmwG, § 75 Rn. 8 (Stand: September 1996).
[310] *Neun*, in: Theisen/Wenz, S. 148.
[311] Vgl. *Hüffer*, AktG, § 32 Rn. 3.
[312] Vgl. *Röhricht*, in: Großkomm. zum AktG, § 32 Rn. 9.
[313] Vgl. *Hüffer*, in: AktG, § 32 Rn. 4.

§ 32 Abs. 2 S. 2 AktG konkretisiert die im Hinblick auf die Angemessenheit darzustellenden Umstände in seinen Nummern 1 bis 3. Die dort verlangten Angaben eignen sich jedoch nicht zur Darstellung im Gründungsbericht einer Holding-SE. Vorausgegangene Rechtsgeschäfte, die auf den Erwerb durch die SE hingezielt haben (Nr. 1), deren Zweck also die spätere Verwendung des Leistungsgegenstands bei der Gründung ist,[314] werden bei der Gründung einer Holding-SE in aller Regel nicht vorliegen. Die in Nummer 3 geforderte Angabe der Betriebserträge aus den letzten beiden Geschäftsjahren kommt von vornherein nicht in Betracht, weil es bei der Errichtung einer Holding-SE nicht zu einem Unternehmensübergang kommt. Und die Angabe der Anschaffungs- und Herstellungskosten des Einlagegegenstands (Nr. 2) erweist sich als praktisch unmöglich, wenn Publikumsgesellschaften mit weltweit verstreuten Aktionären an der Holdinggründung beteiligt sind. Die von der Vorschrift bezweckte Feststellung von Differenzen zwischen den Aufwendungen des Einlegers und der Gegenleistung der AG[315] dürfte außerdem keinen wirklichen Beitrag zur Sicherung der Kapitalaufbringung leisten.[316] Es kann von den Gründungsgesellschaften vernünftigerweise nicht verlangt werden, dass sie diesbezüglich Angaben machen.

§ 32 Abs. 2 S. 2 AktG findet auf die Gründung einer Holding-SE daher keine Anwendung. Dieses Ergebnis lässt sich über die Verweisung des Art. 15 Abs. 1 durch eine SE-spezifische Auslegung der Vorschrift gewinnen. *Neun* schlägt demgegenüber vor, dass der Gesetzgeber für die Holdinggründung explizit auf die in von § 32 Abs. 2 Nr. 1. bis 3 AktG geforderten Angaben verzichtet und lediglich die allgemeinen Anforderungen des § 32 Abs. 2 S. 1 verlangt.[317]

c) Gründungsprüfung

Die Prüfungspflicht nach § 33 Abs. 1 AktG trifft bei einer Holding-SE die Mitglieder des Leitungs- und Aufsichtsorgans (dualistisches System) oder des Verwaltungsorgans (monistisches Organ). Dies ergibt sich aus einer SE-spezifischen Auslegung der Vorschrift. Einer Klarstellung des nationalen Gesetzgebers bedarf es insofern nicht.[318]

Der Prüfungsbericht der Organmitglieder (§ 33 Abs. 1 AktG) und der externen Prüfer (§ 33 Abs. 2 AktG) muss unter anderem den Gegenstand der Sacheinlage und die zur Ermittlung seines Wertes angewandten Bewertungsmethoden angeben (§ 34 Abs. 2 S. 2 AktG). Für die Gründung der Holding-SE bedeutet dies, dass die einzubringenden Anteile zu beschreiben sind und die zur Ermittlung des

---

[314] Vgl. *Röhricht*, in: Großkomm. zum AktG, § 32 Rn. 9.
[315] *Hüffer*, AktG, § 32 Rn. 5.
[316] So zutreffend *Neun*, in: Theisen/Wenz, S. 150.
[317] *Neun*, in: Theisen/Wenz, S. 150.
[318] So aber *Neun*, in: Theisen/Wenz, S. 151.

Umtauschverhältnisses angewandte Bewertungsmethode genannt werden muss.[319]

5. Kapitalaufbringung

Die Sacheinlagen müssen vor der Anmeldung zur Eintragung vollständig geleistet sein (§§ 36 Abs. 2, 36a Abs. 2 AktG). Hierbei sind die Besonderheiten des Einbringungsverfahrens zu beachten. Die von den Gesellschaftern einzubringenden Anteile sind daher bereits vor der Anmeldung zur Eintragung an die Holding-SE zu übertragen.[320]

X. Offenlegung der Gründung (Art. 33 Abs. 3 Unterabs. 1)

Art. 33 Abs. 3 Unterabs. 1 schreibt vor, dass die Erfüllung aller Bedingungen der Gründung der SE offengelegt werden muss. Diese Publizitätspflicht ist neu und war in den Vorgängervorschlägen nicht vorgesehen.

1. Sinn und Zweck

Die Offenlegung nach Art. 33 Abs. 3 Unterabs. 1 erfüllt nicht den Zweck einer vorgeschalteten Rechtmäßigkeitskontrolle auf Ebene der Gründungsgesellschaften, wie sie bei der Verschmelzung in Art. 25 vorgesehen ist. Aus Art. 33 Abs. 5 folgt, dass die Offenlegung weder Gründungs- noch Eintragungsvoraussetzung ist.

Der Offenlegung kommt auch keine Publizitätswirkung i.S. des § 15 HGB zu. Die Offenlegung bezieht sich nicht auf publizitätspflichtige Angaben i.S. des Art. 2 Erste RiL. Die Entstehung der SE führt weder zur Auflösung der Gründungsgesellschaften noch ändern sich deren Satzungen. Das Entstehen eines faktischen Konzernverhältnisses ist nicht publizitätspflichtig.[321]

Die Bedeutung der Offenlegung liegt vielmehr darin, dass sie die Einmonatsfrist des Art. 33 Abs. 3 Unterabs. 2 in Gang setzt.[322] Die Aktionäre der Gründungsgesellschaften werden darüber informiert, dass der zur Gründung der Holding-SE erforderliche Mindestprozentsatz an Anteilen fristgemäß eingebracht wurde und es tatsächlich zur Gründung der SE kommt. Diejenigen Aktionäre, die ihre Anteile bislang noch nicht eingebracht haben, erhalten einen weiteren Monat Zeit, um dies nachzuholen. Daraus folgt, dass die Offenlegung nach Art. 33 Abs. 3 Unterabs. 1 – anders als die Offenlegung nach Art. 28 – grundsätzlich vor der

---

[319] Die Spezialverweisung des Art. 14 SE-VOV 1989, die bestimmte, dass auf die Prüfung von Sacheinlagen die nationalen Durchführungsbestimmungen zu Art. 10 Zweite RiL des Sitzstaats der SE Anwendung finden, ist mit der Einführung des Art. 11a SE-VOV 1991 (= Art. 15 Abs. 1) überflüssig geworden; vgl. SE-VOV, Begründung zu Art. 13 und 14, S. 3.

[320] Siehe oben C.VIII.4.a), S. 359.

[321] Eintragungspflichtig sind nur Unternehmensverträge (§ 294 Abs. 1 AktG).

[322] Siehe oben C.VIII.4.c)aa), S. 363.

Eintragung der SE und nicht erst danach stattfinden muss. Solange eine Gründungsgesellschaft ihrer Offenlegungspflicht nicht nachkommt, beginnt die Einmonatsfrist nicht zu laufen. Den Aktionären, die ihre Anteile noch nicht in die SE eingebracht haben, bleibt in diesem Fall ihre Einbringungsmöglichkeit erhalten. Sollte die SE mittlerweile eingetragen worden sein, steht dies dem Einbringungsanspruch nicht entgegen.[323]

2. Voraussetzungen

Voraussetzung und zugleich Inhalt der Offenlegung ist die Erfüllung der Bedingungen nach Absatz 2, d.h. der erforderliche Mindestprozentsatz an Anteilen muss fristgemäß eingebracht worden sein und es müssen alle übrigen Bedingungen erfüllt sein.

a) Fristgemäße Einbringung des Mindestprozentsatzes

Im Hinblick auf den erforderlichen Mindestprozentsatz kommt es ausweislich des Wortlauts des Absatzes 2 („... den für jede Gründungsgesellschaft festgelegten Mindestprozentsatz ...") darauf an, dass diese Voraussetzung bei jeder Gründungsgesellschaft vorliegt. Es genügt nicht, wenn nur für die offenlegende Gründungsgesellschaft der festgesetzte Mindestprozentsatz erreicht ist.

b) Erfüllung aller übrigen Bedingungen

Nicht ganz klar ist, was unter den übrigen Bedingungen zu verstehen ist. An sich müssten damit vor allem die Verfahrensschritte i.S. des Art. 32 (Gründungsplan, Offenlegung, Prüfung, Zustimmung) gemeint sein. Hieran entstehen allerdings Zweifel, wenn man einen Blick auf Art. 33 Abs. 5 wirft. Nach Art. 33 Abs. 5 kann die SE „erst dann eingetragen werden", wenn die Formalitäten nach Art. 32 und die in Absatz 2 genannten Voraussetzungen nachweislich erfüllt sind. Dies legt den Schluss nahe, dass die Formalitäten nach Art. 32 nicht zu den in Absatz 2 genannten Voraussetzungen zählen. Dieser Schluss ist jedoch falsch. Bei der nochmaligen Erwähnung der Formalitäten nach Art. 32 in Art. 33 Abs. 5 handelt es sich offensichtlich um ein redaktionelles Versehen, das sich entstehungsgeschichtlich erklären lässt. Im SE-VOV 1991 wurde die Gründung der SE allein von der fristgemäßen Einbringung der Anteile abhängig. Die Erfüllung aller „übrigen Bedingungen", wie sie jetzt von Art. 33 Abs. 2 gefordert wird, war hingegen keine Voraussetzung der Gründung.[324] Die „Formerfordernisse des Art. 31" waren aber Voraussetzungen der Eintragung.[325] Der nochmalige

---

[323] Zu den Rechtsproblemen einer Einbringung nach Entstehung der SE siehe unten C.XI.4, S. 378.

[324] Art. 31a Abs. 2 SE-VOV 1991: „Die Holding-SE ist gegründet, wenn die Aktionäre oder Anteilseigner der Gründungsgesellschaften nach Ablauf der in Absatz 1 genannten Frist die Aktien oder Anteile dieser Gesellschaften zu den im Gründungsplan festgelegten Bedingungen eingebracht haben."

[325] Vgl. Art. 31a Abs. 3 SE-VOV 1991: „Die Holding-SE kann erst dann eingetragen werden,

Hinweis auf die Formalitäten nach Art. 32 in Art. 33 Abs. 5 ist daher ein bloßes Relikt aus dem SE-VOV 1991. Die Formulierung „alle übrigen Bedingungen" in Art. 33 Abs. 2 ist daher sinnvollerweise nur so zu verstehen, dass damit die in Art. 32 aufgelisteten Verfahrensschritte gemeint sind.

Unter die „übrigen Bedingungen" i.S. des Art. 33 Abs. 2 fällt nicht die Eintragung i.S. des Art. 33 Abs. 5, weil diese ihrerseits die Erfüllung der in Absatz 2 genannten Voraussetzungen verlangt.[326] Man käme anderenfalls zu einem Zirkelschluss: Die Eintragung wäre nur zulässig, wenn die Voraussetzungen des Absatzes 2 erfüllt wären, die ihrerseits die Eintragung forderten. Aus demselben Grund zählt auch die Offenlegung gemäß Art. 33 Abs. 3 Unterabs. 1 nicht zu den „übrigen Bedingungen" i.S. des Art. 33 Abs. 2.

Es ist daher festzuhalten, dass zu den „übrigen Bedingungen" die nach Art. 32 einzuhaltenden Verfahrensschritte sowie die über Art. 15 Abs. 1 zu beachtenden Gründungsvoraussetzungen des Sitzstaats der SE gehören. Die Offenlegung setzt – im Unterschied zu Art. 28 – nicht die Eintragung der SE (Art. 33 Abs. 5) voraus, weil diese nicht zu den Gründungsvoraussetzungen i.S. des Absatzes 2 zählt.

3. Verfahren

Jede Gründungsgesellschaft ist zur Offenlegung verpflichtet („... jede der die Gründung anstrebenden Gesellschaften ..."). Das Verfahren der Offenlegung richtet sich für jede Gründungsgesellschaft nach den gemäß Art. 3 Erste RiL angeglichenen Vorschriften des einzelstaatlichen Rechts, dem sie unterliegt (Art. 33 Abs. 3 Unterabs. 2). Eine Gründungsgesellschaft deutschen Rechts muss die Erfüllung der Gründungsbedingungen zur Eintragung bei ihrem Handelsregister anmelden (§ 12 HGB).

XI. Eintragung (Art. 33 Abs. 5)

Die Holding-SE erwirbt Rechtspersönlichkeit durch Eintragung in das in Art. 12 genannte Register (Art. 16 Abs. 1).[327] Art. 33 Abs. 5 enthält eine Sonderregelung für die Eintragung der Holding-SE, die den Gegenstand der Rechtmäßigkeitskontrolle betrifft. Danach setzt die Eintragung der SE voraus, dass die Formalitäten gemäß Art. 32 und die in Art. 33 Abs. 2 genannten Voraussetzungen erfüllt sind. Weitere Sachregelungen zur Eintragung der Holding-SE enthält die SE-VO nicht. Insoweit findet über Art. 15 Abs. 1 das für die Gründung von AG geltende Recht des künftigen Sitzstaats Anwendung. In Deutschland kommt es zu einer registerrechtlichen Prüfung nach § 38 AktG. Der Prüfungsumfang be-

---

wenn die Formerfordernisse gemäß Artikel 31 und die in Absatz 2 genannten Voraussetzungen nachweislich erfüllt sind."

[326] Im Erg. ebenso *Neun*, in: Theisen/Wenz, S. 147.

[327] In Deutschland das Handelsregister (§ 3 SEAG-RegE).

stimmt sich nach § 38 Abs. 1 und Abs. 2 AktG. Die Beachtlichkeit von Satzungsmängeln richtet sich nach § 38 Abs. 3 AktG.

Eine der Verschmelzungsgründung vergleichbare doppelstufige Rechtmäßigkeitskontrolle (Art. 25 und 26) ist nicht durchzuführen. Die Rechtmäßigkeitskontrolle findet allein im Sitzstaat der SE statt. Eine vorgeschaltete Kontrolle auf Ebene der Gründungsgesellschaften ist nicht vorgesehen. Dies ist problematisch, weil die Kontrollstelle im Sitzstaat zur Prüfung von Verfahrenshandlungen gezwungen wird, die sich innerhalb der Gründungsgesellschaften ereignen und damit einer anderen Rechtsordnung unterliegen. Auf diese Problematik wird noch einzugehen sein.[328]

1. Zuständigkeit

Die Verordnung bestimmt nicht die für die Rechtmäßigkeitskontrolle zuständige Stelle. Die Ermächtigung des Art. 68 Abs. 2 findet keine Anwendung, weil sie den Art. 33 Abs. 5 nicht einschließt. Die Zuständigkeit bestimmt sich daher grundsätzlich nach dem für die Gründung von AG geltenden Recht des SE-Sitzstaats (Art. 15 Abs. 1).

In Deutschland ist das Register auch für die Rechtmäßigkeitskontrolle zuständig. Die Rechtmäßigkeitskontrolle ist daher von dem nach dem Recht des Sitzstaats der SE bestimmten Register durchzuführen (Art. 12 Abs. 1). Nach § 3 SEAG-RegE wird die SE in das Handelsregister eingetragen. Die Rechtmäßigkeitskontrolle wird damit von dem nach § 125 Abs. 1 und Abs. 2 FGG zuständigen Registergericht durchgeführt (§ 4 S. 1 SEAG-RegE).

2. Verfahren

Das Eintragungsverfahren richtet sich nach dem Aktienrecht des künftigen Sitzstaats der SE (Art. 15 Abs. 1).[329] Sofern die SE ihren Sitz in Deutschland haben soll, ist die SE zur Eintragung in das Handelsregister anzumelden (§ 36 AktG).[330] Bei der Anmeldung müssen alle Gründer – also die Gründungsgesellschaften[331] – und die Mitglieder des ersten Leitungs-/Verwaltungsorgans und ggf. Aufsichtsorgans mitwirken. Der Inhalt der Anmeldung bestimmt sich nach § 37 AktG. Das Registergericht muss außerdem die Anforderungen des Art. 33 Abs. 5 prüfen, sodass der Anmeldung folgende weitere Unterlagen beizufügen sind:

- der Gründungsplan samt Gründungsbericht,[332]

[328] Siehe unten C.XI.3.a), S. 375.

[329] Ebenso *Neun*, in: Theisen/Wenz, S. 153.

[330] Zuständig ist das Amtsgericht (§ 4 S. 1 SEAG-RegE i.V.m. § 125 Abs. 1 FGG) des Gesellschaftssitzes (Art. 15 Abs. 1 i.V.m. § 14 AktG).

[331] Siehe oben A.III, S. 307.

[332] Der Gründungsplan ist in allen verbindlichen Sprachfassungen einzureichen, damit überprüft werden kann, ob die Gründungsgesellschaften einem gleich lautenden, d.h. sich in-

- der Prüfungsbericht,
- die Niederschriften der Hauptversammlungen bzw. der Verschmelzungsbeschlüsse,
- ggf. eine Niederschrift über die Erklärung des Genehmigungsvorbehalts i.S. des Art. 32 Abs. 6 Unterabs. 2 und eine Niederschrift der Genehmigung und
- der Nachweis der fristgemäßen Einbringung der Anteile an den Gründungsgesellschaften.

Im Hinblick auf den Wortlaut des Art. 33 Abs. 5 („nachweislich") und wegen § 37 Abs. 6 AktG sind die Schriftstücke in öffentlich beglaubigter Form einzureichen.

Das Registergericht muss auch prüfen, ob die Voraussetzungen der Mehrstaatlichkeit vorliegen. Das Vorliegen strenger Mehrstaatlichkeit (Art. 2 Abs. 2 Buchst. a) ergibt sich bereits aus der Anmeldung, weil die Gründungsgesellschaften als anmeldepflichtige Gründer in Erscheinung treten. Die Gründungsgesellschaften müssen in diesem Fall keinen gesonderten Nachweis der Mehrstaatlichkeit führen. Anders verhält es sich, wenn nur eingeschränkte Mehrstaatlichkeit gegeben ist (Art. 2 Abs. 2 Buchst. b). Diese lässt sich nicht schon anhand der Angaben in der Anmeldung feststellen. Die Gründungsgesellschaften müssen daher das Vorhandensein ausländischer Tochtergesellschaften bzw. Zweigniederlassungen mittels beglaubigter Registerauszüge nachweisen, die sie der Anmeldung beizufügen haben.

3. Prüfungsgegenstand

Das Registergericht prüft das Vorliegen der in Art. 33 Abs. 5 genannten Voraussetzungen und die sich gemäß Art. 15 Abs. 1 aus dem Sitzstaatrecht der SE ergebenden Eintragungsvoraussetzungen.

a) Formalitäten gemäß Art. 32 (Art. 33 Abs. 5)

aa) Überblick

Die Eintragung der SE setzt voraus, dass die Formalitäten gemäß Art. 32 und die in Absatz 2 genannten Voraussetzungen erfüllt sind (Art. 33 Abs. 5). Der Hinweis auf die Formalitäten gemäß Art. 32 beruht auf einem redaktionellen Versehen und ist an sich überflüssig, weil die Verfahrensschritte nach Art. 32 bereits Voraussetzung der Gründung nach Art. 33 Abs. 2 sind („alle übrigen Bedingungen"). Er hat allenfalls klarstellenden Charakter.[333]

---

haltlich entsprechenden, Gründungsplan zugestimmt haben (vgl. Art. 32 Abs. 2 S. 1).

[333] Siehe oben C.X.2.b), S. 372.

Zu den Formalitäten i.S. des Art. 32 zählen:

- die Erstellung des Gründungsplans einschließlich des Berichts (Art. 32 Abs. 2);[334]
- die Offenlegung des Gründungsplans (Art. 32 Abs. 3);
- die Prüfung der Gründung (Art. 32 Abs. 4 und Abs. 5);
- die Zustimmung der Hauptversammlungen (Art. 32 Abs. 6 Unterabs. 1);
- die Festlegung des Mitbestimmungsmodells und ggf. dessen Genehmigung (Art. 32 Abs. 6 Unterabs. 2).

bb) Verfahren auf Ebene der Gründungsgesellschaften und Negativerklärung (§ 10 Abs. 2 SEAG-RegE)

Probleme bereitet allerdings das Fehlen einer vorgeschalteten Rechtmäßigkeitskontrolle auf Ebene der Gründungsgesellschaften, wie sie bei der Verschmelzung vorgesehen ist (Art. 25). Dies führt zu der Frage, ob die Kontrollstelle im Sitzstaat die Rechtmäßigkeit der Verfahrensschritte, die sich auf Ebene der Gründungsgesellschaften abspielen, auch am Maßstab des ergänzend anwendbaren nationalen Rechts überprüfen muss. Sie müsste sich dann zwangsläufig mit einer oder mehreren fremden Rechtsordnungen auseinandersetzen, sofern das Personalstatut der Gründungsgesellschaften maßgebend ist. Ein solcher Aufwand kann den Kontrollstellen aber nicht abverlangt werden. Es entspräche überdies nicht dem Sinn eines effektiven Kontrollverfahrens, wenn die zuständigen Stellen die Rechtmäßigkeit des Gründungsverfahrens nach dem für sie unbekannten ausländischen Recht beurteilen müssten.

Es kann also im Ergebnis nicht zweifelhaft sein, dass es nicht Aufgabe der Kontrollstelle im Sitzstaat ist, z.B. die Hauptversammlungsbeschlüsse der Gründungsgesellschaften auf ihre Rechtmäßigkeit nach dem jeweils maßgebenden nationalen Recht zu überprüfen. Es müssen daher Lösungen gefunden werden, um sicher zu stellen, dass Mängel des Gründungsverfahrens, die sich auf Ebene der Gründungsgesellschaften ergeben haben, im Rahmen der Rechtmäßigkeitskontrolle Berücksichtigung finden. Man könnte von den Gründungsgesellschaften verlangen, dass sie bei der Anmeldung zur Eintragung der SE eine dem Negativattest des § 16 Abs. 2 UmwG vergleichbare Erklärung abgeben.[335] Eine andere Möglichkeit besteht darin, die Anmeldung zur Eintragung überhaupt erst nach Ablauf der Anfechtungsfristen zuzulassen.[336] Dann müssten die zuständi-

[334] Hier muss überprüft werden, ob sich die verschiedenen Sprachfassungen des Gründungsplans inhaltlich entsprechen, also „gleich lauten".

[335] So *Neun*, in: Theisen/Wenz, S. 154; *Neye/Ch. Teichmann*, AG 2003, 169, 173.

[336] Vgl. *Oplustil*, GLJ Vol. 4 No. 2 (1 February 2003), Nr. 27: „Therefore it is questionable whether the SE can be registered before the judicial proceedings concerning such actions are finished."

gen Kontrollstellen allerdings die Anfechtungsfristen in den verschiedenen Rechtsordnungen kennen.

Es ist daher vorzugswürdig, im nationalen Ausführungsgesetz eine dem § 16 Abs. 2 UmwG vergleichbare Regelung vorzusehen, nach der bei Anmeldung der SE eine Negativerklärung einzureichen ist. Der Regierungsentwurf für ein SEAG sieht dementsprechend in § 10 Abs. 2 vor, dass die Vertretungsorgane der Gründungsgesellschaften[337] bei der Anmeldung der Holding-SE erklären müssen, dass eine Klage gegen die Wirksamkeit der Zustimmungsbeschlüssse gemäß Art. 32 Abs. 6 nicht oder nicht fristgemäß erhoben oder eine solche Klage rechtskräftig abgewiesen oder zurückgenommen worden ist.

Problematisch ist allein, auf welche Ermächtigungsgrundlage sich diese Vorschrift gründen lässt. Die Begründung des SEAG-RegE schweigt sich hierzu aus. Nach einer Ansicht kann auf Art. 68 Abs. 1 zurückgegriffen werden.[338] Dies ist indes gar nicht nötig, weil Art. 33 Abs. 5 selbst den Nachweis verlangt, dass die Gründungsvoraussetzungen erfüllt sind („nachweislich").[339] Das Erfordernis einer Negativerklärung lässt sich daher unmittelbar mit dem Wortlaut des Art. 33 Abs. 5 begründen.

b) Voraussetzungen gemäß Art. 33 Abs. 2 (Art. 33 Abs. 5)

Außerdem muss geprüft werden, ob die in Art. 33 Abs. 2 genannten Voraussetzungen erfüllt sind. Die Gesellschaftsanteile müssen also fristgemäß und in ausreichender Zahl eingebracht worden sein (Art. 33 Abs. 2). Dies setzt voraus, dass die einzubringenden Anteile dinglich an die Holding-SE übertragen worden sind. Das Bestehen der bloßen Einlageverpflichtung genügt nicht, weil die SE sonst nicht die ihr zugedachte Holdingfunktion ausüben könnte.[340]

c) Gründungsvoraussetzungen des Sitzstaats (Art. 15 Abs. 1)

Das Registergericht muss auch die Eintragungsvoraussetzungen prüfen, die sich gemäß Art. 15 Abs. 1 aus dem für AG geltenden Recht des Sitzstaats ergeben.[341]

d) Keine Eintragung vor Aktienübernahme

Die einbringenden Anteilsinhaber erwerben die Aktien der SE durch Zeichnung.[342] Fraglich ist, ob die SE erst dann eingetragen werden kann, wenn die

---

[337] Die Vorschrift ist insoweit missverständlich formuliert, als nicht klar wird, ob sich die Formulierung „ihre Vertretungsorgane" auf die Holding-SE oder die Gründungsgesellschaften bezieht. Es ist jedoch davon auszugehen, dass letztere Auslegungsvariante zutrifft. Dies ergibt sich aus dem Wortlaut (Verwendung des Plurals) sowie aus dem Vergleich mit der Vorbildvorschrift des § 16 Abs. 2 UmwG.

[338] So *Neye/Ch. Teichmann*, AG 2003, 169, 173.

[339] Ähnlich *Ch. Teichmann*, AG 2003, 67, 69 f.

[340] Siehe oben C.VIII.4.a), S. 359.

[341] Siehe oben C.IX, S. 367.

[342] Siehe unten D.II, S. 382.

einbringenden Anteilsinhaber die SE-Aktien auch tatsächlich gezeichnet haben. Dies ist zweifelhaft, weil Art. 33 Abs. 5 die Eintragung nicht vom Erhalt der Aktien nach Art. 33 Abs. 4 abhängig macht. Die zur Rechtmäßigkeitskontrolle berufene Stelle muss jedoch auch die sich nach dem nationalen Recht des SE-Sitzstaats stellenden Anforderungen an die Eintragung prüfen (Art. 15 Abs. 1). Dementsprechend setzt die Eintragung einer SE mit Sitz in Deutschland die Übernahme aller Aktien voraus (§ 29 AktG). Die SE kann mithin nicht eingetragen werden, bevor nicht alle Aktien gezeichnet worden sind.

4. Eintragung vor Fristablauf

Die Verordnung bestimmt nicht, ob die SE bereits vor Ablauf der Einbringungsfrist eingetragen werden darf. Hierbei ist zu unterscheiden zwischen der Zulässigkeit einer Eintragung vor Ablauf der Dreimonatsfrist i.S. des Art. 33 Abs. 1 und einer Eintragung vor Ablauf der Einmonatsfrist i.S. des Art. 33 Abs. 2 Unterabs. 2 (dazu a). Für den Fall, dass eine Eintragung vor Fristablauf zulässig ist, stellen sich außerdem kapitalrechtliche Probleme, die im Anschluss erörtert werden (dazu b).

a) Zulässigkeit

Es spricht Einiges dafür, dass die SE jedenfalls vor Ablauf der einmonatigen Nachfrist i.S. des Art. 33 Abs. 3 Unterabs. 2 eingetragen werden darf, da in diesem Zeitpunkt bereits feststeht, dass der erforderliche Mindestprozentsatz eingebracht worden ist. Art. 33 Abs. 5 nimmt außerdem nicht auf Art. 33 Abs. 3 Bezug, sodass dieser keine Eintragungsvoraussetzung begründet.[343]

Etwas komplizierter liegen die Dinge, was den Ablauf der Dreimonatsfrist nach Art. 33 Abs. 1 angeht, weil Art. 33 Abs. 5 explizit auf die Voraussetzungen des Absatzes 2 verweist. Voraussetzung des Absatzes 2 ist aber nur die Erbringung des erforderlichen Mindestprozentsatzes „innerhalb“ der Frist.[344] Absatz 2 verlangt also nicht den Ablauf der Dreimonatsfrist, sondern setzt den Anteilsinhabern nur eine Frist, die sie nicht überschreiten, aber unausgenutzt lassen dürfen. Art. 33 Abs. 2 steht einer Eintragung vor Ablauf der Dreimonatsfrist also nicht im Wege.[345]

b) Kapitalrechtliche Probleme

Im Zeitpunkt der Eintragung muss das gezeichnete Kapital in der Satzung exakt beziffert sein.[346] Werden nach der Eintragung weitere Anteile in die SE einge-

---

[343] So auch *Bungert/Beier*, EWS 2002, 1, 8; *Ch. Teichmann*, ZGR 2002, 383, 437; *Neun*, in: Theisen/Wenz, S. 147; *Oplustil*, GLJ Vol. 4 No. 2 (1 February 2003), Nr. 22.

[344] In Art. 31a Abs. 2 SE-VOV 1991 hieß es noch „nach Ablauf der in Absatz 1 genannten Frist“.

[345] Ebenso der *Handelsrechtsausschuss des DAV*, NZG 2004, 75, 78.

[346] Siehe oben C.III.3.a)aa)(1)(a), S. 316.

bracht, ist das in der Satzung bezifferte Grundkapital entsprechend zu berichtigen. Hierfür ist eine Satzungsänderung erforderlich.[347] Das Leitungs- oder Verwaltungsorgan muss die Satzungsänderung sodann zur Eintragung in das Register anmelden.[348]

Die Eintragung vor Ablauf der Einbringungsfrist führt zu einem weiteren Problem. Es stellt sich die Frage, wie den Anteilsinhabern, die ihre Anteile erst später einbringen, SE-Aktien zur Verfügung gestellt werden können.

aa) Keine Zeichnung von SE-Aktien durch die SE

Der SE ist die Zeichnung eigener Aktien anlässlich der Gründung (sog. Vorratsaktien) verwehrt (§ 56 Abs. 1 AktG).[349] Die SE kann daher nicht eigene Aktien zeichnen, um sie ggf. an Nachzügler, die ihre Anteile erst nach Eintragung einbringen, auszugeben. Ebenso scheidet aus, dass die Gründungsgesellschaften Aktien an der SE zeichnen (§ 56 Abs. 2 AktG).

bb) Keine Kapitalerhöhung

Denkbar ist, dass sich die neu gegründete SE das für den Umtausch erforderliche Aktienkapital erst im Wege einer Kapitalerhöhung beschafft. Dies könnte durch eine ordentliche (§§ 182 ff. AktG) oder bedingte Kapitalerhöhung (vgl. § 192 Abs. 2 Nr. 2 AktG) oder durch eine Kapitalerhöhung aus genehmigtem Kapital (§§ 202 ff. AktG) geschehen. Ein solches Vorgehen ist aber rechtlich problematisch und kaum praktikabel.

Der für die ordentliche oder bedingte Kapitalerhöhung erforderliche Hauptversammlungsbeschluss der neu gegründeten SE[350] lässt sich nicht mit dem in Art. 33 Abs. 1, Abs. 2 und Abs. 3 Unterabs. 2 verankerten Einbringungsrecht vereinbaren. Dieses Einbringungsrecht darf nicht von der Entscheidung der SE-Hauptversammlung abhängen.

Einen Ausweg bietet möglicherweise die Kapitalerhöhung aus genehmigtem Kapital, wie sie in Deutschland in den §§ 202 ff. AktG vorgesehen ist.[351] Es wäre insofern denkbar, dass das Leitungs- oder Verwaltungsorgan der SE in der

---

[347] Art. 9 Abs. 1 Buchst. c Ziffer ii i.V.m. § 179 Abs. 1 AktG. Die Berichtigung des Grundkapitals kann aber in der Gründungssatzung an das Aufsichtsorgan delegiert werden gemäß § 179 Abs. 1 S. 2 AktG; vgl. *Hüffer*, AktG, § 188 Rn. 11.

[348] *Oplustil*, GLJ Vol. 4 No. 2 (1 February 2003), Nr. 22.

[349] Vgl. Art. 18 Abs. 1 Zweite RiL. Die Anwendbarkeit des § 56 AktG auf eine SE folgt aus Art. 15 Abs. 1 oder Art. 5.

[350] Die Anwendbarkeit des nationalen Rechts über Kapitalerhöhungen folgt entweder aus Art. 5 oder Art. 52 Unterabs. 2 Buchst. (vgl. *Brandt*, S. 143). Wegen Art. 25 Abs. 1 Zweite RiL gilt das Zustimmungserfordernis der Hauptversammlungen bei Kapitalerhöhungen in allen Mitgliedstaaten. Während grundsätzlich eine einfache Mehrheit ausreicht, wird in Deutschland eine Mehrheit von mindestens drei Vierteln des bei der Beschlussfassung vertretenen Grundkapitals verlangt; dazu *Schwarz*, Rn. 615.

[351] Vgl. Art. 25 Abs. 2 Zweite RiL.

SE-Gründungssatzung bereits zur Kapitalerhöhung ermächtigt wird. Ein solches Verfahren bietet aber für die einbringenden Aktionäre keine Gewähr, dass sie ihre Anteile nach Eintragung der SE tatsächlich gegen SE-Aktien eintauschen können. Zum einen kann das Leitungs- oder Verwaltungsorgan über die Kapitalerhöhung in pflichtgemäßem Ermessen entscheiden und muss diese daher nicht zwingend durchführen.[352] Zum anderen eignet sich der Weg über genehmigtes Kapital in der Regel auch deshalb nicht, weil dieses der Höhe nach auf die Hälfte des Grundkapitals beschränkt ist (§ 202 Abs. 3 AktG).

cc) Zeichnung der Aktien durch Treuhänder

Die vorzugswürdige Lösung besteht darin, bei der Gründung der Holding-SE einen Treuhänder mit der Übernahme der zum Anteilstausch erforderlichen Anteile zu beauftragen. Der Treuhänder verpflichtet sich, die übernommenen SE-Aktien an die Gesellschafter auszugeben, die ihre Anteile an den Gründungsgesellschaften nachträglich in die bereits gegründete SE einbringen.

Ein solches Vorgehen ist zulässig, wenn der Aktienübernehmer zwar nach außen im eigenen Namen auftritt, im Innenverhältnis jedoch für Rechnung der AG oder eines abhängigen Unternehmens handelt (mittelbare Stellvertretung). Für Rechnung der AG oder ihrer Tochterunternehmen heißt, dass der Aktienübernehmer im Innenverhältnis zum Übernehmer das aus der Aktienübernahme folgende wirtschaftliche Risiko ganz oder teilweise trägt. Bei geplanter Weiterveräußerung an Dritte ist die Risikoübernahme in der Regel zu bejahen, wenn zwischen AG bzw. Tochterunternehmen und Übernehmer ein Auftragsverhältnis (§§ 662 ff. BGB), Geschäftsbesorgungsvertrag (§ 675 BGB), Kommissionsvertrag (§§ 383 ff. HGB) oder kommissionsähnliches Verhältnis (§ 406 HGB) besteht.[353] Der Aktienübernehmer unterliegt den in § 56 Abs. 3 AktG vorgesehenen Beschränkungen und Pflichten. Ihm stehen insbesondere keine Mitgliedsrechte zu (§ 56 Abs. 3 S. 3 AktG). Der Handelnde darf dagegen nicht als offener Stellvertreter im Namen der AG oder des Tochterunternehmens auftreten, weil sonst die Zeichnungsverbote des § 56 Abs. 1 oder Abs. 2 eingreifen.[354]

Der Nachteil dieser Lösung besteht indes darin, dass – sofern nach der Eintragung weitere Anteile eingebracht werden – das Grundkapital in der Satzung entsprechend korrigiert werden muss. Dazu ist eine Satzungsänderung erforderlich.

Dies ließe sich jedoch vermeiden, wenn die Holding-SE grundsätzlich von einem Treuhänder gegründet wird. Dieser übernimmt zunächst vollständig die Aktien der Holding-SE und überträgt sie anschließend an die Gesellschafter, die ihre Anteile zur Gründung einbringen. Dadurch kann das Grundkapital der SE bereits bei der Satzungsfeststellung endgültig festgesetzt werden. Zugleich wird

---

352 So jedenfalls die deutsche Rechtslage; vgl. *Krieger*, in: MünchHdb. GesR, Band 4, § 58 Rn. 6, 24.

353 *Hüffer*, AktG, § 56 Rn. 12.

354 *Bungeroth*, in: MüKo zum AktG, § 56 Rn. 46.

das Problem gelöst, wie den die einmonatige Nachfrist nutzenden Anteilsinhabern SE-Aktien zur Verfügung gestellt werden können. Als rechtliche Grundlage einer solchen Vorgehensweise kann auf Art. 15 Abs. 1 analog i.V.m. § 71 UmwG Rückgriff genommen werden.

c) Ergebnis

Die Holding-SE kann auch vor Ablauf der Dreimonatsfrist eingetragen werden, wenn der erforderliche Mindestprozentsatz an einzubringenden Anteilen bereits erreicht worden ist. Um auch den Nachzüglern die Möglichkeit zur Anteilseinbringung offen zu halten, müssen die Gründungsgesellschaften einen Treuhänder bestellen, der die zum Tausch erforderlichen SE-Aktien übernimmt und ggf. weitergibt. Dabei empfiehlt es sich, dass der Treuhänder sogleich alle SE-Aktien übernimmt (Art. 15 Abs. 1 analog i.V.m. § 71 UmwG).

5. Offenlegung und Bekanntmachung der Eintragung

Die Eintragung ist offen zu legen (Art. 15 Abs. 1 i.V.m. Art. 13)[355] und im Amtsblatt der EG nach Maßgabe von Art. 14 bekannt zu machen.[356]

D. Rechtsfolgen

I. Fortbestand der Gründungsgesellschaften

Die Gründungsgesellschaften bestehen unverändert fort (Art. 32 Abs. 1 Unterabs. 2). Dies gilt selbst dann, wenn alle ihre Anteile in die Holding-SE eingebracht werden und dadurch eine Einpersonen-Gesellschaft entsteht.[357] Nationales Recht, das Einpersonen-AG nicht zulässt,[358] ist unbeachtlich.[359] Die Gründungsgesellschaften werden zu abhängigen Unternehmen in einem Konzern, an dessen Spitze die Holding-SE als beherrschendes Unternehmen steht.[360] Die konzernrechtlichen Folgen bestimmen sich ausschließlich nach mitgliedstaatlichem Recht.[361] Bezüglich der deutschen Gründungsgesellschaft kommt es zu einer faktischen Konzernierung (§§ 311 ff. AktG).

---

355 Siehe dazu oben Teil 4 C.VIII.3.b), S. 278.

356 Siehe oben Teil 4 C.VIII.3.c), S. 278.

357 *Sanders*, Vorentwurf, S. 37.

358 Z.B. das französische Recht (Art. L225-1 C.Com), das mindestens sieben Gesellschafter voraussetzt. Einpersonen-GmbH sind dagegen gemeinschaftsweit zulässig (Art. 2 Abs. 1 Zwölfte RiL); dazu *Schwarz*, Rn. 514.

359 In Art. 31 Abs. 2 S. 2 SE-VOV 1989 und Art. 31 Unterabs. 2 SE-VOV 1991 wurde die Anwendbarkeit solcher Vorschriften des nationalen Rechts sogar ausdrücklich ausgeschlossen.

360 *Thoma/Leuering*, NJW 2002, 1449, 1452.

361 Siehe oben Teil 1 F.III, S. 15.

II. Aktienerwerb der einbringenden Gesellschafter

1. Gesetzliches Zeichnungsrecht (Art. 33 Abs. 4)

Die Aktionäre, die ihre Anteile an den Gründungsgesellschaften in die zu gründende Holding-SE einbringen, erhalten Aktien der SE (Art. 33 Abs. 4). Das Mitgliedsrecht entsteht kraft Gesetzes mit der Eintragung der SE. Der Erwerb der SE-Aktien setzt aber eine entsprechende Willenserklärung der einbringenden Gesellschafter voraus. Dies ist direkte Folge des Einbringungswahlrechts der Anteilsinhaber. Art. 33 Abs. 4 ordnet also, wie schon der Wortlaut zeigt, keinen Aktienerwerb kraft Gesetzes an.[362] Während es in Art. 29 Abs. 1 Buchst. b und Abs. 2 Buchst. b heißt, dass die Aktionäre der Gründungsgesellschaften SE-Aktionäre „werden“, spricht Art. 33 Abs. 4 davon, dass die Anteilsinhaber Aktien „erhalten“.[363] Die Anteilsinhaber müssen in Form einer Willenserklärung kundtun, ob sie ihre Anteile in die SE einbringen.[364] Die die „Gegenleistung“ bildenden SE-Aktien entstehen durch ein besonderes Rechtsgeschäft, das nicht schuldrechtlicher, sondern gesellschaftsrechtlicher Natur ist.

Dementsprechend liegt in der Mitteilung der Gesellschafter, ihre Anteile in die SE einzubringen (Art. 33 Abs. 1), entweder sogleich die dazugehörige Aktienübernahmeerklärung oder man versteht die Mitteilung als Angebot auf Abschluss eines Zeichnungsvertrags.[365] Geht man von letzterem aus, so lässt sich dem Art. 33 Abs. 4 ein gesetzliches Zeichnungsrecht entnehmen. Den Aktionären steht dann ein durchsetzbarer Anspruch auf Abschluss eines Zeichnungsvertrags gegenüber der Holding-SE zu. Eine SE mit Sitz in Deutschland kann nicht eingetragen werden, bevor nicht alle Aktien gezeichnet worden sind.[366]

2. Einbringung eigener Aktien

Bringt eine Gründungsgesellschaft eigene Aktien in die SE ein, führt dies zu einer wechselseitigen Beteiligung zwischen den beiden Gesellschaften.[367] Die Gründungsgesellschaft erwirbt also SE-Aktien. Fraglich ist, ob es sich dabei um einen zulässigen Erwerb i.S. des § 71d S. 2 AktG handelt.[368] § 71d AktG soll ei-

---

362 Wohl ebenso der *Handelsrechtsausschuss des DAV*, NZG 2004, 75, 78 f.

363 Anders noch die Vorgängervorschrift des Art. 34 Abs. 2 SE-VOV 1975, der bestimmte, dass die Aktionäre der Gründungsgesellschaften im Zeitpunkt der Bekanntgabe der Eintragung der SE im Amtsblatt der EG Aktionäre der SE „werden“.

364 Siehe oben C.VIII.4.a)bb), S. 361.

365 Siehe oben C.VIII.4.a)bb), S. 361.

366 Siehe oben C.XI.3.d), S. 377. Nach Meinung von *Bungert/Beier*, EWS 2002, 1, 8 richtet sich der Zeitpunkt der Aktienausgabe nach den Sachkapitalerhöhungsvorschriften des nationalen Rechts.

367 Eine Ausnahmeregelung, wie sie für Mutter-Tochter-Verschmelzungen vorgesehen ist (Art. 19 Abs. 2 Dritte RiL), existiert nicht.

368 So offensichtlich *Oplustil*, GLJ Vol. 4 No. 2 (1 February 2003), Nr. 9.

ne Umgehung des Erwerbsverbots des § 71 Abs. 1 AktG verhindern.[369] Weil die Gründungsgesellschaft aber bereits eigene Aktien in Übereinstimmung mit § 71 Abs. 1 AktG gehalten hat, die sie sodann in die SE eingebracht hat, ist die Gefahr einer Umgehung gebannt. Die Vorschrift ist demzufolge ihrem Schutzzweck nach nicht anwendbar. Die Erwerbsverbote des § 71d i.V.m. § 71 Abs. 1 Nr. 1 bis 5, 7 und 8 AktG finden daher m.E. auf den Erwerb gemäß Art. 33 Abs. 4 keine Anwendung.

III. Ablehnende Minderheitsgesellschafter

Die eine Einbringung ablehnenden Gesellschafter bleiben Mitglied der Gründungsgesellschaft nationalen Rechts. Damit richten sich ihre Rechtsverhältnisse weiter nach dem Personalstatut der Gründungsgesellschaft.[370] Über Art. 24 Abs. 2 können ihnen die nationalen Gesetzgeber allerdings besondere Schutzrechte einräumen.[371]

IV. Gründungsmängel

Die Verordnung regelt nicht, ob und wie sich die Eintragung der SE auf Mängel des Gründungsverfahrens auswirkt. Ein dem Art. 30 vergleichbarer Nichtigkeitsausschluss ist nicht vorgesehen.[372] Demnach findet auf die Geltendmachung von Gründungsmängel nach Entstehung der SE gemäß Art.9 Abs. 1 Buchst. c Ziffer ii das Recht am Sitzstaat Anwendung (vgl. Art. 11 Erste RiL). Eine analoge Anwendung des § 20 Abs. 2 UmwG ist nicht angezeigt, weil die Rückabwicklung einer Holding-SE mangels Vermögensübergangs nicht dieselben Probleme aufwirft wie eine Entschmelzung.

---

[369] *Hüffer*, AktG, § 71d Rn. 1.

[370] Möglicherweise droht ihnen ein Squeeze-Out (vgl. §§ 327a ff. AktG).

[371] Siehe oben C.VII.1, S. 347.

[372] Anders noch der SE-VOV 1989. Nach Art. 32 Abs. 5 SE-VOV 1989 konnte die Nichtigkeit der Gründung einer Holding-SE nur wegen fehlender Prüfung der Gründung gemäß Art. 29 erklärt werden.

Teil 6: Gemeinsame Tochter-SE

A. Allgemeines

Die Gründung einer gemeinsamen Tochter-SE ist in Art. 2 Abs. 3 und in Art. 35 und 36 geregelt. Art. 2 Abs. 3 regelt die Zulässigkeit der Gründungsform. Art. 35 stellt die Verbindung zwischen den Verfahrensregeln im Abschnitt 4 und Art. 2 Abs. 3 her und stellt klar, dass die Regelungen nur für die Gründung einer gemeinsamen Tochter-SE und nicht auch für die Gründung einer Tochter-SE gemäß Art. 3 Abs. 2 gelten. Art. 36 enthält eine partielle Generalverweisung, die das auf die Gründungsgesellschaften anwendbare Recht bestimmt.

I. Rechtsnatur

Die Gründung einer gemeinsamen Tochter-SE ist das Gegenstück zur Gründung einer Holding-SE. Während sich die Gründungsgesellschaften mit der Holding-SE eine gemeinsame Muttergesellschaft beschaffen, gründen sie hier eine gemeinsame Tochtergesellschaft in Form einer SE. An der Gründung einer gemeinsamen Tochter-SE müssen mindestens zwei Gründungsrechtsträger beteiligt sein. Es handelt sich also zwingend um eine bi-/multilaterale Gründungsform.[1] Die Ausgründung einer Tochter-SE aus einem einzelnen Gründungsrechtsträger wird nicht ermöglicht. Auch wenn die Verordnung selbst von der „Gründung einer Tochter-SE" spricht,[2] sollte man daher, um Missverständnissen und Verwechslungen mit Art. 3 Abs. 2 vorzubeugen, besser von der Gründung einer gemeinsamen Tochter-SE sprechen.[3]

Auf die rechtliche Existenz der Gründungsgesellschaften hat die Errichtung der gemeinsamen Tochter-SE keinen Einfluss. Diese bestehen fort und werden zu Aktionären der SE (vgl. Art. 2 Abs. 3: „... durch Zeichnung ihrer Aktien ..."). Die Gründung einer gemeinsamen Tochter-SE führt damit automatisch zur Gruppenbildung;[4] die Tochter-SE wird zum Gemeinschaftsunternehmen. Dabei kann es je nach Gestaltung dazu kommen, dass allein gegenüber einem Gründungsrechtsträger ein Abhängigkeitsverhältnis entsteht, dass eine mehrfache Abhängigkeit gegenüber mehreren Gründungsrechtsträgern besteht oder dass sich die Gründungsrechtsträger hinsichtlich ihrer Einflussmöglichkeiten gegenseitig blockieren. Die nach Errichtung der Tochter-SE zu erwartenden konzernrechtlichen Probleme sind aber nicht Gegenstand dieser Arbeit.[5] Für den Grün-

---

1 Siehe oben Teil 1 F.II, S. 14.

2 Siehe Art. 2 Abs. 3 („... können eine Tochter-SE .. gründen ...") sowie die Überschrift von Abschnitt 4 in Titel II.

3 So auch noch Art. 2 Abs. 2 und Art. 34 SE-VOV 1989 und 1991.

4 *Weitnauer*, EWS 1992, 165, 167; *Habersack*, in: Emmerich/Sonnenschein/Habersack, Konzernrecht, § 1 VII 2, S. 28.

5 Dazu *Maul*, in: Theisen/Wenz, S. 462 ff.

dungsprozess ist allein die Frage relevant, ob und inwieweit die Gründungsrechtsträger ihre Mitglieder unter dem Gesichtspunkt einer Konzernbildungskontrolle an der Entscheidung über die SE-Gründung teilhaben lassen müssen.[6]

II. Regelungskonzept

Regelungstechnisch zeichnet sich die gemeinsame Tochter-SE durch ihre große Flexibilität aus. Der Kreis der gründerfähigen Rechtsformen reicht weiter als bei den anderen Gründungsformen. Während sich sonst nur AG und ausnahmsweise GmbH an der Gründung einer SE beteiligen dürfen, bezieht Art. 2 Abs. 3 nahezu alle Gesellschaftsformen ein. Außerdem hat der Gemeinschaftsgesetzgeber darauf verzichtet, das aufwändige Gründungsverfahren der anderen Gründungsformen (Plan, Bericht, Prüfung, Zustimmungsbeschluss) auf die gemeinsame Tochter-SE zu übertragen. Die Verordnung enthält – von einer Ausnahme abgesehen[7] – keine sachrechtlichen Regelungen zum Verfahren der Gründung einer gemeinsamen Tochter-SE. Das Verfahren richtet sich damit ausschließlich nach nationalem Recht. Während Art. 36 das auf die Gründungsgesellschaften anwendbare Recht bestimmt, richtet sich das eigentliche Gründungsverfahren gemäß Art. 15 Abs. 1 nach dem für AG geltenden Recht des künftigen SE-Sitzstaats.

III. Einsatzmöglichkeiten in der Praxis

Die Gründung einer gemeinsamen Tochter-SE kann verschiedenen unternehmerischen Zielen dienen.[8] Der typische Verwendungszweck einer gemeinsamen Tochter-SE dürfte darin liegen, die Zusammenarbeit von Gesellschaften in bestimmten Geschäftsfeldern zu ermöglichen.[9] Die Gründungsform gemeinsame Tochter-SE könnte insofern eine interessante Alternative zu den herkömmlichen Methoden der Bildung von Joint Ventures[10] darstellen.[11] So lassen sich Teilbereiche der wirtschaftlichen Aktivitäten der Gründungsrechtsträger auslagern und in der Tochter-SE zusammenführen und rechtlich verselbständigen.[12] Dies kann der Rationalisierung und mitunter der Beseitigung von Wettbewerb zwischen den Gründern dienen.[13] Die grenzüberschreitende Bündelung von Geschäftsbereichen verschiedener Gesellschaften in einer gemeinsamen Tochtergesellschaft war allerdings bereits nach bisheriger Rechtslage ohne weiteres möglich. Einer

---

6 Siehe dazu unten C.III, S. 392.

7 Dazu unten C.II.1, S. 391.

8 Allgemein zu den Motiven für die Errichtung eines Gemeinschaftsunternehmens *Langefeld-Wirth*, Joint Ventures im internationalen Wirtschaftsverkehr, S. 35 ff.

9 *Ficker*, NJW 1970, 1569, 1570 spricht von Teilunternehmenszusammenfassung.

10 Siehe dazu *Baumanns*, in: MünchHdb. GesR, Band 1, § 22.

11 Vgl. *Wenz*, in: Theisen/Wenz, S. 571 f.

12 Wegen der rechtlichen Verselbständigung handelt es sich um sog. Equity Joint Ventures; dazu *Stephan*, in: Schaumburg, Internationale Joint Ventures, S. 99.

13 *Würdinger*, DB 1975, 1301, 1302.

Zusammenlegung der Geschäftsaktivitäten standen allenfalls psychologische Aspekte im Wege, die damit zu tun haben, dass man sich bei der gemeinsamen Tochtergesellschaft für die Rechtsform einer bestimmten nationalen Rechtsordnung entscheiden musste. Es darf außerdem bezweifelt werden, dass die SE die für ein Joint Venture geeignete Rechtsform darstellt. Während für die Partner eines Gemeinschaftsunternehmens die Gestaltungsfreiheit in der Regel eine große Rolle spielt, stellt sich bei der SE – im Gegensatz zur GmbH als der typischen Joint Venture-Rechtsform – das Problem der Satzungsstrenge (vgl. Art. 9 Abs. 1 Buchst. b und c Ziffer iii).[14]

Die Gründung einer gemeinsamen Tochter-SE kann möglicherweise auch die vollständige Vergemeinschaftung der Vermögensmassen der beteiligten Unternehmen bezwecken.[15] Man spricht in diesem Zusammenhang von synthetischen Zusammenschlüssen, bei denen zwei oder mehrere Gesellschaften ihr Betriebsvermögen in eine neu zu gründende Tochtergesellschaft einbringen. Die Muttergesellschaften bestehen als selbständige Rechtspersonen fort und halten die Stimmrechte an der gemeinsamen Tochtergesellschaft, während diese Eigentümerin des Betriebsvermögens der Gruppe ist (Fall der sog. „combined group structure").[16] Durch diese Art der Vergemeinschaftung des Gesellschaftsvermögens wird ein der Verschmelzung vergleichbares wirtschaftliches Ergebnis erzielt. Es stellt sich in diesen Fällen die Frage, ob es sich um eine unzulässige Umgehung des Verschmelzungsverfahrens nach Art. 17 ff. handelt bzw. ob zwingende Schutzvorschriften der Verschmelzung analog Anwendung finden.[17]

Schließlich sind Gestaltungen denkbar, bei denen in der gemeinsamen Tochter-SE die Leitungsmacht der beteiligten Gründungsgesellschaften gebündelt werden soll. Der BGH hatte in der Sache *Hoesch/Hoogovens* über einen solchen Sachverhalt zu entscheiden.[18] In diesem Fall brachten die beteiligten Gesellschaften ihr Betriebsvermögen zunächst jeweils in eine eigene Tochtergesellschaft ein. Anschließend gründeten sie eine gemeinsame Tochtergesellschaft in der sie wiederum die Anteile an den zuvor gegründeten Tochtergesellschaften einbrachten. Über die Gründung einer gemeinsamen Tochter-SE könnte es insofern zu einem ähnlichen wirtschaftlichen Ergebnis wie bei der Gründung einer Holding-SE kommen. Auch hier stellt sich das Problem einer möglichen Umgehung dieser Gründungsform.

---

[14] *Bungert/Beier*, EWS 2002, 1, 11; *Wenz*, in: Theisen/Wenz, S. 572; *ders.*, AG 2003, 185, 195. Vgl. *Stephan*, in: Schaumburg, Internationale Joint Ventures, S. 105.

[15] Entsprechende Vorstellungen finden sich bereits bei *von der Groeben*, AG 1967, 95, 102.

[16] Vgl. *Stengel*, in Semler/Volhard: Hdb. Unternehmensübernahmen, § 17 Rn. 321 ff; *Martens*, in: FS für Peltzer, 2001, S. 279, 282 ff.

[17] Dazu unten C.III.1.b)cc), S. 394.

[18] BGHZ 82, 188.

Die Erwartung, dass es sich bei der gemeinsamen Tochter-SE um die wichtigste Möglichkeit einer SE-Gründung handeln könnte,[19] ist angesichts der vielfältigen Verwendungsmöglichkeiten dieser Gründungsform nicht unbegründet. Verlokkend könnte insbesondere der Umstand sein, dass sich die Gründungsgesellschaften beim Gründungsverfahren auf dem vertrauten Terrain der einheimischen Rechtsordnung bewegen können und sich das aufwändige Procedere der anderen Gründungsformen vermeiden lässt.

IV. Steuerliche Auswirkungen

Aus steuerrechtlicher Perspektive ist zwischen einer Bar- und einer Sachgründung zu unterscheiden. Die Bargründung verläuft steuerneutral, weil die Gründung einer Gesellschaft an sich erfolgsneutral ist.[20] Dagegen stellt die Einbringung von Einzelwirtschaftsgütern im Wege der Sacheinlage einen tauschähnlichen Vorgang dar, der zur Aufdeckung stiller Reserven führt. Eine Gewinnrealisierung kann allerdings unter den Voraussetzungen des Art. 20 Abs. 1 S. 1 UmwStG verhindert werden, wenn ein Betrieb oder Teilbetrieb eingebracht wird und die Tochter-SE das eingebrachte Betriebsvermögen mit dem Buchwert ansetzt.[21]

B. Gründungsberechtigung (Art. 2 Abs. 3)

Die gemeinsame Tochter-SE steht nicht nur AG und GmbH, sondern allen Gesellschaften i.S. des Art. 48 Abs. 2 EG sowie sonstigen juristischen Personen des öffentlichen oder privaten Rechts offen (Art. 2 Abs. 3). Damit können vor allem die OHG, die KG und sogar die Gesellschaft bürgerlichen Rechts, sofern sie wirtschaftlich tätig sind, eine gemeinsame Tochter-SE gründen. Zur Begründung des grenzüberschreitenden Charakters der Transaktion reicht eingeschränkte Mehrstaatlichkeit aus (vgl. Art. 2 Abs. 3 Buchst. b).

C. Verfahren

Die Verordnung enthält keine sachrechtlichen Regelungen zum Verfahren der Gründung einer gemeinsamen Tochter-SE.[22] Einheitliche Eckpunkte des Gründungsverfahrens, wie sie bei den anderen Gründungsformen zwingend vorausgesetzt werden, also die Erstellung eines Gründungsplans, die Gründungsprüfung oder der Gesellschafterbeschluss, fehlen völlig.

---

19 *Schnyder*, in: FS für Druey, 2002, S. 569. 577.

20 *Schulz/Geismar*, DStR 2001, 1078, 1084.

21 Wenn die Tochter-SE ihren Sitz im Ausland hat und es sich beim Einbringenden um eine Kapitalgesellschaft handelt, findet § 23 Abs. 1 UmwStG Anwendung; eingehend dazu *Thömmes*, in: Theisen/Wenz, S. 524 ff.

22 Beachte aber Art. 2 Abs. 3, der davon spricht, dass die Tochter-SE „durch Zeichnung ihrer Aktien" gegründet wird. Dazu unten C.II.1, S. 391.

In den früheren Verordnungsvorschlägen wurde das Verfahren dagegen noch detailliert geregelt und die Aufstellung eines Gründungsakts und seine Genehmigung durch die Gründungsgesellschaften verlangt. Im SE-VOV 1975 wurde das Bedürfnis für eine ausführliche Regelung damit erklärt, dass mit der Gründungsform gemeinsame Tochter-SE nicht nur Teile der Gründungsgesellschaften zusammengelegt, sondern auch den anderen Gründungsarten wirtschaftlich weitgehend gleichwertige Umstrukturierungsmaßnahmen durchgeführt werden können.[23] Der SE-VOV 1989 legte fest, dass ein Gründungsplan aufzustellen ist (Art. 34 SE-VOV 1989), der von allen Gründungsgesellschaften nach den auf sie anwendbaren Rechtsvorschriften zu genehmigen war (Art. 35 Abs. 1 SE-VOV 1989).

Im SE-VOV 1991 nahm man schließlich davon Abstand, das Verfahren der Gründung einer gemeinsamen Tochter-SE einheitlich zu regeln. Die Kommission begründete die Kehrtwendung damit, dass das in den Vorschlagstexten vorgesehene Verfahren „verglichen mit der Praxis in den Mitgliedstaaten als zu schwerfällig empfunden wurde".[24] Das Echo in der Fachöffentlichkeit fiel unterschiedlich aus. Einerseits wurde der Verzicht auf europäische Sondervorschriften begrüßt, weil die Gründung einer Tochtergesellschaft in Form einer SE grundsätzlich nicht anderen Voraussetzungen unterliegen sollte als die Gründung einer Tochtergesellschaft nationalen Rechts. Die Gesellschafter der Obergesellschaft seien in beiden Fällen gleich schutzwürdig.[25] Andererseits wurde kritisiert, dass der Verzicht auf jegliche Sachnormen zu Lasten der Rechtssicherheit ginge.[26] Diese Befürchtung erscheint jedoch übertrieben, weil sich das Verfahren der Gründung in Ermangelung gemeinschaftsrechtlicher Vorgaben auf dem gewohnten Boden des mitgliedstaatlichen Rechts vollzieht. Viel eher steht zu erwarten, dass die Gründungsvariante gemeinsame Tochter-SE dazu genutzt wird, die aufwändigen Verfahrensregeln der anderen Gründungsformen (Gründungsplan, Prüfung, Gesellschafterbeschluss usw.) zu umgehen. Das Management könnte deshalb geneigt sein, die Gründung einer gemeinsamen Tochter-SE den anderen Gründungsformen – allen voran der Verschmelzung – vorzuziehen, um „ungeliebte Sicherungsmechanismen"[27] für Aktionäre und Gläubiger zu umgehen. Ein der Verschmelzung vergleichbares wirtschaftliches Ergebnis lässt sich erreichen, indem eine gemeinsame Tochter-SE gegründet wird und anschließend das wesentliche Betriebsvermögen der Gründungsrechtsträger im

---

23 SE-VOV 1975, Begründung zu Art. 35 bis 37, S. 201.

24 SE-VOV 1991, Begründung, S. 6.

25 *Raiser*, in: FS für Semler, 1993, S. 277, 286 f.

26 Vgl. *Gemeinsamer Arbeitsausschuss 1991*, S. 7: „Nach der Reduzierung der Regelungsdichte bezüglich der Gründung einer gemeinsamen Tochtergesellschaft ergeben sich Verständnisschwierigkeiten, wie dieser Gründungsvorgang durchzuführen ist."

27 *Neun*, in Theisen/Wenz, S. 168.

Wege der Einzelrechtsnachfolge auf die Tochter-SE übertragen wird.[28] Die Gründung einer gemeinsamen Tochter-SE bietet sich ferner für solche Gründungsrechtsträger an, denen die Verschmelzungsgründung mangels Gründerfähigkeit nicht zur Verfügung steht (z.B. GmbH). Der Verzicht auf ein striktes Korsett an Verfahrensregeln bei der Gründung einer gemeinsamen Tochter-SE verschafft den Unternehmen damit Gestaltungspotenzial.[29] Es wird allerdings noch zu klären sein, in welchem Maße solche Umgehungspraktiken auf Grundlage der SE-VO zulässig sind.[30]

I. Anwendbares Recht

Angesichts des Fehlens sachrechtlicher Vorschriften zum Gründungsverfahren richtet sich das Augenmerk des Rechtsanwenders sogleich auf die Bestimmung des anwendbaren Rechts. Entsprechend der Zweistufigkeit des SE-Gründungsverfahrens ist auch hier zwischen den Verfahrensabschnitten, die sich auf Ebene der Gründungsrechtsträger zutragen, und dem Verfahrensteil, der sich mit der SE in Entstehung beschäftigt, zu unterscheiden.[31] Erstere unterliegen dem nach Art. 36 anwendbaren nationalen Recht, während sich letzterer gemäß Art. 15 Abs. 1 nach dem Recht im SE-Sitzstaat richtet. Dies ergibt sich bei näherer Betrachtung schon aus dem Wortlaut der Vorschriften. Während sich der Anwendungsbereich des Art. 36 „auf die an der Gründung beteiligten Gesellschaften oder sonstigen juristischen Personen" beschränkt, bezieht sich Art. 15 Abs. 1 „auf die Gründung einer SE". Art. 36 bestimmt demnach nur für die internen (Willensbildungs-)Prozesse in den Gründungsrechtsträgern das anwendbare Recht.[32] Die Vorschrift ist dann von Bedeutung, wenn zu bestimmen ist, ob und inwieweit die Gesellschafter der Gründungsrechtsträger bei der Entscheidung über die SE-Gründung einzubeziehen sind.

Im Folgenden wird zunächst das eigentliche Gründungsverfahren, das sich mit der SE in Entstehung beschäftigt, untersucht (dazu II). Im Anschluss daran wird das interne Verfahren in den Gründungsgesellschaften beleuchtet (dazu III).

II. Gründungsverfahren

Die Art und Weise der Gründung einer gemeinsamen Tochter-SE bestimmt sich nach dem für AG geltenden Recht des künftigen SE-Sitzstaats (Art. 15 Abs. 1). Eine gemeinsame Tochter-SE mit Sitz in Deutschland kann im Wege der einfachen Bar- oder Sachgründung nach den für AG geltenden Regelungen errichtet werden. Fraglich ist, ob daneben auch die Möglichkeit besteht, eine gemeinsame Tochter-SE durch Spaltung zu errichten. In Betracht kommt eine Spaltung durch

---

[28] *Hommelhoff/Ch. Teichmann*, SWZ 2002, 1, 9.
[29] *Ch. Teichmann*, ZGR 2002, 383, 438; *Neun*, in: Theisen/Wenz, S. 168.
[30] Siehe unten C.III.1.b)cc), S. 394.
[31] Siehe oben Teil 2 B.IV.1, S. 37.
[32] Siehe unten Teil 2 B.IV.2.c), S. 47.

Ausgliederung (vgl. § 123 Abs. 3 Nr. 2 UmwG), bei der die Gründungsgesellschaften einen Teil ihres Vermögens im Wege der partiellen Gesamtrechtsnachfolge auf die durch die Spaltung neu gegründete Gesellschaft übertragen.[33]

1. Keine Spaltung

Art. 15 Abs. 1 verweist auf das für die Gründung von AG geltende Recht des Sitzstaats. Eine AG kann auch durch Spaltung gegründet werden (§ 124 Abs. 1 i.V.m. § 3 Abs. 1 Nr. 2 UmwG). Art. 15 Abs. 1 schließt daher nicht aus, dass eine gemeinsame Tochter-SE im Wege der Spaltung gegründet wird. An einer Spaltung gemäß § 123 UmwG kann sich aber nur ein Rechtsträger beteiligen, während die Gründung einer gemeinsamen Tochter-SE als multi- bzw. bilaterale Gründungsform ausgestaltet ist, also die Beteiligung mehrerer Gründungsgesellschaften voraussetzt. Die Möglichkeit der Gründung einer gemeinsamen Tochter-SE durch Spaltung ist aber vor allem deshalb ausgeschlossen, weil Art. 2 Abs. 3 bestimmt, dass eine Tochter-SE „durch Zeichnung ihrer Aktien" gegründet wird.[34] Daraus folgt, dass es bei der Gründung einer Tochter-SE nicht zu dem für Spaltungsvorgänge charakteristischen Anteilserwerb kraft Gesetzes kommt (vgl. Art. 17 Abs. 1 Buchst. b bzw. Art. 21 Abs. 1 Sechste RiL).[35] Die Tochter-SE wird vielmehr durch die rechtsgeschäftliche Übernahme ihrer Aktien gegründet. Nach alledem kann eine gemeinsame Tochter-SE nicht durch Spaltung gegründet werden.

2. Einfache Bar- oder Sachgründung

Eine gemeinsame Tochter-SE kann also nur im Wege der Bar- oder Sachgründung errichtet werden. Im Gegensatz zur Holding-SE, bei der die Aktionäre der Gründungsgesellschaften ihre Anteile in die SE einbringen, werden die Gründungsgesellschaften bei der gemeinsamen Tochter-SE durch Leistung einer Einlage selbst Anteilseigner der SE. Bei der Holding-SE leisten also die Aktionäre die Einlage, während bei der gemeinsamen Tochter-SE die Gründungsgesellschaften das Grundkapital erbringen. Die Einlage kann sowohl in bar als auch als Sacheinlage geleistet werden.[36] Die Gründungsgesellschaften stellen die Satzung der SE fest und sind damit Gründer der SE (§ 28 AktG).[37] Im Übrigen un-

---

33 *Schwarz*, Rn. 1126.

34 In der französischen Fassung heißt es „en souscrivant ses actions", in der englischen „by subscribing for its shares".

35 Die Spaltung durch Ausgliederung nach § 123 Abs. 3 Nr. 2 UmwG fällt an sich nicht unter die Sechste RiL (vgl. Art. 2 Abs. 1 Sechste RiL). Dennoch sind auch hier die Vorgaben der Richtlinie zu beachten (Art. 25 Sechste RiL). Dazu *Schwarz*, Rn. 678 ff.

36 Ebenso *Sanna*, ELR 2002, 2, 7; *Vossius*, in: Widmann/Mayer, § 20 UmwG Rn. 405 (Stand: Juni 2002); *Ch. Teichmann*, ZGR 2003, 367, 395 f.; *Kalss*, ZGR 2003, 593, 615.

37 Zum Inhalt der SE-Satzung siehe oben Teil 4 C.I.3.a)hh)(2), S. 164.

terscheidet sich das Verfahren der Gründung einer gemeinsamen Tochter-SE nicht von der Gründung einer AG nationalen Rechts.

III. Gründerinternes Verfahren

Vom eigentlichen Gründungsverfahren zu trennen sind die internen Abläufe in den Gründungsgesellschaften. Diese unterliegen gemäß Art. 36 den „Vorschriften über deren Beteiligung an der Gründung einer Tochtergesellschaft in Form einer Aktiengesellschaft nationalen Rechts". Hier stellt sich vor allem die Frage, ob die Gründung einer gemeinsamen Tochter-SE in den alleinigen Verantwortungsbereich der Leitungsorgane des Gründungsrechtsträgers fällt oder ob die Gesellschafter- bzw. Mitgliederversammlung hierüber befinden muss. Der Verordnungsgeber enthielt sich bewusst einer Entscheidung und überließ die Frage den mitgliedstaatlichen Rechten. Ein Analogieschluss (z.B. mit Art. 23 oder Art. 32 Abs. 6) scheidet daher mangels Regelungslücke aus.

Die Rechte der Gesellschafter bei der Gründung einer gemeinsamen Tochter-SE bestimmen sich somit nach dem Personalstatut jeder Gründungsgesellschaft. Der Gesellschafterschutz bei einer Gründungsgesellschaft deutschen Rechts soll nachfolgend am Beispiel der AG, der GmbH und der Personenhandelsgesellschaften dargestellt werden, weil diesen Rechtsformen wohl die größte praktische Relevanz im Zusammenhang mit der Beteiligung an einer SE-Gründung zukommen wird.

1. AG als Gründer

a) Konzernöffnungsklausel

Voraussetzung der Gründung einer Tochtergesellschaft ist in jedem Fall das Bestehen einer entsprechenden Ermächtigung in der Satzung (sog. Konzernöffnungsklausel). Anderenfalls ist der Unternehmensleitung die Bildung einer Unternehmensgruppe untersagt.[38]

b) Hauptversammlungskompetenz

Fraglich ist jedoch, ob der Vorstand bei Existenz einer Konzernklausel ohne weiteres eine Tochtergesellschaft gründen kann oder ob er die Zustimmung der Hauptversammlung einholen muss. Das deutsche Aktienrecht kennt keine generelle Hauptversammlungszuständigkeit bei der Gründung von Tochtergesellschaften. In der Obergesellschaft findet eine Konzerneingangskontrolle nur in Ausnahmefällen bei Vorliegen besonderer Umstände statt.[39] Nach Auffassung des BGH ist dies dann der Fall, wenn die Maßnahme „tief in die Mitgliedsrechte der Aktionäre und deren im Anteilseigentum verkörpertes Vermögensinteresse"

---

38 *Habersack*, in: Emmerich/Sonnenschein/Habersack, Konzernrecht, § 9 I 1, S. 118 f.

39 Vgl. *Habersack*, in: Emmerich/Sonnenschein/Habersack, Konzernrecht, § 9 IV 1 a, S. 123 f. m.w.N.

eingreift (sog. *Holzmüller*-Doktrin).[40] Die Übertragung wesentlichen Betriebsvermögens der Gesellschaft stellt, wie der BGH in der *Holzmüller*-Entscheidung hervorhebt, einen solchen Eingriff dar.

Es ist daher zu untersuchen, ob sich die Grundsätze der *Holzmüller*-Entscheidung auf die Gründung einer gemeinsamen Tochter-SE übertragen lassen (dazu aa). Weiterhin soll der Frage nachgegangen werden, ob sich eine Hauptversammlungszuständigkeit auch mit den Besonderheiten der Gründung einer gemeinsamen Tochter-SE begründen lässt. Denkbarer Ansatzpunkt ist hier die grenzüberschreitende Dimension des Vorgangs, die möglicherweise eine Befassung der Hauptversammlung erforderlich macht (dazu bb). Die Zustimmung der Hauptversammlung könnte schließlich auch deshalb einzuholen sein, weil ansonsten zwingende Schutzvorschriften der anderen Gründungsformen umgangen werden könnten (dazu cc).

aa) Holzmüller-Grundsätze

Im Schrifttum wurden rechtspolitische Einwände gegen die Anwendung der *Holzmüller*-Doktrin auf die Gründung einer gemeinsamen Tochter-SE erhoben. Diese führe zu einem „Regelungsgefälle" innerhalb der mitgliedstaatlichen Gesellschaftsrechtsordnungen. In der Folge nähme die Konkurrenzfähigkeit deutscher Konzernobergesellschaften im europäischen Vergleich ab. Deutschland verlöre insgesamt als Sitzstaat einer Tochter-SE an Attraktivität.[41]

Rein rechtlich betrachtet sind die Grundsätze der *Holzmüller*-Entscheidung aber ohne weiteres auf die Gründung einer Tochter-SE übertragbar. Die Interessenlage und das Gefährdungspotenzial der Anteilsinhaber bei der Gründung einer Tochter-SE ist mit dem der *Holzmüller*-Entscheidung zugrunde liegenden Sachverhalt vergleichbar.[42] Zur Aufbringung des Grundkapitals der Tochter-SE müssen die Gründungsgesellschaften Mittel aus ihrem eigenen Gesellschaftsvermögen verwenden. Die Gründungsgesellschaften verlieren damit die alleinige Entscheidungskompetenz über die eingebrachten Mittel. Das Einfluss- und Mitwirkungspotenzial der Aktionäre wird mediatisiert, weil die Stimmrechte in der Hauptversammlung der Tochter-SE allein vom Vorstand der Gründungs-AG wahrgenommen werden.[43] Von einer fühlbaren Beeinträchtigung der mitgliedschaftlichen Rechte durch die Gründung einer Tochter-SE kann mithin dann ausgegangen werden, wenn diese einhergeht mit der Übertragung wesentlichen Betriebsvermögens. Der Vorstand einer deutschen AG wird die Zustimmung der Hauptversammlung bei der Gründung einer gemeinsamen Tochter-SE deshalb

---

[40] BGHZ 83, 122, 131.

[41] *Leupold*, S. 62 f., 69.

[42] Ebenso *Ch. Teichmann*, ZGR 2003, 367, 396 ff.

[43] Grundlegend *Lutter*, in: FS für Barz, 1974, S. 199, 211. Eingehend zur Problematik der Mediatisierung der Aktionärsrechte *Wahlers*, Konzernbildungskontrolle durch die Hauptversammlung der Obergesellschaft, 1995, S. 66 ff.

immer dann einzuholen haben, wenn diese mit der Einbringung wesentlicher Teile des Betriebsvermögens verbunden ist.[44]

bb) Grenzüberschreitender Sachverhalt

Es fragt sich, ob eine generelle Hauptversammlungskompetenz nicht wegen des spezifisch grenzüberschreitenden Charakters der SE-Gründung gerechtfertigt sein könnte. Die Gründung einer gemeinsamen Tochter-SE setzt voraus, dass die deutsche Gründungsgesellschaft ihrer Einlageverpflichtung nachkommt. Damit wird Gesellschaftsvermögen in eine fremde Rechts- und Wirtschaftsordnung transferiert, wenn die Tochter-SE ihren Sitz im Ausland hat. Ob allerdings die Gefahr einer Mediatisierung der mitgliedschaftlichen Teilhabe- und Vermögensrechte der Aktionäre bei grenzüberschreitenden Vorgängen größer als bei innerstaatlichen Gruppenbildungen ist, erscheint zweifelhaft. Eine generelle Hauptversammlungszuständigkeit lässt sich auf Grundlage der grenzüberschreitenden Dimension des Vorgangs jedenfalls nicht begründen. Die Leitungsmacht des Vorstands wäre in unerträglichem Maße eingeengt, wenn bei jedem grenzüberschreitenden Transfer von Gesellschaftsvermögen die Zustimmung der Hauptversammlung einzuholen wäre.

cc) Umgehung anderer Gründungsformen

Wie bereits erwähnt, steht zu befürchten, dass die Gründungsform gemeinsame Tochter-SE allein deshalb gewählt werden könnte, um das strengere Gründungsverfahren der Verschmelzung und Holding-SE zu umgehen. Dies führt zu der Frage, ob man eine Hauptversammlungskompetenz nicht allein schon deshalb annehmen muss, um eine solche Umgehung von vornherein zu verhindern. Im Schrifttum finden sich entsprechende Überlegungen, die einen solchen Umgehungsschutz dem Grunde nach befürworten. Nach dieser Auffassung leiten sich aus dem europäischen Recht der Strukturmaßnahmen allgemeine und unverbrüchliche Grundsätze her, die einen ungeschriebenen Umgehungsschutz genießen.[45]

So begrüßenswert diese Ansätze einer Systembildung im europäischen Umwandlungsrecht auch sind, wird man in Bezug auf die Gründung einer gemeinsamen Tochter-SE Zurückhaltung walten lassen müssen. Der Verordnungsgeber nahm die Gefahr einer Umgehung bewusst in Kauf und verlagerte die Lösung des Problems in das nationale Recht. Im Grundsatz wird davon auszugehen sein, dass die unterschiedlichen Regelungsniveaus der Gründungsformen gewollt sind.

---

[44] Ebenso *Kalss*, ZGR 2003, 593, 616. Das Problem liegt damit im Einzelfall in der Bestimmung der Wesentlichkeit des zu übertragenden Vermögens; vgl. *Hommelhoff*, AG 1990, 422, 425 Fn. 30.

[45] *Ch. Teichmann*, ZGR 2002, 383, 438; *Hommelhoff/Ch. Teichmann*, SZW 2002, 1, 9.

Bei der Anwendung allgemeiner Grundsätze des europäischen Umwandlungsrechts würde es sich in der Sache um einen prinzipiengeleiteten Analogieschluss handeln.[46] Voraussetzung eines solchen ist die Ungleichbehandlung vergleichbarer Sachverhalte. Die Anteilsinhaber müssten im Rahmen der Gründung einer gemeinsamen Tochter-SE also genauso schutzbedürftig sein wie bei einer Verschmelzung, Holding-SE oder Umwandlung. Davon ist jedoch nicht auszugehen. Anders als bei der Verschmelzung besteht die Gründungsgesellschaft fort. Es findet auch kein Anteilstausch statt. Im Gegensatz zur Gründung einer Holding-SE stehen die Anteilseigner auch nicht vor der Wahl, Aktionär einer supranationalen Gesellschaft zu werden, die möglicherweise einer fremden Wirtschafts- und Rechtsordnung unterliegt, oder Gesellschafter einer beherrschten Gesellschaft zu bleiben. Die Rechtsposition der Aktionäre bei der Gründung einer gemeinsamen Tochter-SE ist also nicht im gleichen Maße gefährdet wie bei den anderen Gründungsformen. Damit fehlt es schon an der für einen Analogieschluss erforderlichen Ungleichbehandlung gleichgelagerter Sachverhalte.
Die bloße Gefahr der Umgehung anderer Gründungsformen kann daher keine generelle Hauptversammlungszuständigkeit begründen. Sobald der Vorstand einer deutschen AG beispielsweise durch Einbringung wesentlicher Vermögensteile in die Tochter-SE ein der Verschmelzungsgründung vergleichbares wirtschaftliches Ergebnis erreichen will, wird er bereits nach den Grundsätzen der *Holzmüller*-Rechtsprechung zur Einbeziehung der Hauptversammlung gezwungen. Die Missbrauchsgefahr wird damit – zumindest was deutsche Gründungsrechtsträger betrifft – bereits auf Grundlage der bisherigen Rechtslage gebannt.

dd) Zusammenfassung

Beteiligt sich eine deutsche AG an der Gründung einer gemeinsamen Tochter-SE, so ist nur im Ausnahmefall die Zustimmung der Hauptversammlung einzuholen. In Anlehnung an die *Holzmüller*-Entscheidung ist dies der Fall, wenn die Gründung der gemeinsamen Tochter-SE einen tiefen Eingriff in die Mitglieds- und Vermögensrechte der Aktionäre bedeutet. Dies ist insbesondere dann der Fall, wenn die Gründung mit der Verlagerung wesentlicher Teile des Gesellschaftsvermögens einhergeht.[47] Dagegen können weder die grenzüberschreitende Dimension noch eine etwaige Umgehungsgefahr eine darüber hinausgehende Hauptversammlungszuständigkeit begründen.

c) Informationsrechte der Aktionäre

Über die bloße Hauptversammlungskompetenz hinaus stellt sich die Frage nach den beschlussbegleitenden Aktionärsrechten, insbesondere also den Informationsrechten. Sollte man unter Zugrundelegung der Grundsätze der *Holzmüller*-

---

[46] Siehe oben Teil 2 C.IV.2, S. 62.
[47] Zur Diskussion über die erforderliche Beschlussmehrheit siehe *Hüffer*, AktG, § 119 Rn. 20 m.w.N.

Entscheidung zu dem Ergebnis kommen, dass eine Beteiligung der Hauptversammlung im konkreten Fall erforderlich ist, wird man entsprechende Informationsrechte der Aktionäre anerkennen müssen. Anderenfalls droht die Beschlusskompetenz der Hauptversammlung zur leeren Hülse zu werden, wenn die Aktionäre nicht über die zur Entscheidungsfindung notwendigen Informationen verfügen.
Hommelhoff und *Ch. Teichmann* fordern daher für die Vorbereitung der Hauptversammlung die Einhaltung derselben Verfahrensregeln, wie sie bei der Gründung einer SE durch Verschmelzung zu beachten wären.[48] Dies schließe insbesondere die Vorabinformation der Aktionäre in einer Form, die den Anforderungen des Verschmelzungsplans i.S. des Art. 20 gerecht wird, ein. Fraglich bliebe allein, ob sich diese Anforderungen aus einer Analogie zwingender Schutznormen des deutschen Rechts ergibt oder ob sie sogar kraft europäischen Rechts geboten sind.

2. GmbH als Gründer
Bei einer GmbH deutschen Rechts haben die Geschäftsführer Maßnahmen, die außergewöhnlichen Charakter haben und mit besonderen Risiken verbunden sind, von sich aus den Gesellschaftern vorzulegen (vgl. § 49 Abs. 2 GmbHG).[49] An diesem Maßstab ist im Einzelfall zu messen, ob die Gesellschafterversammlung der SE-Gründung zustimmen muss.[50]

3. Personenhandelsgesellschaften als Gründer
Bei Personenhandelsgesellschaften bedürfen konzernbildende Maßnahmen grundsätzlich der Zustimmung aller Gesellschafter, da diese ein außergewöhnliches Gepräge i.S. der §§ 116 Abs. 2, 164 S. 1 HGB haben bzw. ein Grundlagengeschäft darstellen.[51]

4. Kapitalmarktrechtliche Publizitätspflichten
Sofern eine börsennotierte deutsche Gründungsgesellschaft an der Gründung der gemeinsamen Tochter-SE beteiligt ist, besteht eine ad hoc-Meldepflicht, sofern die Maßnahme eine erhebliche Kursbeeinflussung ausüben könnte (§ 15 Abs. 6 WpHG).[52]

---

48 *Hommelhoff/Ch. Teichmann*, SZW 2002, 1, 9.
49 *Habersack*, in: Emmerich/Sonnenschein/Habersack, Konzernrecht, § 9 III 1, S. 122 f.
50 Zur Konzernbildungskontrolle bei der GmbH als herrschendem Unternehmen siehe *Liebscher*, S. 160 ff.
51 Vgl. *Habersack*, in: Emmerich/Sonnenschein/Habersack, Konzernrecht, § 9 II 1, S. 121 f.; *Liebscher*, S. 155.
52 *Kalss*, ZGR 2003, 593, 637.

Teil 7: Umwandlung

A. Allgemeines

Die Umwandlung einer AG nationalen Rechts in eine SE ist in Art. 2 Abs. 4 i.V.m. Art. 37 geregelt.

I. Rechtsnatur und praktische Relevanz

Art. 2 Abs. 4 ermöglicht die Umwandlung einer AG nationalen Rechts in eine SE. Es handelt sich um die einzige primäre Gründungsform, bei der es nicht auf die Mitwirkung eines zweiten Gründungsrechtsträgers ankommt (sog. unilaterale Gründungsform). Die Verordnung verwendet im Hinblick auf die SE-Umwandlung den Terminus „Gründung“ (Art. 37 Abs. 1). Die SE-Umwandlung führt allerdings weder zur Auflösung der umzuwandelnden AG noch zur Entstehung einer neuen juristischen Person (Art. 37 Abs. 2). Es handelt sich um eine formwechselnde, nicht um eine errichtende und übertragende Umwandlung.[53] Kennzeichnend für die formwechselnde Umwandlung ist die rechtliche und wirtschaftliche Kontinuität des Rechtsträgers vor und nach der Umwandlung. Die umzuwandelnde Gesellschaft bleibt in ihrer Identität erhalten und erhält lediglich „ein neues Rechtskleid“.[54] Ein Vermögensübergang findet nicht statt.[55] Die dem formwechselnden Rechtsträger gehörenden Gegenstände sowie die ihm obliegenden Verbindlichkeiten werden dem neuen Rechtsträger dinglich zugeordnet, ohne dass es der Figur der Gesamt- oder Einzelrechtsnachfolge bedarf. Verkürzt ausgedrückt bedeutet dies Identität des Rechtsträgers, Kontinuität seines Vermögens, aber Diskontinuität seiner Verfassung.[56]

Der Umwandlungsgründung wird eine große Bedeutung in der Praxis prophezeit.[57] Im Schrifttum werden bereits Namen gehandelt, für die eine Umwandlung in eine SE in Betracht kommt. Die Spekulationen ranken sich um so illustre Namen wie z.B. *Airbus*, das im Augenblick noch in der Rechtsform einer SAS (Société par Actions Simplifiée) französischen Rechts organisiert ist, das *Eurotunnelprojekt* oder die Luftraumüberwachung *Eurocontrol*.[58] Ein mögliches Mo-

---

53 *Gutsche*, S. 46; *Schulz/Geismar*, DStR 2001, 1078, 1081; *C.P. Schindler*, S. 34; *Kloster*, EuZW 2003, 293, 296. Zu den verschiedenen Arten von Formwechseln vgl. *Vossius*, in: Widmann/Mayer, UmwG, § 202 Rn. 14 ff. (Stand: März 1997).

54 *Neun*, in: Theisen/Wenz, S. 154.

55 So auch *Gutsche*, S. 46; *Thoma/Leuering*, NJW 2002, 1449, 1452. Irritierend wirkt allerdings Art. 37 Abs. 9, der den Übergang der arbeitsrechtlichen Rechtsverhältnisse anordnet. Die Vorschrift ist aber wohl nichts mehr als ein Ausdruck des Bemühens, den Arbeitnehmerschutz bei der SE-Gründung besonders zu würdigen. Siehe dazu unten D II, S. 431.

56 *Karsten Schmidt*, ZIP 1995, 1385, 1387.

57 Vgl. *Trojan-Limmer*, RIW 1991, 1010, 1015; *Hommelhoff*, AG 2001, 279, 280.

58 Vgl. *Kommission*, Memorandum vom 8.6.1988, S. 7. Siehe auch *Kohlhepp*, RIW 1989, 88, 89; *Hommelhoff/Riesenhuber*, S. 271; *Hommelhoff/Ch. Teichmann*, SZW 2002, 1, 2

tiv für die Umwandlung in eine SE mag dabei in den erwünschten Effekten für eine Flexibilisierung der Binnenstruktur liegen.[59]

II. Entstehungsgeschichte und „Flucht aus der Mitbestimmung"

Der Gemeinschaftsgesetzgeber hat sich schwer damit getan, die Umwandlung einer nationalen AG in eine SE zuzulassen. Die Umwandlung ist als Gründungsform erst im SE-VOV 1991 vorgesehen worden. Das gemeinsame Drängen des Wirtschafts- und Sozialausschusses und des Europäischem Parlaments sorgte bei der Kommission für ein Umdenken,[60] nachdem man sich zunächst gegen diese Gründungsform gesträubt hatte. Bis zum Schluss wurden Bedenken geäußert, weil man in der Umwandlung ein Vehikel für die Flucht aus der Mitbestimmung gesehen hat.[61] Um diese Bedenken auszuräumen, hat der Verordnungsgeber bestimmte Schutzmechanismen in die Regelung der Umwandlung eingebaut. An den Zugang zur Umwandlung werden im Vergleich zu den anderen Gründungsformen strengere Anforderung gestellt,[62] die Umwandlung ist mit einem Sitzverlegungsverbot verknüpft,[63] die Mitgliedstaaten werden zur Einführung eines Vetorechts des mitbestimmten Aufsichtsrats ermächtigt[64] und schließlich ordnete man ausdrücklich der Übergang der arbeitsrechtlichen Rechtsverhältnisse auf die SE an[65]. Außerdem besteht ein mitbestimmungsrechtlicher Bestandsschutz, d.h. das Mitbestimmungsniveau darf sich im Zuge der Umwandlung nicht senken (Art. 4 Abs. 4 SE-ErgRiL).[66]

Aus rechtspolitischer Sicht ist die Einführung der Umwandlung uneingeschränkt zu begrüßen. Durch sie wird die gesellschaftsrechtliche Gestaltungsfreiheit, die

---

Fn. 14; *Hoffmann*, NZG 1999, 1077, 1083. Auch bezüglich der *Aventis* SA bestanden Pläne zur Umwandlung in eine SE (vgl. folgende Klausel aus dem Zusammenschlussvertrag: „Sobald es rechtlich möglich ist, eine europäische Aktiengesellschaft ('E.A.') mit Sitz in Frankreich zu errichten, wie dies von der Kommission der Europäischen Union in Erwägung gezogen wird, prüft Aventis die wirtschaftlichen Möglichkeiten zur Umwandlung in eine E.A., welche – soweit möglich die – vorstehend beschriebene Organisationsverfassung haben soll."; Quelle: Bericht des Vorstands der Hoechst AG über den Unternehmenszusammenschluss von Hoechst und Rhône Poulenc, Juni 1999, § 3.11 des Zusammenschlussvertrags, S. 133 f.), die mit der Übernahme durch *Sanofi* allerdings hinfällig geworden sein dürften.

59 *Neun*, in: Theisen/Wenz, S. 155.

60 SE-VOV 1991, Begründung zu Art. 37a, S. 6.

61 Vgl. den Davignon-Bericht Nr. 33 ff., 35, der sich ganz bewusst auf die Gründungsformen Verschmelzung, Holding-SE und gemeinsame Tochter-SE beschränkt. Dazu *Heinze*, AG 1997, 289, 292; *Herfs-Röttgen*, NZA 2001, 424, 426.

62 Dazu unten B, S. 400.

63 Dazu unten A.V, S. 400.

64 Dazu unten C.VII, S. 420.

65 Dazu unten D.III, S. 431.

66 Siehe auch Art. 3 Abs. 6 Unterabs. 3, Art. 7 Abs. 2 Buchst. a SE-ErgRiL sowie Teil 3 a der Auffangregelung im Anhang.

bei der SE-Gründung ohnehin erheblich eingeschränkt ist, ein Stück weit ausgedehnt. Den nationalen AG bleiben dadurch kostenintensive und umständliche Hilfskonstruktionen – z.B. die Gründung einer ausländischen Tochtergesellschaft und anschließende Verschmelzung mit derselben – erspart.[67]

III. Gründer

Soweit bei der Umwandlung in eine SE über Art. 15 Abs. 1 die gründungsrechtlichen Vorschriften des nationalen Aktienrechts zu beachten sind,[68] stellt sich die Frage, wer im rechtlichen Sinne Gründer ist. Im deutschen Umwandlungsrecht werden bei der Umwandlung einer GmbH in eine AG die Gesellschafter, die bei der erforderlichen Mehrheitsentscheidung für den Formwechsel gestimmt haben, als Gründer behandelt (§ 245 Abs. 1 UmwG). Übertragen auf die Umwandlung in eine SE würde dies bedeuten, dass die Aktionäre der umzuwandelnden AG, die für die Umwandlung gestimmt haben, als Gründer anzusehen wären.[69] Es wäre jedoch nicht praktikabel, wenn die verschiedenen Rechtspflichten, die mit der Gründerstellung verbunden sind (vgl. §§ 30 ff. AktG), von den zustimmenden Aktionären wahrgenommen werden müssten. Dies würde die Umwandlung gerade bei Publikumsgesellschaften faktisch unmöglich machen. Daher ist anzunehmen, dass die im Gründungsverfahren einzuhaltenden Verfahrensschritte von der Gründungsgesellschaft selbst durchzuführen sind. Für die Zwecke der §§ 30 ff. AktG sind daher die Gründungsgesellschaften als Gründer anzusehen.

Etwas anderes muss jedoch für die Gründerhaftung (§ 46 AktG) gelten. Insofern ist die Gründungsgesellschaft nicht als Gründer anzusehen, da sie sonst zugleich Gläubiger und Schuldner des Anspruchs aus § 46 AktG wäre. Der Anspruch würde also untergehen (Konfusion). Bei der Umwandlung einer AG in eine GmbH wird davon ausgegangen, dass überhaupt keine Gründerhaftung eingreift, weil durch das Haftungssystem in der AG ein hinreichender Kapitalschutz gegeben sei.[70] Dies trifft auch auf die Umwandlung einer AG in eine SE zu, sodass hier ebenfalls keine Gründerhaftung eintreten kann.

IV. Regelungskonzept

Art. 2 Abs. 3 regelt die Zulässigkeit und Art. 37 das Verfahren der Umwandlung. Das Verfahren entspricht im Wesentlichen dem Verfahren der Verschmelzung (Art. 17 ff.) und der Holdinggründung (Art. 32 ff.) und weist auch große Ähnlichkeit zum Formwechsel im deutschen Umwandlungsrecht (§§ 190 ff. UmwG) auf. In mancher Hinsicht bleibt das Umwandlungsverfahren allerdings

---

67 *Sagasser/Swienty*, DStR 1991, 1188, 1191; *Leupold*, S. 69.

68 Siehe unten C.IX, S. 424.

69 So tatsächlich *Neun*, in: Theisen/Wenz, S. 164 f. und 166.

70 *Happ*, in: Lutter, UmwG, § 245 Rn. 24. Im Erg. ebenso *Stratz*, in: Schmitt/Hörtnagl/Stratz, UmwG, § 245 Rn. 5.

hinter den Anforderungen der anderen Gründungsformen zurück. In der Mängelliste werden das Fehlen einer Umwandlungsprüfung, die Nichtberücksichtigung von Minderheitenrechte und Gläubigerschutzvorschriften sowie die Nichterwähnung spezieller registerrechtlicher Erfordernisse aufgeführt.[71]. Manche Autoren befürchten daher, dass die vermeintlich unzureichende Ausgestaltung des Umwandlungsverfahrens eine „Flucht in die schwächste Gründungsform" provozieren wird.[72] Die Kritik lässt allerdings außer Acht, dass sich die Gefährdungssituation für die Gesellschafter und Gläubiger bei einer Umwandlung nicht mehr der Verschmelzung oder Holding-SE vergleichen lässt. Es findet weder ein Aktientausch statt noch kommt es zu einem Schuldnerwechsel. Abstriche beim Gesellschafter- und Gläubigerschutz sind daher durchaus hinnehmbar.

V. Sitzverlegungsverbot (Art. 37 Abs. 3)

Die Verordnung verbietet es, anlässlich der Umwandlung den Sitz der Gesellschaft in einen anderen Mitgliedstaat zu verlegen. Während es den Gründungsgesellschaften bei den anderen Gründungsformen frei steht, den Sitz der SE in einen Drittstaat zu legen,[73] besteht diese Möglichkeit bei der Umwandlung nicht. Ein Sitzverlegungsverfahren gemäß Art. 8 kann erst nach Entstehung der SE eingeleitet werden.[74] Dadurch soll einer Flucht aus dem innerstaatlichen Recht (Steuer- und Arbeitsrecht) vorgebeugt werden.[75] Die SE-Umwandlung hat damit nur „mittelbaren" Auslandsbezug. Der Gründungsgesellschaft ist es dagegen unbenommen, den Sitz innerhalb ihres Sitzstaats zu verlegen.

VI. Steuerliche Auswirkungen

Steuerrechtlich wirkt sich die Umwandlung nicht aus, da sich an der Identität des Steuersubjekts nichts ändert und eine Vermögensübertragung demzufolge nicht stattfindet.[76]

B. Gründungsberechtigung (Art. 2 Abs. 4)

Das Recht zur Umwandlung in eine SE ist (bestehenden) AG vorbehalten,[77] die nach dem Recht eines Mitgliedstaats gegründet worden sind und ihren Sitz und

---

[71] *Hemmelrath*, in: Schwappach: EU-Rechtshandbuch Wirtschaft, § 35 Rn. 71.

[72] *Trojan-Limmer*, RIW 1991, 1010, 1015. Ebenfalls krit. *Raiser*, in: FS für Semler, 1993, S. 277, 287

[73] Siehe oben Teil 4 C.I.3.a)aa)(2), S. 153.

[74] C.P. Schindler, S. 38.

[75] *Blanquet*, ZGR 2002, 20 46; *Vossius*, in: Widmann/Mayer, UmwG, § 20 Rn. 455 (Stand: Juni 2002).

[76] *Schulz/Geismar*, DStR 2001, 1078, 1084.

[77] Vgl. auch die Überschrift zu Abschnitt 5 („Umwandlung einer bestehenden Aktiengesellschaft in eine SE"). Zur Gründerfähigkeit der Vor-AG siehe oben Teil 3 C.III.2.a), S. 79.

ihre Hauptverwaltung in der Gemeinschaft haben.[78] An das Vorliegen von Mehrstaatlichkeit werden bei der Umwandlung verschärfte Anforderungen gestellt. Nur solche Gesellschaften, die seit mindestens zwei Jahren eine dem Recht eines anderen Mitgliedstaats unterliegende Tochtergesellschaft haben, sind gründungsberechtigt. Damit genügt zwar auch für die Umwandlung das Vorliegen von Mehrstaatlichkeit im weiten Sinn.[79] Im Gegensatz zur Holding-SE (Art. 2 Abs. 2 Buchst. b) und der gemeinsamen Tochter-SE (Art. 2 Abs. 3 Buchst. b) begründet aber nicht schon das Vorhandensein einer Zweigniederlassung in einem anderen Mitgliedstaat Mehrstaatlichkeit. Statt dessen muss auf jeden Fall eine Tochtergesellschaft vorliegen.[80]

> *Beispiel*: Eine im Vereinigten Königreich eingetragene Gesellschaft, die ihre gesamte Geschäftstätigkeit über eine Zweigniederlassung in Dänemark abwickelt,[81] ist nicht zur Umwandlung in eine SE berechtigt.

Der Grund für diese Verschärfung ist nicht ohne weiteres ersichtlich.[82] Im SE-VOV 1970, der die Gründungsform Umwandlung überhaupt noch nicht vorsah, heißt es, dass die Umwandlung nationaler Gesellschaften, die über nicht rechtsfähige Niederlassungen in verschiedenen Mitgliedstaaten verfügen, deshalb nicht ermöglicht worden ist, weil einer solchen Regelung Gründe „der Rechtssicherheit und der technischen Erleichterung" entgegenstehen.[83] Man müsste nämlich sonst sichere Kriterien herausarbeiten, nach denen sich bestimmen lässt, ob die Betriebe außerhalb des Sitzstaats ausreichen, um wirkliche (Zweig-)Niederlassungen darzustellen. Dies würde aber zum einen die gerichtliche Gründungskontrolle erheblich erschweren und zum anderen müsste vorgesehen werden, dass die Nichterfüllung dieser Voraussetzungen die Nichtigkeit der Gründung zur Folge hat. Nach alledem sei die Gründung einer SE auf die Fälle zu beschränken, in denen Tochtergesellschaften vorliegen, die nach dem Recht eines Mitgliedstaats gegründet worden sind.[84] Aus heutiger Sicht können derlei Erwägungen freilich nicht mehr gelten. Wenn der Verordnungsgeber das Vorhandensein von Zweigniederlassungen als Ausweis der Mehrstaatlichkeit mittlerweile bei der Errichtung einer Holding-SE und einer gemeinsamen Tochter-

---

78 Zur Gemeinschaftszugehörigkeit siehe oben Teil 3 D, S. 92.

79 Siehe oben Teil 3 E.II.3.b), S. 120.

80 Dies wird in der Praxis regelmäßig dazu führen, dass sich Tochtergesellschaften nicht in eine SE umwandeln können, sofern sie nicht ihrerseits über eine Auslandstochtergesellschaft verfügen. Daran fehlt es normalerweise, weil es nicht noch Enkelgesellschaften in Drittstaaten gibt; vgl. *Kallmeyer*, in: v. Rosen, Studien des Deutschen Aktieninstituts, Heft 21, 2003, S. 26.

81 Sachverhalt nach EuGH, Urteil v. 9.3.1999, Rs. C-212/97 (Centros), Slg. 1999, I-1459.

82 So auch *Hommelhoff*, AG 2001, 279, 281.

83 SE-VOV 1970, Begründung zu Art. 2 und 3, S. 6.

84 Dies stellt eine bemerkenswerte Schlussfolgerung der Kommission dar, wenn man bedenkt, dass Art. 2 SE-VOV 1970 stets strenge Mehrstaatlichkeit vorausgesetzt hat.

SE genügen lässt, kann er bei der Umwandlungsgründung schlecht den Einwand geltend machen, dass das Feststellen des Vorliegens einer Zweigniederlassung bei dieser Gründungsform unzumutbar schwierig sei.

Der Rat war allerdings – im Gegensatz zur Kommission – der Ansicht, dass eine bloße Zweigniederlassung in einem anderen Mitgliedstaat keinen ausreichenden Beweis für den grenzübergreifenden Charakter der Geschäftstätigkeit bietet (Art. 2 Abs. 4).[85] Auch dies vermag nicht zu überzeugen. Das Vorhandensein einer Tochtergesellschaft ist ebenso wie das einer Zweigniederlassung ein rein formelles Kriterium, das nichts über die tatsächliche Geschäftstätigkeit im Ausland aussagt. Hätte man die Mehrstaatlichkeit wirklich anhand des grenzübergreifenden Charakters der Geschäftstätigkeit feststellen wollen, so hätte man materielle Voraussetzungen (z.B. ein bestimmtes Umsatzniveau oder einen bestimmten Personalbestand im europäischen Ausland) zum Maßstab machen müssen.[86] Die Begründung des Rats ist auch in sich widersprüchlich. Denn wenn das Vorliegen einer einfachen Zweigniederlassung nach Meinung des Rats keine hinreichende Gewähr für die grenzüberschreitende Ausrichtung der Geschäftstätigkeit begründet, müsste dies konsequenterweise auch für die Holding-SE und die gemeinsame Tochter-SE gelten.[87]

Der eigentliche Grund für die Verschärfung der Mehrstaatlichkeitsvoraussetzungen dürfte in der Befürchtung liegen, die Umwandlung in eine SE könnte zum Ausbruch aus den Schranken der nationalen Mitbestimmungsregeln genutzt werden.[88] Die Tür zur Umwandlung soll nur einen Spalt geöffnet werden, damit nicht zu viele Unternehmen in Versuchung geraten, sich auf einfachem Wege der mitbestimmungsrechtlichen Fesseln des nationalen Rechts zu entledigen. Rat und Kommission haben sich erst spät und mit kaum verhohlenem Widerwillen dazu entschlossen, die Umwandlung nationaler Gesellschaften in eine SE zuzulassen. Die Einschränkung der Zugangsmöglichkeit ist daher Ausfluss dieser von Bedenken geprägten Grundhaltung gegenüber der Gründungsform Umwandlung.

Weiter wird – wie bei der Holding-SE oder der gemeinsamen Tochter-SE – verlangt, dass die AG die Tochtergesellschaft seit mindestens zwei Jahren hat. Sollte die Einhaltung dieser Frist im Einzelfall Probleme bereiten, bietet sich die Verschmelzungsgründung als Gestaltungsalternative an.[89] Die Muttergesellschaft kann sich dann durch Verschmelzung mit der ausländischen Tochter in eine SE umwandeln. Darin ist keine unzulässige Umgehung der strengeren

---

85 *Blanquet*, ZGR 2002, 20, 38.

86 Siehe oben Teil 3 E.I.2.a), S. 109.

87 Bezeichnenderweise lassen die aktuellen Ratsentwürfe für eine EUGEN-VO vom April und Dezember 2001 sowie April und Mai 2002 für die Umwandlung das Vorliegen einer Niederlassung genügen (Art. 2 Abs. 1 Spiegelstrich 5).

88 Siehe oben A.II, S. 398.

89 Siehe auch *Sanna*, ELR 2002, 2, 7.

Gründungsvorschriften der Umwandlung zu sehen.[90] Die Verordnung erkennt die Zulässigkeit einer solchen Upstream-Verschmelzung in Art. 31 ausdrücklich an.

C. Verfahren

Nach Art. 37 umfasst das Gründungsverfahren folgende Schritte: Zunächst muss ein Umwandlungsplan und ein Bericht zur Erläuterung und Begründung der Umwandlung erstellt werden (Abs. 4). Der Umwandlungsplan ist sodann offen zu legen (Abs. 5). Unabhängige Sachverständige müssen prüfen, ob die Gründungsgesellschaft über Nettovermögenswerte mindestens in Höhe ihres Grundkapitals verfügt (Abs. 6). Schließlich ist der Umwandlungsplan und die SE-Satzung der Hauptversammlung zur Genehmigung vorzulegen (Abs. 7). Falls der nationale Gesetzgeber von der Ermächtigung des Art. 37 Abs. 8 Gebrauch macht, ist überdies die Zustimmung des Mitbestimmungsorgans erforderlich.

I. Anwendbares Recht

Das Recht über die Umwandlungsgründung leidet – wie die Holdinggründung – unter dem Fehlen einer dem Art. 18 vergleichbaren partiellen Generalverweisung, die das auf die Gründungsgesellschaft anwendbare Recht bestimmt. Man wird daher im Einzelfall prüfen müssen, ob eine Analogie zu Art. 18 in Betracht kommt.[91]

Hinsichtlich der entstehenden SE verweist Art. 15 Abs. 1 auf das für AG geltende Recht des künftigen Sitzstaats. Es wird noch zu untersuchen sein, ob und inwieweit das nationale Aktiengründungsrecht bei der Umwandlung in eine SE Anwendung findet.[92]

II. Umwandlungsplan

Das Leitungs- bzw. Verwaltungsorgan muss einen Umwandlungsplan erstellen (Art. 37 Abs. 4). Der Umwandlungsplan ist als gesellschaftsrechtlicher Organisationsakt zu qualifizieren, weil er als Gegenstand der Beschlussfassung die Anweisung an die Leitungs- bzw. Verwaltungsorgane enthält, die Gesellschaft gemäß den in ihm enthaltenen Vorgaben umzustrukturieren.[93] Außerdem dient der Umwandlungsplan der Vorabinformation der Aktionäre.[94]

---

[90] Siehe dazu schon Teil 1 E.II, S. 12.

[91] Siehe schon oben Teil 2 B.IV.2.d), S. 50.

[92] Siehe unten C.IX, S. 424.

[93] *Wagner*, S. 123 charakterisiert den Umwandlungsplan i.S. des Art. 3 Abs. 2 Unterabs. 3 EUV-VOV als „Beschlussvorschlag“.

[94] *Ch. Teichmann*, ZGR 2002, 383, 439.

1. Inhalt

Die Verordnung legt nicht fest, welchen Inhalt der Umwandlungsplan haben muss. Die Verordnung enthält auch keine Verweisung, die diesbezüglich die Anwendung nationalen Rechts anordnet.[95] Der Verordnungsvorschlag von 1991 bestimmte dagegen noch, dass der Umwandlungsplan „die rechtlichen und wirtschaftlichen Aspekte der Umwandlung enthält".[96] Bereits diese Mindestangaben wurden als ungenügend angesehen.[97] Nicht zu Unrecht wurde bemängelt, dass das Fehlen konkreter inhaltlicher Anforderungen die Rechtsunsicherheit fördere. In der Folge wäre mit einer Häufung von Anfechtungsklagen zu rechnen.[98]

Die Enthaltsamkeit der Verordnung an dieser Stelle lässt letztlich nur zwei Folgerungen zu. Entweder der Verordnungsgeber wollte die inhaltliche Ausgestaltung des Umwandlungsplans ganz den Leitungs- bzw. Verwaltungsorganen der umzuwandelnden Gesellschaft überlassen oder die Verordnung weist an dieser eine Lücke auf, die durch richterliche Rechtsfortbildung zu schließen ist.

a) Keine Gestaltungsautonomie der Gründungsgesellschaft

Zunächst ist fraglich, ob ein feststehender Katalog zwingender Angaben überhaupt erforderlich ist. Bei der Umwandlung als unilateraler Gründungsform ist nicht auf andere beteiligte Gesellschaften Rücksicht zu nehmen. Es obliegt den Anteilsinhabern, alle Festsetzungen für die Durchführung des Formwechsels selbst zu treffen. Sie können auch noch während der Hauptversammlung Änderungen am Umwandlungsplan vornehmen. Nach früherer Rechtslage in Deutschland beschränkte sich der Pflichtinhalt des Umwandlungsbeschlusses dementsprechend auf die Tatsache der Umwandlung sowie ggf. die Änderung der Firma und der Satzung (§§ 369 Abs. 1 und Abs. 5, 376 Abs. 1 und Abs. 3 AktG a.F.). Der Umwandlungsbeschluss ist damit die Entscheidung der Aktionäre über die Durchführung der Umwandlung und legt zugleich deren Einzelheiten fest. Daraus wird geschlossen, dass die Vorgabe zwingender Mindestbestandteile des Umwandlungsplans grundsätzlich nicht erforderlich ist. Der notwendige Inhalt des Umwandlungsplans ergäbe sich vielmehr aus der Änderung der Rechtsform und den damit verbundenen zwingenden Änderungen der Satzung.[99]

Dabei wird allerdings übersehen, dass der Umwandlungsplan nach der Konzeption der Verordnung auch der Vorabinformation der Aktionäre dient. Diese sollen sich in Kenntnis der wesentlichen Rahmendaten der geplanten Umwandlung auf die Hauptversammlung vorbereiten können, damit sie eine überlegte Ent-

---

95 Art. 15 Abs. 1 kann nicht herangezogen werden, weil dieser nur das auf die SE in Entstehung anwendbare Recht bestimmt.
96 Art. 37a Unterabs. 3 SE-VOV 1991.
97 *Trojan-Limmer*, RIW 1991, 1010, 1015.
98 *Gutsche*, S. 49 und 52.
99 *Neun*, in: Theisen/Wenz, S. 156 f.

scheidung treffen können. Mit dem Gesellschafterschutz lässt es sich daher nicht vereinbaren, wenn die Geschäftsführung den Inhalt des Umwandlungsplans nach eigenem Gutdünken gestalten könnte, ohne an bestimmte Mindestangaben gebunden zu sein.

b) Lückenschluss durch Rechtsfortbildung

Um seiner Informationsfunktion gerecht zu werden, muss der Umwandlungsplan einen bestimmten Kernbereich an Angaben enthalten, die für die Entscheidungsfindung der Aktionäre entscheidende Bedeutung haben und die nicht zur Disposition der Leitungs- oder Verwaltungsorgane stehen dürfen. Inhaltliche Mindestanforderungen an den Umwandlungsplan sind daher zwingend erforderlich, damit die Anteilsinhaber die ihnen zugedachte entscheidende Rolle im Umwandlungsverfahren ausfüllen können. Das Fehlen inhaltlicher Anforderungen an den Gründungsplan stellt daher m.E. eine Regelungslücke dar, die im Wege der Rechtsfortbildung zu schließen ist.

Fraglich ist, woran die Rechtsfortbildung anknüpft. In Betracht kommt eine Analogie zu den im Katalog des Art. 20 Abs. 1 S. 2 aufgeführten Mindestangaben des Verschmelzungsplans.[100] Man könnte zwar in Frage stellen, ob eine Übertragung der inhaltlichen Anforderungen des Art. 20 Abs. 1 S. 2 auf den Umwandlungsplan überhaupt gewollt war. Dagegen könnte sprechen, dass der Verordnungsgeber eine solche Übertragbarkeit in Art. 32 Abs. 2 S. 3 für den Gründungsplan bei einer Holding-SE ausdrücklich normiert hat. Das Fehlen einer entsprechenden Verweisung bei der Umwandlungsgründung könnte also darauf hindeuten, dass der Verordnungsgeber gerade nicht wollte, dass die inhaltlichen Anforderungen an den Umwandlungsplan aus einem Vergleich mit den anderen Gründungsformen abgeleitet werden. Tragendes Prinzip der Verordnung ist jedoch der Gesellschafterschutz. Es ist daher nicht hinzunehmen, dass der Gesellschafterschutz bei der Umwandlung hinter den anderen Gründungsformen zurückbleibt. Auch wenn es bei der Umwandlung zu keinem Tausch der Mitgliedschaftsrechte kommt, sollte dies keinen Anlass geben, geringere Anforderungen an die Aktionärsinformation zu stellen.[101]

Neben einer Analogie zu Art. 20 Abs. 1 S. 2 könnte allerdings auch eine entsprechende Anwendung des Art. 8 Abs. 2 S. 2, der den Inhalt des Verlegungsplans bei der Sitzverlegung einer SE vorgibt, in Erwägung zu ziehen sein. *Kalss* hält eine solche Analogie für vorzugswürdig, da es sich bei der Sitzverlegung um die am ehesten mit der Umwandlung vergleichbare Gestaltungsform handle und der Verschmelzungsplan wegen der komplexeren Problemlage nur bedingt

---

[100] Ebenso *C.P. Schindler*, S. 39. A.A. *Neun*, in: Theisen/Wenz, S. 157, der offensichtlich einen Rückgriff auf die Anforderungen des mitgliedstaatlichen Rechts (z.B. § 194 UmwG) favorisiert. Dies würde allerdings das Vorliegen einer entsprechenden Verweisung in der Verordnung voraussetzen.

[101] *Hommelhoff*, AG 1990, 422, 426.

passe.[102] Dem Problem der Vergleichbarkeit lässt sich aber am besten dadurch begegnen, dass man die einzelnen von Art. 20 Abs. 1 S. 2 verlangten Angaben darauf überprüft, ob sie sich zu einer analogen Anwendung auf die Umwandlung eignen. Sofern dies der Fall ist, wird man verlangen müssen, dass der Umwandlungsplan zu diesen Fragen zwingend Festsetzungen enthalten muss. Liegt ein Punkt nicht vor – z.B. wenn keine Sonderrechte gewährt werden -, so muss der Umwandlungsplan gleichwohl eine Negativaussage enthalten.

aa) Firma und Sitz der SE

Analog zu Art. 20 Abs. 1 S. 2 Buchst. a ist zu verlangen, dass der Umwandlungsplan die Firma und den Sitz der SE festlegt. Damit wird zugleich kenntlich gemacht, dass es sich bei der neuen Rechtsform um eine SE handelt (vgl. Art. 11 Abs. 1). Hinsichtlich der Sitzwahl ist das Verbot des Art. 37 Abs. 8 zu beachten.[103]

bb) Künftige Beteiligung der Aktionäre an der SE nach Zahl, Art und Umfang der Anteile

Die Angabe des Umtauschverhältnisses, die Art. 20 Abs. 1 S. 2 Buchst. b für den Verschmelzungsplan verlangt, kommt beim Umwandlungsplan nicht in Betracht, weil es hier zu keinem Aktientausch kommt. Gleichwohl wird eine Umqualifizierung der bisherigen Anteile am formwechselnden Rechtsträger bewirkt.[104] Entsprechend dem identitätswahrenden Charakter der Umwandlung gilt auch die Identität der Beteiligung. Die Aktionäre der umzuwandelnden Gesellschaft sind mit Eintragung der SE kraft Gesetzes an dieser mit ein und demselben Anteil beteiligt.[105] Analog zu Art. 20 Abs. 1 S. 2 Buchst. b ist daher zu fordern, dass im Umwandlungsplan die künftige Beteiligung an der SE nach Zahl, Art und Umfang der Anteile bestimmt wird.[106] Man wird sich insofern an den Anforderungen des § 194 Abs. 1 Nr. 4 UmwG orientieren können.

cc) Einzelheiten der Übertragung der SE-Aktien

Art. 20 Abs. 1 S. 2 Buchst. c fordert die Festlegung der Einzelheiten hinsichtlich der Übertragung der SE-Aktien. Im Hinblick auf die Umwandlung ist dies so zu verstehen, dass klar gestellt werden muss, dass die bisherigen Aktionäre ent-

---

[102] *Kalss*, ZGR 2003, 593, 613.

[103] Siehe oben A.V, S. 400.

[104] *Stratz*, in: Schmitt/Hörtnagl/Stratz, UmwG, § 192 Rn. 13. So auch *Neun*, in: Theisen/Wenz, S. 159.

[105] Dies schließt nicht aus, dass der Umfang der Anteile einzelner Aktionäre vor und nach der Umwandlung voneinander abweicht. Dies setzt aber die Zustimmung der betroffenen Anteilsinhaber gegen bare Zuzahlung voraus. Vgl. *Meister/Klöcker*, in: Kallmeyer, UmwG, § 194 Rn. 34.

[106] Siehe auch Art. 35 Abs. 5 SCE-VO, der ausdrücklich auf Art. 22 Abs. 1 Buchst. b SCE-VO verweist.

sprechend dem Prinzip der Identität des Rechtsträgers und dem daraus folgenden Prinzip der Identität der Mitgliedschaft unverändert an der SE beteiligt sein werden. Auch hier bietet das UmwG (§ 194 Abs. 1 Nr. 3) eine Richtschnur, welche Voraussetzungen an eine solche Angabe zu stellen sind.

dd) Umwandlungsstichtag

Die Bestimmung eines Umwandlungsstichtags als Termin, von dem an die Rechnungslegung wechselt (vgl. Art. 20 Abs. 1 S. 2 Buchst. e), kommt nicht in Betracht, weil es nur einen Rechtsträger gibt, für den das Unternehmen vor und nach der Umwandlung geführt wird.[107]

ee) Sonderrechte

Die Angabe von Rechten, „welche die SE den mit Sonderrechten ausgestatteten Aktionären der Gründungsgesellschaften und den Inhabern anderer Wertpapiere als Aktien gewährt, oder die für diese Personen vorgeschlagenen Maßnahmen", ist analog zu Art. 20 Abs. 1 S. 2 Buchst. f auch für die Umwandlung zu fordern.

ff) Vorteile für sonstige Beteiligte

In analoger Anwendung des Art. 20 Abs. 1 S. 2 Buchst. g ist ferner zu verlangen, dass Vergünstigungen, die den dort genannten Personen im Rahmen der Umwandlung gewährt werden, angegeben werden. Für die Zwecke der Umwandlung sind als Sachverständige diejenigen Personen anzusehen, welche die Bescheinigung i.S. des Art. 37 Abs. 6 erteilen.

gg) Satzung

Auch die Satzung der SE (vgl. Art. 20 Abs. 1 S. 2 Buchst. h) ist in den Umwandlungsplan aufzunehmen. Man könnte zwar aus Art. 37 Abs. 7 S. 1 schließen, dass die Satzung nach der Vorstellung des Verordnungsgebers nicht Bestandteil des Umwandlungsplans ist. Die gesonderte Erwähnung der Satzung als Gegenstand der Beschlussfassung dürfte aber vor allem der Klarstellung dienen.

Die inhaltlichen Anforderungen an die SE-Satzung sind dieselben wie bei den anderen Gründungsformen. Es gilt die gemeinschaftsrechtliche Satzungsstrenge nach Art. 9 Abs. 1 Buchst. b.[108] Fraglich ist, ob bei der Umwandlung auch Sacheinlagen in die Satzung aufzunehmen sind (§ 27 AktG). Im Kontext des Formwechsels würde dies bedeuten, dass das Vermögen der umzuwandelnden AG in der Satzung zu bezeichnen ist. Im deutschen Recht ist die Anwendbarkeit des § 27 UmwG umstritten.[109] Ausreichend dürfte in jedem Fall sein, wenn aus der Satzung ersichtlich wird, dass die Sacheinlage durch Formwechsel der bisheri-

---

107 *Meister/Klöcker*, in: Kallmeyer, UmwG, § 194 Rn. 10. A.A. *Decher*, in: Lutter, UmwG, § 194 Rn. 37.

108 Siehe oben Teil 4 C.I.3.a)hh)(2), S. 164.

109 Bejahend *Rieger*, in: Widmann/Mayer, UmwG, § 197 Rn. 146 (Stand: März 1997). A.A. *Happ*, in: Lutter, UmwG, § 245 Rn. 28.

gen AG erbracht wird. Eine Auflistung der einzelnen Vermögensgegenstände ist nicht erforderlich.[110]

hh) Verfahren zur Bestimmung des Mitbestimmungsmodells

Schließlich muss der Umwandlungsplan auch Angaben zu dem Verfahren, nach dem die Vereinbarung über die Beteiligung der Arbeitnehmer gemäß SE-ErgRiL geschlossen wird, enthalten (Art. 20 Abs. 1 Buchst. i analog). Dabei muss auf die Besonderheiten, die bezüglich des Verhandlungsverfahrens im Rahmen einer Umwandlung gelten, hingewiesen werden.[111]

c) Fakultativer Inhalt

Es ist davon auszugehen, dass die Leitungs- bzw. Verwaltungsorgane dem Umwandlungsplan weitere Punkte hinzufügen können, auch wenn dies nicht wie in Art. 20 Abs. 2 ausdrücklich gestattet wird. Die Klarstellung des Art. 20 Abs. 2 ist im Zusammenhang mit dem Katalog des Art. 20 Abs. 1 S. 2 zu sehen, weil man sonst annehmen könnte, dass dieser Katalog eine abschließende Aufzählung enthält. Art. 37 Abs. 4 enthält keinen solchen Katalog an Pflichtangaben, sodass auch keine Klarstellung i.S. des Art. 20 Abs. 2 erforderlich war.

Als zusätzliche Angaben im Umwandlungsplan kommen in Betracht:[112]

- ggf. ein Abfindungsangebot für widersprechende Minderheitsaktionäre (vgl. § 194 Abs. 1 Nr. 6 UmwG);[113]
- Gründerstellung;[114]
- Abberufung oder Bestellung von Organen;
- Bestellung des Abschlussprüfers.

2. Form

Die Verordnung stellt keine Formerfordernisse an den Umwandlungsplan. Es stellt sich die Frage, ob in Analogie zu Art. 18 die Formvorschriften des nationalen Rechts für Verschmelzungspläne Anwendung finden. Der Umwandlungsplan einer deutschen Gründungsgesellschaft müsste dann notariell beurkundet werden (§ 6 UmwG). Wegen der funktionalen Gleichartigkeit von Verschmelzungs- und Umwandlungsplan ist davon auszugehen, dass auch dieser der notariellen Beurkundung bedarf gemäß Art. 18 analog i.V.m. § 6 UmwG. Denn hier wie dort besteht ein Bedürfnis nach Belehrung der Beteiligten und materieller Richtigkeitsgewähr.[115]

---

[110] *Schmidt-Diemitz/Moszka*, in: Münch.VertragsHdb., GesR, XII. 48 Anm. 7; *Stratz*, in: Schmitt/Hörtnagl/Stratz, UmwG, § 220 Rn. 4.

[111] Dazu *Pluskat*, DStR 2001, 1483, 1488.

[112] Vgl. *Meister/Klöcker*, in: Kallmeyer, UmwG, § 194 Rn. 5.

[113] Siehe unten C.VIII.1, S. 422.

[114] Siehe oben A.III, S. 399.

[115] Zu Recht *Heckschen*, DNotZ 2003, 251, 264.

III. Bericht

Das Leitungs- oder Verwaltungsorgan muss einen Bericht erstellen, in dem die rechtlichen und wirtschaftlichen Aspekte der Umwandlung erläutert und begründet sowie die Auswirkungen, die der Übergang der Rechtsform SE für die Aktionäre und Arbeitnehmer hat, dargelegt werden (Art. 37 Abs. 4).

1. Inhalt

Der Bericht ist nicht in den Umwandlungsplan inkorporiert; er stellt ein gesondertes Dokument dar. Darin unterscheidet er sich vom Holdingbericht. Der Bericht unterliegt aber denselben inhaltlichen Anforderungen. Die Ausführungen zum Inhalt des Holdingberichts können daher im Wesentlichen sinngemäß auf den Umwandlungsbericht übertragen werden.[116] Für den Umwandlungsbericht sind folgende Besonderheiten zu beachten:

a) Erläuterung und Begründung der rechtlichen und wirtschaftlichen Aspekte der Umwandlung

Neben der Erläuterung und Begründung der Umwandlung als solcher sind auch die Angaben im Umwandlungsplan zu erläutern. Während beim Verschmelzungs- und Holdingbericht das Umtauschverhältnis den Schwerpunkt der Berichterstattung darstellt, ist beim Umwandlungsbericht die künftige Beteiligung der Anteilsinhaber an der SE in den Mittelpunkt zu rücken. Diese erfährt durch die Umwandlung qualitative Veränderungen, sodass hier die Interessen der Aktionäre in besonderem Maße tangiert sind.[117]

b) Auswirkungen für die Aktionäre und Arbeitnehmer

Der Umwandlungsbericht muss darlegen, welche rechtlichen, wirtschaftlichen und steuerlichen Auswirkungen der Übergang zur Rechtsform SE auf die Aktionäre hat. Die Aktionäre sind auf die konkreten qualitativen und quantitativen Veränderungen in ihren Mitgliedschaftsrechten hinzuweisen.

2. Entbehrlichkeit

Nach deutschem Recht ist der Umwandlungsbericht entbehrlich, wenn am umzuwandelnden Rechtsträger nur ein Anteilsinhaber beteiligt ist oder wenn alle Anteilsinhaber auf die Berichterstattung verzichten (§ 192 Abs. 3 UmwG). Einer Anwendung dieser Vorschrift auf die Umwandlung in eine SE steht entgegen, dass die Verordnung keine entsprechende Verweisung in das nationale Recht enthält. Art. 15 Abs. 1 ist nicht anwendbar, weil die Berichterstattung der Gründungsgesellschaft und nicht der SE in Entstehung zuzurechnen ist.[118]

---

[116] Siehe oben Teil 5 C.III.3.b)bb), S. 321.

[117] Vgl. § 192 Abs. 1 UmwG. Ebenso *Neun*, in: Theisen/Wenz, S. 159 f.

[118] *Neun*, in: Theisen/Wenz, S. 160.

Die Entbehrlichkeit des Umwandlungsberichts in den in § 192 Abs. 3 UmwG geregelten Fällen ergibt sich für die Umwandlung in eine SE aber bereits aus dem Sinn und Zweck der Berichterstattung. Die Gesellschafter, die durch den Umwandlungsbericht vorab informiert werden sollen, sind nicht schutzwürdig, wenn sie freiwillig auf die Berichterstattung verzichten.

IV. Publizitätspflichten

1. Offenlegung des Umwandlungsplans

Der Umwandlungsplan ist mindestens einen Monat vor der Hauptversammlung, die über die Umwandlung zu beschließen hat, gemäß den Durchführungsbestimmungen des nationalen Rechts zu Art. 3 Erste RiL offen zu legen (Art. 37 Abs. 5). Eine solche Offenlegungspflicht war im SE-VOV 1991 nicht enthalten. Sie war in der Wissenschaft gefordert worden, weil auch bei der Umwandlung kein Grund dafür ersichtlich sei, den Entscheidungsträgern diese Vorabinformation vorzuenthalten.[119]

Das Verfahren der Offenlegung richtet sich nach den Durchführungsbestimmungen zu Art. 3 Dritte RiL. Die Offenlegung erfolgt also entweder durch Hinterlegung oder durch Eintragung des Gründungsplans (Art. 3 Abs. 2 Erste RiL). Eine deutschem Recht unterliegende Gründungsgesellschaft muss die Offenlegung beim zuständigen Handelsregister anmelden und den Umwandlungsplan in öffentlich beglaubigter Form beifügen (§ 12 Abs. 1 HGB). Das Registergericht prüft die formellen und materiellen Eintragungsvoraussetzungen und trägt den Umwandlungsplan anschließend in das Register ein. Die Eintragung ist sodann bekannt zu machen (§ 10 Abs. 1 HGB). Wenn der deutsche Gesetzgeber die vereinfachte Form der Bekanntmachung, bei der nur die Tatsache der Einreichung des Plans, nicht jedoch der Plan selbst bekannt gemacht wird (vgl. § 61 UmwG), auch bei der SE-Umwandlung ausreichen lassen will, muss er dies im Ausführungsgesetz ausdrücklich anordnen.[120] Sollte das SEAG keine solche Regelung enthalten, ist m.E. § 61 UmwG analog anzuwenden (über Art. 18 analog). Denn für strengere Publizitätsanforderungen als bei der Verschmelzung besteht kein sachlicher Grund.

2. Zuleitung des Umwandlungsplans an den Betriebsrat

Im deutschen Recht ist der Entwurf des Umwandlungsbeschlusses einen Monat vor der Gesellschafterversammlung dem Betriebsrat zuzuleiten (§ 194 Abs. 2 UmwG). Der Verschmelzungsplan ist gemäß Art. 18 i.V.m. § 5 Abs. 3 UmwG ebenfalls dem Betriebsrat zu übermitteln. Ob eine entsprechende Verpflichtung bei der Umwandlung in eine SE besteht, ist zweifelhaft. Die Verordnung enthält

---

[119] *Hommelhoff*, AG 1990, 422, 425.

[120] Für eine unmittelbare Anwendbarkeit des § 61 UmwG offensichtlich *Ch. Teichmann*, ZGR 2002, 383, 439.

zu dieser Frage keine Verweisung, welche die Anwendung nationalen Rechts anordnet. Der Schutz der Arbeitnehmer wird an sich ausreichend durch das Verhandlungsverfahren gemäß der SE-ErgRiL gewährleistet. Angesichts der Bedeutung, die der Verordnungsgeber dem Arbeitnehmerschutz bei der Umwandlung einräumt,[121] ist allerdings kaum anzunehmen, dass dieser die Anwendung nationaler Arbeitnehmerschutzvorschriften ausschließen wollte. In der Praxis sollte man daher der Zuleitungspflicht aus § 194 Abs. 2 UmwG entsprechen, um Probleme bei der Rechtmäßigkeitskontrolle und der Eintragung der Gesellschaft zu vermeiden.

3. Kapitalmarktrechtliche Publizitätspflichten

Bei der Umwandlung einer börsennotierten deutschen AG besteht eine ad hoc-Meldepflicht gemäß § 15 Abs. 6 WpHG.[122]

V. Prüfung

Der Umwandlungsplan ist – im Gegensatz zum Verschmelzungs- (Art. 22) und Gründungsplan (Art. 32 Abs. 4) – keiner Prüfung durch Sachverständige zu unterziehen. Statt dessen müssen unabhängige Sachverständige bestätigen, dass die Gesellschaft über Nettovermögenswerte mindestens in Höhe ihres Kapitals zuzüglich der kraft Gesetzes oder Statut nicht ausschüttungsfähigen Rücklagen verfügt (Art. 37 Abs. 6).[123]

1. Bescheinigung einer ausreichenden Kapitaldecke

a) Sinn und Zweck

Um sich den Sinn und Zweck der Bescheinigung i.S. des Art. 37 Abs. 6 zu erschließen, ist es hilfreich, sich zunächst mit der Kapitalaufbringung bei der SE-Umwandlung vertraut zu machen. Bei der Umwandlung in eine SE kommt es nicht zur Neugründung einer juristischen Person (Art. 37 Abs. 2). Der umzuwandelnde Rechtsträger und die umgewandelte Zielrechtsform sind rechtlich und wirtschaftlich identisch. Die Umwandlung in eine SE setzt jedoch das Vorhandensein eines Grundkapitals in Mindesthöhe von 120.000 Euro voraus (Art. 4 Abs. 2). Bei der SE-Umwandlung wird dieses Grundkapital wegen der Kontinuität des Vermögens nicht neu geschaffen. Das Grundkapital der formwechselnden AG wird vielmehr in der SE fortgeführt. Das Gesellschaftsvermögens

---

[121] Siehe oben A.II, S. 398.

[122] *Kalss*, ZGR 2003, 593, 637.

[123] Die Parallelvorschrift des Art. 35 Abs. 5 SCE-VO verlangt demgegenüber die Bescheinigung, dass der Verschmelzungsplan das Umtauschverhältnis der Gesellschaftsanteile und ggf. die Höhe der baren Zuzahlungen enthält.

der formwechselnden AG stellt daher keine Sacheinlage dar.[124] Eine Sacheinbringung findet mangels Vermögensübertragung nicht statt.[125]

Dennoch muss sichergestellt werden, dass das Gesellschaftsvermögen der formwechselnden AG zur Deckung des Grundkapitals ausreicht. Art. 13 Zweite RiL verpflichtet die nationalen Gesetzgeber daher, bei einer Umwandlung in eine AG dieselben Garantien vorzusehen wie bei der Gründung einer AG. Das betrifft insbesondere die Anforderungen an die Kapitalaufbringung (vgl. Art. 6 bis 12 Zweite RiL). Die darin verankerten Grundsätze der realen Kapitalaufbringung gelten sinngemäß auch für die Umwandlung in eine SE, wie aus dem in Art. 37 Abs. 6 enthaltenen Hinweis auf die Zweite RiL hervorgeht. Dementsprechend muss beim Formwechsel insbesondere die Kapitalausstattung der Gesellschaft neuer Rechtsform gesichert sein.[126]

Diesem Zweck dient im deutschen Umwandlungsrecht das Gebot der Reinvermögensdeckung. Nach § 220 Abs. 1 UmwG muss das nach Abzug der Schulden verbleibende Vermögen der formwechselnden Gesellschaft mindestens den Nennbetrag des Stamm- oder Grundkapitals der Zielrechtsform decken. Ist dies nicht der Fall, ist die Eintragung des Formwechsels unzulässig. Damit verbietet das Gesetz einen Formwechsel bei Unterbilanz der Zielgesellschaft.[127]

Art. 37 Abs. 6 hat eine ähnliche Zielrichtung. Die Vorschrift verlangt die Überprüfung der Reinvermögensdeckung.[128] Im Unterschied zu § 220 Abs. 1 UmwG bezieht sich die Prüfung aber nicht darauf, ob das Reinvermögen der formwechselnden Gesellschaft (= nationale AG) das Grundkapital der Zielgesellschaft (= SE) deckt. Vielmehr ist zu überprüfen, ob das Vermögen der formwechselnden AG ihr eigenes Kapital deckt.[129] Die Prüfung befasst sich daher mit der Vermögensverdeckung auf Seiten der Gründungsgesellschaft und nicht auf Seiten der SE. Die Bescheinigung nach Art. 37 Abs. 6 erfüllt damit in etwa den Zweck, der im deutschen Recht der Vermögensaufstellung nach § 192 Abs. 2 UmwG zukommt.[130] Beide geben Aufschluss über die Vermögensverhältnisse des umzu-

---

[124] Die „Einlage“ wird allerdings im Zusammenhang mit der Anwendung des Gründungsrechts fingiert. Siehe unten C.IX.1, S. 424.

[125] Vgl. *Karsten Schmidt*, ZIP 1995, 1385, 1386 f.

[126] Vgl. *Rieger*, in: Widmann/Mayer, UmwG, § 245 Rn. 54 (Stand: März 1997).

[127] Nach vorzugswürdiger Auffassung ist damit die materielle Unterbilanz gemeint. Bei nur formeller Unterbilanz ist ein Formwechsel dagegen möglich; vgl. *Stratz*, in: Schmitt/Hörtnagl/Stratz, UmwG, § 220 Rn. 6 ff.; *Busch*, AG 1995, 555, 556.

[128] *Neun*, in: Theisen/Wenz, S. 160 („Werthaltigkeitsprüfung zur Sicherung der Reinvermögensdeckung“).

[129] Vgl. den Wortlaut: „..., dass die Gesellschaft über Nettovermögenswerte mindestens in Höhe *ihres* Kapitals ...“ (Hervorhebung des Verf.).

[130] Bemerkenswert ist, dass das deutsche Umwandlungsrecht bei einem Formwechsel von einer Kapitalgesellschaft in eine Kapitalgesellschaft anderer Rechtsform keine Vermögensaufstellung verlangt (§ 238 S. 2 UmwG). Diese Ausnahme wird damit begründet, dass sich die Rechtsstellung der einzelnen Anteilsinhaber bei dieser Art des Formwechsels

wandelnden Rechtsträgers und dienen damit der Information der Anteilsinhaber.[131] Sie ersetzen die bei der Verschmelzung vorgesehene Prüfung der Vermögenslage des Ausgangsrechtsträgers. Außerdem erleichtern beide im Rahmen der Rechtmäßigkeitskontrolle die Prüfung, ob bei der Umwandlung das Grundkapital der SE gedeckt ist.[132] Die Bescheinigung i.S. des Art. 37 Abs. 6 geht in ihren Wirkungen aber darüber hinaus, weil die Umwandlung bei Nichterteilung der Bescheinigung nicht stattfinden kann. Die Prüfung nach Art. 37 Abs. 6 trägt demnach zur Feststellung der Kapitaldeckung bei der SE bei. Die Bescheinigung nach Art. 37 Abs. 6 dient damit letztlich dem Gläubigerschutz, weil durch sie bestätigt wird, dass die AG über ein Gesellschaftsvermögen verfügt, dessen Wert zumindest den im Handelsregister verlautbarten Nennbetrag erreicht. Zusammengefasst: Die Prüfung der Vermögensverhältnisse der Gründungsgesellschaft gemäß Art. 37 Abs. 6 dient dem Kapitalschutz bei der SE-Umwandlung.

Fraglich bleibt, ob bei einer SE-Umwandlung auch das Gebot der Reinvermögensdeckung nach § 220 Abs. 1 UmwG Anwendung findet. Diese Frage soll weiter unten behandelt werden.[133]

b) Bestellung des Sachverständigen

Die Bescheinigung muss von einem oder mehreren unabhängigen Sachverständigen, die nach den einzelstaatlichen Durchführungsbestimmungen zu Art. 10 Dritte RiL durch ein Gericht oder eine Verwaltungsbehörde des Mitgliedstaats, dessen Recht die sich in eine SE umwandelnde AG unterliegt, bestellt oder zugelassen sind, erteilt werden. Die Bestellung des Sachverständigen richtet sich also nach den nationalen Durchführungsbestimmungen zu Art. 10 Dritte RiL.

Die Gründungsgesellschaft kann den oder die Sachverständigen daher selbst bestellen, sofern das mitgliedstaatliche Recht, das in Durchführung der Dritten RiL erlassen worden ist, nicht zwingend die Bestellung durch ein Gericht oder eine Behörde vorschreibt.[134] § 60 UmwG unterscheidet zwischen der getrennten und der gemeinsamen Prüfung. Bei der getrennten Prüfung werden die Prüfer jeweils vom Vorstand der Gesellschaft bestellt (Abs. 2 S. 2), während bei der gemeinsamen Prüfung die Bestellung vom Gericht vorgenommen wird (Abs. 3 S. 1). Bei der Umwandlung bleibt es mangels Beteiligung einer zweiten Gesellschaft beim Grundsatz des § 60 Abs. 2 S. 2 UmwG, dass der Prüfer vom Vorstand der Gesellschaft bestellt wird. Der Vorstand kann aber auch die Bestellung durch ein Gericht beantragen, wenn sie der Auffassung ist, dass sich die Betei-

---

nicht grundlegend ändert; Begr. Rechtsausschuss, BT-Drs. 12/7850, S. 144.

131 RegE BR-Drs. 75/94, S. 138 f.

132 *Mayer*, in: Widmann/Mayer, UmwG, § 192 Rn. 53 (Stand: Oktober 2001).

133 Siehe unten C.IX.6, S. 428.

134 Zur Bedeutung des Formulierung „zugelassen“ siehe oben Teil 4 C.IV.4.a), S. 195.

ligten mit dem Testat eines gerichtlich bestellten Sachverständigen eher zufrieden geben.[135]

Art. 37 Abs. 8 setzt voraus, dass die Bescheinigung von einem unabhängigen Sachverständigen zu erteilen ist. Die Anforderungen, die an diese Person zu stellen sind, richten sich ebenfalls nach den nationalen Durchführungsbestimmungen zu Art. 10 Dritte RiL. Bei einer Gründungsgesellschaft deutschen Rechts gelten bezüglich der Unabhängigkeit des Sachverständigen die Ausschlussgründe des § 319 Abs. 2 und Abs. 3 HGB (§ 60 Abs. 1 i.V.m. § 11 Abs. 1 UmwG). Die qualitativen Anforderungen an den „Sachverständigen" bestimmen sich nach §§ 60 Abs. 1, 11 Abs. 1 UmwG i.V.m. § 319 Abs. 1 HGB.

c) Nettovermögenswerte mindestens in Höhe ihres Kapitals

aa) Nettovermögenswerte

Art. 37 Abs. 6 regelt nicht, auf welche Weise der Wert des Nettovermögens zu berechnen ist. Zunächst fragt sich, welche Vermögensgegenstände Berücksichtigung finden. Zu den Vermögenswerten sind sämtliche Sachen und Rechte der Gründungsgesellschaft zu zählen. Auf die Bilanzierungsfähigkeit kommt es nicht an.[136] Der Wortlaut enthält keinen Hinweis auf eine solche Einschränkung. Entscheidend ist allein die Einlagefähigkeit des Gegenstands. Das ergibt sich aus dem Sinn und Zweck der Bescheinigung i.S. des Art. 37 Abs. 6. Diese soll darüber Auskunft geben, ob die Kapitaldeckung real gegeben ist. In die Bewertung sind demnach alle Vermögensgegenstände einzubeziehen, deren wirtschaftlicher Wert feststellbar ist. Verpflichtungen zu Arbeits- oder Dienstleistung scheiden dagegen aus (vgl. Art. 7 Zweite RiL).

Fraglich ist weiterhin, ob die Vermögensgegenstände mit ihren Verkehrs- oder mit ihren Buchwerten anzusetzen sind. Bei der Vermögensaufstellung nach § 192 Abs. 2 UmwG ist auf die wirklichen Werte abzustellen. Dasselbe gilt nach ganz überwiegender Meinung auch für die Reinvermögensdeckung (§ 220 Abs. 1 UmwG).[137] Im Hinblick auf den Zweck des Art. 37 Abs. 6 (Information der Aktionäre, Feststellung der realen Kapitaldeckung) sind die Vermögensgegenstände ebenfalls mit ihrem wirklichen Wert anzusetzen. Dafür spricht auch der Wortlaut („Nettovermögenswerte"). Maßgebend ist der Zeitwert, bei Gegen-

---

[135] Siehe oben Teil 4 C.IV.4.a), S. 195.

[136] Zur Vermögensaufstellung i.S. des § 192 Abs. 2 UmwG vgl. *Mayer*, in: Widmann/Mayer, UmwG, § 192 Rn. 57 (Stand: Oktober 2001); *Meister/Klöcker*, in: Kallmeyer, UmwG, § 192 Rn. 26; *Stratz*, in: Schmitt/Hörtnagl/Stratz, UmwG, § 192 Rn. 19.

[137] *Busch*, AG 1995, 555, 556 ff.; *Vossius*, in: Widmann/Mayer, UmwG, § 220 Rn. 16 (Stand: Juni 1997); *Stratz*, in: Schmitt/Hörtnagl/Stratz, UmwG, § 220 Rn. 6; *Joost*, in: Lutter, UmwG, § 220 Rn. 13.

ständen des Anlagevermögens also der Anschaffungs- oder Herstellungswert, bei Gegenständen des Umlaufvermögens der Einzelveräußerungswert.[138]

bb) Mindestens in Höhe des Kapitals zuzüglich nicht ausschüttungsfähiger Rücklagen

Die festgestellten Nettovermögenswerte müssen der Höhe nach zumindest das Kapital der Gesellschaft zuzüglich der kraft Gesetzes oder Statut nicht ausschüttungsfähigen Rücklagen decken. Dem Nettovermögen der Gründungsgesellschaft wird also ihr Grundkapital plus nicht ausschüttungsfähiger Rücklagen gegenübergestellt. Anders als bei der Reinvermögensdeckung i.S. des § 220 Abs. 1 UmwG bildet also nicht das Grundkapital der Zielrechtsform, sondern das eigene Grundkapital den Maßstab. Entscheidend ist der Nennbetrag des Grundkapitals der Gründungsgesellschaft, wie er in der Satzung ausgewiesen ist.[139] Zum Kapital sind die „kraft Gesetzes oder Statut nicht ausschüttungsfähigen Rücklagen" hinzuzurechnen. Eine Gründungsgesellschaft deutschen Rechts muss daher die Rücklagen i.S. des § 150 AktG, die nicht zur Gewinnausschüttung verwendet werden dürfen, zum Grundkapital addieren. Der Begriff „Statut" meint die Satzung der Gesellschaft, wie die anderen Sprachfassungen verdeutlichen.[140] Durch die Berücksichtigung der nicht ausschüttungsfähigen Rücklagen, die einen Reservefonds bilden sollen, wird dem Gedanken der Kapitalerhaltung bei der Feststellung der Kapitaldeckung in besonderem Maße Rechnung getragen.[141]

d) Bescheinigung

Die Sachverständigen müssen gemäß der Zweiten RiL „sinngemäß" bescheinigen, dass entsprechende Nettovermögenswerte vorliegen. Dies ist so zu verstehen, dass die Anforderungen, die an einen Prüfungsbericht i.S. des Art. 10 Zweite RiL gestellt werden, entsprechend für die Bescheinigung gelten. Die Bescheinigung muss daher in entsprechender Anwendung des § 10 Abs. 2 Zweite RiL die einzelnen Vermögenswerte beschreiben und die angewandten Bewertungsverfahren nennen. Demgegenüber genügt es nicht, wenn im schlichten Urteilstenor festgestellt wird, dass die umzuwandelnde Gesellschaft über ein Nettovermögen mindestens in Höhe des Grundkapitals zuzüglich nicht ausschüttungsfähiger Rücklagen verfügt.

Stellen die Prüfer fest, dass auf Seiten der Gründungsgesellschaft keine Reinvermögensdeckung gegeben ist, dürfen sie keine Bescheinigung erteilen. Eine Negativbescheinigung ist nach dem klaren Wortlaut des Art. 37 Abs. 6 nicht vorgesehen. Übersteigt das Kapital samt nicht ausschüttungsfähiger Rücklagen

---

[138] Zu diesen Bewertungsmaßstäben vgl. *Röhricht*, in: Großkomm. zum AktG, § 27 Rn. 89.

[139] Ebenso *Bungert/Beier*, EWS 2002, 1, 8.

[140] Vgl. die englische („the Statutes") oder die französische Fassung („les statuts"). So auch *Ch. Teichmann*, ZGR 2002, 383, 439 Fn. 208; *Neun*, in: Theisen/Wenz, S. 160 Fn. 2.

[141] Zu Sinn und Zweck der gesetzlichen Rücklagen vgl. *Hüffer*, AktG, § 150 Rn. 1.

das Nettovermögen der Gründungsgesellschaft, bedeutet dies letztlich ein Eintragungshindernis.

e) Auskunftsrecht

Die Verordnung gewährt den Prüfern keinen materiellrechtlichen Anspruch auf Auskunft gegenüber der Gründungsgesellschaft. Die Sachverständigen können ihrem Prüfungsauftrag aber nur dann gerecht werden, wenn sie über entsprechende Informationsrechte verfügen. Bezüglich der Auskunftsrechte ist Art. 22 Unterabs. 2 daher analog anzuwenden.

2. Keine Umwandlungsprüfung

Die Verordnung verlangt keine Prüfung des Umwandlungsplans, wie sie für den Verschmelzungs- (Art. 22) oder Gründungsplan (Art. 32 Abs. 4 und 5) vorgesehen ist. Der Verzicht auf eine Umwandlungsprüfung folgt daraus, dass es bei der Umwandlung nicht zu einem Aktientausch kommt. Demzufolge muss auch nicht die Angemessenheit des Umtauschverhältnisses festgestellt werden.[142]

VI. Zustimmung der Hauptversammlung

Die Hauptversammlung muss dem Umwandlungsplan zustimmen und außerdem die Satzung der SE genehmigen (Art. 37 Abs. 7 S. 1). Demgegenüber kann die Hauptversammlung das vereinbarte Mitbestimmungsmodell – anders als bei Verschmelzung (Art. 23 Abs. 2) und Holding-SE (Art. 32 Abs. 6 Unterabs. 2) – nicht von ihrer Genehmigung abhängig machen. Eine entsprechende Vorbehaltsmöglichkeit wird von der Verordnung nicht vorgesehen.

1. Zuständigkeit

Art. 37 Abs. 7 S. 1 enthält eine zwingende Kompetenzzuweisung an die Hauptversammlung. Sofern nationales Recht oder die Satzung eine davon abweichende Zuständigkeit vorsehen, ist dies unbeachtlich.

2. Beschlussgegenstand

Die Hauptversammlung muss dem Umwandlungsplan zustimmen und die Satzung genehmigen (Art. 37 Abs. 1 S. 1). Im deutschen Umwandlungsrecht ist die Satzung ebenfalls Teil des Umwandlungsbeschlusses (§ 243 Abs. 1 S. 1 i.V.m. § 218 Abs. 1 UmwG). Dadurch wird gewährleistet, dass die Aktionäre umfassend über das in Zukunft geltende Statut informiert sind.[143] Der Formwechsel verändert außerdem das körperschaftliche Gefüge der Gesellschaft, sodass es nicht

---

[142] *Hommelhoff*, AG 1990, 422, 425. Zust. *C.P. Schindler*, S. 39. Das deutsche UmwG sieht beim Formwechsel ebenfalls keine Umwandlungsprüfung vor.

[143] *Decher*, in: Lutter, UmwG, § 243 Rn. 22.

ausreicht, die bisherige Satzung nur im Wege der Satzungsänderung der neuen Rechtsform anzupassen.[144]

3. Vorbereitung, Einberufung und Durchführung der Hauptversammlung

Die damit zusammenhängenden Rechtsfragen fallen prinzipiell nicht in den Regelungsbereich der Verordnung und werden von dieser dementsprechend auch nicht geregelt. Bei einer deutschen Gründungsgesellschaft finden daher ohne weiteres die §§ 121 ff. AktG Anwendung.[145] Etwas anderes gilt nur für spezielle Informationsrechte der Aktionäre im Zusammenhang mit der SE-Gründung und die erforderliche Beschlussmehrheit. Diese beiden Rechtsfragen hängen spezifisch mit der SE-Gründung zusammen und sind daher dem Regelungsbereich der Verordnung zuzuordnen.[146]

a) Vorabinformation der Aktionäre

Die Verordnung regelt bei der Umwandlung ebenso wenig wie bei der Verschmelzung und der Holding-SE die Frage, welche Informationsrechte den Aktionären vor der Hauptversammlung zustehen. Die Verordnung verpflichtet das Leitungs- bzw. Verwaltungsorgan zwar zur Erstellung eines Umwandlungsplans und -berichts, klärt aber nicht, ob und wie diese Unterlagen den Aktionären zugänglich zu machen sind. Gleiches gilt für die Sachverständigenbescheinigung i.S. des Art. 37 Abs. 6. Es fehlt auch eine dem Art. 18 vergleichbare Verweisungsvorschrift, die auf nationales Recht verweist (z.B. § 238 i.V.m. §§ 230 f. UmwG) oder die Durchführungsbestimmungen zur Dritten RiL für anwendbar erklärt (§ 63 UmwG).

Gleichwohl ist das Informationsbedürfnis der Aktionäre bei der Umwandlung in eine SE ebenso anzuerkennen wie bei den anderen Gründungsformen. Es wäre als Verstoß gegen den Gleichheitssatz zu werten, wenn den Aktionären bei einer SE-Umwandlung nicht die gleichen Informationsrechte zur Verfügung stünden wie bei einer Verschmelzung.[147] In beiden Fällen werden aus Aktionären einer im nationalen Recht verhafteten Gesellschaftsform Aktionäre der supranationalen Rechtsform SE. Die Umwandlung führt also zu einer qualitativen Veränderung der Mitgliedschaftsrechte. Es entspricht allgemeinen Grundsätzen des europäischen Gesellschaftsrechts, dass die Gesellschafter vor einschneidenden Strukturmaßnahmen umfassend zu informieren sind (vgl. Art. 11 Dritte RiL, Art. 9 Sechste RiL). Art. 37 Abs. 7 enthält auch keine abschließende Regelung

---

[144] *Dirksen*, in; Kallmeyer, UmwG, § 243 Rn. 7.

[145] *Neun*, in: Theisen/Wenz, S. 162 spricht von einer „bewusst lückenhaften Regelung".

[146] Vgl. oben Teil 4 C.V.1.d)aa), S. 207.

[147] Vgl. auch *Trojan-Limmer*, RIW 1991, 1010, 1015: „Nur eine funktionale Gleichwertigkeit der verschiedenen Gründungsformen kann verhindern, daß nicht der wirtschaftliche Sachverhalt, sondern Umgehungsgesichtspunkte die Art der Gründung bestimmen."

zum Verfahren der Hauptversammlung. Satz 1 enthält nur eine Kompetenzzuweisung und sagt nichts über das Verfahren der Hauptversammlung aus. Satz 2 betrifft nur die „Beschlussfassung“, enthält aber keinen Hinweis auf die Vorbereitung und Durchführung der Hauptversammlung. Von der Einberufungsfrist über die Tagesordnung bis zur Versammlungsleitung bleibt alles offen.[148]

Die Verordnung ist daher lückenhaft, soweit sie keine Regelung über die Vorabinformation der Aktionäre bei einer Umwandlung in eine SE enthält. Fraglich ist, wie diese Lücke zu schließen ist. *Neun* empfiehlt einen Rückgriff auf die allgemeinen Grundsätze des europäischen Gesellschaftsrechts, wie sie in Art. 11 Dritte RiL oder Art. 9 Sechste RiL zum Ausdruck kommen.[149] Ebenfalls denkbar ist eine Analogie zu Art. 18. Eine deutsche Gründungsgesellschaft träfe dann die Informationspflichten aus § 63 UmwG.[150] In beiden Fällen wäre gewährleistet, dass die Aktionäre in allen Mitgliedstaaten denselben Schutz wie bei einer Verschmelzung genießen. Die analoge Anwendung des Art. 18 hat den Vorteil, dass eine Anwendung der vertrauten Vorschriften des nationalen Verschmelzungsrechts größere Rechtssicherheit bietet. Unabhängig davon, wie man sich entscheidet, wird man in jedem Fall verlangen müssen, dass der Umwandlungsplan, der Umwandlungsbericht und die Bescheinigung i.S. des Art. 37 Abs. 6 mindestens einen Monat vor dem Tag der Hauptversammlung am Sitz der Gesellschaft zur Einsichtnahme der Aktionäre zur Verfügung stehen. Auf Verlangen ist jedem Aktionär unverzüglich und kostenlos eine Abschrift dieser Unterlagen zu übersenden.

b) Durchführung

Die Durchführung der Hauptversammlung richtet sich grundsätzlich nach dem Personalstatut der Gründungsgesellschaft. Nur bezüglich spezieller Informationsrechte der Aktionäre, die gerade im Hinblick auf den besonderen Beschlussgegenstand Umwandlung bestehen, ist der Regelungsbereich der Verordnung eröffnet. Für eine Gründungsgesellschaft deutschen Rechts stellt sich insofern die Frage nach der Anwendbarkeit von § 64 bzw. § 239 UmwG. Es ist kaum vorstellbar, dass der Gemeinschaftsgesetzgeber den Aktionären die zusätzlichen Informationsrechte, die ihnen das mitgliedstaatliche Recht bei Umwandlungen zur Verfügung stellt, bei der Umwandlung in eine SE vorenthalten wollte. Fraglich ist aber, wie sich die Anwendung dieser Vorschriften auf eine SE-Umwandlung dogmatisch begründen lässt, weil die Verordnung keine entsprechende Verweisung enthält. Wegen der vergleichbaren Interessenlage zur Ver-

---

148 Zu Recht *Ch. Teichmann*, ZGR 2002, 383, 440.

149 *Neun*, in: Theisen/Wenz, S. 162.

150 In Betracht käme auch eine Anwendung der §§ 238, 230 f. UmwG. Allerdings ist nicht auszuschließen, dass in anderen nationalen Rechten die Informationsrechte bei einem Formwechsel hinter denen bei einer Verschmelzung zurückbleiben, weil hier keine Harmonisierung stattgefunden hat (vgl. Art. 11 Dritte RiL).

schmelzung ist das Problem über eine Analogie zu Art. 18 zu lösen. Die Aktionäre einer deutschen Gründungsgesellschaft können sich daher auch bei der SE-Umwandlung auf die Informationsrechte aus § 64 UmwG berufen.

c) Beschlussfassung

Art. 37 Abs. 1 S. 2 verweist für die Beschlussfassung der Hauptversammlung auf die einzelstaatlichen Durchführungsbestimmungen zu Art. 7 Dritte RiL. Bei einer AG deutschen Rechts richtet sich das Verfahren der Beschlussfassung daher nach § 13 i.V.m. § 65 UmwG und nicht etwa nach § 193 UmwG. Der Umwandlungsbeschluss bedarf einer Mehrheit von mindestens drei Viertel des vertretenen Grundkapitals (§ 65 Abs. 1 S. 1 UmwG).[151] Sind mehrere Gattungen von Aktien vorhanden, so bedarf der Beschluss der Hauptversammlung zu seiner Wirksamkeit der Zustimmung der stimmberechtigten Aktionäre jeder Gattung (Art. 65 Abs. 2 UmwG).

Der Beschluss und die Zustimmungserklärungen müssen notariell beurkundet werden (§ 13 Abs. 3 S. 1 UmwG).[152] Auf Verlangen muss die Gesellschaft jedem Aktionär auf dessen Kosten unverzüglich eine Abschrift des Umwandlungsplans und der Niederschrift des Beschlusses erteilen (§ 13 Abs. 3 S. 3 UmwG).[153]

4. Fehlerhaftigkeit des Zustimmungsbeschlusses

Der Zustimmungsbeschluss kann an formellen oder materiellen Fehlern leiden. Die Anfechtbarkeit oder Nichtigkeit des Beschlusses richtet sich nach nationalem Recht, weil die Problematik grundsätzlich nicht in den Regelungsbereich der Verordnung fällt. Auf eine deutsche Gründungsgesellschaft finden daher unmittelbar die §§ 241 ff. AktG Anwendung.[154]

Fraglich ist indes, ob die Beschränkungen des Klagerechts, die das deutsche Recht bei innerstaatlichen Formwechseln vorsieht (vgl. §§ 195, 210 UmwG), auch bei der Umwandlung in eine SE Anwendung finden. Nach § 195 Abs. 2 UmwG kann sich eine Klage gegen die Wirksamkeit des Umwandlungsbeschlusses nicht darauf stützen, dass die in dem Beschluss bestimmten Anteile am Rechtsträger neuer Rechtsform zu niedrig bemessen sind oder dass die Mitglied-

---

[151] *Ch. Teichmann*, ZGR 2003, 367, 395 Fn. 106; im Erg. ebenso *Kalss*, ZGR 2003, 593, 602, die allerdings zu Unrecht auf § 73 UmwG abstellt.

[152] Im Erg. ebenso *Heckschen*, DNotZ 2003, 251, 264, der allerdings auf Art. 15 Abs. 1 i.V.m. 130 AktG abstellt. Dies ist allerdings abzulehnen, weil Art. 15 Abs. 1 nur auf die zweite Gründungsphase Anwendung findet und Art. 37 Abs. 1 S. 2 als lex specialis vorgeht.

[153] Auch § 13 UmwG beruht auf Art. 7 Dritte RiL; vgl. *Schwarz*, Rn. 650 Fn. 806; *Lutter*, in: ders., UmwG, § 13 Rn. 1.

[154] Offensichtlich a.A. *Neun*, in: Theisen/Wenz, S. 167, der davon spricht, dass sich die Anfechtungsmöglichkeiten „nach der aus den Art. 15 und 18 SE-VO abzuleitenden Regelungssystematik“ nach der nationalen Rechtsordnung der Gründungsgesellschaft richten.

schaft kein ausreichender Gegenwert für die Mitgliedschaft beim formwechselnden Rechtsträger ist. § 210 präkludiert Klagen, mit denen ein zu niedriges oder nicht ordnungsgemäß angebotenes Barabfindungsangebot gerügt wird. Diese Beschränkungen stehen in einem spezifischen Zusammenhang mit dem Formwechsel und fallen damit in den Regelungsbereich der Verordnung.[155] Ihre Anwendbarkeit hängt deshalb von einem gemeinschaftsrechtlichen Rechtsanwendungsbefehl ab. Für die SE-Umwandlung fehlt indes eine Vorschrift, die wie Art. 18 das auf die Gründungsgesellschaft ergänzend anwendbare Recht bestimmt.

Es stellt sich mithin die Frage, ob die Verordnung an dieser Stelle eine Regelungslücke aufweist, die durch eine Analogie zu schließen ist. Der Ausschluss der Geltendmachung von Bewertungsrügen im Klagewege gemäß Art. 18 analog i.V.m. § 14 Abs. 2 bzw. § 32 UmwG analog ist letztlich nur dann gerechtfertigt, wenn den Aktionären damit korrespondierende Minderheitenrechte, d.h. ein Nachbesserungsanspruch sowie ein Austritts- und Abfindungsrecht, zustehen. Ob und inwieweit das Klagerecht der Aktionäre bei der SE-Umwandlung beschränkt ist, hängt also davon ab, welche Minderheitenrechte den Aktionären zur Verfügung stehen. Die Rechte der Minderheitsaktionäre bei der Umwandlung in eine SE werden weiter unten untersucht, sodass die Frage nach den Klagebeschränkungen zunächst offen bleiben muss.[156]

VII. Zustimmung des Mitbestimmungsorgans

Die Verordnung ermächtigt die Mitgliedstaaten, die Umwandlung von der Zustimmung des Organs abhängig zu machen, in dem die Mitbestimmung der Arbeitnehmer vorgesehen ist (Art. 37 Abs. 8).

1. Tatbestandsvoraussetzungen

Die nationalen Gesetzgeber, die von der Ermächtigung des Art. 37 Abs. 8 Gebrauch machen wollen, dürfen die Zustimmungskompetenz nur dem Gesellschaftsorgan zuweisen, „in dem die Mitbestimmung der Arbeitnehmer vorgesehen ist". Der Zustimmungsbeschluss muss überdies „mit qualifizierter Mehrheit oder einstimmig" gefasst werden.

a) Organ, in dem die Arbeitnehmermitbestimmung vorgesehen ist

Zunächst ist zu klären, was unter dem „Organ ..., in dem die Mitbestimmung der Arbeitnehmer vorgesehen ist" zu verstehen ist. Es stellt sich die Frage, ob mit Mitbestimmung nur die Mitbestimmung auf Unternehmensebene (= Aufsichtsrat) oder auch die betriebliche Mitbestimmung (= Betriebsrat) gemeint ist. Sofern im Schrifttum tatsächlich angenommen wird, dass über Art. 37 Abs. 8 auch

[155] Siehe oben Teil 4 C.V.4, S. 220.
[156] Siehe unten C.VIII.1, S. 422.

ein Zustimmungserfordernis durch den Betriebsrat eingeführt werden kann,[157] ist dies abzulehnen. Die Entscheidung über die Umwandlung in eine SE betrifft die unternehmerische Ebene und nicht die Organisation des Betriebs.[158] Wenn also in Art. 37 Abs. 8 von Mitbestimmung die Rede ist, kann aus teleologischen Gesichtspunkten nur die unternehmerische Mitbestimmung gemeint sein. Auch der Ausnahmecharakter der Vorschrift gebietet es, einer restriktiven Auslegung den Vorzug zu geben. Im Übrigen stellt der Betriebsrat nach der in Deutschland gebräuchlichen Terminologie auch begrifflich kein „Organ der umzuwandelnden Gesellschaft" dar.[159] Sollte sich der deutsche Gesetzgeber also dazu entschließen, von der Ermächtigung des Art. 37 Abs. 8 Gebrauch zu machen, kann er allenfalls die Zustimmung des Aufsichtsrats verlangen.[160]

b) Qualifizierte Mehrheit oder Einstimmigkeit

Die nationalen Gesetzgeber können für einen Zustimmungsbeschluss i.S. des Art. 37 Abs. 8 nicht die einfache Stimmenmehrheit genügen lassen. Sie müssen zumindest einen Beschluss mit qualifizierter Mehrheit voraussetzen. Die Regelung zielt offenbar auf solche Rechtsordnungen ab, in denen das mitbestimmte Organ nicht paritätisch besetzt ist. Somit wird gewährleistet, dass die Arbeitnehmer im betreffenden Organ nicht einfach überstimmt werden können. Im Ergebnis wird ihnen damit allerdings ein Vetorecht eingeräumt.

2. Regelungsbedarf des deutschen Gesetzgebers

Art. 37 Abs. 8 ist ein weiteres Beispiel für die Befürchtung des Verordnungsgebers, die Umwandlung in eine SE könne zur Flucht aus der nationalen Mitbestimmung missbraucht werden.[161] Die Regelung ist offensichtlich auf Drängen der deutschen Delegation in die Verordnung aufgenommen worden.[162] Im deutschen Schrifttum wird eine Umsetzung der Ermächtigung des Art. 37 Abs. 8 durchweg abgelehnt.[163]

Gegen die Einführung eines solchen Zustimmungserfordernisses werden beträchtliche Argumente vorgebracht. Es wird geltend gemacht, dass eine Entscheidungsbefugnis des Aufsichtsrats verfassungsrechtlich bedenklich und außerdem systemwidrig sei. Das damit verbundene Vetorecht des Aufsichtsrats käme einer mitbestimmungsrechtlichen Eingangskontrolle in die Rechtsform SE

---

157 *Schulz/Geismar*, DStR 2001, 1078, 1081; *Sanna*, ELR 2002, 2, 7.

158 Ebenso *Vossius*, in: Widmann/Mayer, UmwG, § 20 Rn. 455 (Stand: Juni 2002).

159 Es wird zwar im Zusammenhang mit dem Betriebsrat gelegentlich von einem Organ der Belegschaft gesprochen. Es handelt sich aber um kein gesellschaftsrechtliches Unternehmensorgan; vgl. *Richardi*, in: ders., BetrVG, § 1 Rn. 7.

160 Im Erg. auch *Bungert/Beier*, EWS 2002, 1, 8.

161 Siehe oben A.II, S. 398.

162 *Neun*, in: Theisen/Wenz, S. 161 f.

163 *Ch. Teichmann*, ZGR 2002, 383, 441; *ders.*, ZIP 2002, 1109, 1113; *ders.*, in: Theisen/Wenz, S. 589 f.; *Brandt*, NZG 2002, 991, 995; *Neun*, in: Theisen/Wenz, S. 161 f.

gleich. Das verfassungsrechtlich verbürgte Letztentscheidungsrecht der Anteilsinhaber bliebe auf der Strecke, wenn die von Aktionären gewünschte Umstrukturierung am Widerstand der Arbeitnehmer scheitern könnte.[164] Die zwingende Einbeziehung des Aufsichtsrats bei Grundlagenentscheidungen ist dem deutschen Recht fremd. Weder im allgemeinen Aktienrecht noch in den Vorschriften zum Formwechsel (§§ 190 ff. UmwG) findet sich eine entsprechende Zustimmungsklausel. Außerdem kann der Aufsichtsrat ohnehin bereits durch seine Vorschlagspflicht nach § 124 Abs. 3 S. 1 AktG Einfluss auf die Entscheidung der Hauptversammlung ausüben.[165]

Ein Zustimmungserfordernis auf Grundlage des Art. 37 Abs. 8 wäre aber nicht nur rechtlich verfehlt. Es ist auch kein Bedürfnis für zusätzliche Schutzmechanismen zugunsten der Arbeitnehmer erkennbar. Das Mitbestimmungsniveau in der umzuwandelnden Gesellschaft wird von der SE-ErgRiL unter Bestandsschutz gestellt (Art. 3 Abs. 6 Unterabs. 3, Art. 4 Abs. 4, Art. 7 Abs. 2 Buchst. a i.V.m. Anhang Teil 3 Buchst. a SE-ErgRiL). Die Arbeitnehmervertreter könnten das Vetorecht außerdem als Druckmittel benutzen, um im Verhandlungsverfahren Zugeständnisse hinsichtlich der Mitbestimmung zu erzwingen.[166] Auch das Sitzverlegungsverbot (Art. 37 Abs. 3) schützt insofern die Interessen der Arbeitnehmer. Ein Bedürfnis zur Umsetzung des Art. 37 Abs. 8 in deutsches Recht ist nach alledem nicht gegeben. Der deutsche Gesetzgeber sollte von der Ermächtigung keinen Gebrauch machen. Im SEAG-RegE wird zu Recht von einer Umsetzung des Art. 37 Abs. 8 abgesehen.

VIII. Schutz bestimmter Personengruppen

1. Schutz der Minderheitsaktionäre

Die Verordnung äußert sich nicht zum Schutz der Aktionäre, die sich gegen die Umwandlung ausgesprochen haben.[167] Es fehlt eine dem Art. 24 Abs. 2 oder Art. 34 vergleichbare Vorschrift, welche die nationalen Gesetzgeber ermächtigt, Schutzvorschriften für die Minderheitsaktionäre zu erlassen.

Nach Meinung von *Ch. Teichmann* und *Kalss* handelt es sich hierbei um eine bewusste Ablehnung des europäischen Gesetzgebers und mithin nicht um eine planwidrige und damit analogiefähige Lücke.[168] Der Grund hierfür liege darin, dass der Verordnungsgeber den Wechsel von einer AG in eine SE mit gleicher nationaler Färbung nicht als allzu gravierenden Einschnitt für die Rechtsstellung des einzelnen Aktionärs sähe. *Kalss* hält dies für nachvollziehbar, da insbeson-

---

[164] Zu Recht *Brandt*, NZG 2002, 991, 995. Vgl. BVerfGE 50, 299, 322 ff.

[165] *Ch. Teichmann*, ZGR 2002, 383, 441; *ders.*, ZIP 2002, 1109, 1113.

[166] *Neun*, in: Theisen/Wenz, S. 162.

[167] Krit. *Trojan-Limmer*, RIW 1991, 1010, 1015; *Hemmelrath*, in: Schwappach, EU-Handbuch Wirtschaftsrecht, § 35 Rn. 71.

[168] *Ch. Teichmann*, ZGR 2003, 367, 395; *Kalss*, ZGR 2003, 593, 614 f.

dere die gesamte Finanzverfassung – abgesehen vom Mindestkapital – gleich ist und sich auch die Organisationsstruktur trotz der Wahlmöglichkeit zwischen monistischem und dualistischem System auf die Rechtsposition des einzelnen Gesellschafters nur mittelbar auswirke. Außerdem kenne auch das deutsche Umwandlungsrecht bei ähnlich nahen Gestaltungen wie der Umwandlung einer KGaA in eine AG und umgekehrt kein Austrittsrecht (§ 250 UmwG).

Ein Bedürfnis für besondere Minderheitenrechte ließe sich allenfalls aus dem Aspekt des Wechsels der Rechtsordnung (vertikal aufsteigende Statutmobilität) herleiten.[169] Die SE-Umwandlung führt dazu, dass sich die Gesellschafterstellung in erster Linie nach europäischem Recht beurteilt. Die Situation bei der SE-Umwandlung ist daher nicht ohne weiteres mit der Umwandlung einer AG in eine KGaA bzw. einer KGaA in eine AG vergleichbar, weil bei dieser die nationale Gesellschaftsrechtsordnung nicht verlassen wird. Ob daraus allerdings nachhaltige Veränderungen der mitgliedschaftlichen Rechte resultieren, die ein generelles Austrittsrecht aus wichtigem Grund rechtfertigen,[170] ist angesichts des Verweisungskonzepts der Verordnung mehr als zweifelhaft.

Daher ist *Ch. Teichmann* und *Kalss* darin beizupflichten, dass der Verordnungsgeber offensichtlich bewusst auf Minderheitenrechte bei der SE-Umwandlung verzichtet hat; eine planwidrige Regelungslücke scheidet also aus. Zu Recht beschränkt der Regierungsentwurf für ein SEAG die Gewährung eines Austritts- und Abfindungsrechts bei der Verschmelzung (Art. 7 Abs. 1) und Holdinggründung (Art. 9 Abs. 1) daher auf den Fall, dass die künftige SE ihren Sitz im Ausland hat. Ein solcher Fall ist bei der Umwandlung jedoch durch das Sitzverlegungsverbot des Art. 37 Abs. 3 von vornherein ausgeschlossen.

2. Schutz der Gläubiger

Ebenso ungeregelt blieb in der Verordnung der Gläubigerschutz. Besondere Schutzmaßnahmen sind insofern auch nicht erforderlich. Die SE haftet in vollem Umfang für die Verpflichtungen der AG. Ihr ist es außerdem verwehrt, anlässlich der Umwandlung ihren Sitz in einen anderen Mitgliedstaat zu verlegen. Es tritt also keine Verschlechterung der Rechtsposition der Gläubiger ein. Dies wäre nur dann der Fall, wenn die SE aufgrund gelockerter Publizitäts-, Kontroll- und Rechnungslegungsvorschriften im Verhältnis zur AG nationalen Rechts schlechtere Voraussetzungen für die Geltendmachung und Durchsetzung von Ansprüchen böte.[171] Grundsätzlich ist jedoch davon auszugehen, dass die Umwandlung in eine SE für die Gläubiger keine besondere Gefährdungslage darstellt. Es ist daher nicht erforderlich, ihnen besondere Schutzrechte zur Verfügung zu stellen.

---

[169] Siehe oben Teil 1 C.VI.2.d)bb), S. 236.
[170] Vgl. *Decher*, in: Lutter, UmwG, § 207 Rn. 3 m.w.N.
[171] So auch *Gutsche*, S. 50.

IX. Nationales Gründungsrecht für AG

1. Anwendbarkeit des Aktiengründungsrechts

Art. 15 Abs. 1 verweist auf das für die Gründung von AG geltenden Recht des künftigen SE-Sitzstaats.[172] Fraglich ist indes, ob es auch bei der SE-Umwandlung zur Anwendung von nationalem Aktiengründungsrecht kommt. Dies ist deshalb problematisch, weil es bei der Umwandlung in eine SE zu keiner Neugründung kommt (Art. 37 Abs. 2). Der umzuwandelnde Rechtsträger und der Zielrechtsträger sind identisch (Identitätshypothese).

Dennoch schreibt auch das deutsche Recht vor, dass bei einem Formwechsel die für die neue Rechtsform geltenden Gründungsvorschriften anzuwenden sind (§ 197 UmwG). Damit werden die Vorgaben des Art. 13 Zweite RiL umgesetzt, nach denen bei der Umwandlung in eine AG grundsätzlich die Sachgründungsvorschriften zu beachten sind.[173] Dem Umstand, dass es sich um eine formwechselnde Umwandlung ohne Neugründung handelt, wird jedoch durch eine einschränkende Auslegung des § 197 UmwG Rechnung getragen. Ausweislich der Gesetzesmaterialien dürfen die Gründungsvorschriften nicht uneingeschränkt für anwendbar erklärt werden. Denn sonst würde praktisch eine Neugründung erforderlich, die durch den Formwechsel gerade vermieden werden soll.[174] § 197 UmwG bezweckt daher nach allgemeiner Auffassung nur einen Umgehungsschutz, der verhindern soll, dass die strengeren Kapitalaufbringungsvorschriften der Zielrechtsform unterlaufen werden.[175] Die jeweiligen Sachgründungsvorschriften finden daher nur insoweit Anwendung, als es eines Schutzes vor der Umgehung der Gründungsvorschriften im Kapitalgesellschaftsrecht bedarf.

Dies führt zur Frage, ob Art. 15 Abs. 1 ebenfalls einschränkend auszulegen ist, sodass Sachgründungsvorschriften nur insoweit zur Anwendung gelangen, als dies zum Schutz vor Umgehungen erforderlich ist.[176] Dabei ist zu beachten, dass bei der Umwandlung in eine SE an sich keine Umgehungsgefahr besteht, weil nur AG gründungsberechtigt sind. Die formwechselnde AG hat das Gründungsverfahren nach nationalem Recht bereits bei ihrer eigenen, ursprünglichen Gründung durchlaufen. Damit ist von vornherein ausgeschlossen, dass durch die SE-Umwandlung strengere Vorschriften des nationalen Aktiengründungsrechts unterlaufen werden. Bei der SE-Umwandlung besteht insofern eigentlich keine Veranlassung zur Anwendung des nationalen Aktiengründungsrechts.

---

[172] Siehe oben Teil 2 B.IV.3.d)bb), S. 53.

[173] *Priester*, in: FS für Zöllner, Band 1, 1998, S. 449, 455.

[174] RegE BR-Drs. 75/94, S. 141.

[175] *Decher*, in: Lutter, UmwG, § 197 Rn. 5 f.; *Mayer*, in: Widmann/Mayer, UmwG; § 197 Rn. 4 (Stand: Oktober 2001); *Meister/Klöcker*, in: Kallmeyer, UmwG, § 197 Rn. 5; *Stratz*, in: Schmitt/Hörtnagl/Stratz, UmwG, § 197 Rn. 3.

[176] Ablehnend *Neun*, in: Theisen/Wenz, S. 166, der den nationalen Gesetzgeber zur Klarstellung aufruft.

Gutsche spricht sich dennoch für eine Anwendung des nationalen Aktiengründungsrechts aus.[177] Der deutsche Gesetzgeber gehe nämlich davon aus, dass der Standard der §§ 23 ff. AktG nicht schon deshalb dauerhaft gesichert sei, weil sie bei der ursprünglichen AG-Gründung einmal zur Anwendung gekommen sind. Dies zeige sich am Beispiel der Umwandlung einer AG in eine KGaA. Auch hier sind die §§ 23 ff. AktG zu beachten (§ 197 S. 1 UmwG i.V.m. § 278 Abs. 3 AktG), obwohl das Gründungsverfahren bereits bei der ursprünglichen AG-Gründung durchlaufen worden ist. *Gutsche* schließt daraus, dass bei der Umwandlung einer AG in eine Rechtsform, die denselben Gründungsvorschriften unterliegt wie eine AG, wiederum das Aktiengründungsrecht Anwendung finden muss. Bei der SE-Umwandlung sei dies der Fall, wie die anderen Gründungsformen (z.B. Holding-SE) belegen.

Der Argumentation von *Gutsche* ist zu folgen. Art. 15 Abs. 1 lässt erkennen, dass auf eine SE-Gründung grundsätzlich nationales Aktiengründungsrecht anzuwenden ist. Trotz der Identität des Rechtsträgers vor und nach dem Formwechsel besteht das Bedürfnis, die Kapitaldeckung in der neuen Rechtsform festzustellen. Dies belegt Art. 13 Zweite RiL, der den nationalen Gesetzgebern aufgibt, bei der Umwandlung in eine AG dieselben Garantien wie bei einer Neugründung vorzusehen. Hierdurch soll bei der Umwandlung ein gleichwertiger Kapitalschutz gewährleistet werden wie bei der Neugründung. Aus der Sicht des Art. 13 Zweite RiL wird man Art. 15 Abs. 1 daher so auszulegen haben, dass dieser auch bei der SE-Umwandlung nationales Aktiengründungsrecht zur Anwendung beruft, soweit dies zum Schutz vor Umgehungen erforderlich ist. Der deutsche Rechtsanwender kann sich dabei an den für § 197 S. 1 UmwG entwickelten Auslegungsgrundsätzen orientieren.[178] Die Umwandlung einer nationalen AG in eine SE ist daher grundsätzlich als Sachgründung zu behandeln.

2. Satzung

Aus der Satzung muss ersichtlich werden, dass die Sacheinlage durch Formwechsel der AG nationalen Rechts erbracht wird (§ 27 AktG). Eine Auflistung der einzelnen Vermögensgegenstände der AG ist nicht erforderlich.[179]

In die Satzung sind außerdem die in der Satzung der AG enthaltenen Festsetzungen über Sondervorteile, Gründungsaufwand, Sacheinlagen und Sachübernahmen zu übernehmen (Art. 15 Abs. 1 i.V.m. § 243 Abs. 1 S. 2 UmwG ana-

---

[177] *Gutsche*, S. 52.

[178] Das nationale Aktiengründungsrecht findet jedoch nicht über Art. 15 Abs. 1 i.V.m. § 197 UmwG Anwendung. § 197 UmwG ordnet die Anwendung der Gründungsvorschriften der Zielrechtsform an, was hier die SE wäre, während Art. 15 Abs. 1 auf die für AG geltenden Vorschriften verweist. Bei der SE-Umwandlung würde eine Anwendung des § 197 UmwG daher in eine Sackgasse führen.

[179] Siehe oben Teil 4 C.VII.1.a), S. 253.

log). Nur so werden künftige Gläubiger und Gesellschafter hinreichend über die Kapitalaufbringung und mögliche Haftungsrisiken unterrichtet.[180]

3. Bestellung des ersten Aufsichts- bzw. Verwaltungsorgans

Die Bestellung des ersten Aufsichts- bzw. Verwaltungsorgans verläuft grundsätzlich wie bei der Verschmelzung durch Aufnahme.[181] Hinsichtlich der Zusammensetzung des ersten Aufsichtsorgans findet allerdings über Art. 15 Abs. 1 der § 197 S. 2 UmwG Anwendung. Die Vorschriften über die Bildung und Zusammensetzung des ersten Aufsichtsrats (§§ 30, 31 AktG) sind daher nicht anzuwenden. Wegen des mitbestimmungsrechtlichen Bestandsschutzes bei der Umwandlungsgründung (Art. 4 Abs. 4 SE-ErgRiL) ergeben sich keine grundsätzliche Veränderungen in der Zusammensetzung des Aufsichtsorgans. Damit ist im Anwendungsbereich des Mitbestimmungsgesetzes sichergestellt, dass die Arbeitnehmerseite bereits im Zeitpunkt des Wirksamwerdens des Formwechsels im Aufsichtsorgan vertreten ist.

4. Bestellung des ersten Abschlussprüfers (§ 30 AktG)

Gemäß Art. 15 Abs. 1 i.V.m. § 30 Abs. 1 AktG ist der Abschlussprüfer für das erste Voll- oder Rumpfgeschäftsjahr zu bestellen.

5. Gründungsbericht und Gründungsprüfung (§§ 32 ff. AktG)

Die Gründer müssen einen Bericht über den Hergang der Prüfung erstatten (Art. 15 Abs. 1 i.V.m. § 32 AktG). Dieser Bericht ist vom Umwandlungsbericht i.S. des Art. 37 Abs. 4 zu unterscheiden. Der Umwandlungsbericht dient der Vorbereitung und Information der Anteilsinhaber im Vorfeld der Beschlussfassung. Der Gründungsbericht soll dagegen in erster Linie über den Vorgang des Formwechsels informieren.[182] Der Gründungsbericht muss daher insbesondere folgende Angaben enthalten (vgl. § 32 Abs. 2 AktG):[183]

- Angaben zum Inhalt des Umwandlungsplans;
- Angaben über die Durchführung der Hauptversammlung;
- Angaben zur Bestellung des Aufsichtsorgans nebst namentlicher Nennung der bestellten Mitglieder;
- Angaben über die Anschaffungs- und Herstellungskosten des formwechselnden Rechtsträgers aus den letzten beiden Jahren (§ 32 Abs. 2 Nr. 2 AktG);

---

[180] Vgl. *Happ*, in: Lutter, UmwG, § 243 Rn. 25.
[181] Siehe oben Teil 4 C.VII.1.b), S. 253.
[182] *Rieger*, in; Widmann/Mayer, UmwG, § 245 Rn. 63 (Stand: März 1997).
[183] Vgl. *Rieger*, in; Widmann/Mayer, UmwG, § 245 Rn. 64 ff. (Stand: März 1997); *Decher*, in: Lutter, UmwG, § 197 Rn. 25.

- Angaben über die Jahresergebnisse der letzten beiden Geschäftsjahre (§ 32 Abs. 2 Nr. 3 AktG);
- Angaben i.S. des § 32 Abs. 3 AktG.

Gemäß Art. 15 Abs. 1 i.V.m. § 220 Abs. 2 UmwG analog ist außerdem zu verlangen, dass der bisherige Geschäftsverlauf und die Lage der formwechselnden Gesellschaft dargelegt wird.[184]

Der Hergang der Umwandlung ist durch das Leitungs- und Aufsichtsorgan bzw. das Verwaltungsorgan der SE zu prüfen (Art. 15 Abs. 1 i.V.m. § 33 Abs. 1 AktG). Darüber hinaus ist eine Prüfung durch externe Prüfer durchzuführen, weil die Umwandlung wie eine Sachgründung zu behandeln ist (Art. 15 Abs. 1 i.V.m. § 33 Abs. 2 Nr. 4 AktG).

Im Schrifttum sind allerdings Zweifel geäußert worden, ob bei der Umwandlung in eine SE überhaupt ein Bedürfnis für einen Gründungsbericht sowie eine Gründungsprüfung besteht.[185] Begründet wird dies mit dem Rechtsgedanken des § 75 Abs. 2 UmwG. Dieser sieht die Entbehrlichkeit von Gründungsbericht und Gründungsprüfung bei einer Verschmelzung durch Neugründung vor, soweit eine Kapitalgesellschaft übertragender Rechtsträger ist. Hintergrund dieser Regelung ist die Vorstellung, dass die Substanzerhaltung der Sacheinlage „Vermögen des übertragenden Rechtsträgers" bereits durch die bei Kapitalgesellschaften vorgesehene Gründungsprüfung sowie die Existenz von Kapitalaufbringungs- und -erhaltungsvorschriften gewährleistet wird.[186] Es ist daher kaum einzusehen, weshalb bei einem Formwechsel zwischen Kapitalgesellschaften ein Gründungsbericht sowie eine Gründungsprüfung verlangt werden, wenn diese selbst bei der Verschmelzung zur Neugründung – bei der eine neue Gesellschaft entsteht – entbehrlich sind.[187] Dies gilt auch für die SE-Umwandlung, zumal hier die Vermögensverhältnisse der formwechselnden Gesellschaft bereits durch die Bescheinigung nach Art. 37 Abs. 6 aufgedeckt werden. Die Gefahr der Umgehung strengerer Kapitalschutzvorschriften besteht daher nicht. Dies spricht m.E. dafür, den Art. 15 Abs. 1 in diesem konkreten Fall einschränkend auszulegen.[188] Demnach kann bei einer SE-Umwandlung auf den Gründungsbericht und die Gründungsprüfung verzichtet werden.

---

[184] Diese zusätzliche Anforderung gilt für den Formwechsel einer GmbH in eine AG, einer AG in eine KGaA und einer KGaA in eine AG (§ 245 Abs. 1 S. 2 bzw. Abs. 2 S. 2 bzw. Abs. 3 S. 2 UmwG).

[185] *Neun*, in: Theisen/Wenz, S. 165 f.

[186] RegE BR-Drs. 75/94, S. 102.

[187] *Rieger*, in: Widmann/Mayer, UmwG, § 245 Rn. 78 (Stand: März 1997).

[188] Siehe oben C.IX.1, S. 424.

6. Kapitaldeckung

Die Grundlagen der Kapitalsicherung beim Formwechsel sind oben dargestellt worden.[189] Weil es mangels Neugründung zu keiner Kapitalaufbringung im herkömmlichen Sinne kommt, muss die Kapitalausstattung der Gesellschaft neuer Rechtsform auf andere Weise gesichert werden. Im deutschen Recht trägt hierzu § 197 S. 1 UmwG bei, der die Vorschriften über die Neugründung der Zielrechtsform für anwendbar erklärt. Dem Kapitalschutz dient darüber hinaus vor allem das in § 220 Abs. 1 UmwG verankerte Gebot der Reinvermögensdeckung. Danach kommt ein Formwechsel nur dann in Betracht, wenn das Grundkapital der Zielgesellschaft vollständig durch das Reinvermögen des formwechselnden Rechtsträgers gedeckt wird. Bei materieller Unterbilanz der Zielgesellschaft scheidet ein Formwechsel aus.

Fraglich ist, ob dieses Gebot auch bei der Umwandlung in eine SE gilt. Die Kapitalaufbringung gehört zu den der SE in Entstehung zurechenbaren Rechtsfragen. Folglich bestimmt Art. 15 Abs. 1 das insoweit anwendbare Recht. § 220 Abs. 1 UmwG gilt nur für die Umwandlung einer Personenhandelsgesellschaft. Über § 245 UmwG findet der § 220 UmwG aber auch auf den Formwechsel von einer GmbH in eine AG, von einer AG in eine KGaA und von einer KGaA in eine AG Anwendung. Das UmwG sieht aber weder die Umwandlung einer AG in eine SE noch die Umwandlung einer AG in eine AG[190] vor, sodass allenfalls eine analoge Anwendung des § 245 UmwG in Betracht kommt. Eine solche Analogie ist wegen der vergleichbaren Interessenlage gerechtfertigt, weil auch bei der Umwandlung in eine SE aus Gläubigerschutzgründen ein Bedürfnis für die Sicherung der Kapitaldeckung besteht. Es ist im Übrigen nicht davon auszugehen, dass Art. 37 Abs. 6 den Kapitalschutz bei einer SE-Umwandlung abschließend regelt. Das Vorliegen einer abschließenden Regelung ist angesichts der auf Rechtsergänzung angelegten Regelungskonzeption der SE-VO unwahrscheinlich. Die Bescheinigung i.S. des Art. 37 Abs. 6 bestätigt außerdem nur die Kapitaldeckung bei der Gründungsgesellschaft, sagt aber nichts über die Reinvermögensdeckung bei der Zielgesellschaft (= SE) aus. Überdies ist kein triftiger Grund dafür ersichtlich, weshalb strengere Vorschriften des nationalen Rechts über die Kapitalsicherung bei Formwechsel unanwendbar sein sollten. Es ist damit festzuhalten, dass das Gebot der Reinvermögensdeckung auch bei der Umwandlung in eine SE zu beachten ist (Art. 15 Abs. 1 i.V.m. §§ 245, 220 Abs. 1 UmwG analog).

X. Eintragung

Die SE erlangt Rechtsfähigkeit durch die Eintragung in das in Art. 12 genannte Register (Art. 16 Abs. 1). Die SE-VO enthält für die Umwandlung keine Son-

---

[189] Siehe oben C.V.1.a), S. 411.

[190] Die SE wird gemäß Art. 10 wie eine AG nationalen Rechts behandelt.

dervorschriften zur Eintragung. Das bedeutet jedoch nicht, dass sich die Eintragung gemäß Art. 15 Abs. 1 ausschließlich nach nationalem Recht richtet. Die allgemeinen Eintragungsvoraussetzungen, die Art. 12 festlegt, gelten auch für die SE-Umwandlung, wie Art. 37 Abs. 2 ausdrücklich klarstellt („unbeschadet des Artikels 12“).[191] Die SE kann außerdem nur dann eingetragen werden, wenn alle Voraussetzungen der Umwandlung nach der SE-VO, beginnend bei der Gründungsberechtigung nach Art. 2 Abs. 4 bis zum Gründungsverfahren gemäß Art. 37, erfüllt sind. Die SE-VO schreibt dies zwar im Unterschied zur Verschmelzung (Art. 27 Abs. 2 i.V.m. Art. 25 f.) und der Holding-SE (Art. 33 Abs. 5) nicht ausdrücklich vor. Die Notwendigkeit einer der Eintragung vorausgehenden Rechtmäßigkeitskontrolle ergibt sich jedoch aus der Natur der Sache und ist außerdem europarechtlich vorgegeben (Art. 11 Erste RiL). Im Übrigen richtet sich die Eintragung gemäß Art. 15 Abs. 1 nach dem für die Gründung von AG nationalen Rechts geltenden Vorschriften des Sitzstaats.[192]

1. Anwendbares Recht

Art. 15 Abs. 1 verweist auf die für die Gründung von AG geltenden Vorschriften des nationalen Rechts. Dazu zählen auch die Sondervorschriften über die Gründung einer AG durch Formwechsel.[193] Beim Formwechsel einer AG deutschen Rechts in eine SE kommen daher die §§ 198 bis 201 UmwG zur Anwendung.[194]

2. Anmeldung

Die SE ist gemäß Art. 15 Abs. 1 i.V.m. § 198 Abs. 1 UmwG zur Eintragung beim Register anzumelden. In Deutschland ist das Handelsregister zuständig (Art. 12 Abs. 1 i.V.m. § 3 SEAG-RegE).[195] Die Anmeldung ist durch das Vertretungsorgan der formwechselnden AG, also durch den Vorstand vorzunehmen (vgl. § 246 Abs. 1 UmwG). Die Anlagen der Anmeldung bestimmen sich nach § 199 UmwG. Danach sind der Anmeldung eine Niederschrift des Umwandlungsbeschlusses (vgl. Art. 37 Abs. 7) sowie der Umwandlungsbericht beizufügen. § 199 UmwG enthält allerdings keine abschließende Aufzählung der Anlagen („außer den sonst erforderlichen Unterlagen“). Bei der Umwandlung in eine SE sind daher zusätzlich die folgenden weiteren Anlagen beizufügen:

---

[191] *Gutsche*, S. 46 im Hinblick auf Art. 8 bzw. Art. 37a Unterabs. 2 SE-VOV 1991.

[192] Ebenso *Neun*, in: Theisen/Wenz, S. 166 f.; *Vossius*, in: Widmann/Mayer, UmwG, § 20 Rn. 452 (Stand: Juni 2002).

[193] Siehe oben B.IV.3.d)bb), S. 53.

[194] So auch *Wagner*, S. 124 für die Umwandlung nach dem EUV-VOV.

[195] Sofern mit dem Formwechsel eine Sitzverlegung verbunden ist, ist § 198 Abs. 2 S. 2 und S. 3 UmwG zu beachten. Zum Sitzwechsel bei der SE-Umwandlung siehe oben A.V, S. 400.

- Nachweis der Gründungsberechtigung i.S. des Art. 2 Abs. 4 (durch Beilegung eines Registerauszugs über das Vorliegen einer ausländischen Tochtergesellschaft);
- Umwandlungsplan;[196]
- Satzung;
- Bescheinigung über die Kapitaldeckung i.S. des Art. 37 Abs. 6;
- die gemäß Art. 15 Abs. 1 i.V.m. § 37 AktG erforderlichen Unterlagen (Berechnung des Aufwands für den Formwechsel, Urkunden über die Bestellung des Leitungs- und Aufsichtsorgans bzw. des Verwaltungsorgans, Gründungsbericht, Prüfungsberichte usw.).

Wegen Art. 15 Abs. 1 i.V.m. §§ 198 Abs. 3, 16 Abs. 2 UmwG ist auch bei der Umwandlung in eine SE eine Negativerklärung über das Vorliegen einer Klage gegen den Umwandlungsbeschluss erforderlich. Das Fehlen einer Negativerklärung begründet eine Eintragungssperre. Die Eintragungssperre kann allerdings durch das Unbedenklichkeitsverfahren nach § 16 Abs. 3 UmwG überwunden werden.[197]

3. Rechtmäßigkeitskontrolle

Die SE-VO enthält keine Sondervorschrift, die den Gegenstand der Rechtmäßigkeitskontrolle bei der Umwandlung festlegt, wie es die Art. 25 Abs. 1 bzw. Art. 26 Abs. 1, Abs. 3 und Abs. 4 für die Verschmelzung und Art. 37 Abs. 5 für die Holding-SE tun. Dennoch muss sich die Rechtmäßigkeitskontrolle unzweifelhaft auch auf die Gründungsvoraussetzungen nach der Verordnung erstrekken. Die zur Kontrolle berufene Stelle, in Deutschland das Registergericht, muss daher folgende Punkte überprüfen:

- Umwandlungsplan (Art. 37 Abs. 4);
- Umwandlungsbericht (Art. 37 Abs. 4);
- Offenlegung des Umwandlungsplans (Art. 37 Abs. 5);
- Vorliegen einer Bescheinigung über die Kapitaldeckung i.S. des Art. 37 Abs. 6;
- Zustimmung zum Umwandlungsplan und Genehmigung der Satzung (Art. 37 Abs. 7);
- ggf. Zustimmung des Mitbestimmungsorgans (Art. 37 Abs. 8).

---

[196] A.A. offensichtlich *Gutsche*, S. 49.

[197] *Neun*, in: Theisen/Wenz, S. 167 bezweifelt, ob auch die Vorschrift des Art. 16 Abs. 3 UmwG von der Verweisungswirkung des Art. 15 Abs. 1 erfasst wird. Er fordert daher eine ausdrückliche Klarstellung des deutschen Gesetzgebers. Dies wäre sicherlich wünschenswert, wenn auch nicht zwingend erforderlich.

Darüber hinaus sind die Anforderungen des Sitzstaatrechts gemäß Art. 15 Abs. 1 zu überprüfen.[198]

XI. Offenlegung und Bekanntmachung der Eintragung

Die Eintragung der SE ist offen zu legen (Art. 15 Abs. 2 i.V.m. Art. 13)[199] im Amtsblatt der EG bekannt zu machen (Art. 14 Abs. 1).[200]

D. Rechtsfolgen

Die Verordnung enthält in Art. 37 Abs. 2 und Abs. 9 Regelungen zu den Rechtsfolgen der Umwandlung.

I. Rechtliche und wirtschaftliche Identität der Gesellschaft

Nach Art. 37 Abs. 2 hat die Umwandlung unbeschadet von Art. 12 weder die Auflösung der Gesellschaft noch die Gründung einer neuen juristischen Person zur Folge. Es handelt sich um einen Fall der formwechselnden Umwandlung, bei dem die rechtliche und wirtschaftliche Identität gewahrt bleibt. Eine Vermögensübertragung findet nicht statt. Es ändert sich jedoch die auf den Rechtsträger anwendbare Rechtsordnung (Diskontinuität der Verfassung).

II. Kontinuität der Mitgliedschaft

Die Verordnung regelt nicht die Wirkungen der Verschmelzung für die Aktionäre. Aus der rechtlichen Identität der Gesellschaft folgt aber zwingend die Kontinuität der Mitgliedschaft der Anteilsinhaber. Damit bleibt jeder Aktionär der formwechselnden Gesellschaft nach Vollziehung des Formwechsels an der SE beteiligt. Auch an den Beteiligungsverhältnissen ändert sich durch die Umwandlung nichts (verhältniswahrender Formwechsel). Die Qualität der Mitgliedschaftsrechte wird durch den Rechtsformwechsel allerdings eine Änderung erfahren, weil die Mitgliedschaft in einer SE nicht in jeder Hinsicht der Mitgliedschaft in einer AG nationalen Rechts entspricht. Die Kontinuität der Mitgliedschaft äußert sich auch darin, dass Rechte Dritter an den Anteilen des formwechselnden Rechtsträgers fortbestehen.

III. Für die Beschäftigten

Art. 37 Abs. 9 bestimmt, dass die zum Zeitpunkt der Eintragung aufgrund der einzelstaatlichen Rechtsvorschriften und Gepflogenheiten sowie aufgrund individueller Arbeitsverträge oder Arbeitsverhältnisse bestehenden Rechte und Pflichten der umzuwandelnden Gesellschaft hinsichtlich der Beschäftigungsbedingungen mit der Eintragung der SE auf diese übergehen. Die Vorschrift ist

---

[198] Siehe oben C.IX, S. 424.
[199] Siehe oben Teil 4 C.VIII.3.b), S. 278.
[200] Siehe oben Teil 4 C.VIII.3.c), S. 278.

wegen des identitätswahrenden Charakters der Umwandlung überflüssig und verursacht nur unnötige Irritationen. Bei der Umwandlung in eine SE findet keine Vermögensübertragung statt, weil an der Umwandlung nur ein einziger Rechtsträger beteiligt ist (Art. 37 Abs. 2). Die arbeitsrechtlichen Rechtsverhältnisse, die zur Gründungsgesellschaft bestanden, bestehen daher weiterhin und müssen nicht übergehen.[201] Die Vorschrift soll offensichtlich die Befürchtung ausräumen, dass die Umwandlung in eine SE zu einer Flucht aus den Mitbestimmungsregeln des nationalen Rechts führen könnte. Art. 37 Abs. 9 ist, wie es *Neun* ausdrückt, „Ausdruck des erkennbaren Bemühens, den Arbeitnehmerschutz bei der SE-Gründung hinreichend zu berücksichtigen."[202] Art. 37 Abs. 9 beinhaltet daher nur einen Programmsatz mit rein deklaratorischer Wirkung.[203]

IV. Gründungsmängel

Die Verordnung regelt nicht, ob und wie sich die Eintragung der SE auf Mängel des Umwandlungsverfahrens auswirkt. Dementsprechend findet hier über Art. 15 Abs. 1 mitgliedstaatliches Recht Anwendung. Bei einer SE mit Sitz in Deutschland werden Beurkundungsmängel gemäß § 202 Abs. 1 Nr. 3 UmwG durch die Eintragung geheilt. Die Wirkungen des Formwechsels können außerdem nicht mehr rückgängig gemacht werden (§ 202 Abs. 3 UmwG).

---

[201] Vgl. *Joost*, in: Lutter, UmwG, § 324 Rn. 11.
[202] *Neun*, in: Theisen/Wenz, S. 155.
[203] *Vossius*, in: Widmann/Mayer, UmwG, § 20 Rn. 456 (Stand: Juni 2002).

Teil 8: Gründung unter Beteiligung einer SE

A. Allgemeines

Eine entstandene SE kann sich ihrerseits an der Gründung einer SE beteiligen bzw. allein eine SE gründen. Dies ergibt sich aus Art. 3. Die Vorschrift besitzt konstitutiven Charakter. Ohne sie wäre die SE nicht gründerfähig. Die SE ist zwar nach Art. 10 wie eine AG nationalen Rechts zu behandeln. Die Gleichbehandlung von SE und nationalen AG gilt aber nur vorbehaltlich der Bestimmungen der Verordnung und nur hinsichtlich des nationalen Rechts.

Art. 3 trifft im Wesentlichen zwei Aussagen:

Absatz 1 enthält eine Fiktion. Danach gilt eine SE „zum Zwecke der Anwendung des Artikels 2 Absätze 1, 2 und 3" als AG, die dem Recht des Sitzmitgliedstaats unterliegt. Die SE kann sich also an den primären Gründungsformen Verschmelzung (Art. 2 Abs. 1),[1] Holding-SE (Art. 2 Abs. 2) sowie gemeinsame Tochter-SE (Art. 2 Abs. 3) beteiligen. Die Umwandlung einer SE in eine SE scheidet selbstredend aus. Die Rückumwandlung einer SE in eine AG nationalen Rechts wird in Art. 66 geregelt.[2]

Nach Absatz 2 kann eine bestehende SE eine Tochter-SE ausgründen. Diese Gründungsform steht ausschließlich einer bestehenden SE zu, weshalb sie als „sekundäre", „derivative" oder „abgeleitete" Gründungsform bezeichnet wird.[3] Sie ist zwingend Einpersonen-Gründung (vgl. Art. 3 Abs. 2 S. 2).

B. Beteiligung an den primären Gründungsformen (Art. 3 Abs. 1)

Art. 3 Abs. 1 enthält keinen eigenständigen Gründungstatbestand, der die in Art. 2 aufgeführten Gründungsformen um eine Variante erweitert.[4] Die Vorschrift fingiert lediglich die Gründerfähigkeit einer SE im Rahmen der primären Gründungsformen Verschmelzung, Holding-SE und gemeinsame Tochter-SE. Die übrigen Voraussetzungen der Gründungsberechtigung (Gemeinschaftsbezug, Mehrstaatlichkeit) ergeben sich aus Art. 2 Abs. 1, Abs. 2 und Abs. 3. Was die Gründungsform gemeinsame Tochter-SE angeht, ist die Fiktion des Art. 3 Abs. 1 an sich überflüssig. Hier ergibt sich die Gründerfähigkeit der SE bereits unmit-

---

1 Unverständlich insofern *Ebert*, IWB Fach 11 Gruppe 3 (Nr. 19 v. 9.10.2002), 281, 288, die annimmt, dass die SE-VO die grenzüberschreitende Verschmelzung einer SE mit einer anderen SE oder Aktiengesellschaft nicht vorsieht.

2 Dazu *Oplustil/Schneider*, NZG 2003, 13 ff.

3 Siehe oben Teil 2 F.I, S. 14.

4 Anders noch Art. 3 Abs. 1 und Abs. 2 SE-VOV 1989. Diese regelten die Gründung einer SE unter Beteiligung einer SE als eigenständige Gründungsformen (Verschmelzung, Holding-SE, gemeinsame Tochter-SE) und hatten dementsprechend Vorrang gegenüber Art. 2.

telbar aus Art. 2 Abs. 3, weil die SE als Gesellschaft i.S. des Art. 48 Abs. 2 EG anzusehen ist.[5]

I. Gründungsberechtigung

1. Gründerfähigkeit

Art. 3 Abs. 1 fingiert die Gründerfähigkeit der SE. Sie gilt als AG und kann sich somit an einer Verschmelzung oder der Errichtung einer Holding-SE bzw. gemeinsamen Tochter-SE beteiligen.

2. Gemeinschaftszugehörigkeit

Die Fiktion des Art. 3 Abs. 1 erspart der SE nicht den Nachweis der Gemeinschaftszugehörigkeit. Die SE muss also nach dem Recht eines Mitgliedstaats gegründet worden sein und ihren Sitz und ihre Hauptverwaltung in der Gemeinschaft haben. Eine SE wird, obschon es sich um eine supranationale Rechtsform handelt, im weiteren Sinn nach dem Recht eines Mitgliedstaats gegründet.[6] Ihr Sitz und ihre Hauptverwaltung müssen zwingend innerhalb der Gemeinschaft liegen (Art. 7). Allerdings ist, wie sich im Umkehrschluss aus Art. 64 Abs. 1 ergibt, denkbar, dass die SE ihre Hauptverwaltung zumindest vorübergehend außerhalb der Gemeinschaft hat. Daher kann die Gemeinschaftszugehörigkeit einer SE nicht ohne weiteres unterstellt werden.

3. Mehrstaatlichkeit

Fraglich ist, ob es auf die Mehrstaatlichkeit der Transaktion ankommt, wenn eine SE als Gründungsgesellschaft beteiligt ist. Die Vorschläge von 1989 und 1991 setzten weder für die Verschmelzung noch für die Errichtung einer Holding-SE bzw. einer gemeinsamen Tochter-SE unter Beteiligung einer SE als Gründer das Vorliegen von Mehrstaatlichkeit voraus.[7] Art. 132 Abs. 1 SE-VOV 1991 regelte sogar ausdrücklich den Fall, dass sich die SE mit einer Gesellschaft aus demselben Mitgliedstaat verschmelzt.[8]

Demgegenüber scheint die SE-VO das Vorliegen von Mehrstaatlichkeit zu verlangen.[9] Art. 3 Abs. 1 regelt – im Gegensatz zu den Vorgängervorschriften im

---

5 Siehe oben Teil 3 C.V.1, S. 84.

6 Siehe oben Teil 3 D.II, S. 94.

7 Art. 3 Abs. 1, Abs. 1a und Abs. 2 SE-VOV 1991 enthielten eigenständige Gründungstatbestände, welche die Gründungberechtigung abschließend regelten und dem Art. 2 als Spezialvorschrift vorgingen, sofern eine SE an der Gründung teilnahm. In ihnen war kein Mehrstaatlichkeitserfordernis vorgesehen. Dazu *Abeltshauser*, EWS 1991, 58, 61; *Wenz*, S. 61; *Maul*, S. 2.

8 Die Verweisung des Art. 132 SE-VOV 1991 war notwendig, weil die Art. 17 ff. SE-VOV 1991 nur für die Verschmelzung nach Art. 2 Abs. 1 SE-VOV 1991 galten, nicht aber für die Verschmelzung nach Art. 3 Abs. 1 SE-VOV 1991 (Art. 17 Abs. 1 SE-VOV 1991).

9 So wohl auch *Hommelhoff*, AG 2001, 279, 281: „Eine solche Bremswirkung entfaltet glei-

SE-VOV 1989 und 1991 – nur die Gründerfähigkeit der SE, nicht aber die anderen Voraussetzungen der Gründungsberechtigung (Gemeinschaftszugehörigkeit, Mehrstaatlichkeit). Insofern gelten die Anforderungen des Art. 2 und damit auch das Mehrstaatlichkeitserfordernis. Die Verordnung gibt selbst zu erkennen, dass das Mehrstaatlichkeitsprinzip auch bei Beteiligung einer SE als Gründer Anwendung findet. Nach Art. 3 Abs. 1 gilt die SE als AG, die „dem Recht des Sitzmitgliedstaats unterliegt". Durch diesen Zusatz wird dem Rechtsanwender gezeigt, welchem Recht die SE unterliegt, wenn er das Vorliegen strenger Mehrstaatlichkeit[10] zu überprüfen hat.[11]

Es ist jedoch zu überlegen, ob bei Beteiligung einer SE als Gründungsgesellschaft eine Ausnahme vom Mehrstaatlichkeitserfordernis zu machen ist. Dafür sprechen einige Gesichtspunkte. Die SE-VO setzt bei der wirksam entstandenen SE nicht den Fortbestand der Mehrstaatlichkeit voraus.[12] Es ist in sich widersprüchlich, wenn die Mehrstaatlichkeit zwar einerseits keine Bestehensvoraussetzung der SE ist, von ihr aber andererseits die Gründungsberechtigung der bestehenden SE abhängt. Außerdem ist der Zweck der Mehrstaatlichkeit – also der Nachweis der Befähigung zu europaweiter Aktivität (Exklusivitätsthese) sowie die Verhinderung einer Verdrängung nationaler Rechtsformen (Konkurrenzthese)[13] – bereits dann erfüllt, wenn eine SE als Gründungsbeteiligter auftritt. Schließlich wäre bei einer uneingeschränkten Anwendung des Mehrstaatlichkeitsprinzips ausgeschlossen, dass sich eine SE mit einer anderen SE oder einer AG aus demselben Mitgliedstaat zu einer SE verschmelzt.[14] Dies kann kaum im Sinne des Verordnungsgebers gewesen sein, der die Möglichkeit der Ausgründung einer Tochter-SE durch eine SE noch damit begründet hat, dass es keinen Grund dafür gäbe, einer SE zu verwehren, ihrer Tochtergesellschaft dieselbe Rechtsform zu geben, die sie selbst besitzt.[15] Diese Gründe sprechen m.E. für eine teleologische Reduktion des Art. 2, nach der das Mehrstaatlichkeitserfor-

---

chermaßen das kumulative Erfordernis obligatorischer Mehrstaatlichkeit: Abgesehen von der Gründung einer Tochter-SE nach Art. 3 Abs. 2 SEVO müssen alle anderen Gründungsformen mindestens zwei Mitgliedstaaten berühren."

10 Siehe oben Teil 3 E.II.3.a), S. 119.

11 Gäbe es diesen Zusatz nicht, wäre es in der Tat zweifelhaft, ob und – wenn ja – welchem mitgliedstaatlichem Recht eine SE eigentlich unterliegt. Denn eine SE unterliegt in erster Linie nicht dem Recht eines Mitgliedstaats, sondern dem Gemeinschaftsrecht, nämlich den Bestimmungen der SE-VO (Art. 9 Abs. 1 Buchst. a). Es wäre dann zwangsläufig die Frage zu beantworten, ob das Recht des SE-Sitzstaats, auf das in Art. 9 Abs. 1 Buchst. c verwiesen wird, als das Recht einzustufen ist, dem die SE für die Zwecke der Bestimmung der strengen Mehrstaatlichkeit unterliegt.

12 Siehe oben Teil 3 F, S. 126.

13 Siehe oben Teil 3 E.I.1, S. 107.

14 Eine solche Möglichkeit war in Art. 132 Abs. 1 SE-VOV 1991 noch explizit vorgesehen.

15 SE-VOV 1970, Begründung zu Art. 2 und 3, S. 6.

dernis ausnahmsweise unbeachtlich ist, wenn eine SE als Gründungsgesellschaft beteiligt ist.

II. Verfahren

Das Verfahren der Gründung bei Beteiligung einer SE als Gründer unterscheidet sich nicht vom gewöhnlichen Gründungsverfahren. Auf die Verschmelzung finden die Art. 17 ff. Anwendung, auf die Holding-SE die Art. 32 ff. und auf die gemeinsame Tochter-SE die Art. 35 f. Ein spezielles Gründungsverfahren, wie es noch in den SE-VOV 1989 und 1991 vorgesehen war,[16] existiert nicht. Dies ist nur konsequent, weil die SE-VO die Gründung einer SE unter Beteiligung einer SE nicht mehr als eigenständige Gründungsform, sondern als Unterfall der Gründungsformen nach Art. 2 regelt. Nachfolgend werden daher nur die Besonderheiten dargestellt, die sich bei Beteiligung einer SE an den primären Gründungsformen ergeben.

1. Anwendbares Recht

Die Bestimmung des anwendbaren Rechts bei Beteiligung einer SE als Gründer folgt dem zweistufigen Aufbau des Verschmelzungsverfahrens. Danach ist zu unterscheiden, ob das auf die SE als Gründungsrechtsträger oder das auf die SE in Entstehung anwendbare Recht bestimmt werden soll.[17] Sofern die Rechtsfrage die SE in Entstehung betrifft, bestimmt Art. 15 Abs. 1 das anwendbare Recht. Es findet mithin das für AG geltende Recht des künftigen SE-Sitzstaats Anwendung.

Bei der Bestimmung des auf die SE als Gründungsgesellschaft anwendbaren Rechts ist fraglich, welche Verweisungsnorm maßgebend ist. Eigentlich stehen mit Art. 18 (Verschmelzung) und Art. 36 (gemeinsame Tochter-SE) zwei Verweisungsnormen bereit, die das auf die Gründungsgesellschaften anwendbare Recht bestimmen. Die beiden Vorschriften finden aber keine Anwendung, wenn es sich bei der Gründungsgesellschaft um eine SE handelt. Für die entstandene SE bestimmt Art. 9 Abs. 1 das anwendbare Recht. Das gilt auch dann, wenn es um die Beteiligung der SE an der Gründung einer SE geht. Die Art. 18 und 36 verweisen unmittelbar auf mitgliedstaatliches Recht. Damit wäre die Normenhierarchie des Art. 9 Abs. 1 außer Kraft gesetzt, nach der die SE in erster Linie den Bestimmungen der Verordnung unterliegt. Die Art. 18 und Art. 36 finden daher keine Anwendung, wenn es darum geht, das auf eine SE in der Rolle als Gründungsgesellschaft anwendbare Recht zu bestimmen. Hier bestimmt allein Art. 9 Abs. 1 das anwendbare Recht.

---

16 Vgl. Art. 131 f. SE-VOV 1989 und Art. 132 SE-VOV 1991.

17 Siehe oben Teil 2 B.IV.1, S. 37.

2. Verschmelzung

Sofern die SE bei einer Verschmelzung durch Aufnahme die übernehmende Gesellschaft ist, findet Art. 29 Abs. 1 Buchst. d keine Anwendung.

Im Schrifttum wird die Auffassung vertreten, dass eine SE-Verschmelzung, an der sich ausschließlich SE mit Sitz in verschiedenen Mitgliedstaaten beteiligen, unzulässig ist. Begründet wird dies damit, dass die Fiktion des Art. 3 Abs. 1 nur zum Zwecke der Gründung einer SE gelte.[18] Dies kann nicht überzeugen. Eine solche Einschränkung kann dem Art. 3 Abs. 1 nicht entnommen werden. Bei der Verschmelzung durch Neugründung entsteht unzweifelhaft eine neue SE. Bei der Verschmelzung durch Aufnahme kommt es zu keinem Formwechsel der aufnehmenden Gesellschaft (s.o.), sodass im weiteren Sinne auch keine neue SE gegründet wird. Die Vorgängervorschläge zeigen aber eindeutig, dass der Gemeinschaftsgesetzgeber auch die Verschmelzung von mehreren SE zu einer SE zulassen wollte (vgl. Art. 131 f. SE-VOV 1989).

3. Gründung einer gemeinsamen Tochter-SE

Hier stellt sich die Frage, ob die Hauptversammlung der SE der Gründung einer gemeinsamen Tochter-SE zustimmen muss.[19] Ausgangspunkt der Überlegungen sind die Bestimmungen der Verordnung (Art. 9 Abs. 1 Buchst. a). Nach Art. 52 Unterabs. 1 Buchst. a beschließt die Hauptversammlung über die Angelegenheiten, für die ihr durch dies Verordnung die alleinige Zuständigkeit übertragen wird. Die Verordnung enthält keine Kompetenzzuweisung für Fall der Gründung einer gemeinsamen Tochter-SE. Die Hauptversammlung einer SE beschließt außerdem in Angelegenheiten, für die der Hauptversammlung einer dem Sitzstaat der SE unterliegenden AG die Zuständigkeit aufgrund der Rechtsvorschriften dieses Mitgliedstaats oder aufgrund der mit diesen Rechtsvorschriften in Einklang stehenden Satzung übertragen worden ist (Art. 52 Unterabs. 2). Bei einer SE mit Sitz in Deutschland finden damit die Grundsätze der *Holzmüller*-Rechtsprechung[20] Anwendung, sofern die SE ihren Sitz in Deutschland hat.[21] Es ist daher anzunehmen, dass die Zustimmung der Hauptversammlung jedenfalls dann einzuholen ist, wenn bei der Gründung der gemeinsamen Tochter-SE wesentliche Teile des Betriebsvermögens übertragen werden und damit fühlbar in

---

18 *Kallmeyer*, AG 2003, 197, 199.

19 Im SE-VOV 1975 war vorgesehen, dass die Zustimmung des Aufsichtsrats einzuholen ist, die nur nach Einholung einer Stellungnahme des Europäischen Betriebsrats erteilt werden konnte. In der Regel war auch die Zustimmung der Hauptversammlung erforderlich (Art. 36 Abs. 3 SE-VOV 1975). Dazu *Zawischa*, ZfRV 1976, 125, 128.

20 BGHZ 83, 122.

21 Gegen eine Anwendbarkeit der *Holzmüller*-Rspr. auf die SE mit Sitz in Deutschland spricht sich dagegen *Brandt*, S. 123 ff. aus, da die Verweisung des Art. 52 Unterabs. 2 richterrechtlich entwickelte nationale Hauptversammlungskompetenzen nicht erfasse.

die mitgliedschaftlichen und vermögensrechtlichen Interessen der Aktionäre eingegriffen wird.[22]

C. Gründung einer Tochter-SE durch eine SE (Art. 3 Abs. 2)

Das Recht, eine 100%ige Tochter-SE zu gründen, ist der SE vorbehalten. Die Kommission begründet dieses Privileg der SE damit, dass es keinen Grund dafür gäbe, einer SE zu verwehren, ihrer Tochtergesellschaft dieselbe Rechtsform zu geben, die sie selbst besitzt.[23] Bei Art. 3 Abs. 2 handelt es sich um eine eigenständige Gründungsform, die neben die primären Gründungsformen Verschmelzung, Holding-SE, gemeinsame Tochter-SE und Umwandlung tritt.

Fraglich ist, ob im Zusammenhang mit Art. 3 Abs. 2 von einer „Ausgründung" gesprochen werden kann.[24] Diese Bezeichnung wird für missverständlich gehalten, da sie eine Nähe zur Ausgliederung im umwandlungsrechtlichen Sinne suggeriert. Im Unterschied zur Ausgliederung, die sich „uno actu" vollzieht, erfordere die Gründung einer Tochter-SE gemäß Art. 3 Abs. 2 die Zeichnung ihrer Aktien.[25] Dies trifft jedoch nicht zu. Eine Tochter-SE kann gemäß Art. 3 Abs. 2 nicht nur durch Zeichnung ihrer Aktien, sondern auch im Wege der Sonderrechtsnachfolge, also „uno actu", gegründet werden.[26]

I. Gründungsberechtigung

1. Keine Mehrstaatlichkeit

Es stellt sich die Frage, ob die Gründung einer Tochter-SE nach Art. 3 Abs. 2 Mehrstaatlichkeit voraussetzt. Dem Wortlaut nach ist dies zu verneinen. Die Vorschrift verlangt weder, dass die Mutter-SE mehrstaatlich strukturiert ist (z.B. durch Tochtergesellschaften oder Zweigniederlassungen in anderen Mitgliedstaaten), noch setzt sie eine Grenzüberschreitung in dem Sinne voraus, dass die Tochter-SE in einem anderen Mitgliedstaat gegründet werden muss.[27] Der Verzicht auf das Mehrstaatlichkeitserfordernis entspricht dem ausdrücklichen Willen des europäischen Gesetzgebers. Nach dessen Auffassung reicht es für die Begründung eines grenzüberschreitenden Sachverhalts aus, wenn die Mehrstaatlichkeit bei der Gründung der SE-Muttergesellschaft beachtet wurde.[28] Als grenzüberschreitendes Moment wird hier also bereits die Teilnahme einer SE als

---

[22] Siehe oben Teil 6 C.III.1.b), S. 392.

[23] SE-VOV 1970, Begründung zu Art. 2 und 3, S. 6.

[24] Diesen Begriff gebraucht *Hommelhoff*, AG 2001, 279, 280.

[25] In diesem Sinne wohl *Hirte*, NZG 2002, 1, 4 Fn. 36. Ebenso *Thoma/Leuering*, NJW 2002, 1449, 1451 Fn. 33.

[26] Siehe unten C.II.2.b), S. 442.

[27] So auch *Hommelhoff*, AG 2001, 279, 281; *Hirte*, NZG 2002, 1, 4; *Thoma/Leuering*, NJW 2002, 1449, 1451; *C.P. Schindler*, S. 40.

[28] SE-VOV 1989, Begründung zu Art. 36 und 37, S. 8.

Gründer gewertet. Diese gesetzgeberische Entscheidung ist zu begrüßen. Es wäre nur wenig konsequent, wenn der Verordnungsgeber einerseits davon absieht, die Mehrstaatlichkeit zur Bestandsvoraussetzung der SE zu machen,[29] andererseits aber bei der Ausgründung einer Tochter-SE Mehrstaatlichkeit verlangt hätte.

2. Einpersonen-Gründung

Art. 3 Abs. 2 S. 2 stellt ausdrücklich klar, dass es bei der Errichtung einer Tochter-SE nicht auf die Mitwirkung mehrerer Gründer ankommt. Die Vorschrift ordnet die Zulässigkeit der Einpersonen-Gründung an. Entgegenstehende Bestimmungen des nationalen Rechts sind unbeachtlich. Gesetzestechnisch stellt Art. 3 Abs. 2 S. 2 eine Ausnahmebestimmung zu Art. 15 Abs. 1 dar, da sie dessen Verweisungsobjekt einschränkt.[30]

Sofern an der Gründung einer Tochter-SE ein zweiter oder mehrere Gründungsrechtsträger teilnehmen, handelt es sich nicht um einen Fall des Art. 3 Abs. 2, sondern um die Gründung einer gemeinsamen Tochter-SE nach Art. 2 Abs. 3. Dies folgt aus dem Typenzwang der Gründungsformen.[31] Die Gründung einer Tochter-SE nach Art. 3 Abs. 2 ist also kraft gesetzlicher Definition unilaterale Gründungsform. Die Tochter-SE ist von Anbeginn Einpersonen-Gesellschaft, muss es aber nicht bleiben. Der Mutter-SE steht es frei, einen Teil ihrer Aktien an Dritte abzugeben oder Dritte im Wege einer Kapitalerhöhung zu beteiligen.[32]

Art. 3 Abs. 2 S. 3 verweist auf die Durchführungsbestimmungen zur Zwölften RiL und ordnet deren sinngemäße Anwendung an. Die Bedeutung der Verweisung neben Art. 15 Abs. 1 sowie der explizite Hinweis, dass die Durchführungsbestimmungen „sinngemäß" anzuwenden sind, hängen damit zusammen, dass die Zwölfte RiL die Mitgliedstaaten nur im Hinblick auf GmbH dazu verpflichtet hat, eine Einpersonen-Gesellschaft zuzulassen. Die Richtlinie regelt aber nicht die Einpersonen-Gründung einer AG.

3. Gründung einer Tochter-SE durch eine Tochter-SE

Das noch im SE-VOV 1989 enthaltene Verbot der Ausgründung einer Tochter-SE aus einer Tochter-SE wurde nicht in die Verordnung aufgenommen. Danach war es einer in Rechtsform einer SE gegründeten Tochtergesellschaft einer SE verwehrt, selbst eine Tochter-SE zu gründen.[33] Hintergrund dieser Regelung war die Befürchtung der Kommission, es könne ansonsten bei der Ausgründung von

---

29 Siehe oben Teil 3 F, S. 126.

30 Soweit eine Tochter-SE mit Sitz in Deutschland gegründet werden soll, wäre die Einschränkung des Art. 15 Abs. 1 durch Art. 3 Abs. 2 S. 2 nicht erforderlich gewesen, da hier Einpersonen-Gründungen möglich sind (§ 2 AktG).

31 Siehe oben Teil 1 E, S. 11.

32 *Hommelhoff*, AG 1990, 422, 423.

33 Art. 3 Abs. 3 S. 2 SE-VOV 1989.

Tochter-SE zu einem „Schneeballeffekt" kommen.[34] Damit sollte offensichtlich eine Umgehung der Gründungsvoraussetzungen des Art. 2 über den Umweg der Ausgründung einer Tochter-SE aus einer SE verhindert werden. Dieses Verbot ist bereits im SE-VOV 1991 wieder aufgegeben worden. Damit entsprach die Kommission den Wünschen des Europäischen Parlaments[35], des Wirtschafts- und Sozialausschusses sowie der Ad hoc-Gruppe für Wirtschaftsfragen des Rates.[36] Der Wirtschafts- und Sozialausschuss war der Auffassung, dass die Furcht vor einem Schneeballeffekt den Ausschluss einer Tochter-SE von der Gründerfähigkeit nicht rechtfertigen könne.[37]

II. Verfahren

1. Anwendbares Recht

Im Schrifttum ist mitunter zu lesen, dass sich die Ausgründung einer Tochter-SE aus einer SE allein nach dem Sitzstaatrecht der künftigen SE richtet (Art. 15 Abs. 1).[38] Dies ist zumindest missverständlich. Die Ausgründung einer Tochter-SE verläuft wie die anderen Gründungsformen auch in einem zweistufigen Verfahren. Dabei ist zwischen dem Teil des Verfahrens, der sich auf Ebene der Mutter-SE als Gründungsgesellschaft zuträgt, und dem eigentlichen Gründungsverfahren, das die entstehende SE betrifft, zu unterscheiden.[39]

Der interne Willensbildungsprozess in der Mutter-SE richtet sich in erster Linie nach den Bestimmungen der Verordnung (Art. 9 Abs. 1 Buchst. a) und erst nachrangig nach nationalem Recht (Art. 9 Abs. 1 Buchst. c). Soweit in der Literatur die Auffassung vertreten wird, das auf die Mutter-SE anwendbare Recht bestimme sich nach Art. 36,[40] kann dem nicht gefolgt werden. Im Hinblick auf Art. 36 käme allenfalls eine analoge Anwendung in Betracht, weil der Anwendungsbereich der Vorschrift auf die Gründung einer gemeinsamen Tochter-SE beschränkt ist (vgl. Art. 35). Ein Analogieschluss setzt jedoch das Vorliegen einer Regelungslücke voraus. Eine solche ist hier nicht gegeben, weil Art. 9 Abs. 1 eingreift. Außerdem ist anzunehmen, dass Art. 36 nicht zur Anwendung gelangt, wenn bezogen auf eine SE als Gründungsgesellschaft das anwendbare

---

34 SE-VOV 1989, Begründung zu Art. 3, S. 4.

35 SE-VOV 1989, Stellungnahme EP, S. 76.

36 SE-VOV 1991, Begründung zu Art. 3, S. 2.

37 SE-VOV 1989, Stellungnahme WSA, S. 37.

38 So *Wenz*, S. 62; *Hemmelrath*, in: Schwappach: EU-Rechtshandbuch Wirtschaft, § 35 Rn. 70. *Körner*, in: Paschke: Europäisches Privatrecht, S. 541 ist der Auffassung, dass sowohl auf die Mutter-SE als auch auf die zu gründende Tochter-SE gemäß Art. 7 Abs. 1 Buchst. b Spiegelstrich 1 SE-VOV 1991 (= Art. 9 Abs. 1 Buchst. c Ziffer ii) das Sitzstaatrecht der zu gründenden Tochter-SE Anwendung findet. Diese Auffassung geht schon im Ansatz fehl, weil Art. 9 nur für die entstandene SE das anwendbare Recht bestimmt.

39 Siehe oben Teil 2 B.IV.1, S. 37.

40 *Hommelhoff/Ch. Teichmann*, SZW 2002, 1, 9 f. Fn. 53.

Recht bestimmt werden soll.[41] Soweit also der interne Prozess der Willensbildung in der Mutter-SE betroffen ist,[42] findet gemäß Art. 9 Abs. 1 Buchst. c Ziffer ii das Aktienrecht ihres Sitzstaats Anwendung.

> *Beispiel*: Es wäre geradezu grotesk, müsste eine SE mit Sitz in den Niederlanden, die eine Tochter-SE in Deutschland gründen will, die Grundsätze der *Holzmüller*-Entscheidung berücksichtigen und daher unter Umständen die Zustimmung ihrer Hauptversammlung einholen.

Das eigentliche Gründungsverfahren richtet sich dagegen nach dem für AG geltenden Recht des künftigen Sitzstaats der Tochter-SE (Art. 15 Abs. 1). Nach anderer Ansicht bestimmt Art. 3 Abs. 1 das auf das Gründungsverfahren anwendbare Recht.[43] Danach gilt die SE als AG, die zum Zwecke der Anwendung des Art. 2 Abs. 1 bis Abs. 3 dem Recht des Sitzmitgliedstaats unterliegt. Der Versuch, das auf das Gründungsverfahren anwendbare Recht über Art. 3 Abs. 1 zu bestimmen, geht jedoch aus mehreren Gründen fehl. Zwischen Art. 3 Abs. 1 und Art. 3 Abs. 2 ist klar zu trennen. Während Art. 3 Abs. 1 nur eine Modifikation der Gründungstatbestände des Art. 2 vorsieht, beinhaltet Art. 3 Abs. 2 einen eigenständigen und von Art. 2 unabhängigen Gründungstatbestand. Der einzige systematische Zusammenhang zwischen Absatz 1 und Absatz 2 besteht darin, dass sich beide Vorschriften mit der Beteiligung einer SE bei der Entstehung einer neuen SE beschäftigen. Absatz 1 trifft aber keine Aussage im Hinblick auf das anwendbare Recht bei der Gründung einer gemeinsamen Tochter-SE. Art. 3 Abs. 1 enthält außerdem keine Verweisung. Die Vorschrift fingiert die Gründerfähigkeit der SE im Rahmen der Gründungsformen Verschmelzung, Holding-SE und gemeinsame Tochter-SE. Soweit in Art. 3 Abs. 1 auf das Sitzstaatrecht der künftigen SE verwiesen wird, erfüllt dies nur den Zweck, die Bestimmung der im Rahmen der Art. 2 Abs. 1 bis Abs. 3 erforderlichen Mehrstaatlichkeit zu erleichtern.[44] Ein Rückgriff auf Art. 3 Abs. 1 wäre demnach allenfalls im Wege einer Analogiebildung möglich. Hier fehlt es aber schon an einer Regelungslükke, weil Art. 15 Abs. 1 eingreift. Dieser bestimmt nicht nur für die in Titel II ausdrücklich geregelten primären Gründungsformen das anwendbare Recht, sondern, wie es seine Entstehungsgeschichte unter Beweis stellt, gerade auch für die Gründung einer Tochter-SE durch eine SE.[45]

---

41 Siehe oben B.II.1, S. 436.

42 *Hommelhoff*, AG 1990, 422, 425 spricht hier von der „Gründer-internen Kompetenzzuweisung.

43 *Hommelhoff/Ch. Teichmann*, SZW 2002, 1, 9 f. Fn. 53.

44 Siehe oben B.I.3, S. 434.

45 SE-VOV 1991, Begründung zu Art. 34 bis 37, S. 6. Dort wird der Wegfall der Sachregelungen zur Gründung einer Tochter-SE unter anderem mit Hinweis auf die Einführung des Art. 11a SE-VOV 1991 (= Art. 15) erklärt.

2. Gründungsverfahren

a) Bar- oder Sachgründung

Sofern eine SE eine Tochter-SE mit Sitz in Deutschland gründen will, kann sie dies im Wege der Bar- oder Sachgründung nach Maßgabe der §§ 23 ff. AktG tun (Art. 15 Abs. 1).[46]

b) Ausgliederung nach § 123 Abs. 3 UmwG

Art. 15 Abs. 1 verweist auf die Vorschriften, die für die Gründung von AG nationalen Rechts gelten.[47] Es fragt sich daher, ob eine Tochter-SE auch im Wege der Sonderrechtsnachfolge („uno actu") nach den Vorschriften des UmwG gegründet werden kann. In Betracht kommt eine Ausgliederung nach § 123 Abs. 3 Nr. 2 UmwG. Voraussetzung für eine Anwendung des UmwG ist zunächst, dass sowohl die Mutter-SE als auch die Tochter-SE ihren Sitz in Deutschland haben bzw. haben werden (§ 1 Abs. 1 UmwG). Will ein ausländische SE eine Tochter-SE in Deutschland gründen oder eine deutsche SE eine Tochter-SE im Ausland, ist grundsätzlich von der Nichtanwendbarkeit des UmwG auszugehen.[48] Ist kein solcher Auslandsbezug gegeben, spricht nichts gegen die Möglichkeit einer Ausgliederung nach Maßgabe des UmwG. Dennoch wird im Schrifttum vereinzelt der Eindruck erweckt, dass die Gründung einer Tochter-SE nur im Wege der Bar- oder Sachgründung, jedenfalls nicht durch Einbringung ganzer Vermögensteile im Wege der Gesamtrechtsnachfolge vonstatten gehen könne.[49] Das ist jedoch unzutreffend, wie der Vergleich mit Art. 2 Abs. 3 zeigt. Während Art. 2 Abs. 3 ausdrücklich bestimmt, dass eine gemeinsame Tochter-SE nur durch Zeichnung ihrer Aktien gegründet werden kann,[50] fehlt in Art. 3 Abs. 2 eine entsprechende Einschränkung. Es besteht daher keine Anlass zur Annahme, dass eine Tochter-SE nicht im Wege der Sonderrechtsnachfolge durch Ausgliederung gegründet werden kann.

Problematisch ist indessen, dass das UmwG die Spaltung einer SE zur Gründung einer anderen SE nicht kennt. Spaltungsfähige Rechtsträger sind nach § 124

---

46 So auch *Vossius*, in: Widmann/Mayer, UmwG, § 20 Rn. 407 (Stand: Juni 2002).

47 Siehe oben Teil 2 B.IV.3.d)bb), S. 53.

48 Die Anwendbarkeit des UmwG auf grenzüberschreitende Sachverhalte ist im Einzelnen str.; vgl. *Lutter*, in: ders., UmwG, § 1 Rn. 5 ff.

49 Vgl. *Kreuzer*, EuZW 1994, 73, 75; *Hirte*, NZG 2002, 1, 4: „Zu den beschriebenen vier Formen einer 'primären' SE-Gründung tritt noch die in Art. 3 II SE-VO genannte Möglichkeit einer SE, eine oder mehrere Tochter-SE zu gründen. Das [= die Gründung einer Tochter-SE gemäß Art. 3 Abs. 2; Anm. des Verf.] wird (wohl) wie im Falle der Gründung einer (primären) Tochter-SE (Art. 2 III SE-VO) durch Zeichnung ihrer Aktien zu geschehen haben, also nicht durch Ausgliederung *uno actu*." *Ders*., NZG 2002, 1, 10: „Auch die 'Ausgliederung' einer Tochter-SE aus einer Mutter-SE im Wege der Gesamtrechtsnachfolge ist nicht möglich." Offensichtlich zust. *C.P. Schindler*, S. 40.

50 Siehe dazu oben Teil 6 C.II.1, S. 391.

Abs. 1 i.V.m. § 3 Abs. 1 Nr. 2 UmwG nur AG nationalen Rechts, nicht jedoch SE. Die Anwendung des UmwG könnte daher am umwandlungsrechtlichen Analogieverbot scheitern (§ 1 Abs. 2 UmwG). Dies ist jedoch nicht der Fall. Art. 15 Abs. 1 verweist nicht auf das für SE, sondern auf das für AG geltende Recht. Für die Anwendung des UmwG wird also unterstellt, dass eine AG nationalen Rechts gegründet wird. Außerdem stellt Art. 10 klar, dass eine SE vorbehaltlich der Bestimmungen der Verordnung wie eine AG nationalen Rechts zu behandeln ist. Damit gilt die SE als Kapitalgesellschaft i.S. des Art. 3 Abs. 1 Nr. 2 UmwG und kann als übertragender, übernehmender oder neuer Rechtsträger an einer Spaltung beteiligt sein.[51] Als Ergebnis kann daher festgehalten werden, dass eine Tochter-SE nach Art. 3 Abs. 2 auch im Wege der Ausgliederung gemäß Art. 15 Abs. 1 i.V.m. § 123 Abs. 3 Nr. 2 UmwG gegründet werden kann.

3. Gründerinternes Verfahren

In den frühen Verordnungsvorschlägen wurde das interne Verfahren in der Mutter-SE noch detailliert geregelt. Nach dem SE-VOV 1989 musste ein Gründungsplan aufgestellt werden.[52] Außerdem war die Genehmigung des Aufsichtsorgans zum Gründungsakt einzuholen.[53] Ob auch die Zustimmung der Hauptversammlung einzuholen war, hing davon ab, ob das auf die Mutter-SE anwendbare Recht eine entsprechende Hauptversammlungskompetenz vorsah.[54] Die Gründung einer Tochter-SE wurde also zunächst nicht als alleinige Sache der Geschäftsführungsorgane angesehen.[55]

Mit dem Ratsentwurf von 1990 wurde dagegen eine Kehrtwende vollzogen. In diesem war von einer Mitwirkung der Hauptversammlung keine Rede mehr. Statt dessen sollte allein das Verwaltungs- oder Leitungsorgan nach Genehmi-

---

51 Vgl. *Oplustil/Schneider*, NZG 2003, 13, 17.

52 Art. 36 SE-VOV 1989.

53 Art. 37 i.V.m. Art. 35 Abs. 3 Buchst. a i.V.m. Art. 72 SE-VOV 1989. Kritisch dazu *Gemeinsamer Arbeitsausschuss 1989*, S. 4: „Dieses obligatorische Einwilligungserfordernis geht zu weit; es sollte vielmehr im Rahmen der Satzungsfreiheit dem Willen der Gründer überlassen bleiben.“

54 Art. 37 i.V.m. Art. 35 Abs. 3 Buchst. b i.V.m. Abs. 1 SE-VOV 1989.

55 SE-VOV 1989, Begründung zu Art. 34 und 35, S. 8: „Die Bestimmungen über die Gründung einer gemeinsamen Tochtergesellschaft sind so gefasst, dass der Beschluss über die Gründung einer SE nicht Sache der Geschäftsführer der Gründungsgesellschaften ist, sondern von der Hauptversammlung gefasst werden muss.“ Diese Ausführungen gelten entsprechend für die Ausgründung einer Tochter-SE durch eine SE, weil Art. 37 SE-VOV 1989 auf die Vorschriften über die gemeinsame Tochter-SE verwiesen hat. Siehe auch SE-VOV 1975, Begründung zu Art. 35 bis 37, S. 202: „Betrifft die Einlage in die gemeinsame Tochtergesellschaft das gesamte Vermögen der S.E. oder wird durch deren Gründung in anderer Weise die Zuständigkeit der Hauptversammlung nach Artikel 83 berührt, so müssen die Aktionäre der S.E. der Gründung zustimmen.“

gung durch das Aufsichtsorgan entscheiden.[56] Im SE-VOV 1991 wurden schließlich sämtliche Regelungen zum gründerinternen Verfahren aus dem Text gestrichen, weil „das darin vorgesehene Verfahren verglichen mit der heutigen Praxis in den Mitgliedstaaten als zu schwerfällig empfunden wurde".[57]

Diese gesetzgeberische Enthaltsamkeit ist in der SE-VO beibehalten worden. Die Verordnung sieht grundsätzlich keine Hauptversammlungskompetenz bei der Ausgründung einer Tochter-SE vor. Die Beteiligungsrechte der Hauptversammlung der Mutter-SE bestimmen sich also nach der von der SE-VO vorgesehenen Kompetenzverteilung (Art. 9 Abs. 1 Buchst. a). Eine Zuständigkeit der Hauptversammlung könnte sich über Art. 52 Unterabs. 2 aus nationalem Recht ergeben. Aus deutscher Sicht käme dann eine Anwendung der *Holzmüller*-Grundsätze[58] in Betracht.[59] Dann dürfte es sich bei der Gründung einer Tochter-SE nicht um eine reine Geschäftsführungsmaßnahme des Leitungs- bzw. Verwaltungsorgans handeln (Art. 39 Abs. 1 S. 1, Art. 43 Abs. 1 S. 1). Man wird also durch Auslegung ermitteln müssen, ob die Verordnung die Kompetenzen bei Ausgründung einer Tochter-SE abschließend regelt oder ob über Art. 52 Unterabs. 2 auf mitgliedstaatliches Recht abzustellen ist. Der in der Begründung zum SE-VOV 1991 enthaltene Hinweis auf die Praxis in den Mitgliedstaaten (s.o.) spricht dafür, dass in dieser Frage nationales Recht maßgebend sein soll. Ein Rückgriff auf nationales Recht ist auch deshalb vorzugswürdig, weil ansonsten die Rechtssicherheit leidet. Für eine Mutter-SE mit Sitz in Deutschland bedeutet dies, dass sie jedenfalls dann, wenn sie wesentliches Betriebsvermögen auf die Tochter-SE überträgt und damit tief in die Interessen der Aktionäre eingreift, die Zustimmung der Hauptversammlung einholen muss.

Anders ist der Fall zu beurteilen, dass die Tochter-SE im Wege der Spaltung zur Ausgliederung nach § 123 Abs. 3 Nr. 2 UmwG gegründet wird. Hier ist in jedem Fall die Zustimmung der Hauptversammlung erforderlich (§ 125 S. 1 i.V.m. § 13 UmwG).

---

[56] Vgl. Art. 36 SE-RatsE 1990. Dazu *Hommelhoff*, AG 1990, 422, 425: „... aus der Sicht des deutschen, vom 'Holzmüller'-Urteil geprägten Rechts überrascht diese Entscheidungsautonomie der Verwaltungsorgane. Denn die Ausgliederung einer Tochter-SE betrifft die Aktionärsrechte in einer supranationalen Mutter-SE nicht rechtsgrundsätzlich anders als die Ausgliederung einer Tochter-AG die Aktionärsrechte in einer deutschen Mutter-AG."

[57] SE-VOV 1991, Begründung zu Art. 34 bis 37, S. 6.

[58] BGHZ 83, 122.

[59] Abl. *Brandt*, S. 123 ff.

Zusammenfassung der Ergebnisse

Teil 1:

1. Die SE-VO ermöglicht keine originären SE-Gründungen „auf der grünen Wiese". Die SE entsteht als Ergebnis eines Umstrukturierungsvorgangs bestehender Unternehmen. Die SE-Gründung stellt einen Fall der mitgliedstaatlich-gemeinschaftsrechtlich aufsteigenden Statutmobilität dar.
2. Die SE-Gründung unterliegt dem System der Normativbestimmungen.
3. Es besteht ein numerus clausus der Gründungsformen. Eine SE kann demnach nur durch Verschmelzung, Errichtung einer Holding-SE, Errichtung einer gemeinsamen Tochter-SE, Umwandlung und durch Ausgründung einer Tochter-SE aus einer bestehenden SE gegründet werden. Kombinationen der verschiedenen Gründungsformen sind nicht zulässig (Typenzwang). Andere Gründungstatbestände (z.B. Spaltung, Anteilserwerb, Unternehmensverträge) sind nicht vorgesehen. Ein ungeschriebener Umgehungsschutz der einzelnen Gründungsformen besteht nicht. Die mögliche Umgehung der Anforderungen einer Gründungsform begründet daher weder ein Zugangshindernis zu einer anderen Gründungsform noch führt sie zu einer analogen Anwendung der Gründungsvorschriften der umgangenen Gründungsform.
4. Die verschiedenen Gründungsformen lassen sich in verschiedene Gruppen einteilen. So lassen sich primäre und sekundäre sowie bi-/multilaterale und unilaterale Gründungsformen unterscheiden. Außerdem kann danach differenziert werden, ob es sich um konzernbildende Gründungsformen handelt, ob die Gründungsform Einfluss auf den Fortbestand der Gründungsgesellschaften hat, ob sie zur Entstehung einer neuen juristischen Person führt oder ob sie zur Übertragung des Vermögens der Gründungsgesellschaften führt.

Teil 2:

5. Die SE-VO enthält keine in sich geschlossene Regelung des Gründungsverfahrens. Das Gründungsrecht basiert – wie die ganze Verordnung – auf einem Verweisungskonzept, das die sachrechtlichen Regelungen der Verordnung durch den Rückgriff auf nationales Recht vervollständigt. Das Bindeglied zwischen gemeinschaftsrechtlicher und nationaler Rechtsebene bilden die Verweisungsnormen der Verordnung. Das Recht der SE-Gründung fußt auf zwei Säulen: den Sachnormen der SE-VO und den Verweisungsnormen der SE-VO i.V.m. nationalem Recht.
6. Die Verweisungsnormen sind gemeinschaftssachrechtsergänzende Rechtsanwendungsvorschriften. Sie ordnen die Anwendung von nationalem Recht auf europäische Sachverhalte an. Sie erfüllen grundsätzlich nicht den Zweck von Rangkollisionsrecht, weil die SE-VO und nationales Recht grundsätzlich verschiedene Sachverhalte regeln und dementsprechend nicht kollidieren. Eine Ausnahme bilden die Verweisungsvorschriften, die das auf die Gründungsge-

sellschaften anwendbare Recht bestimmen (z.B. Art. 18, 36). Diesen kommt rangrechtliche Bedeutung zu, weil die Gründungsgesellschaften an sich dem nationalen Recht unterliegen und ihre Rechtsverhältnisse nur punktuell in den Regelungsbereich der SE-VO fallen, soweit es sich um SE-spezifischen Fragen handelt. Die Verweisungsnormen, die das auf die (entstehende) SE anwendbare Recht bestimmen (z.B. Art. 9 Abs. 1 Buchst. c, Art. 15 Abs. 1), stellen IPR-Kollisionsnormen dar.

7. Der Anwendungsbereich der Verweisungsnormen wird durch den Regelungsbereich der Verordnung beschränkt. Die Verweisungsnormen bestimmen nur für solche Rechtsfragen das anwendbare Recht, die in den Regelungsbereich der SE-VO fallen. Der Regelungsbereich umfasst alle Fragen, die der europäische Gesetzgeber mittels eines Vollstatuts hätte regeln können. Das Gründungsrecht ist zwingender und damit integraler Bestandteil einer Verordnung, durch die eine supranationale Gesellschaftsform geschaffen wird. Damit ist der Regelungsbereich der Verordnung grundsätzlich eröffnet, wenn die Rechtsfrage die Gründung der SE betrifft. Soweit die Rechtsfrage die (nationalen) Gründungsgesellschaften betrifft, ist der Regelungsbereich dagegen nur punktuell eröffnet. Dies ist der Fall, wenn die Rechtsfrage einen spezifischen Zusammenhang mit der SE-Gründung aufweist, weil sie sich der Gesellschaft gerade in ihrer Rolle als SE-Gründer stellt.

8. Die Verweisungsnormen beziehen sich auf ihrer Rechtsfolgenseite auf das nationale Recht in seiner jeweils gültigen Fassung unter Einschluss des Richterrechts (sog. dynamische Verweisungen).

9. Im Gründungsrecht ist zwischen den Verweisungsnormen, die das auf die nationalen Gründungsgesellschaften anwendbare Recht bestimmen (z.B. Art. 18 und 36), und Art. 15 Abs. 1, der das auf die SE in Entstehung anwendbare Recht bestimmt, zu unterscheiden. Vor diesem Hintergrund lässt sich das Gründungsverfahren in zwei Teile aufgliedern. Auf der einen Seite stehen die Verfahrensschritte, die sich auf Ebene der Gründungsgesellschaften zutragen. Es handelt sich dabei um die Vorbereitungs- und Vollzugsphase. Hier sind die Art. 18, 36 usw. einschlägig. Auf der anderen Seite stehen die Verfahrensschritte, die bereits der entstehenden SE zugerechnet werden können. Es handelt sich dabei um die Vollzugsphase. Hier bestimmt Art. 15 Abs. 1 das anwendbare Recht.

10. Art. 18 ordnet die distributive Anwendung der Personalstatute der Gründungsgesellschaften an. Sofern ein gemeinsames Tätigwerden der Gründungsgesellschaften erforderlich ist (z.B. Aufstellung des Verschmelzungsplans), kommt es allerdings zu einer kumulativen Anwendung der Personalstatute, wobei sich das strengere Recht durchsetzt.

11. Die SE-VO sieht für die Gründungsformen Holding-SE und Umwandlung keine dem Art. 18 oder Art. 36 entsprechende Verweisungsnorm vor. Hier ist im Einzelfall zu prüfen, ob die Verordnung insoweit lückenhaft ist und es einer Lückenfüllung durch Rechtsfortbildung bedarf.

12. Art. 15 Abs. 1 ist IPR-Kollisionsnorm und verweist auf das für die Gründung von AG nationalen Rechts geltende Recht des künftigen SE-Sitzstaats. Darunter fallen bei einer SE mit Sitz in Deutschland neben den §§ 23 ff. AktG auch die Sondervorschriften des UmwG. So finden bei einer SE-Verschmelzung z.B. die §§ 2 ff. UmwG Anwendung, sofern sie die Vollzugsphase der Verschmelzung betreffen.

13. Die Verweisungskonzeption der SE-VO zieht kein generelles Analogieverbot nach sich. Der Lückenschluss durch Rechtsfortbildung gewinnt bei der SE-VO immer dann an Bedeutung, wenn für die Rechtsfrage keine passende Verweisungsnorm existiert oder wenn es sich um eine SE-spezifische Regelungslücke handelt. Diese Regelungslücken lassen sich in aller Regel durch einen regelgeleiteten Analogieschluss mit anderen Vorschriften der SE-VO oder der gesellschaftsrechtlichen Richtlinien schließen.

14. Bei der Auslegung der SE-VO kommt der historischen und der systematischen Auslegungsmethode wegen der langen Entstehungsgeschichte der SE-VO und ihrer Einbettung in ein fortentwickeltes System des europäischen Gesellschaftsrechts besondere Bedeutung zu. Die teleologische Auslegung muss von der Überlegung geleitet sein, eine funktionsfähige supranationale Gesellschaftsform bereit zu stellen.

15. Die ergänzend zur Anwendung berufenen Vorschriften des nationalen Rechts müssen im Zweifel SE-spezifisch ausgelegt werden, weil sie nicht aus sich heraus Geltung beanspruchen, sondern kraft eines gemeinschaftsrechtlichen Rechtsanwendungsbefehls. Ihre Auslegung unterliegt daher letztlich der Rechtsprechung des EuGH.

Teil 3:

16. Der Zugang zur Rechtsform SE wird durch bestimmte Anforderungen, die an der Person des Gründers und am Gründungsvorgang anknüpfen, eingeschränkt (Art. 2). Die an die Gründungsberechtigung gestellten Anforderungen lassen sich in drei Gruppen einteilen: die Gründerfähigkeit, die Gemeinschaftszugehörigkeit und die Mehrstaatlichkeit.

17. Diese Zugangsbeschränkungen sollen verhindern, dass die SE in unmittelbare Konkurrenz zu den nationalen Rechtsformen tritt und diese letztlich verdrängt (Konkurrenzthese). Die Anforderungen an die Gründungsberechtigung sollen außerdem gewährleisten, dass nur solche Unternehmen eine SE gründen können, die zur europaweiten Betätigung imstande sind (Exklusivitätsthese).

18. Natürliche Personen können nicht Alleingründer einer SE sein. Es spricht jedoch nichts gegen eine Beteiligung von natürlichen Personen als Mitgründer, sofern die übrigen Gründer die Voraussetzungen der Gründungsberechtigung erfüllen. Faktisch kommt allerdings nur eine Teilnahme an der Gründung einer gemeinsamen Tochter-SE in Betracht. Im Übrigen ist die Gründerfähigkeit auf

bestehende Gesellschaften und sonstige Rechtsträger beschränkt, die im weitesten Sinne wirtschaftlich tätig sind. Umfassend gründerfähig ist nur die AG. Sie ist zu allen Gründungsformen zugelassen. GmbH können sich an der Gründung einer Holding-SE beteiligen. An der Gründung einer gemeinsamen Tochter-SE können sich Gesellschaften i.S. des Art. 48 Abs. 2 EG und sonstige juristische Personen des öffentlichen oder privaten Rechts beteiligen. Letztere müssen weder Rechtspersönlichkeit haben noch einen Erwerbszweck verfolgen. Vorgesellschaften (z.B. Vor-AG) sind grundsätzlich nicht gründerfähig. Eine zeitliche Mindestexistenz wird dagegen nicht vorausgesetzt (siehe aber §§ 67, 76 UmwG). Die AG in Liquidation kann sich an der Verschmelzung und Umwandlung beteiligen, solange ihre Fortsetzung beschlossen werden kann. Die Gründung einer Holding-SE bleibt ihr dagegen versperrt.

19. Durch das Kriterium der Gemeinschaftszugehörigkeit werden Unternehmen aus Nicht-EG-Staaten von der Gründung einer SE ausgeschlossen. Deren Einbeziehung in den Kreis der gründerfähigen Rechtsträger hätte regelungstechnische Schwierigkeiten verursacht und auch nicht der Zielsetzung der SE-VO entsprochen, Beschränkungen grenzüberschreitender Zusammenarbeit innerhalb des Binnenmarkts zu beseitigen. Das Gebot der kumulativen Gemeinschaftszugehörigkeit verstößt nicht gegen die Niederlassungsfreiheit (Art. 43, 48 EG). Die Ermächtigung des Art. 2 Abs. 5, Gesellschaften mit Hauptverwaltung außerhalb der Gemeinschaft zur SE-Gründung zuzulassen, richtet sich an Mitgliedstaaten, die der Gründungstheorie anhängen. Die tatsächliche und dauerhafte Verbindung i.S. des Art. 2 Abs. 5 muss nicht zum Gründungsstaat der Gesellschaft bestehen.

20. Eine überzeugende dogmatische Begründung des Mehrstaatlichkeitsprinzips ist nicht erkennbar. Allenfalls das Subsidiaritätsprinzip (Art. 5 Abs. 2 EG) könnte eine Beschränkung auf grenzüberschreitende Sachverhalte rechtfertigen. Allerdings ist zu bezweifeln, dass dieses bei der Schaffung supranationaler Rechtsformen anwendbar ist. Außerdem ist nicht erklärbar, wie ein Rechtsprojekt, dass der Verwirklichung eines Binnenmarkts ohne Grenzen dient, in seiner Anwendbarkeit vom Vorliegen eines grenzüberschreitenden Sachverhalts abhängen kann. Die Voraussetzungen der Mehrstaatlichkeit müssen bei mindestens zwei Gründungsgesellschaften vorliegen. Strenge Mehrstaatlichkeit i.S. der Geltung verschiedener mitgliedstaatlicher Rechte ist nur bei der Verschmelzung zwingende Gründungsvoraussetzung. Ansonsten reicht das Vorliegen von Mehrstaatlichkeit im weiten Sinne. Tochtergesellschaften i.S. des Art. 2 sind selbständige Unternehmenseinheiten, deren Entscheidungsfreiheit nur im Innenverhältnis beschränkt ist. Voraussetzung für das „Haben" der Tochtergesellschaft ist die Ausübung der Kontrolle durch Stimmenmehrheit, durch einen Beherrschungsvertrag oder durch das Recht, die Mehrheit der Leitungs- und Verwaltungsorgans bestellen oder abberufen zu können. Zweigniederlassungen sind unselbständige Unternehmenseinheiten, die geschäftsbefugt sind.

21. Die Voraussetzungen der Gründungsberechtigung müssen im Zeitpunkt der Anmeldung zur Eintragung der SE vorliegen. Nach dem Erwerb der Rechtspersönlichkeit der SE müssen sie nicht fortbestehen. Es handelt sich um Gründungs-, nicht aber um Bestehensvoraussetzungen der SE.

Teil 4:

22. Die Verordnung gestattet die Verschmelzung durch Aufnahme und die Verschmelzung durch Neugründung. Die Verschmelzung durch Aufnahme ist mit einem Formwechsel der aufnehmenden Gesellschaft verbunden. Daher ist sie wie eine Sachgründung zu behandeln (Art. 13 Zweite RiL).

23. Das Bestehen eines Abhängigkeitsverhältnisses zwischen den Gründungsgesellschaften stellt kein Zugangshindernis dar (argumentum e contrario Art. 31).

24. Der Verschmelzungsplan ist ein einheitliches und durch die Gründungsgesellschaften gemeinsam zu erstellendes Dokument. Er stellt einen gesellschaftsrechtlichen Organisationsakt dar, kann aber nicht als schuldrechtlicher Vertrag qualifiziert werden. Art. 20 Abs. 1 S. 2 enthält eine erschöpfende Aufzählung der Angaben des Verschmelzungsplans. Zusätzliche Anforderungen des mitgliedstaatlichen Rechts sind unbeachtlich, es sei denn, sie stützen sich auf eine Ermächtigung in der Verordnung (z.B. Art. 24 Abs. 2 i.V.m. § 7 Abs. 1 SEAG-RegE). Der Verschmelzungsplan ist notariell zu beurkunden, wenn eine deutsche Gründungsgesellschaft beteiligt ist (Art. 18 i.V.m. § 6 UmwG). Eine Nachbeurkundung ist zulässig. Dasselbe gilt für eine Auslandsbeurkundung in einem anderen Mitgliedstaat.

25. Die Gründungsgesellschaften können den Sitz der SE frei wählen. Er muss sich nicht in den Mitgliedstaaten befinden, in dem eine der beteiligten Gründungsgesellschaften ihren Sitz hat.

26. Die SE-Verschmelzung setzt zwingend die Erstattung eines Verschmelzungsberichts voraus (Art. 18 i.V.m. § 8 UmwG).

27. Die Bekanntmachungspflicht nach Art. 21 dient dem Schutz der Gläubiger und Minderheitsaktionäre, die bei grenzüberschreitenden Verschmelzungen ein besonderes Informationsbedürfnis haben. Eine Gründungsgesellschaft deutschen Rechts muss den Verschmelzungsplan offen legen (Art. 18 i.V.m. § 61 UmwG) und ihn an den Betriebsrat zuleiten (Art. 18 i.V.m. § 5 Abs. 3 UmwG).

28. Art. 22 eröffnet den Gründungsgesellschaften die Alternativen einer getrennten und einer gemeinsamen Verschmelzungsprüfung. Bei der getrennten Prüfung kann eine deutsche Gründungsgesellschaft den Prüfer selbst bestellen (Art. 18 i.V.m. § 60 Abs. 2 S. 2 UmwG), während die Bestellung bei einer gemeinsamen Prüfung stets dem zuständigen Gericht oder der zuständigen Verwaltungsbehörde obliegt. Bei einer gemeinsamen Prüfung findet auf alle Rechtsfragen in Bezug auf die Prüferbestellung das Recht des Mitgliedstaats Anwendung, bei dessen Gericht oder Verwaltungsbehörde der Antrag auf gemeinsame Prü-

fung gestellt wurde. Hinsichtlich der inhaltlichen Anforderungen an die Prüfung sind dagegen die Gesellschaftsstatute der Gründungsgesellschaften kumulativ anzuwenden. Bei der gemeinsamen Prüfung können Prüfer aus den Rechtsordnungen bestellt werden, deren Recht eine der Gründungsgesellschaften unterliegt. Das Auskunftsrecht der Prüfer (Art. 22 Unterabs. 2) hat gegenüber dem Vorgängervorschlag von 1991 keine inhaltliche Einschränkung erfahren.

29. Art. 23 Abs. 1 enthält eine zwingende Kompetenzzuweisung an die Hauptversammlungen der Gründungsgesellschaften. Abweichende Regelungen in der Satzung oder im nationalen Recht sind unbeachtlich. Die Vorbereitung, Einberufung und Durchführung der Hauptversammlung richtet sich grundsätzlich nach dem Gesellschaftsstatut der Gründungsgesellschaften, weil hier der Regelungsbereich der SE-VO nicht eröffnet ist. Etwas anderes gilt nur für die Informationsrechte der Aktionäre, sofern diese spezifisch mit dem Beschlussgegenstand Verschmelzung zusammenhängen, und die Frage der erforderlichen Beschlussmehrheit. Hier finden über Art. 18 die entsprechenden Vorschriften des nationalen Rechts Anwendung (§§ 63 bis 65 UmwG). Der Zustimmungsbeschluss erzeugt nur interne Bindungswirkung in der Gründungsgesellschaft.

30. Der Genehmigungsvorbehalt nach Art. 23 Abs. 2 S. 2 sichert die Einflussmöglichkeiten der Aktionäre auf die Gestaltung der Mitbestimmung in der SE, führt aber zu einer erheblichen Verzögerung des Verschmelzungsverfahrens. Für die Genehmigung reicht die einfache Stimmenmehrheit. Wird die Genehmigung abgelehnt, kann die SE nicht eingetragen werden.

31. Der Schutz der Gläubiger, Anleihegläubiger und Sonderrechtsinhaber bestimmt sich nach dem angeglichenen mitgliedstaatlichen Recht (Art. 24 Abs. 1). Dabei ist der grenzüberschreitende Charakter der Verschmelzung zu berücksichtigen, d.h. im Einzelfall kann eine materiellrechtliche Anpassung stattfinden. Die Gläubigerschutzregelung des § 8 SEAG-RegE findet keine tragfähige Grundlage in der SE-VO, weil Art. 24 Abs. 1 keine Regelungsermächtigung, sondern eine bloße Verweisung auf das nationale Recht enthält. Sie ist daher europarechtswidrig.

32. Art. 24 Abs. 2 setzt für die Gewährung von Schutzrechten zugunsten von Minderheitsaktionären nicht zwingend deren Ablehnung des Verschmelzungsplans voraus. Dies würde die Realisierung von Verschmelzungsvorhaben in unangemessener Weise erschweren. Schutzrechte können also auch für solche Aktionäre gewährt werden, die mit der Verschmelzung prinzipiell einverstanden sind, aber beispielsweise mit dem Umtauschverhältnis unzufrieden sind. Sie müssen ihr fehlendes Einverständnis mit dem Umtauschverhältnis oder dem Abfindungsangebot allerdings in einer näher zu regelnden, qualifizierten Weise (z.B. zur Niederschrift des Notars auf der Hauptversammlung) kundtun, damit sich die Gründungsgesellschaften auf den möglichen Liquiditätsabfluss einstellen können. Die nationalen Gesetzgeber können auf Grundlage von Art. 24 Abs. 2 Schutzrechte nur für die Aktionäre der Gründungsgesellschaften erlassen, die

ihrem Recht unterliegen. Der deutsche Gesetzgeber sollte auf jeden Fall – wie im Regierungsentwurf vorgesehen (§ 6 SEAG-RegE) – einen Nachbesserungsanspruch bezüglich des Umtauschverhältnisses gewähren, damit das Schutzniveau insoweit nicht hinter innerstaatlichen Fusionen zurückfällt. Ein zwingendes Bedürfnis für ein Austritts- und Abfindungsrecht ist dagegen nicht ersichtlich. Es findet zwar ein Wechsel des Gesellschaftsanteils von der nationalen in die europäische Rechtsordnung statt (vertikal aufsteigende Statutmobilität). Die Rechtsformunterschiede zwischen SE und AG nationalen Rechts dürften infolge der Verweisungskonzeption der SE-VO aber nur gering sein. Ein allgemeines Bedürfnis für ein Austrittsrecht besteht nur in den Fällen, die mit dem Wegzug der deutschen Gründungsgesellschaft in einen anderen Mitgliedstaat verbunden sind (sitzverlegende Verschmelzung). § 7 Abs. 1 SEAG-RegE beschränkt das Abfindungs- und Austrittsrecht daher zu Recht auf diesen Fall. Eine solche Differenzierung ist auch mit der Niederlassungsfreiheit (Art. 43, 48 EG) vereinbar. Ob das Austritts- und Abfindungsrecht – wie von den Befürwortern vorgetragen – zur Reduzierung des Anfechtungsrisikos von SE-Verschmelzungen beiträgt, wird im Einzelfall davon abhängen, ob die andere Gründungsgesellschaft von ihrem Vetorecht nach Art. 25 Abs. 3 Gebrauch macht. Der SEAG-RegE bietet für das Problem der faktischen Sperre der Durchführung eines Spruchverfahrens durch den Anerkennungsvorbehalt i.S. des Art. 25 Abs. 3 jedoch keine Lösung. Hierbei handelt es sich um die offene Flanke der SE-Verschmelzung. Solange der deutsche Gesetzgeber dieses Problem nicht zufriedenstellend löst, wird die Durchführbarkeit von SE-Verschmelzungen stark gefährdet sein. Der Vorschlag, das Spruchverfahren ergebnisoffen zu gestalten, sodass sich die Rechtsposition der Antragsteller auch verschlechtern kann, wird – für sich genommen – nicht genügen, um die ausländische Gründungsgesellschaft zur Zustimmung zu bewegen. Zur Eindämmung des Anfechtungsrisikos geeigneter erscheint m.E. die Einführung eines Freigabeverfahrens in das SEAG, das – im Gegensatz zum wenig praktikablen § 16 Abs. 3 UmwG – Beweiserleichterungen für die Gründungsgesellschaft vorsieht. Die im SEAG vorgesehenen Minderheitenrechte stehen sowohl den Aktionären der übertragenden als auch der übernehmenden Gesellschaft zu. Dies ist, was den Nachbesserungsanspruch angeht, zu begrüßen, weil auch die Interessen der Aktionäre der übernehmenden Gesellschaft durch ein zu hohes Umtauschverhältnis negativ berührt sein können.

33. Auf die Verschmelzung findet über Art. 15 Abs. 1 das nationale Aktiengründungsrecht des künftigen Sitzstaats Anwendung. Dies gilt nicht nur für die Verschmelzung durch Neugründung, sondern auch für die Verschmelzung durch Aufnahme. Letztere ist zwar nicht mit der Neugründung einer Gesellschaft verbunden. Sie hat aber den Formwechsel der aufnehmenden Gesellschaft zur Folge und ist daher wie eine Sachgründung zu behandeln (vgl. Art. 13 Zweite RiL).

34. Die SE erwirbt Rechtspersönlichkeit im Zeitpunkt der Eintragung in das Register (Art. 16 Abs. 1). Die Eintragung der SE hängt bei der Verschmelzung von

einer zweistufigen Rechtmäßigkeitskontrolle ab (Art. 27 Abs. 2). Die Zweistufigkeit des Kontrollverfahrens trägt der grenzüberschreitenden Dimension der Verschmelzung Rechnung. Damit lässt sich die Umgehung zwingender Vorschriften der beteiligten Mitgliedstaaten vermeiden. Die Kontrolle in den Ausgangsmitgliedstaaten und im künftigen SE-Sitzstaat wird durch die Erteilung einer Rechtmäßigkeitsbescheinigung koordiniert (Art. 25 Abs. 2, Art. 26 Abs. 2). Der Bescheinigung kommt für die Kontrollstelle im Sitzstaat Bindungswirkung zu. Ergeben sich auf beiden Kontrollstufen keine Beanstandungen, so ist die SE in das Register in ihrem Sitzstaat einzutragen. Hierdurch erwirbt die SE Rechtspersönlichkeit (Art. 16 Abs. 1) und das Gründungsverfahren findet seinen Abschluss. Damit die Auflösung der Gründungsgesellschaften bzw. der Formwechsel der aufnehmenden Gründungsgesellschaften Wirkung gegenüber Dritten erzeugt, bedarf es indessen noch der gesonderten Offenlegung der Durchführung der Verschmelzung (Art. 28). Die Offenlegung ist keine Voraussetzung der Eintragung, sondern findet anschließend statt. Die im deutschen Umwandlungsrecht vorgesehene Eintragungsreihenfolge gemäß § 19 Abs. 1 UmwG ist damit unbeachtlich.

35. Art. 31 sieht wesentliche Verfahrensvereinfachungen bei Upstream-Verschmelzungen vor. Es wird zwischen Verschmelzungen mit 100%igen (Unterabs. 1) und 90%igen Tochtergesellschaften (Unterabs. 2) unterschieden. Voraussetzung ist in beiden Fällen das Vorliegen einer qualifizierten Anteilsquote, bei der nur stimmrechtsgewährende Anteile gezählt werden. Bei einer 100%igen Anteilsquote entfallen der Anteilserwerb der Muttergesellschaft, bestimmte mit dem Aktientausch zusammenhängende Pflichtangaben im Verschmelzungsplan, der Verschmelzungsbericht und die Verschmelzungsprüfung. Auf den Hauptversammlungsbeschluss in der aufnehmenden Muttergesellschaft kann indessen nicht verzichtet werden. Die Erleichterungen, welche die SE-VO bei einer 90%igen Anteilsquote vorsieht, stehen unter dem Vorbehalt des nationalen Rechts. Weil das deutsche Verschmelzungsrecht erst ab einer Anteilsquote von 100 % Vereinfachungen zulässt (vgl. §§ 8 Abs. 3, 9 Abs. 2 UmwG), kommen die in der Verordnung enthaltenen Privilegierungen bei einer deutschen Gründungsgesellschaft nicht in Betracht. In Art. 31 Abs. 2 Unterabs. 2 werden die Mitgliedstaaten ermächtigt, auch solche Muttergesellschaften in den Genuss von Erleichterungen kommen zu lassen, die über 90 % der Stimmrechte verfügen, auch wenn sie nicht 90 % der Anteile halten. Eine solche Konstellation ist denkbar bei Mehrstimmrechten. Hier stellt sich allerdings die Frage nach deren Verträglichkeit mit den Grundfreiheiten des EG-Vertrags.

36. Art. 29 bestimmt die Wirkungen der Verschmelzung. Das Aktiv- und Passivvermögen geht vollständig auf die übernehmende Gesellschaft über (Gesamtrechtsnachfolge). Die Vorschriften des nationalen Rechts, welche die Drittwirkung der Übertragung von Vermögensgegenständen von der Erfüllung bestimmter Förmlichkeiten abhängig machen (z.B. Berichtigung des Grundbuchs), sind

anwendbar (Art. 29 Abs. 3). Die Verschmelzung stellt einen Betriebsübergang dar (Art. 29 Abs. 4). Kollektivrechtliche Vereinbarungen wie Tarifverträge gehen daher unabhängig von der Tarifgebundenheit der SE auf diese über. Die Folgen beim Zusammentreffen unvereinbarer Verpflichtungen richten sich nach dem Schuldrechtsstatut. Der Erwerb von SE-Aktien scheidet aus, wenn die Gründungsgesellschaft eigene Aktien hält oder wenn es sich um eine Mutter-Tochter-Verschmelzung handelt. Bei einer SE mit Sitz in Deutschland kann eine dingliche Surrogation an den Anteilen statt finden.

37. Art. 30 Unterabs. 1 schließt nach Eintragung der SE die Nichtigkeitsfolge von Verfahrensmängeln aus. Die Vorschrift ordnet aber nicht die Heilung von Verfahrensmängeln an. Sofern das nationale Recht Heilungsvorschriften enthält (§§ 20 Abs. 1 Nr. 4 und Abs. 2 UmwG), finden diese über Art. 15 Abs. 1 Anwendung. Das Fehlen der Rechtmäßigkeitskontrolle kann ein Grund für die Auflösung der SE sein, wenn das nationale Recht im Sitzstaat dies vorsieht (Art. 30 Unterabs. 2 i.V.m. Art. 63). In Deutschland ist dies nicht der Fall (vgl. § 262 Abs. 1 AktG).

Teil 5:

38. Die Gründung der Holding-SE stellt eine Fusion im wirtschaftlichen Sinne dar, bei der die Aktionärskreise der Gründungsgesellschaften durch einen Aktientausch in der gemeinsamen Obergesellschaft Holding-SE zusammengeführt werden, während die Gründungsgesellschaften als Tochtergesellschaften fortbestehen. Dem Anteilstausch liegt ein einstufiges Einbringungsmodell zugrunde, d.h. die einbringenden Gesellschafter erbringen das Grundkapital der SE. Es handelt sich mithin zwingend um eine Sachgründung.

39. Als Gründer i.S. der gründungsrechtlichen Vorschriften des nationalen Aktienrechts sind jedoch die Gründungsgesellschaften und nicht die einbringenden Aktionäre anzusehen.

40. Das Verfahren der Holdinggründung ist bewusst an das Verschmelzungsverfahren angeglichen worden. Es sieht dieselben Schutzmechanismen für die Gesellschafter (Plan, Bericht, Prüfung, Zustimmung) vor.

41. Die Gründung der Holding-SE weist Züge der im deutschen Recht unzulässigen Stufengründung auf, weil Satzungsfeststellung und Aktienübernahme auseinanderfallen. Daher müssen die Anforderungen, die das deutsche Recht an den Inhalt der Satzung stellt (z.B. genaue Angabe der Höhe des Grundkapitals, Bezeichnung der Sacheinlagen), durch SE-spezifische Auslegung modifiziert werden. Im Zeitpunkt der erstmaligen Satzungsfeststellung stehen diese Angaben im Regelfall noch nicht fest. Daher muss grundsätzliche eine Nachbeurkundung möglich sein.

42. Die Einbringungsquote nach Art. 32 Abs. 2 S. 4 ist eine reine Stimmrechtsquote. Durch sie soll die Konzernleitungsfunktion der Holding-SE sichergestellt

werden. Eigene Aktien der Gründungsgesellschaften sind entsprechend der ihnen eigentlich innewohnenden Stimmgewichtung zu berücksichtigen. Die Festlegung einer Höchstgrenze ist unzulässig.

43. Der Holdingbericht i.S. des Art. 32 Abs. 2 S. 2 muss auch die Auswirkungen auf die Arbeitnehmer darlegen. Darunter fallen auch mittelbare Auswirkungen wie absehbare Rationalisierungsmaßnahmen, Personalabbau usw.

44. Im SEAG sollte klargestellt werden, dass der Holdingplan durch Hinterlegung beim Register offen gelegt werden kann (Art. 32 Abs. 3). Bei einer deutschen Gründungsgesellschaft muss der Holdingplan nicht dem Betriebsrat zugeleitet werden.

45. Die Prüferbestellung richtet sich gemäß Art. 32 Abs. 4 nach den nationalen Durchführungsbestimmungen zur Dritten RiL (Verweisungslösung). Bei einer deutschen Gründungsgesellschaft liegt die Bestellungskompetenz daher bei der getrennten Prüfung beim Vorstand der Gesellschaft, während bei der gemeinsamen Prüfung das Gericht zuständig ist. Die Prüfung erstreckt sich auch auf den Holdingbericht. Damit ist aber keine Zweckmäßigkeitsprüfung der Holdinggründung verbunden. Die Prüfung des Holdingberichts beschränkt sich daher im Wesentlichen auf dessen Richtigkeit. Den Prüfern steht der Auskunftsanspruch aus Art. 22 Unterabs. 2 analog zu.

46. Die zwingende Befassung der Hauptversammlung mit der Entscheidung über die Holdinggründung (Art. 32 Abs. 6) ist aus rechtspolitischer Sicht verfehlt, weil die Interessen der Aktionäre durch ihr Einbringungswahlrecht ausreichend geschützt werden. Die Informationsrechte der Gesellschafter vor und während der Hauptversammlung richten sich gemäß Art. 18 analog nach dem für innerstaatliche Fusionen geltenden nationalen Recht (§§ 63 und 64 UmwG). Für die Zustimmung zum Gründungsplan genügt die einfache Stimmenmehrheit. Soweit § 10 Abs. 1 SEAG-RegE ein qualifiziertes Mehrheitserfordernis vorsieht, drängen sich erhebliche Zweifel an der Europarechtskonformität dieser Vorschrift auf. Der Zustimmungsbeschluss enthält ein auf Abschluss eines Einbringungsvertrags gerichtetes Angebot an die Gesellschafter. Außerdem handelt es sich in der Regel um die Aufforderung zur Abgabe eines Angebots auf Abschluss eines Zeichnungsvertrags („invitatio ad offerendum“).

47. Art. 25 Abs. 3 findet auf die Holdinggründung analoge Anwendung. Die Aktionäre einer ausländischen Gründungsgesellschaft können daher die Durchführung eines Spruchverfahrens zur Kontrolle und Änderung des Umtauschverhältnisses oder eines Barabfindungsangebots auf Seiten der deutschen Gründungsgesellschaft blockieren. Weil das Anfechtungsrecht der Aktionäre der deutschen Gesellschaft in diesem Fall wieder auflebt, sollte dem Problem einer möglichen Blockade der Holdinggründung im SEAG durch ein dem § 16 Abs. 3 UmwG nachgebildetes Freigabeverfahren begegnet werden. Dieses sollte aber Beweiserleichterungen zugunsten der Gründungsgesellschaften vorsehen.

48. Die in § 11 SEAG-RegE vorgesehene Gewährung eines Nachbesserungsanspruchs ist zu begrüßen, weil die einbringenden Aktionäre insoweit ebenso schutzwürdig sind wie bei einer Verschmelzung. Ein Bedürfnis für weitere Minderheitenrechte auf Grundlage von Art. 34 besteht dagegen nicht, weil den Gesellschaftern ein Einbringungswahlrecht zusteht und ihre Interessen im Übrigen durch die Hauptversammlungszuständigkeit hinreichend gewahrt. sind. Ein Austritts- und Abfindungsrecht – wie es in § 9 SEAG-RegE vorgesehen ist – wäre außerdem systemfremd, weil das deutsche Recht auch sonst keinen entsprechenden Präventivschutz bei Entstehung eines faktischen Konzerns kennt. Ein solches kann auch nicht mit dem Ziel, mögliche Anfechtungsklagen auszuschließen, gerechtfertigt werden. Der nationale Gesetzgeber ist nicht dazu berufen, der verfehlten Hauptversammlungskompetenz bei der Holdinggründung die Schärfe zu nehmen. Die Regelungen in §§ 9 und 11 SEAG-RegE bieten auch keine Lösung zum Problem des Art. 25 Abs. 3. Für einen besonderen Gläubiger- und Arbeitnehmerschutz besteht bei der Holding-SE ebenfalls keine Veranlassung.

49. Die Anteilsinhaber können frei wählen, ob sie ihre Anteile einbringen oder nicht. Ihr Abstimmungsverhalten auf der Hauptversammlung hat keinen Einfluss auf ihr Einbringungswahlrecht. Sie können sich auch für eine nur teilweise Einbringung entscheiden. Einbringungsfähig sind nur Gesellschaftsanteile an den Gründungsgesellschaften, nicht jedoch sonstige Wertpapiere (z.B. Genussrechte). Die Einbringung der Anteile dient zwei Zwecken: Zum einen wird durch sie das Grundkapital der SE aufgebracht. Zum anderen verschafft sie der Holding-SE die Kontrollmacht über die Gründungsgesellschaften. Dementsprechend hat die Mitteilung der einbringenden Gesellschafter i.S. des Art. 33 Abs. 1 und Abs. 3 Unterabs. 2 rechtsverbindlichen Charakter. In ihr liegt die Annahme des Angebots auf Abschluss eines Einbringungsvertrags. Zugleich enthält sie die Aktienübernahmeerklärung bzw. ein Angebot auf Abschluss eines Zeichnungsvertrags. Ein Tauschvertrag im bürgerlichrechtlichen Sinne entsteht nicht. Es handelt sich um einen körperschaftsrechtlichen Akt sui generis. Weil die Holding-SE ihre Kontrolltätigkeit nur dann ausüben kann, wenn sie die einzubringenden Anteile tatsächlich hält, reicht es bei der Holding-SE entgegen den Bestimmungen des nationalen Kapitalaufbringungsrechts (vgl. § 36a Abs. 2 S. 2 AktG) nicht, wenn die Anteile erst nach Eintragung der SE dinglich übertragen werden. Der dingliche Vollzug muss vielmehr vor der Anmeldung zur Eintragung eingetreten sein. Die Dreimonatsfrist (Art. 33 Abs. 1 S. 2) beginnt zu laufen, wenn dem Gründungsplan zugestimmt und ggf. die Mitbestimmungsvereinbarung genehmigt worden ist. Die Einmonatsfrist (Art. 33 Abs. 3 Unterabs. 2) beginnt mit der Offenlegung gemäß Art. 33 Abs. 3 Unterabs. 1 zu laufen. Die Einmonatsfrist („Zaunkönigsregel") soll den Gesellschaftern aus dem sog. „prisoner's dilemma" helfen.

50. Das Tauschangebot muss angemessen i.S. des § 31 WpÜG sein.

51. Bei der Gründung der Holding-SE ist gemäß Art. 15 Abs. 1 das nationale Aktiengründungsrecht des Sitzstaats zu beachten. Auf den Gründungsbericht und die Gründungsprüfung (§§ 32 ff. AktG) kann wegen ihrer unterschiedlichen Schutzrichtung (Gläubigerschutz) im Vergleich zum Holdingbericht und der Holdingprüfung nach der SE-VO (Gesellschafterschutz) nicht verzichtet werden.

52. Die Erfüllung aller Bedingungen i.S. des Art. 33 Abs. 2 ist von jeder Gründungsgesellschaft offen zu legen (Art. 33 Abs. 3 Unterabs. 1). Mit den „übrigen Bedingungen" i.S. des Art. 32 Abs. 2 sind die Verfahrenschritte i.S. des Art. 32 sowie das nationale Aktiengründungsrecht, das gemäß Art. 15 Abs. 1 zu beachten ist, gemeint.

53. Das in § 10 Abs. 2 SEAG-RegE enthaltene Erfordernis einer Negativerklärung ist rechtspolitisch zu begrüßen. Nur so kann festgestellt werden, dass das Gründungsverfahren auf Ebene der Gründungsgesellschaften ordnungsgemäß verlaufen ist. Die Vorschrift findet ihre Ermächtigungsgrundlage in Art. 33 Abs. 5 („nachweislich"). Die SE kann bereits vor Ablauf der Einbringungsfristen eingetragen werden, wenn der jeweils erforderliche Mindestprozentsatz erreicht ist. Dann muss allerdings ein Treuhänder eingeschaltet werden, der die Aktien zeichnet und sich verpflichtet, diese an Nachzügler, die ihre Anteile erst nach Eintragung der SE einbringen, weiterzugeben.

54. Die Gesellschafter, die ihre Anteile in die SE einbringen, erhalten dafür Aktien der SE (Art. 33 Abs. 4). Die Mitgliedsrechte entstehen kraft Gesetzes mit Eintragung der SE. Der Aktienerwerb findet aber nicht kraft Gesetzes statt, sondern beruht auf rechtsgeschäftlicher Grundlage. Dementsprechend ist die Einbringungsmitteilung i.S. des Art. 33 Abs. 1 entweder als Aktienübernahmeerklärung oder als Angebot auf Abschluss eines Zeichnungsvertrags zu verstehen. In letzterem Fall steht den einbringenden Aktionären ein einklagbarer Anspruch auf Abschluss eines Zeichnungsvertrags zu, der sich dem Art. 33 Abs. 4 entnehmen lässt. Eine SE mit Sitz in Deutschland kann nicht eingetragen werden, bevor nicht alle Aktien gezeichnet worden sind.

Teil 6:

55. Die SE-VO enthält keine Sachnormen zur Gründung einer gemeinsamen Tochter-SE. Das eigentliche Gründungsverfahren richtet sich gemäß Art. 15 Abs. 1 nach dem für die Gründung von AG geltenden Recht des künftigen SE-Sitzstaats, während für das gründerinterne Verfahren für jede Gründungsgesellschaft auf deren Personalstatut abgestellt wird gemäß Art. 36.

56. Eine gemeinsame Tochter-SE kann durch einfache Bar- oder Sachgründung nach dem Aktiengründungsrecht des Sitzstaats gegründet werden. Eine Gründung durch Spaltung im Wege der partiellen Gesamtrechtsnachfolge scheidet aus, weil Art. 2 Abs. 3 voraussetzt, dass die gemeinsame Tochter-SE „durch Zeichnung ihrer Aktien" gegründet wird.

57. Hinsichtlich der Beteiligungsrechte der Gesellschafter oder Mitglieder in den Gründungsrechtsträgern ist gemäß Art. 36 deren Personalstatut maßgebend. Es ist also nach der Rechtsform des Gründungsrechtsträgers zu differenzieren. Bei einer AG deutschen Rechts ist die Zustimmung der Hauptversammlung immer dann einzuholen, wenn die Gründung der gemeinsamen Tochter-SE fühlbar in die mitgliedschaftlichen und vermögensrechtlichen Interessen der Aktionäre eingreift. Dies ist vor allem dann der Fall, wenn die SE-Gründung mit der Übertragung wesentlichen Gesellschaftsvermögens verbunden ist (*Holzmüller*-Doktrin). Bei einer GmbH deutschen Rechts sind die Gesellschafter einzubeziehen, wenn die SE-Gründung außergewöhnlichen Charakter hat und mit besonderen Risiken verbunden ist. Bei Personenhandelsgesellschaften wird die Notwendigkeit der Befassung der Gesellschafter im Regelfall zu bejahen sein, weil die SE-Gründung eine außergewöhnliche Maßnahme darstellen dürfte.

Teil 7:

58. Die Umwandlung einer nationalen AG in eine SE verläuft identitätswahrend (Identitätshypothese). Es kommt weder zur Auflösung der nationalen AG noch zur Neugründung der SE (Art. 37 Abs. 2). Folglich findet auch keine Vermögensübertragung statt.

59. Die Regelung des Umwandlungsverfahrens ist offenkundig von der Idee geleitet, die Umwandlung nicht zu einem Fluchtvehikel aus den Fesseln des nationalen Rechts werden zu lassen. Dementsprechend hat der Verordnungsgeber einige Schutzmechanismen vorgesehen, die solchen Fluchttendenzen vorbeugen sollen. Dazu gehören verschärfte Anforderungen an die Mehrstaatlichkeit (Art. 2 Abs. 4), das Sitzverlegungsverbot (Art. 37 Abs. 3), die Ermächtigung der Mitgliedstaaten zur Einführung eines Vetorechts des Aufsichtsorgans (Art. 37 Abs. 8) sowie der mitbestimmungsrechtliche Bestandsschutz (Art. 4 Abs. 4 SE-ErgRiL).

60. Die inhaltliche Ausgestaltung des Umwandlungsplans steht nicht im freien Ermessen des Leitungs- oder Verwaltungsorgans. Der Umwandlungsplan muss bestimmte Angaben zwingend enthalten. Um welche Angaben es sich dabei im Einzelnen handelt, ist durch Analogie zum Katalog des Art. 20 Abs. 1 S. 2 zu ermitteln. Zwingende Angaben sind demnach die Firma und der Sitz der SE, die künftige Beteiligung der Aktionäre an der SE nach Zahl, Art und Umfang der Anteile, der Hinweis auf die Kontinuität der Mitgliedschaft in der SE, die gewährten oder zu gewährenden Sonderrechte, die Vorteile für sonstige Beteiligte, die Satzung der SE und schließlich eine kurze Beschreibung des Verfahrens zur Bestimmung des Mitbestimmungsmodells. Der Umwandlungsplan einer deutschen AG ist notariell zu beurkunden gemäß Art. 18 analog i.V.m. § 6 UmwG.

61. Die Bescheinigung i.S. des Art. 37 Abs. 6 dient der Kapitalsicherung bei der Umwandlung in eine SE, weil hier mangels Neugründung einer Gesellschaft

keine Kapitalaufbringung im eigentlichen Sinn stattfindet. Sie bestätigt die Kapitaldeckung bei der formwechselnden AG, nicht bei der SE. Im Unterschied zum Gebot der Reinvermögensdeckung i.S. des § 220 Abs. 1 UmwG, nach dem das Reinvermögen der formwechselnden Gesellschaft das Grundkapital der Zielrechtsform abdecken muss, wird bei Art. 37 Abs. 6 geprüft, ob das Reinvermögen der formwechselnden Gesellschaft ihr eigenes Grundkapital deckt. Die Bescheinigung gleicht in ihrer Funktion der Vermögensaufstellung i.S. des § 192 Abs. 2 UmwG. Sie gibt Aufschluss über die Vermögensverhältnisse der formwechselnden Gesellschaft und dient damit der Information der Anteilsinhaber. Sie erleichtert dem Registergericht überdies die Feststellung der Kapitaldekkung. Die Bescheinigung muss eine Aufstellung der einzelnen Vermögensgegenstände mit Bewertung und Nennung der Bewertungsmethoden enthalten. Mit Nettovermögenswerten sind die wirklichen Werte gemeint. Liegt keine Kapitaldeckung vor, dürfen die Sachverständigen keine Bescheinigung erteilen. Hinsichtlich der Auskunftsrechte der Sachverständigen ist Art. 22 Unterabs. 2 analog anzuwenden.

62. Den Aktionären stehen vor und während der Hauptversammlung die für innerstaatliche Verschmelzungen vorgesehenen Informationsrechte zur Verfügung (Art. 18 analog i.V.m. §§ 63, 64 UmwG).

63. Mitbestimmungsorgan i.S. des Art. 37 Abs. 8 können nur Unternehmensorgane im gesellschaftsrechtlichen Sinn sein, also in aller Regel der Aufsichtsrat. Ein Zustimmungserfordernis des Betriebsrats kommt nicht in Betracht. Eine Umsetzung des Art. 37 Abs. 8 in deutsches Recht ist abzulehnen. Ein Zustimmungserfordernis des Mitbestimmungsorgans wäre ein Fremdkörper im Umwandlungsrecht und außerdem verfassungsrechtlich bedenklich. Zudem besteht kein Bedarf für einen zusätzlichen Arbeitnehmerschutz, weil die Rechte der Arbeitnehmer bereits über Art. 37 Abs. 3 und Abs. 9 sowie Art. 4 Abs. 4 SE-ErgRiL umfassend geschützt werden.

64. Die SE-VO sieht keine Ermächtigung zum Erlaß nationaler Vorschriften zum Minderheitenschutz bei der Umwandlung in eine SE vor. Dies ist als bewusste Entscheidung des Verordnungsgebers anzusehen, so daß eine Analogie zu Art. 24 Abs. 2 bzw. Art. 34 ausscheidet. Im Übrigen würde ein Austritts- und Abfindungsrecht, wie es in § 7 Abs. 1 bzw. § 9 Abs. 1 SEAG-RegE enthalten ist, wegen Art. 37 Abs. 3 nicht auf die SE-Umwandlung passen, weil ein solches nur auf sitzverlegende SE-Gründungen Anwendung findet.

65. Auch wenn es bei der Umwandlung zu keiner Neugründung kommt, sind über Art. 15 Abs. 1 die Sachgründungsvorschriften des nationalen Rechts zu beachten (vgl. Art. 13 Zweite RiL). Als Gründer i.S. der Gründungsvorschriften des nationalen Rechts sind nicht die zustimmenden Aktionären, sondern die formwechselnde Gesellschaft selbst anzusehen. Eine Gründerhaftung (vgl. § 46 AktG) greift jedoch nicht ein. Die Erstattung eines Gründungsberichts und die Durchführung einer Gründungsprüfung (§§ 32 ff. AktG) sind bei einer SE-

Umwandlung entbehrlich. Art. 15 Abs. 1 ist hier einschränkend auszulegen, weil keine Gefahr der Umgehung strengerer Kapitalschutzvorschriften besteht. Dagegen findet das Gebot der Reinvermögensdeckung auch bei der Umwandlung in eine SE Anwendung (Art. 15 Abs. 1 i.V.m. §§ 245, 220 Abs. 1 UmwG analog).

66. Auf das Eintragungsverfahren einer SE mit Sitz in Deutschland finden über Art. 15 Abs. 1 die §§ 198 ff. UmwG Anwendung. Daher ist auch eine Negativerklärung vorzulegen (Art. 15 Abs. 1 i.V.m. §§ 198 Abs. 3, 16 Abs. 2 UmwG).

67. Der in Art. 37 Abs. 9 angeordnete Übergang der Rechte und Pflichten hinsichtlich der Beschäftigungsbedingungen hat wegen der Identität des Rechtsträgers vor und nach der Umwandlung keine rechtliche Bedeutung und ist daher als bloßer Programmsatz zu verstehen.

Teil 8:

68. Art. 3 Abs. 1 enthält keinen eigenständigen Gründungstatbestand, sondern modifiziert die Anforderungen an die Gründungsberechtigung in Art. 2 Abs. 1, Abs. 2 und Abs. 3, indem er die Gründerfähigkeit der SE fingiert. Hinsichtlich der Gründung einer gemeinsamen Tochter-SE (Art. 2 Abs. 3) ist die Fiktion allerdings überflüssig, weil die SE Gesellschaft i.S. des Art. 48 Abs. 2 EG ist. Art. 3 Abs. 1 ersetzt grundsätzlich nicht den Nachweis der Gemeinschaftszugehörigkeit und der Mehrstaatlichkeit der SE. Auf das Mehrstaatlichkeitserfordernis kann bei Beteiligung einer SE als Gründer jedoch verzichtet werden. Das folgt aus einer teleologischen Reduktion des Art. 2. Bei der Bestimmung des anwendbaren Rechts ist gemäß dem zweistufigen Ablauf der SE-Gründung zu differenzieren: Art. 9 Abs. 1 bestimmt das auf die Mutter-SE anwendbare Recht. Art. 18 und 36 finden hier keine Anwendung. Art. 15 Abs. 1 bestimmt das auf die werdende Tochter-SE anwendbare Recht. Eine SE kann sich auch mit einer anderen SE zu einer SE verschmelzen. Sofern sich eine SE mit Sitz in Deutschland an der Gründung einer gemeinsamen Tochter-SE beteiligt, sind die Grundsätze der *Holzmüller*-Rechtsprechung zu beachten. Daher ist unter Umständen die Zustimmung der SE-Hauptversammlung einzuholen.

69. Die Ausgründung einer Tochter-SE aus einer SE (Art. 3 Abs. 2) ist eine eigenständige Gründungsform. Sie setzt keine Mehrstaatlichkeit voraus und ist zwingend Einpersonen-Gründung, unabhängig davon, ob das nationale Recht eine Einmann-AG zulässt. Tochter-SE können ihrerseits Tochter-SE ausgründen. Der interne Willensbildungsprozess in der Mutter-SE bestimmt sich nach dem gemäß Art. 9 Abs. 1 anwendbaren Recht. Das eigentliche Gründungsverfahren richtet sich dagegen nach dem künftigen Sitzstaatrecht der Tochter-SE (Art. 15 Abs. 1). In Deutschland kann eine Tochter-SE sowohl durch einfache Bar- oder Sachgründung gemäß §§ 23 ff. AktG als auch durch Spaltung zur Ausgliederung gemäß § 123 Abs. 3 UmwG gegründet werden. Ob bei der Aus-

gründung einer Tochter-SE die Zustimmung der Hauptversammlung erforderlich ist, bestimmt sich gemäß Art. 52 Unterabs. 2 nach dem Sitzstaatrecht der Mutter-SE. Bei einer deutschen Mutter-SE sind daher die *Holzmüller*-Grundsätze zu beachten.

Literaturverzeichnis

Abeltshauser, Thomas E., Grundfragen der Europäischen Aktiengesellschaft, EWS 1991, 58 ff.

Ders., Der neue Statutsvorschlag für eine Europäische Aktiengesellschaft, AG 1990, 289 ff.

Abmeier, Klaus, Die Europäische wirtschaftliche Interessenvereinigung und nationales Recht, NJW 1986, 2987 ff.

Aha, Christof, Vorbereitung des Zusammenschlusses im Wege der Kapitalerhöhung gegen Sacheinlage durch ein „Business Combination Agreement", BB 2001, 2225 ff.

André, Achim, Europäisches Gesellschaftsrecht, in: Einführung in die Rechtsfragen der europäischen Integration, hrsg. vom Gustav-Stresemann-Institut e.V. für europäische Informations- und Bildungsarbeit Bergisch Gladbach, Köln 1969, S. 247 ff.

Anweiler, Jochen, Die Auslegungsmethoden des Gerichtshofs der Europäischen Gemeinschaften, Frankfurt am Main Berlin Bern New York Paris Wien 1997

Arnold, Hans, Die Angleichung des Gesellschaftsrechts in der Europäischen Wirtschaftsgemeinschaft, AWD 1963, 221 ff.

Bach, Albrecht, Die BGB-Gesellschaft als Mitglied einer Europäischen Wirtschaftlichen Interessenvereinigung (EWIV)?, BB 1990, 1432 ff.

Bahlmann, Kai, Der Grundrechtsschutz in der Europäischen Gemeinschaft, Wege der Verwirklichung, EuR 1982, 1 ff.

Bärmann, Johannes, „Europäische Fusion", in: Festschrift für Kaufmann, Köln 1972, S. 13 ff.

Basedow, Jürgen, Europäisches Internationales Privatrecht, NJW 1996, 1921 ff.

Baums, Theodor, Verschmelzung mit Hilfe von Tochtergesellschaften, in: Festschrift für Zöllner, Band 1, Handels-, Gesellschafts- und Wirtschaftsrecht, Köln München 1998, S. 65 ff.

Bayer, Walter, Zulässige und unzulässige Einschränkungen der europäischen Grundfreiheiten im Gesellschaftsrecht, Anmerkung zu den Entscheidungen des EuGH v. 4.6.2002 – Rs. C 483/99, C-367/98, C-503/99 („Goldene Aktien"), BB 2002, 2289 ff.

Bayer, Wilhelm F., Die Europäische Aktiengesellschaft und die Entwicklung des Europäischen Gesellschaftsrechts, RabelsZ 35 (1971), 201 ff.

Behrens, Peter, Krisensymptome in der Gesellschaftsrechtsangleichung, in: Festschrift für Mestmäcker, Baden-Baden 1996, S. 831 ff.

Ders., Die Konvergenz der wirtschaftlichen Freiheiten im europäischen Gemeinschaftsrecht, EuR 1992, 145 ff.

Beitzke, Günther, Internationalrechtliches zur Gesellschaftsfusion, in: Festschrift für Hallstein, Frankfurt am Main 1966, S. 14 ff.

Bessenich, Balthasar, Die grenzüberschreitende Fusion nach den Bestimmungen des IPRG und des OR, Basel Frankfurt am Main 1991

Beutler, Bengt/Bieber, Roland/Pipkorn, Jörn/Streil, Jochen, Die Europäische Union, Rechtsordnung und Politik, 4. Aufl., Baden-Baden 1993

Bieber, Roland, Zur Rolle der Mitgliedstaaten bei der Ausfüllung von Lücken im EG-Recht, in: Bieber/Ress (Hrsg.), Die Dynamik des Europäischen Gemeinschaftsrechts, Baden Baden 1987, S. 283 ff.

Blanquet, Francoise, Das Statut der Europäischen Aktiengesellschaft (Societas Europaea "SE"), Ein Gemeinschaftsinstrument für die grenzübergreifende Zusammenarbeit im Dienste der Unternehmen, ZGR 2002, 20 ff.

Blaurock, Uwe, Gesamthandsgesellschaft als Gründerin einer Europäischen Aktiengesellschaft?. ZHR 141 (1977), 18 ff.

Bleckmann, Albert, Europarecht, Das Recht der Europäischen Gemeinschaften, 6. Aufl., Köln Berlin Bonn München 1997 (zit. *Bleckmann*, Rn.)

Ders., Probleme der Auslegung europäischer Richtlinien, ZGR 1992, 364 ff.

Ders., Zu den Auslegungsmethoden des Europäischen Gerichtshofs, NJW 1982, 1177 ff.

Borchardt, Klaus-Dieter, Der Europäische Gerichtshof, Besetzung, Anrufung, Zuständigkeiten, Vorabentscheidung und einstweiliger Rechtsschutz, Kommentar zu den Art. 220-245 EGV mit Textanhang, 1. Aufl., Köln Basel Genf München 2000

Boucourechliev, Jeanne/Hommelhoff, Peter (Hrsg.), Vorschläge für eine Europäische Privatgesellschaft, Köln 1999

Brandt, Ulrich, Die Hauptversammlung der Europäischen Aktiengesellschaft (SE), Frankfurt am Main Berlin Bern Bruxelles New York Oxford Wien 2004

Ders., Der Diskussionsentwurf zu einem SE-Ausführungsgesetz, DStR 2003, 1208 ff.

Ders., Überlegungen zu einem SE-Ausführungsgesetz, NZG 2002, 991 ff.

Brandt, Ulrich/Scheifele, Matthias, Die Europäische Aktiengesellschaft und das anwendbare Recht, DStR 2002, 547 ff.

Brocke, Kai vom, Die Europäische Genossenschaft, Eine Europäische Gesellschaftsform?, Diss. Würzburg 1996

Brödermann, Eckart/Iversen, Holger, Europäisches Gemeinschaftsrecht und internationales Privatrecht, Tübingen 1994

Bruhn, Heike, Niederlassungsfreundliche Sitzverlegung und Verschmelzung über die Grenze nach italienischem Recht, Eine rechtsvergleichende Untersuchung unter Berücksichtigung der europäischen Niederlassungsfreiheit, Frankfurt am Main 2002

Buchheim, Regine, Europäische Aktiengesellschaft und grenzüberschreitende Konzernverschmelzung, Der aktuelle Entwurf der Rechtsform aus betriebswirtschaftlicher Sicht, Wiesbaden 2001

Bühler, Stefan P., Strukturänderung von Gesellschaften in der Union, Theorie und Praxis nach Gemeinschaftsrecht und nach deutschem Recht, Zürich Baden-Baden 1998

Bungert, Hartwin/Beier, Constantin H., Die Europäische Aktiengesellschaft, Das Statut und seine Umsetzung in der Praxis, EWS 2002, 1 ff.

Busch, Torsten, Die Deckung des Grundkapitals bei Formwechsel einer GmbH in eine Aktiengesellschaft, Zur Auslegung der §§ 245 Abs. 1 S. 2, 220 Abs. 1 UmwG, AG 1995, 555 ff.

Caemmerer, Ernst von, Entwurf einer europäischen Gesellschaftsform, in: ders. (Hrsg.), Europäische Handelsgesellschaft und Angleichung des nationalen Gesellschaftsrechts, Frankfurt am Main 1968, S. 54 ff.

Ders., Europäische Aktiengesellschaft, in: Festgabe für Kronstein, Karlsruhe 1967, S. 171 ff.

Canaris, Claus-Wilhelm, Die Feststellung von Lücken im Gesetz, 2. Aufl., Berlin 1983

Casper, Matthias, Der Lückenschluß im Statut der Europäischen Aktiengesellschaft, in: Festschrift für Ulmer, Berlin 2003, S. 51 ff.

Charlesworth, John/Morse, Geoffrey, Company Law, 15. Aufl., London 1995

Classen, Claus Dieter, Auf dem Weg zu einer einheitlichen Dogmatik der EG-Grundfreiheiten?, EWS 1995, 97 ff.

Clement, Rolf/Fortdran, Utta/Müller, Uwe/Wanske, Bernhard, Probleme der Europäischen Aktiengesellschaft, Ergebnisse eines Seminars an der Universität Hamburg, AG 1972, 343 ff.

Conte, Giuseppe/Boss, Hans, Wörterbuch der Rechts- und Wirtschaftssprache, italienisch-deutsch, Band 1, 5. Aufl., München 2001

Dänzer-Vanotti, Wolfgang, Der Europäische Gerichtshof zwischen Rechtsprechung und Rechtsetzung, in: Festschrift für Everling, Band 1, Baden-Baden 1995, S. 205 ff.

Dauner-Lieb, Barbara/Lamdandini, Marco, Der neue Kommissionsvorschlag einer EU-Übernahmerichtlinie – Stellungnahme der Gutachter des EU-Parlaments, BB 2003, 265 ff.

Dauses, Manfred A. (Hrsg.), Handbuch des EU-Wirtschaftsrechts, München, Stand des Gesamtwerks: 6. Ergänzungslieferung 1998 (zit. *Bearbeiter*, in: Dauses, Hdb. EU-Wirtschaftsrecht, Abschnitt, Rn.)

Decher, Christian E., Rechtsfragen des grenzüberschreitenden Merger of Equals, in: Festschrift für Lutter, Köln 2000, S. 1209 ff.

Dorr, Robert/Stukenborg, Gabriela, „Going to the Chapel“: Grenzüberschreitende Ehen im Gesellschaftsrecht – Die ersten transnationalen Verschmelzung nach dem UmwG (1994), DB 2003, 647 ff.

Doucet, Michel/Fleck, Klaus E.W., Wörterbuch der Rechts- und Wirtschaftssprache, Teil 1, Französisch-Deutsch, 5. Aufl., München 1997

Dies., Wörterbuch der Rechts- und Wirtschaftssprache, Teil 2, Deutsch-Französisch, 6. Aufl., München 2002

Ebenroth, Carsten Thomas/Wilken, Oliver, Entwicklungstendenzen im deutschen Internationalen Gesellschaftsrecht, JZ 1991, 1014 ff.

Ebert, Sabine, Das anwendbare Konzernrecht der Europäischen Aktiengesellschaft, BB 2003, 1854 ff.

Dies., Die Europäische Aktiengesellschaft auf dem level playing field der Gemeinschaft, IWB Fach 11 Gruppe 3 (Nr. 19 v. 9.10.2002), 281 ff.

Eder, Karl, Europäische Handelsgesellschaft, GmbHR 1965, 220 ff.

Emmerich, Volker/Sonnenschein, Jürgen/Habersack, Mathias, Konzernrecht, Das Recht der verbundenen Unternehmen bei Aktiengesellschaft, GmbH, Personengesellschaften, Genossenschaft, Verein und Stiftung, Ein Studienbuch, 7. Aufl., München 2001 (zit. *Bearbeiter*, in: Emmerich/Sonnenschein/Habersack, Konzernrecht)

Everling, Ulrich, Das Niederlassungsrecht in der Europäischen Gemeinschaft, DB 1990, 1853 ff.

Ficker, Hans Claudius, „Hilfsweise geltendes Recht“ für „Europäische Aktiengesellschaften“, in: Festschrift für Sanders, Deventer 1972, S. 37 ff.

Ders., Zur Zusammenfassung europäischer Unternehmen, NJW 1970, 1569 ff.

Ders., Die Arbeiten der Kommission der Europäischen Wirtschaftsgemeinschaft auf dem Gebiet des Gesellschaftsrechts, NJW 1967, 1160 ff.

Förster, Guido/Lange, Carsten, Steuerliche Aspekte der Gründung einer Europäischen Aktiengesellschaft, DB 2002, 288 ff.

Ganske, Joachim, Die Europäische Wirtschaftliche Interessenvereinigung (EWIV), DB 1985, Beilage Nr. 20 Das Recht der Europäischen Wirtschaftlichen Interessenvereinigung (EWIV), 1988

Ders., Das Recht der Europäischen Wirtschaftlichen Interessenvereinigung (EWIV), München 1988

Ders., Internationale Fusion von Gesellschaften in der Europäischen Gemeinschaft – ein neuer Ansatz, DB 1985, 581 ff.

Ders., Änderungen des Verschmelzungsrechts, Zur Dritten gesellschaftsrechtlichen EG-Richtlinie, Gedanken zu ihrer Umsetzung in deutsches Recht, DB 1981, 1551 ff.

Geibel, Stephan/Süßmann, Rainer, Wertpapiererwerbs- und Übernahmegesetz (WpÜG), Kommentar, München 2002 (zit. *Bearbeiter*, in: Geibel/Süßmann, WpÜG, Rn.)

Geiger, Rudolf, EUV, EGV, Kommentar, 3. Aufl., München 2000

Gemeinsamer Arbeitsausschuss des Bundesverbandes der Deutschen Industrie, des Bundesverbandes Deutscher Banken, der Bundesvereinigung der Deutschen Arbeitgeberverbände, des Deutschen Industrie- und Handelstages, des Gesamtverbandes der Deutschen Versicherungswirtschaft für Fragen des Unternehmensrechts, Stellungnahme zum Nizza-Kompromiss über die Europäische Aktiengesellschaft, 19.03.2001, Berlin (zit. Gemeinsamer Arbeitsausschuss 2001)

Ders., Vorläufige Stellungnahme zum geänderten Verordnungs- und Richtlinienvorschlag für Europäische Aktiengesellschaften (SE) vom 16. bzw. 6. Mai 1991, 19.07.1991, Köln/Bonn (zit. Gemeinsamer Arbeitsausschuss 1991)

Ders., Entwurf einer Stellungnahme zum geänderten Verordnungs- und Richtlinienvorschlag für Europäische Aktiengesellschaften (SE) vom 25. August 1989, 15.09.1989, Köln (zit. Gemeinsamer Arbeitsausschuss 1989)

Geßler, Ernst, Grundfragen der europäischen Handelsgesellschaft, BB 1967, 381 ff.

Gillessen, Frederick, Europäische transnationale Sitzverlegung und Fusion im Vereinigten Königreich und in Irland, Frankfurt am Main Berlin Bern Bruxelles New York Oxford Wien 2000

Gleichmann, Karl, Europäische Wirtschaftliche Interessenvereinigung, ZHR (149) 1985, 633 ff.

Göke, Christian, Die Europäische Aktiengesellschaft, Im Verhältnis zum deutschen und italienischen Recht, Aachen 1995

Götz, Jürgen, Ist die Europäische Aktiengesellschaft eine überzeugende Option für die Praxis?, ZIP 2003, 1067

Grabitz, Eberhard/Hilf, Meinhard (Hrsg.), Das Recht der Europäischen Union, Kommentar, München 2001 (Loseblatt; Stand: Mai 2001) (zit. *Bearbeiter*, in: Grabitz/Hilf, Art., Rn.)

Gravenstein, Viky, Französisches Gesellschaftsrecht, Das Gesetz vom 24. Juli 1966 über die Handelsgesellschaften mit den wichtigsten Durchführungsbestimmungen für die Kapitalgesellschaften, 3. Aufl., Frankfurt am Main, 1988

Groeben, Hans von der, Auf dem Wege zu europäischen Aktiengesellschaften, AG 1967, 95 ff.

Groeben, Hans von der/Thiesing, Jochen/Ehlermann, Claus-Dieter (Hrsg.), Kommentar zum EU-, EG-Vertrag, Band 1, Art. A bis F EUV, Art. 1 bis

84 EGV, 5. Aufl., Baden-Baden 1997 (zit. *Bearbeiter*, in: von der Groeben/Thiesing/Ehlermann, Art., Rn.)

Großfeld, Bernhard, Europäische Unternehmensbewertung, NZG 2002, 353 ff.

Ders., Netzverknüpfer, Zur Verschmelzung Daimler-Benz/Chrysler, in: Gedächtnisschrift für Lüderitz, München 2000, S. 233 ff.

Ders., Internationales Umwandlungsrecht, AG 1996, 302 ff.

Ders., Internationales und Europäisches Unternehmensrecht, Das Organisationsrecht transnationaler Unternehmen, 2. Aufl., Heidelberg 1995

Großkommentar zum Aktiengesetz, hrsg. von Hopt/Wiedemann, §§ 23-40 , 4. Aufl., Berlin New York 1997 (zit. *Bearbeiter*, in: Großkomm. zum AktG, §, Rn.)

Grote, Ralf, Das neue Statut der Europäischen Aktiengesellschaft zwischen europäischem und nationalem Recht, Diss. Göttingen 1990

Gutsche, Robert, Die Eignung der Europäischen Aktiengesellschaft für kleine und mittlere Unternehmen in Deutschland, Baden-Baden 1994

Habersack, Mathias, Das Konzernrecht der „deutschen" SE, ZGR 2003, 724 ff.

Ders., Europäisches Gesellschaftsrecht, Einführung für Studium und Praxis, 2. Aufl., München 2003 (zit. *Habersack*, EuGesR, Rn.)

Hahn, Volker, Übernahmerecht und Internationales Privatrecht, Zur Anwendung des WpÜG bei Übernahmen mit Auslandsbezug, RIW 2002, 741 ff.

Handelsrechtsausschuss des DAV, Stellungnahme zum Entwurf eines Gesetzes zur Ausführung der Verordnung (EG) Nr. 2157/2001 des Rates vom 8.10.2001 über das Statut der Europäischen Gesellschaft (SE) (SE-Ausführungsgesetz-SEAG), NZG 2004, 75 ff.

Hauschild, Winfried, Die europäische Aktiengesellschaft, in: von Caemmerer (Hrsg.), Europäische Handelsgesellschaft und Angleichung des nationalen Gesellschaftsrechts, Frankfurt am Main 1968, S. 81 ff.

Hauschka, Christoph E., Kontinuität und Wandel im Statut für die Europäische Aktiengesellschaft (SE) 1989, EuZW 1990. 181 ff.

Ders., Entwicklungslinien und Integrationsfragen der gesellschaftsrechtlichen Akttypen des Europäischen Gemeinschaftsrechts, AG 1990, 85 ff.

Heckschen, Heribert, Die Europäische AG aus notarieller Sicht, DNotZ 2003, 251 ff.

Heinze, Meinhard, Die Europäische Aktiengesellschaft, ZGR 2002, 66 ff.

Ders., Ein neuer Lösungsweg für die Europäische Aktiengesellschaft, AG 1997, 289 ff.

Helms, Dietmar, Die Europäische Privatgesellschaft, Köln 1998

Henssler, Martin, Unternehmerische Mitbestimmung in der Societas Europaea, Neue Denkanstöße für die Corporate Governance Diskussion, in: Festschrift für Ulmer, Berlin 2003, S. 193 ff.

Herfs-Röttgen, Ebba, Arbeitnehmermitbeteiligung in der Europäischen Aktiengesellschaft, NZA 2001, 424 ff.

Heydt, Volker, Der Funktionswandel der EG-Grundfreiheiten infolge der Verwirklichung des Binnenmarkts, EuZW 1993, 105

Heydt, Karl Eduard von der/Rechenberg, Wolf-Georg Frhr. von (Hrsg.), Die europäische wirtschaftliche Interessenvereinigung unter besonderer Berücksichtigung gesellschafts-, steuer- und kartellrechtlicher Aspekte, Stuttgart 1991 (zit. *Bearbeiter*, in: von der Heydt/von Rechenberg)

Hirte, Heribert, Die Europäische Aktiengesellschaft, NZG 2002, 1 ff.

Hoffmann, Jochen, Die Bildung der Aventis S.A. – ein Lehrstück des europäischen Gesellschaftsrechts, NZG 1999, 1077 ff.

Hoffmann-Becking, Michael, Der materielle Gesellschafterschutz: Abfindung und Spruchverfahren, ZGR 1990, 482 ff.

Hohloch, Gerhard (Hrsg.), EU-Handbuch Gesellschaftsrecht, Herne 1997 (zit.: *Bearbeiter*, in: Hohloch, EU-Handbuch GesR, Staat, Rn.)

Hommelhoff, Peter, Zum Konzernrecht in der Europäischen Aktiengesellschaft, AG 2003, 179 ff.

Ders., Satzungsstrenge und Gestaltungsfreiheit in der Europäischen Aktiengesellschaft, in: Festschrift für Ulmer, Berlin 2003, S. 267 ff.

Ders., Einige Bemerkungen zur Organisationsverfassung der Europäischen Aktiengesellschaft, AG 2001, 279 ff.

Ders., Konturen eines gemeinschaftsrechtlichen Unternehmensrechts, in: Müller-Graff (Hrsg.), Gemeinsames Privatrecht in der Europäischen Gemeinschaft, 2. Aufl., Baden-Baden 1999, S. 361 ff.

Ders., Minderheitenschutz bei Umstrukturierungen, ZGR 1993, 452 ff.

Ders., Gesellschaftsrechtliche Fragen im Entwurf eines SE-Statuts, AG 1990, 422 ff.

Ders., Zur Kontrolle strukturändernder Gesellschafterbeschlüsse, ZGR 1990, 447

Hommelhoff, Peter/Helms, Dietmar, Neue Wege in die Europäische Privatgesellschaft, Köln 2001

Hommelhoff, Peter/Riesenhuber, Karl, Strukturmaßnahmen, insbesondere Verschmelzung und Spaltung im Europäischen und deutschen Gesellschaftsrecht, in: Grundmann (Hrsg.): Systembildung und Systemlücken in Kerngebieten des Europäischen Privatrechts, Gesellschafts-. Arbeits- und Schuldvertragsrecht, Tübingen 2000, S. 259 ff.

Hommelhoff, Peter/Teichmann, Christoph, Die Europäische Aktiengesellschaft – das Flaggschiff läuft vom Stapel, SZW 2002, 1 ff.

Hopt, Klaus J., The European Company (SE) under the Nice Compromise: Major Breakthrough or Small Coin for Europe?, EUREDIA 2000, Revue

Européenne de Droit Bancaire et Financier, European Banking and Financial Law Journal, 466 ff.

Ders., Europäisches Konzernrecht: Zu den Vorschlägen und Thesen des Forum Europaeum Konzernrecht, in: Festschrift für Buxbaum, 2000, S. 299 ff.

Ders., Europäisches Gesellschaftsrecht, Krise und neue Anläufe, ZIP 1998, 96 ff.

Ders., Harmonisierung im europäischen Gesellschaftsrecht, Status quo, Problem, Perspektiven, ZGR 1992, 265 ff.

Horn, Norbert, Rechtsfragen internationaler Unternehmenszusammenschlüsse, in: Festschrift für Buxbaum, 2000, S. 315 ff.

Ders., Verträge über internationale Unternehmenszusammenschlüsse, in: Festschrift für Lutter, Köln 2000, S. 1113 ff.

Ders., Internationale Unternehmenszusammenschlüsse, ZIP 2000, 473 ff.

Hüffer, Uwe, Aktiengesetz, Kommentar, 5. Aufl., München 2002

Ders., Harmonisierung des aktienrechtlichen Kapitalschutzes, Die Durchführung der zweiten Richtlinie zur Koordinierung des Gesellschaftsrechts, NJW 1979, 1065 ff.

Ihrig, Hans-Christoph/Wagner, Jens, Diskussionsentwurf für ein SE-Ausführungsgesetz, BB 2003, 969 ff.

Jaeger, Carsten, Die Europäische Aktiengesellschaft – europäischen oder nationalen Rechts, Baden-Baden 1994

Jarass, Hans D., Elemente einer Dogmatik der Grundfreiheiten, EuR 1995, 202 ff.

Kallmeyer, Harald, Europa-AG: Strategische Optionen für deutsche Unternehmen, AG 2003, 197 ff.

Ders., Die Europäische Aktiengesellschaft – besser als ihr Ruf?, DB 2003, Gastkommentar (Heft 5)

Ders., Umwandlungsgesetz, Kommentar, 2. Aufl., Köln 2001

Ders., Zugang zur Europäischen Aktiengesellschaft nach dem Entwurf eines SE-Statuts, AG 1990, 527 ff.

Ders., Die Europäische Aktiengesellschaft – Praktischer Nutzen und Mängel des Statuts, AG 1990, 103 ff.

Kalss, Susanne, Der Minderheitenschutz bei Gründung und Sitzverlegung der SE nach dem Diskussionsentwurf, ZGR 2003, 593 ff.

Karpen, Hans-Ulrich, Die Verweisung als Mittel der Gesetzgebungstechnik, Berlin 1970

Kegel, Gerhard/Schurig, Klaus, Internationales Privatrecht, 8. Aufl., München 2000

Kersting, Christian, Societas Europaea: Gründung und Vorgesellschaft, DB 2001, 2079 ff.

Kewenig, Wilhelm A., Niederlassungsfreiheit, Freiheit des Dienstleistungsverkehrs und Inländerdiskriminierung, JZ 1990, 20 ff.

Kingreen, Thorsten, Die Struktur der Grundfreiheiten des Europäischen Gemeinschaftsrechts, Berlin 1999

Klapdor, Ralf, Überlegungen zur Besteuerung der europäischen Aktiengesellschaft, EuZW 2001, 677 ff.

Kloster, Lars, Societas Europaea und europäische Unternehmenszusammenschlüsse, EuZW 2003, 293 ff.

Knechtel, Gerhard/Reichelt, Gerte/Zib, Christian, Europäisches Handelsregister, Gesellschaftsrechtliche Perspektiven, Gemeinschaftsrechtliche Vorgaben, Handelsregister in Europa, Wien 2000

Kölner Kommentar zum Aktiengesetz, hrsg. von Zöllner, Band 7, §§ 339-361 AktG, 2. Aufl., Köln Berlin Bonn München 1990 (zit. *Kraft*, in: KöKo zum AktG, §, Rn.)

Kölner Kommentar zum WpÜG, mit AngebVO und §§ 327a – 327f AktG, hrsg. von Hirte/von Bülow, Köln Berlin Bonn München 2003 (zit. *Bearbeiter*, in: KöKo zum WpÜG, §, Rn.)

Köstler, Roland, Ein schlechterer Entwurf, Der geänderte Vorschlag der Kommission zur Europäischen Aktiengesellschaft, Die Mitbestimmung 1991, 608 ff.

Kohlhepp, Kay H., Die Europäische Aktiengesellschaft, RIW 1989, 88 ff.

Kolvenbach, Walter, Die Europäische Aktiengesellschaft – eine wohlgemeinte Utopie, in: Festschrift für Heinsius, 1991, S. 379 ff.

Koppensteiner, Hans-Georg, Internationale Unternehmen im deutschen Gesellschaftsrecht, Frankfurt am Main 1971

Korts, Sebastian, Die Europäische Aktiengesellschaft, Societas Europaea (SE) – im Gesellschafts- und Steuerrecht, Heidelberger Musterverträge, Heft 119, Heidelberg 2003

Krause, Hartmut, Der Kommissionsvorschlag für die Revitalisierung der EU-Übernahmerichtlinie, BB 2002, 2341 ff.

Kreuzer, Karl Friedrich, Die Europäisierung des Internationalen Privatrechts, in: Müller-Graff (Hrsg.), Gemeinsames Privatrecht in der Europäischen Gemeinschaft, 2. Aufl., Baden-Baden 1999, S. 457 ff.

Ders., Grenzüberschreitende Restrukturierung von Gesellschaften im Gemeinsamen Markt, EuZW 1994, 73 ff.

Kronke, Herbert, Deutsches Gesellschaftsrecht und grenzüberschreitende Strukturänderungen, ZGR 1994, 26 ff.

Kropholler, Jan, Internationales Privatrecht, 4. Aufl., Tübingen 2001 (zit: *Kropholler*, IPR)

Kübler, Friedrich, Barabfindung bei Gründung einer Europa AG?, ZHR 167 (2003), 627 ff.

Lackhoff, Klaus, Die Niederlassungsfreiheit des EGV – nur ein Gleichheits- oder auch ein Freiheitsrecht?, Berlin 2000

Lamb, Jochen/Schluck-Amend, Alexandra, Die Neuregelung des Spruchverfahrens durch das Spruchverfahrensneuordnungsgesetz, DB 2003, 1259 ff.

Lange, Oliver, Überlegungen zur Umwandlung einer deutschen in eine Europäische Aktiengesellschaft, EuZW 2003, 301 ff.

Langefeld-Wirth, Klaus, Joint Ventures im internationalen Wirtschaftsverkehr, Heidelberg 1990

Larenz, Karl, Methodenlehre der Rechtswissenschaft, 6. Aufl., Berlin Heidelberg New York 1991

Lennerz, Ursula, Die internationale Verschmelzung und Spaltung unter Beteiligung deutscher Gesellschaften, Köln 2001

Lentner, Anton J., Das Gesellschaftsrecht der Europäischen Wirtschaftlichen Interessenvereinigung, Baden-Baden 1993/1994

Lenz, Gerhard, Die Europäische wirtschaftliche Interessenvereinigung mit dem Sitz in der Bundesrepublik Deutschland vor Eintragung, Berlin 1997

Leupold, Andreas, Die Europäische Aktiengesellschaft unter besonderer Berücksichtigung des deutschen Rechts, Chancen und Probleme auf dem Weg zu einer supranationalen Rechtsform, Aachen 1993

Liebscher, Thomas, Konzernbildungskontrolle, Rechtsformspezifische und rechtsformunabhängige Aspekte der Problematik eines konzernrechtlichen Präventivschutzes im Rahmen des Konzernierungsprozesses, Berlin 1995

Lutter, Marcus, Europäische Aktiengesellschaft - Rechtsfigur mit Zukunft?, BB 2002, 1 ff.

Ders. (Hrsg.), Umwandlungsgesetz, Kommentar, 2. Aufl., Köln 2000 (zit. *Bearbeiter*, in: Lutter, UmwG, §, Rn.)

Ders., Holding-Handbuch, Recht, Management, Steuern, 3. Aufl., Köln 1998 (zit. *Bearbeiter*, in: Lutter, Holding-Hdb., Rn.)

Ders., Europäisches Unternehmensrecht, 4. Aufl., Berlin New York 1996

Ders., Die Auslegung angeglichenen Rechts, JZ 1992, 593 ff.

Ders., Genügen die vorgeschlagenen Regelungen für eine „Europäische Aktiengesellschaft"?, AG 1990, 413 ff.

Ders., Stand und Entwicklung des Konzernrechts in Europa, ZGR 1987, 324 ff.

Ders., Die europäische Aktiengesellschaft, 2. Aufl., Köln Berlin Bonn München 1978 (zit. *Bearbeiter*, in: Lutter: Europäische Aktiengesellschaft, S.)

Ders., Teilfusionen im Gesellschaftsrecht, in: Festschrift für Barz, Berlin New York 1974, S. 199 ff.

Lutter, Marcus/Leinekugel, Rolf, Kompetenzen von Hauptversammlung und Gesellschafterversammlung beim Verkauf von Unternehmensteilen, ZIP 1998, 225 ff.

Lutter, Marcus/Wiedemann, Herbert (Hrsg.), Gestaltungsfreiheit im Gesellschaftsrecht, ZGR-Sonderheft 13, Berlin 1997

Martens, Klaus-Peter, Fusionsmodelle, in: Festschrift für Peltzer, Köln 2001, S. 279 ff.

de Martini, Angelo, Das Statut der „Europäischen Gesellschaft" im Verhältnis zum italienischen Recht, in: Hefte der Vereinigung für den Gedankenaustausch zwischen deutschen und italienischen Juristen e.V., Die europäische Handelsgesellschaft im Verhältnis zum deutschen und italienischen Recht, Karlsruhe 1970, S. 45 ff.

Maul, Silja, Konzernrecht der „deutschen" SE – Ausgewählte Fragen zum Vertragskonzern und den faktischen Unternehmensverbindungen, ZGR 2003, 743 ff.

Dies., Die faktisch abhängige SE (Societas Europaea) im Schnittpunkt zwischen deutschem und europäischem Recht, München 1998

Mehrpohl, Jutta, Die Mutter-/Tochter-Richtlinie der Europäischen Gemeinschaft und ihre Umsetzung in das Recht der Mitgliedstaaten, Frankfurt am Main Berlin Bern New York Paris Wien 1998

Menjucq, Michel, La société européenne, Revue des sociétés 2002, 225 ff.

Merkt, Hanno, Der jüngste Entwurf eines Statuts für die Europäische Aktiengesellschaft, in: Jahrbuch Junger Zivilrechtswissenschaftler 1991, Stuttgart 1992, S. 169 ff.

Ders., Europäische Aktiengesellschaft: Gesetzgebung als Selbstzweck?, Kritische Bemerkungen zum Entwurf von 1991, BB 1992, 652 ff.

Mertens, Hans-Joachim, Die europäische Handelsgesellschaft in bezug auf die deutsche Rechtsordnung, in: Hefte der Vereinigung für den Gedankenaustausch zwischen deutschen und italienischen Juristen e.V., Die europäische Handelsgesellschaft im Verhältnis zum deutschen und italienischen Recht, Karlsruhe 1970, S. 1 ff.

Ders., Angleichung des Gesellschaftsrechts, europäische Handelsgesellschaft und europäischer Konzern, JR 1970, 321 ff.

Meyer-Ladewig, Jens, Der Kommissionsvorschlag für eine Dritte Richtlinie des Rates zur Koordinierung des Gesellschaftsrechts (Nationale Fusion), BB 1970, 1517 ff.

Meyer-Landrut, Andreas, Die Europäische Wirtschaftliche Interessenvereinigung, Stuttgart 1988

Monti, Mario, Statut der Europäischen Aktiengesellschaft, WM 1997, 607 f.

Müller-Driver, Andreas, Grenzüberschreitende Restrukturierungen von Kapitalgesellschaften zwischen Deutschland und England, Frankfurt am Main Berlin Bern Bruxelles New York Oxford Wien, 2002

Müller-Graff, Peter-Christian, Binnenmarktauftrag und Subsidiaritätsprinzip?, ZHR 159 (1995), 34 ff.

Münchener Handbuch des Gesellschaftsrechts, Band 1, BGB-Gesellschaft, Offene Handelsgesellschaft, Partnerschaftsgesellschaft, Partenreederei, EWIV, hrsg. von Riegger/Weipert, München 1995, Band 4, Aktiengesellschaft, hrsg. von Hoffmann-Becking, 2. Aufl., München 1999 (zit. *Bearbeiter*, in: MünchHdb. GesR, Band, §, Rn.)

Münchener Kommentar zum Aktiengesetz, hrsg. von Kropff/Semler, Band 1, §§ 1 – 53, 2. Aufl., München 2000, Band 2, §§ 53a – 75, 2. Aufl., München 2003 (zit. *Bearbeiter*, in: MüKo zum AktG, §, Rn.)

Münchener Kommentar zum Bürgerlichen Gesetzbuch, hrsg. von Rebmann/Säcker/Rixecker, Band 10, Einführungsgesetz zum Bürgerlichen Gesetzbuche (Art. 1-38), Internationales Privatrecht, 3. Aufl., München 1998, Band 11, Internationales Handels- und Gesellschaftsrecht, Einführungsgesetz zum Bürgerlichen Gesetzbuche (Art. 50-237), 3. Aufl., München 1999 (zit. *Bearbeiter*, in: MüKo zum BGB, Art., Rn.)

Münchener Vertragshandbuch, Band 1, Gesellschaftsrecht, hrsg. von Heidenhain/Meister, 5. Aufl., München 2000 (zit. *Bearbeiter*, in: Münch.VertragsHdb., GesR)

Nachbaur, Andreas, Niederlassungsfreiheit: Geltungsbereich und Reichweite des Art. 52 EGV im Binnenmarkt, Baden-Baden 1999

Neye, Hans-Werner, Spruchverfahrensneuordnungsgesetz, Regierungsentwurf eines Gesetzes zur Neuordnung des gesellschaftsrechtlichen Spruchverfahrens mit einer Einführung von Ministerialrat Dr. Hans-Werner Neye, ZIP 2002, 2097 ff.

Ders., Kein neuer Stolperstein für die Europäische Aktiengesellschaft, ZGR 2002, 377 ff.

Neye, Hans-Werner/Teichmann, Christoph, Der Entwurf für das Ausführungsgesetz zur Europäischen Aktiengesellschaft, AG 2003, 169 ff.

Nissen, Olaf Frederik, Die Europäische Handelsgesellschaft, Eine Rechtsvergleichung, Diss. Hamburg 1969

Nobel, Peter, Europäisierung des Aktienrechts, Materialien für die schweizerische Totalrevision, Diessenhofen 1974

Oplustil, Krzysztof, Selected problems concerning formation of a holding SE (societas europaea), GLJ Vol. 4 No. 2 (1 February 2003)

Oplustil, Krzysztof/Schneider, Maximilian, Zur Stellung der Europäischen Aktiengesellschaft im Umwandlungsrecht, NZG 2003, 13 ff.

Oppermann, Thomas, Europarecht, 2. Aufl., München 1999

Paschke, Marian (Hrsg.), Europäisches Privatrecht, Ein Studienbuch zum Privatrecht der Europäischen Gemeinschaft, Hamburg 1998 (zit. *Bearbeiter*, in: Paschke, Europäisches Privatrecht, S.)

Pipkorn, Jörn, Zur Entwicklung des europäischen Gesellschafts- und Unternehmensrecht, ZHR 136 (1972), 499 ff. und ZHR 137 (1973), 35 ff.

Pluskat, Sorika, Die neuen Vorschläge für die Europäische Aktiengesellschaft, EuZW 2001, 524 ff.

Dies., Die Arbeitnehmerbeteiligung in der geplanten Europäischen Aktiengesellschaft, DStR 2001, 1483 ff.

Priester, Hans-Joachim, Gründungsrecht contra Identitätsprinzip – Kapitalausstattung beim Formwechsel, in: Festschrift für Zöllner, Band 1, Handels-, Gesellschafts- und Wirtschaftsrecht, Köln München 1998, S. 449 ff.

Ders., EU-Sitzverlegung – Verfahrensablauf, ZGR 1999, 36 ff.

Raiser, Thomas, Die Europäische Aktiengesellschaft und die nationalen Aktiengesetze, in: Festschrift für Semler, Berlin New York 1993, S. 277 ff.

Rasner, Henning, Die Europäische Aktiengesellschaft (SE) – ist sie wünschenswert?, ZGR 1992, 314 ff.

Reich, Norbert, Binnenmarkt als Rechtsbegriff, EuZW 1991, 203 ff.

Reichert, Jochem/Brandes, Stephan M., Mitbestimmung der Arbeitnehmer in der SE: Gestaltungsfreiheit und Bestandsschutz, ZGR 2003, 767 ff.

Reichmann, Armin, Spanisches Aktienrecht, Zweisprachige Textausgabe deutsch/spanisch des Gesetzes über die Aktiengesellschaften mit Einführung, 2. Aufl., Frankfurt am Main 1990

Reik, Andrea, Grenzüberschreitende Restrukturierung von Unternehmen, Eine bilaterale Untersuchung zwischen Deutschland und Frankreich, Berlin 2002

Richardi, Reinhard (Hrsg.), Betriebsverfassungsgesetz mit Wahlordnung, Kommentar, 8. Aufl., München 2002

Riegen, Arend von, Gesellschafterschutz bei Ausgliederungen durch Einzelrechtsnachfolge, Köln Berlin Bonn München 1999

Romain, Alfred/Bader, Hans Anton/Byrd, B. Sharon, Wörterbuch der Rechts- und Wirtschaftssprache, Teil 1, Englisch-Deutsch, 5. Aufl., München 2000

Romain, Alfred/Byrd, B. Sharon/Thielecke, Carola, Wörterbuch der Rechts- und Wirtschaftssprache, Teil 1, Englisch-Deutsch, 4. Aufl., München 2002

Rosen, Rüdiger von (Hrsg.), Die Europa-AG – Eine Perspektive für deutsche Unternehmen?, Dokumentation des Seminars vom 31. Oktober 2002, Studien des Deutschen Aktieninstituts, Heft 21, Frankfurt am Main 2003

(zit. *Bearbeiter*, in: v. Rosen, Studien des Deutschen Aktieninstituts, Heft 21, 2003, S.)

Rosengarten, Joachim, The Holzmüller Doctrine: Still Crazy after All These Years? – The Impact of a Doctrine in the Days of Mergers of Equals, in: Festschrift für Buxbaum, S. 445 ff.

Roth, Wulf-Henning, Die Harmonisierung des Dienstleistungsrechts in der EWG, EuR 1987, 7 ff.

Sagasser, Bernd/Swienty, Claus, Die Gründung einer Europäischen Aktiengesellschaft im Wege der Verschmelzung, Zur Praktikabilität des SE-Statuts in der Entwurfsfassung vom 6./16.5.1991, DStR 1991, 1188 ff. und 1222 ff.

Sanders, Pieter, Auf dem Weg zu einer europäischen Aktiengesellschaft, AWD 1960, 1 ff.

Sandmann, Bernd, Die Euro-Betriebsrats-Richtlinie 94/45/EG, Die Richtlinie der Europäischen Union über die Einsetzung eines Europäischen Betriebsrats oder die Schaffung eines Verfahrens zur Unterrichtung und Anhörung der Arbeitnehmer in transnationalen Unternehmen, Heidelberg 1996

Sanna, Thomas, Societas Europaea (SE) – Die Europäische Aktiengesellschaft, ELR 2002, 2 ff.

Schädler, Markus, Die grenzüberschreitende Realsitzverlegung und sonstige grenzüberschreitende Restrukturierungsformen von Handelsgesellschaften im Verhältnis von Spanien und Deutschland, Marburg 1999

Schaumburg, Harald (Hrsg.), Internationale Joint Ventures, Management, Besteuerung, Vertragsgestaltung. Stuttgart 1999 (zit. *Bearbeiter*, in: Schaumburg, Internationale Joint Ventures, S.)

Schiessl, Maximilian, Ist das deutsche Aktienrecht kapitalmarkttauglich?, AG 1999, 442 ff.

Schindler, Clemens Philipp, Die Europäische Aktiengesellschaft, Gesellschafts- und steuerrechtliche Aspekte, Wien 2002

Schindler, Hendrik, Das Austrittsrecht in Kapitalgesellschaften, München 1999

Schlüter, Andreas, Die EWIV: Modelfall für ein europäisches Gesellschaftsrecht, EuZW 2002, 589 ff.

Schmidt, Karsten, Gesellschaftsrecht, 4. Aufl., Köln Berlin Bonn München 2002 (zit. Karsten Schmidt, GesR)

Ders. Volleinzahlungsgebot beim Formwechsel in die AG oder GmbH?, ZIP 1995, 1385 ff.

Schmitt, Joachim/Hörtnagl, Robert/Stratz, Rolf-Christian, Umwandlungsgesetz, Umwandlungssteuergesetz, Kommentar, 3. Aufl., München 2001 (zit. *Bearbeiter*, in: Schmitt/Hörtnagl/Stratz, UmwG, §, Rn.)

Schnyder, Anton K., Zur Societas Europaea – Wendepunkt im Europäischen Gesellschaftsrecht?, in: Festschrift für Druey, Zürich 2002, S. 569 ff.

Schön, Wolfgang, Das Bild des Gesellschafters im Europäischen Gesellschaftsrecht, RabelsZ 64 (2000), 1 ff.

Ders., Mindestharmonisierung im europäischen Gesellschaftsrecht, ZHR 160 (1996), 221 ff.

Ders., Gesellschaftsrecht nach Maastricht, Art. 3b EGV und das europäische Gesellschaftsrecht, ZGR 1995, 1 ff.

Schubert, Thure, Der Gemeinsame Markt als Rechtsbegriff – Die allgemeine Wirtschaftsfreiheit des EG-Vertrags, München 1999

Schuit, Steven R./Janssen, Jan-Erik, M & A in the Netherlands, Acquisitions, Takeovers and Joint Ventures, Legal and Taxation, The Hague London Boston 1996

Schulz, Andreas/Eicker, Klaus, The European Company Statute – the German View, Intertax 2001, 332 ff.

Schulz, Andreas/Geismar, Bernhard, Die Europäische Aktiengesellschaft, Eine kritische Bestandsaufnahme, DStR 2001, 1078 ff.

Schwappach, Jürgen (Hrsg.), EU-Rechtshandbuch für die Wirtschaft, 2. Aufl., München 1996 (zit. *Bearbeiter*, in: Schwappach: EU-Rechtshandbuch Wirtschaft, §, Rn.)

Schwarz, Günter Christian, Zum Statut der Europäischen Aktiengesellschaft, Die wichtigsten Neuerungen und Veränderungen der Verordnung, ZIP 2001, 1847 ff.

Ders., Europäisches Gesellschaftsrecht, 1. Aufl., Baden-Baden 2000 (zit. *Schwarz*, Rn.)

Ders., Europäisches Gesellschaftsrecht, Textsammlung, 1. Aufl., Baden-Baden 2000

Schwarz, Günter Christian/Lösler, Thomas, Das Recht der Europäischen Aktiengesellschaft – ein Überblick, NotBZ 2001, 117 ff.

Schwarze, Jürgen (Hrsg.), EU-Kommentar, 1. Aufl., Baden-Baden 2000 (zit. *Bearbeiter*, in: Schwarze, Art., EGV, Rn.)

Schwemer, Rolf-Oliver, Die Bindung des Gemeinschaftsgesetzgebers an die Grundfreiheiten, Frankfurt am Main Berlin Bern New York Paris Wien 1995

Scriba, Michael O. E., Die Europäische Wirtschaftliche Interessenvereinigung, Heidelberg 1988

Seif, Ulrike, Das Spannungsverhältnis zwischen Kollisionsrecht und Europarecht, in: Jahrbuch Junger Zivilrechtswissenschaftler 1997, Stuttgart München Hannover Berlin Weimar Dresden 1998, S. 225 ff.

Selbherr, Paul/Manz, Gerhard, Kommentar zur Europäischen Wirtschaftlichen Interessenvereinigung (EWIV), 1. Aufl., Baden-Baden 1995

Semler, Johannes/Volhard, Rüdiger (Hrsg.), Arbeitshandbuch für Unternehmensübernahmen, Band 1, Unternehmensübernahme, Vorbereitung, Durchführung, Folgen, Ausgewählte Drittländer, München 2001 (zit. *Bearbeiter*, in: Semler/Volhard, Hdb. Unternehmensübernahmen, §, Rn.)

Skaupy, Walther, Europäisches Gesellschaftsrecht, Eine Betrachtung über die Harmonisierungsbestrebungen in der EWG, AG 1966, 13 ff.

Sonnenberger, Hans-Jürgen, Der Vorentwurf eines Abkommens über die internationale Fusion, AG 1969, 381 ff.

Staudinger, Kommentar zum Bürgerlichen Gesetzbuch mit Einführungsgesetz und Nebengesetzen, Einführungsgesetz zum Bürgerlichen Gesetzbuche/IPR Internationales Gesellschaftsrecht, erläutert von Bernhard Großfeld, Redakteur Jan Kropholler, Neubearbeitung, Berlin 1998 (zit. *Großfeld*, in: Staudinger, IntGesR Rn.)

Steiger, Axel, Grenzüberschreitende Fusion und Sitzverlegung von Kapitalgesellschaften innerhalb der EU nach spanischem und portugiesischem Recht, Frankfurt am Main Berlin Bern New York Paris Wien 1997

Steindorff, Ernst, Unvollkommener Binnenmarkt, ZHR 158 (1994), 149 ff.

Storm, P. M., Statute of a Societas Europaea, CMLR 1967/68, 265 ff.

Tauchert-Nosko, Martina, Verschmelzung und Spaltung von Kapitalgesellschaften in Deutschland und Frankreich, Frankfurt am Main Berlin Bern New York Paris Wien 1999

Teichmann, Christoph, Austrittsrecht und Pflichangebot bei Gründung einer Europäischen Aktiengesellschaft, AG 2004, 67 ff.

Ders., Minderheitenschutz bei Gründung und Sitzverlegung der SE, ZGR 2003, 367 ff.

Ders., The European Company – A Challenge to Academics, Legislatures und Practitioners, GLJ Vol. 4 No. 4 (1 April 2003)

Ders., Die Einführung der Europäischen Aktiengesellschaft, Grundlagen der Ergänzung des europäischen Statuts durch den deutschen Gesetzgeber, ZGR 2002, 383 ff.

Ders., Vorschläge für das deutsche Ausführungsgesetz zur Europäischen Aktiengesellschaft, ZIP 2002, 1109 ff.

Thamm, Rüdiger, Die Europäische Aktiengesellschaft und das Problem der Lükkenfüllung, Diss. Köln 1972

Theisen, Manuel René/Wenz, Martin, Die Europäische Aktiengesellschaft, Recht, Steuern und Betriebswirtschaft der Societas Europaea (SE), Stuttgart 2002 (zit.: *Bearbeiter*, in: Theisen/Wenz, S.)

Theißen, Heinrich, Die Gründung einer Holdinggesellschaft de lege ferenda, Vorschlag einer zukünftigen Regelung im Umwandlungsgesetz, Berlin Baden-Baden 2000

Thoma, Georg F./Leuering, Dieter, Die Europäische Aktiengesellschaft - Societas Europaea, NJW 2002, 1449 ff.

Trojan-Limmer, Ursula, Die Geänderten Vorschläge für ein Statut der Europäischen Aktiengesellschaft (SE), Gesellschaftsrechtliche Probleme, RIW 1991, 1010 ff.

Vasseur, Michel, Argumente für eine Europäische Handelsgesellschaft, ZHR (127) 1965, 177 ff.

Veil, Rüdiger, Das Konzernrecht der Europäischen Aktiengesellschaft, WM 2003, 2169 ff.

Völter, Heike, Der Lückenschluss im Statut der Europäischen Privatgesellschaft, Köln 2000

Wagner, Jens, Die Bestimmung des auf die SE anwendbaren Rechts, NZG 2002, 985 ff.

Ders., Der Europäische Verein, Eine Gesellschaftsform europäischen oder mitgliedstaatlichen Rechts?, Baden-Baden 2000

Waclawik, Erich, Der Referentenentwurf des Gesetzes zur Einführung der Europäischen (Aktien-)Gesellschaft, DB 2004, 1191 ff.

Wahlers, Henning W., Konzernbildungskontrolle durch die Hauptversammlung der Obergesellschaft, Köln Berlin Bonn München 1995

Wälde, Thomas, Die „Europäische Aktiengesellschaft" und multinationale Unternehmen, AWD 1974, 82 ff.

Walther, Gottfried, Das Statut für Europäische Aktiengesellschaften aus Sicht der Wirtschaft, AG 1972, 99 ff.

Walther, Gottfried/Wiesner, Peter M., Zum geänderten Vorschlag eines Statuts für Europäische Aktiengesellschaften, GmbHR 1975, 247 ff., 265 ff.

Wehlau, Andreas, Die Europäische Aktiengesellschaft vor der Vollendung?, DWiR 1992, 78 ff.

Ders., The Societas Europea: A Critique of the Commission's 1991 amended Proposal, CMLR 1992, 473 ff.

Weitnauer, Wolfgang, Die europäische grenzübergreifende Gesellschaft, Zum gegenwärtigen Stand des europäischen Gesellschaftsrechts, EWS 1992, 165 ff.

Wenz, Martin, Einsatzmöglichkeiten einer Europäischen Aktiengesellschaft in der Unternehmenspraxis aus betriebswirtschaftlicher Sicht, AG 2003, 185 ff.

Ders., Die Societas Europaea: SE, Analyse der geplanten Rechtsform und ihre Nutzungsmöglichkeiten für eine europäische Konzernunternehmung, Berlin 1993

Widmann, Siegfried/Mayer, Dieter (Hrsg.), Umwandlungsrecht, Umwandlungsrecht, Umwandlungssteuergesetz, Kommentar (Loseblatt; Stand: Dezember 2002) (zit. *Bearbeiter*, in: Widmann/Mayer, UmwG, §, Rn.)

Wiedemann, Herbert, Gesellschaftsrecht, Ein Lehrbuch des Unternehmens- und Verbandsrecht, Band I, Grundlagen, München 1980 (zit. *Wiedemann*, GesR)

Ders., Das Abfindungsrecht – ein gesellschaftsrechtlicher Interessenausgleich, ZGR 1978, 477 ff.

Wiesner, Peter M., Der Nizza-Kompromiss zur Europa-AG – Triumph oder Fehlschlag?, ZIP 2001, 397 f.

Winkler, Christian, Der gegenwärtige Stand und die konzeptionellen Grundlagen des europäischen Gesellschaftsrechts, Diss. Tübingen 1996

Wolff, Jürgen, Europäische Aktiengesellschaft, Grundzüge des Vorschlags der Kommission der Europäischen Gemeinschaften, AG 1970, 247 ff.

Würdinger, Hans, Aktienrecht und das Recht der verbundenen Unternehmen, Eine systematische Darstellung, 4. Aufl., Heidelberg 1981

Ders., Bericht über das geänderte Statut für Europäische Aktiengesellschaften, DB 1975, 1301 ff.

Zawischa, Georg, Neues von der Europäischen Aktiengesellschaft, Bericht über den geänderten Verordnungsvorschlag der Europäischen Gemeinschaften für ein Statut für europäische Aktiengesellschaften, ZfRV 1976, 125 ff.

Ziegler, Thomas, Gesellschafts- und steuerrechtliche Probleme der Fusion zwischen deutschen und französischen Aktiengesellschaften, Diss. Tübingen, 1997

Materialienverzeichnis

Vorentwürfe, Entwürfe und Vorschläge für eine SE-VO:

Sanders, Pieter, Vorentwurf eines Statuts für Europäische Aktiengesellschaften, Dezember 1966	Kollektion Studien, Reihe Wettbewerb, Brüssel 1967
Vorschlag einer Verordnung (EWG) des Rates über das Statut für europäische Aktiengesellschaften, 30.06.1970	ABl. C 124 v. 10.10.1970, S. 1 ff. = Beilage 8/70 zum Bulletin der EG = BT-Drs. 6/1109 v. 19.8.1970, S. 1 ff. (zit.: SE-VOV 1970)
Vorschlag einer Verordnung des Rates über das Statut für Europäische Aktiengesellschaften (Von der Kommission gemäß Artikel 149 Absatz 2 des EWG-Vertrags dem Rat vorgelegter geänderter Vorschlag)	Anlage 4/75 zum Bulletin der EG = BT-Drs. 7/3713 v. 2.6.1975, S: 1 ff. = BR-Drs. 372/75 v. 2.6.1975 (zit.: SE-VOV 1975)
Kommission, Vorschlag für eine Verordnung (EWG) des Rates über das Statut der Europäischen Aktiengesellschaft, 25.08.1989	KOM (89) 268 endg. – SYN 218 = ABl. C 263 v. 16.10.1989, S. 41 ff. = Beilage 5/89 zum Bulletin der EG = BT-Drs. 11/5427, S. 24 ff. = BR-Drs. 488/89 v. 13.9.1989, S. 1 ff. (zit.: SE-VOV 1989)
Statut de la Société Européenne, Projet de texte révisé pour les Titres I, II et III (Document de travail), 28.5.1990	Dok. SN 2254/90 (SE) (nicht veröffentlicht) (zit.: SE-RatsE 1990)
Geänderter Vorschlag für eine Verordnung (EWG) des Rates über das Statut der Europäischen Aktiengesellschaft, 16.05.1991	KOM (91) 174 endg. – SYN 218 = ABl. C 176 v. 08.07.1991, S. 1 ff. = BT-Drs. 12/1004 v. 30.07.1991, S. 13 ff. (zit.: Art. SE-VOV 1991)
Geänderter Vorschlag für eine Verordnung über das Statut der Europäischen Aktiengesellschaft (SE), 28.5.1998	Dok. 8772/98 (nicht veröffentlicht) (zit.: Art. SE-RatsE 1998)

Begründungen der Vorentwürfe, Entwürfe und Vorschläge:

Sanders-Vorentwurf von 1966	EWG-Kommission, Generaldirektion Wettbewerb, 1966, Az. 11000/IV/67, Studie Nr. 6, Reihe Wettbewerb, 1967 (zit.: Sanders-Vorentwurf, Begründung)

SE-VOV 1970	BT-Drs. 6/1109 v. 19.08.1970, S. 1 ff. (zit.: SE-VOV 1970, Begründung)
SE-VOV 1975	Beilage 4/75 zum Bulletin der EG, S. 127 ff. = BT-Drs. 7/3713 v. 2.6.1975, S.192 ff. (zit.: SE-VOV 1975, Begründung; Seitenzahlen nach BT-Drs. 7/3713)
SE-VOV 1989	KOM (89) 268 endg. – SYN 218, S. 1 ff. = Beilage 5/89 zum Bulletin der EG = BT-Drs. 11/5427, S. 1 ff. = BR-Drs. 488/89 (zit.: SE-VOV 1989, Begründung; Seitenzahlen nach BT-Drs. 11/5427)
SE-VOV 1991	BT-Drs. 12/1004 v. 30.07.1991, S. 1 ff. (zit.: SE-VOV 1991, Begründung; Seitenzahlen nach BT-Drs. 11/5427)

Entschließungen, Stellungnahmen, Berichte und Protokolle zu den SE-VOV:

Wirtschafts- und Sozialausschuss, Stellungnahme zu dem Vorschlag für eine Verordnung des Rates betreffend die Europäische Aktiengesellschaft, 25./26.10.1972	ABl. C 131 v. 13.12.1972, S. 32 ff. (zit.: SE-VOV 1970, Stellungnahme WSA)
Europäisches Parlament, Bericht des Rechtsausschusses über den Vorschlag der Kommission der Europäischen Gemeinschaften an den Rat (Dok. 98/70) für eine Verordnung betreffend das Statut einer Europäischen Aktiengesellschaft, Berichterstatter Mariano Pintus, 26.10.1972	PE 30.742/endg., Dok. 178/72 v. 30.11.1972 (zit.: SE-VOV 1970, Bericht des Rechtsausschusses des EP)
Europäisches Parlament, Entschließung mit der Stellungnahme zum dem Vorschlag der Kommission für eine Verordnung betreffend das Statut der Europäischen Aktiengesellschaft	ABl. C 93 v. 07.08.1974, S. 22 ff. (zit.: SE-VOV 1970, Stellungnahme EP)
Bundesrat, Empfehlungen der Ausschüsse zum Geänderten Vorschlag einer Verordnung des Rates über das Statut für Europäische Aktiengesell-	BR-Drs. 372/1/75 v. 18.2.1976, S. 1 ff. (zit.: SE-VOV 1975, Empfehlungen der Ausschüsse des BR)

schaften	
Bundesrat, Beschluss zum Geänderten Vorschlag einer Verordnung des Rates über das Statut für Europäische Aktiengesellschaften Zit.: SE-VOV 1975, Beschluss BR, *S.*	BR-Drs. 372/75 (Beschluss) v. 12.3.1976, S. 2 ff.
Kommission, Memorandum der Kommission an das Parlament, den Rat und die Sozialpartner, Binnenmarkt und industrielle Zusammenarbeit, Statut für die Europäische Aktiengesellschaft, Weißbuch über die Vollendung des Binnenmarkts, Rdnr. 137, 15.07.1988	KOM (88) 320 endg. (zit.: Memorandum der Kommission von 1988)
Wirtschafts- und Sozialausschuss, Stellungnahme zum Memorandum der Kommission „Binnenmarkt und industrielle Zusammenarbeit – Statut für die Europäische Aktiengesellschaft – Weißbuch über die Vollendung des Binnenmarkts, Rdnr. 137", 24.11.1988	ABl. C 23 v. 30.1.1989, S. 36 ff.
Bundesrat, Beschluss des Bundesrates zum Memorandum der Kommission: Binnenmarkt und industrielle Zusammenarbeit – Statut für die Europäische Aktiengesellschaft, 25.11.1988	BR-Drs. 392/88 v. 25.11.1988, S. 1 ff.
Wirtschafts- und Sozialausschuss, Stellungnahme zu dem Vorschlag für eine Verordnung (EWG) des Rates über das Statut der Europäischen Aktiengesellschaft, 28.03.1990 Zit.: SE-VOV 1989, Stellungnahme WSA, *S.*	ABl. C 124 v. 21.05.1990, S. 34 ff.
Europäisches Parlament, Bericht des Ausschusses für Recht und Bürgerrechte zum Vorschlag der Kommission an den Rat für eine Verordnung über das Statut der Europäischen Aktiengesellschaft, 20.12.1990 (Teil A) und 07.01.1991 (Teil B)	Sitzungsdokument PE 139.411/endg. (zit.: SE-VOV 1989, Bericht Rechtsausschuss)
Europäisches Parlament, Stellung-	ABl. C 48 v. 24.01.1991, S. 72 ff. (zit.:

nahme zu dem Vorschlag für eine Verordnung des Rates über das Statut der Europäischen Aktiengesellschaft	SE-VOV 1989, Stellungnahme EP)
Europäisches Parlament, Legislative Entschließung zu dem Entwurf einer Verordnung über das Statut der Europäischen Gesellschaft (SE)	Ratsdokument Nr. 11796/01 v. 12.01.2001, Anlage, S. 4 ff.
Europäisches Parlament, Bericht des Ausschusses für Recht und Binnenmarkt über den Entwurf einer Verordnung des Rates über das Statut der Europäischen Gesellschaft (SE), Berichterstatter Hans-Peter Mayer, 26.06.2001	Dok.-Nr. A5-0243/2001, endg. v. 26.06.2001

Verordnungen und Verordnungsvorschläge für sonstige gemeinschaftsrechtliche Gesellschaftsformen:

Verordnung (EWG) Nr. 2137/85 des Rates vom 25. Juli 1985 über die Schaffung einer Europäischen Wirtschaftlichen Interessenvereinigung (EWIV)	ABl. L 199 v. 31.07.1985, S. 1 ff. (zit.: EWIV-VO)
Geänderter Vorschlag für eine Verordnung des Europäischen Parlaments und des Rates über das Statut der Europäischen Genossenschaft, Kompromissvorschlag des Vorsitzes, 03.05.2002	Dok. 8428/02 (zit.: SCE-RatsE Mai 2002)
Geänderter Vorschlag für eine Verordnung des Europäischen Parlaments und des Rates über das Statut der Europäischen Genossenschaft, Kompromissvorschlag des Vorsitzes, 12.04.2002	Dok. 7863/02 (zit.: SCE-RatsE April 2002)
Geänderter Vorschlag für eine Verordnung des Europäischen Parlaments und des Rates über das Statut der Europäischen Genossenschaft, Kompromissvorschlag des Vorsitzes, 21.12.2001	Dok. 15510/01 (zit.: SCE-RatsE Dezember 2001)

Geänderter Vorschlag für eine Verordnung des Europäischen Parlaments und des Rates über das Statut der Europäischen Genossenschaft, Kompromissvorschlag des Vorsitzes, 12.04.2001	Dok. 7987/01, S. 1 ff. (zit.: SCE-RatsE April 2001)
Geänderter Vorschlag für eine Verordnung (EWG) des Rates über das Statut des Europäischen Vereins, 6.7.1993	KOM (93) 252 endg. = ABl. C 236 v. 31.8.1993, S. 1 ff. (zit.: EUV-VOV)
Geänderter Vorschlag für eine Verordnung (EWG) des Rates über das Statut der Europäischen Genossenschaft, 6.7.1993	KOM (93) 252 endg. = ABl. C 236 v. 31.8.1993, S. 17 ff. (zit.: SCE-VOV)
Geänderter Vorschlag für eine Verordnung (EWG) des Rates über das Statut der Europäischen Gegenseitigkeitsgesellschaft, 6.7.1993	KOM (93) 252 endg. = ABl. C 236 v. 31.8.1993, S. 40 ff. (zit.: EUGGES-VOV)

Gesellschaftsrechtliche Richtlinien:

Erste Richtlinie des Rates vom 9. März 1968 zur Koordinierung der Schutzbestimmungen, die in den Mitgliedstaaten den Gesellschaften im Sinne des Artikel 58 Absatz 2 des Vertrages im Interesse der Gesellschafter sowie Dritter vorgeschrieben sind, um diese Bestimmungen gleichwertig zu gestalten (68/151/EWG)	ABl. L 65 v. 14.3.1968, S. 8 ff. geändert durch: Beschluss des Rates vom 1. Januar 1973 (73/101/EWG), ABl. L 2 v. 1.1.1973, S. 19 ff. (zit.: Erste RiL)
Zweite Richtlinie des Rates vom 13. Dezember 1976 zur Koordinierung der Schutzbestimmungen, die in den Mitgliedstaaten den Gesellschaften im Sinne des Artikels 58 Absatz 2 des Vertrages im Interesse der Gesellschafter sowie Dritter für die Gründung der Aktiengesellschaft sowie für die Erhaltung und Änderung ihres Kapitals vorgeschrieben sind, um diese Bestimmungen gleichwertig zu gestalten (77/91/EWG)	ABl. L 26 v. 31.1.1977, S. 1 ff. konsolidierte Fassung: Richtlinie vom 23. November 1992 zur Änderung der Zweiten gesellschaftsrechtlichen Richtlinie (92/101/EWG), KOM (91) 363 endg. = ABl. L 347 v. 28.11.1992, S. 64 ff. (zit.: Zweite RiL)

Dritte Richtlinie des Rates vom 9. Oktober 1978 betreffend die Verschmelzung von Aktiengesellschaften (78/855/EWG)	ABl. L 295 v. 20.10.1978, S. 36 ff. (zit.: Dritte RiL)
Dritte Änderung des Vorschlags für eine Fünfte Richtlinie des Rates über die Struktur der Aktiengesellschaft sowie die Befugnisse und Verpflichtungen ihrer Organe vom 20. November 1991	KOM (91) 372 endg. = ABl. C 321 v. 12.12.1991, S. 9 ff. (zit.: Fünfte RiL-V)
Sechste Richtlinie des Rates vom 17. Dezember 1982 betreffend die Spaltung von Aktiengesellschaften (82/891/EWG)	ABl. L 378 v. 31.12.1982, S. 47 ff. (zit.: Sechste RiL)
Siebente Richtlinie des Rates vom 13. Juni 1983 aufgrund von Artikel 54 Absatz 3 Buchstabe g des Vertrages über den konsolidierten Abschluß (83/349/EWG)	ABl. L 193 v. 18.7.1983, S. 1 ff. (zit.: Siebente RiL)
Vorschlag einer Zehnten Richtlinie des Rates über die grenzüberschreitende Verschmelzung von Aktiengesellschaften vom 14. Januar 1985	KOM (84) 727 endg. = ABl. C 23 v. 25.1.1985, S. 11 ff. = Beilage 3/85 zum Bulletin der EG = BT-Drs. 10/2856 = BR-Drs. 56/85 (zit.: Zehnte RiL-V 1985)
Zwölfte Richtlinie des Rates vom 21.12.1989 betreffend Gesellschaften mit beschränkter Haftung mit einem einzigen Gesellschafter (89/667/EWG)	ABl. L 395 v. 30.12.1989, S. 40 ff. (zit.: Zwölfte RiL)
Geänderter Vorschlag für eine Dreizehnte Richtlinie des Europäischen Parlaments und des Rates auf dem Gebiet des Gesellschaftsrechts über Übernahmeangebote vom 2. Oktober 2002	KOM (2002) 534 endg.; Abdruck in ZIP 2002, 1863 (zit.: Dreizehnte RiL-V 2002)

Sonstige in der SE-VO zitierte Rechtsakte:

Allgemeines Programm zur Aufhebung der Beschränkungen der Niederlassungsfreiheit	ABl. v. 15.01.1962, S. 36 ff.
Richtlinie des Rates vom 19. Dezem-	ABl. L 374 v. 31.12.1991, S. 7 ff.

ber 1991 über den Jahresabschluss und den konsolidierten Abschluss von Versicherungsunternehmen (91/674/EWG)	
Richtlinie 2000/12/EG des Europäischen Parlaments und des Rates vom 20. März 2000 über die Aufnahme und Ausübung der Tätigkeit der Kreditinstitute	ABl. L 126 v. 26.05.2000, S. 1 ff.

Entwurf eines Übereinkommens über die internationale Verschmelzung von Aktiengesellschaften:

Entwurf eines Übereinkommens über die internationale Verschmelzung von Aktiengesellschaften vom 27. September 1972	Beilage 13/73 zum Bulletin der EG, S. 1 ff. (= Dok. 529/XIV/72) (zit. Int. VerschmelzÜE 1972)
Bericht über den Entwurf eines Übereinkommens über die internationale Verschmelzung von Aktiengesellschaften	Beilage 13/73 zum Bulletin der EG, S. 30 ff. (zit. *Goldman*, Bericht zum Int. VerschmelzÜE 1972)

Schriftenreihe zum deutschen und europäischen Gesellschafts- und Wirtschaftsrecht

Herausgegeben von Günter Christian Schwarz

Band 1 Matthias Scheifele: Die Gründung der Europäischen Aktiengesellschaft (SE). 2004.

www.peterlang.de

Kolibri 360 GmbH
Ferdinand-Jühlke-Straße 7
99095 Erfurt, Deutschland
produktsicherheit@kolibri360.de

Druck:
CPI Druckdienstleistungen GmbH
im Auftrag der
Kolibri 360 GmbH
Ferdinand-Jühlke-Str. 7
99095 Erfurt